People, Personal Expression, and Social Relations in Late Antiquity, Volume II

People, Personal Expression, and Social Relations in Late Antiquity, Volume II

Selected Latin Texts from Gaul and Western Europe

Ralph W. Mathisen

The University of Michigan Press
Ann Arbor

Published in the United States of America by
The University of Michigan Press
Manufactured in the United States of America
⊗ Printed on acid-free paper

2006 2005 2004 2003 4 3 2 1

A CIP catalog record for this book is available from the British Library.

Library of Congress Cataloging-in-Publication Data

Mathisen, Ralph W., 1947–
People, personal expression, and social relations in late antiquity / Ralph W. Mathisen.
2 v. cm.
Includes bibliographical references and index.
ISBN 0-472-11245-7 (v. 1 : alk. paper) — ISBN 0-472-11246-5 (v. 2 : alk. paper)
1. Rome—Social life and customs. 2. Social classes—Rome. 3. Social status—Rome. 4. Rome—History—Empire, 284–476. 5. Church history—Primitive and early church, ca. 30–600. I. Title. II. Series.
DG78.M378 2002
937'.09—dc21 2002009068

To my students:
past, present, and future

Preface

Recent years have seen a tremendous explosion of interest in the literature of Late Antiquity, which has been manifested in the publication of both Latin texts and English (not to mention other language) translations. Large numbers of editions of late antique authors have appeared in collections such as the *Corpus christianorum (CCL),* the *Corpus scriptorum ecclesiasticorum Latinorum (CSEL),* the *Sources chrétiennes (SC),* and the Budé, Loeb, and Teubner series. Many Latin source collections, such as the *Acta sanctorum, CCL,* the *Monumenta Germaniae historica,* and the *Patrologia Latina* also are now available in electronic format.

If the Latin texts appeal primarily to specialists, the appearance of many translated works relating in a greater or lesser way to Late Antiquity have made this literature available to a vastly expanded audience. In particular, one notes the many late antique authors and works that have recently appeared in the University of Liverpool's "Translated Texts for Historians" series, including Avitus of Vienne, Cassiodorus, "Chroniclers of Early Medieval Spain," the *Chronicon paschale,* Eutropius, Gregory of Tours's hagiographical works, Hilary of Poitiers, the *Liber pontificalis,* "The Lives of the Visigothic Fathers," Optatus, Ruricius of Limoges, Vegetius, Venantius Fortunatus, and Victor of Vita, to name a few. Many other translated works also have been published, such as C. E. V. Nixon and Barbara Saylor Rodgers, trans., *In Praise of Later Roman Emperors* (Berkeley: University of California Press, 1994). And these are all in addition to the massive number of authors translated in the "Fathers of the Church" and "Ancient Christian Writers" series, not to mention the translation series of the University of Pennsylvania Press and Columbia University Press, many of which are cited in the bibliography.

Along with the works that have been translated in toto, there also have appeared a large number of collected sources in translation. Particularly noteworthy are A. D. Lee, *Pagans and Christians in Late Antiquity: A Sourcebook* (London: Routledge, 2000); M. Maas, *Readings in Late Antiquity: A Sourcebook* (London: Routledge, 2000); and A. C. Murray, *From Roman to Merovingian Gaul: A Reader* (Peterborough, Ont.: Broadview, 2000). Also worth noting is Patrick J. Geary, ed., *Readings in Medieval History* (Peterborough, Ont.: Broadview, 1989), not to mention earlier collections such as J. N. Hillgarth, ed., *The Conversion of Western Europe, 350–750* (Englewood Cliffs, N.J.: Prentice-Hall, 1969); and C. D. Gordon, *The Age of Attila: Fifth-Century Byzantium and the Barbarians* (Ann Arbor: University of Michigan Press, 1966). Yet other collections of translations focus on specific genres, such as hagiography: one notes Jo Ann McNamara, John E. Halborg, E. Gordon Whatley, trans., *Sainted Women of the Dark Ages* (Durham, N.C.: Duke University Press, 1992), a useful adjunct to the earlier F. R. Hoare, trans., *The Western Fathers: Being the Lives of Martin of Tours, Ambrose, Augustine of Hippo, Honoratus of Arles, and Germanus of Auxerre* (New York: Sheed and Ward, 1954) and William C. McDermott, ed., *Monks, Bishops and Pagans: Christian Culture in Gaul and Italy, 500–700* (Philadelphia: University of Pennsylvania Press, 1975).

Some of these collections, such as those of Lee and Murray, introduce new translations done by their editors, but most of them recycle existing translations. In all cases, the compilers have diligently ferreted out selections (rarely more than a few pages in length, and often just a few lines) relating to assorted topics such as "The Roman Empire," "The Roman Army," "Christianity," "Law," "Barbarians," and so on. All of these source collections are useful as adjuncts to historical narratives. But none has any real connective tissue.

It was in the context of a growing number of translations lacking in extended historical, cultural, and literary contexts that Jim O'Donnell suggested in 1991 that I think about using texts and translations to create a book "that is *not* 'just' a textbook or a reader or a sourcebook-in-translation, but a work of scholarship too." My task, working with Ellen Bauerle of the University of Michigan Press, was to put a collection of texts into a scholarly context, to present the texts not only as texts-qua-texts, but also as an integral part of a scholarly discussion, that is, to use them to show something. What I proposed doing was to use extended source citations to provide some in-depth insight into the people of Late Antiquity by focusing on their human sides: their personal interactions, their prejudices, their ambitions, their faults, their kindnesses, their successes, and their failures. Such a study would of necessity be largely anecdotal, for it would use personal experiences that often appear only as obiter dicta to illustrate in a microcosm the kinds of situations that people confronted on a global scale.

It soon became clear that incorporating the Latin texts into the same volume as the translations was not going to work. Not only would the resultant volume have been hopelessly cumbersome, but the translations and the Latin also largely had two different audiences, that for the first being predominately historians and the general public, whereas that for the latter would be primarily advanced Latin students. This difficulty was solved by creating two parallel volumes, one of which wove the translations into a coherent narrative, and the other of which presented a collection of Latin texts that could be either read in tandem with the volume of translations, or used alone as a late antique Latin reader.

What the first volume proposes to do, therefore, is to use translated passages to present a fleshed-out and integrated view of late antique society. Rather than offering a glut of disjecta membra ("here's one brief excerpt, and here's another, and another"), much longer passages are selected that are used to create a connected account that portrays, "up close and personal," how the people of Late Antiquity lived their lives and interacted with each other. The second volume, on the other hand, focuses on the Latin words and texts in which these people expressed themselves. Further discussions of the nature of each volume appear in their respective introductions.

These two volumes have gestated for a long time. Completed versions were delivered to the Press in 1997, and, following editorial review, updated versions was delivered in May of 2000. A number of people have contributed their thoughts, comments, and criticism along the way. Along with Jim, Ellen, and James Laforest of the Press, Hagith Sivan of the University of Kansas made valuable comments on an early draft. After Ellen's departure from the Press, the manuscript benefitted from the helpful shepherding of Colin Day, Collin Ganio, Jennifer Wisinski, Erin Snoddy, and Christina Milton. Along the way, Danuta Shanzer of Cornell University provided innumerable helpful hints regarding late Latin usage. But it is my students who have provided the most important ideas and insights relating to how these volumes could have the greatest impact, and it is to them that they are dedicated.

Contents

Abbreviations xiii

Introduction: The Latin Texts of Late Antiquity 1

Chapter 1. The Aristocratic-Literary World 18

Chapter 2. The Socially Less Privileged: Decurions and Plebeians, Dependents and Slaves 41

Chapter 3. Family Life: Women and Children, Husbands and Wives 61

Chapter 4. Social Turmoil: "New Men" and Bandits, Romans and Barbarians 94

Chapter 5. The Triumph of Christianity and Life in the Church 114

Chapter 6. Elite Women: Roman Aristocrats and Barbarian Queens 144

Chapter 7. Inappropriate Activities: Leadership, Necromancy, and Rebellion 169

Epilogue: Having the Last Word 192

Appendices

1. Roman Emperors 201
2. Selected Bishops of Rome (Popes) 203
3. Barbarian Rulers 205
4. Glossary 209
5. Sources Quoted 215

Bibliography 221

Index 233

Abbreviations

Anderson, *Sidonius*	Sidonius Apollinaris. *Poems and Letters.* Trans. W. B. Anderson. 2 vols. London: Loeb, 1936, 1965.
Avit.	Alcimus Ecdicius Avitus, bishop of Vienne.
Carm.	*Carmina* (Poems).
CCL	*Corpus Christianorum, series Latina.*
CIL 12	O. Hirschfeld, ed. *Corpus inscriptionum Latinarum.* Vol. 12: *Inscriptiones Galliae Narbonensis Latinae.* Berlin, 1888.
CIL 13	O. Hirschfeld, C. Zangenmeister, A. von Domaszewski, O. Bohn, and E. Stein, eds. *Corpus inscriptionum Latinarum.* Vol. 13: *Inscriptiones Trium Galliarum et Germaniarum Latinae.* Berlin, 1899–1943.
CLRE	R. S. Bagnall, A. Cameron, S. R. Schwartz, and K. A. Worp. *Consuls of the Later Roman Empire.* Atlanta: Scholar's Press, 1987.
CSEL	*Corpus scriptorum ecclesiasticorum Latinorum.*
CTh	*Codex Theodosianus* (Theodosian Code).
Dalton, *Gregory*	*The History of the Franks by Gregory of Tours.* Trans. O. M. Dalton. Vol. 2. Oxford: Clarendon, 1927.
Dalton, *Sidonius*	*The Letters of Sidonius.* Trans. O. M. Dalton. 2 vols. Oxford: Clarendon, 1915.

Duchesne, *Fastes*	L. Duchesne. *Fastes épiscopaux de l'ancienne Gaule.* 2d ed. 3 vols. Paris, 1907–15.
Epist.	*Epistulae* (Letters).
Faust.	Faustus, bishop of Riez.
Gennad. *Vir.ill.*	Gennadius of Marseille. *De viris inlustribus* (On illustrious men).
Greg.Tur. *Glor.conf.*	Gregory of Tours. *Gloria confessorum* (Glory of the confessors).
Greg.Tur. *Glor.mart.*	Gregory of Tours. *Gloria martyrum* (Glory of the martyrs).
Greg.Tur. *Hist.*	Gregory of Tours. *Historiae* (Histories); also known as the *Historia Francorum* (History of the Franks) or the *Decem libri historiarum* (Ten books of histories).
Greg.Tur. *Vit.pat.*	Gregory of Tours. *Vita patrum* (Life of the Fathers).
Mathisen, *Ruricius*	Ralph W. Mathisen. *Ruricius of Limoges and Friends: A Collection of Letters from Visigothic Aquitania.* Liverpool: University of Liverpool Press, 1999.
MGH AA	*Monumenta Germaniae historica, Auctores antiquissimi.*
MGH Epist. 3	W. Gundlach, ed. *Monumenta Germaniae historica, Epistulae.* Vol. 3. Berlin, 1892.
MGH Leg.	*Monumenta Germaniae historica, Leges.*
MGH SRM	Bruno Krusch and (for vol. 1, pt. 1) Wilhelm Levison, eds. *Monumenta Germaniae historica, Scriptores rerum Merovingicarum.* 7 vols. Hannover: Hahn, 1884–1979.
Pharr, *Theodosian Code*	Clyde Pharr. *The Theodosian Code and Novels and the Sirmondian Constitutions.* Princeton: Princeton University Press, 1952.
PL	J.-P. Migne, ed. *Patrologia Latina.*
PLRE	*The Prosopography of the Later Roman Empire.* Vol. 1: *A.D. 260–395,* ed. A. H. M. Jones, J. R. Martindale, and J. Morris. Vol.

	2: *A.D. 395–527* and Vol. 3: *A.D.* 527–640, ed. J. R. Martindale. Cambridge: Cambridge University Press, 1971, 1980, 1993.
PLS	*Patrologia Latina, supplementum.*
Ruric.	Ruricius, bishop of Limoges.
Salv.	Salvian of Marseille.
SC	*Sources chrétiennes.*
Sid.Apoll.	Sidonius Apollinaris, bishop of Clermont.
Thorpe, *Gregory*	*Gregory of Tours. The History of the Franks.* Trans. Lewis Thorpe. New York: Penguin, 1974.

Introduction: The Latin Texts of Late Antiquity

This volume parallels its companion volume of translated texts accompanied by extensive discussion.[1] It includes not only the original Latin of the passages translated there, but also other texts as well. It provides a firsthand look at the Latin texts that were written in western Europe, and especially Gaul, during Late Antiquity (roughly from the third through the seventh centuries). The texts were chosen to illustrate not only the nature of the society of western Late Antiquity in general, but also the transformations society underwent as a result of the changes—including the rise of the Christian Church, the barbarian settlement, and the fall of the Roman Empire in the west—that defined Late Antiquity.

Included here are over 140 late antique Latin texts drawn from seventy different sources, and this is the first published collection of its type.[2] It focuses upon language and literature per se, for Late Antiq-

1. *People, Personal Expression, and Social Relations in Late Antiquity: With Translated Texts from Gaul and Western Europe* (Ann Arbor: University of Michigan Press, 2002).

2. For scattered Latin texts from Late Antiquity, see, e.g., K. P. Harrington, ed., *Medieval Latin* (Chicago: University of Chicago Press, 1925) (Egeria, Sulpicius Severus, Jordanes, Ennodius, Eugippius, Avitus of Vienne, Gregory of Tours, Venantius Fortunatus, Fredegarius, Gregory the Great, Isidore of Seville); F. J. E. Raby, ed., *The Oxford Book of Medieval Latin Verse* (Oxford: Clarendon Press, 1959) (Commodian, Proba, Juvencus, Hilary of Poitiers, Damasus, Ambrose, Nicetas of Remesiana, Prudentius, Paulinus of Nola, Augustine, Secundinus, Sedulius, Auspicius of Toul, Dracontius, Ennodius of Pavia, Avitus of Vienne, Arator, Gildas, Columba, Venantius Fortunatus, Columbanus, and several anonymous pieces); R. A. Haadsma and J. Nuchelmans, *Précis de latin vulgaire* (Oxford: J. B. Wolters, 1966) (Egeria, the *Lex salica,* and Gregory of Tours); and G. Rohlfs, *Sermo vulgaris latinus* (Tübingen: Max Niemeyer, 1969) (the *Itala* and *Vulgata,* Probus *grammaticus,* the *Mulomedicina,* Servius *grammaticus,* Marcellus *empiricus,* Egeria, Palladius, the *Tablettes Albertini,* the *Lex salica,* Anthimus, Caesarius of Arles, Ambrose, Venantius Fortunatus, the Ravenna papyri, Gregory of Tours, and Isidore of Seville).

uity cannot be understood adequately if one does not understand the means that those who lived then used to express themselves. These texts also will demonstrate that the literary and other texts of Late Antiquity, even though they are the direct descendents of their classical forebears, are in some ways very different from them and must be appreciated in their own context.

Late Latin, for example, is not simply an insipid, debased, and unsatisfactory version of Cicero or Vergil. The cultural and intellectual environment of the year A.D. 450 was simply not the same as that of, say, 50 B.C. or A.D. 50. Society had evolved. Culture had become more eclectic. Literary style had been transformed. Religious issues in particular came to monopolize the attention of the most talented and influential writers. One need not assume, therefore, that the literature of Late Antiquity was somehow "worse" than that of the Augustan era, only that it was different.[3] The conventions and themes of late antique literature reflected the preferred style of the age.[4] Every bit as much as the literature of classical antiquity, the literature of Late Antiquity needs to be interpreted and appreciated in the context of its own times.

A few words now might be said about the different genres of source material. A very important métier for this collection is epistolography, or letter writing. A greater number of letters and collections of letters survives from Late Antiquity than from any other period of antiquity. Throughout these letters one finds evidence for the continued pleasure taken in classical scholarship. The letters gave their writers, most of whom were ecclesiastics, an opportunity to exercise their rhetorical ingenuity, and thus can make for some difficult reading.

Another genre that came to be much in vogue at this time is hagiography, the composition of saints' lives *(vitae)*.[5] A *vita* not only publi-

3. In the past, even students of Late Antiquity have felt the need to apologize for the supposedly wretched quality of the literary remains: see N. Chadwick, *Poetry and Letters in Early Christian Gaul* (London: Bowes and Bowes, 1955), 296; Erich Auerbach, *Literary Language and Its Public in Late Latin Antiquity and in the Middle Ages,* trans. Ralph Manheim (Princeton: Princeton University Press, 1965), 258; A. Loyen, *Sidoine Apollinaire et l'esprit précieux en Gaule aux derniers jours de l'Empire* (Paris, 1943), 55, 166; T. R. Glover, *Life and Letters in the Fourth Century* (Cambridge, 1901; rpt. New York: G. E. Stechert, 1968), 11; C. E. Stevens, *Sidonius Apollinaris and His Age* (Oxford, 1933), 81; Samuel Dill, *Roman Society in the Last Century of the Western Empire,* 2d ed. (London, 1899; rpt. New York: Meridian, 1958), 438–39, to cite but a few examples.

4. See, e.g., M. Roberts, *The Jeweled Style: Poetry and Poetics in Late Antiquity* (Ithaca, N.Y.: Cornell University Press, 1989).

5. See Hippolyte Delehaye, *Les passions des martyrs et les genres littéraires,* 2d ed. (Brussels: Société des Bollandistes, 1966).

cized one's saint but also provided examples of Christian virtues.[6] Hagiography, moreover, was not merely an ancient equivalent of modern-day biography.[7] Here the message, that is, the portrayal of the saints' virtues, was of primary concern.

As for history, the most significant extant narrative of these times was written by a native of Clermont, Georgius Florentius Gregorius, more commonly known as Gregory of Tours, who served as bishop of Tours from 573 until 594. Among other works, mostly brief biographies of saints and martyrs, Gregory wrote the *Historiae* (Histories), better known as the *Historia Francorum* (History of the Franks), a name it was not given until the Carolingian period.[8] Otherwise, several jejune chronicles provide a chronological framework. Finally, one of the most ubiquitous documents surviving from Late Antiquity, from the genre known as epigraphy, is the inscription, a text inscribed on stone.[9] Most extant inscriptions are epitaphs, but one also finds dedications of buildings or statues, imperial decrees, milestones, and so on.

The following chapters will consist primarily of selections from late antique sources, introduced by the topic, source citation, date of the selection, and, in some cases, the manuscript tradition, and followed by brief notes. An example of how the texts are presented is provided by an entry from Gennadius of Marseille (ca. 495), who compiled a literary dictionary entitled *De viris inlustribus* (On illustrious men), also known as *De scriptoribus ecclesiasticis* (On ecclesiastical writers), which contained brief biographical sketches highlighting the literary accomplishments of nearly one hundred authors.

---

6. See Peter Brown, "The Rise and Function of the Holy Man in Late Antiquity," *Journal of Roman Studies* 61 (1971): 80–101, and *Society and the Holy in Late Antiquity* (Berkeley and Los Angeles: University of California Press, 1982); R. Van Dam, *Saints and Their Miracles in Late Antique Gaul* (Princeton: Princeton University Press, 1993).

7. See P. Cox, *Biography in Late Antiquity: A Quest for the Holy Man* (Berkeley and Los Angeles: University of California Press, 1983); and T. Hägg and P. Rousseau, eds., *Greek Biography and Panegyric in Late Antiquity* (Berkeley and Los Angeles, University of California Press, 2000).

8. For the texts, see *MGH SRM* 1. For translations, see Thorpe, *Gregory; Life of the Fathers,* trans. Edward James (Liverpool: Liverpool University Press, 1985); *Glory of the Martyrs,* trans. R. Van Dam (Liverpool: Liverpool University Press, 1988); and *Glory of the Confessors,* trans. R. Van Dam (Liverpool: Liverpool University Press, 1988).

9. See L. Keppie, *Understanding Roman Inscriptions* (Baltimore: Johns Hopkins University Press, 1991).

I.1 Gennadius of Marseille, *De viris inlustribus* 99: G. Herding, ed., *Hieronymi De viris inlustribus liber,* (Leipzig, 1879), 112; *PL* 58:1120 (no. 100). Ca. A.D. 495.

Most of the entries are very brief, such as the entry on Gennadius himself:

> Ego Gennadius, Massiliae presbyter, scripsi Adversus omnes haereses libros octo, et Adversus Nestorium libros sex,[10] et Adversus Eutychen libros sex, et Adversus Pelagium libros tres, et tractatus De mille annis et De Apocalypsi beati Ioannis, et hoc opus, et epistolam De fide meam misi ad beatum Gelasium, urbis Romae episcopum.

I.2 Gennadius of Marseille, *De viris inlustribus* 92, ed. Herding, 109[11]: *PL* 58:1114–15. Ca. A.D. 495.

Gennadius's entry on Sidonius Apollinaris, bishop of Clermont circa 469–85, is rather more fulsome.

> Sidonius, Arvernorum episcopus, scripsit varia et grata opuscula, et sanae doctrinae. homo siquidem tam divinis quam humanis ad integrum imbutus, acerque ingenio, scripsit ad diversos diverso metro vel prosa compositum epistularum insigne volumen: in quo quid in litteris posset ostendit. verum in Christiano vigore pollens, etiam inter barbarae ferocitatis duritiem, quae eo tempore Gallos oppresserat, catholicus pater et doctor habetur insignis. floruit ea tempestate qua Leo et Zeno Romanis imperabant.

NOTE

Leo et Zeno: Leo ruled from 457 to 474, and Zeno from 474 to 491.

Late Latin Usage

Late Latin is in some ways different from its classical progenitor. It can be wordy, ornate, and exhibit imaginative grammar. A few of the more conspicuous divergences might be noted here as an introduction for the

10. Or *quinque.*

11. This chapter appears in only three of the manuscripts, and like six other entries, including those on Pope Gelasius and Gennadius himself, may have been an early interpolation.

unwary reader.[12] The classical verb-final word order is commonly replaced by a more English-appearing subject-verb-object order. But elaborate word orders also are found that make use of interlacement and hyperbaton (transposition). Indirect statements not only appear in the usual accusative-and-infinitive form, but also, like English, can be introduced, for example, by a subordinating conjunction such as *quod* or *quia* (that).

Few nouns will lack one or more matching adjectives. Even more than in classical Latin, words one might expect to be adjectives, such as participles, often will be used nominally (as nouns). Adverbs such as *vero, itaque, etiam,* and so on, often are used weakly and have little real meaning. More than in classical Latin, the word *vel* often had a meaning more akin to "and," or sometimes just "even." As in classical Latin, it is not at all uncommon for forms of the verb *esse* simply to be omitted, particularly with periphrastic verbs (a participle plus a form of *esse*). One also notes the use of the gerundive for the present participle, and the appearance of nominative and accusative absolutes. Prepositions can be used loosely, with a multitude of cases, and pronouns do not always agree with their antecedents, nor adjectives with their nouns.

Familiar words can look different. There are many spelling variations involving vowels (e.g., *e* for *a, i, ae,* or *oe; o* for *u* and vice versa; *y* for *i;* or *h* + vowel for vowel at beginning of word or vice versa) and consonants (e.g., *b* for *v* and vice versa; *b* for *p* and vice versa; *c* for *t* and vice versa; *c* for *qu* and vice versa; *ch* for *h; d* for *t* and vice versa; *f* for *ph; g* for *c; k* for *c;* and *s* for *x*). One also should note the use of a single letter where two (such as *ll* or *pp*) might be expected.

And, in general, many words that are rarely found in classical literature are regularly used, such as *valde,* or *caballus* rather than *equus* (horse), not to mention words related to the Christian church, often of Greek deviation, such as *presbyter* (priest). On the other hand, archaisms, such as "quum" rather than "cum," or "maxumus" for "maximus," were in great vogue. Other words developed new meanings, such as *privatim* meaning "particularly" rather than "in private." While there is no single comprehensive dictionary of Late Latin currently available, there are several dictionaries and word-lists that can

12. For late Latin in general, see Haadsma and Nuchelmans, *Précis de latin vulgaire;* Harrington, *Mediaeval Latin;* and Rohlfs, *Sermo vulgaris latinus.*

prove helpful to the student curious about either neologisms or new meanings for old words. Note, for example, W. Diamond, *Dictionary of Liturgical Latin* (Milwaukee: Bruce, 1961); R. E. Latham, *Revised Medieval Latin Word-list from British and Irish Sources* (Oxford: Oxford University Press, 1965) and *Dictionary of Medieval Latin from British Sources* (Oxford: Oxford University Press, 1975); A. Souter, *A Glossary of Later Latin* (Oxford: Oxford University Press, 1949; repr. 1996); and L. F. Stelton, *Dictionary of Ecclesiastical Latin* (Peabody, Mass.: Hendrickson, 1995); as well as additional dictionaries cited in the bibliography.

Finally, in the case of apparent grammatical or spelling infelicities, it is not always clear which originated with the author, and which result from the actions of later copyists or even modern editors, some of whom perversely prefer nongrammatical manuscript readings to grammatical ones. As a result, the modern reader is well advised to consult the textual apparatus before presuming that an author did not know Latin case or tense structure.

Rhetorical Terminology

The Latin writers of Late Antiquity not only were well versed in all the rhetorical tricks of the trade, but they used them with gay abandon. If one is to understand their writing, an understanding of rhetorical uses is helpful. In general, rhetorical applications were divided into *tropes,* usages that involve the meaning of words, and *schemes,* which involve the arrangement of words. The so-called *Rhetorica ad Herennium* (Rhetorical matters, to Herennius),[13] a standard rhetorical handbook very popular in the Middle Ages, inventoried many kinds of rhetorical *exornationes* (embellishments).

It began (*Ad Herennium* 4.19–41) with a list of schemes, which are given here in the form cited in the *Ad Herennium,* followed by standard rhetorical term (often a Greek one), followed by a brief definition:

13. See H. Caplan, ed., *Ad C. Herennium de ratione dicendi (Rhetorica ad Herennium)* (London: Loeb, 1954). Often wrongly attributed to Cicero, it was written in the 80s B.C. and, like Cicero's *De inventione* (On discovery), puts Greek rhetorical practice into a Latin context. Reflecting the popularity of handbooks in Late Antiquity, it began to be much used beginning in the late fourth century: see ibid. vii–xxxiv, and H. Caplan, "Introduction to the Ad Herennium," in *Of Eloquence: Studies in Ancient and Mediaeval Rhetoric* (Ithaca, N.Y.: Cornell University Press, 1970), 1–25. For rhetorical terminology, see R. A. Lanham, *A Handlist of Rhetorical Terms,* 2d ed. (Berkeley: University of California Press, 1991).

repetitio (epanaphora)	The initiation of successive clauses with the same word or phrase
conversio (antistrophe)	"Reciprocal conversion"; the reversal of terms dependent on each other, e.g., *the father of the son and the son of the father*
conplexio (symploce)	"Interlacement"; a combination of *epanaphora* and *antistrophe*
traductio (transplacement)	The reuse of the same word in different functions, e.g., as a noun and a verb
contentio (antithesis)	The use of contraries
exclamatio (apostrophe)	Expression of emotion by the direct address of a person, place, or object
ratiocinatio (reasoning)	Reasoning by using questions and answers
sententia (maxim)	An *oratio sumpta de vita* [saying taken from life]
contrarium (the contrary)	The use of two opposite statements so that one proves the other
membrum (colon/clause)	A complementary sentence member, one dependent on another
articulus (hypodiastole)	Single words set apart by pauses
continuatio (period)	A group of words embracing a complete thought
conpar (isocolon)	Phrases with an equal number of syllables, or of approximately equal length
similiter cadens (homoioptoton)	Two or more words in the same case with like endings
similiter desinens (homoioteleuton)	Indeclinable words with similar word endings
adnominatio (paronomasia)	A juxtaposition of words of different meaning but similar sounds, i.e., a pun (e.g., *lenones . . . leones*); also using similar words (e.g., *quid . . . qui . . . quem*); also *polyptoton:* use of the same word in different cases

subiectio (hypophora)	Asking what one's adversaries might say in their favor, or what might be said against oneself, or asking and then answering questions
gradatio (climax)	Passing on to successive statements through steps
definitio (definition)	Grasping characteristic aspects or qualities of things
transitio (metabasis)	Recalling what has been said and laying out what is to follow
correctio (correction)	Related to *metanoia;* retracting what has been said and replacing it with something more suitable
occultatio (paralipsis)	The same as *praeteritio,* the blatant omission of something
disiunctio (disjunction)	Using different verbs with similar meaning
coniunctio (conjunction)	Connecting phrases by putting the verb between them
adiunctio (adjunction)	Placing the verb connecting two similar thoughts at the beginning or the end of the sentence
conduplicatio (reduplication)	The repetition of one or more words
interpretatio (synonymia)	The repetition of one word by another of the same meaning
commutatio (reciprocal change)	The transposition of words in a thought to clarify or contrast them
permissio (epitrope)	Submitting a matter to another's will
dubitatio (aporia)	Expressing doubt
expeditio (elimination)	Discarding all the possibilities but one
dissolutio (asyndeton)	Leaving out a conjunction
praecisio (aposiopesis)	Leaving a sentence unfinished
conclusio (conclusion)	A brief argument that leads to the consequences

The *Ad Herennium* (43–47) then lists ten tropes,[14] including:

nominatio (onomatopoeia)	The creation of a word, expressive or imitative, for a thing lacking a name
pronominatio (antonomasia)	The use of an epithet for a proper name, e.g., *Scipio's grandson* or *son of Caesar*
denominatio (metonomy)	The association of a word with an object, the substitution of the name of a greater thing for that of a lesser thing (e.g., *Venus* for love), or of an instrument for its possessor *(Transalpine pike),* or of a cause for the effect, or of an effect for the cause, or of a container for its contents
circumitio (periphrasis)	Circumlocution; the use of one word or phrase for another
transgressio (hyperbaton)	Upsetting the word order for purposes of rhythm, including *perversio* (= *anastrophe*), the reversal of order; and *transiectio* (transposition), the separation of adjectives from nouns
superlatio (hyperbole)	Exaggeration
intellectio (synecdoche)	Understanding the whole from the part, or the part from the whole
abusio (catachresis)	The inexact use of a like word for a correct one
translatio (metaphor)	Transfering a word applying to one thing to another
permutatio (allegory)	Denoting one thing literally, and another by the meaning of the words

There then follow "Figures of Thought" (*Ad Herennium* 47), such as:

14. See G. Kennedy, *The Art of Persuasion in Greece* (Princeton: Princeton University Press, 1963), who lists, as the "basic set of eight tropes," *onomatopoeia, catachresis, metaphora, metalepsis, synecdoche, metonymy, antonomasia,* and *antiphrasis.*

distributio (distribution)	Assigning roles among several persons or things (*you who . . . you who . . .*)
licentia (parrhesia)	*oratio libera,* "frankness of speech"

and so on.

Other figures of speech not discussed in the *Ad Herennium* include *prosopopoeia* (personification), *anadiplosis* (the repetition of the word at the end of one phrase at the beginning of the next), *parisosis* (the even balance of clauses), *litotes* (the negation of the contrary, *a man of no small stature*), *hendiadys* (the use of two nouns connected by *and* instead of a noun and adjective), *chiasmus* (an inversion of the second of two parallel phrases; a word pattern of a-b-b-a), *metalepsis* (substitution of a partial synonym, e.g., *in one Caesar there are many Mariuses*), and *antiphrasis* (the use of words opposite to their proper meaning).

Rhetorical usages like these were both studied and applied liberally by the writers of Late Antiquity in order to achieve the effects they desired. In many instances, moreover, the use of rhetoric was an end in itself and was appreciated as such.

Manuscript Traditions

Some documents, such as coins and inscriptions, survive in their original form and attest a manner of production and expression that dates precisely to the time that the document was created. The situation is different, however, with the literary sources that survive from antiquity and the Middle Ages, all of which have been transmitted to us by means of manuscripts, that is, documents "written by hand."[15] The modern neat printed editions of ancient authors belie a text that usually has passed through several stages of copying between then and now. Two disciplines, paleography and codicology, are devoted to the study of manuscripts. Paleography is the study of the various kinds of writing—including *scripts* (different writing styles) and *hands* (the writing styles of particular individuals)—in which manuscripts were written; codicology is the study of the interrelationships among different manuscript versions of the same text. Both of these disciplines allow us to reconstruct, as much as possible, what the "original" autograph text

15. For a general overview, see L. D. Reynolds and N. G. Wilson, *Scribes and Scholars: A Guide to the Transmission of Greek and Latin Literature* (Oxford: Clarendon Press, 1968).

(the *archetype*) that served as the basis for all the later copies would have looked like—with the caveat that one can never ever expect to recreate an exact version of the archetype.[16]

A knowledge of which texts were copied where, when, and by whom can assist us greatly in reconstructing the cultural context of different periods and regions. Each period had its own literary and cultural flavor, in which various genres of literary works served their own purpose, had their own audiences, and were appreciated on their own merits. The litterateurs and copyists of Late Antiquity did not collect and copy texts merely so they could, someday, be passed on to us. They did so because they had a deep personal interest in those texts—after all, in a day without printing presses and Xerox machines, the copying of a text was an expensive, painstaking, and time-consuming process. As a result, the mere survival of a text means that someone had a serious commitment to its preservation.[17]

Given the importance of the manuscript tradition for the preservation of all of the literary texts to be cited below, in some instances, generally where a text survives only in a very small number of copies or even in but a single copy, the manuscript tradition of a text or passage will be cited as will be the different readings provided by different manuscript versions. By this means, the student can gain some insight into the process by which texts have been transmitted from then to now, and into the difficulties that can be faced when one encounters two manuscripts that give rather different versions of the same text.

Epigraphy

Inscriptions make up a category of material that gives valuable insights into people and social relations. They also have a language and terminology all their own, which are not often covered in standard Latin grammars or readers. Several features can be pointed out as an aid in understanding late antique inscriptions.

Inscriptions very often survive in incomplete or imperfect forms. This can happen because sections of a stone have broken off, because

16. See, e.g., E. J. Kenney, *The Classical Text: Aspects of Editing in the Age of the Printed Book* (Berkeley and Los Angeles: University of California Press, 1974).

17. See Rosamund McKitterick, *The Carolingians and the Written Word* (Cambridge: Cambridge University Press, 1989).

parts of an inscription are illegible, because abbreviations were used, or because there are misspellings, missing words, or grammatical errors. Epigraphers have developed a set of conventions for indicating these conditions in a published inscription. These conventions are much the same as those used by paleographers.

(aaa)	Letters omitted by a stonecutter for purposes of abbreviation: abbreviations often are signified on a stone by a horzontal line drawn above a letter or letters belonging to the abbreviated word.
<aaa>	Letters erroneously omitted by a stonecutter (i.e. not for purposes of abbreviation)
{aaa}	Extraneous letters erroneously added to a word
[aaa]	Letters that are no longer readable, but are assumed to have been present: these letters represent the hypothesis of the editor as to what the missing letters must be.
[. . .]	Letters that are no longer readable and cannot be restored; each dot represents one missing letter.
[– – –]	Letters that are no longer readable and cannot be restored; number of letters uncertain
[[aaa]]	Letters that have been erased intentionally but can be restored
[///]	Letters that have been erased intentionally but cannot be restored; each slash represents one letter.
ạḅc̣	Doubtful letters that cannot be read with certainty
vac. or *vacat*	"It is empty," that is, a blank space or line

Common Abbreviations

In order to conserve space, stonecutters made use of a multitude of abbreviations. Although some of them were created "on the fly," there were a large number of relatively standardized ones, of which only a few can be cited here for purposes of illustration.

Q	*qui, quae* (who)
D.M.[S.]	*dis manibus [sacrum]* ([sacred] to the lingering gods): the usual formulaic heading of non-Christian epitaphs.
H.S.E.	*hic situs est* (here is placed)
S.T.T.L.	*sit tibi terra levis* (may the earth be light for you)

V.S.L.M.	*votum solvit libens merito* (he/she paid the vow freely and deservedly): often used in dedicatory inscriptions addressed to a deity.
D.N.	*Dominus Noster* (Our Lord) (used of emperors)
V.C.	*vir clarissimus* (most distinguished gentleman)
V.I.	*vir inlustris* (illustrious gentleman)
V.S.	*vir spectabilis* (respectable gentleman)

Other abbreviations consisted of standardized shortened forms of words. Some common Christian abbreviations included

EPS	*episcopus* (bishop)
PBTR, PRB	*presbyter* (priest)
☧	Χρίστος (Christ) (in Greek).

In addition, the presence of an abbreviation sometimes was signaled by placing a crossbar or tilde above the space where letters had been left out.

Nomenclature

During the Roman Republic and Principate, males generally bore the *tria nomina,* consisting of a *praenomen* (first name), *gentilicum* (extended-family name), and *cognomen* (individual-family name), e.g., Gaius Julius Caesar. *Praenomina,* of which only a small number were typically used, generally were abbreviated as follows:

M	Marcus	T	Titus, Tiberius
L	Lucius	Ti	Tiberius
Q	Quintus	C	Gaius[18]
Gn	Gnaeus	G	Gaius
S	Sextus	P	Publius
Mn	Manlius	D	Decimus

Family relationships for female offspring, and freed slaves, (that is, members of the extended *familia*) were expressed as follows:

18. The abbreviation *C* for *Gaius* goes back to the time when there was no letter *G* in the Latin alphabet.

Secunda M.L. Secundiana = Secunda Secundiana, *liberta* (freedwoman) of M(arcus)
Secunda M.F. Secundiana = Secunda Secundiana, *filia* (daughter) of Marcus

Dating Conventions

A number of different dating systems were used during Late Antiquity, often alongside each other.[19] The consular system, which commenced in 509 B.C., assigned to each year the name or names of the consul or consuls who were appointed at the beginning of the year.[20] These were the *ordinary consuls,* and each year was known as "the year of consul [name] and consul [name]." On occasion, years would be dated by "postconsulates," for example, "the fifth year after the consulate of consul [name]' and consul [name]." This could be done when no consuls were appointed for a year (the last non-imperial consul was appointed in A.D. 541), when the consuls were not known, or just from force of habit. *Suffect* (temporary) *consuls* and, as of the late fifth century, *honorary consuls* also could be appointed, but they were of lesser rank and did not give their names to the year.

A dating method that was begun by the emperor Diocletian in A.D. 297 was based on *indictions.* Every fifteen years a new census, or indiction, would be performed for the purpose of making tax assessments. The appropriate year of this fifteen-year cycle came to be included in dates, as, for example, "the fourth year of the indiction." In order to be able to calculate an exact year, one must know which indiction cycle was being applied, that is, whether the cycle began in 297, 312, 327, and so on. One also notes that the indiction year began on 1 September. Dating by indictions continued throughout Late Antiquity, primarily in the Byzantine world, but intermittently in western Europe as well.

Some dating systems were sequential and counted years from a fixed starting point. A Roman system counted years *ab urbe condita* (from the founding of the city) in 753 B.C. and was expressed by the letters *AVC.* Other areas of the empire used provincial dating schemes. For

19. For non-Christian dating systems, see, in general, see E. J. Bickermann, *The Chronology of the Ancient World* (London: Thames and Hudson, 1968).

20. For late Roman consuls, see R. S. Bagnall, A. Cameron, S. R. Schwartz, and K. A. Worp, *Consuls of the Later Roman Empire* (Atlanta: Scholar's Press, 1987).

example, in North Africa and Spain, one finds dates based on the year of the province. The year 1 for Africa, occurred in 39 B.C. Therefore, when an African provincial year is given, one must add 39 to arrive at the A.D. or C.E. date. And after the establishment of the barbarian kingdoms of western Europe, dating by regnal years of kings also became common, for example, "the second year of Our Lord King Alaric" would be A.D. 485 in southwestern Gaul and Spain. This system, which also was used in the Byzantine Empire, cycled back to the year 1 whenever a new ruler took the throne.

In the early 530s, an entirely new system, based on the Christian Era, was introduced in Rome by the Gothic monk Dionysius Exiguus. This system, now known as the *anno domini* (A.D.), or *current* (or *common*) *era* (C.E.), system, assigned sequential numbers to succeeding years. Its starting point was the birth of Christ, which Dionysius placed on 25 December 753 AUC, a date now thought to be perhaps four years too late; that is to say, because of Dionysius's miscalculation, Christ was actually born circa 4 B.C. It was not until well into the medieval period, however, that this system came into general use.

Days of the month were usually given by references to the Kalends, the Nones, and the Ides. The Kalends was the first of the month; the Ides was the thirteenth, except for March, May, July, and October, when it was the fifteenth; and the Nones was nine days (counting inclusively) before the Ides, that is, on the fifth or the seventh, all as follows:

Kalends	*Nones*	*Ides*	*Applicable Months*
1	7	15	March, May, July, October
1	5	13	Remaining months

Days of the month were enumerated backward from these three reference days. The day before the Kalends, Nones, or Ides was *pridie,* and two days before was *III:* this was because the Romans counted inclusively, beginning with the reference day from which enumeration began. A few examples will demonstrate how the system operated:

VII Idibus Martiis	"Seven days before the Ides of March" = 15 (March 15) + 1 (for inclusiveness) – 7 = March 9

XVI Kalendas Apriles	= "Sixteen days before the Kalends of April" = 31 (days in March) + 2 (add 1 because the Kalends is the day after March 31 and 1 for inclusiveness) – 16 = March 17
III Nonas Februarias	= "Three days before the Nones of February" = 5 (February 5) + 1 – 3 = February 3

Formulaic Aids in Dating

Latin inscriptions sometimes, but far from always, bear the kinds of dates discussed above. For inscriptions, especially epitaphs, that do not carry dates, other methods can be used to furnish at least an approximate date. For example, interspersed leaves often signify a second- or third-century date; L's with tails can be third or fourth century; the pagan formula *D(is) M(anibus) S(acrum)* generally does not appear before the third century, and the formula *MEMORIA* is generally fourth or fifth century. Inscriptions with a name only, without any introductory formula, are often third or fourth century. The formula *in pace* is usually Christian and often indicates a third-century or (usually) later date.

A number of Christian formulas can suggest approximate dates for Gallic epitaphs.[21] One group of formulas begins with the word *hic* and can be roughly dated as follows: *hic iacet* (ca. 430/500, meaning at some point between 430 and 500); *hic requiescit* (ca. 420/500); *hic requiescit bonae memoriae,* sometimes preceded by ☧ (ca. 450/500); *hic requiescit in pace* or *hic in pace requiescit* (ca. 450/540); *hic requiescit in pace bonae memoriae* (or *in pace requiescit*) (ca. 480/550); and + *hic requiescit bonae memoriae in XPI* (585–625). The prefixed cross generally indicates a date after circa 500. Another formula with *hic* reads *hic quiescat in pace bonae memoriae,* or simply + *quiescat in pace* (early sixth century) A similar, but less used, group begins not with *hic* but with the formula *in hoc loco;* for example, *in hoc loco requiescit* (early to middle fifth century);☧ *in hoc loco requiescit famulus dei* (mid–sixth century).

21. The following approximations are based on inscriptions bearing these formulas that have exact dates.

Another common group replaces the *hic* with the words *in hoc tumulo;* for example, *in hoc tumulo conditur bonae memoriae,* + *his tumulis requiescit in pace bonae memoriae,* and *his tumulis quiescit in pace bonae memoriae* (ca. 480/510); *in hoc tumulo requiescit, in hoc tumulo requiescit bonae memoriae,* and + *in hoc tumulo requiescit bonae memoriae* (ca. 490/550); *in hoc tumulo requiescit in pace bonae memoriae* (sometimes preceded by ☧), and *in hoc sepulchro requiescit bonae memoriae* (ca. 510/570); ☧ *in hoc tumulo requiescit famula dei bonae memoriae* or *in hoc tumulo requiescit famulus dei* (ca. 550/580); and *in hoc tumulo requiescit in pace* (ca. 600).

The preceding discussion demonstrates that an understanding and appreciation of late Latin requires specialized knowledge of the circumstances in which late antique documents were written. The following texts, which have been generated based upon published editions, textual notations, and original manuscripts, provide an introduction to this fascinating and often frustrating literature.

CHAPTER 1

The Aristocratic-Literary World

For late Roman aristocrats, rank and status were everything. Nor was it sufficient simply to possess them. It was necessary not only to advertise that one had them, but also to demonstrate their efficacy through the exercise of *potentia:* the ability to compel others to fulfil one's wishes. Senators lost no opportunity to parade their ranks, titles, and offices.

1.1 Diptych of the consul Fl. Astyrius. *CIL* 13:10032.2; R. Delbrueck, *Die Consulardiptychen und verwandte Denkmäler* (Berlin, 1926–29). A.D. 449.

A diptych (a folded ivory plaque) announcing his appointment as consul allowed Flavius Astyrius, who assumed the consulate at Arles on 1 January 449, to advertise to his senatorial confrères the height of rank and status that he had attained. It had engraved on it a scene of Astyrius seated on the curule chair in full consular regalia, and read as follows, using typical abbreviations in order to conserve the very limited space at the top of the diptych:

(second leaf) COMESEXMAGUTRIVSQMIL
(first leaf) FLASTVRIVSVCETINL

Or, with the words spaced out and the abbreviations filled in,

Flavius Asturius v(ir) c(larissimus) et inl(ustris) comes ex mag(istro) utriusq(ue) mil(itiae) cons(ul) ord(inarius)

NOTES

vir clarissimus: The "entry level" senatorial rank, received by sons of aristocrats at birth. Even though Astyrius had risen, by virtue of holding the office of master of soldiers, to the much more exalted rank of *inlustris,* he continued to refer to oneself as a *v.c.* in order to make it clear that he had been born into the aristocracy.

inlustris: Ranks above that of *clarissimus* were obtained through the emperor, usually by holding a high office. Only the most important officials were granted the rank of *inlustris:* these included the members of the *consistorium* (the emperor's council), the praetorian prefects, and the masters of soldiers *(magistri militum).* Astyrius had been *magister utriusque militiae* (master of both services) in the West in A.D. 441–43.

comes: A "comrade," that is, of the emperor. This title was used in two ways. On the one hand, it was a military rank; for example, the *comes rei militaris* (count of military matters) was a commander of a unit of the field army (the *comitatenses*). It also was a title, held for life, granted to imperial favorites, usually after the performance of exemplary imperial service. It is in this latter sense that Astyrius held the title, presumably granted upon his retirement as master of soldiers.

ex magistro utriusque militiae: At this time, there were three masters of soldiers in the West. The highest-ranking one (originally called the *magister peditum*) was styled *patricius et magister utriusque militiae,* and between 436 and 454, this office was held by Fl. Aetius. The second one (initially the *magister equitum*), the office held by Astyrius, came to be called simply *magister utriusque militiae.* A third was the *magister militum Galliarum* (or *per Gallias*). The *ex* is a customary locution specifying that a person had retired from the office specified.

consul ordinarius: there were several kinds of consuls in the Late Roman period.[1] Those with the highest status were the "ordinary consuls." Two were appointed who took office at the beginning of the year and gave their names to the year (see Introduction). Very often this office was held by emperors, and it therefore was a great honor for a "subject" consul to be named. In extraordinary circumstances, as a sign of exceptional honor, a sole ordinary consul could be appointed. *Suffect,* or replacement, consuls also were appointed later in the year, at least through the early fifth century, not only as a means of enhancing senatorial status but also because some governorships (such as those of proconsul and *consularis*) required their holders to have been a consul in the past.[2] In the reign of the emperor Zeno (474–91), the senatorial demand for consular status became so great that the "honorary consulate" was sold for fifty pounds of gold.[3] The last subject ordinary consul, Basilius, was appointed in A.D. 541.[4]

.2 Subscription of the consul Turcius Rufius Apronianus Asterius. O. Jahn, "Die Subscriptionen in den Handschriften römischer Classiker," *Koniglichen-Sachsischen Gesellschaft der Wissenschaft zu Leipzig. Berichte* 3 (1851): 348–51. A.D. 494.

The senator Turcius Rufius Apronianus Asterius of Rome, perhaps

1. See *CLRE.*

2. See André Chastagnol, "Observations sur le consulat suffect et la préture du Bas-Empire," *Revue historique* 219 (1958): 221–53.

3. See Ralph W. Mathisen, "Leo, Anthemius, Zeno, and Extraordinary Senatorial Status in the Late Fifth Century," *Byzantinische Forschungen* 17 (1991): 191–222.

4. See Alan Cameron and Diane Schauer, "The Last Consul: Basilius and His Diptych," *Journal of Roman Studies* 72 (1982): 126–45.

a relative of the preceding, itemized his career *(cursus honorum)* in his subscription to a copy of a manuscript of Vergil that he had copied himself in A.D. 494, the same year as his consulate:

> TVRCIVS RVFIVS APRONIANVS ASTERIVS V.C. ET INL. EX COMIT. DOMEST. PROTECT EX COM. PRIV. LARGIT. EX PRAEF.VRBI PATRICIVS ET CONSVL ORDIN. LEGI ET DISTINCXI CODICEM FRATRIS MACHARII V.C. NON MEI FIDVCIA SET EIVS CVI SI ET AD OMNIA SVM DEVOTVS ARBITRIO XI KAL. MAI. ROMAE

Or, written with the abbreviations filled out:

> Turcius Rufius Apronianus Asterius v(ir) c(larissimus) et inl(ustris) ex comite domest(icorum) protect(orumque) ex com(ite) priv(atarum) largit(ionum) ex praef(ecto) urbi patricius et consul ordin(arius) legi et distincxi[5] codicem fratris Macharii v(ir) c(larissimus) non mei fidicia sed eius cui si et ad omnia sum devotus arbitrio. XI Kal(endas) Mai(as) Romae

NOTES

vir clarissimus et inlustris: Asterius, too, received his title of *v.c.* at birth and attained his rank of *inlustris* through the holding of a whole series of high-ranking offices.

comes domesticorum et protectorum: The "protectors and domestics," commanded by a *comes,* were the imperial bodyguard;[6] they were one of the few units of troops not under the overall authority of one of the masters of soldiers. This sensitive position was often held by high-ranking senators, and not by career soldiers.

comes privatarum largitionum: There were two imperial treasuries, the *sacrae largitiones,* which received the regular tax and other income, and the *res privatae,* which administered and received the income from the property belonging to the emperor. Each was administered by a *comes* who also was a member of the consistory.[7]

praefectus urbi: The prefect of the city of Rome; there also was a prefect of Constantinople in the East. The city prefect presided at meetings of the Senate and administered the ter-

5. I.e., *distinxi.*

6. See R. I. Frank, *Scholae palatinae: The Palace Guards of the Later Roman Empire* (Rome: American Academy, 1969).

7. See Roland Delmaire, *Largesses sacrées et res privata: L'aerarium impérial et son administration du IVe au VIe siecle* (Rome: Ecole française de Rome, 1989), and *Les responsables des finances impériales au Bas-Empire romain (IVe–VIe s.): Études prosopographiques* (Brussels: Latomus 1989); and J. P. C. Kent, "The Comes sacrarum largitionum," in *Byzantine Silver Stamps,* ed. E. C. Dodd (Washington, D.C.: Catholic University of America Press, 1961), 35–45.

ritory surrounding the city of Rome, which was excluded from the jurisdiction of the praetorian prefect of Italy.[8]

consul ordinarius: Asterius was consul in A.D. 494.

fratris Macharii: A senatorial friend of Asterius, not his actual kinsman.

eius cui: That is, God.

.3 Inscription honoring Anicia Faltonia Proba. *CIL* 6:1754 = H. Dessau, ed., *Inscriptiones Latinae selectae,* 5 vols. (Berlin: Weidmann, 1954–55), no. 1269. Ca. A.D. 400.

The status of senatorial women, who partook of the rank of their husbands, also was publicized. Proba, the wife of Sextus Petronius Probus (consul in 371), was lauded in an inscription put up by two of her sons, Probinus, consul in 395, and Probus, who subsequently became consul in 406:

> Aniciae Faltoniae Probae, Amnios Pincios Aniciosque decoranti, consulis uxori, consulis filiae, consulum matri, Anicius Probinus v.c. consul ordinarius et Anicius Probus v.c. quaestor candidatus filii devincti maternis meritis dedicarunt.

NOTES

Amnios Pincios Aniciosque: The family names Amnius, Pincius, and Anicius had a long, distinguished history, although by the fourth century only the Anicii really amounted to anything anymore, being the most influential family in Rome.

quaestor candidatus: That is, nominated to serve as quaestor during the following year. Young senators still embarked on the traditional senatorial *cursus honorum* (course of offices). During the Republic, the quaestor was a financial official; now, the primary, if not the only, duty of these offices was to spend money on circus games and other amenities. It was the holding of this office that made one an actual member of the Senate in Rome.

.4 Perceptions of potentates. *Carmen de providentia dei* (Poem on the providence of God), 67–80: *PL* 51:617–22; M. P. McHugh, trans., *The Carmen de providentia dei Attributed to Prosper of Aquitaine: A Revised Text with an Introduction, Translation, and Notes* (Washington, D.C.: Catholic University of America Press, 1964), 263. Early fifth century.

Popular perceptions of powerful persons were not always positive. The anonymous author of the *Carmen de providentia dei,* written in elegaic couplets in Gaul in the early fifth century, provides a different viewpoint regarding attitudes toward powerful persons:

8. See W. G. Sinnigen, *The Officium of the Urban Prefecture during the Later Roman Empire* (Rome: American Academy, 1957).

Maximus inustis locus invenietur in orbe
Oppressis autem pars prope nulla bonis
Qui fuerit violentus, atrox, versutus, avarus
Cuius corde fides cesserit, ore pudor
Hunc omnes mirantur, amant, reverentur, honorant
Huic summi fasces, huic tribuuntur opes . . .
Falsa valent in iudiciis, et vera laborant
Insontes sequitur poena, salusque reos.

1.5 "Let's Do a Play." *Querolus* (The complainer), *praef.:* R. Peiper, ed., *Aulularia sive Querolus. Theodosiani aevi comoedia Rutilio dedicata* (Leipzig: Teubner, 1875), 3–5; L. Herrmann, ed., "Querolus (Le Grognon)," *Latomus* 96 (1968): 67–167; and C. Jacquemard–Le Saos, ed., *Querolus (Aulularia) Le Grincheux (Comédie de la petite marmite)* (Paris, Budé, 1994), 3. Early fifth century. The best manuscript of the *Querolus* was consumed in a fire at Reims on 17 January 1774. Citations here and elsewhere include the act and scene numbers from Peiper, followed by the paragraph numbers from Jacquemard–Le Saos.

A favorite aristocratic avocation, as already seen in the case of Turcius Asterius above, was to indulge one's literary interests. This involved, if not actual composing or copying, serving as the sponsor of those who did. Aristocratic authors often introduced their compositions with a dedicatory preface. One such began the *Querolus,* a comedy written in Gaul in the early fifth century ostensibly in the style of the Republican comic poet Plautus (ca. 254–184 B.C.), whose twenty-one surviving comedies are full of slapstick and earthy humor. The author expresses his gratitude to the *vir inlustris* Rutilius, who had sponsored both the composition and the production.

Rutili, venerande semper magnis laudibus, qui das honoratam quietem quam dicamus ludicris inter proximos et propinquos, honore dignum putas, duplici fateor et ingenti me donas bono: hoc testimonio hoc collegio; haec vera est dignitas. quaenam ergo his pro meritis digna referam praemia? pecunia illa rerum ac sollicitudinum causa et caput neque mecum abundans neque apud te pretiosa est. parvas mihi litterulas non parvus indulsit labor. hinc honos atque merces, hinc manabit praemium. atque ut operi nostro[9] aliquid

9. The author here shifts from the first-person singular to the first-person plural.

adderetur gratiae, sermone illo philosophico ex tuo materiam sumpsimus. meministine ridere tete solitum illos qui fata deplorant sua atque academico more quod libitum foret destruere et adserere te solitum? sed quantum licet? hinc ergo quid in vero sit qui solus novit noverit: nos fabellis atque mensis hunc libellum scripsimus . . . tuo igitur inlustris libellus iste dedicatur nomini. vivas incolumis atque felix votis nostris et tuis.

.6 The dedication of a grammatical treatise. Agroecius, *De orthographia* (On orthography), *praef.:* Heinrich Keil, ed., *Grammatici latini* (Leipzig, 1880), 7:113–14. Ca. 440s.

The conscious mimicry of the literary efforts of the past was common in the Late Roman west. The dedicatory preface of another classically based work, entitled *De orthographia,* was written circa the 440s by Agroecius—perhaps the elderly and learned Agroecius who was bishop of Sens circa 470—and was addressed not to a secular aristocrat, but to Eucherius (ca. 432–51), the cultured bishop of Lyon.

Domino Eucherio episcopo Agroecius.
Libellum Capri de orthographia misisti mihi. haec quoque res proposito tuo et moribus tuis congrua est, ut, qui nos in huius vitae actibus corrigere vis, etiam in scribendi studiis emendares. nihil ergo quod in nobis est alienam a castigatione tua credis: omnia nostra, et quae dictu parva sunt, sollicita indage rimaris, a vivendo ad scribendum, ab animo ad manum, a corde ad articulum pervenis. hoc est vere summum dei sacerdotem esse, commissos sibi homines, ut ipsi dicitis, et secundum spritum imbuere et secundum litteram perdocere. huic ergo Capri libello, qui est de orthographia et de proprietate ac differentia sermonum, quaedam adicienda subieci, non quod vir tantae peritiae aliquid praetermiserit, tam multis praesertim litterarum operibus, celebratus et in commentando etiam Cicerone praecipuus, sed quia nos difficilia putamus quae ille ut facilia neglexit. ego autem credidi haec ambigua aliquantis videri, quia mihi obscura frequenter fuissent. ad te igitur hoc opusculum mittitur, in quo laborabis plurimum, cui necesse est emendare ipsum qui aliquid emendare praesumpsit. donabit divina pietas ut, qui scriptum a te observare volumus, etiam praescriptum tuum servare possimus.
vale memor nostri, decus et praesidium meum.

NOTES

Libellum Capri de orthographia (The book of Caper, on orthography): Flavius Caper was a Latin grammarian who wrote works called *De latinitate* (On Latinity) and *De dubiis generibus* (On doubtful types) in the second century A.D.

vale. . . : Such farewell salutations were de rigueur at the end of letters, whether personal or official. In cases where the body of the letter itself had been written by a scribe, the farewell salutation, at least, would be written by the putative author. Some of these phrases, as will be seen, were quite elaborate.

1.7 Manuscript copying. Rusticus, *Epist.* "Transcriptis exultanter": C. Wotke, ed., *CSEL* 31.1 (Vienna, 1894), 198–99; see J. Pitra, "Sanctus Eucherius Lugdunensis," *Analecta sacra* 2 (1884): 492. Ca. A.D. 435/440. The letter survives only in a small family of manuscripts based on the sixth-century Codex Sessorianus 77 ("S"), now in the Biblioteca Nazionale Vittorio Emanuele in Rome.

The pleasure taken by aristocrats in their literary pursuits is seen in a letter written circa 435 to Eucherius by Rusticus, a classically trained priest who would have belonged to the Rustici, one of premier families of late Roman Lyon. The letter was preserved only because it was incorporated, along with letters of Hilary of Arles and Salvian of Marseille (cited in chapter 5 below), into a manuscript of Eucherius's *De spiritalis intellegentiae* (On spiritual understanding). Perhaps Rusticus himself was the copyist of the manuscript that served as the exemplar for the surviving sixth-century copy, and this is how his cover letter happened to be incorporated.

> Domino vero sancto atque amico dei et mihi in Christo omni cultu suscipiendo papae Eucherio Rusticus presbyter.
> Transcriptis exultanter ac raptim quae deprecante me exemplanda misisti illico ad beatitudinem vestram volumen utrumque direxi, unica vero illa et sine comparatione doctrina, qua[10] ex utroque testamento magnorum aenignatum absolutissime aperiens quaestiones[11] amoto velamine oculis cordis verum spiritalis intellegentia lumen infundit, quam admirationi mihi fuerit, manifestius declarare[12] non potui, quam ut eam[13] a me faterer digne non posse[14]

10. Wotke; *quam:* S.

11. Wotke; *questionis:* S.

12. S; *declarasse:* Sirmond. The famous French scholar Jacques Sirmond edited many manuscripts in the seventeenth century.

13. Wotke; *tam:* S.

14. *fatear non digne posse:* Sirmond.

laudari. quamquam quid ego ad adtollenda ea quae editis solum me esse imparem dicam? pace dictum sit omnium qui sunt optime his quae liberalia appellant studia instituti,[15] nec ab his quidem mira librorum tuorum praeconia satis digne excoli posse existimo. quia licet facilius esse decernant indicare quam dicere, mihi tamen adeo persuasum est non esse hoc facile, ut merito definiam, quod nemo rectius tam praeclari operis praedicator[16] existeret quam eius inventor et conditor, quia, quod[17] nemo sic potuit invenire, utique sic nemo laudat. sed dum haec tacitus mecum revolvo, occurrit mihi quod in bibliothecis studiosi saecularium litterarum puer quondam, ut[18] se aetatis illius curiositas habet, praetereundo[19] legissem. nam cum supra memoratae aedis ordinator ac dominus inter[20] expressas lapillis aut ceris discoloribus formatasque effigies[21] vel oratorum vel[22] etiam poetarum specialia[23] singulorum autotypis epigrammata subdidisset, ubi ad praeiudicati eloquii venit poetam, hoc modo orsus[24] est:

Virgilium vatem melius sua carmina laudant,
In freta dum fluvii[25] current, dum montibus umbrae
Lustrabant convexa, polus dum sidera pascet,
Semper honos, nomenque tuum laudesque manebunt.

et vere, dummodo orationibus tuis culpa caream,[26] quod inter sacros apices, commemorationesque sanctorum mundialium a me scripturarum promuntur[27] exempla, merito mihi domnum Eucherium mente recolenti memoratam in memoriam opus recurrit. nam dum erunt superius conprehensa, omnium Christianorum ore et amore celebrabere praedicandus in posterum, dum doces posteros.

15. Wotke; *studens institutione:* S.
16. Wotke; *praedicatur:* S.
17. Wotke; *quid:* S.
18. *Addit* Wotke.
19. Wotke; *praetereunda:* S.
20. *Addit* Wotke.
21. Wotke; *efficies:* S.
22. *Addit* Wotke.
23. Wotke; *aespecilia:* S.
24. Wotke; *ursus:* S.
25. Wotke; *tum fluuivii:* S.
26. Wotke; *careat:* S; *non teneat:* Sirmond.
27. Wotke, Sirmond; *ponuntur:* S.

Ora pro me, domine vere sancte atque amice dei et mihi in Christo omni cultu suscipiende pater.

NOTES

verum spiritalis intellegentia: An allusion to the title of the work being copied.

Virgilium vatem . . . manebunt: Included separately in Alexander Riese, ed., *Anthologia latina* 1.2 (Leipzig: Teubner, 1906), 369. Such poetic tags seem to have been common: see *Anthologia latina* nos. 813–39, pp. 300–303.

Ora pro me. . . : Note that the farewell salutation here is virtually identical to the superscription.

1.8 Taurentius's lending library. Taurentius, *Epist.* "Litterae sanctitatis": B. Krush, ed., *MGH AA* 8:272; A. Engelbrecht, ed., *CSEL* 21 (Vienna, 1891), 444–46; *CCL* 64:398–400. Ca. 480/505. The letters written by and to Bishop Ruricius of Limoges (ca. 485–510), such as those of Taurentius and Sedatus below, survive only in a single manuscript, the Codex Sangallensis 190 ("S"), written in the late eighth or early ninth century and preserved at St. Gallen.

Rusticus was not the only one to copy manuscripts. Indeed, this was a favorite aristocratic pastime. Another example is found in a letter written to Ruricius of Limoges by his friend Taurentius, which indicates that Ruricius and others were in the habit of borrowing from his library on a regular basis.

Domino sancto ac beatissimo et omni mihi cultu atque honore venerando patri et in Christo domino patrono Ruricio episcopo Taurentius.

Litterae sanctitatis vestrae me spiritali cibo pastum incitaverunt ad spem futurorum et verba prophetica claritate radiantia ad discutiendas errorum tenebras purissima luce fulserunt. recognosco plenum caritatis affectum et sinceritatem piae castigationis amplector: eloquentiam in verbis, in exemplis perfectionem, in consilio gratiam, in officio diligentiam,[28] in veritate constantiam, in admonitione veritatem, scientiam probatis in dogmate. vos antiquos scripturarum interpretes et divinorum voluminum tractatores, veneranda mihi nomina, Cyprianum, Augustinum, Hilarium,

28. *diligentiam:* S; *indulgentiam:* Krusch.

Ambrosium rettulistis, alios facundiae flore vernantes, alios et in revelandis occultioribus spiritales, alios mulcendis imperitorum sensibus blandientes, alios in fidei assertione pugnantes. praeteritae[29] calumniamur aetati, quod viros illos admiratione dignissimos haec saecula non tulerunt: pro certo doctrinam iunioris[30] ambierant[31] qui ante docuerunt. ego autem aetatem meam non de canentium putamine capillorum nec, sicut beatitudo vestra de saeculari auctore mutuata est, de colore barbae albentis agnosco, cum, etiamsi esset error in computo, senescentis[32] annos de torpore[33] membrorum per morbi incrementa sentirem. sed omnium precum humilitate deposco, ut pro correctione morum meorum, pro inspirando mihi desiderio paenitendi, pro domini nostri propitiatione in sanctis vestris orationibus supplicetis, ut qui ad vitandum proclive illius viae in perniciosa vergentis erectum et cum labore gradiendum iter ostenditis, et ingressum boni operis et piae emendationis obtineatis effectum non in verbere disciplinae, sed in indulgentiae medicina et misericordiae lenitate. hanc quoque vobis conferte mercedem: debetis enim fenus domino de thesauro, qui fidei vestrae traditus et a vobis illo commendante susceptus est. adquirite desperantes, arguite neglegentes, deditos somno ignavae securitatis excutite, resides excitate. decet ovem perditam in umeris suis bonum reportare pastorem et munitioribus caulis eas quibus lupus insidiatur includere. sanctum Augustinum, sicut iusseratis, inveni, quem cum filio communi Rustico presbytero esse credebam. operae pretium est ut admiremini studium meum, quod quae opuscula contineret hucusque nescivi sane capitulatim iam librum traditurus inspexi. chartaceus liber est et ad ferendum iniuriam parum fortis, quia citius charta, sicut nostis, vetustate consumitur; legite, si iubetis, atque transcribite. et spero, ut, postquam vobis bene cognitus fuerit, ad me, cui est incognitus, remittatur, quia corrigere neglentiam meam frequentata membranae ipsius lectione dispono.
ora pro me.

---

29. *praeteritae: edd.; preteritate:* S.

30. *iunioris:* S; *iuniores:* Engelbrecht.

31. *ambierant:* S; *ambirent:* edd.; *ambierant <eorum>:* Engelbrecht.

32. S; *senescentes:* Engelbrecht.

33. *edd.; de corpore:* S.

1.9 The borrowed-horse joke. Ruric. *Epist.* 1.14: *MGH AA* 8:307–8; *CSEL* 21:367; *CCL* 64:327. Ca. 500/507. Also from the Codex Sangallensis 190 (St. Gallen).

Gallo-Roman litterati sometimes indulged in their own brand of humor. A running joke in the circle of Ruricius involved the lending of a horse, which was described differently by the lender and the recipient. In a letter to his friend Celsus, Ruricius extolled the sterling qualities of the horse that he had dispatched.

> Domno pectoris sui Celso Ruricius.
> Equum qualem iusseras destinavi mansuetudine placidum, membris validum, firmum robore, forma praestantem, factura compositum, animis temperatum nec praeproperum scilicet velocitate nec pigrum tarditate: cui frenus et stimulus sit sedentis arbitrium, cui ad evehendum onus et velle suppetat pariter et posse, ita ut nec cedat superposito nec deponat impositum. his itaque, sicut oportuit, intimatis, salutatione praelata, pollicitatione dispensa, promissa deposcimus, ut ad sollemnitatem sanctorum ad nos deo propitio una cum sorore nostra venire dignemini, honorem patronis, fratribus affectum, gratiam populis praestituri.

1.10 The borrowed horse, again. Ruric. *Epist.* 2.35: *MGH AA* 8:338; *CSEL* 21:420–21; *CCL* 64:374–75. Autumn, A.D. 506. Likewise from the Codex Sangallensis 190 (St. Gallen).

Ruricius used much of the same language, perhaps referring to the same horse, in a letter to Sedatus, bishop of Nîmes, written just after the Council of Agde in September 506.

> Domino sancto et apostolico mihique in Christo domino speciali cultu affectuque ceteris praeferendo patrono Sedato episcopo Ruricius episcopus.
> Per archiatrum Palladium litteras fecundi cordis et facundi oris accepi, quae nos ad visionem mutuam voto pectoris invitabant. sed quid facimus, quod desideriis animorum nostrorum diversa membrorum resistit infirmitas, dum vos nimietate robusti, nos tenuitate exesi corporis impedimur, dum vos alieni et quattuor pedes ferre nequeunt ponderosos, me etiam proprii et duo sustinere prae defectione vix possunt? quo fit, ut implere communia vota nequeamus.[34]

34. Cf. Avit. *Epist.* 67, "vota communia . . . nequeo implere," also explaining an inability to travel.

ego enim, testis est dominus, quod, si valuissem, ad synodum condictam omni aviditate venissem, sed me a dispositi itineris voluntate necessitas imbecillitatis inhibuit, quia aeres regionis illius praesertim hoc tempore ferre non poteram: quod et vos ita credere confido et pravos ad aliud derivare non dubito.

his itaque sufficienter, ut potuimus, indicatis salutatione animi desiderantis inpensa, si dignum ducitis, transmisi vobis caballum, qualem vobis sciebam esse necessarium, mansuetudine placidum, membris validum, firmum robore, forma praestantem, factura compositum, animis temperatum, scilicet nec tarditate pigrum nec velocitate praeproperum,[35] cui frenus et stimulus sit sedentis arbitrium, cui ad evehendum onus et velle suppetat pariter et posse, ita ut nec cedat superposito nec deponat impositum. superest ut rescripto, quomodo vobis placeat, indicetis, quamlibet ita de individuo mihi corde praesumam, quod vobis etiam mala a me commissa, non dicam transmissa, conplaceant. tanta est enim integri vis amoris, ut in amicum nil displiceat, cum magis malum displicere debeat de amico. et hinc illud est, quod iudicia hominum aut amore praepediuntur aut odio, ut recta non proferant. vos vero, quos nec odium exasperat nec inflammat invidia, et iocos nostros libenter accipite et de sospitate vestra vel actibus affluenter instruite, ut, dum vos diutius legimus, copiosius inbuamur.

ora pro me.

11

The borrowed horse: a response. Sedatus of Mîmes, *Epist.* "Equum quem": *MGH AA* 8:274–75; *CSEL* 21:449–50; *CCL* 64:403–4. Autumn, A.D. 506.

Sedatus's reply found its way into Ruricius's letter collection, and he added a few equine twists of his own.

Domino sancto ac beatissimo et apostolica reverentia suspiciendo domno et papae Ruricio episcopo Sedatus episcopus.

Equum quem per fratrem nostrum presbyterum transmisistis accepi, magnificis verborum vestrorum phaleris onoratum, in via vilem, in epistula pretiosum, moventem se, cum foditur calcaribus aut urgetur verberibus, et nihil penitus promoventem, forma deter-

35. Cf. *nec praeproperum scilicet velocitate nec pigrum tarditate* in the preceding letter to Celsus.

rimum, colore vilissimum, molliorem plumis, statuis[36] pigriorem. solida corpora pavescentem, umbras solum, ut credo, de consuetudine non timentem, fugitivum, cum dimittitur, immobilem, cum sedetur, in planis stantem, in asperis corruentem: qui teneri nesciat, ambulare non possit; quem priusquam viderem, dum epistulas vestras relego, illorum de gente esse credidi,

> . . . quos daedala Circe
> supposita de matre nothos furata creavit.[37]

putabam illum calidum animis, acrem cursibus, ignem, cum exhiberetur, elatis naribus efflaturum, concussurum solido cornu campos, celeritate ventos et flumina praecursurum. talem enim mihi splendidissimus epistulae sermo promiserat. credebam etiam, quod illum mandentem frenos, terentem morsibus ferrum duo fortiores viri, ne evaderet, retinerent. nec me fefellit, nam trahebant eum aliquot, impingebant alii et plures caedebant. quem ut sic exhibitum vidi, optavi, ut talia qualia erant. non qualia epistula mea continet, semper caris vestris munera mitteretis. ego tamen, quia mihi non reliquistis in transmissi muneris laude quod dicerem, ne omnino . . .

NOTES

Equum quem: Perhaps Sedatus here indicates that he has seen the letter to Celsus by echoing the opening words of that letter *(Equum qualem).*

onoratum: There may be a little wordplay here, as this word also could be interpreted as *honoratum.*

Circe: The daughter of the sun; his horses were immortal, her mare was mortal.

ne omnino. . . : The text breaks off here, and there follows in the manuscript, without a break, an extract from Sidonius Apollinaris (*Epist.* 2.1).

1.12 A charge of barbarism. Alcimus Ecdicius Avitus of Vienne, *Epist.* 57: R. Peiper, ed., *MGH AA* 6.2:85–87 (Berlin, 1883). Ca. A.D. 490/510. Most of the manuscript readings come from the Codex Lugdunensis 111 ("L"), written in the tenth or eleventh century, and from a manuscript ("S") that was used by Sirmond but which now is lost.

Even though aristocratic litterateurs went out of their way to maintain good relations with each other, petty quarrels did arise, as when Avitus of Vienne was accused by the bishop Viventiolus of Lyon of

36. *statuis: edd.; status:* S.
37. Vergil, *Aeneid,* 7.282–83.

having publicly spoken a barbarism. Avitus wrote a lengthy letter, with extensive grammatical exposition, in his own defense:

> Avitus Viennensis episcopus Viventiolo rhetori.
> Cum rumor ex vobis susurriat[38] quod in homilia quam nuper ad populum Lugdunensem in dedicatione basilicae videor concionatus, barbarismum me incurrisse dicatis, palam scilicet castigantes quod publica oratione peccaverim: fateor istud potuisse contingere,[39] praesertim mihi, cui, si qua in annis viridioribus fuerunt studia litterarum, omnia fert aetas.[40] ambieram tamen a vobis hoc ipsum[41] coram positus audire, quia etiam si[42] sciendi in me facultas minuitur, discendi cupiditas non mutatur.[43] sed quia[44] vos absentem[45] dicere comperi, quamquam absens respondere curavi. igitur culpasse vos ferunt, quod "potītur" mediam syllabam productam[46] dixerim, Vergilium in hoc verbo scilicet non secutus, qui syllaba ipsa correpte[47] usus est dicens "vi potitur."[48] sed istud remissibile est poematis necessitate, quod perinde[49] saepe invenimus Vergilium praesumpsisse, ut scilicet metri legem, sicubi opus est, barbarismo contempto,[50] expediat, et syllabarum naturam certis quibusque locis artem minime secutus invertat: quale est illud, "non erimus regno indecores,"[51] vel "fervere Leucaten,"[52] vel illud, "namque ut supremam falsa inter gaudia noctem egerimus nosti."[53] cum utique haec tria verba, id est fervēre, egērimus aut indēcores,[54] nullus litteratorum corripi adserat, sed productis[55] naturaliter paenultimis syllabis

38. *Cum . . . susurriat:* L; *Audivi:* S.
39. L; *contigere:* S.
40. An allusion to Vergil, *Eclogues,* 6.51, "omnia fert aetas."
41. L; *hoc ipsum a vobis:* S.
42. *quia etiam si:* L; *etsi iam:* S.
43. *discendi . . . mutatur:* omittit S.
44. S; omittit L.
45. L; *absentes:* S.
46. L; *media longa syllaba:* S.
47. L; *correpta:* S.
48. *Aeneid,* 3.56: "vi potitur. quid non mortalia pectora cogis": the *i* in *potitur* is short.
49. *perinde:* L; *in opere suo:* S.
50. *comtempto:* L; *contentus:* S.
51. *Aeneid,* 7.231: "non erimus regno indecores, nec vestra feretur."
52. L; *Leucatem:* S. *Aeneid,* 8.677: "fervere Leucaten auroque effulgere fluctus."
53. *Aeneid,* 6.513–14: "namque ut supremam falsa inter gaudia noctem / egerimus, nosti; et nimium meminisse necesse est": the *i* in *egerimus* is short.
54. *nosti . . . indecores:* omittit S.
55. *corripi adserat, sed productis:* L; *infitias ierit, productas:* S.

adhortetur ponenda.[56] Vergilius ergo[57] usus licentia poetarum secundum ea, quae supra diximus, corripiens mediam syllabam praesumit[58] "potitur." quod verbum sequestrata paulisper poetica libertate artis potius lege tractemus, secundum quod longa media est "potīris" testat, ut persona tertia,[59] id est "potītur," similiter longa sit.[60] sicut dicimus, "sortior, sortīris, sortītur": sic tempore praeterito perfecto, prima, secunda, tertia persona,[61] "potītus sum, es, est": sic imperativo modo tempore praesenti secunda persona[62] "potīre," sicut "sortīre." similiter optativo modo tempore praesenti et praeterito imperfecto, sub totis tribus personis, aeque syllaba producta, "utinam potītrer, potīreris, potīretur." ceterum si tertiam personam[63] "potitur" brevem ponas, idem facere cogeris in secunda,[64] ut "potiris" dicas: quod utique ab omni exemplo atque usu integritas Latinitatis excludit. ecce verbum, quod[65] a vobis reprehensum fuerat,[66] de quo[67] audeo ratione mutuari.

nunc autem, honorificum salve persolvens, impensis precibus, quaeso ut, quia ego amicitiae iure quid mihi videretur stilo paginae liberioris expressi, vos quoque ad vicem sublato, ut supra dictum est, Vergilianae auctoritatis exemplo, quem vel ob hoc in barbarismorum usurpatione non debemus sequi, quia in carminum dignitate non possumus consequi,[68] licet idem Vergilius "potitus" vel "potiti" producte posuerit, sicut est illud "auroque potiti," vos mihi magis[69] rationem quam sequi debeam, rescripto exponente tractetis.[70] aut si certe sciscitantem testimonii cuiuscumque eligitis docere compendio, spero, ut de priscis magis oratoribus, quos discipulis merito tra-

---

56. *adhortetur ponenda:* L; *ab oratore ponendas:* S.

57. omittit S.

58. L; *praesumpsit, id est:* S.

59. *secundum . . . tertiae:* L; *commune verbum, tempore praesenti, numero singulari, personae primae "potior," secundae personae longa media "potiris"; restat nunc personae tertiae:* S.

60. *Necesse:* addit S.

61. L; *primae, secundae, tertiae personae:* S.

62. L; *ad secundam personam:* S.

63. L; *tertiae personae ut:* S.

64. L; *et secundae:* S.

65. L; *pro quo:* S.

66. L; *reprehensus fueram:* S.

67. L; *qua:* S.

68. *sequi . . . consequi:* omittit S.

69. *omittit:* Sirmond.

70. L; *tradatis:* S.

ditis, perquisitum diligentius repertumque pandatis: quod si nec[71] argumento artis nec oratorio invenitur,[72] patere communes filios,[73] quorum ingenia mallem praesenti tempore ut primus quam solus imbueres,[74] hoc uno tantum vitio esse contentos.[75] qui tamen ex illo profluentis[76] uberi fonte doctrinae iam nunc inter initia sua non minus quam litteras bibant, quod amicum attrahere magis studiis quam detractare,[77] et oratorem eloqui potius quam obloqui decet.

NOTES

culpasse: I.e., *culpatos esse.*

auroque potiti: Mss.; but Vergil, *Aeneid,* 6.624, reads *ausoque potiti,* clearly the passage Avitus had in mind; and cf. *Aeneid,* 3.55–56, *et auro / vi potiti.* Either Avitus quoted wrongly, or a copyist copied wrongly, probably on the basis of these similarities.

13 The bishop and the barbarian. Auspicius of Toul, *Epist.* "Praecelso exspectabili" = *Epistulae Austrasicae,* 23: W. Gundlach, ed., *MGH Epist.* 3:135–36; W. Brandes, *Des Auspicius von Toul rhythmische Epistel an Arbogastes von Trier* (Wulfenbüttel, 1905); W. Meyer, "Die rythmischen Iamben des Auspicius," *Nachrichten der königlichen Gesellschaft der Wissenschaft zu Göttingen* (1906), 192ff; J. Strecker, ed., *MGH Poetae latini* 4.2 (Berlin, 1914), 614–18; F. J. E. Raby, ed., *The Oxford Book of Medieval Latin Verse* (Oxford: Clarendon, 1959), 43–45; E. Malaspina, ed., *Il Liber epistolarum della cancellaria austrasica (sec. V–VI)* (Rome: Herder, 2001), 144–159, with Italian translation. Ca. A.D. 470. Auspicius's poem, and the other *Epistulae Austrasicae,* survive only in the ninth-century Vatican manuscript *Palatinus latinus* 869 ("V"), originally from Lorsch, which has valuable emendations added in eleventh- or twelfth-century hands ("m^1" and "m^2").

Circa the 470s, Bishop Auspicius of Toul addressed an elaborate metrical letter to Arbogastes, the Frankish count of Trier. The poem exemplifies the increasing shift from quantity-based to accent-based verse in the early medieval period.[78] It was written in rhythmical

71. *si nec:* L; *sine:* S.
72. L; *invenietur:* S.
73. L; *pater et communis filius:* S.
74. L; *imbueris:* S.
75. L; *contentus:* S.
76. L; *quo profluitis:* S.
77. L; *detrahere:* S.
78. See W. Brandes, "Die Epistel des Auspicius und die Anfänge der lateinischen Rhythmik," *Rheinisches Museum* 64 (1908): 57ff.

iambics, probably as strophes consisting of four iambic tetrameters. It is printed below with two tetrameters per line, as it appears in the manuscript. There generally is a sense break after each two lines. There is much hiatus, occasional use of rhyme, and elision is avoided.

Epistula Auspici, episcopi ecclesiae Tullensis, ad Arbogastem, comitem Treverorum.

Praecelso exspectabili[79] his Arbogasti comiti
Auspicius, qui diligo, salutem dico plurimam.
Magnas caelesti domino rependo corde gratias,
Quod te Tullensi proxime magnum in urbe vidimus.
Multis me tuis actibus laetificabas antea,
Sed nunc fecisti maximo me exultare gaudio.
Maior et enim solitus apparuisti omnibus,
Ut potestatis ordinem inlustri[80] mente vinceres.
Cuï [*sic*][81] honor debitus maiore nobis gaudio,
Nondum delatus nomine, iam est conlatus meritis.
Plus est enim, laudabile virum fulgere actibus,
Quam praetentare[82] lampadem[83] sine scintillae[84] lumine.
Sed tu, qui totis gradibus plus es, quam esse diceris,[85]
Erit, credo, velocius, ut [famam][86] reddant merita.
Clarus etenim genere, clarus et vitae moribus,
Iustus, pudicus, sobrius, totus inlustris redderis,
Pater in cunctis nobilis fuit tibi Arigius,
Cuius tu famam nobilem aut renovas aut superas.
Sed tuus honor eius[87] est eiusque tibi permanet,
Et geminato lumine sic tu praelucis[88] omnibus.
Cuiusque nemo dubitet felicitati praestitum,
Ut superesset genetrix tibi, laudanda omnibus.

---

79. *praecelso exspectabili:* V; *praecelso et spectabili:* edd.
80. *inlustrae:* V; *illustri:* m[2].
81. A syllable is missing here: Brandes suggests *hic,* and Gundlach *sic* or *-que.*
82. V; *praetentate:* Gundlach.
83. *lampadae:* V.
84. *sine scintillae: m[2]; fine scintille:* V.
85. *diceris: m[2]: diceres:* V.
86. A word is missing in this line; *laudem:* Gundlach; *nomen:* Strecker.
87. V; *novus aut vivus:* edd.
88. *praelucis:* V; *praeluces* or *praecluis:* m[2].

Quae te sic cunctis[89] copiis replet et ornat pariter,
Ut sis habundans[90] usibus et sis decorus actibus.[91]
Congratulandum tibi est, o Trevirorum civitas,
Quae tali viro regeris, antiquis conparabilem.[92]
De magno, credo, semine descendit tui[93] nominis:
Certe virtutis eius est, ut Arbogastis[94] legitur.
Scribantur[95] in annalibus huius triumphi pariter,
Sicut et eius scripta sunt quem supra memoravimus.
Sed hoc addamus meritum huïc qui[96] vere maior est,
Quod Christi nomen invocat, religioni deditus.
Fuit in armis alacer ille antiquus, verum est;
Sed infidelis moritur et morte cuncta perdidit.
Hic autem noster strenuus, belligerosus, inclitus
Et, quod his cunctis maïus, cultor divini nominis.
Nunc autem, fili sapiens, quaeso, dignanter accipe
Tui cultoris paginam, quam ex amore porrigo.
Primum deposco, cupias conlatas tanta gratia
In te conserves integras et bonis multis afflues.
Unum repelle vitium, ne corda pura inquinet,
Quod esse sacris scribitur radix malorum omnium,
Cupiditatem[97] scilicet quae in alumnos desaevit
Nec saeva parcit rabiem quorum amore pascitur.
Hos, inquam, semper devorat, famem edendum perferens,[98]
Et velut ignis addito succensa crescit pabulo.[99]
Sed haec non ita dixerim quod te hoc damnem crimine.
Tamen deposco diligens, ut nec scintilla vulneret,
Quam si forte inprovidus quandoque inescaveris,
Cito flagravit[100] nimium augendum in incendium.

89. Parallel to the *cuncta* provided by Arigius.
90. Sc. *abundans.*
91. The text of Raby ends here.
92. *conparabilem: m¹; conparabilis:* V.
93. *tui:* V; *sui:* edd.; *ortus:* Brandes.
94. V; *Arbogastes:* Brandes, Strecker.
95. V; *scribentur:* Brandes.
96. *qui:* V; *quem:* m¹; *qui:* Brandes.
97. Cf. 1 Tim. 6:10, "radix enim omnium malorum est cupiditas."
98. *edendam perferens:* V; *edendum proferens:* Brandes.
99. *addito . . . pabulo: m²; additum . . . pabulum:* V.
100. I.e., *flagrabit.*

Tende per mundum oculos, cerne primates saeculi
Aut interire cupidos aut in periclis vivere.
Conradunt, quaerunt, iniant velut rapaces[101] avidi:
Et haec nec ipsi possident, sed nec relinquunt posteris.
Tamen non generaliter ista de cunctis dixerim,
Sed ut paucorum dedecus[102] sit multis emendatio.[103]
Tu autem, vir eximie, iudex multorum providus,
Tui repente pectoris secreta iudex perspice.
Huius si ullam senseris parvam veneni gutulam,
Dulce perfunde oleo, ne serpat in visceribus.
Nec hoc ignoras oleum pro tui[104] sapientia,
Quod est cunctorum pauperum mercatum elemosinis.
His te exerce studiis, haec cuncta bona perage.
Ut mea[105] tibi maneant et perseverent gaudia.
Nam parum esse noveris si quisquam nulla rapiat
Et obdurato pectore sua recludat miseris.
Non multum sibi consulit, qui sic evitat rabiem
Cupiditatis, ut simul incurrat avaritiae.
Nam ista duo crimina, velut cognata genere
Et geminata specie, nimis coniuncta permanent.
Haec qui sectantur miseri hoc unum distat vitium:[106]
Quod unus horum malus est et ille alter pessimus.
Unde, mi cara dignitas, tu, quaeso, fili unicae,
Sic ab alienis abstine, ut tua sanctis tribuas,
Illudque super omnia memor in corde retine,
Quod te iam sacerdotio praefiguratum teneo.
Hanc, quaeso, serva[107] gratiam et illis cresce meritis,
Ut praelocuta populi vox caelo sacra veniat.
Sanctum et primum omnibus nostrumque papam Iamlychum[108]
Honora, corde dilige, ut diligaris postmodum.

101. Gundlach; *canes:* m[1]; *sagaces:* V.
102. m[2;] *deditus:* V.
103. Edd.; *emanatio:* V.
104. V; tua: *Brandes.*
105. V; *mera:* edd.
106. V; *distant vitio:* Strecker.
107. *serva:* V; *servo:* Gundlach.
108. Edd.; *iam lychum:* V.

Cuï quidquid tribueris, tibi in Christo preparas,
  Haec recepturus postmodum, quae ipse seminaveris.

NOTE

To preserve the meter, some normally single syllables are doubled (e.g., *cui, huic*) (diaeresis), and some double syllables are combined (e.g., *alienis*) (sunaeresis).

14 Feminine fancies. Eucheria, "Aurea concordi": E. Baehrens, ed., *Poetae latini minores* 5 (Leipzig: Teubner,1910), 360–63 = Alexander Riese, ed., *Anthologia latina* 1.1 (Leipzig: Teubner, 1894), 303–5, no. 390. Ca. A.D. 570. The text of the poem is rather corrupt, and there are variant readings from several manuscripts, such as, from the ninth century, the Codex Parisinus Latinus 8071 (Paris) ("B"), the Codex Valencensis 387 (Valenciennes) ("M"); the Codex Vindobonensis 277 (Vienna) ("V"); and the Codex Vossianus F 82 (Leiden) ("L"); and, from the tenth century, the Codex Parisinus Latinus 8440 (Paris) ("P").

The work of the poet Eucheria, identified as the wife of the patrician Dynamius of Marseille, demonstrates that the activities of literary circles were not limited to men. Her only surviving poem, in elegaic couplets, was written, it seems, in Gaul in the third quarter of the sixth century. It exhibits many of the characteristic traits of late Roman poetry, such as overblown rhetoric, obscure allusions (especially to mythology and the heroic Roman past), and the use of such literary tricks as antithesis, alliteration, and rhyme.

Aurea concordi quae fulgent fila metallo
  setarum[109] cumulis consociare volo.
Sericeum tegmen, gemmantia texta Laconum
  pellibus hircinis aequiperanda loquor.
Nobilis horribili iungatur purpura burrae;
  nectatur plumbo fulgida gemma gravi.
Sit captiva sui nunc margarita nitoris,
  et clausa obscuro fulgeat in chalybe.
Lenconico pariter claudatur in aere smaragdus,
  conpar silicibus nunc hyacinthus eat.
Rupibus atque molis similis dicatur iaspis;

109. *retarum:* corr. P.

eligat infernum iam modo luna chaos.
Nunc etiam urticis mandemus lilia iungi,
Purpureamque rosam dira cicuta premat,
Nunc simul optemus despectis piscibus ergo
Delicias[110] magni nullificare[111] freti,
Auratam crassantus amet saxatilis anguem,
limacem pariter nunc sibi tructa petat.
Altaque iungatur vili cum vulpe leaena;
perspicuam lyncem simius accipiat.
Iungatur nunc cerva asino, nunc tigris onagro;
iungatur fesso concita damma bovi.
Nectareum vitient[112] nunc lasera tetra rosatum,
mellaque cum fellis sint modo mixta malis.
Gemmantem sociemus aquam luteumque barathrum;
stercoribus mixtis fons eat inriguus.
Praepes funereo cum vulture ludat hirundo;
cum bubone gravi nunc philomela sonet.
Tristis perspicua sit cum perdice cavannus;
iunctaque cum corvo pulchra columba cubet.
Haec monstra incertis[113] mutent sibi tempora fatis:
Rusticus et servus sic petat Eucheriam.

NOTES

burrae: Probably from *burrus,* a coarse red outer garment.

Lenconico: The reading of B, which could be emended to *Leuconico,* that is, a reference to Leuci, modern Toul; or it may be that *Lingonico,* the reading of P, is correct, and is a reference to Lingones, modern Langres.

hyacinthus: A gemstone, possibly a kind of sapphire or dark amethyst, the color of the hyacinth flower (perhaps a larkspur),

limacem: From *limax,* a word also used of prostitutes who preyed upon the property of their lovers.

lasera: A bad-smelling gum resin obtained from the silphium plant and used medicinally as an antispasmodic drug.

cavannus: Perhaps the inhabitant of a *cavea,* a cave or bird coop.

1.14a Dynamius the Younger, epitaph of Dynamius and Eucheria: *Titulorum gallicanorum liber* (Book of Gallic epitaphs), from the ninth-century

110. BP; *divitias:* M.
111. *nullifacere:* P; *mellificare:* M.
112. LR; *vicium:* G; *vitiet:* M; *viciet:* VP; *bovitiet:* corr. B.
113. BP; *incestis:* VML.

Codex Parisinus Latinus 2832 ("P"): R. Peiper, ed., *MGH AA* 6.2:194 = E. Baehrens, ed., *Poetae latini minores* 5 (Leipzig: Teubner, 1883), 360–63.[114] Ca. A.D. 605.

The epitaph of Eucheria and Dynamius, in elegaic couplets like the previous poem, was composed by their grandson, also named Dynamius, and preserved in the Church of St. Hippolytus in Marseille.[115]

Coniugii dulcis hoc est commune sepulchrum
  quod nec post fatum liquit amicus amor
Quos pietate pares etiam post funera iunctos
  unus et affectus et locus unus habet.
Dinamius hic nam, pariter Eucheria coniunx
  martyris Hippolyti limina sancta tenent
Stemmate sublimes quamquam, sed moribus ortum
  vicerunt probi nobilitate sua.
Hos pietas, hos prisca fides, hos gloria perpes,
  pacifer hos sensus fecit ubique bonos.
Hos iunxit sic castus amor, ut mente sub una
  alter in alterius corde maneret homo.
Lustra decem felix tulerat post terga maritus,
  cum dedit hanc sedem morte suprema dies.
Cuius iam geminis privata lumine lustris[116]
  vixisti, coniunx, vita abeunte[117] minus.
Non lugete[118] pios placide post facta parentes,
  vita brevis quorum praemia longa dedit.
Patricium te culmen habet, tu rector in orbe es,
  sit tibi perpetuo tempore laeta dies.
Dinamius parva lacrimans haec carmina fudi,
  nomen avi referens, patre iubente, nepos.

114. See Rudolf Buchner, *Provence in der Merowingischer Zeit* (Stuttgart: W. Kohlhammer, 1933), 94 n. 45.

115. Peiper prefaces the epitaph with the line, "Epitaphium Dinamii patricii et Eucheriae coniugis."

116. Peiper; *nam geminis privato lumine lustri:* P.

117. Peiper; *habeunte:* P.

118. Peiper; *lugere:* P.

NOTES

lustra decem: A *lustrum* was five years.

rector: The *rector provinciae* was the Merovingian governor of Provence.

The passages cited thus far focus upon the lives and interests of the educated and aristocratic elite. The following chapter will look at the experiences of persons who existed lower on the scale of privilege and authority.

CHAPTER 2

The Socially Less Privileged: Decurions and Plebeians, Dependents and Slaves

The world of petty aristocrats, plebeians, and the poor was fraught with challenge and adversity. Town councillors and minor government officials were threatened with the loss of the little status they had. The unprivileged faced the loss of their freedom, if not their lives. And yet, opportunities existed for those who had the ability and motivation to take advantage of them.

.1 A petty aristocrat. *Querolus,* 2.4 (75–76): ed. Peiper, 40–41; ed. Jacquemard–Le Saos, 48–49. Early fifth century.

The lot of those who lived on the aristocratic fringe was described by the author of the *Querolus,* who put into the mouth of a slave a vignette of two fictional Gallic local notables, Querolus and Arbiter:

> (75) Dii boni, numquamne indulgendum est mihi quod dudum peto, ut dominus ille[1] durus et dirus nimis agat[2] ex municipe aut ex togato aut ex officii principe? quam ob rem istud dico? (76) quia post indulgentiam sordidior est abiectio. quid igitur optem, nisi ut faciat ipse, quod facit? vivat ambitor togatus, convivator iudicum, observator ianuarum, servulorum servulus, rimator circumforanus, circumspectator callidus, speculator captatorque horarum et temporum, matutinus meridianus vespertinus. inpudens salutet fastidientes, occurat non venientibus utaturque in aestu tubulis angustis et novis.

1. *dominus:* Peiper; <*sit*> *meus:* Jacquemard–Le Saos; *meus:* mss.
2. *agat:* Peiper; *aut:* mss., Jacquemard–Le Saos.

NOTES

municeps: A town councillor. The word *ex* signifies that the person was no longer in office.

togatus: A lower-level civil official of some kind.

princeps officii: The chief of an office staff, often of a high-ranking government official. A quite lucrative position.

tubulis: Thick stockings.

2.2 A big fish in a small pond. *CIL* 13:128; see H. Sivan, "Town, Country, and Province in Late Roman Gaul: The Example of *CIL* XIII 128," *Zeitschrift für Papyrologie und Epigraphik* 79 (1989): 103–14. Ca. A.D. 350/450. Found in Valentine, now in Toulouse.

Nymfius lived in the area of Valentine on the upper Garonne in Novempopulana, probably circa 350/450.[3] As a town councillor, he was a minor character as far as the senatorial aristocrats were concerned. But he still had his pretensions, as seen in the verbose epitaph provided by his wife Serena. The inscription is arranged in two columns, and the meter is elegaic couplets, which are typically used for epitaphs. In each of its four corners it bears a cross that makes clear Nymfius's Christian beliefs.

+ NYMFIVS AETERNO DEVINCTVS MEMBRA SOPORE
HIC SITVS EST CAELO MENS PIA PERFRVITVR
MENS VIDET ASTRA QVIES TVMVLI COMPLECTITVR ARTVS
CALCAVIT TRISTES SANCTA FIDES TENEBRAS
TE TVA PRO VERITIS VIRTVTIS AD ASTRA VEHEBAT
INTVLERATQVE ALTO DEBITA FAMA POLO
IMMORTALIS ERIS NAM MVLTA LAVDE VIGEBIT
VIVAX VENTVROS GLORIA PER POPVLOS
TE COLVIT PROPRIVM PROVINCIA CVNCTA PARENTEM
OPTABANT VITAM PVBLICA VOTA TVAM
EXCEPERE TVO QVONDAM DATA MVNERA SVMPTV
+ PLAVDENTIS POPVLI GAVDIA PER CVNEOS
[second column]
CONCILIVM PROCERVM PER TE PATRIA ALMA VOCAVIT +
SEQVE TVO DVXIT SANCTIVS ORE LOQVI

3. Any earlier, and the inscription is unlikely to have been Christian (as indicated by the crosses), and any later it would be unlikely that the Roman administration would have survived.

PVBLICVS ORBATAS MODO LVCTVS CONFICIT VRBES
CONFVSIQVE SEDENT ANXIA TVRBA PATRES
VT CAPITE EREPTO TORPENTIA MEMBRA RIGESCVNT
VT GREX AMISSO PRINCIPE MAERET INERS
PARVA TIBI CONIVNX MAGNI SOLACIA LVCTVS
HVNC TVMVLI TITVLVM MAESTA SERENA DICAT
HAEC INDIVIDVI SEMPER COMES ADDITA FVLCRI
VNANIMAM TIBI SE LVSTRA PER OCTO DEDIT
DVLCIS VITA FVIT TECVM COMES ANXIA LVCEM
AETERNAM SPERANS HANC CVPIT ESSE BREVEM +

NOTES

hic situs est: A standard funerary formula (see Introduction).

per cuneos: A reference to the wedge-shaped sections of seats in theaters, and thus probably an allusion to Nymfius's sponsorship of local entertainments.

concilium procerum: Perhaps the provincial assembly, rather than a town council.

principe: Perhaps an official title *(princeps),* although probably not the "princeps officii" mentioned in the *Querolus* above.

Some words are self-consciously repeated, e.g., *mens . . . mens; membra . . . membra; astra . . . astra; tumuli . . . tumuli; sancta . . . sanctius; anxia . . . anxia; ut . . . ut; luctus . . . luctus; comes . . . comes; aeterno* (in the first line) . . . *aeterno* (in the last). Perhaps this was artfully intended to convey the sense of togetherness between Nymfius and Serena, and it may be that Serena herself composed the poem.

.3 Epitaph of Mercurinus *sive* Cictato of Lyon. F. Descombes and J.-F. Reynaud, "Epitaphes chrétiennes recemment découverte à Lyon," *Rivista di archeologia cristiana* 54 (1978): 291–96. A.D. 618/619. Found at Yons.

Another epitaph, from Lyon and belonging to a certain Mercurinus, is dated 26 March 618 or 619. Even though its grammar and spelling exhibit many of the characteristics of the vulgar Latin of the end of Late Antiquity, it nevertheless perpetuates traditions established two centuries and more before. Orthographically, the letter *O* appears as a diamond shape; the letter *E* is usually written in ligature (i.e., the letters are joined) with a preceding consonant such as *M, N,* or *T;* and the combinations *MB, AV, NN,* and *LA* also are written as ligatures. The inscription is presented here in three forms.

1. As it appears on the stone:

VMATASVBTETOLOMERCVRINISIBICICT
ATOBEMBRAQVISCVNTBONETATEBENIGNS

CARETATEPERFECTAPIETATEIARGVVSCVM
MAGNEBELETATEMAGNVSDVLCISSEMVSFEDE
PRAECEPVSSEMPLECETATEMAGNVSAMATVS
FAMILIAEVRIVNIVSPAVPEREBVSSEMPERPIVSQVA
TERDENVSDECIMAETATEANNVSLXXVIORTAVITIN
PACEOBIITSUBDIIVIIKALENDASAPRILIS
LXXVIII-IPOSCŌNTINIVIRICLACŌNINDICSEXTA † ☧

2. Rewritten with words spaced out and missing letters and words added:

<h>umata sub <hoc> tetolo Mercurini sibi Cict
ato bembra qui<e>scunt bonetate benign<u>s
caretate perfecta, pietate largu{u}s, cum
magnebeletate magnus dulcissemus fede
praecepu<u>s semplec<e>tate magnus, amatus
familiae uriunius, pauperebus semper pius, qua
ter denus decima etate annus lxxv iortavit in
pace, obiit sub dii vii kalendas aprilis
lxxviiii pos(t) con(sulatum) <Ius>tini viri cla(rissimi)
con(sulis) indic(tione) sexta † ☧

3. Rewritten, again, more readably, with more conventional spellings:

Humata sub hoc titulo Mercurini sive Cictato membra quiescunt, bonitate benignus,
caritate perfectus, pietate largus, cum
magnanimitate magnus, dulcissimus fide,
praecipuus simplicitate magnus, amatus
familiae oriundus, pauperibus semper pius, quater denos decima aetate annos lxxv portavit in
pace, obiit sub die vii Kalendas Apriles
lxxviiii post consulatum Iustini viri clarissimi
consulis indictione sexta † ☧

NOTES

sive Cictato: At a time when most persons were known by but a single name, it was common to utilize nicknames, preceded by words such as *sive, qui et,* or *cognomento,* to tell one person from another. The nickname *Cictato* may be derived from the Latin word *cicatrix* and thus refer to a scar.

magnebeletate: Descombes and Reynaud, "Epitaphes," 293, describe this as a "barbarism" and suggest that it resulted from confusion between *magnanimitas* and *affabilitas.*

denos decima aetate annos: The meaning is problematic. Descombes and Reynaud, "Epitaphes," 292, revise the phrase to "denus decim aetate" and translate "ayant quatre fois dix ans d'âge" [having four times ten years of age]. For further discussion, see the next entry.

post consulatum Iustini: Fl. Mar. Petrus Theodorus Valentinus Rusticius Boraides Germanus Iustinus, the nephew of the emperor Justinian (526–65), was sole consul in A.D. 540. Even though the last subject consul, Basilius, held office in 541, in Gaul it remained customary to date "from the consulate of Justin."

a Epitaph of Felemoda *sive* Moda of Lyon. P. Wuilleumier, A. Audin, and A. Leroi-Fourhan, *Bulletin de la Société Archéologique de la France* (1948–49), 186; Chr. Courtois, *Mélanges Louis Halphen* (Paris: Presses universitaires de France, 1951), 155–64. A.D. 548/549. A marble plaque found in an ancient church at St-Clair-Duport in 1947 and now at the museum of Fourvière.

The epitaph of Mercurinus may be compared with the earlier epitaph of Felemoda *sive* Moda, also from Lyon and dated to A.D. 548 or 549, to which it has many similarities. Several letters are illegible.

+ HVMATA SVB HOC TOMOLO. . . .
FELEMODA SIVE MODAE MEMBRA QVIISCVNT
BON . . ATE BENIGNA CARETATE PERFECTA
PIE . . E.ERG. . . . CTIS AFFABELITATE DVLCISSIMA
FEDE PR . . CIPVA SIMPLICITATE MAGNA OMNEBVS
AMATA FAMILIAE ORIVNDA PAVPER .IB. SEMPER
. . CESSIT ERGO IAM IA. FLENTE CVMPRVL MOGAE
IAMHIC MVLTVM TEMPORE EGRETVDINEBVS
LABORAVIT DVXERAT QVATER DENVS
DECIMAM AETATEM XXXX PORTAVIT
IN PACE OBIIT SVB DIE DECIMO KAL IVLIAS
VIIII POS CONSOLATO IVSTINI VIRI CLARIS
.IMI CONSOLIS INDICCIONE SECVNDA

Or, rewritten to be more readable, with missing letters replaced, but without correcting obvious misspellings:

+ Humata sub hoc tomolo [bonae memoriae]
Felemoda sive Modae membra quiiscunt,

bon[it]ate benigna, caretate perfecta,
pie[tat]e e[t e]rg[a cun]tis affabelitate dulcissima,
fede[4] pr[ae]cipua, simplicitate magna, omnebus
amata, familiae oriunda, pauper [s]ib[i] semper;
[de]cessit ergo iam ia[m], flente cumprul<e> Mogae;
iam hic multum tempore egretudinebus
laborauit; duxerat quater denus
decimam aetatem, XXXX portauit
in pace; obiit sub die decimo Kal(endas) Iulias
(anno) VIIII pos(t) consolato Iustini, uiri claris
[s]imi consolis, indiccione secunda

NOTES

The verbal similarities to the later epitaph of Mercurinus are obvious; Descombes and Reynard, "Epitaphes," 294, suggest that the author of the former merely copied elements of this one. In particular, one notes the curious phrase *quater denus decimam aetatem* on the epitaph of Felemoda, reprised as *quater denos decima aetate* on that of Mercurinus. Yet the Mercurinus epitaph was not a slavish copy, for it correctly adds the word "annos," missing in Felemoda's.

cumprule: Apparently *comprole,* that is, a sister.

XXXX: Supply *annos.*

VIIII pos(t) consolato Iustini: The consulate of Justin, as just seen, was in A.D. 540, placing this epitaph in A.D. 548, as does the "second indiction."

2.4 "A Merchant of Clermont." Sid.Apoll. *Epist.* 6.8: C. Leutjohann, ed., *MGH AA* 8:99. Ca. 470/480.

The case of Amantius, an ambitious merchant of Clermont, provides an example of the life of those who lived on the fringes of the aristocracy and were beholden to aristocrats for support and patronage. In one letter, Sidonius introduced Amantius to Graecus, bishop of Marseille circa 461–80. One cannot help but compare the refined language of Sidonius to the more rough-and-ready Latin of the preceding epitaphs.

Sidonius domino papae Graeco salutem.

(1) Apicum oblator pauperem vitam sola mercandi actione sustentat; non illi est opificium quaestui, militia commodo, cultura compendio; <ob> hoc ipsum, quod mercennariis prosecutionibus et locaticia fatigatione cognoscitur, fama quidem sua sed facultas

4. I.e., *fide.*

crescit aliena. sed tamen quoniam illi fides magna est, etsi parva substantia, quotiens cum pecuniis quorumpiam catapli recentis nundinas adit, creditoribus bene credulis sola deponit morum experimenta pro pignore. (2) inter dictandum mihi ista suggesta sunt, nec ob hoc dubito audita fidenter asserere, quia non parum mihi intumos agunt quibus est ipse satis intumus. huius igitur teneram frontem, dura rudimenta commendo; et, quia nomen eiusdem lectorum nuper albus accepit, agnoscitis profecturo civi me epistulam, clerico debuisse formatam, quem propediem non iniuria reor mercatorem splendidum fore, si hinc ad vestra obsequia festinans frigoribus fontium civicorum sapientiae fontem meracioris anteferat.
memor nostri esse dignare, domine papa.

NOTE

albus: I.e., *album,* an official list, also used for the list of town councillors.

5 Amantius's antics. Sid.Apoll. *Epist.* 7.2: C. Leutjohann, ed., *MGH AA* 8:104–6. Ca. A.D. 460/470.

In a much more lengthy letter to Graecus Sidonius chronicled Amantius's past escapades.

Sidonius domino papae Graeco salutem.

(1) Oneras, consummatisime pontificum, verecundiam meam, multifaria laude cumulando si quid stilo rusticante peraravero. atque utinam reatu careat, quod apicum primore congressu quamquam circumscriptus veritati resultantia tamen et diversa conexui; ignorantiae siquidem meae callidus viator imposuit. nam dum solum mercatoris praetendit officium, litteras meas ad formatae vicem, scilicet ut lector, elicuit, sed quas aliquam gratiarum actionem continere decuisset. namque, ut post comperi, plus Massiliensium benignitate profectus est, quam status sui seu per censum seu per familiam forma pateretur. (2) quae tamen ut gesta sunt si quispiam dignus relator evolveret, fierent iucunda memoratu. sed quoniam iubetis ipsi, ut aliquid vobis a me laetum copiosumque pagina ferat, date veniam, si hanc ipsam tabellarii nostri hospitalitatem comicis salibus comparandum salva vestrarum aurium severitate perstringamus, ne secundo insinuatum non nunc primum nosse videamur. simul et, si moris est regularum ut ex materia omni usurpentur principia dicendi, cur hic quoque quodcumque mihi sermocinaturo

materia longius quaeratur expetaturque, nisi ut sermoni nostro sit ipse pro causa, cui erit noster sermo pro sarcina? (3) Arverni huic patria, parentes natalibus non superbis sed absolutis, et sicut nihil illustre iactantes, ita nihil servile metuentes, contenti censu modico sed eodem vel sufficiente vel libero; militia illis in clericali potius quam in Palatino decursa comitatu. pater istius granditer frugi et liberis parum liberalis quique per nimiam parsimoniam iuveni filio plus prodesse quam placere maluerit. quo relicto tunc puer iste vos petiit nimis expeditus, quod erat maximum conatibus primis impedimentum; nihil est enim viatico levi gravius. (4) attamen primus illi in vestra moenia satis secundus introitus. sancti Eustachii, qui vobis decessit, actutum dicto factoque gemina benedictio; hospitium brevi quaesitum, iam Eustachii cura facile inventum, celeriter aditum, civiliter locatum. iam primum crebro accursu excolere vicinos, identidem ab his ipse haud aspernanter resalutari. agere cum singulis, prout aetatis ratio permitteret: grandaevos obsequiis, aequaevos officiis obligare. (5) pudicitiam prae ceteris sobrietatemque sectari, quod tam laudandum in iuventute quam rarum. summatibus deinceps et tunc comiti civitatis non minus opportunis quam frequentibus excubiis agnosci innotescere familiarescere, sicque eius in dies sedulitas maiorum sodalitatibus promoveri; fovere boni quique certatim, votis omnes plurimi consiliis, privati donis cincti beneficiis adiuvare; perque haec spes opesque istius raptim saltuatimque cumulari. (6) forte accidit, ut devorsorio, cui ipse successerat, quaedam femina non minus censu quam moribus idonea vicinaretur, cuius filia infantiae iam temporibus emensis necdum tamen nubilibus annis appropinquabat. huic hic blandus (siquidem ea aetas infantulae, ut adhuc decenter) nunc quaedam frivola, nunc ludo apta virgineo scruta donabat; quibus isti parum grandibus causis plurimum virgunculae animus copulabatur. (7) anni obiter thalamo pares: quid morer multis? adulescens, solus tenuis peregrinus, filius familias et e patria patre non solum non volente verum et ignorante discedens, puellam non inferiorem natalibus, facultatibus superiorem, medio episcopo, quia lector, solacio comitis, quia cliens, socru non inspiciente substantiam, sponsa non despiciente personam, uxorem petit, impetrat, ducit. conscribuntur tabulae nuptiales; et si qua est istic municipioli nostri suburbanitas, matrimonialibus illic inserta documentis mimica largitate recitatur. (8) peracta circumscriptione legitima et fraude sollemni levat divitem coniugem pauper adamatus et diligenter quae ad socerum pertinuerant rimatis convasatisque, non parvo etiam corollario facilitatem credulitatemque munificentiae socrualis emungens receptui in patriam cecinit praestigiator invictus. quo profecto mater puellae pro hyperbolicis instrumentis coepit actionem repetundarum velle proponere et tunc demum de mancipiorum sponsaliciae donationis paucitate maerere, quando iam de nepotum numerositate gaudebat. ad hanc placandam noster Hippolytus perrexerat, cum litteras meas prius obtulit. (9) habetis historiam iuvenis eximii, fabulam Milesiae vel Atticae parem. simul et ignoscite praeter aequum epistularem formulam porrigenti, quam ob hoc stilo morante produxi, ut non tamquam ignotum reciperetis quem civem beneficiis reddidistis. pariter et natura comparatum est, ut quibus impendimus studium praestemus affectum. vos vero Eustachium pontificem tunc ex asse digno herede decessisse monstrabitis, si ut propinquis testamenti, sic clientibus patrocinii legata solvatis. (10) ecce parui et oboedientis officium garrulitate complevi, licet qui indocto negotium prolixitatis iniungit, aegre ferre non debeat, si non tam eloquentes epistulas recipit quam loquaces.

Memor nostri esse dignare, domine papa.

NOTES

Oneras: The same word *(onoratum)* used in chapter 1 by Sedatus to describe Ruricius's horse.

stilo rusticante: This kind of deprecation of one's own literary abilities was a rhetorical commonplace. Sidonius, of course, did not believe a word of it.

sermocinaturo . . . sermoni . . . sermo: An example of *traductio.*

gratiarum actionem: Technically, a formal speech of thanks, often delivered to an emperor or other high official.

actionem repetundarum: A formal Roman legal procedure for the recovery of property.

Hippolytus: In Greek mythology, the son of Theseus and Antiope; his stepmother Phaedra failed in an attempt to seduce him.

fabulam Milesiae: The erotic *Fabulae Milesiae* (Milesian tales) were written by Aristeides of Miletus circa 100 B.C. and were later translated into Latin by Cornelius Sisenna. Curiously, Sidonius makes no attempt to play upon Amantius's name (i.e. "Lover")—perhaps he thought the point was obvious.

6 The dispossessed priest. Ruric. *Epist.* 2.8: *MGH AA* 8:317; *CSEL* 21:382–83; *CCL* 64:341. A.D. 485/502. From the Codex Sangallensis 190 (St. Gallen) ("S").

Other previously well-to-do persons fell onto harder times. In a letter to Aeonius, bishop of Arles circa 490–502, Ruricius of Limoges (ca.

485–510) reported on the unfortunate case of the priest Possessor of Angers:

> Domino sancto et apostolico ac mihi prae ceteris in Christo domino cultu affectuque peculiarius excolendo patrono et papae Aeonio Ruricius episcopus.
> Quotiensque[5] quicumque[6] sanctos aut apostolicos viros quos misericordiae opera, operum merita, meritorum vita commendat atque omnium virtutum fama disseminat, aerumnarum mole depressi coguntur expetere, dum litterarum solacium quaerunt labori suo, beneficium conferunt desiderio nostro et, cum sit illorum labor noster dolor, fit tamen per officii conlationem eorum necessitas quodam modo caritas nostra, quia, dum ipsorum adquiescimus petitioni, nostrae satisfacimus voluntati, et ita fit, ut egestas petentis sit largientis utilitas.
> fratri itaque et conpresbytero nostro, Possessori nomine, quod peius est, potius quam facultate, quia, quod habuit, pro fratris redemptione profudit,[7] factus est possessor paradisi, dum proprietatis saeculi desinit esse possessor, ad apostolatum vestrum commendaticias postulanti libenter indulsi. cuius necessitatem si dignatur plenius sanctitas vestra cognoscere, epistulam, quam ad humilitatem meam frater noster Eumerius episcopus per ipsum direxit, tanti habeat recensere et illic agnoscet, qualiter ipsi debeat et pro consuetudine consulere et pro caritate mutua condolere. qui ut fratrem ab hostibus redderet liberum, se creditorum maluit esse captivum et, ut ille crudelissima morte non privaretur vita, ipse extorris est factus e patria . . . [a lacuna follows that also has swallowed the prescript of the subsequent letter, also sent to Aeonius.]

NOTES

Possessori nomine . . . : Another play on a name. Possessor's name means "owner," and in particular, a property owner, which Possessor clearly was not.

commendaticias: Clerics and monks were required to obtain *litterae commendaticiae* from their bishops before going on a journey so they could partake of the sacraments elsewhere.

2.7 Buried alive. Greg.Tur. *Hist.* 4.12: B. Krusch, ed., *MGH SRM* 1.1:143. A.D. 560/571.

5. *quotiensque:* S, Krusch; *quotienscumque:* edd.
6. S; *delet* Engelbrecht.
7. *profudit: edd.; profuit:* S.

Gregory of Tours reported on what happened to the priest Anastasius of Clermont when he refused to turn over to Bishop Cautinus a choice piece of property:

> Tunc ex iussu episcopi traditur custodibus, ut, nisi has cartulas proderet, fame necaretur. erat enim ad basilicam sancti Cassii martyris crypta antiquissima abditissimaque, ubi erat sepulcrum magnum ex marmore Pario, in quo grandaevi cuiusdam hominis corpus positum videbatur. in hoc sepulcro super sepultum vivens presbyter sepelitur operiturque lapide quo prius sarcophagum fuit obtectum, datis ante ostium custodibus. sed custodes fidi quod lapide premeretur, cum esset hiemps, accenso igne, vino sopiti calido, obdormierunt. at presbyter, tamquam novus Ionas, velut de ventre inferi, ita de conclusione tumuli domini misericordiam flagitabat. et quia spatiosum, ut diximus, erat sarcophagum, etsi se integrum vertere non poterat, manus tamen in parte qua voluisset libere extendebat. manabat enim ex ossibus mortui, ut ipse referre erat solitus, foetor letalis, qui non solum externa, verum etiam interna viscerum quatiebat. cumque pallium aditus narium obseraret, quamdiu flatum continere poterat, nihil pessimum sentiebat; ubi autem se quasi suffocari putabat, remoto paululum ab ore pallio, non modo per os aut nares, verum etiam per ipsas, ut ita dicam, aures odorem pestiferum hauriebat. quid plura? quando divinitati, ut credo, condoluit, manum dexteram ad spondam sarcophagi tendit, repperitque vectem, qui decidente opertorio, inter ipsum ac labium sepulcri remanserat. quem paulatim commovens, sensit, cooperante dei adiutorio, lapidem amoveri. verum ubi ita remotum fuit, ut presbyter caput foris educeret, maiorem quo totus egreditur aditum liberius patefecit . . .

NOTES

sancti Cassii: A martyr at Clermont, along with Victorinus, perhaps in the early fourth century.

ex marmore Pario: Marble from the island of Paros in the Aegean Sea.

.8 The tongue-tied reader. Sid.Apoll. *Epist.* 4.12.2–3: C. Leutjohann, ed., *MGH AA* 8:64. Ca. A.D. 470.

In a letter to his uncles Simplicius and Apollinaris, Sidonius depicted a person of even lesser status, the *lector* (reader) Constans, who served as a messenger, and in this instance performed his duties unsatisfactorily.

(2) . . . repente puer familiaris adstitit vultuosus. cui nos, "quid ita?," et ille, "lectorem," inquit, "Constantem nomine pro foribus vidi a dominis Simplicio et Apollinare redeuntem; dedit quidem litteras quas acceperat sed perdidit quas recepit." (3) quibus agnitis serenitas laetitiae meae confestim nubilo superducti maeroris insorduit tantamque mihi bilem nuntii huiusce contrarietas excitavit, ut per plurimos dies illum ipsum hermam stolidissimum venire ante oculos meos inexoratus arcuerim, laturus aegre, si mihi apices aut quoscumque aut quorumcumque non redderet, taceam vestros, qui mihi, dum recti compos animus durat, minime frequentes maxime desiderabiles iudicabuntur. (4) at postquam nostra sensim temporis intervallo ira defremuit, percontor admissum, num verbo quippiam praeterea detulisset. respondit ipse, quam esset trepidus et sternax et prae reatu balbutiret ore, caecutiret intuitu, totum quo instrui, quo delectari valerem, paginis quae intercidisent fuisse mandatum. quocirca recurrite ad pugillares, replicate membranas et scripta rescribite . . .

NOTES

puer: A word used to describe persons of dependent status.

pugillares: Wax tablets on which letters were drafted.

membranas: A folded parchment writing tablet, as shown by *replicate.*

2.9 The case of the pilfered pigs. Ruric. *Epist.* 2.51: *MGH AA* 8:345–46; *CSEL* 21:432–33; *CCL* 64:386. Ca. A.D. 485/500. From the Codex Sangallensis 190 (St. Gallen) ("S"), with emendations made by various editors.

A letter of Ruricius of Limoges to Bishop Censurius of Auxerre describes an incident from the life of individuals of humble status involving some stolen pigs.

Ruricius episcopus Censurio episcopo salutem.

Litteras sanctitatis vestrae etsi per occasionem accepisse me gratulor. non enim interest, utrum ex necessitate aut ex voluntate, dummodo inter se invicem, qui se diligunt, conloquantur et, quos corpore locorum intervalla discriminant, animorum ac sensuum conloquia fida coniungant, quia hoc nobis generale vel maximum virtus divinae pietatis indulsit, ut, qui nos aspectu carnali non possumus contueri, spiritali cernamus obtutu. unde redeunte gerulo litterarum has, sicut iniunxistis, reddere procuravi, ut et sollicitudini vestrae et mutuae caritati pariter responderem.

salve itaque apostolatui vestro plurimum dependo et hoc, quod apicibus meorum testimonio voluistis agnoscere, utrum Sindilla porcos suos prudente[8] Foedamio perdidisset, noveritis me apud homines meos, ubi fuerunt, diligenter perquisisse. sed, sicut ante iam noveram, magis et istos laborem facientes ac Sindillam[9] perpessos esse et ipsum porcos suos <per>[10] perversitatem suam, dum de adversa parte esse se iactitat, amisisse cognovi, ceterum praefatum Foedamium illi in nullo culpabilem. nam quod pertulit, nulli alii nisi <sibi>[11] debet ex omnibus inputare. in qua causa, quantum ego contemplatione[12] vestri, ut homines vestri aut a custodia liberarentur aut porcos vestros reciperent,[13] laboraverim, <per>[14] ipsos iam referentes[15] plenius potuistis agnoscere, quod propterea necesse non fuit litteris indicari. vestrum est hominem vestrum iuste[16] ab huius calumniae obiectione defendere, quam eum iniuste[17] scriptis nostris agnoscitis sustinere.

NOTES

Sindilla: A dependent of bishop Censurius, perhaps the overseer of property of the church of Auxerre located in the territory of Limoges.

Foedamius: A priest of Limoges, one of Ruricius's clerics.

calumniae: A formal legal charge of making a false accusation.

10 Itinerant artisans. Ruric. *Epist.* 2.15: *MGH AA* 8:323–26; *CSEL* 21:394–99; *CCL* 64:351–55. Ca. A.D. 490/510. From the Codex Sangallensis 190 (St. Gallen) ("S").

---

8. *prodente: conjecit* Leutjohann.

9. There are several choices of readings here: *faciente faci sindilae:* S; *facientes ac Sindillam:* Engelbrecht; *faciente facinore Sindillae:* Mommsen; *faciente paci Sindillae:* edd.

10. *Addit* edd.

11. *Addit* Leutjohann.

12. Edd.; *comtemplationi:* S.

13. Edd.; *reciperint:* S.

14. *Addit* Engelbrecht.

15. *ipsos iam referentes:* S; *ipsis iam referentibus:* Krusch; *ipso iam referente:* Mommsen.

16. *vestrum iuste: Engelbrecht; verum iustae:* S.

17. *qua meum iniustae:* S.

Another letter of Ruricius, to the widow Ceraunia, describes the activities of some itinerant artisans, which then gave Ruricius the opportunity to make a spiritual point.

> Dominae venerabili et in Christo domino magnificandae filiae Ceraunae Ruricius episcopus.
> Ut pictorem vobis antea non transmitterem, haec res fecit,[18] quia adventu novi iudicis te occupatam esse credidi[19] atque ita deterritam, ut de his rebus cogitare non posses.[20] sed quia deo propitio vos et litteris et relatione vestrorum ex sententia agere ac valere cognovi, salutatione praelata pictorem, quamlibet hic esset occupatus, cum[21] discipulo destinavi quia malui meae detrahere necessitati, unde vestrae satisfacerem petitioni.[22] sed quia et propositum vestrum et nostrum poscit officium, his venerationem vestram paucis monere praesumpsi, ut ex opere illius ad agendam paenitentiam et nova novi hominis vestimenta sumenda capias exemplum, quo facilius in te Adam[23] vetustus intereat[24] et vivificator exsurgat. quem ad modum ille parietes variis colorum fucis multimoda arte depingit, ita vos animam vestram, quae est templum dei, diversis virtutum generibus excolatis . . .

NOTE

diversis virtutum generibus. . . : The letter then concludes with a lengthy discussion of these *virtutes;* e.g., "debemus corpus nostrum indefessis vigiliis et continuis edomare ieiuniis . . ."

2.11 A slave's-eye view. *Querolus,* 2.4 (67–75): ed. Peiper, 36–40; ed. Jacquemard–Le Saos, 44–48. Early fifth century.

The servile world is described in conventional and exaggerated fashion in a speech put into the mouth of the stereotypical clever slave Pantomalus, whose very name indicates that slaves were seen as guilty of all kinds of wickedness. Pantomalus is speaking of two masters, Querolus (his own) and Arbiter:

---

18. Edd.; *refecit:* S.
19. Edd.; *credi:* S.
20. Edd.; *possis:* S.
21. Edd.; *eum:* S.
22. Edd.; *petitionis:* S.
23. Cf. 1 Cor. 15:22.
24. Edd.; *interea:* S.

(67) Pantomalus servus: Omnes quidem dominos malos esse constat, et manifesstissimum est. verum satis sum expertus nihil esse deterius meo. non quidem periculosus ille est homo, verum ingratus nimium et rancidus. furtum si admissum domi fuerit, exsecratur tamquam aliquod scelus. si destitui aliquid videat,[25] continuo clamat et maledicit quam male. sedile, mensam, lectum si aliquis in ignem iniciat, festinatio nostra ut solet, etiam hinc quaeritur. tecta si percolent, si confringantur fores, omnia ad se revocat, omnia requirit. hercle hic non potest ferri. expensas autem rationesque totas propria perscribit manu. quicquid expensum non docetur, postulat reddi sibi. (68) . . . O iniqua dominatio! ipse autem, si culpam fortassis advertit, dissimulat et tacet et tum litem intendit, quando excusatio nulla iam subest, ne postea succurrat illud: "iam volebam facere," "iam volebam dicere." (73) . . . ille autem Arbiter, ad quem nunc eo, quam sceleratus est homo! servis alimenta minuit, opus autem plus iusto imperat. inverso hercle modio, si liceret, turpe captaret[26] lucrum. itaque si quando isti casu vel consulto se vident, tunc invicem sese docent. et tamen hercle, ut omnia dicantur: si necesse est, malo meum. adhuc ille noster, qualiscumque est, tamen avarus non est in suos. solum illud est quod nimium crebro verberat semperque clamat. itaque illis ambobus deus iratus est. (74) et non sumus tamen tam miseri atque tam stulti quam quidam putant. aliqui somnulentos nos esse credunt, quoniam somniculamur de die. nos autem id facimus vigiliarum causa, quia vigilamus noctibus. famulus qui diurnis quiescit horis, omni[27] vigilat tempore. nihil umquam melius in rebus humanis fecisse naturam quam noctem puto. illa est dies nostra; tunc aguntur omnia. nocte balneas adimus, quamvis sollicitet dies. lavamus[28] autem cum pedisequis et puellis: nonne haec est vita libera? luminis autem vel splendoris illud subornatur, quod sufficiat, non quod publicet. ego nudam teneo quam domino vestitam vix videre licet. ego latera lustro, ego effusa capillorum metior volumina, adsideo amplector, foveo foveor: cuinam dominorum hoc licet? illud autem nostrae felicitatis caput, quod zelotypi[29] non sumus. furta omnes facimus, fraudem tamen nemo

---

25. Or *deest tui aliquid, vide ut.*
26. *captaret:* Jacquemard–Le Saos; *eliceret:* Peiper.
27. *omni:* mss.; *somni:* edd.
28. *lavamus:* Peiper; *lavamur:* Jacquemard–Le Saos.
29. Greek: ζηλότυπος.

patitur, quoniam totum hoc mutuum est. dominos autem observamus atque excludimus, nam inter servos et ancillas una coniugatio est. vae illis apud quos domini vigilias multam in noctem protrahunt. tantum enim servis de vita abstuleris, quantum de nocte abscideris. quanti sunt ingenui, qui transfigurare sese vellent hoc modo, mane ut domini fierent, servi ut vespere. numquidnam tibi[30] Querole opus est ut, cum istaec omnia nos exercemus,[31] aut lites aut tributum[32] cogites? nobis autem cotidie nuptiae natales, ioca dibacchationes, ancillarum feriae. propter hoc non omnes fugere servi,[33] propter hoc quidam nec manumitti volunt. quis enim tantam expensam tantamque impunitatem praestare possit libero? (75) . . . sed quidnam hic fiet? accipienda et mussitanda iniuria est. domini sunt, dicant quod volunt; quamdiu libuerit, tolerandum est.

NOTES

Pantomalus: In Greek, the phrase παντὸς μᾶλλον means "more than everything," but a Latin reader would have seen the name as πάντα (Greek, "all") plus *malus* (Latin, "wicked"), a linguistic pastische that the educated Roman audience would have appreciated.

vigilias: Perhaps an allusion to Christian vigils.

In the complete text, this section is followed immediately by the section "Dii boni," quoted above.

2.12 A marriage in the family. Sid.Apoll. *Epist.* 5.19: C. Leutjohann, *MGH AA* 8:92. Ca. 465/480.

A more realistic insight into the world of the unfree and the marginally free, and the extent to which such persons were dependent on the goodwill of local potentates, is provided by a letter of Sidonius written on behalf of a female dependent of his own who wished to marry an *inquilinus* (cottager) of another aristocrat.

Sidonius Pudenti suo salutem.

(1) Nutricis meae filiam filius tuae rapuit; facinus indignum quodque nos vosque inimicasset, nisi protinus scissem te nescisse faciendum. sed conscientiae tuae purgatione praelata petere dignaris culpae calentis impunitatem. sub condicione concedo: si stupratorem pro domino iam patronus originali solvas inquilinatu.

30. *numquidnam tibi:* Peiper; *numquam tibi bene:* Jacquemard–Le Saos.

31. *exercemus:* Jacquemard–Le Saos; *exercere:* Peiper.

32. *tua, ut tributum:* Peiper; *aut lites aut tributum:* Jacquemard–Le Saos.

33. *propter . . . servi:* ommitted in most mss.

(2) mulier autem illa iam libera est, quae tum demum videbitur non ludibrio addicta sed assumpta coniugio, si reus noster, pro quo precaris, mox cliens factus e tributario, plebiam potius incipiat habere personam quam colonariam. nam meam haec sola seu compositio seu satisfactio vel mediocriter contumeliam emendat; qui tuis votis atque amicitiis hoc adquiesco, si laxat libertas maritum, ne constringat poena raptorem.
vale.

NOTES

rapuit: Usually to carry off forcefully, although here it seems that Sidonius is exaggerating, and that the woman was quite complicit.

cliens: As a free plebeian, he would no longer be bound to the land as a *colonus.*

13 Kidnapped. Sid.Apoll. *Epist.* 6.4: C. Leutjohann, ed., *MGH AA* 8:97. Ca. 470/475.

Another letter of Sidonius, addressed to Bishop Lupus of Troyes (ca. 426–75) shows the kinds of difficulties that those without status or influence could encounter.

Sidonius domino papae Lupo salutem.
(1) Praeter officium, quod incomparabiliter eminenti apostolatui tuo sine fine debetur, etsi absque intermissione solvatur, commendo supplicum baiulorum pro nova necessitudine vetustam necessitatem, qui in Arvernam regionem longum iter, his quippe temporibus, emensi casso labore venerunt. namque unam feminam de affectibus suis, quam forte Vargorum (hoc enim nomine indigenas latrunculos nuncupant) superventus abstraxerat, isto deductam ante aliquot annos isticque distractam cum non falso indicio comperissent, certis quidem signis sed non recentibus inquisivere vestigiis. (2) atque obiter haec eadem laboriosa, priusquam hi adessent, in negotiatoris nostri domo dominioque palam sane venumdata defungitur, quodam Prudente (hoc viro nomen), quem nunc Tricassibus degere fama divulgat, ignotorum nobis hominum collaudante contractum; cuius subscriptio intra formulam nundinarum tamquam idonei adstipulatoris ostenditur. auctoritas personae, opportunitas praesentiae tuae inter coram positos facile valebit, si dignabitur, seriem totius indagare violentiae, quae, quod gravius est, eo facinoris accessit, quantum portitorum datur nosse memo-

ratu, ut etiam in illo latrocinio quendam de numero viantum constet extinctum. (3) sed quia iudicii vestri medicinam expetunt civilitatemque, qui negotium criminale parturiunt, vestrarum, si bene metior, partium pariter et morum est, aliqua indemni compositione istorum dolori, illorum periculo subvenire et quodam salubris sententiae temperamento hanc partem minus afflictam, illam minus ream et utramque plus facere securam; ne iurgii status, ut sese fert temporis locique civilitas, talem descendat ad terminum, quale coepit habere principium.
memor nostri esse dignare, domine papa.

NOTES

Vargorum: According to Anderson (*Sidonius,* 2.260 n.1), "A Teutonic word meaning outlaw or exile." These "Vargi" are otherwise unattested.

intra formulam nundinarum . . . adstipulatoris: An ostentatious use of legal terminology.

civilitas: Gustafson suggests *qualitas.*

2.14 The rise and fall of Andarchius. Greg.Tur. *Hist.* 4.46: *MGH SRM* 1.1:180–83. Ca. 570/575.

Gregory of Tours's tale of the slave Andarchius shows not only that even slaves had opportunities, but also what could become of them if they did not "know their place."

De Andarchi vero interitu locuturus, prius genus ordire placet et patriam. hic igitur, ut asserunt, Felicis senatoris servus fuit, qui ad obsequium domini deputatus, ad studia litterarum cum eo positus, bene institutus emicuit. nam de operibus Vergilii, legis Theodosiani libris artemque calculi adplenum eruditus est. hac igitur scientiam tumens, dispicere dominos coepit et se patrocinio Lupi ducis, cum ad urbem Massiliensem ex iusso regis Sigiberti accederet, commendavit. de qua regressus, hunc secum habere praecipit insinuavitque eum diligenter Sigiberto regi atque ad serviendum tradidit. quem ille per loca diversa dirigens, locum praebuit militandi. ex hoc quasi honoratus habitus, Arvernum venit, ibique cum Urso, civi urbis, amicitias inligat. interim, ut erat acris ingenii, filiam eius disponsare desiderans, loricam, ut ferunt, in libellare, quo carte abdi soliti sunt, recondit, dicens mulieri, coniugi utique Ursi, "quia multitudinem aureorum meorum amplius quam sedecim milia in hoc libellare conditam tibi commendo, quod tuum esse poterit, si mihi filiam tuam praestiteris disponare." sed, qui

. . . mortalia pectora cogis,
aurae sacra famis? . . .[34]

promisit mulier haec simpliciter credens, absente viro, huic disponsare puellam. at ille regressus ad regem, praeceptionem ad iudicem loci exhibuit, ut puellam hanc suo matrimonio sociaret, dicens, "quia dedi arram in disponsationem eius." negavit autem vir ille, dicens, "quia neque te novi, unde sis, neque aliquid de rebus tuis habeo." qua intentione pullulante ac vehementius insistente, Andarchius expetiit Ursum regis praesentiam arcessire. cumque venisset apud villam Brinnacum, requiret hominem alium Ursum nomine, quem ad altarium clam abductum iurare ac dicere fecit, "per hoc locum sanctum et reliquias beatorum, quia, si filiam meam tibi in matrimonium non tradidero, sedecim milia solidorum tibi satisfacere non morabor." stabant enim testes in sacrario, auscultantes occulta verba loquentis, sed personam qui loquibatur penitus non videntes. tunc Andarchius demulsit verbis lenibus Ursum, fecitque eum sine regis praesentiam reverti ad patriam. factoque ex hoc iuramento, breve sacramentorum regi illo protulit, dicens, "haec ut haec mihi Ursus scripsit: et ideo gloriae vestrae praeceptionem deposco, ut filiam suam mihi tradat in matrimonio. alioquin liceat mihi res eius possidere, donec sedecim milibus solidorum acceptis, me ab hac causa removeam." tunc adeptis praeceptionibus, Arvernum redit, ostendit iudicium iussionem regis. Ursus autem se in Vellavo territorio contulit. cumque res eius huic consignarentur, et hic in Vellavo accessisset, ingressusque unam Ursi domum, cenam sibi praecipit praeparare atque aquas quibus ablueretur calefieri iubet. sed cum servi domus domini rudi domino apparerent, alios fustibus, alios virgis caedit, nonnullos capita percutiens sanguinem elicuit. turbata ergo familia, praeparatur cena, abluetur hic aquis calidis, inebriatur vino et se collocat super stratum. erant autem cum eo septem pueri tantum. cumque non minus somno quam vino sepulti altius obdormissent, congregata familia, ostia domus, quae erant ex ligneis fabricata tabulis, claudit; acceptis clavibus, metas annonae, quae aderant, elidit ac circa domum et supra domum adgregat acervos annonae, quae tunc in manipulis erat, ita ut operta ex his domus cerneretur omnino. tunc immisso per

34. Vergil, *Aeneid,* 3.56–57: "quid non mortalia pectora cogis / auri sacra fames . . ."

partes diversas igne, cum iam super hos infelices materia aedificii exusta diruerunt, excitantur voces, sed non fuit qui exaudiret, donec, totam domum adustam, ipsos pariter ignis absorberet. Ursus vero metuens basilicam sancti Iuliani expetiit, datisque regi muneribus, res suas in soliditate recepit.

NOTES

aureorum: Aureus (the gold coin of the Principate) is used here as a synonym for *solidus.*

neque te novi, unde sis . . . : A sneer, indicating that Andarchius was not a "known person." Note similar queries, "qui genus, unde domo?" (Vergil, *Aeneid,* 8.114); "qui genus, unde domo?" (Sid.Apoll. *Epist.* 1.11.5); and "qui genus, unde patres?" (Avit. *Carm.* 4.90).

in Vellavo territorio: The area of modern Velay.

Another category of nonelite persons consisted of the less privileged members of families: women and children. The next chapter will discuss them.

CHAPTER 3

Family Life: Women and Children, Husbands and Wives

During Late Antiquity, the family always remained the most important social unit. It provided a context for the activities of individuals, such as women and children, who under ordinary circumstances had little opportunity to act independently. Children, for example, although often the objects of great affection, were nearly always under the thumbs of their parents.

.1 An illness in the family. Sid.Apoll. *Epist.* 2.12: C. Leutjohann, ed., *MGH AA* 8:35–36. A.D. 460s.

In a letter to his brother-in-law Agricola, Sidonius Apollinaris discussed the illness of his and Papianilla's daughter Severiana.

Sidonius Agricolae suo salutem . . .

. . . (2) Severiana, solicitudo communis, inquietata primum lentae tussis impulsu febribus quoque iam fatigatur, hisque per noctes ingravescentibus; propter quod optat exire in suburbanum. litteras tuas denique cum sumeremus, egredi ad villulam iam parabamus. quocirca tu seu venias seu moreris, preces nostras orationibus iuva, ut ruris auram desideranti salubriter cedat ipsa vegetatio. certe ego vel tua soror inter spem metumque suspensi credidimus eius taedium augendum, si voluntati iacentis obstitissemus. (3) igitur ardori civitatis atque torpori tam nos quam domum totam praevio Christo pariter eximimus simulque medicorum consilia vitamus assidentum dissidentumque, qui parum docti et satis seduli languidos multos officiosissime occidunt. sane contubernio nostro iure amicitiae Iustus adhibebitur . . .

NOTES

solicitudo communis: Compare this to Sid.Apoll. *Epist.* 5.16.5: *Roscia salutat, cura communis,* regarding another of Sidonius's daughters.

iura amicitiae: The "bonds of friendship" were a powerful element of the aristocratic ethos.

Justus: A physician friend of Sidonius, otherwise unknown.

3.2 A family tragedy. *CIL* 12:2033. Fourth century.

On a tombstone, Martina and Vitalinus of Vienne expressed their feelings toward three children—Sapaudus, Rustica, and Rusticula—who had died within twenty-seven days.

EGO PATER VITALINVS ET MATER
MARTINA SCRIBSIMVS NON GRAN
DEM GLORIAM SED DOLVM FILIO
RVM TRES FILIOS IN DIEBVS XXVII
HIC POSVIMVS SAPAVDVM FILIVM QVI
VIXIT ANNOS.VII.ET DIES.XXVI
RVSTICAM FILIAM QVI VIXIT ANNOS
IIII ET DIES.XX.ET.RVSTICVLA FILIA.QVI
VIXIT.ANNOS.III.ET.DIES.XXXIII

NOTE

scribsimus: I.e., *scripsimus.*

3.3 Epitaph of Proba of Lyon. *CIL* 13:1655 = F. Buecheler, ed., *Anthologia latina* 2.2 (Leipzig: Teubner, 1926), no. 1361. A.D. 498.

The epitaph of Proba, who died at the age of five years, conveys her family's sense of loss. It was written in elegaic couplets, the characteristic meter for this genre.

\+ [vine leaves] ☧ [vine leaves] +
GERMINE SVBLIMI PROBA NOMINE MENTE PROVATA[1]
QVAE S<v>BITO RAPTA EST HIC TVMVLATA IACET
IN QVA Q<ui>DQVIT HABENT CVNCTORVM VOTA PARENTVM
CONTVLERAT TRIBVENS OMNIA PVLCHRA D<eu>S
HINC M<a>ESTVS PATER EST AVIAE MATRIQ<u>E

1. For *PROBATA.*

PERENNIS [leaf]
[tris]TITIA HEV FACINVS CAVSA PERIT PIETAS
ACCIPE QVI LACR<i>MIS PERFVNDIS IVGETER ORA [leaf]
MORS NIHIL EST VITAM RESPICE PERPETVAM
QVAE VIXIT ANNVS.V.ET MINSIS VIIIi
OBIIT. S<ub> D<ie>. III.ID<ibu>S OCTVBRIS .
PAVLINO . V K[2] <consule>
[dove] [leaf] [dove]
+ [vine leaves] ☧ [vine leaves] +

NOTES

☧: An abbreviation for ΧΡΙΣΤΟΣ (Christos), the Greek spelling of the name of Christ.

Proba . . . probata: A play on words.

[tris]TITIA: The word *titia* is meaningless. Suggested emendations, all of which scan correctly, include *maestitia, maestitiae,* and *tristitia.*

3.4 Epitaph of Artemia of Cologne. *CIL* 13:8478. Fifth century.

The epitaph of Artemia, from Cologne, attests to the continuance of Roman traditions on the northern frontier of the Roman Empire.

HIC IACIT ARTEMIA
DVLCIS APTISSIMVS INE
ANS[3] ET VISV GRATA ET
VERBIS DVLCISSIMA
CVNCTIS[4] QVATTVOR
IN QVINTO////AD XP<istu>M
DETVLIT ANNOS
<i>NNOCENS SVBI
TO AD CAELESTI[a
reg]NA TRANSTVLI[t]

NOTES

HIC IACIT: An introductory formula popular in Gaul in the fifth century.

Only a very short word, perhaps *iit,* will fit into the lacuna in line 6.

DETVLIT ANNOS: This line would seem to belong before the previous one.

Even in this simple epitaph there is some art, as in the sequences "dulcis aptissimus . . . verbis dulcissima," and "detulit . . . transtulit."

---

2. For *V C.*
3. That is, *INFANS.*
4. I.e., *CVNCTOS.*

3.5 Epitaph of Leontius of Cologne. *CIL* 13:8482. Fifth century.

Another epitaph from Cologne commemorated the boy Leontius.

LEONTIUS HIC IACIT FIDELIS
PVER DVLCISSIMVS PATRI PIENTIS
SIMVS MATRI QVI VIXIT ANNVS[5]
VII ET MENSIS[6] III ET DIES VI IN
NOCENS FUNERE RAPTVS
BEATVS MENTE FELIX
ET IN PACE RECES
SIT
[dove] α ☧ ω [dove]

NOTE

1. α . . . ω: Alpha and omega, the beginning and the end.

3.6 An army brat. Sulpicius Severus, *Vita Martini* 2: J. Fontaine, ed., *Vie de saint Martin,* 3 vols., *SC* 133–35 (Paris, 1967–69). A.D. 350s and 360s.

Few detailed descriptions of childhood survive from this period. A rare exception is when Sulpicius Severus described the life of the young St. Martin, who went so far as to oppose the wishes of his parents.

Igitur Martinus Sabaria Pannoniarum oppido oriundus fuit, sed intra Italiam Ticini altus est, parentibus secundum saeculi dignitatem non infimis, gentilibus tamen. pater eius miles primum, post tribunus militum fuit. ipse armatam militiam in adulescentia secutus inter scolares alas sub rege Constantio, deinde sub Iuliano Caesare militavit: non tamen sponte, quia a primis fere annis divinam potius servitutem sacra inlustris pueri spiravit infantia. nam cum esset annorum decem, invitis parentibus ad ecclesiam confugit seque catechumenum fieri postulavit. mox mirum in modum totus in dei opere conversus, cum esset annorum duodecim, eremum concupivit, fecissetque votis satis, si aetatis infirmitas non obstitisset. animus tamen aut circa monasteria aut circa ecclesiam semper intentus meditabatur adhuc in aetate puerili, quod postea devotus inplevit.

5. I.e., *ANNOS.*
6. I.e., *MENSES.*

sed cum edictum esset a regibus, ut veteranorum filii ad militiam scriberentur, prodente patre, qui felicibus eius actibus invidebat, cum esset annorum quindecim, captus et catenatus sacramentis militaribus inplicatus est, uno tantum servo comite contentus, cui tamen versa vice dominus serviebat, adeo ut plerumque ei et calciamenta ipse detraheret et ipse detergeret, cibum una caperent, hic tamen saepius ministraret. triennium fere ante baptismum in armis fuit, integer tamen ab iis vitiis, quibus illud hominum genus inplicari solet . . .

NOTES

Sabaria Pannoniarum: Sabaria is modern Stein-an-Anger; Pannonia comprises roughly modern Hungary.

Constantius II was Augustus from 337 until 361, and Julian was Caesar in Gaul from 355 to 360.

inlustris: Martin was endowed with this rank not because of officeholding, but as a result of his divine calling.

catechumenum: Catechumeni were those who were receiving instruction before becoming full communicants in the church.

3.7 A consular installation. Sid.Apoll. *Epist.* 8.6.5: C. Leutjohann, ed., *MGH AA* 8:131. A.D. 449.

Sidonius Apollinaris recalled how, as a youth, he had attended the installation of the consul Astyrius at Arles.

(5) Audivi eum adulescens atque adhuc nuper ex puero, cum pater meus praefectus praetorio Gallicanis tribunalibus praesideret, sub cuius videlicet magistratu consul Asturius anni sui fores votivum trabeatus aperuerat. adhaerebam sellae curuli, etsi non latens per ordinem, certe non sedens per aetatem, mixtusque turmae censualium paenulatorum consuli proximis proximus eram.

NOTES

Astyrius had been master of soldiers in Spain in 441–43. His assumption of the consulate at Arles was unusual; this ceremony was usually performed at court in the presence of an emperor. His extant consular diptych was discussed in chapter 1.

trabea: The ceremonial purple toga with golden palm leaves embroidered on it worn by consuls.

paenula: Here, a thick riding cloak.

censuales: Officials who kept property records and collected some kinds of taxes.

3.8 Home schooling. Sid.Apoll. *Epist.* 4.12.1–2: C. Leutjohann, ed., *MGH AA* 8:64. A.D. 470/475.

Education was an important parental responsibility. Sidonius tells of participating in the education of his son Apollinaris.

> (1) . . . nuper ego filiusque communis Terentianae Hecyrae sales ruminabamus; studenti assidebam naturae meminens et professionis oblitus quoque absolutius rhythmos comicos incitata docilitate sequeretur, ipse etiam fabulam similis argumenti id est Epitrepontem Menandri in manibus habebam. (2) legabamus pariter laudabamus iocabamurque et, quae vota communia sunt, illum lectio, me ille capiebat.

NOTES

filiusque communis: Cf. the references above to Sidonius's daughters as *sollicitudo communis* and *cura communis.*

Terentianae Hecyrae: Six plays of the Roman Republican dramatist Publius Terentius Afer (ca. 190–159 B.C.) survive; this one was titled *Hecyra,* commonly known as "The Mother-in-Law."

3.9 Engaging a rhetor. Ruric. *Epist.* 1.3: *MGH AA* 8:301–2; *CCL* 64:316–17; *CSEL* 21:355–56. Ca. A.D. 480s. From the Codex Sangallensis 190 (St. Gallen) ("S") of ca. A.D. 800.

In this letter, Ruricius, bishop of Limoges circa 485–510, entrusted the education of his sons to the rhetor Hesperius. His style exemplifies some of the characteristics of late Latin carried to extreme, including the use of antithesis, alliteration, and long lists of metaphors.

> Devinctissimo filio semperque magnifico Hesperio Ruricius.
> Scribendi mihi ad unanimitatem tuam aditum, quem obstruxerat inperitia, patefecit affectus et illa dominatrix omnium pietas, per quam flectuntur rigida, saxea molliuntur, sedantur tumida, leniuntur aspera, tumescunt lenia, mitescunt saeva, saeviunt mitia, accenduntur placida, acuuntur bruta, dominantur barbara, immania placantur, etiam in me opus suum peragens, os elingue reseravit, producens me ex tutissimo silentii recessu ad publicum formidandumque iudicium, et in vita iam vestri nova subire compellit, scilicet ut qui hactenus illam sententiam secutus antiquam, qua dicitur saepenumero praestare tacere quam dicere, inscientiam meam maluerim verecundiae taciturnitate tegere quam inpudenter incondito sermone proferre, nunc tam consuetudinis meae inmemor quam rusticitatis oblitus, quasi ex Arione in Orpheum repente

mutatus, velim disertissimis auribus tuis ore garrulo non tam officiosus quam iniuriosus existere, dum et ignota pertempto et insueta praesumo. sed dabitis, ut reor, veniam venienti ex necessitudine necessariae necessitatis, quia quid dilectio in mortalium mentibus naturali potestate sibi vindicet, conscium mutuae passionis pectus agnoscit. ergo ne excusationi diutius inmorantes, ita paginam dilatemus, ut non solum tibi non exhibeat sermo incomptior <voluptatem>[7] verum etiam copia inordinata fastidium, iam in vocem pietatis erumpimus et desideriorum verba ructuamus, commendantes tibi pignus nostrum, depositum tuum, cuius nos susceptione cepisti. tibi enim spem posteritatis meae, tibi solatium vitae praesentis et levamen, si divinitas annuerit, futurae, tibi uni omnia mea vota commisi. te elicitorem et formatorem lapillorum nobilium, te rimatorem auri, te repertorem aquae latentis elegi, qui sciris abstrusas lapidibus gemmas propriae reddere generositati, quae utique in tanta rerum confusione amitterent nobilitatem, si indicem[8] non haberent. aurum quoque harenis vilibus mixtum nisi artificis sollertia eluatur aquis, ignibus eliquetur, nec splendorem poterit retinere nec meritum. saeptas etiam aquarum manantium venas et obductum terra fluenti alveum nisi diligentius erudaverit appetitoris industria, laticis unda non fluet. ita et tenerorum adhuc acies sensuum ignorantiae nubilo quasi crassitate scabrosae rubiginis obsesssa nisi adsidua doctoris lima purgetur, nequit sponte clarescere. tuum ergo nunc, tuum est in his omnibus et opinioni tuae et nostro pariter respondere iudicio, ne aut tu praesumpsisse inlicite aut nos inconsiderate elegisse videamur.

NOTES

devinctissimo: "Most steadfast," a rather uncommon honorific. The title *magnificus* is probably gratuitous, and not indicative of a formal rank.

Note the sometimes heavy-handed use of *traductio,* the repeated use of the same words in different forms. The allusion to *necessitudo,* family relationship, is a bit more clever.

Arion, Orpheus: Arion was a minstrel from Lesbos and the inventor of the dithyramb, a hymn sung at festivals of Dionysus. Orpheus was a mythical poet who invented music after being given a lyre by Apollo. See also Vergil, *Eclogues,* 8.55–56, "let Tityrus be Orpheus / Orpheus in the forests, Arion among the dolphins."

pignus nostrum: That is, Ruricius's sons. He had five (Constantius, Ommatius, Eparchius, Leontius, and Aurelianus), although all of them probably are not being referred to here.

---

7. Something seems to be missing. Mommsen suggests *voluptatem* and Engelbrecht *gaudium.*

8. Edd.; *iudicem:* S.

rubiginis . . . lima; cf. Faust. *Epist. ad Ruricium* "Propitia divinitate" (*CCL* 64:408), *rubiginem . . . limam.*

3.10 A dutiful mother. Jerome, *Epist.* 125.6. Early fifth century.

Aristocratic women also oversaw the education of their children, as seen in a letter of Jerome to Rusticus of Marseille.

> (6) Audio religiosam habere te matrem, multorum annorum viduam, quae aluit, quae erudivit infantem, ac post studia Galliarum, quae vel florentissima sunt, misit Romam, non parcens sumptibus, et absentiam filii, spe sustinens futurorum, ut ubertatem Gallici nitioremque sermonis, gravitas Romana condioret . . .

NOTE

Gallici . . . Romana: A typical contrast between the styles of two famous schools of Latin rhetoric.

3.11 Parental responsibility. Avit. *Epist.* 95: R. Peiper, ed., *MGH AA* 6.2:102. Early sixth century. From the Codex Lugdunensis 535 (Lyon) ("L") of the eleventh or twelfth century, and a manuscript ("S") seen by the seventeenth-century scholar Jacques Sirmond, but now lost.

In another instance, both parents were responsible for different elements of their son's education, as seen in a typically convoluted letter of Avitus of Vienne to a friend who seems to have fled an enemy attack:

> Avitus episcopus viro illustrissimo Heraclio.
> Nisi dolendum amici casum animo concussus gemerem, multa profecto exaggerarem, quod vos, in lectulo mendacis podagrae metu, medici vegetantes[9] de arte consueta plus quam poeticae pedibus innitentes, montium scandendorum magis moveat cura quam versuum. maestus vero[10] has et cum festinatione[11] dictavi, revocatus[12] videlicet ad sepulturam communis filii quondam Protadi:[13] si[14]

9. Mathisen; *vegetante:* S; *vegetus:* L; *vegetos:* Peiper.
10. S; *metus viro:* L.
11. S; *confinatione:* L.
12. S; *evocatus:* L.
13. L; *Protendi:* S.
14. LS; *sic:* Peiper.

tamen vel in hoc ipso[15] patri aliquid consolationis impendat. vobis porro si cordi est, facta de nobis ex asse iactura, ab incursibus formidandis Rhodano limitante muniri,[16] tenete adhuc dum redeo et Ceratium nostrum, de meo habentem aliqua, de vestro nonnulla, quia a[17] me scholasticum, a[18] vobis asserit bellicosum; sumens de matris sapientia quod libenter barbaros fugit, de virtute paterna quod litteris terga non praebuit.

NOTES

poeticae: A noun.

scandendorum: A pun, it can refer to scaling (mountains) or scanning (verses).

si cordi est: "if it is pleasing."

ex asse: A turn of phrase also favored by Sidonius, as in *Epist.* 1.11.7, 2.1.1, 3.3.9, and passim.

incursibus: Apparently a reference to attacks by either Burgundians, Franks, or Ostrogoths.

2 Monastic education. Eucherius of Lyon, *Instructiones ad Salonium, praef.:* C. Wotke, ed., *CSEL* 31:65–66. Ca. A.D. 425/435. The two most important manuscripts are the sixth-century (or later, according to some) Codex Sessorianus 77 (Rome) ("S") and the Codex Parisinus Latinus 9550 (Paris) ("P"), of the seventh or early eighth century. The version in "S," which preserves the introductory and farewell salutations to Salonius, seems to be more reflective of the version that was originally circulated.

In the monastic community of Lérins, Eucherius, later bishop of Lyon, was assisted in the education of his sons Salonius and Veranus by the monks Hilary and Salvian. Subsequently, Eucherius wrote educational tracts for the boys. One, the *Instructiones,* was dedicated to Salonius.

Eucerius Salonio filio in XPO salutem.[19]

Saepe[20] a me requiris multarum rerum absolutionem quae in divinis voluminibus interpretem postulant; colligam, prout redierint[21] in

15. L; *hoc ipsum:* S.

16. Peiper; *muneri:* S; *venire:* L.

17. S; *omittit* L.

18. S; *omittit* L.

19. S; *Praefatio ad Salonium:* P.

20. *Saepe:* P; *Licet saepe:* S.

21. P; *redirent:* S.

memoriam quae a te, mi Saloni, studio cognoscendi sedule copioseque prolata sunt, atque eis non ex meo ingenio sed ex inlustrium doctorum iudicio. neque ex propria temeritate sed ex aliorum auctoritate respondeam consectans non tam eloquii exultantis ambitum quam necessariae brevitatis modum. sic enim et innumeris satisfieri inquisitionibus tuis poterit et mihi insuper liberum erit aliqua extrinsecus quae cognitioni tuae utilia arbitrabor[22] inserere, ut est illud, quid significet alleluia, diapsalma, amen; quid sit cidaris, ephod, siclus et cetera, quae vel in sacris libris frequentata vel maxime in ecclesiae usu posita interpretationem requirunt. haec cum se[23] legentibus per totum scripturarum corpus crebro offerant, non ab re existimavi ea tibi cum significationibus suis in opere hoc quasi coacervata ostendere. dignum namque est quaecumque cura mea ingenium tuum remunerari[24] qui vix dum decem natus annos heremum ingressus inter illas sanctorum manus non solum inbutus verum etiam enutritus es sub Honorato patre, illo, inquam, primo insularum postea etiam ecclesiarum magistro; cum te illic beatissimi Hilarii tunc insulani tironis sed iam nunc summi pontificis doctrina formaret per omnes spiritalium rerum disciplinas, ad hoc[25] etiam te postea consummantibus sanctis viris Salviano atque Vincentio eloquentia pariter scientiaque praeeminentibus. his[26] igitur tot ac talibus usus magistris ex me quoque minimo omnium audies quae sciscitatus es. in quibus iam nunc et interrogantem te et me respondentem recognosce.

Vale Saloni mi carissimi in XPO fili.[27]

NOTES

Honorato: After serving as abbot at Lérins, Honoratus became bishop of Arles (426–29).

summi pontificis: That is, bishop. Hilary succeeded Honoratus as bishop of Arles, serving until 449.

Salviano atque Vincentio: Both Salvian and Vincentius were distinguished authors in their own right. Salvian wrote the *De gubernatione dei* (On the government of God) and *Adversus avaritiam* (Against avarice); and Vincentius was the author of the *Commonitorium* (Reminder), a handbook for distinguishing orthodoxy from heresy, and of *Excerpta* (Excerpts) from Augustine.

---

22. S; *arbitrabor:* P.
23. *cum se:* P; *vel:* S.
24. P; *reparari:* S.
25. P: *adhuc:* S.
26. P; *omittit* S.
27. S; *Vale in Christo:* P.

3 A review copy. Hilary of Arles, *Epist.* "Cum me libellos": C. Wotke, ed., *CSEL* 31:197–98. Ca. A.D. 430/435. From the same manuscripts as the previous entry.

Eucherius sent a copy of this volume to Hilary, who graciously responded in a letter that found its way into manuscript copies.

Domino beatissimo et merito suscipiendo et in Christo devinctissimo papae Eucherio episcopo Hilarius episcopus.

Cum me libellos tuos mecum relaturum praecedentibus litteris indicassem, instantiam et exactionem pueri quem miseras lentare nullatenus potui. emisi itaque florulenta beatitudinis tuae opera non parum anxius, ne[28] necdum descripta tam iugiter[29] tam graviter ruentibus imbribus labefactarentur. percurri ea semel tantum universa miratus.[30] concedat dominus, ut speciosa haec in Christo instructionum nostrarum gloriae tuae opera te in paginis tuis duce aliquando percenseam. hoc unum precor, ne me diu his institutionibus fraudari feras. sed unum me de iuvenibus tuis, quorum haec eruditioni ordinasti, habens hoc instantius habere me haec velis, quo me magis aevi senium cum iuventae imperitia premit.[31]

Memorem te mei dominus ad profectum ecclesiae suae diu servet, beatissime papa.

4 A second reader. Salv. *Epist.* "Legi libros tuos": C. Wotke, ed., *CSEL* 31:197. Ca. A.D. 430/435. From the same manuscripts. For illustrative purposes, the letter is reproduced here as it appears in manuscript "S"; see J. Pitra, ed., *Analecta sacra* 2 (1884): 507.

Salvian of Marseille also received a review copy and responded in a like manner.

Domino et dulci suo Eucherio episcopo Salvianus perbit.[32]

Legi libros tuos quos transmisisti stylo breves doctrina uberes lectione expeditos instructione perfectos menti tuae et pietati pares nec miror quod tam utile ac pulchrum opus ad institutionem potissimum s(an)c(t)or(um) ac beatorum pignorum condidisti, cum eni(m)

28. P; *omittit* S.

29. P; *iuviter:* S.

30. P; *percurri . . . miratus: omittit* S.

31. P; *inperitia praemit:* S; *quo me magis iuventutis retia premunt:* the Ballerini.

32. That is, *presbyter; omittit:* P.

eximium in eis templum d(e)o aedificaveris doctrinam[33] novae eruditionis quasi summi[34] aedificii tui culmen ornasti, et ut indolis[35] s(an)c(t)ae tuaeq(ue)[36] doctrinae[37] ac vita inlustrarentur quos morali institutione formaveras spiritali instructione decorasti, superest ut d(omi)n(u)s d(eu)s noster cuius dona admirandissimi iuvenis[38] tales sunt pares eos faciat libris tuis, id est quicquid[39] illi continent in misterio[40] hoc uterque[41] illoru(m) habeat in sensu, et quia iam dispensatione divina atque iudicio etiam magistri ecclesiarum[42] esse coeperunt [donet hoc benignissimi dei pietas ut][43] doctrina illorum fructus sit ecclesiarum et tuos profectusq(ue)[44] excellentissimo tam illum ornent a quo sunt geniti quam eos qui[45] ipsi sua institutione generaverint mihiq(ue) hoc etsi non inter omnia certe vel post omnia misericors d(eu)s tribuat ut qui fuerunt discipoli quondam mei sint[46] cotidiae[47] oratores mei.

Vale mihi[48] d(omi)ne et dulcis meus.

NOTES

pignorum: The same word used by Ruricius of Limoges to describe his sons in the letter to Hesperius above.

d(e)o: Abbreviations of *verba sacra* (sacred words), such as *deus, dominus,* and *sanctus,* were especially common.

3.15 Running with a bad crowd. Sid.Apoll. *Epist.* 3.13.1–2, 10: C. Leutjohann, ed., *MGH AA* 8:49. Ca. the 460s.

Part of a child's education included lessons on what kind of person to avoid, as Sidonius instructed his son Apollinaris in a tour de force of character assassination.

33. S; *doctrina:* P.
34. S; *summum:* P.
35. S; *indoles:* P.
36. *tuaeque:* S; *aeque:* P.
37. S; *doctrina:* P.
38. Sc. *iuvenes.*
39. S; *quid:* P.
40. S; *mysterio:* P.
41. S; *uter:* P.
42. S; *ecclesiae:* P.
43. P; *donet . . . ut: omittit* S.
44. S; *tuus profectuque:* P.
45. S; *quos:* P.
46. *nunc: addit* P.
47. S; *cotidie:* P.
48. S; *mi:* P.

Sidonius Apollinari suo salutem.
Unice probo gaudeo admiror, quod castitatis affectu contubernia fugis impudicorum, praesertim quibus nihil pensi, nihil sancti est in appetendis garriendisque turpitudinibus quique quod verbis inverecundis aurium publicarum reverentiam incestant, granditer sibi videntur facetiari. cuius vilitatis esse signiferum Gnathonem patriae nostrae vel maxumum intellege. (2) est enim hic gurges de sutoribus fabularum, de concinnatoribus criminum, de sinistrarum opinionum duplicatoribus, loquax ipse nec dicax ridiculusque nec laetus arrogansque nec constans curiosusque nec perspicax atque indecenter affectato lepore plus rusticus; tempora praesentia colens, praeterita carpens, futura fastidiens; beneficii, si rogaturus est, inportunus petendi derogator negati, aemulator accepti callidus reformandi, querulus flagitati garrulus restituti; at si rogandus simulator parati dissimulator petiti, venditor praestiti publicator occulti, calumniator morati infitiator soluti, (3) osor ieiuniorum, sectator epularum, laudabilem proferens non de bene vivente sed de bene pascente sententiam: inter haec tamen ipse avarissimus quemque non pascit tam panis bonus quam panis alienus, hoc solum comedens domi, si quid e raptis inter alaparum procellas praemisit obsoniis . . . (10) nam quamquam pruritu laborat sermonis inhonesti, tamen patronorum est praecipue cavendus arcanis, quorum est laudator in prosperis, delator in dubiis, et si ad occulta familiarium publicanda temporis ratio sollicitet, mox per hunc Spartacum quaecumque sunt clausa franguntur quaeque obserata reserantur; ita quod, quas domorum nequiverit machinis apertae simulatis impetere, cuniculis clandestinae proditionis impugnat . . . (11) igitur ex voto meo feceris si talium sodalitati ne congressu quidem primore sociere, maxume illorum quorum sermonibus prostitutis ac theatralibus nullas habenas, nulla praemittit repagula pudor. nam quibus citra honestatis nitorem iactitabundis loquacis faece petulantiae lingua polluitur infrenis, his conscientia quoque sordidatissima est. denique facilius obtingit ut quispiam seria loquens vivat obscene, quam valeat ostendi qui pariter exsistat improbus dictis et probus moribus.
vale

NOTES

Gnatho was the parasite in Terence's play *Eunuchus,* a good choice given Apollinaris's interest in Terence seen above.

maxumam: An archaism.
Spartacus: A Thracian gladiator who led a slave revolt at Capua in 73 B.C.

3.16 A close call. Avit. *Epist.* 52: R. Peiper, ed., *MGH AA* 6.2:81. Ca. A.D. 490/507. From the Codex Lugdunensis 535 ("L") of the eleventh or twelfth century, and a manuscript seen by Sirmond ("S"), but now lost.

Apollinaris's cousin, Avitus of Vienne, took it upon himself to give Apollinaris advice on how to deal with his personal enemies in the Visigothic kingdom.

Avitus episcopus viro illustrissimo[49] Apollinari.

Communi quidem sed veraci sermone vulgatum est, quod sese mutuae dilectionis intuitu concordantium cernant motus animorum. potest[50] namque tam una nobis sollicitudo[51] nostri esse, ut litteris, quas harum portitor filius meus attulit, ante, si bene metiamini, responderim, quam venirent? nam in pagina famulatus, quam per meos ex causa direxeram, et gaudium de vestra prosperitate conceptum plus affectionibus quam sermonibus exhalavi, et necessitatem nostram patrumque communium mixta lacrimis exultatione perstrinxi. de cetero autem tribuat divina miseratio, quae spem reparandae prosapiae in personae vestrae honore constituit et secuturae posteritati nostrae te unigenitore[52] etiam nos patres esse concessit ut calcatis iugiter prosperante succesu inimicorum coniurationes seu perfidorum livores,[53] primus victoriae vestrae gradus sit integritatem in conscientia reponere; secundus, cum discutitur, in audientia comprobare; tertius criminantibus post sententiam perpercisse. torqueatur animo[54] etiam pro indulgentia sibi collata hostis subpressus,[55] et duplici nostro bono supplicio suo, cum vos gemuerit non posse decipi, doleat posse misereri. sic potestati vestrae ad hoc tantum redditus, ne periret, dum oblatae ultro veniae amarus irascitur, vitae quodammodo suae invidere cogatur. de

49. L; *illustri:* S.
50. L; *patet:* S.
51. L; *unam nobis sollicitudinem:* S.
52. Peiper; *unigenitorem:* L; *uno genitore:* S.
53. L; *coniuratione et perfidorum livore:* S.
54. L; *animus:* S.
55. L; *oppressi:* S.

reliquo, domine[56] piissime frater, cura pectoris mei, pompa generis tui, fer paulisper trepidantem fraternae admonitionis ineptiam. cavete attentive malos[57] et linguarum mordacium dolis sibilantibus blandimenta venenaque machinantibus; docti[58] post experimenta non credite. nec minus vos sollertia faciat cautos, quam innocentia praestat securos. siquidem intercluso[59] explorandi nocendique aditu vel ob hoc rarius[60] debetis debellandis eorum conatibus laborare, quod ultionem divino iudicio reservantes debellantibus[61] semper statuistis ignoscere. quamquam, ut supra iam fatus[62] sum, non ex toto impunitus habeatur, quem gloria lacessit.[63]

NOTES

audientia: A formal legal hearing.

linguarum mordacium: A favorite expression of Apollinaris's father, Sidonius.

7 Living the good life. Ruric. *Epist.* 2.24: *MGH AA* 8:332; *CCL* 64:364–65, *CSEL* 21:409–10. Ca. 485/500. From the Codex Sangallensis 190 (St. Gallen) of ca. A.D. 800.

Another rather willful youth was Constantius, the son of Bishop Ruricius of Limoges.

Filio Constantio Ruricius episcopus.

Quamlibet Baccho, symphoniis et diversis musicis nec non etiam et puellarum choris te deditum esse cognoverim, tamen, quia bonum est ab his, dum pervalde fervet adulescentia, aliquotiens respirare et magis domino vacare quam Libero, parentibus quoque operam dare quam cantibus, moneo, ut crastino, quod erit quarta feria, Brivae, temporius tamen, quod te facturum minime credo, mihi ieiunus occurras.

56. *semper: addit* S.
57. Peiper; *antentive malos:* L; *attente a malis:* S.
58. L; *doctius:* S.
59. *probis: addit* S.
60. L; *gratius:* S.
61. L; *debellatis:* S.
62. L; *fassus:* S.
63. L; *lacessistis:* S.

NOTES

quamlibet: At this period, used almost in the sense of "although."

quarta feria: The fourth church service after Sunday, i.e., on Wednesday.

Brivae: Brive, south of Limoges.

3.18 Still living the good life. Ruric. *Epist.* 2.25: *MGH AA* 8:332; *CCL* 64:365; *CSEL* 21:410. Ca. 485/500. From the Codex Sangallensis 190 (St. Gallen) of ca. A.D. 800.

Ruricius's subsequent letter suggests that Constantius did not change his ways.

Eiusdem alia.

Aliud mihi deo teste promiseras, quod ipsum deberes colere, non Iacchum, cuius criminis etiam me vis esse consortem, ut ego ad hunc errorem colendum delicias subministrem et oleum incendio superfundam, quod neutro nostrum noveris expedire. sed dicis fortasse, "pollicitus es." quo ore a me promissa perquires, cum tu sacramenta violaveris? unde dabis veniam meae promissioni, quamdiu te huic servire cognovero passioni, ne confirmare videamur factum, cuius reprehendimus pactum, et simus scandalo, cui esse debemus exemplo.

NOTES

eiusdem alia: A scribal note, not part of the original letter. The original salutation would have been the same as in the preceding letter.

Iacchum: A deity equivalent to Bacchus or Dionysus.

3.19 A virtuous matron of Vienne. A. Riese and F. Buecheler, eds., *Anthologia latina* 2.1 (Leipzig: Teubner, 1906), 330–31, no. 700; E. LeBlant, *Bulletin archéologique du Comité des Travaux Historiques* (1894), 63; E. Espérandieu, *Inscriptions latines de Gaule (Narbonnaise)* (Paris, 1929), no. 301. 4 March 518.

All too often, when women appeared in their own right, it was only in death. The epitaph of Celsa of Vienne illustrates the virtues expected of an upright Roman matron. Its meter, if any, is unclear.

MERITIS PARITERQVE
ET NOMINE CELSA HIC
CORPVS. CAELEBEM NAM

SPIRITVM C<a>ELO REFVDIT
ALMO MVNDANA SPRE
VIT CARNE SVBACTA CRV
CI MAETVENSQVE[64] PROS
PERA SEMPER ADVERSA
RIDENS SIC SODALES C<v>NC
TAS DIVINCTAS[65] HABENS
SESEQVE PRAEBVIT OMNI
BVS ALVNNAM[66] NON IN
PAR DECEM SAPIENTIBVS PV
ELLIS ACCENSO OLIVO SPON
SVM PRAESTOLATA XP(istu)M
CVIVS DEP(osito).IIII.NON(as).MART(ias).P(ost) C(onsulato)
AGAPITI

NOTES

MERITIS . . . ETNOMINE: A pun on Celsa's name.

DECEM SAPIENTIBVS: Matt. 25.1–13. Of the ten maidens, only five wisely remembered to bring oil for their lamps; the others were excluded from the wedding when they had to leave to look for oil.

AGAPITI: Fl. Agapitus was consul in A.D. 517.

0 Senatorial matchmaking. *Codex Theodosianus* (Theodosian Code) 3.7.1. 16 July 371.

Very often, the most important decision in which a woman was involved concerned the choice of a spouse. This was dealt with in a piece of legislation issued in A.D. 371.

Imppp. Valentinianus, Valens et Gratianus AAA. ad Senatum. Viduae intra vicesimum et quintum annum degentes etiamsi emancipationis libertate gaudent, tamen in secundas nuptias non sine patris sententia conveniant aut in oppignerationem. cessent itaque sequestres atque interpretes, taciti nuntii renuntiique corrupti. nuptias nobiles nemo redimat, nemo sollicitet, sed publice consulatur affinitas, adhibeatur frequentia procerum. (1) quodsi in conditionis dilectu mulieris voluntas certat sententia propinquorum, placet

64. I.e., *METVENS.*

65. I.e., *DEVINCTAS.*

66. I.e., *ALVMNAM.*

admodum, ut in pupillarum coniunctionibus sanctum est, habendo examini auctoritatem quoque iudiciariae cognitionis adiungi, ut, si pares sunt genere ac moribus petitores, is potior aestimetur, quem sibi consulens mulier approbaverit. (2) sed ne forte hi, qui gradu proximo ad viduarum successiones vocantur, etiam honestas nuptias impediant, si huius rei suspicio proceserit, eorum volumus auctoritatem iudiciumque succedere, ad quos, etiamsi fatalis sors intercesserit, tamen hereditatis commodum pervenire non possit. Dat. XVII Kal. Aug. Gratiano A. II et Probo v.c. coss.

NOTES

Imppp., Auggg.: The Roman method of abbreviating plurals was to reduplicate the final letter of the abbreviation as many times as there were items; hence *Imppp.* and *AAA* represent three emperors, i.e. *Imperatores* and *Augusti.*

oppigneratio: The giving of a pledge.

Dat. . . : A typical subscription added to imperial laws. Filled out, it would read, *data XVII Kalendas Augustas Gratiano Augusto II et Probo viro clarissimo consulibus.*

3.21 A flattering marauder. Faust. *De gratia,* 1.16: A. Engelbrecht, ed., *CSEL* 21:50–51. Ca. A.D. 470/490.

Faustus of Riez presented a hypothetical case of women, in the midst of disorder, choosing their own mates.

Si legatus aliquis vel sacerdos intercessurus pro civitate captiva largius pretium deferat et universum captivitatis populum de manu eius recipiat, qui belli iure retinebat, et omnis omnino relaxetur lex ac necessitas servitutis, et inter haec, si forte illic aliquos de captivis vel oblectatio consuetudinis vel male blandus praedo sollicitet, gratuitum beneficium unusquisque voluntatis suae servus recuset, numquid minoravit gratiam pretii contemptus ingrati?

3.22 Defining incest. *Concilium Epaonense,* can. 30: C. de Clercq, ed., *CCL* 148A (Turnholt, 1963), 31–32. 15 September 517.

Like the imperial government, bishops and church councils attempted to regulate who could marry whom and in what kinds of circumstances. Such was the case at the Council of Epaon in 517.

(30) Incestis coniunctionibus nihil prorsus veniae reservamus, nisi cum adulterium separatione sanaverint. incestos vero nec ullo coni-

ugii nomine praevelandos[67] praeter illos, quos vel nominare funestum est, hos esse censemus: si quis relictam fratris, quae paene prius soror extiterat, carnali coniunctione violaverit, si quis frater germanam uxoris suae accipiat, si quis novercam duxerit, si quis consobrinae sobrinaeque se societ. quod ut a praesenti tempore prohibemus, ita ea, quae sunt anterius instituta, non solvemus, si quis relictae avunculi misceatur aut patrui vel privignae concubito polluatur. sane quibus coniunctio inlicita interdicetur, habebunt ineundi melioris coniugii libertatem.

NOTE

praeter illos: I.e., even closer degrees of consanguinity.

23 A case of incest. *Vita Apollinaris Valentiniensis* 2: *MGH SRM* 3:258. Ca. A.D. 517/518.

At the very time of the promulgation of this regulation, Stephanus, a financial official of the Burgundian court, married Palladia, the sister of his deceased wife. As recounted in the *vita* of Bishop Apollinaris of Vaison, the local ecclesiastical establishment was outraged and attempted to compel the two to separate.

(2) Itaque accidit ut quidam ex officio regis Sigismundi nomine Stephanus, qui super omnem dominationem fisci principatum gerebat, defuncta eius coniuge sororem uxoris suae sibi inlicite coniugii consortio copularet. qua de re sancti ac beatissimi apostolici viri Avitus et Apollinaris—qui secundum carnem germani, in Christi vero opere famosissimi fratres, omni semper in tempore operibus mancipati divinis, nobilitatis eorum cognita prudentia, doctrinis sacris, spiritu fervente, eruditi—sinodalem institutionem servantes, cum reliquis pontificibus simul in unum congregati, ipsum Stephanum sacra communione privari sanxerunt, ut, calcata scilicet humanae fragilitatis inpudicitia, incestum, quod iusticia superna dampnavit, inhonesta praesumptio non audeat vindicare. (3) tunc rex dirae insaniae furore permotus, beatissimos pontifices acerrime insidias praetendendo iniuriare non desinebat. sed apostolici atque venerabiles viri minas terreni regis minime formidantes, imperiis

67. Or *praevalendos;* or *incestus . . . praevalendus.*

caelestibus armati, ita se iusticiae vinculo nexuerunt, ut quaelibet supplicia eisdem inferrentur, ut saeva passionum tormenta tolerarent. visum enim illis est, ut in oppido civitatis Lugdunensium, quod nuncupatur Sardinia, pariter tamquam exilio deputati, auxiliante Deo, comitarentur. videns vero rex ille constantiam eorum incorruptibilem esse, ab ira non desinens, praecepit, ut pontifices, qui ibidem pariter residebant, ad propria reverterentur et singillatim per singulos menses regem opperiri deberent. sed quia beatissimus Apollinaris in condempnatione Stephani perseverans videbatur, ipsum primum studuit observare. tunc omnes lacrimis divinam potenciam obsecrantes, ne se derelinqueret, vale dicentes, celebrata oratione, profecti sunt . . . (5) cumque rex ille virum illum apostolicum nec videre vellet, sed magis insidias pretendere studeret, qui est meritorum rectissimorum iudex et inmensae virtutis laudabilis, celerem ultionem demonstrans, ilico contigit ut ipse rex ita vim febrium incurreret, ut pocius funebris quam vitalis esse crederetur tunc regina ipsius fide accensa, alacri festinatione pervenit ad locum ubi beatissimus pontifex residebat, et avida devotione petabat ut intercessione ipsius dominus suus incolumitatis donum reciperet. sed vir dei, abdicata mundanae elationis efferentia, eundi famulatus omnimodis denegavit. magisque regina illa lacrimis pedes eius rigans, poscebat, vel cucullam eius sibi prestari, quam super regem sternere deberet. victus fletibus cessit. quae cum, tribuente deo, supra virum suum fiduciali constancia fuisset expansa, statim effugata infestatione febrium, vel si qua alia inpugnatio videbatur, prosperitatis munus emeruit. (6) his actis, reminiscens rex ille facinus quod admiserat, licet grandi confusione repletus, tamen exultans, quod, suffragante pontifice, per vestimenti eius tegmina, pristinam meruisset consequi sospitatem, praecurrens primum studuit, ut tanti miraculi tantaeque virtutis largitate, latices, quos dominus servo suo benignitatis munere tribuit, ut oculis visibilibus cernere mereretur. agnita virtutis gracia, venit ad virum dei, et amplectens pedes eius, coram positus cum exultatationis fletu veniam postulabat, dicens, “peccavi, inique gessi, dum iustis indignas saepe intulerim tribulationes, namque expugnari nescit iusticia caelestis, hoc ipso quo inpugnatur fortior est.” o caelestis regis indulgentia, qui peccantium animas non vult perire sed culpas! o virtutum gloria, quae per famulum suum Apollinarem, refutatis mundialibus curis, gemina gracia claruere virtutis! denique assistens pro iusticia, insaniam regis tumidamque eius superbiam reprimit et orationis effectu a languore mortali quo detinebatur absolvit.

NOTES

Sigismundi: Sigismund was Burgundian king A.D. 516–23.

Avitus: Bishop Alcimus Ecdicius Avitus of Vienne, Apollinaris's brother.

iusticiae, etc.: This text habitually uses *c* for *t.*

Sardinia: Otherwise unknown; this may be allusion to the island of Sardinia, where North African bishops were exiled by the Vandals in the late fifth century.

efferentia: Excessive pride.

famulatus: A word used in Avitus's letter to Apollinaris of Clermont above.

4 The bishops back down. *Concilium Lugdunense* (Council of Lyon), can. 1: C. de Clercq, ed., *CCL* 148A, 38–41. A.D. 518/523. This record survives in only two manuscripts (neither of which provides a specific date for the council), the Codex Coloniensis 212 (Cologne) ("K") (A.D. 590/604), used by Peiper in *MGH AA* 6.2:175, and the eighth-century Codex Berolinensis Phillips 1743 (Berlin) ("R").

By a fortunate coincidence, the acts of a church council that met at Lyon to discuss the dénouement of this case still survive and show how the controversy was resolved.

(1) In nomine Trinitatis congregati interato in unum in causa Stephani incesti crimine polluti adque in Leudunensi urbe degentes[68] decrevimus, ut hoc factum nostrum, quod in damnatione eius vel illius, quam sibi inlicite sociavit, uno consensu suscripsimus, inviolabileter servarimus. quod non solum de praefatis eisdem[69] personis placuit costodiri, sed in omnibus, qui quolibet[70] loco vel tempore in hac fuerint perversitate detecti. (2) id quoque adecimus, ut si quicumque nostrum tribulationem quamcumque vel amaritudinem[71] aut commotionem fortasse potestates[72] necesse habuerit tolerare, omnis[73] uno cum eodem animo conpatiantur et, quidquid aerumnarum[74] vel dispendiorum optentu[75] causae huius unus

68. K; *dicentes:* R.
69. R; *eisdemque:* K.
70. de Clercq; *qui quolibit:* K; *quilibet:* R.
71. *nostrum . . . amaritudinem:* R; *vel amaritudinem nostrum tribulationem:* K.
72. Sc. *potestatis.*
73. Sc. *omnes.*
74. L; *omittit* R.
75. Sc. *obtentu.*

susciperit, consolatio fraterna[76] ancxietates relevit tribulantes. (3) quod si se rex praecellentissimus ab ecclesiae vel sacerdotum comunione ultra suspenderit, locum ei dantes ad sanctae[77] matris gremium veniendi, sancti antistites se in monasteriis absque ulla dilatione, prout cuique fuerit oportunum, recipiant, donec pacem dominus[78] integram ad caritatis plenitudinem conservandam[79] sanctorum flexus praecibus restituere pro sua potensia vel pietate dignetur, ita ut non unus quicunque prius[80] de monasterio, in quo elegerit habitare, discedat, quam cunctis generaliter fratribus fuerit pax promissa vel reddita. [After two more canons on other topics and the subscriptions of eleven bishops, there is appended an addendum:]

Domini quoque gloriosissimi regis sententia secuti id temperamenti praestitemus, ut Stephano praedicto vel Palladiae usque ad orationem plebis, qua post evengelia legitur,[81] orandi in locis sanctis spatium praestarimus.[82]

NOTES

Leudunensi: Sc. *Lugdunensi,* that is, Lyon.

pacem, caritatis: Words used for those in communion with each other.

3.25 Aunegilda changes her mind. *Liber constitutionum sive lex Gundobada* ("Book of Constitutions" or "Law of Gundobad," commonly known as the *Lex Burgundionum,* or "Burgundian Code"), 52: L. R. de Salis, ed., *MGH Leg.* 1.2.1 (Hannover, 1892), 85–87. 29 April 517. There are many manuscripts, the earliest from the ninth century, which are cited below, in two classes ("A" and "B") using the abbreviations of de Salis (15–19). The manuscripts are in general agreement except for such things as spelling and case endings, and, overall, those of class "A" are better.

The Burgundian Aunegilda and her lover Balthamodus not only violated established law and societal expectations, but also got away with it, as seen in a ruling from the "Burgundian Code."

76. R; *fraternae:* K.

77. K; *sacrae:* R.

78. K; *omittit* R.

79. R; *plenitudinis conservanda:* K.

80. K; *omittit* R.

81. K; *legeretur:* R.

82. The nine subscriptions that follow are omitted in ms. R.

De mulieribus desponsatis, quae ad aliorum consortium adulterio instigante transierint.

(1) Quotiens[83] huiusmodi causae consurgunt, de quibus nihil praecedentium legum statuta iusserunt,[84] ita ambiguitatem[85] rei oportet absolvi, ut emissum iudicium perpetuae legis[86] robur accipiat, et specialis causa generalem teneat aequitatem.

(2) Auditis igitur atque perpensis criminalis negotii meritis, quod inter Fredegisclum spatarium nostrum et Baltamodum nec non et Aunegildam vertebatur, sententiam diximus, quae recens[87] facinus resecaret et futuris temporibus modum districtionis inponeret.

(3) et quoniam Aunegilda post mariti prioris obitum in sua potestate consistens se[88] antedicto Fredegisclo non solum ex parentum consensu, verum etiam proprio arbitrio et voluntate donaverat,[89] et maiorum nuptialis pretii partem sponso adnumerante perceperat, fidemque placiti libidinis ardore succensa disrumpens ad Baltamodi non tam vota cucurrit, quam ad consuetum flagitium remeavit,[90] atque ob hoc non aliter tantum crimen tantumque dedecus libertatis quam sanguinis sui effusione debuerit expiari, tamen districtioni publicae dierum reverentiam praeponentes iubemus, ut Aunegilda divino humanoque dehonestata iudicio pretium, hoc est CCC solidos, Fredegisclo coacta dissolvat.

(4) nec Baltamodum quidem ab ipsius damnationis merito segregamus, qui mulierem alterius coniugio debitam praesumpsit accipere, cuiusque mortem causa poscebat; sed sententiam nostram ab interitu eius sub hac conditione sanctorum dierum consideratio revocavit: ut, nisi cum aliis undecim evidentia praebuerit sacramenta, quibus adfirmet, se eo tempore, quo ipsi saepius dicta Aunegilda quasi[91] uxoris iure coniuncta est, ignorasse, quod Fredegisclo iam fuerat obligata, pretium suum,[92] hoc est CL solidos, Fredegisclo

83. Or *quotienscumque.* Unless otherwise specified, the following readings are manuscript variants.

84. *disserunt:* edd.

85. *a nobis aequitatem:* A2; *ambo eguetatem:* A3; *ambo equitate:* B7–8.

86. *paccionis:* B6.

87. *praesens:* A4, B1–10; *quaerens:* A3.

88. *si:* A4, B1, 4, 7–8.

89. *dotaderat:* B7; *dotata erat:* B8.

90. *remigavit:* B6; *levavit:* B1.

91. *qui:* B1; *quae:* B2–4.

92. *praeiudicium:* A4, B1–4; *proiudicium:* B1.

non moretur[93] exsolvere. quod si iuraverit, neque damnum neque periculum patietur.

(5) iudicium vero in hac causa prolatum ad vicem mansurae in aevum legis praecipimus custodiri. et ne quemquam[94] deinceps ad exercendum tanti facinoris ausum[95] permissae nunc[96] compositionis temperamenta sollicitent, iubemus, ut quoscumque similis facti reatus aequaverit, non tam dispendia sustineant facultatum quam capitis amissione plectantur. rectius est enim, ut paucorum condemnatione multitudo corrigatur, quam sub specie[97] incongruae civilitatis[98] intromittatur occasio, quam licentiam tribuat delinquendi.

Data sub die IIII Kalendas Aprilis Lugduno Agapito consule.

NOTES

spatarium: Sword-bearer: the *spatha* was a broad two-edged sword without a point.

in sua potestate: Cf. the *libertas emancipationis* (freedom of emancipation) of the hypothetical woman in the *Codex Theodosianus* above.

dierum reverentiam: Easter in 517 was on 26 March, only three days before the issuance of this ruling.

solidos: Imitations of the Roman gold solidus (one-seventy-second of a Roman pound) and its one-third piece, the *tremissis,* were issued in the fifth and sixth centuries by barbarian successor states such as the Burgundians and Visigoths. The Franks did not begin to issue gold *tremisses,* of their own design, until later in the sixth century.

3.26 Marital companionship. *Poema coniugis ad uxorem* 1–2, 115–22: *PL* 51:611–16. Early fifth century. From the tenth-century Codex Sangallensis 187 (St. Gallen).

An anonymous poem, transmitted variously among the works of Prosper of Aquitaine and Paulinus of Nola, but not, it seems, written by either of them, describes the feelings of a husband for his wife.[99] The first sixteen verses are Anacreontic (an anapest, two iambs, and a final syllable), with the remainder being elegaic couplets.

Age iam precor mearum
Comes irremota rerum

93. *numeretur:* A3, B1–6.

94. *quaquam:* A2–3, B3–4, 6.

95. *casum:* B1–4.

96. *neque:* B9–10.

97. *substancia:* B6; *suspicie:* B7–8.

98. *cecilitatis:* B6; *civitatis:* B1.

99. See the epitaph of Nymfius in chapter 2 above for the feelings of a wife for her husband.

Trepidam brevemque vitam
Domino deo dicemus . . .
Tu modo, fida comes, mecum isti accingere pugnae,
Quam deus infirmo praebuit auxilium.
Sollicita elatum cohibe, solare dolentem:
Exemplum vitae simis uterque piae.
Custos esto tui custodis, mutua redde,
Erige labentem, surge levantis ope.
Ut caro non eadem tantum, sed mens quoque nobis
Una sit, atque duos spiritus unus alat.

7 A domestic enemy. Ruric. *Epist.* 2.65: *MGH AA* 8:350; *CCL* 64:394; *CSEL* 21:441–42. Ca. A.D. 495. The letter survives only in the Codex Sangallensis 190 (St. Gallen) ("S") of ca. A.D. 800.

Women often asserted themselves in family contexts. In a letter to his friend Volusianus, bishop of Tours, Ruricius of Limoges indicates who he thinks really ruled Volusianus's family.

Ruricius episcopus fratri Volusiano episcopo.
Ita, quod peius est, caritatem antiquam et insitam nobis partim,[100] quam[101] confitendum est, neglegentia nostra, partim necessitate temporis, partim[102] corporis infirmitate faciente longa delevit oblivio, ut penitus inmemores[103] nostri facti non solum vos[104] nullis officiis mutuis sed nec litteris requiramus. miror nobilitatem tuam quasi filium ad me litteras destinare, cum sine ullo respectu religionis aut propinquitatis tibi iniuriae nostrae sic placeant, ut eas vindicare non velis. unde, nisi existimationem personae meae aut officii cogitassem, portitorem litterarum tuarum talem ad te remiseram, quales homines meos non matrona vestra, sed domina procax nimium et effrenata perduxit, cuius mores, si tu tanto tempore cum famae[105] tuae diminutione aut voluntarie[106] aut necessitate supportas, alios noveris nec velle ferre nec esse contentos. nam quod scribis te metu[107] hostium

100. Edd.; *partem:* S.
101. S; *quoniam:* Engelbrecht; *delet* Mommsen.
102. Edd.; *partem:* S.
103. Edd.; *inmemoris:* S.
104. Edd.; *nos:* S.
105. Edd.; *fame:* S.
106. Edd.; *voluntariae:* S.
107. Edd.; *timetu:* S.

hebetem[108] factum, timere hostem non debet extraneum, qui consuevit sustinere domesticum.

NOTES

For the use of *matrona* to refer to the wife of an ecclesiastic, see Constantius of Lyon, *Vita Germani Autissiodorensis* 22.

metu hostium: Probably a reference to the Franks, whose territory lay just north of Tours and who were raiding Visigothic territory at just this time.

3.28 Economic tutelage. *Codex Theodosianus* 2.16.3 = *Codex Justinianus* (Code of Justinian) 2.21.8. 8 March 414.

The government often felt the need to regulate the legal affairs of women and children, as demonstrated by a succinct statute from the Theodosian Code issued in A.D. 414.

> Impp. Honorius et Theodosius AA. Iuliano II proconsuli Africae.
> Et mulieribus et minoribus in his, quae vel praetermiserint vel igoraverint, innumeris auctoritatibus constat esse consultum.
> Dat. prid. Non. Mart. Ravenna, Constantio et Constante vv.cc.coss.

An "Interpretation" of this ordinance included in the summarized version of the Theodosian Code published in Gaul in A.D. 506 expanded on the legal interests of older women:

> Minoribus mulieribus, sicut et viris, ita in causis omnibus subvenitur. maioribus vero mulieribus, pro fragilitate sexus in multis rebus, quas per ignorantiam praetermiserint, sicut lex ipsa loquitur, iubet esse consultum; id est, ut si fideiussores pro quibuscumque accesserint, pro ipsa fideiussione non teneantur obnoxiae. et si in difficilioribus causis ius vel leges nescientes, mandati chartulam pro negotiis suis forte subscripserint, ut earum, cui mandaverint, negotium exsequatur, et ille in charta non solum procuratorem, sed et dominum si se scripserit, deceptis per hanc fraudem mulieribus subvenitur. reliqui autem contractus, quos firma aetate publice et solemnibus scripturis gesserint, in sua firmitate perdurent.

108. Edd.; *habetem:* S.

NOTES

vero: "But."
II proconsuli: That is, proconsul for the second time.
Dat. etc.: That is, *Data pridie nonas Martias Ravenna Constantio et Constante viris clarissimis consulibus.*

9 A day in court. *Formulae Arvernenses* 2: K. Zeumer, ed., *MGH Leg., Sectio V, Formulae* (Hannover, 1886), 29. Mid–sixth century. These formulas survive only in the Codex Parisinus Latinus 4697 (Paris) ("P") of the ninth century; in the opinion of the editor Zeumer (27) the texts "in summam obscuritatem corruptae esse videntur."

A legal handbook from Clermont of the mid-sixth century was more specific still about the procedures for protecting the legal interests of women. As it appears in the manuscript, the formula ("form letter") is full of grammatical and spelling errors.

Mandato.
Mox inixit antiqua, printipium iura decreta sancxerunt, ut, quicquid causas per impigritiae census aut femina sexus vel corpora mentisque fragilitatis res suas suorumque suarum gubernare minime possit, cura electorum permittantur. ego illa femina dilectissimus filius meus illius et illius. rogo et iniungo vel suplico gratias vestras, ut de omnis causas meas vel negotiis meis vel quicquid de alode parentorum meorum aut de otracto, aut unde mee consotium suppetit, aut adversus me altercatio orta fuerit, quicquit de heredibus meis dicit aut numerare potest, vos damus et procuratoribus de omnes causas meas vel facultates meas, tam terras seu et mancipia vel alias res meas, quicquit dinumerare longum est, tam in presentia dominorum aut in quibuscumque provintiis, sive eante commitibus vel iudiciaria potestate, adsupta mea vice, elegi et proponat, aut quicquid in hac parte ex causa veritatis aut definieritis, egeris, gesseris veracitum firmatum adque finita incontra esse pubplicar. sane si quis, ego ipse aut ullus.
Hic habet gesta.
Arvernis aput vir laudible illo defensore vel cura pubplica ipsius civitatis illa femina ait, "queso vobis, obtinent defensor vel cura pubplica ipsius civitatis, ut tu mihi quoddicis pubplicis prosequere percipiatis; abeo que gestarum alegatio cupio roborare." memorias defensore dixit, "pateant tibi quoddicis pubplicas; quae obtas."

"quia illa femina per hanc mandatum mihi iniunxit, ut propter sollemnitatem lex scripturas adfirmatum ut ad vobis arseri deberim et haec mandatum, que in filius suus illus et illu, utsubta sua vice, consscribere vel adfirmare rogaverit de omnes causas—satis sunt, quod tectus superior abeatur scriptum—gestis municipalibus adligare adque firmare deberet." iam dictus defensor et ordo curie dixerunt; "et hec mandatum, adseres, deberet nobis ostendit ad relegendum." tunc unus ex natarius ipso mandato in puplico recitavit. prefatus defensor dixit: "haec gesta, quomdo est scripta, nostros manibus roborata, quicquit exinde dicere vel numerare, res illa aut nihil aliut ago." "haec gesta, quomodo est scripta, vestris roborata mihi sine mora tradatur." ille defensor cum suis curialibus vel subscriptionibus manibus ipsa gesta tradiderunt vel consignaverunt.

The formula can be rewritten thus in more conventional form, with a few readings supplied by editors:

Mandatum.
Mos[109] iniunxit[110] antiqua, principium iura decreta sanxerunt, ut, quisquis[111] causas per pigritiam sensus[112] aut femina sexus vel corpora mentisque fragilitatis res suas suorumque suarum gubernare minime possit, cura electorum permittatur. ego (illa femina) / dilectissimus filius meus (ille) et (ille) rogo et iniungo vel supplico gratias vestras, ut, de omnes causas meas vel negotiis meis vel quicquid de alode parentorum meorum aut de attracto,[113] aut unde meum consortium suppetit, aut adversus me altercatio orta fuerit, quicquid de rebus meis dici[114] aut numerare potest, vobis[115] dominis[116] et procuratoribus <instituo, ut[117]> de omnes causas meas vel facultates meas, tam terras seu et mancipia vel alias res meas, quicquid dinumerare longum est, tam in praesentia dominorum aut in quibus-

109. *mox:* P.
110. *inixit:* P.
111. *quicquid:* P.
112. *impigritiae census:* P.
113. *otracto:* P.
114. *dicit:* P.
115. *vos:* P.
116. *damus:* P.
117. *instituo, ut: supplevit* edd.

cumque provinciis, sive ante comitibus vel iudicaria potestate, adsumpta mea vice, eligatis et proponatis,[118] et quicquid in hac parte ex causa veritatis aut definieritis, egeris, gesserisve, ratum,[119] firmatum atque finita inantea[120] esse publicari.
sane si quis, ego ipse aut ullus. . .
Hic habet gesta.
Arvernis apud virum laudabilem (illum) defensorem vel curiam publicam[121] ipsius civitatis (illa femina) ait, "quaeso vobis, optime defensor vel curia publica ipsius civitatis, ut tu mihi codices publicos[122] prosequere percipiatis; habeo[123] quae gestarum allegatio cupio roborare." memoratus[124] defensor dixit, "pateant tibi codices[125] publicas, prosequere[126] quae optas. quia (illa femina) per hunc mandatum mihi iniunxit, ut propter sollemnitatem legis[127] scripturae[128] affirmatum[129] ad vobis adserere[130] deberim et hunc[131] mandatum, quae in filiis suis,[132] (ille) et (illa),[133] assumpta[134] sua vice, conscribere vel adfirmare rogaverit de omnibus causis[135]—satis sunt, quod textus superior abeatur scriptum." iam dictus defensor et ordo curiae dixerunt; "et haec mandatum, <quod[136]> adseres, deberet nobis ostendi[137] ad relegendum." tunc unus ex notariis[138] ipsum mandatum in publico recitavit. praefatus defensor dixit:

---

118. *eligi et proponat:* P; *propono ut:* ed.
119. *gesseris veracitum:* P.
120. *incontra:* P.
121. *cura pubplica:* P.
122. *quoddicis pubplicas:* P.
123. *abeo:* P.
124. *memorias:* P.
125. *quod dicis:* P.
126. *Supplevit* Zeumer.
127. *lex:* P.
128. *scripturas:* P.
129. *ut: addit* P.
130. *arseri:* P; *asserire:* Zeumer. I.e., *procurare.*
131. *haec:* P.
132. *filius suus:* P.
133. *illus et illu:* P.
134. *utsubta:* P; Zeumer, who prints *atsubta,* suggests (29), "quae verba errore fortasse hic inserta sunt."
135. *omnes causas:* P.
136. *Supplevit* edd.
137. *ostendit:* P.
138. *natarius:* P.

"haec gesta, quomodo est scripta, nostris[139] manibus roborata, quicquid exinde dicere vel numerare, res aut nihil aliud ago. haec gesta, quomodo est scripta, vestris <manibus[140]> roborata mihi sine mora tradatur." (ille) defensor cum suis curialibus vel subscriptionibus manibus ipsa gesta tradiderunt vel consignaverunt.

NOTES

decreta sanxerunt: As seen, for example, in the above citatations from the Theodosian Code and its interpretations.

(illa femina) etc.: The formula provided spaces where the names of the involved parties could be inserted.

illum defensorem: The office of *defensor civitatis* had been introduced in the Late Roman period.

dicere vel numerare . . . : Zeumer notes, "sequentia verba . . . corrupta esse videntur."

gesta: The written records resulting from a legal proceeding.

3.30 In-law problems. Salv. *Epist.* 4: C. Halm, ed., *MGH AA* 1.1:110–14 (Berlin, 1887). Ca. A.D. 420/430.

Sometimes the disruptions of the times, both political and religious, caused family members to become estranged from one another. Here, Salvian of Marseille writes to his estranged in-laws on behalf of his wife Palladia and daughter Auspiciola. His use of legal analogies betrays his legal training.

Hypatio et Quietae parentibus Salvianus, Palladia, Auspiciola salutem.

[After a brief introduction about the unity of the apostles:] . . .

(2) Ita ergo et nos, exemplorum ingentium parvi imitatores, ad vos, quos natura parentes, fide fratres, honore dominos habemus, non, ut apostoli illi, auctoritate docentium scribimus, sed humilitate famulorum; ut qui hactenus singulorum nostrorum epistolis non moti estis vel nunc omnium obsecratione moveamini, nosque filios vestros ne qui ex superfluo metus sit, et simul sciatis esse et unum sentire pariter et metuere et aequaliter supplicare, non quia sciamus an vos omnibus irascamini, sed quia nos non possumus causa esse divisi. (3) idem enim nobis admodum metus est, etiamsi non eadem videtur offensa. caritas quippe mutua facit, ut licet vos non utrique

139. *nostros:* P.

140. *Supplevit* edd.

forsan suscenseatis, uno tamen ex nobis reo alter sine tristitia reatus esse non possit. illud sane est, quod nos contendere in aliquo et certare mutuo faciat, quod cum ambo filii vestri aequaliter rei simus, plus tamen unusquisque nostrum pro altero quam pro se timet. (4) parentes carissimi, parentes reverendissimi, interrogari vos quaesumus liceat. ita possunt pignora sic amantia non amari? quid tantum mali commeruimus, vel affectus dilectissimi vel domini reverendissimi, ut nobis nec tamquam filiis reddatur gratia nec tamquam famulis remittatur offensa? (5) septimus iam ferme annus est, ex quo nulla ad nos tam longe a vobis sitos scripta misistis. nullis paene in deum delinquentibus tam longum lugendi tempus inponitur, nullos admodum maximorum criminum [lacuna] <reos> ut plus amet, scilicet ut patris motus non detrimenta amoris sint, sed profectus, cum quantum coercitio adtulerit unius correctioni, tantum correctio reddat mutuae caritati. (6) quamquam hoc illos magis parentes facere conveniat, qui de nonnullis negotiis veras irascendi filiis causas habent. tu autem quid suscenses, qui ex quo Christianus factus es, etiam falsas habere desisti? esto enim conversiunculam nostram paganus quondam non aequanimiter acceperis: ferenda tunc fuit ex dissimilitudine studiorum etiam discrepantia voluntatum, quando nobis etsi amor non suscensebat, superstitio tamen adversabatur. nam licet pater non odisset filium, error tamen oderat veritatem. (7) nunc longe aliud est. ex quo dei cultum professus es, pro me pronuntiasti. si praeteritas irarum causas exequeris, inputa tibi, qui Christiano filiam tuam dedisti. si id non est, quid mihi irasceris, quia eam nunc in me religionem augere cupio, quam tu in te probare coepisti? cur, rogo, in me non diligas quod es, qui in te quod eras ipse damnasti? (8) sed parcendum paululum verbis est, quia etiam in bona causa humilis esse, in quantum res sinit, filii apud parentes debet oratio. indulgete, affectus carissimi; liberiorem me esse paululo in negotio suo dei affectus facit. si quae sunt vobis aliae suscensendi causae, peccare me potuisse non abnego; in hoc vero, ubi ideo suscensetis, quia Christum amare videor, ignoscite quod dicturus sum. (9) peto quidem veniam, quia irascimini, sed non possum dicere malum esse quod feci. haec igitur apud vos meo nomine et quasi peculiari prece. nunc tu, o dilectissima ac venerabilissima soror, quae mihi tanto carior es quam prius, quanto plus a suis affectus convenit diligi, in quibus se ipsum Christus fecerit amari, fungere partibus tuis simul meisque. ora tu ut ego inpetrem, tu postula ut uterque vincamus. osculare quia absens labiis non vales, saltim obsecratione pedes parentum tuorum quasi ancilla, manus quasi alumna, ora quasi filia. (10) ne trepidaveris, ne timueris: bonos iudices habemus, affectus ipse pro te orat, natura ipsa tibi postulat, suffragia causae tuae in tuorum mentibus habes, cito adnuunt qui suo ipsi amore superantur. obsecra ergo et supplex dicito: "quid feci, quid commerui?" ignoscite quicquid illud est, veniam peto, etsi delictum nescio. (11) numquam vos, ut ipsi scitis, inofficiositate aut contumacia offendi, numquam verbo asperiore laesi, numquam vultu proterviore violavi. a vobis sum viro tradita, a vobis coniugi mancipata. teneo, ni fallor, mandata vestra, haeret sensibus meis sanctum piae praeceptionis arcanum. morigeram me, ut puto, ante omnia viro esse iussistis. vestrae voluntati obsecuta sum, vestrae iussioni obtemperavi: illi in omnibus parui, cui me parere voluistis. (12) invitavit me ad religionem, invitavit ad castitatem. date veniam, turpe credidi reluctari: res mihi verecunda, res pudens, res sancta visa est. fateor, cum de tali negotio mecum ageret, erubui quod non ego ante coepissem. huc accessit etiam reverentia Christi et affectus: honeste me facere credidi quicquid dei amore fecissem. (13) advolvor vestris, o parentes carissimi, pedibus illa ego vestra Palladia, vestra gracula, vestra domnula, cum qua his tot vocabulis quondam indulgentissima pietate lusistis, quae vobis per varia nomina nunc fuit mater, nunc avicula, nunc domina, cum esset scilicet unum vocabulum generis, aliud infantiae, tertium dignitatis. en ego illa sum, per quam vobis illa primum et parentum nomina et avorum gaudia contigerunt, et, quod utroque praestat, utrumque feliciter, cum fructu adipiscendi et beatitudine perfruendi . . . (14) . . . sed haec hactenus: sufficienter enim iam per nos, o carissima soror, precati sumus, reliqua sunt agenda per filiam. (15) utamur ergo, honeste enim pro reconciliando parentum affectu cuncta temptantur, utamur illorum more et exemplo, qui ultimo causarum loco aliqua nonnumquam ad commovendam iudicum misericordiam proferebant laturis sententiam disceptatoribus, aut lamentantes matres familias aut sordidatos senes aut plorantes parvolos ingerentes, scilicet ut qui superiora causae verbis iam exoraverant, posteriora rebus ipsis perorarent. (16) offerimus ergo et nos vobis, o carissimi parentes, pignus pari quidem illorum, sed tamen gratiore suffragio. offerimus enim pignus non incognitum, sed domesticum, non alienum, sed proprium, nec, ut illi oratores, et sibi et iudicibus extraneum, sed nobis simul vobisque commune: quae vos utique vestri sanguinis indoles non ad incognitorum hominum cogit dilectionem, sed ad vestrorum revocat caritatem, nec alienos vobis aliena, sed vestros vestra commendat . . . (27) unde ego nunc veniam peto, non quia offendisse me noverim, sed ut locum offensae penitus non relinquam, nec conscientia culpae, sed ratione et officio caritatis, ut maiorem apud te affectus gratiam obsecratio mereatur innoxii et amori proficiat supplicatio reatu carens, habeasque plus in filii tui deprecatione quod diligas, si non habes quod remittas. (28) quamquam temere fortasse nobis de innocentia blandiamur, quid tu de nobis sentias nescientes; tui enim nobis sensus magis quam nostrae opinionis ratio habenda est. superest ergo, ut si quid aliud et quicquid illud commissum a nobis est, tu, qui id offensa dignum putas, venia quoque non indignum arbitreris. pulchre tibi ipse in tuorum reatu satis facies. nihil de ultione perdit filio ignoscens pater, quia felicius multo est et laudabilius suis aliquem etiam inmerito ignoscere quam in suos etiam merito vindicare.

Vale.

NOTES

ambo filii vestri: That is, Salvian and Palladia.

pignora: The same word used by Sidonius and Ruricius above to refer to their children.

tam longe a vobis: Salvian and Palladia had fled south, leaving their families in northern Gaul.

superstitio: Used by pagans to refer to Christian beliefs and vice versa.

ora tu: An example of apostrophe.

CHAPTER 4

Social Turmoil: "New Men" and Bandits, Romans and Barbarians

The people living in late antique society interacted in many different ways, and there were many kinds of social differentiating elements.

4.1 The exercise of *potentia.* Faust. *Sermo in natali sancti Stephani* (Sermon on the birth of St. Stephen): *CSEL* 21:235–36. Ca. A.D. 470.

In the aristocratic world, *potentia* was the most prized possession of both secular and ecclesastical aristocrats. Faustus, bishop of Riez, described how the use of *potentia* was manifested circa 470:

> Denique si aliqua potens persona contra nos iniuriam faciat, si etiam nos in faciem maledicat, nec respondere aliquid asperum, non dicam vicem reddere ausi sumus. quare hoc? ne ab illa persona potente adhuc maiora quam pertulimus patiamur . . . si ergo potens persona contra nos saeviat, tacemus et nihil dicere ausi sumus, si vero aut aequalis aut forte inferior vel levem contumeliam fecerit, quasi fera bestia sine ulla patientia ac sine aliqua dei contemplatione consurgimus et aut in praesenti iniuriam nostram vindicamus aut certe ad maiorem vicem reddendam nostrum animum praeparamus. quid est hoc, quod, quando persona potens nobis iniuriam contulit, patienter accipimus, quando inferior nimio furore succendimur?

4.2 Wishful thinking. *Querolus* 2 (28–34): ed. Peiper, 15–18; ed. Jacquemard–Le Saos, 18–22. Early fifth century.

The comedy *Querolus* (The complainer) portrays contemporary perceptions of the status accorded to different kinds of individuals and occupations.

Lar. quid quaeris amplius?
Quer. quare alii melius?
Lar. iam istud ad invidiam pertinet.
Quer. sed recte invideo, nam sum deterior inferioribus.
Lar. quid si feliciorem tete edoceo quam sunt isti de quibus dicturus es?
Quer. tum igitur facies posthac Querolus nullum <ut> permittat queri. (29)
Lar. ut negotium sit brevius et lucidius, argumenta removeo. tu fortunam dicito, cuius tibi condicio placeat, sortem autem quam ipse volueris iam nunc dabo. tantum illud memento: ne putes posse te aliquid deplorare atque excipere unde aliquid legeris.[1]
Quer. placeat optio. da mihi divitias atque honores militares vel mediocriter.
Lar. istud tibi praestare valeo. verum illud vide si tu valeas implere quod petis.
Quer. quid?
Lar. potes bellum gerere? ferrum excipere? aciem rumpere?
Quer. istud numquam potui.
Lar. cede igitur praemio atque honoribus his qui possunt omnia.
Quer. saltem aliquid nobis tribue in parte civili, et miserabili.
Lar. vis ergo omnia et exigere et exsolvere?
Quer. attat hoc excidit, iam neutrum volo. (30) si quid igitur potes, Lar Familiaris, facito ut sim privatus et potens.
Lar. potentiam cuiusmodi requiris?
Quer. ut liceat mihi spoliare non debentes, caedere alienos, vicinos autem et spoliare et caedere.
Lar. hahahe, latrocinium non potentiam requiris. hoc modo nescio, edepol, quem ad modum praestari hoc possit tibi. tamen inveni, habes quod exoptas: vade ad Ligerem vivito.
Quer. quid tum?
Lar. illic iure gentium vivunt homines, ibi nullum est praestigium, ibi sententiae capitales de robore proferuntur et scribuntur in ossibus; illic etiam rustici perorant et privati iudicant: ibi totum licet. si dives fueris, patus appellaberis: sic nostra loquitur Graecia. O silvae, O solitudines. quis vos dixit liberas? multo maiora sunt quae tacemus, tamen interea hoc sufficit.

1. Cf. Horace, *Sat.* 1.1.1–23.

Quer. neque dives ego sum, neque robore uti cupio. nolo iura haec silvestria.

Lar. pete igitur aliquid mitius honestiusque, si iurgare non potes. (31)

Quer. da mihi honorem qualem optinet[2] togatus ille nec bonus.

Lar. et tu togatos inter felices numeras?

Quer. maxime.

Lar. rem prorsus facilem nunc petisti. istud etiamsi non possumus, possumus. visne praestari hoc tibe?

Quer. nihil est quod plus velim.

Lar. ut maxima quaeque taceam: sume igitur tegmina hieme trunca et aestate duplicia; sume laneos cot[h]urnos, semper refluos carceres[3] quos pluvia solvat, pulvis compleat, caenum[4] et sudor glutinet; sume calceos humili fluxos tegmine quos terra revocet, fraudet limus concolor. aestum vestitis genibus, brumam nudis cruribus, in soccis hiemes, cancros in tubulis age; patere[5] inordinatos labores, occursus antelucanos, iudicis convivium primum postmeridianum aut aestuosum aut algidum aut insanum aut serium. vende vocem, vende linguam, iras atque odium loca: in summa pauper esto et reporta penatibus pecuniarum aliquid, sed plus criminum. plura etiam nunc dicerem, nisi quod efferre istos melius est quam laedere.

Quer. neque istud volo. (32) da mihi divitias quales consequuntur illi qui chartas agunt.

Lar. sume igitur vigilias et labores illorum quibus invides. aurum in iuventa, patriam in senecta quaere, tiro agelli, veteranus fori, ratiocinator erudite, possessor rudis, incognitis familiaris, vicinis novus, omnem aetatem exosus agito, funus ut lautum pares, heredes autem deus ordinabit. istis nolo invideas, Querole. saepe condita luporum fiunt rapinae vulpium. (33)

Quer. heia, nec chartas volo. tribue saltem nunc mihi peregrini illius et transmarini mercatoris sacculum.

Lar. age, igitur, conscende maria, te tuosque pariter undis et ventis credito.

Quer. istud egomet numquam volui. da mihi saltem vel capsas Titi.

Lar. sume igitur et podagram Titi.

2. Sc. *obtinet.*

3. Or *calceos,* or *laceros.*

4. Sc. *coenum.*

5. Or *petere.*

Quer. minime.
Lar. neque tu capsas continges Titi.
Quer. neque istud volo. da mihi psaltrias et concubinulas, quales habet avarus ille fenerator advena.
Lar. habes nunc plane tota mente quod rogas.[6] suscipe quod exoptas toto cum choro. sume Paphien Cytheren Briseiden, sed cum pondere Nestoris.[7]
Quer. hahahe, quam ob rem?
Lar. habet hoc ille cuius tu sortem petisti. eho Querole, numquam audisti: "nemo gratis bellus est"? aut haec cum illis habenda sunt, aut haec cum his amittenda sunt. (34)
Quer. adhuc invenio quod requiram: da mihi saltem impudentiam.
Lar. urbane, edepol, tu nunc omnia quae negaverim concupiscis. si toto vis uti foro, esto impudens; sed sapientiae iactura facienda est nunc tibi.
Quer. quam ob rem?
Lar. quia sapiens nemo impudens est.

NOTES

in parte civile: Perhaps a minor position in the civil service, the kind of position held by many educated Gauls during the late empire.

ad Ligerem: The Loire was viewed as a backwoods area where the normal rules did not apply.

patus: Apparently derived from a Greek word, for which suggestions include *pachus* (great), *patulos* (rich), and *upatos* (leader).

O silvae, O solitudines: An example of apostrophe, that is, addressing an inanimate object, as in Cicero's famous statement, "O tempora, o mores!"

togatus: Some kind of public official, perhaps an advocate, given the duties cited below.

cothurnos: Cork-soled laced-up shoes worn by tragic actors.

calceos: Footgear covering the foot and part of the calf.

soccis: Light, low-heeled shoes worn by comic actors.

tubulis: Literally, a tube or pipe; apparently a reference to stockings.

chartas: I.e., documents.

Paphien Cytheren Briseiden: Paphis was an epithet of Aphrodite; Cytheris was a Roman courtesan, the mistress of Mark Antony; Briseis was a slave girl over whom Achilles and Agamemnon quarreled.

Nestoris: Nestor was the aged king of Pylos in Greek legend.

4.3 Rebellious clerics. Greg.Tur. *Hist.* 2.22–23: B. Krusch, ed., *MGH SRM* 1.1:67–68. Ca. 480/485.

Gregory of Tours described two occasions, one rather humorous

6. Cf. Vergil, *Aeneid,* 4.100, "habes tota quod mente petisti."

7. Cf. Juvenal, *Sat.* 6.326, "Nestoris hirnea."

but the other very serious, on which Sidonius Apollinaris, bishop of Clermont, was challenged by his own clergy.

(22) Sanctus vero Sidonius tantae facundiae erat, ut plerumque ex improviso luculentissime quae voluisset, nulla obsistente mora, componeret. contigit autem quadam die, ut ad festivitatem basilicae monasterii, cui supra meminimus, invitatus accederet, ablatoque sibi nequiter libello, per quem sacrosancta sollemnia agere consueverat, ita paratus a tempore cunctum festivitatis opus explicuit, ut ab omnibus miraretur, nec putaretur ab adstantibus ibidem hominem locutum fuisse, sed angelum. quod in praefatione libri, quem de missis ab eo compositis coniunximus, plenius declaravimus. cum autem esset magnificae sanctitatis atque, ut diximus, ex senatoribus primis, plerumque nesciente coniuge vasa argentea auferebat a domo et pauperibus erogabat. quod illa cum cognosceret, scandalizabatur in eum, sed tamen, dato egenis pretio, species domi restituebat.
(23) Cumque ad officium dominicum fuisset mancipatum et sanctam ageret in saeculo vitam, surrexerunt contra eum duo presbyteri, et ablatam ei omnem potestatem a rebus ecclesiae, artum ei victum et tenuem relinquentes, ad summam eum contumeliam redigerunt. sed non longi temporis spatio inultam eius iniuriam divina voluit sustinere clementia. nam unus ex his nequissimis et indignum dici presbyteris . . . ingressus autem in secessum[8] suum, dum ventrem purgare nititur, spiritum exhalavit . . . unde indubitatum est, non minoris criminis hunc reum esse, quam Arrium illum, cui similiter in secessum fuerunt interna deposita per partis inferioris egestum . . .

NOTES

basilicae monasterii: The church at the monastery of Abraham in the Auvergne.

ablatam . . . ecclesiae: An accusative absolute.

Arrium: Arius, a priest of Alexandria, was the originator of the heresy subsequently known as Arianism, which taught that Christ, the son, was subordinate to God, the father. Arianism was adopted by several of the Germanic peoples, including the Visigoths, Vandals, and Burgundians.

4.4 The bishop and the bandit. Patricius, *Epist. ad Coroticum:* L. Bieler, ed., *Classica et Mediaevalia* 11 (1950): 5–105; *PL* 53:813ff. Ca. 455/460.

Social disruption on the Roman frontier was described in a letter,

8. I.e., "privy."

full of scriptural citations, from St. Patrick to the British bandit Coroticus.

(1) Patricius peccator indoctus scilicet Hiberione constitutus episcopum me esse fateor. certissime reor a deo "accepi id quod sum."[9] inter barbaras itaque gentes habito proselitus et profuga ob amorem dei; testis est ille si ita est. non quod optabam tam dure et tam aspere aliquid ex ore meo effundere; sed cogor zelo dei, et veritas Christi excitavit, pro dilectione proximorum atque filiorum, pro quibus tradidi patriam et parentes et animam meam usque ad mortem, si dignus sum, vivo deo meo docere gentes etsi contempnor aliquibus. (2) manu mea scripsi atque condidi verba ista danda et tradenda, militibus mittenda Corotici, non dico civibus meis neque civibus sanctorum Romanorum sed civibus daemoniorum, ob mala opera ipsorum. ritu hostili in morte vivunt, socii Scottorum atque Pictorum apostatarumque. sanguilentos sanguinare de sanguine innocentium Christianorum, quos ego in numero deo genui atque in Christo confirmavi. (3) postera die qua crismati neophyti in veste candida—flagrabat in fronte ipsorum dum crudeliter trucidati atque mactati gladio supradictis—misi epistolam cum sancto presbytero quem ego ex infantia docui, cum clericis, ut nobis aliquid indulgerent de praeda vel de captivis baptizatis quos ceperunt: cachinnos fecerunt de illis. (4) idcirco nescio quid magis lugeam: an qui interfecti vel quos ceperunt vel quos graviter zabulus inlaqueavit. perenni poena gehennam pariter cum ipso mancipabunt, quia utique "qui facit peccatum servus est" et "filius zabuli" nuncupatur.[10] (5) quapropter resciat omnis homo timens deum quod a me alieni sunt et a Christo deo meo, pro quo legationem fungor, patricida, fratricida, "lupi rapaces devorantes plebem domini ut cibum panis," sicut ait: "iniqui dissipaverunt legem tuam, domine,"[11] quam in supremis temporibus Hiberione optime benigne plantaverat atque instructa erat favente deo. (6) non usurpo. partem habeo cum his quos advocavit et praedestinavit evangelium praedicare in persecutionibus non parvis usque ad extremum terrae, etsi invidet inimicus per tyrannidem Corotici, qui deum non veretur nec sacerdotes ipsius,

9. 1 Cor. 15:10.
10. John 8:34, 44.
11. Eph. 6:20, Matt. 7:15, Ps. 13:4, 52:5, etc.

quos elegit et indulsit illis summam divinam sublimam potestatem, "quos ligarent super terram ligatos esse et in caelis."[12] . . . (12) invidetur mihi. quid faciam, domine? valde despicior. ecce oves tuae circa me laniantur atque depraedantur, et supradictis latrunculis, iubente Corotico hostili mente. longe est a caritate dei traditor Christianorum in manus Scottorum atque Pictorum. lupi rapaces deglutierunt gregem domini, qui utique Hiberione cum summa diligentia optime crescebat, et filii Scottorum et filiae regulorum monachi et virgines Christi enumerare nequeo. quam ob rem "iniuria iustorum non te placeat," etiam "usque ad inferos non placebit."[13] . . . (14) consuetudo Romanorum Gallorum Christianorum: mittunt viros sanctos idoneos ad Francos et ceteras gentes cum tot milia solidorum ad redimendos captivos baptizatos. tu potius interficis et vendis illos genti exterae ignoranti deum; quasi in lupanar tradis membra Christi. qualem spem habes in deum, vel qui te consentit aut qui te communicat verbis adulationis? deum iudicabit. scriptum est enim: "non solum facientes mala sed etiam consentientes damnandi sunt."[14] (15) nescio quid dicam vel quid loquar amplius de defunctis filiorum dei, quos gladius supra modum dure tetigit. scriptum est enim: "flete cum flentibus," et iterum: "si dolet unum membrum condoleant omnia membra."[15] quapropter ecclesia "plorat et plangit filios"[16] et filias suas quas adhuc gladius nondum interfecit, sed prolongati et exportati in longa terrarum, ubi peccatum manifeste graviter impudenter abundat, ibi venundati ingenui homines, Christiani in servitute redacti sunt, praesertim indignissimorum pessimorum apostatarumque Pictorum. (16) idcirco cum tristitia et maerore vociferabo: O speciosissimi atque amantissimi fratres et filii quos in Christo genui enumerare nequeo, quid faciam vobis? . . . (19) unde enim Coroticus cum suis sceleratissimis, rebellatores Christi, ubi se videbunt, qui mulierculas baptizatas praemia distribuunt ob miserum regnum temporale, quod utique in momento transeat? . . . (21) quaeso plurimum ut quicumque famulus dei promptus fuerit ut sit gerulus litterarum harum, ut nequaquam subtrahatur vel abscondatur a nemine, sed magis potius

12. Rom. 8:30, Acts 13:47, Matt. 16:19 etc.

13. Eccles. 9:17.

14. Rom. 1:32.

15. Rom. 12:15, 1 Cor. 12:26.

16. Matt. 2:18.

legatur coram cunctis plebibus et praesente ipso Corotico. quod si deus inspirat illos "ut quandoque deo resipiscant,"[17] ita ut vel sero paeniteant quod tam impie gesserunt—homicida erga fratres domini—et liberent captivas baptizatas quas ante ceperunt, ita ut mereantur deo vivere et sani efficiantur hic et in aeternum.
Pax patri et filio et spiritui sancto, amen.

NOTES

The surviving text lacks a salutation.

Corotici: Coroticus would have been one of the Celtic warlords who set themselves up in Britain after the Roman withdrawal in the early fifth century.

Scottorum atque Pictorum: The Picts were natives of modern Scotland (Roman Caledonia); the Scots were natives of Ireland who were in the process of settling there and in Wales. Coroticus apparently was selling Christians to them as slaves.

sanguilentos sanguinare de sanguine: Patrick uses *traductio,* like Ruricius above.

zabulus: Sc. *diabolus.*

in supremis temporibus: Patrick's missionary activities in Ireland may be dated ca. 430–60.

tyrannidem: It was common to refer to these self-proclaimed rulers as "tyrants."

.5 The barbarian invasions. Jerome, *Epist.* 123.16: *PL* 22:1057–58. Ca. A.D. 411/412.

The social changes wrought by the settlement of the barbarians were even more significant. Some accounts of their arrival, such as this one by St. Jerome, painted a very bleak picture.

Innumerabiles et ferocissimae nationes universas Gallias occuparunt. quidquid inter Alpes et Pyrenaeum est, quod Oceano et Rheno includitur, Quadus, Vandalus, Sarmata, Halani, Gipedes, Heruli, Saxones, Burgundiones, Alemanni, et, o lugenda respublica, hostes Pannonii vastarunt. etenim Assur venit cum illis.[18] Moguntiacum, nobilis quondam civitas, capta atque subversa est, et in ecclesia multa hominum millia trucidata. Vangiones longa obsidione deleti. Remorum urbs praepotens, Ambiani, Attrebatae, extremique hominum Morini, Tornacus, Nemetae, Argentoratus, translatae in Germaniam. Aquitaniae, Novemque populorum, Lugdunensis, et Narbonensis provinciae, praeter paucas urbes populata sunt cuncta. quas et ipsas foris gladius, intus vastat fames.

17. 2 Tim. 2:25–26.
18. Ps. 82:9.

NOTES

Quadus . . . : Jerome's switch from singular to plural emphasizes the image of a barbarian multitude.

The ravaged cities included Mayence, Worms, Reims, Amiens, Arras, Thérouanne, Tournai, Spire, and Strasbourg, respectively, all in northern Gaul.

Novemque populorum: That is, Novempopulana, a region and province in southwestern Gaul.

4.6 A "good" barbarian. Orosius, *Historia contra paganos* (History against the pagans), 7.43: C. Zangemeister, ed., *CSEL* 5 (Vienna, 1882). Ca. 413.

Others, however, had a more sanguine view of the barbarian settlement, as seen in this tale that the Spanish priest Orosius had heard when he was visiting Jerome in Palestine.

Nam ego quoque ipse virum quemdam Narbonensem inlustris sub Theodosio militiae, etiam religiosum prudentemque et gravem, apud Bethleem oppidum Palaestinae beatissimo Hieronymo presbytero referentem audivi, se familiarissimum Athaulfo apud Narbonam fuisse ac de eo saepe sub testificatione didicisse quod ille, cum esset animo viribus ingenioque nimius, referre solitus esset: se inprimis ardenter inhiasse, ut oblitterato Romano nomine Romanum omne solum Gothorum imperium et faceret et vocaret essetque, ut vulgariter loquar, Gothia quod Romania fuisset et fieret nunc Athaulfus quod quondam Caesar Augustus, at ubi multa experientia probavisset neque Gothos ullo modo parere legibus posse propter effrenatam barbariem neque reipublicae interdici leges oportere, sine quibus respublica non est respublica, elegisse saltim, ut gloriam sibi de restituendo in integrum augendoque Romano nomine Gothorum viribus quaereret habereturque apud posteros Romanae restitutionis auctor, postquam esse non potuerat immutator.

NOTES

Narbonensem: A person from Narbo (Narbonne), the metropolis (capital city) of the southern Gallic province of Narbonensis Prima.

Romania: The Roman world, typically contrasted with *barbaria* or *barbaricum* (or in this case *Gothia*).

4.7 Hard times. *CTh* 15.14.14. 1 March 416.

The disruption caused by the barbarian invasions of the early fifth century resulted in some imperial legislation intended to restore normality:

> Honorius et Theodosius AA. Constantio comiti et patricio.
> Sub clade barbaricae depopulationis, si qua aut per fugam aut per congregationem infelicium populorum indigne invidioseque commissa sunt, ad invidiam placatarum legum a callidis litigatorum obiectionibus non vocentur. habeant omnium criminum impunitatem, qui evadendi forsitan non habuerant facultatem nisi eos eadem crimina iuvissent, non enim crimen dicitur, quod mortis adegit impulsus. ex quo animadvertere cunctos litigatores congruum est, si quid depraedationis agnoverint, se recepturos,[19] si tamen, in eorum quos pulsaverint facultatibus abundare aut residere id, potuerint comprobare.
> Dat. Kal. Mart. Ravenna d.n. Theodosio A. VIII et Palladio v.c. coss.

NOTES

AA.: The abbreviation for *Augusti.*

comiti et patricio: The short form of the full title of the highest-ranking western general, that is, the *Comes et patricius et magister utriusque militiae.* The "services" were the infantry and the cavalry.

Dat. . . . coss.: Filled out, it would read, *Data Kalendas Martias Ravenna dominis nostris Theodosio Augusto VIII et Palladio viro clarissimo consulibus.* This was the year when the emperor Theodosius II was consul for the eighth time, and the *vir clarissimus* Palladius for the first time.

.8 Exiles, refugees, and captives. Faust. *Epist.* "Gratias ad vos": *MGH AA* 8:270; *CCL* 64:414–15; *CSEL* 21:218–19. Ca. A.D. 485. This letter survives only in the Codex Sangallensis 190 (St. Gallen) of ca. 800.

Faustus of Riez wrote to Ruricius of Limoges on behalf of a priest who was attempting to free his sister from captivity. He gets down to business only after some very lavish prefatory remarks.

> Domino beatissimo debita pietate suspiciendo atque apostolica sede dignissimo fratri Ruricio episcopo Faustus.
> Gratias ad vos, dum vobis de patria scribimus, qui nobis patriam in peregrinatione fecistis, qui indefessa liberalitate patriae desideria temperastis vim quandam divinae iustitiae succedentibus sibi

19. Supply *esse.*

beneficiis inferentes, ut quod intulerat ad castigationem, converteret ad honorem, conferret ad consolationem, mutaret ad requiem, merita nostra praetermitteret ut vestra cumularet, debita obliviscens et lucra vestra multiplicans, apud utrasque partes magnitudinem suae bonitatis exercens nos vestro locupletaret obsequio, vos nostro ditaret exsilio. unde factum est, ut iam in praesenti benedictionem futurorum inpatiens dispensaret et fidelissimum famulum suum super candelabrum domus suae cooperante misericordia, iustitia, sinceritate, continentia, benignitate, id est domesticis suffragatoribus, sublimaret. ecce quali pretio Ruricius meus summum sacerdotium conparavit. unde emit, ipsum est, quod emit, et testibus propriis adclamantibus in se honoris causas refuga honoris exhibuit. tantum itaque munus scit in Christi nomine custodire, qui scivit adquirere. harum autem portitorem sanctum presbyterum Florentium mihi iam diu cognitum et exemplis magistri et morum floribus adornatum, quoniam pro germanae suae absolutione peregrinatur, insinuo, qui mihi opportunum gratus mediator ingessit. omnem domum vestram, seniores cum iunioribus, paterno sospitamus affectu. conservi mei, debitores et admiratores vestri, mecum reverentissime sospitant.

Dominus noster magnificandam mihi beatitudinem tuam ecclesiae suae profectibus nostrisque gaudiis perfecta longaevitate conservet, domine beatissime, debita pietate suspiciende atque apostolica sede dignissime frater.

4.9 A family in captivity. Faust. *Epist.* "Tanta mihi": *MGH AA* 8:270; *CCL* 64:413–14; *CSEL* 21:217–18. Ca. A.D. 485/495. This letter, too, is preserved only in the Codex Sangallensis 190 (St. Gallen).

On another occasion, Faustus wrote to Ruricius on behalf of a letter carrier in even more dire straits:

Domino beatissimo et summo mihi honore ante omnes singulariter excolendo fratri Ruricio episcopo Faustus.

Tanta mihi de animi vestri benignitate fiducia est, ut ex eius fonte purissimo non iam solus haurire contentus sim, sed alios quoque, qui eius usu mecum reficiantur, invitem, praesertim cum prorogata huius largitas in lucrum transeat largientis eiusque bono ita muneretur accipiens, ut non minoretur inpertiens et in morem fenoris sui crescat expensis, domine beatissime et summo mihi honore ante omnes singulariter excolende. his itaque caritatis inexsolubilem pensionem, qua soluentis magis census ditatur, exhibeo et materiam boni operis ingerere pro laborantum commendatione praesumo. quasi insinuationem meam ad fructum vestrum pertinere confido et ideo misericordiam, quam miseris ecclesiastica praebere consuevit humanitas harum portitori, qui in Lugdunensi pertulit captivitatem, negare non potui. utinam prompta esse possit fidelium largitas, quam huius nimis manifesta necessitas est. et quia in se aliquatenus absolutus in uxoris vel[20] filiorum tenetur servitute captivus praelatis officiis quaeso, ut morem benignitatis vestrae etiam in huius consolatione teneatis et apud antepositos, quo poposcerit, litteris prosequaris. conservi mei, praecipue admirator vester frater meus presbyter Memorius, mecum reverentissime sospitant.

Dominus Deus noster memorem mei piam beatitudinem vestram ecclesiae suae profectibus felici longaevitate conservet, domine beatissime et sommo mihi honore ante omnes singulariter excolende frater.

0 The searcher. Victorinus of Fréjus, *Epist.* "Cum beatitudinem vestram": *CSEL* 21:443–44 = *CCL* 64:397–98 = *MGH AA* 8:271–72. Ca. A.D. 490/505. Also solely from the Codex Sangallensis 190 (St. Gallen).

Bishop Victorinus of Fréjus wrote to Ruricius on behalf of another unfortunate refugee.

Domino beatissimo ac reverentissimo atque a me debito cultu singulariter observando in Christo patrono Ruricio episcopo Victorinus.

Cum beatitudinem vestram videre et brevissimo tempore et una tantum vice meruerim, ita tamen ad primum vestrae agnitionis contemplationisque congressum sensus meos fonte purissimo benigni pectoris inrigastis, ut, quamlibet alloquiorum vestrorum munera pretiosa non capiam, praesentiam tamen vestram intra mentis profunda possideam, ut, etsi causas desiderii refovendi extrinsecus non accipiam, intra me eas tamen, dum gratiae vestrae reminiscor, inveniam. neque enim fas est, ut bonum illud ex accedentibus tantum requirat adiutoriis incrementum, quod medullis constat infusum. quo fit, ut caritas, quae in visceribus meis iugi recordatione vestri

20. I.e., *et.*

innovata dulcescit, caritatis mihi vestrae vicissitudinem repromittat. ac sic affectus erga vos meus vestri mihi animi fideiussor accedit et quodam modo conscientia interioris mei mutuo mihi vestrae testis dilectionis adsistit, quantumque mihi de vobis praesumere debeam, mentem meam, quae toto erga vos amoris ardore flagrat interrogo. unde salutationem deferens et intercessionem deposcens pro harum portitore insufficientes gratias refero. et quia infelicis ipsius laborem, quo pro absolutione uxoris per diversarum regionum est iactatus exilia, mors redemptae protinus subsecuta cassavit et nunc rursus pro filiae redemptione anxietas paterna distenditur, vestris eum litteris prosequi pro cumulanda mercedis vestrae ubertate iubeatis.

Pius dominus reverendam mihi beatitudinem vestram ad profectum et ornatum ecclesiae suae et annis multiplicare dignetur et meritis, domine beatissime ac reverentissime atque a me debito cultu singulariter observande in Christo patrone.

4.11 The wandering clerics. Francus, Paulus, Valerianus, Sisinnius, et alios, *Epist.* "Patria gravi sumus": C. Turner, *Journal of Theological Studies* 30 (1929): 27; G. Morin, "Castor et Polychronius: Un épisode peu connu de l'histoire ecclésiastique des Gaules," *Revue bénédictine* 51 (1939): 31–36; and *PLS* 3:831–32. Ca. A.D. 470/480. This letter survives only in a sixth-century collection of church canons, the Paris manuscript Codex Latinus 12097. The letter has many nonclassical spellings and is presented here showing the abbreviations (filled out in parentheses) as they appear in the manuscript.

In northern Gaul, the welcome of some refugee clerics began to wear thin, and they pled with their bishop, who was in exile somewhere else, to come for them.

D(omi)no s(an)c(t)o et in xp(ist)i caritate merito Polochronio Francus Paulus Valeria(nus) pre(s)bi(teri) Sesinnus arc(h)ediac(onus) et omnes clereci.

De patria gravi sumus exire necessitate conpulsi, et casus qui vos extorres de patria fecit nos etiam conpolit exolare: sed orationib(us) vestris s(an)c(t)i Castori ep(iscop)i sumus humanitate palpati, qui vestro intuitu ordinavit locu(m) in quo requie(m) habere possimus, vos que(m) inpinsissima caritate erga nos egisse scimus gratia(m) ei pro nobis qui vestri sumus convenit repinsare, quia totu(m) nobis paru(m) credimus nisi in aliquo tanto viro a vobis que(m) multo suspicit gratia conpinsetur, cuius a nobis epistola per haru(m) gerolos directa fuerat nisi ipse fuissit alibi occopatus. domine s(an)c(t)e, iustu(m) est ut ad plebe(m) vestra(m) visitanda(m) ad s(anct)um pasche die(m) venire dignimini: quia si benedictionis vestrae alimento fuerint repalpati facilius se credunt posse peregrinationis necessitate(m) sustenire, et quib(us) longu(m) tempore vestra praesentia denegatur saltim visitatio d(omi)no auxiliante praestetur. sperantes praece qua nos valere confidemus ut fatigatione(m) vestra(m) nobis tanti habeas non negare ad nos usq(ue) discurras. et supra memorato episcopo necnon et aliis fratribus insinuare dignimini, quia scimus quante(m) in vestra absentia vestro intuitu praestare dignantur, tantu(m) per vestra(m) praesentia(m) peregrinatione(m) nostra(m) inpendentes maiora credimus debeant consolare.

NOTES

Polochronio: Polychronius presumably is the late-fifth-century bishop of Verdun of that name who was a disciple of Bishop Lupus of Troyes.

Castori ep(iscop)i: The only Bishop Castor attested for the fifth century was at Chartres.

pasche die(m): Easter.

2 A confrontation at court. *Vita Lupicini* (Life of Lupicinus), 10: F. Martine, ed., *SC* 142:336–40; B. Krusch ed., *MGH SRM* 3:149. Ca. A.D. 468.

Sometimes problems of personal security were dealt with by a direct appeal to a barbarian king, as done by Abbot Lupicinus of St-Claude before the Burgundian king Chilperic (ca. 458–ca. 480).

Quadam namque vice, dum pro adflictione pauperum, quos persona quaedam, honore dignitatis aulicae tumens, vi pervasionis inlicitae servitutis iugo subdiderat, coram viro inlustri Galliae quondam patricio Hilperico, sub condicione regia ius publicum tempore illo redactum est, adsertione piissima dei famulus nititur defensare, oppressor ille nefarius, iracundiae furore succensus, in naevum sanctissimi viri quasdam verborum spumas, iracundia suppletus, eructans, "nonne," ait, "tu es ille dudum noster inpostor, qui ante hos decem circiter annos, cum civilitatem Romani apicis arrogans derogares, regioni huic ac patribus iam iamque inminere interitum testabaris? cur ergo, oro te, tam terribilia ostenta praesagii in nullo rei tristis probatione firmentur, vanus vates exponas?" tum ille audacter, manum ad memoratum Hilpericum, virum singularis ingenii et praecipuae bonitatis, extendens, "ecce," ait, "perfide ac perdite! iram quam tibi tuisque similibus praedicabam adtende. nonne cernis, degener et infelix, ius fasque confusum, ob tuis tuorumque crebra in innocentum pervasione peccatis, mutari muriceos pellito sub iudice fasces? tandem resipisce paulisper et vide utrum rura ac iugera tua novus hospes inexspectata iuris dispectione sibi non vindicet ac praesumat. quae tamen sicut te scire non abnuo vel sentire, ita personulam meam unco bicipiti, aut rege timidum aut eventu trepidum, stigmatis nota turpare decrevisse non denego." quid plura? tanto est memoratus patricius veritatis audacia delectatus, ut hoc, adstantibus aulicis, ita divino iudicio accidisse exemplis multis ac longa disputatione firmaret. mox vero, vigoris regii sententia promulgata, liberos restituit libertati, et Christi famulum, oblatis ob necessitatem fratrum vel loci muneribus, honorifice fecit ad coenobium repedare.

NOTES

dei famulus: Lupicinus.

Hilperico: Chilperic, who had obtained the ranks of *magister militum* (master of soldiers) and *patricius* (patrician) while in Roman service.

ante hos decem circiter annos: Perhaps ca. 458, at a time when the Burgundians were expanding their territory at Roman expense.

patribus: Perhaps in the sense of *familiis.*

fasces: The symbol of the power of Roman consuls, and hence of Roman authority in general.

4.13 A change in management. Remigius of Reims, *Epist.* "Rumor ad nos": *Epistulae Austrasicae* 2: *MGH Epist.* 3:113; E. Malaspina, ed., *Il Liber epistolarum della cancellaria austrasica (sec. V–VI)* (Rome: Herder, 2001), 62–64. Ca. A.D. 481/486. The *Epistulae Austrasicae* (Austrasian letters) survive only in a ninth century Vatican manuscript, the Codex Palatinus Latinus 869.

Bishop Remigius of Reims (ca. 480–533) congratulated the Frankish king Clovis (481–511) on his assumption of authority and presumed to offer him some unsolicited advice at the same time.

Domino insigni et meritis magnifico, Hlodoveo regi, Remigius episcopus.

Rumor ad nos magnum pervenit, administrationem vos Secundae

Belgicae suscepisse. non est novum, ut coeperis esse, sicut parentes tui semper fuerunt: hoc inprimis agendum, ut domini iudicium a te non vacillet, ubi tui meriti, qui per industriam humilitatis tuae ad summum culminisque pervenit, quia, quod vulgus dicitur, actus hominis probatur. consiliarios tibi adhibere debes, qui famam tuam possent ornare et beneficium tuum castum et honestum esse debet, et sacerdotibus tuis debebis deferre et ad eorum consilia semper recurrere, quodsi tibi bene cum illis convenerit, provincia tua melius potest constare. civos tuos erige, adflictos releva, viduas fove, orfanos nutre, si potius est quam erudies, ut omnes te ament et timeant. iustitia ex ore vestro procedat, nihil sit sperandum de pauperes vel peregrinis, ne magis dona aut aliquid accipere vellis; praetorium tuum omnibus pateatur, ut nullus exinde tristis abscedat. paternas quascunque opes possides, captivos exinde liberabis et a iugo servitutis absolvas: si quis in conspectu vestro venerit, peregrinum se esse non sentiat. cum iuvenibus ioca, cum senibus tracta, si vis regnare nobilis iudicare.

NOTES

Hlodoveo: Clovis.

Secundae Belgicae: The Roman province of Belgica Secunda had its capital at Reims.

4 Too little, too late. *Breviarium Alarici* (Breviary of Alaric), *praef.:* Th. Mommsen, P. M. Meyer, P. Krüger, eds., *Theodosiani libri XVI* (Berlin, 1905), 1.xxxiii–xxxiv. 3 February 506.

In 506, the year before his kingdom was destroyed by the Franks, the Visigothic king Alaric II attempted to conciliate his Gallo-Roman subjects by issuing a Roman-style law code, the *Lex Romana Visigothorum,* now commonly known as the *Breviarium Alarici.* Alaric's instructions to the issuing officer explain what he had in mind.

Commonitorium Timotheo viro spectabili comiti.

Utilitates populi nostri propitia divinitate tractantes hoc quoque, quod in legibus videbatur iniquum meliore deliberatione corrigimus, ut omnis legum Romanarum et antiqui iuris obscuritas adhibitis sacerdotibus ac nobilibus viris in lucem intellegentiae melioris deducta resplendeat et nihil habeatur ambiguum, unde se diuturna aut diversa iurgantium inpugnet obiectio. quibus omnibus enucleatis atque in unum librum prudentium electione collectis haec quae excerpta sunt vel clariori interpretatione conposita venerabilium episcoporum vel electorum provincialium nostrorum roboravit adsensus. et ideo, secundum subscriptum librum qui in thesauris nostris habetur oblatus, librum tibi pro discingendis negotiis nostra iussit clementia destinari, ut iuxta eius seriem universa causarum sopiatur intentio nec aliud cuicumque aut de legibus aut de iure liceat in disceptatione proponere, nisi quod directi libri et subscripti viri spectabilis Aniani manu sic ut iussimus ordo conplectitur. providere ergo te convenit, ut in foro tuo nulla alia lex neque iuris formula proferri vel recipi praesumatur. quod si factum fortasse constiterit, aut ad periculum capitis tui aut ad dispendium tuarum pertinere noveris facultatum. hanc vero praeceptionem directis libris iussimus adhaerere, ut universos ordinationis nostrae et disciplina teneat et poena constringat.

Recognovimus.

Dat. III non. Feb. anno XXII Alarici regis Tolosae.

NOTES

Timotheo: A Roman, apparently, who was responsible for overseeing the distribution and implementation of the *Breviarium.*

legum . . . iuris: In this context, *leges* were the enactments of Roman emperors, *ius* was Roman legal theory.

Aniani: Anianus, apparently another Roman, had been responsible for the actual compilation of the code.

Recognovimus: "We have reviewed it," the authorizing subscription of the king, in his own hand.

Dat. III non. Feb.: i.e., *data III nonas Februarias.*

4.15 Legal redress. *Formulae Arvernenses* 1.a: K. Zeumer, ed., *MGH Leg., Sectio* 5, *Formulae,* 28. Ca. mid–sixth century. From the ninth-century Codex Parisinus Latinus 4697 ("P").

The early medieval legal handbook of Clermont included a standardized formula for the recovery of lands that had been lost during times of disruption. The surviving version, which is missing its beginning, contains many grammatical infelicities, too many to comment upon individually.

[Contestaciuncula seu planctuaria.]

. . . ob oc igitur ego ille et coiuves mea illa commanens orbe Arvernis, in pago illo, in villa illa, dum non est incognitum, qualiter cartolas nostras per hostilitatem Francorum in ipsa villa illa, manso nostro, ubi visi sumus manere, ibidem perdimus; et petimus vel cognitum faciemus, ut, quit per ipsas stromentas eo tempore habere noscuntur, possessio nostra per hanc occasionem nostrorum pater, inter epistolas illas de mansos in ipsa villa illa, de qua ipso atraximus in integrum, item et vindedit, ista omnia superius consscripta, vel quod memorare minime possimus, iudicibus, brevis, nostris, spondiis, incolcacionibus vel alias stromentas, tam nostras, quam et qui nobis commendatas fuerunt, hoc inter ipsas villas suprascriptas vel de ipsas turbas ibidem perdimus; et petimus, ut hanc contestaciuncula seu plancturia per hanc cartolas in nostro nomine collegere vel adfirmare deberemus; quo ita et fecimus; ista principium Honorio &heodisio consilibus eorum ad hostio sancto illo, castro Claremunte per triduum habendi vel custodivimus, seu in mercato puplico, in quo ordo curie duxerunt aut regalis vel manuensis vestri aut personarum ipsius carta, ut, cum hanc contestatiuncula seu plancturia iuxta legum consuetudinem in presentia vestra relata fuerit, nostris subscriptionibus signaculis subroborare faciatis, ut quocumque perdictionis nostras de suprascripta per vestra adfirmatione iusta auctoritas remedia consequatur, ut nostra firmitas legum auctoritas revocent in propinquietas.

The same formula, made more readable:

[Contestatiuncula seu planctuaria]
. . . ob hoc igitur ego (ille) et coniunx[21] mea (illa) commanens urbe Arvernis, in pago (illo), in villa (illa)—dum non est incognitum, qualiter cartulas nostras per hostilitatem Francorum in ipsa villa (illa), manso nostro, ubi visi sumus manere, ibidem perdi<di>mus—et petimus vel cognitum faciemus, ut, quid per ipsas [in]strumentas eo tempore habere noscimur,[22] possessio nostra per hanc occasionem non rumpatur,[23] inter epistolas (illas) de mansos in ipsa villa (illa), de quo[24] ipso atraximus in integrum, item et vendebit[25] ista omnia superius conscripta, vel quod memorare minime pos-

21. *coiuves:* P.
22. *noscuntur:* P.
23. *occasionem nostrorum pater:* P; emended from an analogue.
24. *qua:* P.
25. *vindedit:* P.

simus—iudicibus, brevis, notitiis,[26] spondiis, inculcationibus[27]—vel alias [in]strumentas,[28] tam nostras, quam et quae[29] nobis commendatas fuerunt: hoc inter ipsas villas suprascriptas vel de ipsas turbas ibidem perdi<di>mus. et petimus, ut hanc contestatiunculam seu planctuariam[30] per hanc cartulas in nostro nomine collegere vel adfirmare deberemus. quo ita et fecimus: iuxta[31] principum[32] Honorio et Theodosio consulibus[33] [edictum[34]] ad hostio sancto (illo), castro Claromonte per triduum appendimus[35] vel custodivimus, seu in mercato publico, in quo ordo curiae duxerunt aut regalis vel amanuensis vestri aut personarum ipsius castri,[36] ut, cum hanc contestatiuncula seu planctuaria iuxta legum consuetudinem in presentia vestra relata fuerit, vestris[37] subscriptionibus signaculis subroborare faciatis, ut quocumque perditionis[38] nostrae de suprascripta per vestra adfirmatione iuxta[39] auctoritatem remedia consequatur, ut nostram firmitatem legum auctoritate[40] revocent in proprietatem.[41]

NOTES

contestatiuncula seu planctuaria: The heading does not survive but is inferred from the contents.

<*ille*> etc.: Words marked thus are meant to be replaced by the appropriate name.

per hostilitatem Francorum: Probably a reference to a Frankish attack upon Clermont circa 532.

Honorio et Theodosio consulibus: Honorius and Theodosius were consuls together in 407, 409, 412, 415, 418, and 422. No extant laws issued in these years refer to the *triduum.*

castro Claromonte: The medieval name for what in Roman times had been the Civitas Arvernorum (City of the Arvernians), that is, Clermont.

---

26. *nostris:* P.
27. Perhaps from *conculcatio,* "trampling," or *calculatio.*
28. *stromentas:* P.
29. *qui:* P.
30. *constatiuncula seu planctuaria:* P.
31. *ista:* P.
32. *principium:* P.
33. *consilibus:* P.
34. *eorum:* P.
35. *habendi:* P.
36. *carta:* P.
37. *nostris:* P.
38. *perdictionis:* P.
39. *iusta:* P.
40. *nostra firmitas legum auctoritas:* P.
41. *propinquietas:* P.

This section is followed in the formula by the *Gesta,* that is, the specific wording of the authorizing ruling, as seen in the Arvernian formula cited in chapter 3.

Along with the barbarian settlement, the most significant factor that changed late antique society was the Christian church, and this will be the topic of the next chapter.

CHAPTER 5

The Triumph of Christianity and Life in the Church

Christianity had repercussions in every corner of society as pagans and heterodox Christians were converted to Nicene Christianity. Intellectual attitudes, aristocratic careers, social relations, family life, and gender roles all were affected.

5.1 Instant martyrs. Vigilius Tridentinus, *Epist.* 2, "Ad sanctas aures": P. Galland, ed., *PL* 13:552–58. The text is full of obscurities in sense and grammatical inconsistencies; many variant readings are provided by Enrico Menestò, "Le lettere di S. Vigilio," in *I martiri della Val di Non e la reazione pagana alle fine del IV secolo,* ed. A. Quacquarelli and I. Rogger (Trent: Istituto Trentino di Cultura, 1985), 151–70. Ca. 397.

The conversion of the pagan Roman population did not always proceed smoothly. Three clerics were murdered in northern Italy and became instant martyrs, as Bishop Vigilius of Trent recounted in a letter to Bishop John Chrysostom of Constantinople.

(1) Ad sanctas aures novus charitatis hospes non aliter applicaret, aut verecundiam primatus[1] non provocatus impelleret, vel imbueret ignotus alloquium, nisi provocaret et praemium. ab homine[2] itaque apostolico, frater charissime, petentis[3] tenor atque epistolae incipiet plenitudo, ut facili confinio intelligas, quod martyrum praeconia[4] subsequantur. Iacobus etenim, desideriorum coelestium vir fidelis,

1. *primi motus: PL.*
2. *a nomine:* Menestò.
3. *praesentis: PL.*
4. *praemia:* Menestò.

comitivam reclinaturus in Christi comitibus dignitatem, sanctorum recentium et vapore fumantium reliquias postulavit. reclinaturus dixi, quia deponi non potest, quae apud dominum dignitas cumulatur. cui ego satis timidus, nec parum prudens, cauta[5] mecum dispensatione luctatus, quo minus distributor idoneus pene[6] dum vereor denegavi quod semper debet ut quis feneretur[7] expendi feceram. confiteor multorum[8] privato timore iacturam, nisi ad Iacobum respexissem, sancto Iohanni per quaedam alimenta reverentiae traditurum,[9] ut delegato amore per religiosa vocabula martyres deferrentur[10] et iterum sanguine iungeretur non peregrina germanitas. hanc quoque inter caetera opinionem fidei libenter accipiens, quae bene in meo moerore ridebat, tantum distuli, non negavi. distuli, ut iterum lentitudo mea aperte proderetur,[11] qui sequi meos comites minime meruissem. confiteor, optavi: sed non est in solo desiderio corona iustitiae.

nunc autem si devexus[12] ordo gravis non erit auribus sitientibus, a regionis situ vel itineris inchoabo, summa rerum vestigia sine fastidio secuturus, ut proclivius confluat inundatio meritorum, si ad originem fontis capaci amore pervenias. (2) positus namque, cui inquilinum est Anagnia vocabulum, locus viginti quinque stadiis a civitate divisus,[13] tam perfidia quam natura angustis faucibus interclusus, uno pene aditu relaxatus (iter trium[14] martyrum dicas) qui, resupinus molli dorso, valle[15] ex omni latere desidente,[16] castellis undique positis in coronam, vicinis sibi perfidia conspirantibus, spectaculi genus exhibet scena naturae. causa loco deerat, sed fuit causa Christus idonea, ut daret diaboli ludus pompam martyrio. non sit auribus audientis otiosa[17] locorum relatio. fuit enim sibi

5. *causae: PL.*
6. I.e., *paene.*
7. *vereretur:* Menestò.
8. *multorum:* Menestò; *multum multorum privatam timui: PL.*
9. *tradituro: PL.*
10. *ut plus martyribus deferretur:* added by Menestò.
11. *mea aperte proderetur: PL; a mea parte procederet:* Menestò.
12. *decens: PL.*
13. *arduus: addit* Menestò.
14. *iam tunc:* Menestò.
15. *vallo: PL.*
16. *residente:* Menestò.
17. *odiosa: PL.*

semper male socius, concavus in montibus[18] consonus locus. ad quem cum Christi primum militia conscendisset, tubis saepe excita truculenta gentilitas, aemulo furore belli clangoribus inflammavit. verum unum genus pugnae sanctorum fuit perfectum: omnia sustinere, lacessitos cedere, patientes[19] ferre, passuros privata mansuetudine furorem publicum refrenare, vincere detrectando. sed praedestinata gloria maturi exitus titulis perurgebat, quos debitus ordo pepererat. nam praetermissis ambagibus et longis anfractibus amputatis (sola facta referam)[20] quibus est virtus nutrita martyrum, damnum laudis ablaturo compendio.

(3) cum adhuc esset in supradicta regione nomen domini peregrinum, neque ullum signum esset quod <fidei> signaculum demonstraret, fuerunt hi, tunc numero nunc merito singulares, advenae tam religione quam gente, a quibus non immerito deus praedicaretur ignotus, longi temporis quieta conversatione compositi, dum nulla fidei utilitas titillaret. verum nunc, si causa in dominum surgentis odii requiratur, <violatae> pacis titulus fuit; quia unus ex his, nomine Sisinnius, utroque grandaevior, in quo esset vel sola venerabilis senectus, ecclesiam propriis sumptibus elavavit. fide ditior quam facultate, locuples spiritu pauper censu, tradidit ovile pastori. factus est cuius erat conditor, excubator:[21] sed fuit lupis ovile contrarium. invidit ruina diaboli culmen erectum. haec fuit sors prima martyrii, ut oves dum agnum persequuntur, occiderent. addita est velut hostia, illa deo iustior causa: quod cum lustrale malum circa fines agrorum cuperent ducere scena ferali, ac sata nascentia tam protererent quam foedarent; Christi quoque germina calcaturi, luctuosis ornatibus coronati, ululato carmine diaboli, diversarum pecorum pompis erectis in domini aedem[22] vexillis, nuper de sua gente conversum victimas dare cogebant operibus tenebrarum. quod cum domini ministri sine suo reatu fieri vix viderent, quia assistentes ipsi quoque operibus videbantur[23] communicare confusis, oppignerata sunt illa die sanctorum corpora caedi funestae, dilata tamen palma victoriae . . . (5) post vexillum namque diabol-

18. *nuntiis:* Menestò.
19. *patienter: PL.*
20. *solum non reticebo: PL.*
21. I.e., *excubitor.*
22. *domini aedem: PL; deum tyranni:* Menestò.
23. *iubebantur:* Menestò.

icorum[24] lustrorum, quod, ut retulimus, erat indicium gloriae mox futurae, una nocte dilatam[25] ascenditur ad coronam. nam matutinis horis aurora rumpente[26] coeli umbra cedente, manus inopinata sed conspirata colligitur, praeustis armata sudibus atque securibus, et quod rimantibus diaboli ira telum fecisset; ibique levitis aliquantis in ecclesia deprehensis, hymnum cantantibus matutinum, fit vasta depopulatio, saeva direptio: profanantur omnia tam secreta quam divina mysteria; fit postremo praeda religio. ne quis hoc vulgare putet fuisse certamen, cum aut insensibilia idola a sensibilibus diruuntur, aut saxorum moles cum suis molitoribus commoventur, ut de cultore et de colendo incertum habeas, quem iudices duriorem. Petra Christus in omnibus vexabatur, angularis lapis reprobabatur a gentibus, probandus iterum, mundo sanguine aedificaturus ruina surgente.[27]

habebat inter ista fides spectaculum suum, Sisinnii tunc diaconi corpus lectulo tenebatur, confossum ac saucium pristinis quoque vulneribus, cum aut ovem ad hostiam revocare, aut hostia fieri iuberetur, nisi feralibus hostiis consensisset; tuba percussus qua canticum diaboli personabant, non immerito qui sonum fidei primus intulerat securibus caesus, qui securem ab infecunda gentilitatis arbore defendebat. ac ne longius protraham consummata;[28] emerita, ut diximus, lectuli deprehenditur quiete; confessus,[29] credo, ut privato mysterio ad crucem citius perveniret, paralyticum populum soluturus, (6) per lignum funibus alligatur.

lector quoque Martyrius, confessor consimiliter et assertor nominis sui, qui canticum novum, tunc primus, et nunc solus in terra aliena cecinerat, inter strepentes et horridos iubilos pastorales, iam tunc dulcis eloquii redditis deo laudibus, ut superius memoravi, ac diacono Sisinnio medicinam vel fomenta contulerat, sanaturus dolores, quamvis vulnera suscepturus, revocans eximiis haustibus animam fugientem, non corpori, sed passioni. verum sanctus, iam martyrii ad Christum itinere destinato, aquae potum, quia vinum passionis venerat, refutabat, quod vitae verioris fluentis miscuerat calice

24. *diaboli quod:* Menestò.
25. *delata:* Menestò.
26. *aurorae repente: PL.*
27. *ruinam surgentem: PL.*
28. *confirmata: PL.*
29. *confossus:* Menestò.

propinato. in hac itaque cura deprehensus, qui semper de animarum sanitate[30] sollicitus, non sibi soli natus, aut soli sibi[31] certe victurus, in horto qui contiguus iungebatur secreta secessit, hoc est ab ecclesia non recessit. est enim, sicut melius nosti, hortus ecclesia, saepibus mandatorum plantata viventium. non ingessit corpus, quod negare nolebat, nec temeritatis sumpsit audaciam confidentia pietatis, sicut in Africanis regionibus dicitur, qui in ultroneum funus armantur, quod sine timore faciunt, ambiunt prae tumore.[32] stetit autem martyr futurus captus liber, intrepidus confessus, agens gratias vulneratus, saucius corpore, mente securus, caeso capite privato baptismate lotus cruore . . . de horto quo fugerat Martyrius adducitur. . . transfixus etiam stipitibus ducebatur ad idolum: sed ante victima esse promeruit quam ad aram diaboli perveniret.

(7) tertia quoque Alexandrum honoratura domini corona complectur . . . vivus inter illos Alexander innexis pedibus ducebatur, per scopulos partem membrorum palpitantium dimissurus donec ad loci vitae, inquam, terminum duceretur. itum est post haec in religiosa fastigia, hoc est, alta dei templa; post corpora, strata solo culmina, sacratis facta pyra de trabibus in conspectu Saturni, idoli veteris tempestate longaeva. praemissis in ignem geminis atque germanis ante corporibus, stetit saucius Alexander, iterum confessurus, cui praemium vitae propositum est, ut vita careret, flammam praesentem si velit evadere, dicat se eorum tenebris consensisse . . . calor fidei repulit flammam: gradus reverentiam ordo quoque tenuit passionis. ultimus suscipitur, sed non inter fratres infimus coronatur . . .

(11) . . . suscipe nunc, frater, trium munera puerorum, aut tres pueros de camino, anheli ignis adhuc propemodum ambulantes incendia; et nisi invidus flammae furor semineces suscepisset, historiae revixisset exemplum: tria omnia se pene simili honore pinxerunt: vox, ros, numerus, caminus. vox fidem consonam; ros, pluviam; caminus, pyram; numerus, trinitatem.

NOTES

The salutation of the letter is lacking.

provocatus . . . provocaret: Vigilius liked repeating significant words in different forms (*traductio*).

---

30. *geminae: addit* Menestò.
31. *sanctitate: PL.*
32. *pro timore:* Menestò.

praeconia: A word often used in such encomia; note the letter of Avitus to Clovis and the *Vita Germani* below.

comitivam . . . comitibus: Jacobus had been *comes et magister equitum* ("count and master of horse," that is, the second ranking master of soldiers) in the West circa 401–2 and was a great believer in the efficacy of saints' relics (see *PLRE* 2:581–82). Vigilius could not resist the wordplay.

reclinaturus . . . reclinaturus; confiteor . . . confiteor; perfidia . . . perfidia; etc.: Examples of *conduplicatio,* the repetition of the same word.

spectaculi . . . scena . . . ludus pompam: all words alluding to Roman entertainments, often associated with martyrdoms.

passuros: A play on words; it could be derived from *pando* and refer to the persecutors, or from *patior* and refer to the saints.

communicare: Another double meaning; it also means to take part in Christian communion.

in conspectu saturni: As a god of agricultural fertility, Saturn was an appropriate deity for these rustics.

tres pueros de comino: Shadrach, Meshach, and Abednego (Dan. 3).

.2 Eutropius confounds a pagan. Verus of Orange, *Vita Eutropii* (Life of Eutropius): P. Varin, ed., *Bulletin du Comité Historique des Monuments Ecrits de l'Histoire de France* 1 (1849): 59–60.[33] Ca. A.D. 450/475. The life survives only in the eighth-century Codex Carnotensis 16 (Chartres) ("C").

Christian bishops were particularly concerned with the conversion of the pagan population. On one occasion, Bishop Eutropius of Orange (ca. 450–75) discovered a pagan necromancer hiding out in his own city.

> Quid autem quadam vice gesserit omittendum non est: quidam senex idolorum cultibus dedicatus, ictu fulminis[34] corpore toto contractus, et in modum beluae, conmutato in pedibus manuum usu, quasi quadripes gradiebatur, qui ita fuerat, solidae cutis naturali specie vitiata, corruptus, ut inaudito genere infirmitatis vitiaretur[35] affectus. hic tamen civitatis secretiora perquirens, inscio sancto Eutropio latebat. ventum est ut quadam aestatis die, sicut solet fieri meridianis horis, commotio aeris violentos imbres effu[n]deret, tempestatibusque metuendis locatim terras grandinibus, undaque[36]

33. This very important nearly contemporary document does not appear in any of the major collections of saints' lives, neither the *MGH* nor the *Acta sanctorum* (which includes only a derivative summary).

34. *actus fulmine:* C.

35. *viteretur:* C.

36. *undamque:* C.

pluv[i]ae impetu violento percuteret. praedictus paganus ait ad quendam, "mihi quid certum, venientem tempestatem iussu[37] removeo." ad sanctum Eutropium defertur vana promissio delerantis. ille, ut erat vir qui iure dicere poterat, "zelus domus tuae comedit me," exarsit in furias, ac senem urbe pellendum celeri praecipitatione mandavit; statimque plenitudo[38] iussionis iubentem invasit, sibique quem proici iusserat statuit praesentari. exhibetur, plus alienis manibus quam pedibus suis, informe et vix mobile simulacrum. sanctus vir aspectu eius praesentiae[39] inhorruit, dignumque diaboli habitaculum professus ingemuit, adque ad eum ait, "dic, infelix, qui civis [es]? unde talis?" ille respondit Italum se esse, seque fulminis ictu percussum, et ut videbatur infeliciter viciatum.[40] cui sanctus Eutropius, "quomodo tempestatem[41] removere potes ab aliis, cum a te eam arcere nequiveris?" et adjecit, "numquid baptisatus es?" ille respondit, paganum se esse, parentum ritum sequentem. cui sanctum Eutropius, "vis fieri sanus?" respondit infirmus, "vellem si possim; sed multa iam facta sunt quae nihil circa [m]eum remedium proficerunt." e contra vir dei, "ego tibi in Christi signo promitto sanitatem tuam si tu venis ad fidem meam, et ex corda mihi promittes credulitatem tuam." cui infirmus, "gratias ago, domine sanctissime; quolibet modo a tam inaudita infirmitate liberes, et deo me cui credes adquiras." securus sanctus Eutropius, non quasi curando sed quasi curato, nomen dare praecepit; exhibetumque[42] vix tangendum prae[s]byter quidam, iubente episcopo, fontibus confidenter immersit. fugatur morbus cum grandi fracturae sonitu crepita[n]tis, refusa utique sanitate, debilitate[43] fugata; statimque se conpago inter nodos spinae reducta in locum costarum cratem conposuit. in novum hominem senex, purgata cute, iuveneli nitore, velut pariente vitali unda, consurgit.

NOTES

The words of the bishop are usually given as direct quotations, but the elderly pagan often speaks only in indirect discourse.

---

37. *iusso:* C.
38. *penitudo:* C.
39. *praesentie:* C.
40. I.e., *vitiatum.*
41. *tempestatis:* C.
42. *exhibitumque:* C.
43. *debelitate:* C.

meridianis horis: Perhaps an allusion to the *daemonium meridianum* (noonday demon); see Pg 90:6.

nomen dare: "to enroll," that is, as a member of the Church.

.3 The compleat bishop. *CIL* 12:1272 = M. Heinzelmann, *Bischofsherrschaft in Gallien. Zur Kontinuität römischer Führungsschichten von 4. bis 7. Jahrhundert* (Munich: Artemis Verlag, 1976), 94ff. Ca. A.D. 475.

Eutropius's elegaic epitaph, which survives only in fragmentary form, expanded upon his merits:

EVTROPIVM HIC X̄PE TVVM VIRTVTE PROBATVM
CORPORE CONPLEXVM NOBILIS VRNA TEGIT
QUI QVÃQVÃ CREBRIS OSTENTET MAXIMA . . .GNIS
PANDIRE SED TVMOLO CARMINE PAVCA [. . . . . .
NON EQUIDEM DVBIA SE. .ESTA INSI[. . . . . . .
HAVSIT QVAE POPV[. . . .]SVS[. . . . .
CVMQ FORET SVBLIME D[. . . . .
ELEGIT X̄P̄M̄ QVAERERE M[. . . . .
HVIC VICTVS TENVIS ET DV[. . . . .
ET VESTIS TEGMEN HIS F[. . . . .

Reformatted, heavily restored, and rendered more readable:

EVTROPIVM HIC CHRISTE TVVM VIRTVTE PROBATVM[44]
CORPORE CONPLEXVM NOBILIS VRNA TEGIT
QVI QVA(M)QVA(M) CREBRIS OSTENTET MAXIMA [si]GNIS
PANDIRE SED TVMOLO CARMINE PAVCA [decet]
NON EQVIDEM DVBIA SE[d] [g]ESTA INSI[gnia dico]
HAVSIT QVAE POPV[li vi]SVS [arausicani]
CVMQVE FORET SVBLIME D[ecus splendorque parentum][45]
ELEGIT CHRISTVM QVAERERE M[ente pia]
HVIC VICTVS TENVIS ET DVR[a cubilia membris]
ET VESTIS TEGMEN HIS F[ida erat tunica]

NOTES

Note that knowing the meter helps in making restoration suggestions.

arausicani: Arausio, the city of Orange.

---

44. Cf. the epitaph of Proba in chapter 3.
45. Also suggested: *DECVS MVNDI IPSE MERENDVS.*

5.4 Cerasia's ministry. Eutropius, *Liber de similitudine carnis peccati* (Book on the likeness of carnal sin): *PLS* 1:529–56; G. Morin, ed., *Etudes, textes, découverts* (Paris: Picard, 1913), 104–50 (cf. *PL* 104:65). Early fifth century. The work survives only under the name of the apostle John in a ninth-century Paris manuscript, the Codex Parisinus Latinus 13344.

The priest Eutropius—not the bishop of Orange—wrote to the noblewoman Cerasia regarding her illness during a plague, her charitable works, and her attempt to convert pagans and barbarians.

Incipit liber beati Iohannis de similitudine carnis peccati.

Etiamne te ausus est spiritus infirmitatis adtingere? etiamne te vis febrium paene usque ad portas mortis inpegit? etiamne tuam animam torrens istius incommoditatis, quem vitiato caeli tractu infeliciter sensit tota provincia, transire conatus est? non illi fidelitatis tuae merita resultarunt? non ingruentibus malis opera sese tuae opposuere iustitiae, ac te in domino viventem ipsa mortalitatis iura timuerunt? o me miserum, o me infelicem! "si haec in ligno humido fiunt, in arido quid fiet?"[46] "et si iustus vix salvus erit, peccator et impius ubi parebunt."[47] terruerunt nos litterae vestrae, quae te per biduum exanimem iacuisse loquuntur: quibus lectis, immo per lacrimas paene deletis, nam et merebantur, statum meae conditionis ingemui, cogitans ubi securitas suscepti, patrocinio turbato. an propterea et nos vel quid sustinetis, ut magis timeant peccatores, et ut vestra tribulatio sit castigatio, qui, dum infirmitatis etiam vestrae sorte turbamur, quid nos quoque maneat ammonemur, dicamusque compuncti in cubilibus nostris . . .[48]

Tu item sub nocte cibos fessis ieiuna portabas; tu lectulorum stramenta manu tua terrae ipsa incubatura mollibas, tu non dormientibus somnos in oratione pervigil adducebas; atque ita sola omnibus sumptum dominae, affectum matris, sedulitatem famulae, observantiam medicae, visitationem ecclesiae circumferebas. haec in commune omnibus; ethnicis vero et istis barbaris vestris non minus mente quam lingua, qui mortem putant idola non videre, illa peculiariter exhibebas: sermone blando, et suo unicuique, dei nostri insinuare notitiam, et lingua barbara hebraicam adserere doctri-

46. Luke 23:31.

47. 1 Pet. 4:18; cf. Prov. 11:31.

48. There ensues here a long hortatory statement.

nam,[49] dictura cum apostolo, "bene quod omnium vestrum lingua loquor,"[50] ostendere idolum deum non esse, deum verum non in ara esse lucorum, sed in mente sanctorum; atque ita, si vellent salvari, crederent salvatori; statimque volentibus et iam optantibus clericorum officia procurare; ac tunc vere a latronibus vulneratos vino oleoque curare, cantatura in dilatatione tribulationis tuae: "a tempore frumenti vini et olei sui multiplicati sunt."[51] sic humana divinaque arte alios febri, alios inferis subtrahebas. his rebus mota virtus illa contraria, cui per intercessionem tuam et animae mortalium tollebantur et corpora, fortem domus alligare connisa est, ut vasa diriperet, quae in ditionem suam redigere non vincto forte non possit. denique ut in te sagittam, de occulto quippe ut tenebricosa, direxit, sine noxa tamen animae tuae, in qua non acceperat potestatem, ilico omnem familiam commotior invasit, inprobitatem famis dilatae coacervatis cupiens explere funeribus; et quod dolendum est, multos suos, dum defensione tua destituerat, occidit. nam dum mater, dum soror, dum servuli et illi, qui per te iam metuenda calcaverant, tibi occupantur, illa infirmitas, aureis vasis argenteisque superata, ignobiliora et fictilia[52] quaeque confregit, nonnullos sine praesidio baptismatis rapiendo, quod illi apud vos ante non licuit . . . nam et reis defensio es, et innocentibus exemplar, ut et fidelis gloriam nisi te imitando non capiat, et infidelior veniam nisi te orante non habeat. quae autem persona alia tam[53] facile reperiretur, quae sic esset aut dux bonorum, aut patrona miserorum? cum illos accenderes, hos foveres, illis viveres, his orares. sic in exemplar iam posita virtutum, ut non deesses a pietate lapsorum . . .

NOTES

tota provincia: Apparently in either Gaul or Spain.

barbaris vestris: Perhaps barbarians settled on Cerasia's property.

insinuare, ostendere, etc.: Historical infinitives.

5 The conversion of Clovis. Alcimus Ecdicius Avitus, *Epist.* 46: R. Peiper, ed., *MGH AA* 6.2:75–76. Ca. A.D. 496/497. Avitus's letters

---

49. Cf. Jerome, *Epist.* 106.1 to the Gothic priests Sunnias and Fretela: "quis hoc crederet, ut barbara Getarum lingua Hebraicam quaereret veritatem?"

50. Cf. 1 Cor. 14:18.

51. Ps. 4;8.

52. Cf. 2 Cor. 4:7.

53. Or *tum.*

come primarily from the Codex Lugdunensis 111 (Lyon) ("L"), of the tenth or eleventh century, and from a lost manuscript previously used by Sirmond ("S").

In his usual convoluted style, Bishop Avitus of Vienne (ca. 490–518) congratulated Clovis, king of the Franks, on his conversion to Nicene Christianity and offerred him some advice at the same time.

Avitus Viennensis episcopus Chlodoveco regi.
Vestrae subtilitatis acrimoniam quorumcunque schismatum sectatores sententiis suis, variis opinione, diversis multitudine, vacuis veritate, Christiani nominis visi sunt obumbratione velare. at[54] dum status nostros[55] aeternatati committimus, dum quid recti unusquisque sentiat futuro examini reservamus, etiam in praesentibus interlucens[56] radius veritatis emicuit. invenit quippe tempori nostro arbitrum quemdam divina provisio. dum vobis eligitis, omnibus iudicatis, vestra fides[57] nostra victoria est. solent plerique in hac eadem causa, si pro expetenda sanitate credendi aut sacerdotum hortatu aut quorumcunque sodalium suggestione[58] moneantur, consuetudinem generis et ritum paternae observationis opponere, ita saluti nocentem[59] verecundiam praeferentes, dum parentibus in incredulitatis custodia inutilem[60] reverentiam servant confitentur se quodammodo nescire quid eligant. discedat igitur ab hac excusatione, post talis facti miraculum, noxius pudor. de toto priscae originis stemmate sola nobilitate contenti,[61] quidquid omnis[62] potest fastigium generositatis ornare, prosapiae vestrae a vobis voluistis exsurgere. habetis bonorum auctores, voluistis esse meliorum. respondetis proavis quod regnatis in saeculo, instruitis posteros quod regnatis[63] in coelo. gaudeat ergo Graecia habere se principem legis nostrae,[64] sed non iam quae tanti muneris dono[65] sola mereatur

54. *Addit* S.
55. *status nostros:* S; *ista nos:* L.
56. L; *interlucentis:* S.
57. S; *sedes:* L.
58. S; *ad suggestionem:* L.
59. S; *nocenter:* L.
60. S; *utilem:* L; *futilem:* Gundlach.
61. S; *contentus:* L.
62. S; *omne:* L.
63. S; *instituistis posteris ut regnetis:* L.
64. S; *equidem Graecia principem legisse nostrum:* L.
65. S; *donum:* L.

illustrari, quod non desit et reliquo orbi[66] claritas sua. siquidem[67] et occiduis partibus in rege non novo novi iubaris lumen effulgurat. cuius splendorem congrue redemptoris nostri nativitas inchoavit, ut consequenter eo die ad salutem regeneratrix[68] unda vos pareat,[69] quo natum redemptioni[70] suae coeli dominum mundus accepit. igitur qui celeber est natalis domini, sit et vestri:[71] quo vos scilicet Christo, quo Christus ortus et mundo, in quo vos animam deo, vitam praesentibus, famam posteris consecrastis. quid iam de ipsa gloriosissima regenerationis vestrae solemnitate dicatur? cuius ministeriis etsi[72] corporaliter non accessi, gaudiorum tamen communione non defui, quandoquidem hoc quoque regionibus nostris divina pietas gratulationis adiecerit, ut ante baptismum vestrum ad nos sublimissimae humilitatis[73] nuntius qua competentem vos profitebamini[74] perveniret. unde nos post hanc exspectationem iam securos vestri sacra nox reperit. conferabamus namque nobiscumque tractabamus, quale esset illud, cum adunatorum numerosa[75] pontificum manus,[76] sancti ambitione servitii, membra regia undis vitalibus confoveret cum se dei servis inflecteret timendum gentibus caput, cum sub casside crines nutritos salutaris galea[77] sacrae unctionis indueret, cum intermisso tegmine loricarum immaculati artus simili vestium[78] candore fulgerent. faciet, si quid[79] creditis, regum florentissime, faciet inquam, indumentorum ista mollities, ut vobis deinceps plus valeat rigor armorum, et quidquid felicitas usque huc praestitit,[80] addet hic[81] sanctitas. vellem vero praeconiis vestris quiddam exhortationis adnectere, si aliquid vel

66. S; *illustrat tum* (*tuum:* Peiper) *quoque orbem:* L.
67. *Omittit* L.
68. L; *regenerari ex:* S.
69. L; *pareat:* S.
70. S; *redemptionis:* L.
71. S; *vester:* L.
72. S; *si:* L.
73. S; *sublimissime humiliatis:* L.
74. *qua . . . profitebamini: omittit* S.
75. L; *numerus:* S.
76. L; *manu:* S.
77. S (*salutaris:* S$^{corr.}$, *salutari:* S); *crini nutritus salutarem galeam:* L.
78. L; *omittit* S.
79. S; *sicut:* L.
80. S; *hic praestiterat:* L.
81. S; *hinc:* L.

scientiam vestram vel observantiam praeteriret. numquid fidem perfecto praedicabimus quam ante perfectionem sine praedicatore vidistis? an forte humilitatem quam iam dudum nobis devotione impenditis, qui nunc primum[82] professione debetis? an misericordiam, quam solutis[83] a vobis adhuc nuper populus captivus gaudiis mundo insinuat lacrimis deo? unum est[84] quod vellemus[85] augeri: ut, quia deus gentem vestram per vos ex toto suam faciet, ulterioribus quoque gentibus quas in naturali adhuc ignorantia constitutas nulla pravorum dogmatum germina corruperunt, de bono thesauro vestri cordis fidei semina porrigatis; nec pudeat pigeatque, etiam directis in rem legationibus, astruere partes dei, qui tantum vestras erexit, quatenus externi quoque[86] populi paganorum, pro religionis vobis primitus imperio servituri dum adhuc aliam[87] videntur habere proprietatem, discernant potius gentem quam principem[88] . . .

NOTES

vestrae subtilitatis: An honorific, i.e., "Your Subtlety."

schismatum sectatores: This could support the suggestion that Clovis was converted not from paganism, as generally thought, but from a heterodox form of Christianity, that is, Arianism.

talis facti: Clovis's baptism.

principem legis nostrae: The Byzantine emperor Anastasius (491–518) had been compelled to swear to support the Nicene Creed.

redemptoris nostri nativitas: Clovis was baptized on Christmas Day.

competentem: A person seeking baptism.

casside . . . galea: A strained parallel. Technically, a *cassis* was of metal whereas a *galea* was leather; by metonymy, "protection."

populus captivus: The reference is unclear. Some suggest the people of Visigothic Aquitania, which would date Clovis's baptism to after the battle of Vouillé in 507, much later than is usually thought. But the next sentence could suggest that the Nicene Christian population of the Frankish kingdom is meant.

pravorum dogmatum: In particular, it would seem, Arianism.

The rest of the letter is lost.

5.6 Guess who's coming to dinner. Greg.Tur. *Glor.mart.* 79: B. Krusch, ed., *MGH SRM* 1.2.91–92. Ca. A.D. 500/550?

82. S; *quam nunc prima:* L.
83. L; *solutis:* S.
84. L; *ergo:* S.
85. S: *velimus:* L.
86. S; *quique:* L.
87. L; *in alios:* S.
88. S; *discernantur potius gente quam principe:* L.

Gregory of Tours described what happened when a Nicene woman and her Arian husband invited priests of both faiths to dinner.

Semper enim catholicorum inimica est haeresis, et ubicumque potuerit tendere insidias, non obmittit, sicut illud est, quod quodam loco factum celebre fama profert. mulier quaedam erat catholica, habens virum haereticum. ad quam cum venisset presbyter nostrae religionis valde catholicus, ait mulier ad virum suum, "peto charitati tuae ut pro adventu huius sacerdotis, qui me visitare dignatus est, laetitia habeatur in domo nostra, ac praeparatum dignis impendiis prandium epulemur cum eo." promittente autem viro eius sic se ut illa flagitabat facturum, advenit et alius haereticorum presbyter, dixitque vir muleri, "duplicata est laetitia hodie, eo quod sint sacerdotes utriusque religionis in domo nostra." discumbentibus autem ad convivium, vir ille cum presbytero dextrae partis cornu occupat, catholicum ad sinistrum statuens, positaque ad laevam eius sellula, in qua coniunx eius resideret. dixitque vir ad presbyterum haereticum, "si consenseris dictionibus meis, exercemus[89] hodie cachinnum de hoc Romanorum presbytero, ut scilicet adposito ferculo, tu celerius signare festines, cumque ille manum non posuerit, illo tristante, nos cum laetitia comedemus[90] cibum." cui ille, "faciam," inquit, "quod praecipis." denique veniente disco cum holeribus, signavit haereticus, posuitque primus manum suam. quod cernens mulier ait, "ne feceris, quia ingrate fero iniuriam sacerdotis." et exhibito alio cibo sumpsit catholicus. in secundo vero et tertio ferculo similiter fecit haereticus. quarto autem exhibito, cuius in medium sartago fervens advenerat in qua compositum erat cibum illud,[91] qui ex conlisis ovis parumper mixta farina, dactylorum partibus olivarumque rotunditatibus adsolet exornari, festinans haereticus, priusquam ferculum illud vel mensam tangeret elevata in obviam manu, signat, statimque positum cochlearium sumit, non intelligens an caleret, ferventemque cibum velociter ingluttivit. protinus, accenso pectore, aestuare coepit, emissoque[92] cum suspirio immenso ventris strepitu, nequam spiritum exhalavit: ablatusque de

89. Or *excreamus.*
90. Or *comedimis.*
91. Or *compositus . . . cibus ille.*
92. Or *emissumque.*

convivio, locatus in tumulo, terrenae[93] molis congeriae[94] est opertus. tunc exultans presbyter nostrae religionis ait, "vere ultus est deus servos suos." et conversus ad virum cuius[95] erat convivium, dixit, "periit huius memoria cum sonitu, et dominus in aeternum permanet.[96] tu vero adpone quod comedam." tunc homo ille perterritus, expleto convivio, provolutus est ad pedes presbyteri, conversusque ad fidem catholicam, credidit cum domo sua, qui in hac perfidia tenebatur, et multiplicata est laetitia, sicut prius mulier flagitaverat.

NOTES

fama refert; Not a ringing endorsement of the trustworthiness of the story.

virum haereticum: I.e., her husband was an Arian.

dextra partis: The host sat on the right, the guest of honor on the left.

holeribus: Perhaps cabbage, i.e., a salad.

cibum illud: The ingredients—eggs, flour, and various additions—and the need to eat quickly suggest that the dish was a soufflé.

5.7 Culture shock. Jerome, *Epist.* 22: I. Hilberg, ed., *CSEL* 54 (Vienna, 1910), 143–200. Ca. A.D. 400.

For some, the adoption of the Christian ethos meant a rejection of the classical literary past. St. Jerome found this difficult.

(30) Cum ante annos plurimos domo, parentibus, sorore, cognatis et, quod his difficilius est, consuetudine lautioris cibi propter caelorum me regna castrassem et Hierosolymam militaturus pergerem, bibliotheca, quam mihi Romae summo studio ac labore confeceram, carere non poteram. itaque miser ego lecturus Tullium ieiunabam. post noctium crebras vigilias, post lacrimas, quas mihi praeteritorum recordatio peccatorum ex imis visceribus eruebat, Plautus sumebatur in manibus. si quando in memet reversus prophetam legere coepissem, sermo horrebat incultus et, quia lumen caecis oculis non videbam, non oculorum putabam culpam esse, sed solis, dum ita me antiquus serpens inluderet, in media ferme quadragesima medullis infusa febris corpus invasit exhaustum et sine ulla requie

93. Or *terrae.*

94. Or *congerie.*

95. Or *eius.*

96. Ps. 9:7.

(quod dictu quoque incredibile sit) sic infelicia membra depasta est, ut ossibus vix haererem. interim parabantur exsequiae et vitalis animae calor toto frigente iam corpore in solo tantum tepente pectusculo palpitabat, cum subito raptus in spiritu ad tribunal iudicis pertrahor, ubi tantum luminis et tantum erat ex circumstantium claritate fulgoris, ut proiectus in terram sursum aspicere non auderem. interrogatus condicionem Christianum me esse respondi. et ille, qui residebat: "mentiris," ait, "Ciceronianus es, non Christianus, 'ubi thesaurus tuus, ibi et cor tuum.'"[97] ilico obmutui et inter verbera (nam caedi me iusserat) conscientiae magis igne torquebar illum mecum versiculum reputans, "in inferno autem quis confitebitur tibi?"[98] clamare tamen coepi et heiulans dicere, "miserere mei, domine, miserere mei."[99] haec vox inter flagella resonabat. tandem ad praesidentis genua provoluti, qui adstiterant, precabantur, ut veniam tribueret adulescentiae, ut errori locum paenitentiae commodaret exacturus deinde cruciatum, si gentilium litterarum libros aliquando legissem. ego, qui tanto constrictus articulo vellem etiam maiora promittere, deiurare coepi et nomen eius obtestans dicere, "domine, si umquam habuero codices saeculares, si legero, te negavi." in haec sacramenti verba dimissus revertor ad superos et mirantibus cunctis oculos aperio tanto lacrimarum imbre perfusos, ut etiam incredulis fidem facerent ex dolore. nec vero sopor ille fuerat aut vana somnia, quibus saepe deludimur, teste est tribunal, ante quod iacui, iudicium teste est, quod timui (ita mihi numquam contingat talem incidere quaestionem), liventes habuisse me scapulas, plagas sensisse post somnum et tanto dehinc studio divina legisse, quanto mortalia ante non legeram.

NOTES

castrassem: Figuratively speaking.

bibliotheca: Cf. the letter of Rusticus to Eucherius in chapter 1.

antiquus serpens: From the Garden of Eden.

tribunal iudicis: Jerome's model is a secular courtroom.

5.8 A woman's perspective. Anonyma, *Epist.* "Nisi tanti seminis": G. Caspari, ed., *Briefe, Abhandlungen, und Predigten* (Christiania, 1890),

97. Matt. 6:21.
98. Ps. 6:6.
99. Ps. 56:2.

398–404 (placed in Gaul); *MGH Epist.* 3:716–18 (dated to A.D. 500/600); G. Morin, "Pages inédites de deux pseudo-Jérômes des environs de l'an 400," *Revue bénédictine* 40 (1928): 289–318 (dated to ca. A.D. 400, from the region of the Pyrenees). Late fourth or early fifth century. The letter survives only in the Codex Sangallensis 190 (St. Gallen) of ca. A.D. 800.

A letter of one aristocratic woman to another gives a woman's perspective on the Christian mentality. The date of ca. A.D. 400 is suggested, in part, by the use of the earlier *Itala* version of the Bible rather than Jerome's vulgate. The letter lacks both a heading and a closing salutation, and the manuscript contains several corrections and alternate readings. In the rendering below, the original manuscript readings are retained. The text is artfully constructed, and expects the reader to have an intimate knowledge of scriptural citations relating to women. Many words are reused in different contexts.

Nisi tanti seminis[100] silentium meum ad tuam iniuriam revocares, rata[101] fueram, conpetentem mihi propheticam sententiam, quae ait, "si est tibi sermo, responde proximo; sin autem, sit manus tua super os tuum."[102] quid enim respondere tibi possem, aut unde loquendi verba praesumerem, cum ita totum canonis corpus epistolae tuae sermone conplexa sis, ut nihil mihi relinqueres ad dicendum?
Latuit mihi actenus[103] arca testamenti, hoc est, conpago tui cordis, in qua omnis librorum biblioteca congesta est. meretur sane et ab intus et a foris deaurari[104] materia principali, quae tam fideliter scripta digito dei verba custodit. meruit quidem propheticum testimonium illa in mysterio Christi sponsa, quae sitientem Abrahae famulum deposito ex humeris suis idryae[105] licore[106] satiavit; sed non minor[107] illa es donanda titulis et consecrata[108] sententiis, quae nos Abrahae famulos (quia omnis, qui peccat, servus est) ex ydria[109]

100. Morin emends to *tantis minis.*

101. Ms. *rectam,* corrected to *rata.*

102. The Wisdom of bar Sirah 5, an apocryphal work of Scripture.

103. Sc. *hactenus.*

104. *deauro,* a rare word, picking up the notion of treasure from *arca.*

105. Sc. *hydriae.*

106. Sc. *liquore.*

107. There is an erasure of about six letters here; Caspari suggests *minor[ibus ab].*

108. Caspari emends to *consecranda.*

109. Sc. *hydria.*

pectoris tui, hoc est thesauro ex vase fictili,[110] satiasti. bibi sane ex his quae scripseras, et camelos meos adaquavi, id est vitia mea universa cognovi, quia nihil ex his, quae in me esse arbitrabaris, inveni. sed longe claret quia ex opere tuo infelicitatem meam ignorantiamque pensasti, et quicquid tibi cotidiani laboris cura contulerat, id totum in mea assertione posuisti. debueram quidem talis esse, qualem esse me sentis, quia "omnia possibilia sunt credenti,"[111] sed cum velle meum[112] adiaceat, perficere prorsus inpossibile est. in te vero utraque stant, et utraque fructificant. agnovi sane, de qua propheta dixisset, "ecce virgo in utero concipiet et pariet filium."[113] Tu potes libere proclamare, "concepimus in utero, domine, et parturivimus spiritum salutis tuae, quem fecisti super terram."[114] tu verbum[115] dei feta, tu sermonem eius enixa, sic nobis scientiam dei parturis, ut apud te semper extensa vel plena sis. agnoscant, qui dubitant, qualiter virgo conceperit qualiterque pepererit, et scripta tua legant, quia hic est virginei fructus incorrupta fecunditas. tibi sane in exemplo Sarrae, septem viris, hoc est spiritibus mundi, mortuis, angelo pronubante, dum[116] Christus[117] nupsit, tum inimicus occubuit. mihi autem infelice[118] necesse[119] petere a patre meo ut plangam virginalia,[120] prius quam paternorum labiorum pacta dissolvam, quia nullum ante conspectum domini fructum me[121] virtutis ostendo. occidit quidem pater meus Moabitas atque Amanitas,[122] id est, ebrietatis in me et fornicationis genus extinxit,[123] sed, quid mihi prodest, quia[124] verbum dei in utero, hoc est, in corde non habeo? et scio quia virginitas tantum sine scientia in tenebris ambulat et lumen

110. Cf. 2 Cor. 4:7.
111. Cf. Mark 9:22–23.
112. Caspari suggests *mihi non.*
113. Isa. 7:14.
114. Isa. 26:18.
115. Morin suggests *verbo.*
116. Caspari suggests *cum.*
117. Ms. *C(h)r(istu)s;* Gundlach suggests *Christo.*
118. Corrected in ms. to *infelici.*
119. The ms. is torn off after *necesse,* and Caspari supplies *est,* but the tear occurs at the margin of the text, and there is really no room for another word.
120. Editors add *mea.* See Judg. 11:29–40.
121. Edd.: *meae.*
122. I.e., *Ammanitas.*
123. Sc. *exstinxit.*
124. For *quae*?

ignorat. ac nomen tantum sine opere possidens nequaquam canopei sponsalis limen ingreditur. porto candelabrum gutturis mei exausta papiri[125] ariditate, id est, inanium verborum levitate ve[126] conpletum, quod scientiae pinguedo non tetigit, in quibus[127] infelicem me esse noverim, vel hoc[128] a vobis, quae oleum[129] habundatis,[130] inploro, ut a quibus emere debeam demonstretis. sed iam aliquando dicam quod Iob dixit ad dominum, "quid possum dicere cum audiam talia verba aut quid respondebo cum sim nihil? sed semel locutus non adiciam iterum."[131] agnovi enim me esse terram et cinerem, qui[132] aliorum tale opus aspicio, ex quibus in me ipsa nihil sentio. apparet tecum exemplo sanctae Mariae angelum, hoc est, spiritum, fabulari, qui[133] tali erudita sermone es. custodi sane, custodi, non soror sed domina nuncupanda, quod cordis tui sacrarium concepit, et ventris tui fructus effudit; ut circumferas et demonstres in Egypto filium tuum, hoc est, nobis in saeculi obscuritate viventibus doctrinae tuae fructus ostendas. nec dubie, dicam te unam esse ex quattuor virginibus prophetantibus, quas apostolicorum Hactuum[134] conscriptos[135] edisserit.[136] tu es illa nimirum de qua sacri cecinere cantores: in fimbriis aureis circum amicta es varietate.[137] fimbrias enim aureas quid nisi pulcros ac fideles sensus tui sermones interpreter, qui ex utroque latere oris tui afluunt vel dependunt? quibus inest pulcra varietas, quia ex lege prophetis et evangelus[138] textum epistolae tuae diverso testimoniorum colore pinxisti. apparet sane quia cibos non comedis otiosa, et quoniam vir tuus ille, qui fabri esse filius dicebatur, fusum tibi de ligno scientiae fabricavit, per quem tu de amplo hystoriae vellere spiritalium ducis fila verbo-

125. Sc. *exhausta papyri.*
126. Sc. *vero* or *vel*? The *ve* that appears in the manuscript is deleted by editors.
127. Caspari adds *cum* here.
128. Added above the line.
129. Caspari emends to *oleo.*
130. I.e., *abundatis.*
131. Job 40:4.
132. Morin emends to *quae,* Caspari and Gundlach to *quia.*
133. Caspari and Gundlach emend to *quia,* Morin to *quae.*
134. I.e. *Actuum;* added above the line.
135. Corrected to *conscriptus* in the ms.; Morin suggests *conscriptor.*
136. Cf. Acts 21:9.
137. Ps. 44:10.
138. Corrected by editors to *evangeliis.*

rum. fateor tibi, venerabilis soror, non intellegabam illud propheticum dictum, ubi ait, "triticum iuvenibus, et vinum suaveolens virginibus,"[139] nisi illud ex sermonum tuorum virtute sensissem. tu es enim, quae habes suaveolens vinum, id est, ex fructibus Christi, qui vitis est vera, gaudio scientiae spiritalis exuberans, quae interiora viscerum tuorum suco suae dulcedinis ac virtutis animavit. bene emularis[140] illam Sonamiticam[141] virginem, Davitici[142] corporis ministram atque custodem, quae maturam perfectamque regalem scientiam intuitu mentis tuae calefacere et custodire non desinis. consecuta es iam pro hac attentione mercedem accipiendo claves eius, quibus aperis quod nemo claudit, et claudis quod nemo aperit. habet sane in te Bersabee,[143] hoc est, sapientiae, filius quod celetur,[144] ne te falsus frater aut concupiscat aut tangat. quod vero scribit veneranda mihi sanctitas tua, quia amictum meum, quod super lumbos meos erat, in cavo petrae abscondissem super flumen Eufraten, agnosco hoc, quia iuxta praecipitium mundiale et duritia cordis mei virtutis meae tegumenta corrupta sunt, et modo nuda de protectione sapientiae, non de vetere homine spoliata cognoscor. sed quia iam sermonem meum et inperitiam[145] cordis et maternae aegritudinis maeror excludit, atque hoc ipsum modicum loqui vix tristitia cordis admisit, rogo ut <ad>[146] aridas radices sensus mei cophinum stercoris, hoc est, ubertatem verborum tuorum, frequenter effundas, ut cum me iuxta consuetudinem visitaveris, aliquem in me fructum boni operis invenias.

explicit.

NOTES

totum canonis corpus: Probably the list of canonical books of Scripture.

septem viris: Seven husbands of the Mede Sarah were slain on their wedding night by the demon Asmodaeus.

canopei: canopeum, more commonly *conopeum,* a canopy hung around a couch to keep off insects.

---

139. Zech. 9:17.
140. Sc. *aemularis.*
141. I.e., *Sunamiticam.* Her name was Abishag.
142. I.e., *Davidici.*
143. Corrected by editors to *Bethsabeae.*
144. I.e., *zeletur.*
145. I.e., *inperitia.*
146. Morin adds *ad,* and Caspari *super.*

papiri: A papyrus reed served as an oil-lamp wick.
fimbriis: Fringes; cf. Ammianus Marcellinus 14.6.9: "longiores fimbriae tunicaeque . . . varietate liciorum effigiatae."
Bersabee: i.e., Bathsheba.

5.9 The making of a bishop. Constantius of Lyon, *Vita Germani Autissiodorensis* (Life of Germanus of Auxerre), 1: *MGH SRM* 7:225–83; R. Borius, ed., *SC* 112 (Paris, 1965), 122–24. Ca. A.D. 480.

The expectations for changes in one's manner of life were even more stringent upon those who became Christian clerics, as seen in this selection from the *vita* of Bishop Germanus of Auxerre (ca. 418–46):

(1) Igitur Germanus Autisiodorensis oppidi indigena fuit, parentibus splendidissimis procreatus est, ab ipsis infantiae rudimentis studiis liberalibus institutus, in quo doctrinae conlatio, cum ingenii ubertate consentiens, eruditissimum duplicato bono, id est naturae et industriae, reddiderunt. atque ut in eum perfectio litterarum plena conflueret, post auditoria gallicana intra urbem Romam iuris scientiam plenitudini perfectionis adiecit. deinde tribunalia praefecturae professione advocationis ornavit. in quo actu dum multiplici laudis luce resplendet, sublimem genere, divitiis, moribus sortitur uxorem. quem quidem togae praeconis praeminentem protinus res publica ad honorum praesumpsit insignia, ducatus culmen et regimen per provincias conferendo. erudiebatur profecto occulto divinitatis iudicio, ne quid perfectionis deesset apostolico pontifici mox futuro. parabatur eloquentia praedicationibus, iuris doctrina iustitiae, uxoris societas ad testimonium castitatis. (2) cum subito divina procedit auctoritas, quam consensus universitatis exsequitur. nam clerici omnes cunctaque nobilitas, plebs urbana vel rustica in unam venere sententiam: Germanus episcopum omnium una vox postulat. bellum indicitur potestati, cuius subiectio facilis fuit, cum enim ab his, quos pro se paraverat, vinceretur. suscepit sacerdotium invitus, coactus, addictus; sed repente mutatur ex omnibus. deseritur mundi militia, caelestis adsumitur; saeculi pompa calcatur, humilitas conversationis eligitur; uxor in sororem mutatur ex coniuge, substantia dispensatur in pauperes, paupertas ambitur. (3) iam vero ennarri non potest qua hostilitate vim sibi ipse consciverit, quas cruces, quaeve supplicia corporis sui persecutor induerit.

NOTES

advocationis: The post of *advocatus* was a first rung on the ladder of advancement in the civil service.

praeminentem: I.e., *praeeminentem,* with a dative.

ducatus culmen: Germanus probably was made "duke of the Armorican and Nervican region," a military official who was in charge of the local militia in Brittany and Belgium and whose authority also was extended over several provinces of Aquitania and Lugdunensis.

venere = *venerunt.*

.0 Remigius vents his spleen. Remigius of Reims, *Epist.* "Paulus apostolus" = *Epistulae Austrasicae* 3: *MGH Epist.* 3:114; Malaspina, *Liber epistolarum,* 64–65; *PL* 65:966–68. Ca. A.D. 511/533. The *Epistulae Austrasicae* survive only in a manuscript preserved at the Vatican Library, the Codex Palatinus Latinus 69 of the ninth century.

Sometimes clerical appointments were made at the request of secular potentates, and in such cases some rather disreputable individuals could be ordained, as seen in this reply of Bishop Remigius of Reims (ca. 480–533) to the complaints of several other bishops about a priest that Remigius had appointed on the recommendation of King Clovis (481–511):

> Dominis vere sanctis et meritis, beatissimis in Christo, fratribus Heraclio, Leoni et Theodosio Remegius episcopus.
>
> Paulus apostolus in epistula sua loquitur: "caritas numquam excedit."[147] quae, ut tales ad me litteras mitteretis, in vestris sensibus non resedit. nam pro Claudio fudi simplicem precem, quem vos non presbyterum scribitis, ut in me indignationem vestri pectoris proderitis. illum non abnego graviter deliquisse; sed vos aetati meae, etsi non meritis, decuerat detulisse, quod propitia divinitate sit dictum: quinquaginta et tribus annis episcopali sede praesedeo, et me appellavit tam procaciter nemo. dicitis, "melius vos fuisse non natos." hoc mihi fuerat oportunum, ne audissem transgressoris opprobrium. ego Claudium presbyterum feci, non corruptus praemio, sed praecellentissimi regis testimonio,[148] qui erat non solum praedicator fidei catholicae, sed defensor. scribitis, "canonicum non fuisse, quod iussit; summo fungamini sacerdotio."

147. 1 Cor. 13:8.

148. Ms. *testimonium.*

regionum praesul, custus patriae gentium triumphator iniunxit. tanto in me prorupistis felle commoti, ut nec episcopatus vestri detuleritis auctori. rogavi ut Claudius, sacrilegii perpetrator, paenitentiae servaretur. legimus namque, legimus, quod excidium caelesti denuntiatione praedictum evaserint per paenitentiam Ninivitae, quam Iohannis, praecursor domini, in evangelio praedicavit, ut, regno[149] adpropinquante caelorum, ea populi agerent, ne perirent. in Apocalypsin[150] angelis ecclesiarum scribitur ex praecepto domini salvatoris, ut, quae digne minus egerant, paenitentiae satisfactione corrigerent. de iracunda[151] dictione sanctitatis vestrae intellego, quod lapsum non miseramini post ruinam, sed magis velle vos video, ne convertatur et vivat, cum dominus dixerit, "nolo mortem morientis, sed ut convertatur et vivat."[152] hoc nos expedit sequi, hanc domini voluntatem non praetermittere, sed tenere, quia nos posuit non ad iracundiam, sed ad hominum curam et servire pietati potius quam furori. ponitis in epistula vestra quod Celsus quidam, qui Claudio credidit, quod abductus, et utrum vivat aut sit mortuus ignoratis, atque huius inquisitorem me esse praecipitis, et nescitis si in saeculo aut si ad inferos sit quaerendus, et res suas a me vultis restitui, quas sublatas fuisse non novi. inpossibilia praecipitis, ut impia peragatis. annorum numerum me esse scribitis iubeleum, inridentes potius quam pro dilectione gaudentes, cui, vinculo caritatis inrupto insinceriter, a vobis nec parcitur nec defertur.
explicit.

NOTES

1. *quinquaginta et tribus annis episcopali sede praesedeo:* One would expect the verb *praesedi* (I have presided). If Remigius's tenure in office is in fact meant, then the letter would have been written circa 533, at the very end of Remigius's life.

2. *iubeleum:* An insult. The *iubileus annus* was the year of Jubilee among the Israelites; a jubilee was a period of fifty years.

5.11 Life in the wilderness. Eucherius of Lyon, *De laude eremi* (In praise of the desert): S. Pricoco, ed., *Eucherii. De laude eremi* (Catania: University of Catania, 1965). A.D. 427. The earliest manuscripts of this work date only to the twelfth or thirteenth century.

149. Ms. *regnum.* See Jon. 3.

150. Rev. 2:22.

151. Ms. *iracundia.*

152. Ezek. 18:23, 33:11.

In his *De laude eremi,* dedicated to his fellow monk Hilary, later bishop of Arles (429–49), Eucherius, later bishop of Lyon (ca. 430–51), discussed the nature and ideology of the adoption of the monastic life as it had been developed at the monastery of Lérins.

> (1) Magno tu quidem animo egressus dudum de domo tua et de cognatione tua usque in mare magnum recedentia penetraveras, maiore tamen virtute eremus a te repetita est.[153] siquidem, cum[154] hanc primum hospes ingressus es, habuisti ducem et velut itineris tui praevium quem deinde militiae caelestis magistrum eumque[155] tunc secutus et parentes relinquens parentem tamen sequebaris; nunc vero cum eundem ascitum ad pontificale fastigium prosequendum putaveris, ad familiare secretum eremi te amor rettulit. ergo nunc es nobilior et maior exemplo: prius enim, cum desertum peteres, comitatus etiam fratrem[156] videbaris; nunc, cum desertum repeteres, etiam fratrem[157] reliquisti. at qualem illum quantumque. quanto tibi semper dilectionis cultu observatum! quam singulari tibi affectione devinctum. et cuius caritati praeferre nihil possis nisi forte solam eremi caritatem. quam cum illi iusto praeponis examine, approbasti diligere te non illum parum sed hanc amplius aliquid. ostendisti etiam ille in te secreti amor quam magnus esset, cui etiam maximus cederet. qui quidem eremi amor, quid in te nisi dei amor appellandus est? servasti ergo caritatis ordinem lege praescriptum primo deum tuum, exin proximum diligendo.
> . . . (3) et tu licet omnem iamdudum censum in Christi pauperes Christo dives effuderis, tum et praeferas licet annis iuvenem, moribus senem. sis etiam ingenio clarus, clarus eloquio, nihil in te tamen primore loco magis suspexerim dilexerimque quam quod solitudinis sedem sic concupisti; unde quia me respondere copiosius spatiosissimis ac facundissimis litteris tuis saepe postulas, sufferas paulisper necesse est, cum sis sapiens, insipientiam meam, dum recolo multimodam domini gratiam erga hanc ipsam eremum dilectam tuam . . .[158]

153. Some mss. add *quam petita* here.
154. Or *quoniam.*
155. Some editors emend to *cumque.*
156. Or *patrem.*
157. Or *patrem.*
158. There follows a lengthy discussion of the secluded life, beginning with "in deserto quippe Moyses."

. . . (31) quis enim enumerare beneficia eremi digne queat virtutisque commoda habitantium in ea? in mundo positi, quoddammodo extra mundum recedunt, "in solitudinibus," ut ait apostolus, "errantes, in montibus et in speluncis et in cavernis terrae."[159] nec immerito dignum talibus apostolus negat esse mundum, qui alieni sunt ab illo rei publicae humanae tumultu, sepositi, quieti, silentes, nec magis absunt a voluntate peccandi quam a facultate. (32) clari apud veteres saeculi huius viri, defatigati laboribus negotiorum suorum, in philosophiam se tamquam in domum suam recipiebant. quanto[160] pulchrius ad haec manifestissimae sapientiae studia divertunt magnificentiusque ad solitudinum libertatem et desertorum secreta secedunt, ut, philosophiae tantum vacantes, in illius eremi deambulacris[161] tamquam in suis gymnasiis exerceantur . . . (35) fervent ibi conscriptae interioris hominis salubriter leges[162] et aeterni saeculi iura subtilius. non illic humana criminum facinorumque praescripta vim suam resonant nec se ultricia capitalium delictorum iura exserunt . . .

. . . (41) recte ergo tu, veneranda tellus, sanctis aut in te positis aut non procul a te remotis aut habitabilis dudum aut desiderabilis exstitisti, quia pro universis bonis illius es fertilis, in quo habentur universa . . . (42) equidem cunctis eremi locis quae piorum illuminantur secessu reverentiam debeo, praecipuo tamen Lirinum meam honore complector, quae procellosi naufragiis mundi effusis piisimis ulnis receptat venientes ab illo, saeculi flagrantes aestu blande introducit sub umbras suas, ut illic spiritum sub illa interiore domini umbra anheli resumant. aquis scatens, herbis virens, floribus[163] renitens, visibus odoribusque iocunda, paradisum possidentibus se exhibet quem possidebunt; digna quae caelestibus disciplinis Honorato auctore fundata sit, quae tantis institutis tantum nacta sit patrem, apostolici spiritus vigore et vultus radiantem; digna quae illum suscipiens ita emitteret; digna quae et praestantissimos alat monachos et ambiendos proferat sacerdotes. haec nunc successorem eius tenet, Maximum nomine, clarum quia post ipsum meruit asciri;

---

159. Heb. 11:38.

160. Or *canentes.*

161. Or *vastitate.*

162. Or *leges salubriter;* cf. the *Notitia dignitatum,* insignia of the *Quaestor sacri palatii,* "leges salubres."

163. Or *viribus,* or *vitibus.*

haec habuit reverendi nominis Lupum, qui nobis illum ex tribu Beniamin lupum rettulit;[164] haec habuit germanum eius Vincentium, interno gemmam splendore perspicuam, haec nunc possidet venerabilem gravitate Caprasium, veteribus sanctis parem; haec nunc habet sanctos senes illos, qui divisis cellulis Aegyptios patres Galliis nostris intulerunt. (43) quos ego illic, Iesu bone, sanctorum coetus conventusque vidi . . . (44) horum, mi Hilari carissime, redditus insertusque consortio, plurimum tibi, plurimum etiam illis contulisti, qui nunc pro reditu tuo alacri exultatione laetantur. cum his, obsecro, peccatorum meorum intercessionisque memoriam ne oblitteraveris; cum his, inquam, quibus nescio an ipse gaudii plus attuleris an maius inveneris. tu nunc verior Israhel, qui corde deum conspicaris, ab Aegypti saeculi tenebris dudum expeditus, salutiferas aquas submerso hoste transgressus, in deserto accensum fidei ignem secutus, amara quondam, per lignum crucis dulcia nunc experiris, salientes in vitam aeternam aquas a Christo trahis, internum hominem superno pane pascis, in evangelio tonitrui divinam accipis vocem, qui cum Israhel in eremo contineris, cum Iesu terram repromissionis intrabis.

Vale in Christo Iesu domino nostro.

NOTES

in mare: The islands of Lero (Ste-Marguerite) and Lerinum (Lérins or St-Honorat), upon which the monastery was established, lie off the coast of southern France near Fréjus.

deambulacris: "Gallery." A rare word, also used by the fourth-century Gallic panegyricist Claudius Mamertinus.

capitalium delictorum iura: A rather curious thing to say; it may be that some of the monks were fearing criminal charges that may have accrued as a result of the Gallic usurpations of Constantine III (407–11) and Jovinus (411–13).

Maximum nomine: Maximus was a native of Riez who entered the monastery after a secular, possibly legal, career.

Lupum: Lupus came to Lérins from Troyes in 425 and returned home two years later to become bishop. Eucherius makes a pun on his name ("wolf").

Vincentium: Vincentius came to Lérins with Lupus and wrote the *Commonitorium* (Reminder), a handbook on how to distinguish orthodoxy from heresy.

Caprasium: Caprasius was the cofounder of the monastery.

sanctos senes illos: Their identity is unknown.

12 Amanda shoulders the load. Paulinus of Nola, *Epist.* 44: W. Hartke, ed., *CSEL* 29 (Vienna, 1894), 369–78. Ca. A.D. 400.

---

164. See Gen. 49:27.

Paulinus of Nola wrote to the Gauls Amanda and Aper, who had hoped to adopt the religious life together but found themselves distracted by secular concerns such as child care and the need to supervise the family property.

Sanctis et merito venerandis ac dilectissimis fratribus Apro et Amandae Paulinus et Therasia peccatores.
Quis daret mihi fontem litterarum tuarum, ut respondere possem litteris tuis vario gratiarum spiritalium flore consertis nec iam scholastico magis quam divino sermone facundis et affluentibus quasi de terra repromissionis divinae lacte pietatis et melle sapientiae . . . illic et coniunx, non dux ad mollitudinem vel avaritiam viro suo, sed ad continentiam et fortitudinem redux in ossa viri sui, magna illa divini cum ecclesia coniugii aemulatione mirabilis est, quam in tuam unitatem reductam ac redditam spiritalibus tibi tanto firmioribus quanto castioribus nexibus caritas Christi copulat, in cuius corpus transistis a vestro . . . manetis ecce idem coniuges ut fuistis, sed non ita coniuges ut fuistis; estis ipsi nec ipsi; et sicut Christum, ita et vosmet ipsos iam secundum carnem non nostis . . . benedicta haec inter mulieres et hac quoque devotione fidelis et acceptissima domino, qua se necessitatibus saeculi pro te velut quaedam procellis in immobili scopulo stabilita turris opposuit. vere in ipsa petra illa, super quam aedificata domus non cadet, solido strenuae mentis fundata vestigio facta est tibi turris protectionis a facie inimici,[165] undas et turbines saeculi frangens piae servitutis obiectu, ut tu seclusus a pelago tutam in ecclesiae portu mentis inconcussae ratem in meditatione continua studiorum operumque caelestium quasi quodam remigio salutis exerceas. corporalis enim, inquit, exercitatio ad modicum; nam pietas ad omnia utilis est,[166] quae te subdidit Christo praeferentem vel iacere in domino domini quam in peccatorum tabernaculis[167] eminere, et conservam tuam in labores corporeos ex affectu spiritali pro tua anima pignoravit, ut pretium libertatis tuae faceret servitutem suam, non illa in saecularibus negotiis mundo sed Christo serviens, propter quem mundum patitur, ne tu patiaris. vera iuxta divinum opus et verbum facta in adiutorium tibi et ad te habens conversionem suam de nuto tuo pendet et in tuo statu sistit,

165. Ps. 60:4.
166. 1 Tim. 4:8.
167. Ps. 83:11.

in vestigiis tuis ambulat, in anima tua animatur, pro vita tua deficit, ut in tua vita reficiatur. curat illa saeculi curas, ne tu cures; curat ut <caeli> cures. possidere videtur, ne tu possidearis a mundo et ut possidearis a Christo. non illam a proposito tuo discors abiungit voluntas, sed quod magis mirum est, concors fides opere dividit voluntate coniunctam. nam sine animi captivitate rem captivitatis in libertate spiritus administrans firmavit manus suas in opera[168] virtutis . . . necessaria divisione reddens per se Caesari quae sunt Caesaris,[169] ut quae dei sunt per te ministret deo. nam cum tributum, sicut scriptum est, dederit cui debet tributum, tunc et manus suas adaperiens pauperi[170] et fructum operae suae porrigens inopi spiritale vectigal pensitat et reditum possessionis in tuae militiae stipendium suggerit, salutaris damni avarior quam letalis lucri. quae talis est, fidit in ea cor mariti eius. operatur enim, ut scriptum est, viro suo bona tota vita sua et non mala,[171] et ideo non sollicitus agis quae in domo tua terrena aguntur; quod in domo caelesti agitur strenue liber exequeris . . . tu illi in Christo caput, et illa fundamentum tibi, cuius opere pes tuus stat in via domini et quam capitis tui participem faciet commembrata in domini corpore fidei conpago, quia et in sollicitudinis diversitate, salvo tamen consonae mentis adsensu, ad propositi tui iuncta sententiam . . .

NOTES

turbines saeculi: A common theme; cf. the "procellosi naufragiis mundi effusis" of the previous entry.

stipendium: Perhaps Amanda's income replaced Aper's *stipendium* (salary), or perhaps it had to be repaid because Aper was no longer doing his military duty.

3 Salvian swallows his pride. Salv. *Epist.* 1: C. Halm, ed., *MGH AA* 1.1 (Berlin, 1877), 108–9. Ca. 425/450.

Salvian of Marseille wrote to his erstwhile brethren of Lérins, asking a favor on behalf of a relative who had fallen on hard times.

(1) O Amor, quid te appellem nescio, bonum an malum, dulcem an asperum, suavem an iniucundum: ita enim utroque plenus es, ut utrumque esse videaris. amari a nobis nostros honestum est, laedi

168. Prov. 31:9.
169. Matt. 22:21; Mark 12:17; Luke 20:25.
170. Prov. 31:20.
171. Prov. 31:12–13.

acerbum. et tamen hoc eiusdem est interdum animi eiusdemque pietatis: cum specie dissentiat, ratione concordat. amor quippe nos facit nostros amare, amor interdum cogit offendere. utrumque unum est, cum tamen aliud amoris habeat gratiam, aliud odii patiatur offensam. (2) quam grave hoc, quaeso, mi dilectissimi, aut quam acerbum est, ut causa odii amor esse cogatur? quod quidem cum saepe aliis, tum etiam mihi accidisse nunc satis vereor, ut, dum adulescentem hunc, quem ad vos misi, tradere individuis meis cupio, uni studens multis molestus sim, et amor eius offensa sit ceterorum, quamquam hi, qui satis diligunt, non cito offendantur. (3) sed ego insinuationem meam minus gratam fore quibusdam timens, etiam imminutionem gratiae offensam puto. placere enim dilectis meis plurimum cupiens molestiam illorum reatum meum credo, et nisi eis satis placuero, supplicium displicentis fero. (4) quamquam hoc metuendum in vobis omnino non sit, qui totum me in vos recipientes etiam apud alios pro me timetis. tantum enim abest ut displicere ego caritati ac sensui vestro possim, ut etiam illud mecum reformidetis, ne ego quibusdam forte displiceam, mi dulcissimi ac dilectissimi mei. (5) adulescens, quem ad vos misi, Agrippinae cum suis captus est, quondam inter suos non parvi nominis, familia non obscurus, domo non despicabilis, et de quo aliquid fortasse amplius dicerem, nisi propinquus meus esset. hoc enim fit ut minus dicam, ne de me ipso dicere videar de illo plura dicendo. matrem ergo is, de quo dico, Agrippinae viduam reliquit, probam, honestam, et de qua forsitan audacter dicere valeam, vere viduam. nam praeter ceteras castimoniae sapientiaeque virtutes est etiam fide nobilis, quae omnibus semper ornatibus ornamento est, quia sine hac nihil tam ornatum est, quod ornare possit. (6) haec ergo, ut audio, tantae illic inopiae atque egestatis est, ut ei nec residendi nec abeundi facultas suppetat, quia nihil est, quod vel ad victum vel ad fugam opituletur. solum est, quod mercennario opere victum quaeritans uxoribus barbarorum locaticias manus subdit. ita, licet per dei misericordiam vinculis captivitatis exempta sit, cum iam non serviat condicione, servit paupertate. (7) haec igitur habere me hic nonnullorum sanctorum gratiam non falso suspicans, nec enim nego, ne negator gratiae ingratus fiam, sed plane sicut habere me eam non nego, ita non mereri me certo scio, in tantum ut, etiamsi est aliqua in me illa, ego tamen illius causa non sim, quia si qua est in me gratia, ob eos, ni fallor, maxime data est, quorum intererat ut gratus essem: ut verendum forsitan mihi ne sit negans his, quod propter eos cepi, non tam meam rem his negare videar quam ipsorum, haec igitur aut id quod est aut plus quam est in me esse existimans misit ad me hunc, quem ad vos ego, <sperans> fore ut agente me et adnitente amicorum meorum gratia propinquorum meorum esset auxilium. (8) feci ergo id, quod rogatus sum, sed tamen parce et apud paucos, ne gratia ipsa ingrate uterer. commendavi hunc aliis, commendo vobis, licet non aeque aliis ut vobis: primum, quia commendari satis vobis eum, qui est meus, ita ut ipsum me non necesse est; deinde, quia cum me portionem vestri existimetis, necesse est eum, qui mei portio est, vestri quoque aliquatenus portionem esse ducatis; postremo, quod commendatio ipsa sicut diversi generis, ita etiam excellentioris est caritatis. (9) aliis enim commendavi hunc corpore, vobis spiritu, aliis in emolumenta praesentium, vobis in spem futurorum, aliis ob brevia atque terrena, vobis ob sempiterna atque divina. et recte, ut, quia carnalia vobis minus quam spiritalia bona suppetunt, illa ergo magis a vobis peterem, quibus vos magis abundatis. (10) suscipite, ergo, quaeso, hunc ut mea viscera et quantum in vobis est vestra facite, inlicite et adhortamini, docete, instituite, formate, gignite. Christi domini nostri misericordia tribuat, ut quia ei id magis expedit, qui nunc propinquus meus est et ceterorum, vester esse incipiat potius quam suorum. (11) admittite, quaeso, hunc in illas beatas ac sempiternas domus, recipite in sacra horrea, aperite caelestes thesauros, et ita agite ac pergite, ut dum hunc in thesaurum vestrum conditis, partem thesaurorum ipsorum esse faciatis. potens est illa ineffabilis dei pietas, ut dum eum in consortium spiritalium bonorum adoptatis, divitias, quas in ipsum effunditis, per ipsum augeatis. et sane, si quid in ipso est bonae indolis, non magnae vobis difficultati spes eius ac salus esse debebit: etiamsi nihil ex vobis audiat, sufficere ei hoc ipsum convenit, quod vos videt.

Valete.

NOTES

The letter lacks a salutation, but presumably had an address of the form *Ad monachos Lerinenses.*

mercennario opere: Cf. Constantius, *Vita Germani,* 31, where, in the Alps, Germanus of Auxerre encountered some Italian artisans returning home *ex opere mercennario* (from hired labor).

locaticias: "Hired out." A rare word that appears in Sidonius (*Epist.* 6.8.1), "mercennariis prosecutionibus et locaticia fatigatione," applied to Amantius (chap. 2).

CHAPTER 6

Elite Women: Roman Aristocrats and Barbarian Queens

Assertive Roman and barbarian women were able to enjoy various kinds of self-expression during Late Antiquity. For Roman women, the church offered opportunities for charitable activities.

6.1 A model woman of Marseille. *CIL* 12:481 = Riese and Buecheler, *Anthologia latina* 2.2:690–91, no. 1447. Fifth century?

The traditional virtues expected of aristocratic women are exemplified by the elegaic epitaph of Eugenia, a woman of Marseille.

+NOBILIS EVGENIA PRAECLARI SANGVINIS ORTV
QVAE MERETIS VIVIT, HIC TOMOLATA[1] IACIT.
EXVIT OCCVMBENS ONEROSO CORPORE VITAM
QVO MELIVS SVPERAS POSSIT ADIRE DOMOS.
QVAE PRVDENS ANEMIS[2] PERMANSIT PONDERE MORVM
PROVIDA LAVDANDVM SEMPER ELEGIT OPVS.
PASCERE IEIVNOS GAVDENS FESTINA CVCVRRIT
ESVRIENS[3] EPVLAS, O PARADISE, TVAS.
CAPTIVOS OPIBVS VINCLIS LAXAVIT INIQVIS
ET PVLSOS TERRIS REDDEDIT ILLA SVIS.
MENS INTENTA BONIS TOTO CVI TEMPORE VITAE
ACTIBVS EGREGIIS VNICA CVRA FVIT.

1. I.e., *TVMVLATA*.
2. Sc. *ANIMIS*.
3. Some read *EXAVRIENS*.

QVAM SVBOLIS[4] LABSAM[5] BES[6] SENIS INCLITA LVSTRIS.
CONDEDIT NIC[7] LACREMIS AVI[a maesta] PIIS.

NOTES

CVRA: Conjectured from readings of *CARA, CASTA,* and *SANCTA.*

bis senis . . . lustris: That is, "twice six five-year periods," i.e., sixty years.

AVI . . . : The stone now reads only *AVI . . . PIIS.* At least the restoration scans correctly.

2 A model woman of Vienne. *CIL* 12:2090. A.D. 531 or 546.

Dulcitia of Vienne portrayed similar virtues.

IN HOC TOMOLO QVIESCIT IN PACE
BONAE MEMORIAE FAMOLA DEI
DVLCITIA SANC(ta) MOREBVS OPTIMIS
VOLONTATE DIFF[u]SA CHARITATE
LARGISSIMA QVAE VIXIT PLVS
MENVS ANN XXXV.OBIIT
IN PACE NON.KAL.MAIAS
X/////P.C BASILI.V.C.CONS.
INDICTIONE QVARTA DECIMA

NOTES

famola dei: The designation *famula dei* (servant of God) suggests that Dulcitia may have been a religious.

plus menus: "More or less"; whoever put up the epitaph was not even sure how old Dulcitia was.

Basili v.c. cons.: The consulate of Basilius was in 508, and subsequent indiction cycles began in 517, 532, and 547. The only fourteenth indictions that occurred a number of years after 508 that began with the number X were in 531 (XXIIII) and 546 (XXXVIIII).

3 Attica's embellishment. G. de Rossi, ed., *Inscriptiones Christianae urbis Romae septimo saeculo antiquiores* (Rome: Libraria Pontificia, 1857–88), 2.151, no. 25. The inscription is known only from a manuscript copy. A.D. 460s?

Attica, the wife of the patrician and praetorian prefect of Gaul circa 469/470 Magnus Felix, contributed to work done in the church of St-Lawrence-in-Damaso in Rome.

---

4. Sc. *SVBOLES.*

5. Sc. *LAPSAM,* perhaps in the sense of *orbatam.*

6. Sc. *BIS.*

7. Sc. *HIC.*

QVISQVIS PLENA DÕ MYSTERIA MENTE RIQVIRIS[8]
HVC ACCEDE DOMVS RELIGIOSA PAT&
HAEC SVNT TECTA PIO SEMPER DEVOTA TIMORI
AVDITVMQ. DS̃ COMMODAT HIC PC̃IBVS
ERGO LA&IFEROS PROPERA CONPESCERE[9] SENSVS
IAM OPERA SACRAS LA&VS ADIRE FORES
VT TRANSACTA QVAEAS[10] DEPONERE CRIMINA VITES
ET QVICQVID SCELERVM NOXIVS ERROR HAB&
ATTICA FELICIS MAGNI CLARISSIMA CONIVNX
SVMPTIBVS HOC PROPRIIS AEDIFICAVIT OPVS.

NOTE

The abbreviation *&* stood for *et,* even in the middle of words.

Rendered more readable:

Quisquis plena domino mysteria mente requiris
huc accede domus religiosa patet
Haec sunt tecta pio semper devota timori
auditumque deus commodat hic precibus
Ergo laetiferos propera compescere sensus
iam opera sacras laetus adire fores
Ut transacta queas deponere crimina vites
et quicquid scelerum noxius error habet
Attica Felicis Magni clarissima coniunx
sumptibus hoc propriis aedificavit opus.

NOTE

clarissima: Roman women assumed the ranks of their husbands. Because the office of praetorian prefect carried the rank of *inlustris,* Attica presumably sponsored this work prior to her husband's holding of that office.

6.4 The lady and the tramp. Greg.Tur. *Hist.* 2.17: *MGH SRM* 1.1:64–65.

Another woman who indulged in church construction was the unnamed wife of the mid-fifth-century bishop Namatius of Clermont.

8. I.e., *REQUIRIS.*
9. I.e., *COMPESCERE.*
10. I.e., *QVEAS.*

Cuius coniunx basilicam sancti Stephani suburbano murorum aedificavit. quam cum fucis colorum adornare velit, tenebat librum in sinum suum, legens historias actionis antiquae, pictoribus indicans, quae in parietibus fingere deberent. factum est autem quadam die, ut, sedente ea in basilica ac legente, adveniret quidam pauper ad orationem, et aspiciens eam in veste nigra, senio iam provecta, putavit esse unam de egentibus protulitque quadram panis et posuit in sinu eius et abcessit. illa vero non dedignans munus pauperis, qui personam eius non intellexit, accepit et gratias egit reposuitque, hanc suis epulis anteponens et benedictionem ex ea singulis diebus sumens, donec expensa est.

NOTES

historias actionis antiquae: Presumably the Bible.

pictoribus: Cf. the *pictor* in passage 2.10.

.5 A papal petition. Gelasius, *Epist.* "Ad cumulum vero": *PL* 59:155. A.D. 492/496.

Pope Gelasius (492–96) attempted to pressure the aristocrat Firmina into granting to the Church of Rome estates that had been ravaged during the war between Odovacar and Theoderic the Ostrogoth between 489 and 493.

Gelasius Firminae illustri feminae.

Ad cumulum vero mercedis vestrae pertinere certissimum est, si praedia quae vel a barbaris vel a Romanis inconvenienter invasa sunt, vestris dispositionibus egentium victui reformentur. cuius tanta de provinciis diversis, quae bellorum clade vastatae sunt, Romam multitudo confluxit, ut vix ei, deo teste, sufficere valeamus. conspicitis ergo quantum boni operis acquiratis, si beato Petro apostolo praedia, quae pro sua quisque anima contulit, vestro post deum praesidio liberata reddantur. cuius benedictionis eulogias, quas pro affectione direxi, peto ut grata suscipere mente digneris.

NOTES

Firminae: Firmina may be the *femina inlustris* Firmina of Arles, a relative of Magnus Felix Ennodius, who was bishop of Pavia circa 514–21. Like Attica (passage 6.3), she would have received her illustrious rank through her husband, whose identity is unknown. Given that she was in charge of the property, he may well have been deceased.

cuius tanta: Read *quorum,* which apparently has been made singular by attraction to *multitudo.*

6.6 Feeding the fish. Eugippius, *Vita Severini* (Life of Severinus) 3: Mauriz Schuster, *Eugippius. Leben des heiligen Severin* (Vienna, 1946), 26–28 (with German translation); *MGH AA* 1.8; *PL* 62.1167–1200. A.D. 480s.

In the 480s, life on the Danube frontier was difficult. During a time of famine, St. Severinus of Noricum berated the noblewoman Procula for hoarding food and encouraged her to exhibit more appropriate behavior.

Eodem tempore civitatem nomine Favianis saeva fames oppresserat, cuius habitatores unicum sibi remedium affore crediderunt, si ex supra dicto oppido Comagenis hominem dei religiosis precibus invitarent. quos ille ad se venire praenoscens a domino ut cum eis pergeret commonetur. quo cum venisset, coepit civibus suadere dicens, "paenitentiae fructibus poteritis a tanta famis pernicie liberari." qui cum talibus proficerent institutis, beatissimus Severinus divina revelatione cognovit quandam viduam, nomine Proculam, fruges plurimas occultasse. quam productam in medium arguit vehementer, "cur," inquit, "nobilissimis orta natalibus cupiditatis te praebes ancillam et exstas avaritiae mancipium, quae est docente apostolo servitus idolorum? ecce domino famulis suis misericorditer consulente tu quid de male paratis[11] facias non habebis, nisi forte frumenta dure negata in Danuvii fluenta proiciens humanitatem piscibus exhibeas, quam hominibus denegasti. quam ob rem subveni tibi potius quam pauperibus ex his quae adhuc te aestimas, Christo esuriente, reservare!"[12] quibus auditis magno mulier pavore perterrita coepit servata libenter erogare pauperibus.

6.7 Orchestrating an episcopal election. Greg.Tur. *Hist.* 3.2: *MGH SRM* 1.1:98. A.D. 515.

Two aristocratic women of Clermont, Alcima and Placidina, brought to bear some pressure politics of their own to ensure the selection of a relative as bishop.

Cumque populus sanctum Quintianum, qui de Rutino eiectus fuerat, elegisset, Alchima et Placidina, uxor sororque Apollinaris, ad sanctum Quintianum venientes dicunt, "sufficiat, domne sancte,

11. Or *partis.*

12. Or *servare.*

senectuti tuae, quod es episcopus ordinatus." "permittat," inquiunt, "pietas tua servo tuo Apollinari locum huius honoris adipisci. ille vero cum ad hunc apicem ascenderit, sicut tibi placitum fuerit obsequitur; tu quoque imperabis, et ille tuae parebit in omnibus iussioni; tantum ut humili suggestioni nostrae aurem benignitatis accommodis." quibus ille, "quid ego," inquit, "praestabo, cuius potestati nihil est subditum? sufficit enim, ut oratione vacans cotidianum mihi victum praestet ecclesia." illae autem haec audientes, Apollinarem ad regem dirigunt. qui abiens, oblatis multis muneribus, in episcopatu successit; quod quattuor abutens mensibus, migravit a saeculo. cum autem hoc Theuderico nuntiatum fuisset, iussit ibi sanctum Quintianum constitui.

NOTES

Quintianum: Quintianus was an African exile who had been expelled from Rodez by the Visigoths for plotting to turn the city over to the Franks. He took refuge at Clermont, where he became a "bishop without portfolio."

Apollinaris: Son of Sidonius Apollinaris, sister of Alcima, and husband of Placidina.

Theudorico: The Frankish king Theoderic I (511–34).

5.8 Another instant martyr. Greg.Tur. *Glor.mart.* 64: *MGH SRM* 1.2:81–82. A.D. 515.

Once Apollinaris had been elected, Alcima and Placidina then hastily proceeded to sponsor the construction of a church for a previously unappreciated Arvernian martyr.

Antolianus autem martyr apud urbem Arvernam martyrium comsummavit. in cuius honore Alchima soror et Placidina coniunx Apollinaris episcopi templum aedificare cupientes, multa sanctorum corpora, dum fundamenta iacerent, removerunt, nescientes cuius meriti essent quorum sepulchra reppererant: quae cum viritim sepelire propter aliorum sepulchrorum multitudinem qui locum illum ab antiquo repleverant non haberent, congregatam ossium massam in unam proicientes fossam humo operuerunt: ideoque, quod deo vel sancto martyri acceptabile non fuisset, per visum cuidam apparuit, viditque homo ille conquerentem beatum Antolianum cum reliquis sanctis, atque dicentem, "vae mihi, quia propter me multi fratrum meorum iniuriati sunt: verumtamen dico, quia qui haec coeperunt, ad effectum perducere non possunt." quod ita gestum est. erectis tamen parietibus super altare aedis illius turrem a columnis pariis[13] heracliisque transvolutis arcubus erexerunt, miram camerae fucorum diversitatibus imaginatam adhibentes picturam. nam ita fuit hoc opus elegans et subtile, ut per longa tempora rimarum frequentatione divisum paene in ruinam pendere videretur. quod periculum Avitus pontifex cernens, anticipans futuram columnarum stragem, iussit tigna asseresque vel tegulas amoveri, quibus submotis nec adiutoriis columnis appositis, nutu dei, discedentibus de machina structoribus ut cibum caperent, recedentibusque et reliquis a basilica, dato columnae immenso pondere, cum magno sonitu super altare et circa altare diruerunt, conpletaque est aedes nebula de effracti calcis pulvere . . .

NOTES

Antoliani: Antolianus was martyred at Clermont by the Alamanni in A.D. 253.

pariis heracliisque: Parian marble came from Parium in Greece; Heraclean stone from Heraclea in Lydia.

picturam: Cf. passage 6.4 above.

Avitus: Bishop of Clermont circa 571–600.

6.9 Choosing the wrong side. Greg.Tur. *Hist.* 3.9, 12: *MGH SRM* 1.1:106–8. A.D. 532.

Subsequently, Placidina's son Arcadius chose the wrong side in some Frankish factional fighting, and the family suffered the consequences.

(9) Arcadius quoque, unus ex senatoribus Arvernis, Childebertum invitat ut regionem illam deberet accipere . . . (12) Theodericus vero cum exercitu Arverno veniens, totam regionem devastat ac proterit. interea Arcadius sceleris illius auctor, eius[14] ignavia regio devastata est, Bituricas urbem petiit. erat autem tunc temporis urbs illa in regno Childeberti regis. Placidina vero, mater eius, et Alcima, soror patris eius, conprehensae apud Cadurcum urbem, rebus ablatis exilio condemnatae sunt.

NOTES

Childebertum: King of the Franks, 511–58; brother of Theoderic.

Bituricas: Bourges.

Cadurcum: Cahors.

13. Ms. *pharis.*

14. Sc. *cuius.*

10 Susanna loses her cool. Greg.Tur. *Hist.* 4.36: *MGH SRM* 1.1:168–69. Ca. A.D. 573.

Bishop Nicetius of Lyon, a relative of Gregory of Tours, was succeeded by Priscus. The latter's wife, Susanna, came under fire from Gregory.

> Igitur Priscus episcopus, qui ei successerat, cum coniuge sua Susanna coepit persequi ac interficere multos de his quos vir dei familiares habuerat, non culpa aliqua victos, non in crimine conprobatos, non furto deprehensos, tantum inflammante malitia, invidus, cur ei fideles fuissent. declamabat multa blasphemia ipse cum coniuge de sancto dei, et cum diu multoque tempore observatum fuisset ab anterioribus pontificibus, ut mulier domum non ingrederetur ecclesiae, haec cum puellis etiam in cellula, in qua vir beatus quieverat, introibat. sed pro his commota tandem divina maiestas ulta est in familia Prisci episcopi. nam coniunx eius daemone arrepta, dimissis crinibus per totam urbem insana vexabatur, et sanctum dei, quem sana negaverat, amicum Christi confessa, ut sibi parceret, declamabat. episcopus ille a typo quartano correptus, tremorem incurrit. nam cum typus ille recessisset, hic semper tremens habebatur ac stupidus. filius quoque omnisque familia decolor esse videbatur ac stupida, ut nulli sit dubium, eos a sancti viri virtute percussos.

NOTES

domum . . . ecclesiae: The rectory.

a typo quartano: A "fourth-class" fever; also known as the *quartana febris,* the "quartan ague."

11 Queen Caretena. *CIL* 13:2372 = E. Diehl, ed., *Inscriptiones Latinae Christianae veteres* (Berlin: Weidmann, 1925), no. 46 = *MGH AA* 6.2:185 = Buecheler, *Anthologia latina* 2.2:640–41, no. 1365. A.D. 506. From the Codex Parisinus Latinus 2832 (Paris).

The epitaph of the energetic Burgundian queen Caretena detailed her many virtues:

> SCEPTRORVM[15] COLVMEN TERRAE DECVS ET IVBAR ORBIS

15. I.e., *SCEPTORUM.*

HOC ARTVS TVMVLO VVLT CARETEN<a>E TEGI
QVA<m> FAMVLAM TV CHRISTE TVAM RERVMQVE POTENTEM
DE MVNDI REGNIS AD TVA REGNA VOCAS
THESAVRVM DITEM FELICI FINE SECVTAM
FOTIS PAVPERIBVS QVEM DEDIT ILLA DEO
IAM DVDVM CASTVM CASTIGANS ASPERA CORPVS
DELITVIT VESTIS MVRICE SUB RVTILO
OCCVLVIT LAETO IEIVNIA SOBRIA VVLTV
SECRETEQVE DEDIT REGIA MEMBRA CRVCI
PRINCIPES EXCELSI CVRAS PARTITA MARITI
ADIVNCTO REXIT CVLMINA CONSILIO
PR<a>ECLARAM SVBOLEM[16] DVLCESQVE GAVISA NEPOTES
AD VERAM DOCTOS SOLLICITARE FIDEM
DOTIBVS HIS POLLENS SVBLIMI MENTE SVBIRE
NON SPREVIT SACRVM POST DIADEMA IVGVM
CEDAT ODORIFERIS QVONDAM DOMINATA SABAEIS
EXPETIIT MIRVM QVAE SALOMONIS OPVS
CONDIDIT HAEC TEMPLVM PR<a>ESENS QVOD PERSONAT ORBE
ANGELICISQVE DEDIT LIMINA CELSA CHORIS
LAXATVRA REOS REGI QVAS SEPAE[17] FEREBAT
HAS OFFERRE PRECES NVNC TIBI CHRISTE POTEST
QVAM CVM POST DECIMVM RAPVIT MORS INVIDA LVSTRVM
ACCEPIT MELIOR TVM SINE FINE DIES
IAMQVE BIS OCTONA SEPTEMBREM LVCE MOVEBAT
NOMEN MESSALAE CONSVLIS ANNVS AGENS.

NOTES

PRINCIPES: I.e., *PRINCIPIS;* Caretena's husband was Gundobad (ca. 473–516) (see the next passage).

OPVS SALOMONIS: I.e., the church she built was akin to the Temple of Solomon in Jerusalem.

SABAEIS: Saba was a source of Frankincense in Arabia.

---

16. I.e., *SOBOLEM.*
17. I.e., *QVOS SAEPE.*

12 Queen and bishop. *Vita Marcelli* (Life of Marcellus), 9: François Dolbeau, "La vie en prose de saint Marcel, évêque de Die. Histoire du texte et édition critique," *Francia* 11 (1983): 124.[18] Ca. A.D. 473/506.

A passage from the *Vita Marcelli* ("The Life of Marcellus," bishop of Die) relates an incident involving Queen Caretena and her husband, the Burgundian king Gundobad.

(9) nec illud tamen arbitror quodam debere silentio praetire quod in Lugdunensi urbe gestum esse tenax memoria fideli recordatione perdocuit. itaque dum regina Burgundionum nomine Carathena in honorem beati archangeli Michaelis basilicam miro opere fabricasset et ad dedicandum sacratissimum locum multorum invitasset praesentiam sacerdotum, cum quibus et beatus Marcellus antistes pro sui reverentia principalis inter ceteros affuit, qui memoratae reginae pro cultu religionis virtutum claritate notissimus specialisque patronus peculiaris in Christo habebatur, celebrato sollemnitatis cultu, non omisit aliqua agere pro civibus de immunitate publicae functionis in urbe qua praeerat pro relevatione civium in remedio civitatis, nisi ut per christianam principis comparem ad aures Gundebaudi regis sancti viri suggestio perveniret. cumque durus eius animus ad praestandum beneficium minime precatu coniugis flecteretur, sanctus vir ad praesentiam eius valedicturus adveniens, sub familiari conlocutione proprio sermone preces quas prius intimaverat auribus summae potestatis inseruit. ad quod ille nequaquam verbis supplicibus acquiescens, fidus de dei misericordia sanctus pontifex, quod ille necdum praestiterat, posse se a deo suo obtinere non tacuit.

NOTES

Lugdunensi urbe: Lyon.

publicae functionis: Taxes.

conparem: I.e., *compar;* wife or consort, that is, Caretena.

13 A case of treason. Sid.Apoll. *Epist.* 5.7.7: C. Leutjohann, ed., *MGH AA* 8:82–83. Ca. A.D. 470.

Sidonius Apollinaris put another Burgundian queen, whose name is

18. See also G. Kirner, "Due vite inedite de s. Marcello vescovo di Die," *Studi storici* 9 (1900): 289–327.

unknown, and her husband, King Chilperic, into the context of the heroic Roman past when he reported to his uncle Thaumastus that another uncle had been cleared of a charge of sedition.

Sidonius Thaumasto suo salutem.
. . . (7) sane, quod principaliter medetur afflictis, temperat Lucumonem nostrum Tanaquil sua et aures mariti virosa susurronum faece completas opportunitate salsi sermonis eruderat. cuius studio [factum] scire vos par est nihil interim quieti fratrum communium apud animum communis patroni iuniorum Cibyratarum venena nocuisse neque quicquam deo propitiante nocitura, si modo, quamdiu praesens potestas Lugdunensem Germaniam regit, nostrum suumque Germanicum praesens Agrippina moderetur.
Vale.

NOTES

Tanaquil: The wife of the Etruscan king Tarquinius Priscus (ca. 651–571 B.C.), who also was known as Lucumo.

Cibyratarum: Tlepolemos and Hieron, two brothers from Cibyra in Asia Minor, helped the Roman governor Verres plunder Sicily in the years 73–71 B.C.

Agrippina: The daughter of the emperor Augustus's lieutenant Agrippa; she accompanied her husband Germanicus, the adopted son of the emperor Tiberius, on his military campaigns.

Lugdunensis Germania: The province of Lugdunensis Prima, in which Lyon lay, now was ruled by Germans.

6.14 Queen Clotilde. Greg.Tur. *Hist.* 2.28–31: *MGH SRM* 1.1:73–78. Ca. A.D. 490–98.

One of the most active and able of barbarian queens was Clotilde, the daughter of Chilperic and the wife of Clovis, king of the Franks (481–511).[19] In several lengthy passages, Gregory of Tours described her activities, and in particular her role in the conversion of Clovis to Nicene Christianity. His story picks up as the Burgundian King Gundobad deals with the children of his murdered brother Chilperic:

(28) . . . huius duas filias exilio condemnavit, quarum senior mutata veste Crona, iunior Chlotchildis vocabatur. porro Chlodovechus,

---

19. A derivative ninth- or tenth-century *vita* survives for Clotilde (*MGH SRM* 2:341–48); for translation, see McNamara, *Sainted Women,* 38–50.

dum legationem in Burgundiam saepius mittit, Chlotchildis puella repperitur a legatis eius. qui cum eam vidissent elegantem atque sapientem, et cognovissent quod de regio esset genere, nuntiaverunt haec Chlodovecho regi. nec moratus ille ad Gundobadum legationem diriget, eam sibi in matrimonio petens. quod ille recusare metuens, tradidit eam viris, illique accipientes puellam, regi velocius representant. qua visa, rex valde gavisus, suo eam coniugio sociavit, habens iam de concubina filium nomine Theodericum.

(29) Igitur ex Chlotchilde regina habuit filium primogenitum. quem cum mulier baptismo consecrare vellet, praedicabat adsidue viro, dicens, "nihil sunt dii quos colitis, qui neque sibi neque aliis poterunt subvenire. sunt enim aut ex lapide aut ex ligno aut ex metallo aliquo sculpti. nomina vero quae eis indidistis homines fuere non dii, ut Saturnus, qui a filio, ne a regno depelleretur, per fugam elapsus adseritur, ut ipse Iovis omnium stuprorum spurcissimus perpetrator, incestator virorum, propinquarum derisor, qui nec ab ipsius sororis propriae potuit abstinere concubitu, ut ipsa ait, "Iovisque et soror et coniunx." quid Mars Mercuriusque potuere? qui potius sunt magicis artibus praediti, quam divini nominis potentiam habere. sed ille magis coli debet, qui caelum et terram, mare et omnia quae in eis sunt verbo ex non extantibus procreavit, qui solem lucere fecit et caelum stellis ornavit, qui aquas reptilibus, terras animantibus, aera volatilibus adimplevit, cuius nutu terrae frugibus, pomis arbores, uvis vineae decorantur, cuius manu genus humanum creatum est, cuius largitione ipsa illa creatura omnis homini suo, quem creavit, et obsequio et beneficio famulatur." sed cum haec regina diceret, nullatenus ad credendum regis animus movebatur, sed dicebat, "deorum nostrorum iussione cuncta creantur ac prodeunt, deus vero vester nihil posse manifestatur, et quod magis est, nec de deorum genere esse probatur." interea regina fidelis filium ad baptismum exhibet, adornare ecclesiam velis praecepit atque curtinis, quo facilius vel hoc mysterio provocaretur ad credendum, qui flecti praedicatione non poterat. baptizatus autem puer, quem Ingomerem vocitaverunt, in ipsis, sicut regeneratus fuerat, albis obiit. qua de causa commotus felle rex, non segniter increpabat reginam, dicens, "si in nomine deorum meorum puer fuisset dicatus, vixisset utique; nunc autem quia in nomine dei vestri baptizatus est, vivere omnino non potuit." ad haec regina, "deo," inquit, "omnipotenti, creatori omnium gratias ago, qui me non

usquequaque iudicavit indignam, ut de utero meo genitum regno suo dignaretur adscire. mihi autem dolore huius causae animus non attingitur, quia scio, in albis ab hoc mundo vocatus dei obtutibus nutriendus." post hunc vero genuit alium filium, quem baptizatum Chlodomerem vocavit, et hic cum aegrotare coepisset, dicebat rex, "non potest aliud, nisi et de hoc sicut et de fratre eius contingit, ut baptizatus in nomine Christi vestri protinus moriatur." sed orante matre, domino iubente convaluit.

(30) Regina vero non cessabat praedicare, ut deum verum cognosceret et idola neglegeret. sed nullo modo ad haec credenda poterat commoveri, donec tandem aliquando bellum contra Alamannos commoveretur, in quo compulsus est confiteri necessitate, quod prius voluntate negaverat. factum est autem, ut confligente utroque exercitu vehementer caederentur, atque exercitus Chlodovechi valde ad internecionem ruere coepit. quod ille videns, elevatis ad caelum oculis, compunctus corde, commotus in lacrimis, ait, "Iesu Christe, quem Chlotchildis praedicat esse filium dei vivi, qui dare auxilium laborantibus victoriamque in te sperantibus tribuere dignaris, tuae opis gloriam devotus efflagito, ut, si mihi victoriam super hos hostes indulseris, et expertus fuero illam virtutem, quam de te populos tuo nomine dicatus probasse praedicat, credam tibi et in nomine tuo baptizer" . . . cumque haec diceret, Alamanni terga vertentes, in fugam labi coeperunt. cumque regem suum cernerent interemptum, Chlodovechi se dicionibus subdunt dicentes, "ne amplius, quaesumus, pereat populus, iam tui sumus." at ille, prohibito bello, cohortato populo cum pace regressus, narravit reginae qualiter per invocationem nominis Christi victoriam meruit obtinere. actum anno quinto decimo regni sui.

(31) Tunc regina arcessire clam sanctum Remigium Remensis urbis episcopum iubet, deprecans, ut regi verbum salutis insinuaret. quem sacerdos arcessitum secretius coepit ei insinuare, ut deum verum, factorem caeli ac terrae crederet, idola neglegeret, quae neque sibi neque aliis prodesse possunt . . . rex ergo prior poposcit se a pontifice baptizari. procedit novus Constantinus ad lavacrum . . . igitur rex omnipotentem deum in trinitate confessus, baptizatus in nomine patris et filii et spiritus sancti delibutusque sacro chrismate cum signaculo crucis Christi. de exercitu vero eius baptizati sunt amplius tria milia. baptizata est et soror eius Albofledis, quae non post multum tempus migravit ad dominum . . . conversa est enim et

alia soror eius Lanthechildis nomine, quae in haeresim Arianorum dilapsa fuerat, quae confessa aequalem filium, patrem et spiritum sanctum, chrismata est.

NOTES

mutata veste: I.e., she entered the religious life.
Theodoricum: Later king of the Franks, 511–34.
Saturnus: For Saturn, see also selection 5.1 above.
chrismate: Annointing.

15 Greg.Tur. *Hist.* 2.43: *MGH SRM* 1.1:93–94. A.D. 511.
After Clovis's death in 511, Clotilde retired into the religious life.

His ita transactis, apud Parisios obiit,[20] sepultusque in basilicam sanctorum apostolorum, quam cum Chlotchilde regina ipse construxerat . . . Chlotchildis autem regina post mortem viri sui Toronus venit, ibique ad basilicam beati Martini deserviens, cum summa pudicitia atque benignitate in hoc loco commorata est omnibus diebus vitae suae, raro Parisiis visitans.

NOTE

in basilicam apostolorum: Later the church of St. Genovefa.

16 Greg.Tur. *Hist.* 3.6: *MGH SRM* 1.1:101–3. A.D. 524.
Clotilde vero then encouraged her sons to avenge the murder of her parents by the Burgundians.

Chlotchildis vero regina Chlodomerem vel reliquos filius suos adloquitur, dicens, "non me paeniteat, carissimi, vos dulciter enutrisse, indignate, quaeso, iniuriam meam et patris matrisque meae mortem sagaci studio vindicate." haec illi audientes, Burgundias petunt et contra Sigimundum vel fratrem eius Godomarum dirigunt . . . [Chlodomer killed Sigismund and his family; then Godomar was defeated, but Chlodomer was killed and his sons orphaned.] filios quoque eius [sc. Chlodomeris] Chlotchildis regina, exactis diebus luctus, secum recipit ac tenuit; quorum unus Theodovaldus, alter Guntharius, tertius Chlodovaldus vocabatur.

20. 29 November 511.

6.17 Greg.Tur. *Hist.* 3.18: *MGH SRM* 1.1:117–20. A.D. 524.

Subsequently, Clotilde's surviving sons plotted so that the sons of their dead brother would not inherit a share of the kingdom.

Dum autem Chlotchildis regina Parisiis moraretur, videns Childebertus quod mater sua filios Chlodomeris, quos supra memoravimus, unico affectu diligeret, invidia ductus ac metuens, ne favente regina admitterentur in regno, misit clam ad fratrem suum Chlothacarium regem, dicens, "mater nostra filios fratris nostri secum retinet et vult eos regno donari; debes velociter Parisiis adesse, et habito communi consilio, pertractare oportet, quid de his fieri debeat, utrum incisa caesariae ut reliqua plebs habeantur, an certe his interfectis regnum germani nostri inter nosmet ipsos aequalitate habita dividamur." . . . coniuncti autem miserunt ad reginam, quae tunc in ipsa urbe morabatur, dicentes, "dirige parvulos ad nos, ut sublimentur in regno." at illa gavisa, nesciens dolum illorum, dato pueris esu potuque, direxit eos, dicens, "non me puto amisisse filium, si vos videam in eius regno substitui." qui abeuntes, adprehensi sunt statim, ac separati a pueris et nutritoribus suis, custodiebantur utrique, seorsum pueri et seorsum hii parvuli. tunc Childebertus atque Chlothacarius miserunt Arcadium, cui supra meminimus, ad reginam cum forcipe evaginatoque gladio. qui veniens, ostendit reginae utraque, dicens, "voluntatem tuam, o gloriosissima regina, filii tui domini nostri expetunt, quid de pueris agendum censeas, utrum incisis crinibus eos vivere iubeas, an utrumque iugulare." at illa exterrita nuntio et nimium felle commota, praecipue cum gladium cerneret evaginatum ac forcipem, amaritudine praeventa, ignorans in ipso dolore quid diceret, ait simpliciter, "satius mihi enim est, si ad regnum non eriguntur, mortuos eos videre quam tonsos." at ille parum admirans dolorem eius, nec scrutans, quid deinceps plenius pertractaret, venit celeriter, nuntians ac dicens, "favente regina opus coeptum perficite; ipsa enim vult explere consilium vestrum." [The two boys then were murdered and their kingdom divided between Childebert and Chlothar.] regina vero, compositis corpusculis feretro, cum magno psallentio immensoque luctu usque ad basilicam sancti Petri prosecuta, utrumque pariter tumulavit. . . . Chlotchildis vero regina talem se tantumque exhibuit, ut ab omnibus honoraretur; adsidua in eleemosynis, pernox in vigiliis, in castitate atque omni honestate puram se semper exhibuit; praedia ecclesiis, monasteriis vel quibuscumque locis sanctis necessaria praevidit, larga ac prona voluntate distribuit, ut putaretur eo tempore non regina, sed propria dei ancilla ipsi sedulo deservire, quam non regnum filiorum, non ambitio saeculi nec facultas extulit ad ruinam, sed humilitas evexit ad gratiam.

NOTES

incisa caesariae: If their long hair was cut, the boys would lose their royal status.

esu: Food.

Arcadium: Arcadius was the son of Placidina and Sidonius Apollinaris's son Apollinaris. Given that both were natives of Clermont, Gregory would have had firsthand knowledge of the story.

forcipe: Scissors.

.18 Greg.Tur. *Hist.* 4.1: *MGH SRM* 1.1:135. A.D. 544.

Clotilde died in 544 and was buried at Paris in the church of St. Peter, the resting place of St. Genovefa, the most celebrated female saint of Gaul.

Igitur Chlotchildis regina, plena dierum bonisque operibus praedita, apud urbem Toronicam obiit tempore Iniuriosi episcopi. quae Parisiis cum magno psallentio deportata, in sacrario basilicae sancti Petri ad latus Chlodovechi regis sepulta est a filiis suis, Childeberto atque Chlothacario regibus. nam basilicam illam ipsa construxerat, in qua et Genovefa beatissima est sepulta.

.19 Queen Radegonde. Greg.Tur. *Hist.* 3.7: *MGH SRM* 1.1:105. Ca. A.D. 531–40.

Another able Frankish queen was the Thuringian princess Radegonde, who became the wife of Clotilde's son Chlothar circa 540.

Chlothacarius vero rediens Radegundem filiam Bertecharii regis secum captivam abduxit sibique eam in matrimonio sociavit, cuius fratrem postea iniuste per homines iniquos occidit. illa quoque ad deum conversa, mutata veste, monasterium sibi intra Pictaviensem urbem construxit. quae orationibus ieiuniis atque elymosiniis praedita, in tantum emicuit, ut magna in populis haberetur.

NOTES

Bertecharii: Bertecharius was the king of the Thuringians.

Pictaviensem urbem: Poitiers.

6.20 Greg.Tur. *Hist.* 9.40: *MGH SRM* 1.1:464–66. Ca. A.D. 570.

Radegonde enhanced the status of her convent by obtaining a fragment of the true cross; this caused trouble with the local bishop.

Tempore Chlothacarii regis, cum beata Radegundis hoc monasterium instituisset, semper subiecta et oboediens cum omni congregatione sua anterioribus fuit episcopis. tempore vero Sigiberti, postquam Maroveus episcopatum urbis adeptus est, acceptis epistulis Sigiberti regis, pro fide ac devotione Radegundis beata in partibus orientis clericos destinat pro dominicae crucis ligno ac sanctorum apostolorum ceterorumque martyrum reliquiis. qui euntes detulerunt haec pignora. quibus delatis, petiit regina episcopum, ut cum honore debito grandique psallentio in monasterium locarentur. sed ille dispiciens suggestionem eius, ascensis equitibus, villae se contulit. tunc regina iteratis ad regem Sigibertum direxit, depraecans, ut iniunctione sua quicumque ex episcopis haec pignora cum illo quo decebat honorem votumque eius exposcebat, in monasterium collocaret. ad hoc enim opus beatus Eufronius urbis Toronicae episcopus iniungitur. qui cum clericis suis Pictavo accedens, cum grandi psallentium et caereorum micantium ac thymiamatis apparatu sancta pignora, absente loci episcopo, in monasterium detulit. post haec, cum pontificis sui saepius gratiam quaereret, nec possit adipisci, necessitate commota, cum abbatissa sua, quam instituerat, Arelatensem urbem expetunt. de qua regulam sancti Caesarii atque Caesariae beatae susceptam, regis se tuitione munierunt, scilicet quia in illum, qui pastor esse debuerat, nullam curam defensionis suae potuerant repperire. ex hoc scandalum de die in diem propagatum, tempus migrationis beatae Radegundis advenit. qua migrante, iterum petiit abbatissa se sub sacerdotis sui potestate degere. quod ille cum primum respuere voluisset, consilio suorum promisit, se patrem earum, sicut dignum erat, fieri et, ubi necessitas fuisset, suam praebere defensionem. unde factum est, ut abiens ad Childebertum regem praeceptionem elicerit, ut ei hoc monasterium, sicut reliquas parochias, regulariter liceat gubernare. sed nescio quid credo adhuc in eius animis resedisset.

NOTES

Maroveus: Bishop of Poitiers.

abbatissa sua: Agnes (see the next selection).

Caesariae: Caesaria was the sister of Caesarius, bishop of Arles.

21 Greg.Tur. *Hist.* 9.42: *MGH SRM* 1.1:470–74. A.D. 589.

Endeavoring to protect the interests of her convent, Radegonde circulated a letter, signed in her own hand, to local bishops, which Gregory of Tours cited in full:

EXEMPLAR EPISTULAE.

Dominis sanctis et apostolica sede dignissimis in Christo patribus, omnibus episcopis Radegundis peccatrix.[21]

Congruae provisionis tunc roborabiliter ad effectum tendit exordium, cum generalibus patribus, medicis ac pastoribus ovilis sibi commissi causa auribus traditur, cuius sensibus commendatur; quorum participatio de caritate, consilium de potestate, suffragium de oratione ministrare poterit interventum. et quoniam olim vinclis laicalibus absoluta, divina providente et inspirante clementia, ad religionis normam visa sum voluntariae duce Christo translata, ac pronae mentis studio cogitans etiam de aliarum profectibus, ut, annuente domino, mea desideria efficerentur reliquis profutura, instituente atque remunerante praecellentissimo domno rege Chlothacario, monasterium puellarum Pictava urbe constitui, conditumque, quantum mihi munificentia regalis est largita, facta donatione, dotavi; insuper congregationem per me, Christo praestante, collectae, regulam, sub qua sancta Caesaria deguit, quam sollicitudo beati Caesarii antistitis Arelatensis ex institutione sanctorum patrum convenienter collegit, adscivi. cui, consentientibus beatissimis vel huius civitatis vel reliquis pontificibus, electione etiam nostrae congregationis, domnam et sororem mean Agnetem, quam ab ineunte aetate loco filiae colui et eduxi, abbatissam institui ac me post deum eius ordinatione regulariter oboedituram commisi. cuique, formam apostolicam observantes, tam ego quam sorores de substantia terrena quae possidere videbamur, factis cartis, tradidimus, metu Annaniae et Saffirae in monasterio positae, nihil proprium reservantes. sed quoniam incerta sunt humanae conditionis momenta vel tempora, quippe mundo in fine currente, cum aliqui magis propriae quam divinae cupiant voluntate servire, zelo ducta dei, hanc suggestionis meae paginam merito apostolatus vestri in Christi nomine supraestis[22] porrigo vel devota. et quia praesens non

21. Or *Pictavensis.*
22. Or *superaestis.*

valui, quasi vestris provoluta vestigiis, epistulae vicarietate prosternor, coniurans per patrem et filium et spiritum sanctum ac diem tremendi iudicii, sic repraesentatos vos, non tyrannus obpugnit, sed legitimus rex coronet, ut, si casu post meum obitum, si quaecumque persona, vel loci eiusdem pontifex, seu potestas principis, vel alius aliquis, quod nec fieri credimus, congregationem vel suasu malivolo vel impulsu iudiciario perturbare temptaverit, aut regulam frangere, seu abbatissam alteram quam sororem meam Agnetem, quam beatissimi Germani praesentibus suis fratribus benedictio consecravit, aut ipsa congregatio, quod fieri non potest, habita murmuratione, mutare contenderit, vel quasdam dominationes in monasterio vel rebus monasterii quaecumque persona vel pontifex loci, praeter quas antecessores episcopi aut alii, me superstite, habuerunt, novo privilegio quicumque affectare voluerit, aut extra regulam exinde egredi quis temptaverit, seu de rebus, quas in me praecellentissimus domnus Chlothacarius vel praecellentissimi domni reges, filii sui, contulerant et ego ex eius praeceptionis permisso monasterio tradidi possidendum et per auctoritates praecellentissimorum domnorum regum Chariberthi, Guntchramni, Chilperici et Sigiberti cum sacramenti interpositione et suarum manuum subscriptionibus obtinui confirmari, aut ex his quae alii pro animarum suarum remedio vel sorores ibidem de rebus propriis contulerunt, aliquis princeps aut pontifex aut potens aut de sororibus cuiuslibet personae aut minuere aut sibimet ad proprietatem revocare sacrilego voto contenderit, ita vestram sanctitatem successorumque vestrorum post deum pro mea supplicatione et Christi voluntate incurrat, ut, sicut praedones et spoliatores pauperum extra gratiam vestram habeantur. numquam de nostra regula vel de rebus monasterii, obsistentibus vobis, inminuere valeat aliquid aut mutare . . . et a nullo neque saepe dictam abbatissam nostram neque aliquid ad nostrum monasterium pertinentem molestari aut inquietari vel exinde imminui aut aliquid mutari permittat . . . illud quoque vos sanctos pontifices et praecellentissimos domnos reges et universum populum christianum coniuro per fidem catholicam, in qua baptizati estis et ecclesias conservatis, ut in basilica, quam in sanctae Mariae dominicae genetricis honore coepimus aedificare, ubi etiam multae sorores nostrae conditae sunt in requie, sive perfecta sive inperfecta, cum me deus de hac luce migrare praeceperit, corpusculum meum ibi debeat sepeliri . . . et ut haec supplicatio mea, quam manu propria subscripsi, ut in universalis ecclesiae archivo servetur, effusis cum lacrimis depraecor . . . quod cum dignanter servaveritis deposito, meritis participes, cuius impletis mandatum apostolicum, digne reparetis exemplum.

NOTES

Annaniae et Saffirae: Struck dead for withholding wealth dedicated to God (Acts 5:1–11).
vicarietate: Through the medium of.
tyrannus: The Devil.
Germani: Bishop of Paris.

22 Baudonivia, *De vita sanctae Radegundis, eiusdem virtutes* (Concerning the life of St. Radegonde; the virtues of the same individual): B. Krusch ed., *MGH SRM* 2:378–95. Ca. A.D. 600.

After Radegonde's death, an account of her life was written by Venantius Fortunatus, later bishop of Poitiers. Subsequently, Baudonivia, one of the nuns of the convent, added a second section to the biography. Some parts of this account give Baudonivia's version of some of the same events discussed by Gregory.

Dominabus sanctis meritorum gratia decoratis Dedimiae abbatissae vel omni congregationi gloriosi dominae Radegundis Baudonivia humilis omnium.

Iniungitis mihi opus agere non minus inpossibile "quam sit digito caelum tangere,"[23] ut de vita sanctae dominae Radegundis, quam obtime nostis, aliquid dicere praesumamus . . . quod in me hoc recognosco, quae sum pusillanimis, parvum habens intellegentiae eloquium, "quoniam, quantum doctis proloqui tantum indoctis utile fit tacere"[24] . . . non ea quae vir apostolicus Fortunatus episcopus de beatae vita composuit iteramus, sed ea quae prolixitate praetermisit, sicut ipse in libro suo disseruit, cum diceret, "de beatae virtutibus sufficiat exiguitas, ne fastidiatur ubertas, nec reputetur brevissimum, ubi de paucis agnoscitur amplitudo."[25] ergo, inspirante divina potentia, cui beata Radegundis placere studit in saeculo et cum quo regnat post saeculum, non polito, sed rustico temptamus de his quae gessit sermone appetere et de multis eius miraculis pauca conplectere . . .

23. Venantius Fortunatus, *Vita Hilarii Pictaviensis,* 2.
24. Venantius Fortunatus, *Vita Marcelli,* 1.
25. Venantius Fortunatus, *Vita Radegundis,* 39.

(5) . . . supradicta Radegundis, mens intenta ad Christum, Pictavis, inspirante et cooperante deo, monasterium sibi per ordinationem praecelsi regis Chlotarii construxit. quam fabricam vir apostolicus Pientius episcopus et Austrapius dux per ordinationem dominicam celeriter fecerunt; in quo monasterio sancta regina mundi falsa blandimenta respuens gaudensque ingressa est, ubi perfectionis ornamenta conquireret et magnam congregationem puellarum Christo numquam morituro sponso. quo electa abbatissa, etiam constituta, tam se quam sua omnia ei tradidit subdita potestate, et ex proprio iure nihil sibi reservans, ut curreret expedita post Christi vestigia et tanto sibi plus augeret in caelo, quanto magis subtraxisset de saeculo. mox etiam eius sancta conversatio coepit fervere in humilitatis conversatione, in caritatis ubertate, in castitatis lumine, in ieiuniorum pinguedine, et ita se toto amore caelesti tradidit sponso, ut deum mundo corde complectens, Christum in se habitatorem esse sentiret.
(6) sed invidus bonorum humani generis inimicus, cuius voluntatem, etiam dum in saeculo esset, facere abhorruit, eam persequi non cessavit, sicut iam per internuntios cognoverat, quod timebat, praecelsus rex cum filio suo praecellentissimo Sigiberto Turonis advenit quasi devotionis causa, quo facilius Pictavis accederet, ut suam reginam acciperet.
(7) quo cognito, beata Radegundis sacramentales fecit litteras sub contestatione divina viro apostolico domino Germano Parisius civitatis episcopo, qui tunc cum rege erat. quas per Proculum suum agentem secretius direxit cum exenio vel eologiis. at ubi eas relegit vir deo plenus, lacrimans prosternit se pedibus regis ante sepulchrum beati Martini cum contestatione divina, sicut ei in litteris fuerat intimatum ad Pictavis civitatem non accederet. sic rex amaritudine plenus intellegens, hoc petitionem esse beatae reginae, paenitentia ductus, malis consiliariis reputans seque indignum indicans, quod talem habere reginam diutius non meruisset, prosternit se et ille ante limina sancti Martini pedibus apostolici viri Germani, rogat, ut sic pro ipso veniam peteret beatae Radegundis, ut ei indulgeret, quod in eam per malos consiliarios peccaverat. unde ultio divina de praesenti in eos vindicavit: sicut Arrius, qui contra fidem catholicam certans, omnia intestina sua in secessu[26] dimisit, ita et de

26. Cf. Greg.Tur. *Hist.* 2.23, discussed in chapter 4.

istis evenit, qui contra beatam reginam egerunt. tunc rex timens dei iudicium, quia eius regina magis dei voluntatem fecerat quam suam, dum cum eo commorata fuerat, rogat eum celeriter illuc venire. sic vir apostolicus dominus Germanus Pictavis veniens, ingressus in monasterium, in oratorium dominae Mariae nomini dedicatum prosternit se ad sanctae reginae pedes, pro rege veniam poscens. illa vero gaudens se de saeculi faucibus ereptam, benigne indulget et se ad dei aptavit servitium. expedita iam sequi Christum, quocumque iret, quem semper dilexit, et animo devoto ad eum percurrit. talibus ergo rebus intenta, addito vigiliarum ordine, quasi carceris se sui corporis fecit pernoctando custodem. et cum esset aliis misericors, sibi iudex effecta est, reliquis pia, in se abstinendo severa, omnibus larga, sibi restricta, ut madefecta ieiuniis non sufficeret, nisi et de suo corpore triumpharet . . .

(16) post congregatas sanctorum reliquias, si fieri potuisset, ipsum dominum de sede maiestatis suae visibiliter hic habitare expetisset. quamquam eum carnalis oculus non intueretur, spiritalis mens intenta sedulis precibus contemplabatur. sed quia dominus "non privabit bonis eos qui ambulant in innocentiam,"[27] et qui eum ex toto corde et ex tota anima et ex tota mente quaesierit, sicut haec beata fecit, divina clementia se benignam exhibuit eique in sensu posuit, in cuius pectore die noctuque requiescebat, ut sicut beata Helena sapientia inbuta, timore dei plena, bonis operibus gloriosa lignum salutare, ubi precium mundi pro nostra salute appensum fuerat, ut nos de potestate diaboli eriperet, ita ut invento ambabus manibus plauderet et, in terra genu flexo, dominum adoraret, ubi ipsam in mortuo suscitato dominicam crucem suprapositam agnovit, dicens: "In veritate tu es Christus, filius dei, qui in mundum venisti tuosque captivos, quos creasti, precioso sanguine redemisti." quod fecit illa in orientali patria, hoc fecit beata Radegundis in Gallia. et quia sine consilio, in mundo dum vixit, nihil facere voluit, transmisit litteras ad praecellentissimum domnum Sigibertum regem, cuius imperio patria ista regebatur, ut ei permitteret pro totius patriae salute et eius regni stabilitate lignum crucis domni ab imperatore expetere. quod ille benignissime ad petitionem sanctae reginae adsensum praebuit. illa devotione plena, desiderio accensa, ad imperatorem non munera dirigit, quae se propter deum pau-

27. Ps. 83:13.

perem fecit; sed oratione obtinente, comitatu sanctorum, quos incessabiliter invocabat, missos suos direxit. sed quod sua vota poscebant obtinuit, ut beatum lignum crucis domini ex auro et gemmis ornatum et multas sanctorum reliquias, quas Oriens retinebat, uno residens loco se habere gloriata est. ad petitionem sanctae transmisit imperator legatarios cum evangeliis ex auro et gemmis ornatis. at ubi lignum, ubi salus mundi pependerat, Pictavis civitatem cum congragatione sanctorum advenit, et pontifex loci cum omni populo devote hoc vellet excipere, inimicus humani generis per satellites suos egit, ut precium mundi repellerent nec in civitatem recipere vellent, qualiter beata Radegundis tribulationibus subiaceret, aliud pro alio adserentes Iudaico ordine, quod nostrum non est disserere. ipsi viderint; dominus novit qui sunt eius. sed illa, spiritu fervente, animo dimicante, iterum ad benignissimum regem dirigit, quia in civitatem salutem recipere noluerunt. interim quod missi sui de domno rege reverterentur, in Turonico suo in monasterio virorum quod condidit, ut et ipsum salvaret, ibi cum psallentio sacerdotum crucem domini vel pignora sanctorum commendavit. non minorem iniuriam est passa sancta crux per invidiam, quam dominus, qui per cursorem fidelem vocatus et revocatus ante praesides et iudices, omnem maliciam pacienter sustinuit, ut quod creaverat ne periret. in quanto se cruciatu posuit, in ieiuniis, in vigiliis, et profusione lacrimarum, tota congregatio sua in luctu et fletu omnibus diebus, usquequo respexit dominus humilitatem ancillae suae, qui dedit in corde regis, ut faceret iudicium et iustitiam in medio populi? sic devotus rex per fidelem suum virum inlustrem Iustinum comitem transmisit ad virum apostolicum dominum Eufronium Turonicae civitatis episcopum, ut cum honore digno gloriosam crucem domini vel sanctorum reliquias in monasterio dominae Radegundis introponeret, quod et factum est. exultavit in gaudio beata cum omni cella sua seque hoc de caelis donum bonum et datum perfectum suae congregationi, quam ad domini servitium congregavit, contulit, in spiritu sentiens, quod post eius transitum parvum habere possent. quamquam illa cum rege caeli gloriaret, unde eis subvenire posset, hoc donum caeleste provitrix obtima, gubernatrix bona, ut oves non usquequaque relinqueret, precium mundi de pignore Christi, quam de longinqua regione expetiit, ad honorem loci et salvationem populi suo in monasterio dimisit. ubi, virtute dei cooperante, potentia caeli ministrante, caecorum oculi lumen recipiunt, aures surdae patefiunt, mutorum lingua ad suum redit offitium, claudi ambulant, daemones effugantur. quid plura? quisquis a quacumque infirmitate detentus ex fide venerit, per virtutem sanctae crucis sanus redit. quis queat dicere, quantum et quale donum huic urbi beata contulit? unde, quisquis ex fide vivit, eius nomini benedicit. praecellentissimis enim dominis regibus et serenissimae dominae Brunichildi reginae, quos caro dilexit affectu, et sacrosanctis ecclesiis vel pontificibus eorum cum contestatione divina suum commendavit monasterium.

NOTES

dominabus: The *-abus* ending is occasionally used to specify feminine gender in first declension nouns.

obtime: Sc. *optime.*

invidus . . . inimicus: Satan.

Parisius, Pictavis: The grammar of the place-names is irregular.

provitrix: Or *provisatrix;* a neologism, it seems. See Isabel Moreira, "*Provisatrix optima:* St. Radegund of Poitiers' Relic Petitions to the East," *Journal of Medieval History* 19 (1993): 285–306.

exenio: I.e., gifts.

eologiis: I.e., *eulogiis,* "fine words."

23 Venantius Fortunatus, "Vexilla regis prodeunt" (The king's advancing banners wave): F. J. E. Raby, ed., *The Oxford Book of Medieval Latin Verse* (Oxford: Clarendon Press, 1959), 75–76. Ca. A.D. 580.

Venantius Fortunatus also wrote a poem, "Vexilla regis prodeunt," in honor of the reception of the fragment of the true cross at Poitiers. This poem has been incorporated into the liturgy of many modern-day Christian communities. It is written in four-line iambic tetrameter couplets. Unlike the poem of Auspicius in chapter 1, Venantius's poem does use elision.

Vexilla regis prodeunt,
  fulget crucis mysterium,
  quo carne carnis conditor
  suspensus est patibulo.
Confixa clavis viscera
  tendens manus, vestigia,
  redemptionis gratia
  hic immolata est hostia.
Quo vulneratus insuper
  mucrone diro lancea,

ut nos lavaret crimine,
manavit unda et sanguine.
Impleta sunt quae concinit
David fideli carmine
dicendo nationibus:
regnavit a ligno Deus.
Arbor decora et fulgida,
ornata regis purpura,
electa digno stipite
tam sancta membra tangere.
Beata cuius bracchiis
pretium pependit saeculi,
statera facta est corporis
praedam tulitque tartari.
Fundis aroma cortice,
vincis sapore nectare,
iucunda fructu fertili
plaudis triumpho nobili.
Salve, are, salve, victima,
de passionis gloria,
qua vita mortem pertulit
et morte vitam reddidit.

NOTES

Note the regular use of rhyme.

pretium: The *i* must be pronounced as *j* for the line to scan.

CHAPTER 7

Inappropriate Activities: Leadership, Necromancy, and Rebellion

Persons in unprivileged social positions sometimes had to use unorthodox methods in order to express their opinions or pursue their ambitions. Women in particular, whose opportunities were restricted both legally and socially, sometimes found it necessary to break the bonds of convention.

7.1 Genovefa saves Paris. *Vita Genovefae* (Life of Genovefa), 12: B. Krusch, ed. *MGH SRM* 3:219. A.D. 451.

When the men in Paris were terrified by the approach of Attila the Hun, St. Genovefa organized the women of the city.

> (12) Exiente sono, Attila Chunorum regem sevitia superatum Gallia provincia coepisse vastare, terrore itaque perculsi Parisiorum cives, bona ac stipendia facultatum suarum in alias tutiores civitates deferre nitebantur. quorum matronas convocans Genovefa suadebat, ut ieiuniis et orationibus ac vigiliis insisterent, quatenus possint, sicut Iudith et Esther, superventura clade evadere. consentientes ergo Genovefae, dies aliquot in baptisterio vigilias exercentes, ieiuniis et orationibus, sicut Genovefa suasserat, deo vacaverunt. viris quoque earum idem suadebat, ne bona sua a Parisiis auferrent, nam illas civitates, quas esse tutiores credebant, gens irata vastaret, Parisius vero incontaminata ab inimicis, Christo protegente, salvandam, ut factum est, adserebat.

7.2 Deoteria takes charge. Greg.Tur. *Hist.* 3.22–23, 26–27: *MGH SRM* 1.1:122–24. Early 530s.

In the early 530s, the Frankish prince Theodebert demanded the surrender of the fortress of Cabrières, near Béziers, and the Roman aristocrat Deoteria effectively dealt with the problem.

(22) Erat autem ibidem tunc matrona Deoteria nomine, utilis valde atque sapiens, cuius vir apud Biterris urbem concesserat. quae mittens nuntios ad regem, dicens, "nullus tibi, domne piissimi, resistere potest. cognoscimus domnum nostrum: veni et quod bene placitum fuerit in oculis tuis facito." Theodebertus autem ad castrum veniens, cum pace ingressus est, subditumque sibi cernens populum, nihil ibi male gessit. Deoteria vero ad occursum eius venit, at ille speciosam eam cernens, amore eius capitur, suoque eam copulavit stratu. (23) . . . dum haec agerentur, nuntiatur Theodeberto patrem suum graviter aegrotare, et ad quem nisi velocius properaret, ut eum inveniret vivum, a patruis suis excluderetur et ultra illuc non rediret. at ille haec audiens, cuncta postposita, illuc dirigit, Deoteria cum filia sua Arverno relicta. cumque abisset, Theodericus non post multos dies obiit vicesimo tertio regni sui anno. consurgentes autem Childebertus et Chlothacarius contra Theodebertum, regnum eius auferre voluerunt; sed ille muneribus placatis a leudibus suis defensatus est et in regnum stabilitus. mittens postea Arvernum, Deoteriam exinde arcessivit eamque sibi in matrimonio sociavit.

[Subsequently, Deoteria became afraid that her daughter would catch the eye of Theodebert (534–48), who now was king]

(26) Deoteria vero cernens filiam suam valde adultam esse, timens, ne eam concupiscens rex sibi adsumeret, in basterna posita, indomitis bubus coniunctis, eam de ponte praecipitavit; quae in ipso flumine spiritum reddidit. hoc apud Virodunum civitatem actum est.

[Eventually, Theodebert had to make a choice]

(27) Cum iam septimus annus esset, quod Visigardem disponsatam haberet, et eam propter Deoteriam accipere nollet, coniuncti Franci contra eum valde scandalizabantur, quare sponsam suam relinqueret. tunc commotus, relicta Deoteria, de qua parvulum filium habebat Theodobaldum nomine, Visigardem duxit uxorem. quam nec multo tempore habens, defuncta illa, aliam accepit. verumtamen Deoteriam ultra non habuit.

NOTES

castrum: The full name of Béziers was *castrum Biterrense.*

vicesimo tertio . . . anno: A.D. 534.

basterna: An enclosed litter.

.3 Women as clerics. Licinius of Tours, Melanius of Rennes, Eustochius of Angers, *Epist.* "Viri venerabilis": L. Duchesne, "Lovocat et Catihern, prêtres bretons de temps de saint Melaine," *Revue de Bretagne et de Vendée* 7 (1885): 5–18 (with French translation); A. Jülicher, "Ein gallischen Bischofsschreiben des 6. Jahrhunderts als Zeuge für die Verfassung der Montanistenkirche," *Zeitschrift für Kirchengeschichte* 16 (1896): 664–71. Early sixth century. The letter survives only in a manuscript at Munich, the ninth-century Codex Monacensis Latinus 5508 ("M").

Some Gallic Christians, perhaps British refugees in Brittany, went so far as to permit women to participate in the Christian liturgy, which attracted the ire of several local bishops in the early sixth century.

Dominis beatissimis et in Christo fratribus Lovocato et Catiherno presbyteris, Licinius, Melanius et Eustochius episcopi.

Viri venerabilis Sparati[1] presbyteri relatione cognovimus quod gestantes[2] quasdam tabulas per diversorum civium vestrorum capanas circumferre non desinatis et missas, ibidem adhibitis mulieribus in sacrificio divino, quas conhospitas[3] nominastis, facere praesumatis, sic ut erogantibus vobis eucharistiam illae vobis positis calices teneant et sanguinem Christi populo administrare praesumant. cuius rei novitas et inaudita superstitio nos[4] non leviter contristavit, ut tam horrenda secta, quae intra Gallias numquam fuisse probatur, nostris temporibus videatur emergere, quam patres orientales Pepondianam[5] vocant, pro eo quod Pepondius[6] auctor huius scismatis fuerit,[7] et mulieres sibi in sacrificio consocias habere praesumpserint,[8] praecipientes ut quicumque huic errori voluerit

1. M; *Sperati:* Jülicher.
2. Edd.; *gestant ex:* M.
3. *cenhospitae:* Jülicher.
4. Edd.; *superstitionis non:* M.
5. D; *Pepodianam:* Jülicher.
6. M; *Pepodius:* Jülicher.
7. Jülicher suggests a lacuna here.
8. M; *praesumpserit:* Duchesne.

inhaerere, a communione ecclesiastica reddatur extraneus. qua de re caritatem vestram in Christi amore pro ecclesiae unitate et fidei catholicae societate[9] inprimis credidimus admonendam, obsecrantes ut cum ad vos[10] pervenerunt[11] paginae[12] litterarum, repentina[13] de praedictis rebus emendatio subsequatur;[14] id est de antedictis tabulis,[15] quas a presbyteris non dubitamus, ut dicitis, consecratas, et de mulieribus illis quas conhospitas dicitis, quae nuncupatio non sine quodam tremore[16] dicitur animi vel auditur, quod clerum infamat et sancta in religione tam detestandum nomen pudorem incutit et horrorem. idcirco, secundum statuta patrum, caritati vestrae praecipimus, ut non solum huiuscemodi mulierculae sacramenta divina pro inlicita administratione non polluant, sed etiam praeter matrem, aviam, sororem vel neptem intra tectum cellulae suae si quis ad cohabitandum habere voluerit, canonum sententia a sacrosanctae liminibus ecclesiae arceatur. convenit itaque vobis,[17] fratres karissimi, ut si ita est ut ad nos de supradicto provenit[18] negotio, emendationem celerrimam[19] exhibere, quia pro salute animarum et pro aedificatione populi res ab ecclesiastico ordine tam turpiter depravatas velociter expedit emendare, ut nec vos pertinacitas[20] huius obstinationis ad maiorem confusionem exhibeat, nec nobis necesse sit cum virga ad vos venire apostolica,[21] si caritatem renuitis, et tradere Satanae in interitu carnis, ut spiritus possit salvari. hoc est tradere Satanae: cum ab ecclesiastico grege pro crimine suo quisquis fuerit separatus, non dubitet se a daemonibus tamquam lupis rapacibus devorandum. similiter et evangelica commonemur sententia,[22] ubi ait, "si nos nostra scandaliza-

9. A word is lost through a tear in the manuscript. Duchesne suggests *societate;* Jülicher *integritate.*

10. *nostra: addit* Duchesne.

11. M; *pervenerit:* Duchesne.

12. Jülicher; *pagina:* Duchesne.

13. Edd.; *repetinam:* M.

14. Edd.; *subsecuta:* M.

15. Edd.; *ut antedictas tabulas:* M.

16. Edd.; *primo:* M.

17. *nobis:* M; *vobis:* Duchesne; *vos:* Jülicher.

18. M; *pervenit:* Duchesne.

19. Edd.; *celeberrimam:* M.

20. Edd.; *protenacitas:* M.

21. Cf. 1 Cor. 4.21.

22. Edd.; *evangelicam . . . sententiam:* M.

verint membra,[23] quicumque in[24] ecclesia catholica[25] heresim intromitti, ideo facilius est ut unum membrum qui totam commaculat ecclesiam adscidatur quam tota ecclesia in interitu deducatur."[26] sufficiant vobis haec pauca quae de multis praediximus. date opera multa communioni[27] caritatis et viam regiam,[28] qua paululum deviastis,[29] avidissima intentione ingredi procuretis, ut et vos fructum de oboedientia capiatis et nos vos per[30] orationem nostram congaudeamus esse salvandos.

NOTES

Licinius, Melanius et Eustochius: Bishops of Tours, Rennes, and Angers respectively, all located in the province of Lugdunensis Tertia, which included Brittany. They attended the Council of Orléans in 511.

Lovocato et Catiherno: These names generally are thought to be Celtic in origin, although Jülicher suggests that Lovocatus is a misspelling of the Roman name Leocadius.

quasdam tabulas: Portable altars.

capanas: Perhaps derived from *casa* (cf. the French *cabane*), a cabin or hut, suggesting the itinerant and irregular nature of their ministrations.

.4 Women as priests. Arnobius Junior?, *Praedestinatus* (The predestined one), 27: *PL* 53:596–97.[31] Mid–fifth century.

The heresy about which the Gallic bishops spoke was discussed in a catalog of heresies known as the *Praedestinatus:*

> Vicesima septima haeresis Pepuzianorum, qui a loco quodam nominati sunt, quam desertam civitatem dicit Epiphanius: hanc autem isti divinum aliquid esse arbitrantes, Hierusalem vocant. tantum dantes mulieribus principatum, ut sacerdotio quoque apud eos honorentur. dicunt enim duas ecclesias, Quintillae et Priscillae, in eadem civitate Pepuza.

23. *hoc est: addit* Jülicher.
24. *Addit* Duchesne.
25. M; *ecclesiae catholicae:* Jülicher.
26. Matt. 5:29–30.
27. *multa communionem:* M; *multa communione:* Duchesne; *multam communioni:* Jülicher.
28. *a: addit* Jülicher.
29. See Faust., *De gratia, prol.*
30. *pex:* M; *per:* Duchesne; *pro:* Jülicher.
31. Duchesne, "Lovocat," 14, suggests that this work was "composed in Gaul around 450," although it usually is ascribed to an Italian author.

NOTES

Epiphanius: Bishop of Salamis in Cyprus.

Quintillae et Priscillae: Montanist saints. Christ appeared to Quintilla as a woman (Epiph. *Haer.* 49.1.1–3).

7.5 The fate of the Priscillianists. Sulpicius Severus, *Chronicon* (Chronicle), 2.46–48: C. Halm, ed., *CSEL* 1 (Vienna, 1866), 99–101. Ca. A.D. 385.

Women also supported a more famous opponent of the established church hierarchy and suffered more grievously as a result.

> [Priscillianus] vigilare multum, famem ac sitim ferre poterat, habendi minime cupidus, utendi parcissimus. sed idem vanissimus et plus iusto inflatior profanarum rerum scientia: quin et magicas artes ab adolescentia eum exercuisse creditum est. is ubi doctrinam exitiabilem aggressus est, multos nobilium pluresque populares auctoritate persuadendi et arte blandiendi allicuit in societatem. ad hoc mulieres novarum rerum cupidae, fluxa fide et ad omnia curioso ingenio, catervatim ad eum confluebant: quippe humilitatis speciem ore et habitu praetendens honorem sui et reverentiam cunctis iniecerat . . . [They then traveled to Gaul.] a Burdigala per Delfinum repulsi, tamen in agro Euchrotiae aliquantisper morati, infecere nonnullos suis erroribus. inde iter coeptum ingressi, turpi sane pudibundoque comitatu, cum uxoribus atque alienis etiam feminis, in quis[32] erat Euchrotia ac filia eius Procula, de qua fuit in sermone hominum Priscilliani stupro gravidam partum sibi graminibus abegisse . . . [They were arrested, brought to Trier, and tried before the praetorian prefect Evodius.] is Priscillianum gemino iudicio auditum convictumque maleficii nec diffitentem obscenis se studuisse doctrinis, nocturnos etiam turpium feminarum egisse conventus nudumque orare solitum, nocentem pronuntiavit redegitque in custodiam, donec ad principem referret, gesta ad palatium delata censuitque imperator Priscillianum sociosque eius capite damnari oportere . . . Latronianus quoque et Euchrotia gladio perempti.

NOTES

Priscillianus: A Spaniard from Avila who promoted an ostentatiously ascetic form of Christianity; among other things, he was accused of practicing magic and Gnosticism.

Delfinum: Delphinus was the bishop of Bordeaux.

---

32. Sc. *quibus.*

imperator: The usurper Magnus Maximus (383–88).

Euchrotia: An aristocrat of Bordeaux, and wife of the rhetor Attius Tiro Delphidius of Bordeaux, who died before Euchrotia's involvement with Priscillian.

Latronianus: An otherwise unknown supporter of Priscillian; his name means "bandit."

7.6 Two con-men and their mark. *Querolus* 2.2 (47–64): ed. Peiper, 25–26; ed. Jacquemard–Le Saos, 30–42. Early fifth century.

Priscillian was accused of using magic, albeit in a Christian context. Others enjoyed magic and sorcery for their own sake, as seen in a vignette from the comedy *Querolus,* in which two con-men, Sardanapallus and the Sycophant, play on Querolus's gullibility. The scene begins with these two pretending not to know that Querolus's is overhearing them.

[Scene 4][33]

Sard. hem! ipse est. vellem hercle audire hunc hominem quem vidi modo. ego magos mathematicosque novi, talem prorsus nescio. hoc est divinare hominem, non qualiter facere quidam risores solent.

Quer. hem! quemnam divinum isti esse dicunt?

Sard. sed hoc novum est quod vidi modo. ubi te aspexerit, primum tuo te revocat nomine, dein parentes servos atque omnem familiam exponet; quasi noverit quid tota gesseris aetate quidve postea sis acturus, totum edisserit.

Quer. bellus hercle hic nescio qui est, non praetereunda est fabula.

Sycof. quaeso sodes, adgrediamur hominem illum ratione qualibet.

Sard. o me stultum atque ineptum qui non consului statim.

Sycof. et ego hercle vellem verum ut nosti non vacat.

Quer. cur non omnia recognosco? salvete, amici.

Sycof. salvus esto qui salvos esse nos iubes.

Quer. quid vos, secretumne aliquod?

Sard. secretum a populo, non secretum a sapientibus.

Quer. de mago nescio quid vos audivi.

Sard. ita est, de nescio quo nunc sermo erat qui omnia divinat. verum quisnam ille homo sit nescio.

Quer. estne talis aliquis?

Sard. maxime ergo, Sycofanta, ut dixeram, per te tuosque mi sodes te rogo, ut illac venias mecum una simul.

33. Or, in Peiper, act 2, scene 2.

Sycof. iam dudum dixi, ultro et libenter irem, si vacuum nunc esset mihi.

Sard. mane paulisper.

Quer. quaeso amice, ne te subripias tam cito, egomet quoque scire cupio, quisnam iste est, de quo sermo nunc erat.

Sycof. edepol nescio, quid aliud mihi est negotii. cognati atque amici iam dudum me expectant domi.

Sard. magna hercle hominis difficultas et persuasio. neque nunc te amici expectant neque cognati. paulisper mane.

Quer. quaeso amici, si mea non est odiosa societas, consulere vobiscum volo.

Sard. vereor, hercle, ne difficilem se nobis faciat, si plures videt.

Sycof. optime, edepol. ecce sodes comitem quaerebas, habes. mihi molestus ne sies.

Quer. quaeso amice, si huic ita videtur, abeat; nos illac una simul.

Sard. atqui isto nobis est opus, quoniam hominem illum vidit et novit bene.

Quer. iustum est, ut nobis hodie operam impendas, quoniam sic ratio expostulat.

Sycof. immo hercle iste illum novit melius atque ille hunc familariter.

Quer. sed quaeso nunc vestram fidem, quisnam hic homo est, vel cuius loci?

Sycof. quantum comperi, Mandrogerus vocatur, hoc scio.

Quer. attat pulchrum hercle nomen, iam hoc de magis existimo.

Sycof. primum praeterita edicit. si omnia cognoscis, tum de futuris disserit.

Quer. magum hercle hominem tu narras: et consuli hunc non placet?

Sycof. volo equidem, sed paulisper non vacat.[34]

Quer. age da operam amicis, nobis quoque similiter impera, si quid voles.

Sycof. habeo gratiam; quoniam istud vultis, fiat. sed audite quid loquor: huius modi homines impostores esse.

Quer. hem sodes, ipsud volebam dicere. certe ferulas non habet neque cum turbis ambulat.

Sycof. hahahe, tales hercle consulere hic deberet homo curiosissimus.

---

34. The translated portion in the companion volume terminates here.

Sard. verbis quantum vult ille fallat, plus de nobis non licet . . .

Quer. adgrediamur hominem atque a publico sevocemus, ut secreto disseras.

[Scene 5: The sorcerer appears][35]

Quer. Salve Mandrogerus.

Mand. salvos esse vos volo.

Quer. tu quoque incolumis esto sacerdotum maxime, quoniam laudaris ac diligeris plurimum merito tuo.

Sycof. scin tu Mandrogerus, quid ex te voluimus noscere?

Mand. quaenam? fortasse novi.

Sycof. consulere de quibusdam volumus et cognoscere tuam insignem sapientiam.

Mand. non equidem constitueram, sed quoniam ita vultis, consulite, et respondeam . . .

[There intervenes a long diffuse section on mysteries and such.]

Quer. pulchre edepol doces, sed ut facilius nunc sequamur omnia, da nobis experimentum tuae potestatis et sapientiae. quoniam ea quae noveras narrasti, nunc, si potes, ea quae nescis dicito.

Mand. non equidem ex integro fieri istud potest. tamen accipite pauca de quibus intellegatis cetera. certe egomet neque mores neque facultates vestras didici.

Sard. certum est.

Mand. tu Sardanapalle pauper es.

Sard. agnosco, verum tamen vereor, ne plures hoc sciant.

Mand. humili loco natus.

Sard. ita est.

Mand. ideo tibi contra regium nomen datum est.

Sard. ita aiunt.

Mand. homo es vorax, petulans et calamitossimus.

Sard. eho Mandrogerus, numquidnam hoc sum precatus, ut vitia enarres mea?

Mand. mentiri mihi non licet. estne adhuc quod narrare me velis?

Sard. utinam ne istaec quidem de me locutus esses! si quidem ulterius, haec amicis dicito.

Sycof. ego te Mandrogerus hoc exoro, futura nunc mihi ut enarres, et ea tantummodo quae sunt bona.

---

35. Or, in Peiper, act 2, scene 3.

Mand. ego non possum nisi a capite exponere. tu Sycofanta nobili et claro natus es loco.
Sycof. ita est.
Mand. ab initio nequam.
Sycof. etiam hoc confiteor, manet.
Mand. damna te premunt.
Sycof. verum est.
Mand. periculum saepe tibi incumbit igni ferro flumine.
Sycof. pulchra edepol omnia narravit quasi mecum vixerit.
Mand. datum tibi est de proprio nihil habere.
Sycof. intellego.
Mand. sed de alieno plurimum.
Sycof. iam istud nobis sufficit. nunc illud te quaesumus, ut etiam huic responsa tribuas homini minime malo.
Mand. ita fiat. heus tu amice, tu non Querolus diceris?
Quer. dii te servent, ita est.
Mand. quid horae nuncupamus?
Sycof. inter sextam et tertiam.
Mand. nihil fefellit, de clepsydra respondisse hominem putes. hem quid igitur? Mars trigonus, Saturnus Venerem respicit, Iuppiter quadratus, Mercurius huic iratus, Sol rotundus, Luna in saltu est. collegi omnem iam genesim tuam Querole. mala fortuna te premit.
Quer. agnosco.
Mand. pater nihil reliquit, amici nihil largiuntur.
Quer. verum est.
Mand. vis totum audire? vicinum malum pateris, servum pessimum.
Quer. agnosco omnia.
Mand. vis et nomina servulorum tibimet etiam nunc eloquar?
Quer. audire cupio.
Mand. servus tibi est Pantomalus.
Quer. verum est.
Mand. est alter Zeta.
Quer. manifestum est.

7.7 Demoniacal possession. Greg.Tur. *Hist.* 8.12: *MGH SRM* 1.1:379. Ca. A.D. 585.

Gregory of Tours provides several examples of sorcerers in action. Many of them concern the activities of women, for whom such practices seem to have created a window of opportunity. Sometimes such phenomena were attributed to the work of evil spirits, as when Bishop Magnericus of Trier went to church to pray:

> Et ecce mulier, quam spiritus erroris agitabat, clamare sacerdoti coepit ac dicere, "o sceleste et inveterate dierum, qui pro inimico nostro Theodoro orationem fundis ad dominum. ecce nos cotidie quaeremus, qualiter ab his Galliis extrudatur, qui nos cotidianis incendiis conflat; et tu pro eo rogare non desinis! satius enim tibi erat, res ecclesiae tuae diligenter inquirere, ne pauperibus aliquid deperiret, quam pro hoc tam intente deposcere." et agebat, "vae nobis, qui eum non possumus expugnare." et licet daemoniis credi non debeat, tamen qualis esset sacerdos, de quo haec daemon condolens declamabat, apparuit.

NOTE

Theodorus: Bishop of Marseille; he had been imprisoned by King Guntram.

7.8 A death in the ecclesiastical family. Greg.Tur. *Hist.* 10.29: *MGH SRM* 1.1:524–25. A.D. 591.

At Limoges, a possessed woman presaged the death of Abbot Aredius.

> Sexta quoque aegrotationis eius die, mulier, quae ab spiritu immundo saepius vexata a sancto emundari non poterat, ligatis per se a tergo manibus, clamare coepit ac dicere, "currite cives, exsilite populi, exite obviam martyribus confessoribusque, qui ad excessum beati Aridii conveniunt. ecce adest Iulianus a Brivate, Privatus ex Mimate, Martinus a Turonis Martialisque ab urbe propria. adest Saturninus a Tolosa, Dionysius ab urbe Parisiaca, nonnulli et alii, quos caelum retinet, quos vos ut confessores et dei martyres adoratis." haec cum in exordio noctis clamare coepisset, a domino suo revincta est; sed nequaquam potuit continere. quae rumpens vincula, ad monasterium cum his vocibus properare coepit; moxque beatus vir spiritum tradidit, non sine testimonio veritatis, quod sit susceptus ab angelis. mulierem quoque in exequiis suis cum alia muliere nequitiori spiritu vexata, ut est sepulchro tectus, a nequitia infesti daemonis emundavit.

NOTE

Brivate . . . : *Brivate* = Brioude, *Mimate* = Mende, *Turonis* = Tours, *urbe propria* = Limoges, *Tolosa* = Toulouse.

7.9 Supernatural intervention. Greg.Tur. *Hist.* 2.13: *MGH SRM* 1.1:63. Early fifth century.

Some prophecies were made without being attributed to demoniacal possession, as occurred at Clermont after the death of Bishop Venerandus.

> Post cuius obitum foeda apud cives pro episcopatu intentio vertebatur. cumque partes inter se divisae alium aliumque eregere vellent, magna conlisio erat populis. resedentibus tamen episcopis die dominica, mulier quaedam velata atque devota deo audenter ad eos ingreditur, quae ait, "audite me, sacerdotes domini! scitote enim, quod non in his bene placitum est deo, quos hi ad sacerdotium elegerunt. ecce enim dominus hodie ipse sibi providebit antistitem. itaque nolite conturbare neque conlidere populum, sed patientes estote parumper! dominus enim nunc diriget, qui regat ecclesiam hanc." his itaque mirantibus haec verba, subito Rusticus nomine, qui erat ex ipsa urbis Arvernae dioecese presbyter, advenit. ipse enim iam mulieri per visionem fuerat indicatus. quo visu, ait, "en ipsum quem elegit dominus! ecce qualem vobis pontificem destinavit! hic ordinetur episcopus." haec ea loquente, omnis populus, cuncta intentione postposita, clamavit, dignum ac iustum esse. qui in cathedra positus, septimus in eodem loco pontificatus honorem, populo gaudente, suscepit.

7.10 The Paris fire. Greg.Tur. *Hist.* 8.33: *MGH SRM* 1.1:401–2. A.D. 585.

When a woman prophesied that Paris would be stricken by a fire, at first, no one believed her.

> Extetit igitur in his diebus apud urbem Parisiacam mulier, quae dicerit incolis, "fugite, o! ab urbe et scitote eam incendio concremandam." quae cum a multis inrideretur, quod haec aut sortium praesagio diceret, aut qualesquales somniasset, aut certe daemonii meridiani haec instinctu proferret, respondit, "nequaquam est ita, ut dicitis, nam in veritate loquor, quia vidi per somnium ad basilica sancti Vincenti venientem virum inluminatum, tenentem manum

caereum ut domus neguciantium ex ordine succendentem." denique post tertiam noctem, quod haec mulier est effecta, inchoante crepusculo, quidam e civibus, accenso lumine, in promptuario est ingressus, adsumptoque oleo hac ceteris quae necessaria erant, abscesit, lumine secus cupella olei derelicto. erat enim domus haec prima secus portam, quae ad mediam diem pandit egressum. ex quo lumine adprehensa domus incendio concrematur, de qua et alia adpraehendi coeperunt. tunc deruente igne super vinctos carceris, apparuit eis beatus Germanus, et comminuens trabem atque catenas, quibus vincti tenebantur, reserato carceris osteo, vinctos abire permisit incolumes. illi vero egressi se ad basilicam sancti Vincenti in qua sepulchrum habetur beati antistitis, contulerunt. igitur cum per totam civitatem huc atque illuc flante vento flamma feritur, totisque viribus regnaret incendium, adpropinquare ad aliam portam coepit, in qua beati Martini oratorium habebatur, qui ob hoc aliquando factum fuerat, eo quod ibi lepram maculosi hominis osculo depulisset . . .

NOTE

daemonii meridiani: Cf. selection 5.2 above.

11 Bishop as necromancer. Greg.Tur. *Hist.* 5.14: *MGH SRM* 1.1:210–11. Ca. A.D. 570.

Fortune-telling was a popular activity, one in which even bishops like Gregory of Tours engaged, as at a banquet given by the Frankish prince Merovech.

Quadam enim die ad convivium eius acciti, dum pariter sederemus, suppliciter petiit aliqua ad instructionem animae legi. ego vero, reserato Salomonis libro, versiculum qui primus occurrit arripui, qui haec continebat: "oculum, qui adversus aspexerit patrem, effodiant eum corvi de convallibus."[36] illo quoque non intellegente, consideravi hunc versiculum a domino praeparatum. tunc direxit Guntchramnus puerum ad mulierem quandam, sibi iam cognitam a tempore Chariberti regis, habentem spiritum phitonis, ut ei quae erant ventura narraret. asserebat praeterea, ipsam sibi ante hoc tempus non solum annum sed et diem et horam, in qua rex Charibertus

36. Prov. 30:17.

obiret, denuntiasse. quae haec ei per pueros mandata remisit, "futurum est enim, ut rex Chilpericus hoc anno deficiat, et Merovechus, exclusis fratribus, omnem capiat regnum. tu vero ducatum totius regni eius annis quinque tenebis. sexto vero anno in una civitate, quae super Ligeris alveum sita est, in dextera eius parte, favente populo, episcopatus gratiam adipiscis ac senis et plenus dierum ab hoc mundo migrabis." cumque haec pueri redeuntes domino nuntiassent, statim ille vanitate elatus, tamquam se iam in cathedram ecclesiae Turonicae resederet, ad me haec detulit verba. cuius ego inridens stultitiam, dixi, "a deo haec poscenda sunt; nam credi non debent quae diabolus repromittit." illo quoque cum confusione discedente, valde inridebam hominem, qui talia credi putabat. denique quadam nocte vigiliis in basilica sancti antistitis celebratis, dum lectulo decubans obdormissem, vidi angelum per aera volantem. cumque super sanctam basilicam praeteriret, voce magna ait, "heu heu! percussit deus Chilpericum et omnes filios eius, nec superavit de his qui processerunt ex lumbis eius qui regat regnum illius in aeternum." erant ei eodem tempore de diversis uxoribus filii quattuor, excepto filiabus. cum autem haec in posterum impleta fuissent, tunc ad liquidum cognovi, falsa esse quae promiserant harioli.

NOTES

illo: I.e., Merovech.

Guntchramnus: Guntram Boso, a *dux* of King Sigibert.

spiritum phitonis: That is, *pythonis:* Pytho was the serpent killed by Apollo at Delphi, where subsequently his priestess, the Pythia, foretold the future.

sancti antistitis: St. Martin of Tours.

7.12 Putting sorcery to work. Greg.Tur. *Hist.* 7.44: *MGH SRM* 1.1:364–65. Ca. A.D. 585.

A slave woman put her prophetic abilities to good use.

Fuit tunc temporis mulier, quae spiritum phitonis[37] habens, multum praestabat domnis divinando quaestum, eoque in gratia proficit, ut ab his libera facta, suis voluntatibus laxaretur. si quis enim aut furtum aut aliquid mali perferret, statim haec, quo fur abiit, cui tradidit, vel quid ex hoc fecerit, edicebat. congregabat

37. Sc. *Pythonis.*

cotidie aurum argentumque, procedens in ornamentis, ita ut putaretur esse divinum aliquid in populis. sed cum Agerico Verodunense episcopo haec nuntiata fuissent, misit ad comprehendendum eam. quam adprehensam et ad se adductam, iuxta id quod in Actibus legimus Apostolorum, cognovit in ea immundum spiritum esse phitonis. denique cum exorcismum super eam diceret ac frontem oleo sancto perunguerat, exclamavit daemonium et quid esset prodidit sacerdoti. sed cum per eum a puella non extruderetur, abire permissa est. cernens vero puella, quod in loco illo habitare non possit, ad Fredegundem reginam abiit ibique et latuit.

13 Hatching a plot. Greg.Tur. *Hist.* 9.38: *MGH SRM* 1.1:458–59. A.D. 589.

The nurse of the children of King Childebert II attempted to use sorcery to gain greater influence, as reported by Childebert's wife Failuba.

Verba autem huiuscemodi erant, quod scilicet Septimima, nutrix infantum eius, consilio suadere vellet regi, ut, eiectam matrem coniugemque relictam, aliam sortiretur uxorem; et hi cum eodem quaecumque vellent vel actu gerunt vel precibus obtinerent. quod si hoc rex nollet adquiescere quae suadebat, ipso maleficiis interempto, elevatis filiis eius in regno, repulsa nihilominus matre eorum et avia, ipsi regerent regnum. huius enim consilii socios pronuntiant esse Sunnegysilem comitem stabuli, et Gallomagnum referendarium atque Droctulfum, qui ad solatium Septimimae ad nutriendum regis parvulos fuerat datus. denique corripiuntur hi duo, Septimima videlicet et Droctulfus. nec mora, extensi inter stipites cum vehementius caederentur, profitetur Septimima virum suum Iovium maleficiis interfecisse ob amorem Droctulfi, ipsumque secum scorto misceri . . . Septimima vero cum Droctulfo vehementer caesa ac cauteriis accensis in facie vulnerata, ablatis omnibus quae habebat, Marilegium villa deducitur, ut scilicet trahens molam, his quae in genitio erant positae, per dies singulos farinas ad victus necessaria praepararet. Droctulfus enim, incisis capillis et auribus, ad vineam excolendam delegaveratur.

NOTES

Marilegium: Identified as Marlenheim in Alsatia.

genitio: I.e., *gynecaeo,* a women's weaving workshop.

7.14 Sorceress as saint. *Vita Genovefae* 10, 43: *MGH SRM* 3:218, 233. Mid–fifth century.

Only rarely did a sorceress make good. Genovefa of Paris was one. Her hagiographer discussed both her ability to read minds and one of her methods of coercion:

> (10) Pluribus namque in hoc saeculo viventibus secreta conscientia manifestissime declarabat, quod propter adrogantes silere satius quam emulantibus innotescere, qui ingentem devotionem habent detrahendi. nam dum bonis invident, suam superstitiosam indicant conscientiam . . . (43) Factum est, in eadem urbe cuidam pro famulo culpabile subplicaret. cumque ille superbia et calliditate obduratus nequaquam famulo ignosceret, his eum verbis adlocuta dicitur, "si tu me supplicantem dispectui habes, non me dispicit dominus meus Iesus Christus, quoniam clemens est ad ignoscendum." at ubi in domo sua homo ille rediit, mox ita febre accensus est, ut noctem totam anhellans et aestuans requiescere nequiverit, quin etiam in crastinum primo diluculo aperto ore sicut urus, qui cotidiana bos interpretatur lingua, sallivam distillans, ad pedes Genovefae provolutus, veniam, quam pridie famulo non dederat, sibi dare precabatur. sancta Genovefa vero signante eum, omnis ab eo febris et aegritudo discessit, et ita sanum mente adque corpore dominum et servum reddidit excusatum.

NOTE

urus: Celtic word for a kind of wild ox; see Macrobius, *Saturnalia* 6.4.

7.15 The pseudo-Christ. Greg.Tur. *Hist.* 10.25: *MGH SRM* 1.1:517–19. A.D. 590.

One fellow went so far as to claim to be Christ incarnate, and to have concommitant abilities.

> At in Galliis Massiliensem provinciam morbus saepe nominatus invasit. Andecavos, Namneticos, atque Cenomannicos valida famis oppressit. initia sunt enim haec dolorum, iuxta illud quod dominus ait in evangelio, "erunt pestilentia et fames et terrae motus per loca; et exsurgent pseudochristi et pseudoprophetae, et dabunt signa et prodigia in caelo, ita ut electos in errore mittant,"[38] sicut praesenti

38. Matt. 24:7, Mark 13:22.

gestum est tempore. quidam enim ex Biturico, ut ipse postmodum est professus, dum saltus silvarum ingressus ligna caederet, explendam operis cuiusdam necessitatem, muscarum eum circumdedit examen, qua de causa per biennium amens est habitus; unde intellegi datur diabolici emissionis fuisse nequitiam. post haec, transactis urbibus propinquis, Arelatensem provinciam adiit, ibique indutus pellibus, quasi religiosus orabat. ad quem inludendum pars adversa divinandi ei tribuit facultatem. ex hoc, ut in maiore proficeret scelere, commotus a loco, provinciam memoratam deserens, Gaballitanae regionis terminum est ingressus, proferens se magnum ac profiteri se non metuens Christum, adsumptam secum mulierem quendam pro sorore, quam Maria vocitare fecit. confluebat ad eum multitudo populi, exhibens infirmos, quos contingens sanitati reddebat. conferebant etiam ei aurum argentumque ac vestimenta hi qui ad eum conveniebant. quod ille, quo facilius seduceret, pauperibus erogabat, prosternens se solo, effundens orationem cum muliere memorata, et surgens, se iterum a circumstantibus adorari iubebat. praedicabat enim futura, et quibusdam morbos, quibusdam damna provenire denuntiabat, paucis salutem futuram. sed haec omnia diabolicis artibus et prestigiis nescioquibus agebat. seducta est autem multitudo per eum inmensa populi, et non solum rusticiores, verum etiam sacerdotes ecclesiastici. sequebantur autem eum amplius tria milia populi. interea coepit quosdam spoliare ac praedare, quos in itinere repperisset, spolia tamen non habentibus largiebatur. episcopis ac civibus minas mortis intendebat, eo quod ab his adorari dispicitur. ingressus autem Vellavae urbis terminum, ad locum quem Anicium vocitant accedit et ad basilicas propinquas cum omni exercitu restitit, instruens aciem, qualiter Aurelio, ibidem tunc consistente episcopo, bellum inferret, mittens etiam ante se nuntios, homines nudo corpore saltantes atque ludentes, qui adventum eius adnuntiarent. quod stupens episcopus, direxit ad eum viros strenuos, inquirentes quid sibi vellent ista quae gererent. unus autem ex his, qui erat senior, cum se inclinasset, quasi osculaturus genua eius ac discussurus viam illius, iussit eum adprehensem exspoliari. nec mora ille, evaginato gladio, in frustra concidit,[39] ceciditque Christus ille, qui magis Antecristus nominari debet, et mortuus est; dispersique sunt omnes, qui cum eo erant. Maria autem illa suppliciis dedita, omnia fantasmata eius ac prestigias publicavit. nam

39. *caedit:* mss.

homines illi, quos ad se credendum diabolica circumventione turbaverat, numquam ad sensum integrum sunt reversi, sed hunc semper quasi Christum, Mariam autem illam partem deitatis habere profitebantur. sed et per totas Gallias emerserunt plerique, qui per has praestigias adiungentes sibi mulierculas quasdam quae debacchantes sanctos eos confiterentur, magnos se in populis praeferebant; ex quibus nos plerosque vidimus, quos obiurgantes revocare ab errore nisi sumus.

NOTES

Andecavos, Namneticos, Cenomannicos: Angers, Nantes, and Le Mans.
Biturico: Bourges.
Gaballitanae: Javols.
Vellavae: St.-Paulien.
Anicium: Le Puy.

7.16 The nuns' revolt. Greg.Tur. *Hist.* 9.39: *MGH SRM* 1.1:460–63. A.D. 589.

The nun Clotilde instigated a revolt of the nuns of Poitiers that became a cause celèbre.

In monasterio vero Pictaviense, insidiante diabolo in corde Chlotchildis, qui se Chariberti quondam regis filiam adserebat, orto scandalo, ipsa quoque quasi de parentibus confisa regibus, exacta sacramenta sanctimonialibus, ut, iniectis in abbatissam Leuboveram criminibus, ea monasterium deiecta, ipsam substituerent principalem, egressa est cum quadraginta aut eo amplius puellis et consobrinam suam Basinam, filiam Chilperici, dicens quia, "vado ad parentes meos reges, ut eis contumeliam nostram innotescere valeam, quia non ut filiae regum sed ut malarum ancillarum genitae in hoc loco humiliamur." infelix ac facilis non recordans, in qua se humilitate beata Radegundis, quae hoc instituit monasterium, exhibebat. egressa ergo ab eo, Toronis advenit, dataque nobis salutatione, ait, "deprecor, sancte sacerdos, ut has puellas quae in magna humilitate ab abbatissa Pictaviense redactae sunt, custodire digneris ac cibum praebere, donec ego eam ad reges parentes nostros exponamque eis quae patimur et revertar." quibus ego aio, "si abbatissa deliquit aut canonicam regulam in aliquo praetermisit, accedamus ad fratrem nostrum, Maroveum episcopum, et coniuncti arguamus eum; emendatisque negotiis, restituamini in monasterio vestro, ne dispergatur luxoria quod sancta Radegundis ieiuniis et orationibus crebris elymosynisque frequentibus adgregavit." et illa respondit, "nequaquam, sed ad reges ivimus," et ego, "quare ratione resistitis? ob quam rem sacerdotale monitum non auditis? vereor, ne coniunctis sacerdotibus ecclesiarum vos a communione removeant"

. . .

Chlotchildis dixit, "numquam nos ulla retinebit mora, nisi ad reges, quos parentes nostros esse novimus, accedamus." venerant enim pedestri itineri a Pictavo, nec ullius equitis habuerant beneficium, unde anhelae et satis exiguae erant. sed nec victus alimoniam ullam eis in viam quisquam praebuerat. accesserunt enim ad urbem nostram die prima mensis primi; erant enim pluviae magnae, sed et viae dissolutae erant a nimia immensitate aquarum.

NOTES

Pictaviense: Poitiers.

exacta sacramenta: Oath taking was very common in Germanic society.

Greg.Tur. *Hist.* 9.40: *MGH SRM* 1.1:464–66. A.D. 589.

Detrahebant enim et de episcopo, dicentes quia illius dolo et haec turbatae et monasterium fuerat derelictum . . . relictis Turonis ceteris ac commendatis consobrinae suae Chlotchildis sanctemonialibus, ad regem Gunthchramnum accessit. a quo suscepta ac muneribus honorata, Turonis est regressa . . . expectans episcopos, qui a rege fuerant iussi advenire et causam ipsarum cum abbatissa discutere. multae tamen ex his a diversis circumventi, matrimonio copulatae sunt, priusquam haec a rege regrederetur. cumque praestolantes adventum, nullum episcopum advenire senserunt. Pictavum regressi sunt et se infra basilica sancti Hilarii tutaverunt, congregatis secum furibus, homicidis, adulteriis omniumque criminum reis, stabilientes se ad bellum atque dicentes quia, "reginae sumus, nec prius in monasterio nostro ingrediemur, nisi abbatissa eiecietur foris."

Greg.Tur. *Hist.* 9.41: *MGH SRM* 1.1:467–69. A.D. 589.

Four bishops, led by Gundegiselus of Bordeaux, attempt to persuade the nuns to return to the convent.

Sed cum illae obstinatius reluctarent, et hic cum reliquis iuxta epistolam superius nominatam eis excommunionem indiceret, exsurgens turba murionum[40] praefatorum, tanta eos in ipsa sancti Hilarii basilica caede mactavit, ut conruentibus in pavimento episcopis, vix consurgere possint, sed et diaconi et reliqui clerici, sanguine perfusi, cum effractis capitibus basilicam sunt egressi. tam inmensus enim eos, ut credo, diabolo cooperante, pavor obsederat, ut egredientes a loco sancto nec sibi vale dicentes, unusquisque per viam, quam adrepere potuit, repedaret . . . ex hoc Chlotchildis ordinatores elegit, villas monasterii pervadit, et quoscumque de monasterio adripere potuisset, plagis ac caedibus adfectos suo servitio subiugabat, minans ut, si monasterium posset ingredi, abbatissam de muro proiectam terram deiecerit. quod cum Childeberto regi nuntiatum fuisset, statim directa auctoritate praecepit Macconi comiti, ut haec repremere omni intentatione deberet . . .

Greg.Tur. *Hist.* 9.43: *MGH SRM* 1.1:474–75. A.D. 589.

There ensued a fruitless exchange of letters. Then King Childebert attempted to settle the matter.

Childebertus autem rex, cum adsiduas de utraque parte, monasterii scilicet vel puellarum, quae egressae fuerant, molestias patiretur, Theutharium presbyterum ad dirimendas quaerimonias, quae inter easdem agebantur, destinat. quae, provocatis Chlotchilde cum reliquis puellis ad audientiam, dixerunt, "non venimus, quia a communione suspensae sumus. si reconciliari merimur, tunc ad audientiam venire non differimus." haec audiens ille ad episcopos abiit. cumque cum his de hac causa locutus fuisset, nullum effectum obtinere potuit de communione earum, et sic ad urbem Pictavam regressus est. puellae vero separatae ab invicem, aliae ad parentes, aliae ad domus proprias, nonnullae in his monasteriis, in quibus prius fuerant, sunt regressae, quia hiemem validum simul positae propter peniuriam ligni tollerare non poterant. paucae tamen cum Chlotchilde et Basina remanserunt. erat enim tunc et inter eas magna discordia, pro eo quod alia aliae se praeponere cupiebat.

40. Perhaps from *mus,* "mouse" or "rat."

7 The revolt continues into the next year. Greg.Tur. *Hist.* 10.15: *MGH SRM* 1.1:501–3. A.D. 590.

Cum autem scandalum quod, serente diabolo, in monasterio Pictaviensi ortum, in ampliore cotidie iniquitate consurgerit, et Chlotchildis, adgregatis sibi, ut supra diximus, homicidis, maleficis, adulteris, fugitivis vel reliquorum criminum reis, in seditione parata resederet, iussit eis, ut inruentes nocte in monasterium, abbatissam foris extraherent . . . et licet ubi ingressi viri, cereo accenso, cum armis huc illucque vagarentur per monasterium, inquirentes eam, introeuntes in oratoriam, repperierunt iacentem super humum ante arcam sanctae crucis. tunc unus acerbior ceteris, qui ad hoc scelus patrandum adgressus fuerat, ut abbatissam gladio divideret, ab alio, ut credo divina providentia cooperante, cultro percutitur . . . sed venientes cum evaginatis gladiis ac lanceis, scissa veste et paene sanctimonialium manibus laniatis, adprehensam praepositam pro abbatissa, quia tenebrae erant, excussis linteaminibus, a capite soluta caesariae, detrahunt . . . inter haec ad sepulchrum sanctae Radegundis homicidia perpetrantur, et ante ipsam beatae crucis arcam quidam per seditionem truncati sunt. cumque hic furor, superveniente die, per Chlotchildis superbiam augeretur, et adsiduae caedes vel reliquae plagae, quas supra memoravimus, a seditionariis perpetrarentur, atque ita haec iactantia tumuisset, ut consobrinam suam Basinam altiore coturno dispiceret, illa paenitentiam agere coepit . . . [King Childebert then ordered Count Macco to intervene, and the revolt was savagely repressed. Clotilde then was brought before an episcopal tribunal.] Tunc resedentibus sacerdotibus qui aderant super tribunal ecclesiae, adfuit Chlotchildis multa in abbatissam iactans convicia cum criminibus, adserens, eam virum habere in monasterium, qui indutus vestimenta muliebria pro femina haberetur, cum esset vir manifestissime declaratus, atque ipse abbatissae famularetur adsidue, indicans eum digito, "en ipsum!." qui, cum in veste, ut diximus, muliebri coram omnibus adstetisset, dixit, se nihil opus posse virile agere ideoque sibi hoc indumentum mutasse. abbatissam vero nonnisi tantum nomine nosset, seque eam numquam vidisse neque cum eadem colloquium habuisse, professus est, praesertim cum hic amplius quam quadraginta ab urbe Pictava milibus degeret. igitur abbatissam de isto crimine non convincens, adiecit, "quae enim sanctitas in hac abbatissa versatur, quae viros eunuchos facit et secum habitare imperiali ordine praecipit?" interrogata abbatissa, se de hac ratione nihil scire respondit. interea, cum haec nomen pueri eunuchi protulisset, adfuit Reovalis archiater, dicens, "puer iste, parvulus cum esset et infirmaretur in femore, desperatus coepit haberi, mater quoque eius sanctam Radegundem adivit, ut ei aliquod studium iuberet inpendi. at illa, me vocato, iussit, ut si possim aliquid adiuvarem. tunc ego, sicut quondam apud urbem Constantinopolitanam medicos agere conspexeram, incisis testiculis, puerum sanum genetrici maestae restitui; nam nihil de hac causa abbatissa scire cognovi." sed cum nec de hac re abbatissa potuisset culpabilis repperiri, alias coepit Chlotchildis calumnias saevas inferre.

NOTES

praepositam: Justina, the niece of Gregory of Tours.

eunuchs: The palaces of the Roman emperors were manned by squads of eunuchs under the authority of the *praepositus sacri cubiculi* (chief of the sacred bedchamber).

in femore: The groin.

7.18 The murder of Lampridius. Sid.Apoll. *Epist.* 8.11.3–13: C. Leutjohann, ed., *MGH AA* 8:138–43. Ca. A.D. 480.

Only occasionally does one hear of violent acts perpetrated against the establishment. In one instance, a friend of Sidonius Apollinaris was murdered by his slaves.

Sidonius Lupo suo salutem.

. . . (3) Lampridius orator modo primum mihi occisus agnoscitur, cuius interitus amorem meum summis conficeret angoribus, etiamsi non eum rebus humanis vis impacta rapuisset . . . (9) illud sane non solum culpabile in viro fuit, sed peremptorium, quod mathematicos quondam de vitae fine consuluit, urbium cives Africanarum, quorum, ut est regio, sic animus ardentior, qui constellatione percontantis inspecta pariter annum mensem diemque dixerunt, quos, ut verbo matheseos utar, climactericos esset habiturus . . . (10) . . . quandoquidem hunc nostrum temerarium futurorum sciscitatorem et diu frustra tergiversantem tempus et qualitas praedictae mortis innexuit. (11) nam domi pressus strangulatusque servorum manibus obstructo anhelitu gutture obstricto, ne dicam Lentuli Iugurthae atque Seiani, certe Numantini Scipionis exitu periit. haec in hac caede tristia minus, quod nefas ipsum cum auctore facti parricidalis diluculo inventum. nam quis ab hominum tam procul sensu, quis ita gemino obtutu eluminatus, qui exanimati cadavere inspecto non statim signa vitae colligeret extortae? (12) etenim protinus argumento fuere livida cutis, oculi protuberantes et in obruto vultu non minora irae vestigia quam doloris. inventa est quidem terra tabo madefacta deciduo, quia post facinus ipsi latrones ad pavimentum conversa defuncti ora pronaverant, tamquam sanguinis cum superaestuans fluxus exinanisset. sed protinus capto qui fuerat ipsius factionis fomes incentor antesignanus ceterisque complicibus oppressis seorsumque discussis criminis veritatem de pectoribus invitis tormentorum terror extraxit. (13) atque utinam hunc finem, dum inconsulte fidens vana consultat, non meruisset excipere. nam quisque praesumpserit interdicta secreta vetita rimari, vereor huius modia catholicae fidei regulis exorbitaturum et effici dignum, in statum cuius respondeantur adversa, dum requiruntur inlicita. secuta quidem est ultio extinctum, sed magis prosunt ista victuris. nam quotiens homicida punitur, non est remedium sed solacium vindicari . . .

Vale.

NOTES

Lupo: A rhetor of Périgueux.

Lentuli Iugurthae atque Seiani, certe Numantini Scipionis: The first three were strangled for crimes against the state, Lentulus Sura in 63 B.C. for his support of Catiline, the Numidian king Jugurtha in 104 B.C. for revolting against Rome, and Sejanus in A.D. 31 for opposing Tiberius. Scipio Aemilianus, who captured Numantia in 133 B.C., was discovered dead of unspecified causes in 129 B.C.

Epilogue: Having the Last Word

This volume concludes with some "last words," those of Bishop Remigius of Reims (ca. 480–533) in his last will and testament, which provides several windows into the world that lay between the Roman and barbarian periods.

E.1 Will of Remigius. *Testamentum Remigii: MGH SRM* 3:336–47; *PL* 65:969–74; see A. H. M. Jones, P. Grierson, and J. Crook, "The Authenticity of the 'Testamentum s. Remigii,'" *Revue belge de philologie et d'histoire* 35 (1957): 356–73. Ca. A.D. 533.

The will reveals how Roman practices dating back centuries continued to have an afterlife in post-Roman Gaul. Some of the terminology was clearly copied from earlier docoments, even if it was not fully understood or no longer applicable. The document exhibits many of the orthographical characteristics of late Latin.

> In nomine patris et filii et spiritus sancti gloria deo. XP. Amen.
> Ego Remigius episcopus civitatis Remorum sacerdotii compos testamentum meum condidi iure pretorio atque id codicellorum vice valere precepi fieri: iuris aliquid videbitur defuisse?
> quandoque ego Remigius episcopus de hac luce transiero, tu mihi heres esto, sancta et venerabilis aecclesia catholica urbis Remorum, et tu, fili fratris mei, Lupe episcope quem precipuo semper amore dilexi, et tu, nepos meus Agricola presbyter qui michi obsequio tuo a puericia placuisti, in omni substantia mea, que mea sorte obvenit antequam moriar, preter id quod unicuique donavero, legavero darive iussero, vel unumquemque vestrum voluero habere precipuum.

tu, sancta heres mea Remensis aecclesia, colonos quos in Portensi habeo territorio vel de paterna maternaque substantia, vel quos cum fratre meo sanctae memoriae Principio episcopo commutavi vel donatos habeo, possidebis, Dagaredum, Profuturum, Prudentium, Tennaicum, Maurilionem, Baudoleifum, Provinciolum, Niviatenam,[1] Lautam, Suffroniam colonas. Amorinum quoque servum tuo dominio vindicabis nec non agros quos possideo in solo Portensi cum pratis, pascuis, silvis ad te testamenti huius autoritate revocabis. futuro episcopo successori meo amphibalum album paschalem relinquo, stragola columbina duo, vela tria que sunt ad hostia diebus festis triclinii, cellae et culinae. vas argenteum X et VIII librarum inter te, heres mea, et diocesim tuam aecclesiam Lugdunensem, factis patenis atque calicibus ad ministerium sacrosanctum, prout volui, deo annuente, distribui. aliud argenteum vas quod mihi domnus illustris memoriae Hludowicus[2] rex quem de sacro baptismatis fonte suscepi, donare dignatus est, ut de eo facerem quod ipse voluissem, tibi, heredi meae aecclesiae supra memoratae, iubeo turibulum et imaginatum calicem fabricari. quod faciam per me, si habuero spatium vite, si ante clausero ultimum diem, tu, fili fratris mei, Lupe episcope, species antedictas tui ordinis memor efficies. compresbiteris meis et diaconibus qui sunt Remis, viginti et V solidos aequaliter dividendos in commune dimitto. vitis plantam super vineam meam ad Subnem positam simili modo communiter possidebunt cum Melanio vinitore quem do in loco aecclesiastici hominis Albovichi, ut Albovichus libertate plenissima perfruatur. subdiaconibus solidos duos, lectoribus solidos duos, ostiariis et iunioribus solidos duos iubeo dari. pauperibus in matricola positis, ante fores aecclesie exspectantibus stipem, duo solidi, unde se reficiant, inferentur. de Vacculiaco Frunimium,[3] Dagaleifum, Dagaredum, Ductionem, Baudovicum, Uddulfum, Vinofeistam[4] liberos esse precipio. Tenneredus qui de ingenua nascitur matre, statu libertatis utatur.

tu vero, fili fratris mei, Lupe episcope, tuo dominio vindicabis Nifastem et matrem suam Mutam, vineam quoque quam Enias vinitor colit. Eniam et Monulfum, eius filium iuniorem, iubeo libertate

1. Or *Niviateram.*

2. Or *Hlodowicus.*

3. Or *Fruminium.*

4. Or *Vinofeifam.*

perfungi. Mellovicum porcarium et Pascasiolam, coniugem suam, Vernivianum cum filiis suis, excepto Widragasio, cui tribuo libertatem, tuo iuri deputabis. servum meum de Cesurnico tuum esse precipio. agrorum partem ad te quam frater meus Principius episcopus tenuit, cum silvis, pratis, pascuis revocabis. servum meum quem Mellovicus tenuit, Viteredum derelinquo. Teneursolum, Capalinum et uxorem suam Teudoroseram tuo iuri dominioque transcribo; Teudonivia quoque ex mea preceptione sit libera. Edoveifam quae homini tuo sociata fuit, et eius cognationem retinebis. uxorem Aregildi et cognationem suam ingenuos esse iubeo. partem meam de prato quod Lugduni iuxta vos habeo, ad imitatem montium posito, et que Iovia sunt pratella quae tenui, ad te revocabis.

tibi autem, nepos meus Agricola presbiter qui intra domesticos parietes meos exegisti pueritiam tuum, trado atque transcribo Merumvastem servum et uxorem suam Meratenam et eorum filium nomine Marcovicum: eius fratrem Medovicum iubeo esse liberum. Amantium et uxorem suam Daero tibimet derelinquo, eorum filiam esse precipio liberam Dasovindam. Alaricum servum tuae deputo portioni; cuius uxorem quam redemi et manumisi, commendo ingenuam defendendam. Bebrimodum et uxorem suam Moram tuo dominio vindicabis, eorum filius Monacharius gratulabitur beneficio libertatis. Mellaricum et uxorem suam Placidiam ad tuum dominium revocabis; Medaridus, eorum filius, sit libertus. vineam quam Mellaricus Lugduni facit, tibi dono. Brittobaude servum nec non etiam Gibericum, vineam quam Bebrimodus facit, tibi eatenus derelinquo, ut diebus festis et omnibus dominicis sacris altaribus mea offeratur oblatio, atque annua convivia Remensibus presbiteris et diaconibus prebeantur.

delegoque nepoti meo Pretextato, Moderatum, Tottionem, Marcovicum, Innocentium servum quem accepi a Profuturo originario meo, coclearia[5] quattuor de maioribus, acitabulum, lacernam quam mihi tribunus Friaredus dedit, et argenteam cabutam figuratam, filiolo illius Parovio acitabulum et tria coclearia et casulam, cuius fimbrias commutavi. Remigiae coclearia tria que meo sunt nomine titulata, mantele ipsius quod habeo feriale transcribo; hichinaculum quoque dono illi, de quo Gundebado dixi. delegoque benedictae filiae meae Helariae diaconae ancillam nomine Nocam et vitium

5. Sc. *cochlearia.*

pedaturam, que suae iungitur vineae quam Cattusio facit, dono et partem meam de Talpusciaco transcribo pro obsequiis que mihi indesinenter impendit. Aetio, nepoti meo, partem de Cesurnico que mihi sorte divisionis obvenit, cum omni iure quod tenui atque possedi; Ambrosium quoque puerum ad ius illius dominiumque transmitto. Vitalem colonum liberum esse iubeo et familiam suam ad nepotem meum Agathimerum pertinere, cui vineam dono quam posui Vindonisse et meo labore constitui, sub ea conditione, ut a partibus[6] suis omnibus diebus festis ac dominicis pro commemoratione mea sacris altaribus offeratur oblatio, et Lugdunensibus presbiteris atque diaconibus annua convivia, concedente domino, praebeantur.

dono aecclesie Lugdunensi solidos X et VIII quos presbiteri et diaconi inter se aequali divisione distribuant. partem meam de Setia ex integro ad se revocet aecclesia Lugdunensis. commendo sanctitati tuae, fili fratris mei, Lupe episcope, quos libertos esse precipio, Cattusionem et Auliatenam, coniugem suam, Nonnionem qui meam vineam facit, Sunnoveifam quam captivam redemi, bonis parentibus natam, et eius filium Leoberedum, Mellaridum et Mellatenam, Vasantem coquum, Cesariam, Dagaraseram et Baudoroseram, Leonis neptem, et Marcoleifum, filium Totnonis: hos totos, fili fratris mei, Lupe episcope, sacerdotali autoritate liberos defensabis.

tibi autem, heredi meae aecclesiae, Flavianum et uxorem suam Sparagildem dono, eorum filiolam parvulam Flavaraseram liberam esse constitui. Fedamiam, uxorem Melani, et eorum parvulam Remenses presbiteri et diaconi possidebunt. Cispiciolum colonum liberum esse precipio et ad nepotem meum Aetium eius familiam pertinere, ad utrumque, id est ad Aetium et Agathimerum, pervenire colonicam Passiacum. pronepti meae Pretextatae dono Modoroseram. Profuturo Leudocharium puerum trado, Profuturae dari iubeo Leudoveram. Lugdunensibus subdiaconibus, lectoribus, ostiariis et iunioribus quattuor solidos derelinquo. pauperibus in matricola positis solidus dabitur ad eorum refectionem. delegoque VIII solidos aecclesiae Sissionum[7] pro commemoratione nominis mei, Catalaunensi[8] aecclesiae solidos VI, Mosomagensi solidos V,

6. Or *patribus.*
7. I.e., *Suessionum:* Soissons.
8. Châlons-sur-Marne.

Vongensi[9] agrum apud officinam molinarum quae ibi est constituta, Catarigensi[10] aecclesiae solidos IIII; totidemque Portensi pro commemoratione mei nominis inferentur. Ursi archidiaconi familiaribus[11] obsequiis, dono ei domi textilis casulam subtilem et aliam pleniorem, duo saga delicata, tapete quod habeo in lecto, et tunicam quam tempore transitus mei reliquero meliorem. heredes mei, Lupe episcope et Agricola presbiter, porcos meos inter vos equaliter dividetis. Frieredus quem, ne occideretur, quattuordecim solidis comparavi, duos concessos habeat; duodecim det ad basilicae domnorum martyrum Timothei et Apollinaris cameram faciendam.
hec ita do, ita lego, ita testor. ceteri omnes exheredes estote, sunt tote. huic autem testamento meo dolus malus abest aberitque, in quo si qua litura vel caraxatura fuerit inventa, facta est me presente, dum a me relegitur et emendatur.
actum Remis die et consule suprascripto, intercedentibus et mediis signatoribus.
XP. Remigius episcopus testamentum meum relegi, signavi, subscripsi et in nomine patris et filii et spiritus sancti, deo adiuvante,[12] complevi.
vc Pappolus interfui et subscripsi.
vc Rusticolus interfui et signavi.
vc Eulodius interfui et signavi.
vc Eutropius interfui et signavi.
vc Eusebius interfui et signavi.
vc Dauveus interfui et signavi.

post conditum testamentum, immo signatum, occurrit sensibus meis, ut basilice domnorum martyrum Timothei et Apollinaris missorium argenteum VI librarum ibi deputem, ut ex eo sedes futura meorum ossuum componatur.

NOTES

amphibalum: an outer garment; a cloak or robe.
stragolum: a coverlet for a bed or couch.
culina: kitchen.
matricula: the official list of paupers who were supported by the church.

9. Identified as modern Voncq.
10. Identified as modern Charleville-Mézières.
11. Some versions add *usus* here.
12. Or *adiurante.*

acitabulum: a vinegar-cruet.
cabuta: a staff
hichinaculum: a vase.
mantele: a tablecloth.
pedatura: a measured portion of land.
colonica: a farmhouse.
missorium: a large dish.

Legalistic vocabulary:

auctoritas: authority
condo: create
constituo: establish
defendo: protect
delego: delegate
deputo: assign
derelinquo: bequeath
dimitto: dispense
distribuo: distribute
dominium: control
dono: bestow
infero: grant
ius: jurisdiction
iubeo: order
pertineo: belong
possideo: possess
praebeo: provide
praecipio: command
relinquo: leave
revoco: claim
substantia: property
trado: hand over
transcribo: consign
transmitto: transfer
vindicabis tuo dominio: "you will take under your control"
vindico: take

Appendices

APPENDIX 1

Roman Emperors

Legitimate emperors are shown in **bold.**

Diocletian (284–305)
Constantius I (305–6)
Constantine I (306–37)

Western Portion of Empire

Constantine II (337–40)
Constans (337–50)
Magnentius (350–53) (usurper in Gaul and West)
Julian (361–63) (East and West)
Valentinian I (364–75)
Gratian (367–83)
Valentinian II (375–92)
Theodosius I (379–95) (East and West)
Magnus Maximus (383–88) (usurper in Britain, Gaul, and Spain)
Eugenius (392–94) (usurper in Italy)
Honorius (395–423)
Marcus and Gratian (406) (usurpers in Britain)
Constantine III (407–11) (usurper in Britain and Gaul)
Priscus Attalus (409–10, 414–15) (usurper in Italy and Gaul)
Maximus (409–11) (usurper in Spain)
Jovinus (411–13) (usurper in Gaul)
Constantius III (420)
Maximus (420–22) (usurper in Spain)
Johannes (423–25) (usurper in Italy)

Valentinian III (425–55)
Petronius Maximus (455)
Eparchius Avitus (455–56)
Majorian (457–61)
Libius Severus (461–65)
Anthemius (467–72)
Olybrius (472)
Glycerius (473–74)
Julius Nepos (474–80)
Romulus (475–76) (usurper in Italy)

Eastern Portion of Empire

Constantius II (337–61)
Julian (361–63) (East and West)
Jovian (363–64)
Valens (364–78)
Procopius (365–66) (usurper in Constantinople)
Theodosius I (379–95) (East and West)
Arcadius (383–408)
Theodosius II (402–50)
Marcian (450–57)
Leo I (457–74)
Zeno (474–91)
Anastasius (491–518)
Justin I (518–27)
Justinian I (527–65)
Justin II (565–78)
Tiberius II Constantine (578–82)
Maurice Tiberius (582–602)
Phocas (602–10)

APPENDIX 2

Selected Bishops of Rome (Popes)

Sylvester (314–35)
Mark (336)
Julius (337–52)
Liberius (352–66)
Damasus (366–84)
Siricius (384–99)
Anastasius (399–401)
Innocent (401–17)
Zosimus (417–18)
Boniface (418–22)
Celestine (422–32)
Sixtus (432–40)
Leo (440–61)
Hilarus (461–68)
Simplicius (468–83)
Felix (483–92)
Gelasius (492–96)
Anastasius (496–98)
Symmachus (498–514)
Hormisdas (514–23)
John (523–26)
Felix (526–30)
Boniface (530–32)
. . .
Gregory (590–604)

APPENDIX 3

Barbarian Rulers

In most instances, the names of barbarian rulers are not Latinized, as they often appear in the sources, hence *Euric* rather than *Euricus.* Moreover, the most common renditions of names also are used, hence *Euric* rather than *Evoricus,* or *Clovis* rather than *Chlodovechus.*

Burgundians (in Gaul)

Gundahar (411–37)
Gundioc (455–73)
Chilperic I (–455–)
Chilperic II (ca. 458–ca. 480)
Godegisel (ca. 473–500)
Gundobad (ca. 473–516)
Sigismund (516–23)
Gundemar (523–32)
End of Burgundian Kingdom

Franks (in Gaul)[1]

Faramund (?–ca. 436)
Chlogio (ca. 436–56)
Childeric (ca. 456–81)
Clovis (481–511)
Theoderic I, son of Clovis (511–34)
Chlodomer, son of Clovis (511–24)
Childebert, son of Clovis (511–58)

1. From Edward James, *The Franks* (Oxford: B. Blackwell, 1988), 171.

Chlothar I, son of Clovis (511–61)
Theodebert, son of Theoderic I (534–48)
Theodebald, son of Theodebert (548–55)
Chilperic I, son of Chlothar I (561–84)
Charibert, son of Chlothar I (561–67)
Guntram, son of Chlothar I (561–92)
Sigibert I, son of Chlothar I (561–75)
Childebert II, son of Sigibert (575–95)
Brunhilda, regent, wife of Sigibert (575–95)
Chlothar II, son of Chilperic I (584–629)
Fredegund, regent, wife of Chilperic I (584–97)
Theodebert II, son of Childebert II (595–612)
Theoderic II, son of Childebert II (595–613)

Italy

Odovacar (476–91)
End of Italian Kingdom

Ostrogoths (in Italy)[2]

Theoderic I (490–526)
Athalaric (526–34)
Amalasuintha, regent, wife of Theoderic (534–35)
Theodahad (534–36)
Witigis (536–40)
Hildebald (540–41)
Eraric (541)
Totila (541–52)
Teias (552)
End of Ostrogothic Kingdom

Vandals (in Spain and North Africa)[3]

Godigisel (406)
Gunderic (406–28)

2. From T. Burns, *A History of the Ostrogoths* (Bloomington: Indiana University Press, 1984), 95.
3. See *PLRE.*

Gaiseric (428–77)
Huneric (477–84)
Gunthamund (484–96)
Thrasamund (496–523)
Hilderic (523–31)
Gelimer (531–34)
End of Vandal Kingdom

Visigoths (in Gaul and Spain)[4]

Alaric (ca. 391–410)
Athaulf (410–15)
Sigeric (415)
Wallia (415–18)
Theoderic I (418–51)
Thorismund (451–53)
Theoderic II (453–66)
Euric (466–84)
Alaric II (484–507)
End of Visigothic Kingdom of Toulouse in Gaul
Gesalic (507–11)[5]
Amalaric (511–31)
Theoderic the Ostrogoth, regent for Amalaric (511–26)
Theoderic/Theudis (531–48)
Theodisclus (548–49)
Agila I (549–54)
Athanagild (revolted in 550) (551–68)
Liuva I (568–73)
Leovigild, brother of Liuva (569–86)
Reccared I (586–601)

Suevi (in Spain)[6]

Hermeric pre-419–438 (441)
Rechila (438–48)

4. The first section from *PLRE,* vol. 2.
5. The remainder from R. Collins, *Early Medieval Spain* (New York: St. Martin's, 1983), 299.
6. From Richard Burgess, University of Ottawa, private communication.

Rechiarius (448–56)
Maldras (warlord, 457–60)
Aioulfus (usurper, 457)
Framtane (warlord, 457–58)
Rechimund (Remismund?) (warlord, 459–64; king, 464–?)
Frumarius (warlord, 460–64)
Remismund (465–)[7]
Chararic (550s?)
Ariamir (558/9–)
Theodemir (–569/570)
Miro (570–83)
Eboric (583–84)
Audeca (584–85)
End of Suevic Kingdom

7. The remainder from Collins, *Early Medieval Spain,* 299.

APPENDIX 4

Glossary

adscripticius	"Enrolled person"; a type of *colonus*
advocatus	A legal specialist, often in the civil service
agens in rebus	An imperial agent
Arvernia	The territory of the city of Clermont
augustus	Senior emperor
auricularius	Royal official
caesar	Junior emperor
censualis	Official who kept property and tax records
clarissima femina	"Most distinguished woman"
colonus	Tenant farmer, usually tied to the soil
comes	"Comrade" (of the emperor), generally in the sense of "count," usually a high-ranking military officer
comes civitatis	"Count of the city," a city administrator
comes domesticorum	Also *comes domesticorum et protectorum:* "count of the domestics (and protectors)," commander of imperial bodyguards
comes rei militaris	"Count of military affairs," a general of field army units
comes rei privatae	"Count of the private purse," an imperial finance minister

comes sacrarum largitionum	"Count of the sacred largesses," an imperial finance minister
comitatenses	The imperial field army
comitatus	The imperial court
consiliaris	Royal counselor
consistorium	The emperor's advisory council
consul ordinarius	"Ordinary consul": Two were appointed yearly and gave names to the year.
consul suffectus	"Replacement consul" appointed later in the year; did not give name to the year
consularis	"Consular," provincial governor of intermediate rank
consulate	The period during which a consul was in office
corrector	Governor of a province in Italy
cura palatii	"Caretaker of the palace," an imperial official
curialis	Member of a local senate, a town councillor
cursus honorum	"Course of offices," the standard career path in secular or ecclesiastical service
decurio	Decurion: a member of a local senate, a town councillor
delator	"Betrayer": an informer
diocese	Large administrative unit consisting of several provinces
domesticus	Member of the imperial bodyguard or a royal court
dux	"Duke," a general of local militia
honestiores	Persons of privileged status
honoratus	A person with any claim to rank or status
humiliores	Persons of less privileged status
Ides	The fifteenth day of the month in March, May, July, and October; otherwise the thirteenth

indiction	A fifteen-year cycle, at the end of which the taxes were reassessed
inquilinus	Cottager, less privileged than a *colonus* on the social scale
iudex	"Judge"; usually a provincial governor
Kalends	The first day of the month
lacuna	A missing section of a text
legatus	An imperial or royal legate or ambassador
magister equitum	"Master of horse," imperial generalissimo second in seniority
magister militum	"Master of soldiers," an imperial generalissimo
magister militum per Gallias	"Master of soldiers in Gaul," imperial generalissimo third in seniority
magister officium	"Master of offices," akin to a prime minister
magister peditum	"Master of foot," imperial generalissimo first in seniority
magister utriusque militiae	"Master of both services," an imperial generalissimo commanding both cavalry and infantry
maior domus	"Mayor of the palace," a royal court official
militia	Any kind of secular or military service
municeps, municipalis	Member of a town council
Nones	The seventh day of the month in March, May, July, and October; otherwise the fifth
notarius	An imperial factotum, or a scribe
officialis	A secular official
originarius	"Native inhabitant," a *colonus* tied to the land
otium	"Leisure," along with *militia,* the goal of a Roman aristocrat
palatinus	A court official

patricius	Patrician, the highest nonimperial rank
plebeian	A free, humble person
potens	A person with *potentia*
potentia	Personal authority
praefectus praetorio	"Praetorian prefect," overseer of several dioceses
praefectus sacri cubiculi	"Prefect of the sacred bedchamber," a eunuch
praefectus urbi	"Prefect of the city," the administrator of Rome or Constantinople
praepositus	An overseer
praeses	Lowest-ranking governor of a province
prefecture	Very large administrative unit consisting of two or more dioceses
primicerius notariorum	"Chief of the notaries," an imperial official
proconsul	Highest-ranking provincial governor
protector	Member of the imperial bodyguard
protector et domesticus	Member of the imperial bodyguard
province	Smallest imperial administrative unit
puer	Often used to refer not to a child but to an individual in some kind of dependent position; "lad"
quaestor sacri palatii	"Quaestor of the sacred palace," the imperial "attorney general"
rationalis	Accountant
referendarius	Royal court official
res privata	Imperial property belonging to the emperor
sacrae largitiones	The imperial treasury
saecularis	A secular official, or more generally, person living in the secular world
scholasticus	A scribe, or, more generally, educated person

senator	A person with a claim to Roman aristocratic status
spatharius	"Sword-bearer" (of a barbarian king)
togatus	"Wearer of a toga"; a bureaucrat
tribunus (et notarius)	An imperial factotum
tributarius	Dependent person whose tax assessment falls upon the property owner
vicarius	"Vicar," administrator in charge of a diocese
v.c. = vir clarissimus	"Most distinguished gentleman," the lowest senatorial rank
v.i. = vir inlustris	"Illustrious gentleman," a high senatorial rank
v.s. = vir spectabilis	"Respectable gentleman," an intermediate senatorial rank

APPENDIX 5

Sources Quoted

	Chapter
Agroecius, *De orthographia, praef.*	1
Alcimus Ecdicius Avitus	
Epist. 46	5
Epist. 52	3
Epist. 57	1
Epist. 95	3
Anonyma, *Epist.* "Nis tanti seminis"	5
Anthologia latina 2.1	
No. 1447 (Epitaph of Eugenia of Marseille)	6
No. 700 (Epitaph of Celsa of Vienne)	3
No. 1365 (Epitaph of Caretena)	6
Auspicius of Toul, *Epist.* "Praecelso exspectabili"	1
Baudonivia, *De vita sanctae Radegundis*	6
Breviarium Alarici, praef.	4
Carmen de providentia divina 67–80	1
CIL 6:1754 (Inscription honoring Anicia Faltonia Proba)	1
CIL 12:481 (Epitaph of Eugenia of Marseille)	6
CIL 12:1272 (Epitaph of Bishop Eutropius of Orange)	5
CIL 12:2033 (Epitaph of Sapaudus, Rustica, and Rusticula of Vienne)	3
CIL 12:2090 (Epitaph of Dulcitia of Vienne)	6
CIL 13:128 (Epitaph of Nymfius)	2
CIL 13:1655 (Epitaph of Proba of Lyon)	3
CIL 13:2372 (Epitaph of Caretena)	6
CIL 13:8478 (Epitaph of Artemia of Cologne)	3
CIL 13:8482 (Epitaph of Leontius of Cologne)	3

CIL 13:10032.2 (Diptych of the consul Fl. Astyrius) 1
Codex Justinianus 2.21.8 3
Codex Theodosianus 2.16.3 3
Codex Theodosianus 3.7.1 3
Codex Theodosianus 15.14.14 4
Council of Epaon, can. 30 3
Council of Lyon, can. 1 3
Constantius of Lyon, *Vita Germani Autissiodorensis* 1 5
Dedicatory inscription of Attica 6
Diptych of the consul Fl. Astyrius 1
Dynamius, Epitaph of Eucheria and Dynamius 1
Epistulae Austrasicae 3 5
Epistulae Austrasicae 23 1
Epitaph of Artemia of Cologne 3
Epitaph of Caretena 6
Epitaph of Celsa of Vienne 3
Epitaph of Dulcitia of Vienne 6
Epitaph of Dynamius and Eucheria 1
Epitaph of Eugenia of Marseille 6
Epitaph of Eutropius of Orange 5
Epitaph of Felemoda *sive* Moda of Lyon 2
Epitaph of Leontius of Cologne 3
Epitaph of Mercurinus *sive* Cictato of Lyon 2
Epitaph of Nymfius 2
Epitaph of Proba of Lyon 3
Epitaph of Sapaudus, Rustica, and Rusticula of Vienne 3
Eucheria, *Poema* "Aurea concordi" 1
Eucherius of Lyon
De laude eremi 5
Instructiones ad Salonium, praef. 3
Eugippius, *Vita Severini* 3 6
Eutropius, *Liber de similitudine carnis peccati* 5
Faustus of Riez
De gratia 1.16 3
Epist. "Gratias ad vos" 4
Epist. "Tanta mihi" 4
Sermo in natali sancti Stephani 4
Formulae Arvernenses 1.a 4
Formulae Arvernenses 2 3

Francus, Paulus, Valerianus, Sisinnius, et alios,
Epist. "Patria gravi sumus" 4
Gelasius of Rome, *Epist.* "Ad cumulum vero" 6
Gennadius of Marseille
De viris inlustribus 92 Introduction
De viris inlustribus 99 Introduction
Gregory of Tours
Gloria martyrum 64 6
Gloria martyrum 79 5
Historiae 2.13 7
Historiae 2.17 6
Historiae 2.22–23 4
Historiae 2.28–31 6
Historiae 2.43 6
Historiae 3.2 6
Historiae 3.6–7 6
Historiae 3.12 6
Historiae 3.18 6
Historiae 3.22–23 7
Historiae 4.1 6
Historiae 4.12 2
Historiae 4.36 6
Historiae 4.46 2
Historiae 5.14 7
Historiae 7.44 7
Historiae 8.12 7
Historiae 8.33 7
Historiae 9.38 7
Historiae 9.39–43 7
Historiae 9.40, 42 6
Historiae 10.15 7
Historiae 10.25 7
Historiae 10.29 7
Hilary of Arles, *Epist.* "Cum me libellos" 3
Inscription honoring Anicia Faltonia Proba 1
Inscriptiones Christianae urbis Romae 2.151 (Dedicatory
inscription of Attica) 6
Jerome
Epist. 22 5

Epist. 123.16 4
Epist. 125.6 3
Lex Burgundionum 52 3
Licinius, Melanius, Eustochius, *Epist.* "Viri venerabilis" 7
Orosius, *Historia contra paganos* 7.43 4
Patrick, *Epist. ad Coroticum* 4
Paulinus of Nola, *Epist.* 44 5
Poema coniugis ad uxorem 1–2, 115–22 3
Praedestinatus 27 7
Querolus, praef. (1) 1
Querolus 2 (29–34) 4
Querolus 2.2 (47–64) 7
Querolus 2.4 (67–74) 2
Querolus 2.4 (75–76) 2
Remigius of Reims
Epist. "Paulus apostolus" 5
Epist. "Rumor ad nos" 4
Ruricius of Limoges
Epist. 1.3 3
Epist. 1.14 1
Epist. 2.8 2
Epist. 2.15 2
Epist. 2.24–25 3
Epist. 2.35 1
Epist. 2.51 2
Epist. 2.65 3
Rusticus, *Epist.* "Transcriptis exultanter" 1
Salvian of Marseille
Epist. "Legi libros tuos" 3
Epist. 1 5
Epist. 4 3
Sedatus Nîmes, *Epist.* "Equum quem" 1
Sidonius Apollinaris
Epist. 2.12 3
Epist. 3.13.1–2 3
Epist. 4.12.1–2 3
Epist. 4.12.2–3 2
Epist. 5.19 2
Epist. 6.4 2

Epist. 5.7.7 6
Epist. 6.8 2
Epist. 7.2 2
Epist. 8.11.3–13 7
Epist. 8.6.5 3
Subscription of the consul Turcius Rufius Apronianus Asterius 1
Sulpicius Severus
Chronicon 2.46–48 7
Vita Martini 2 3
Taurentius, *Epist.* "Litterae sanctitatis" 1
Venantius Fortunatus, "Vexilla regis prodeunt" 6
Verus of Orange, *Vita Eutropii* 5
Victorinus of Fréjus, *Epist.* "Cum beatitudinem vestram" 4
Vigilius of Trent, *Epist.* 2, "Ad sanctas aures" 5
Vita Apollinaris Valentiniensis 2 3
Vita Eutropii 5
Vita Genovefae 10, 12, 43 7
Vita Germani Autissiodorensis 1 5
Vita Lupicini 10 4
Vita Martini 2 3
Vita Radegundis 6
Vita Severini 3 6

Bibliography

Language and Literature

Auerbach, Erich. *Literary Language and Its Public in Late Antiquity and the Middle Ages.* Trans. Ralph Manheim. New York: Pantheon Books, 1965.

Baldwin, Barry. "Literature and Society in the Later Roman Empire." In *Literary and Artistic Patronage in Ancient Rome,* ed. Barbara K. Gold, 67–83. Austin: University of Texas Press, 1982.

Balme, M. G., and M. S. Warman. *Aestimanda: Practical Criticism of Latin and Greek Poetry and Prose.* London: Oxford University Press, 1965. Greek and Latin selections illustrating different stylistic and rhetorical usages.

Bergmann, Wilhelm. *Studien zu einer kritischen Sichtung der südgallischen Predigtliteratur des 5. und 6. Jahrhunderts.* Leipzig: Dieterich'sche Verlag, 1898; rpt. Aalen: Scientia Verlag, 1972.

Cameron, Averil. *Christianity and the Rhetoric of Empire: The Development of Christian Discourse.* Berkeley and Los Angeles: University of California Press, 1991.

Corsaro, Francesco. *Querolus: Studio introduttivo e commentario.* Bologna: R. Patron, 1965.

Courcelle, Pierre. *Les lettres grecques en Occident, de Macrobe à Cassiodore.* 2d ed. Paris: E. de Boccard, 1948. Translated by Harry E. Wedeck as *Late Latin Writers and Their Greek Sources* (Cambridge: Harvard University Press, 1969).

Cristiani, Léon. *Saint Eucher de Lyon: Du mépris du monde.* Paris: Nouvelles éditions latines, 1950.

Curtius, Ernst R. *Europäische Literatur und lateinisches Mittelalter.* 6th ed. Bern: Francke, 1967.

Dekkers, Eligius, and Aemilius Gaar, eds. *Clavis patrum latinorum, qua in novum corpus christianorum edendum optimas quasque scriptorum recensiones a Tertulliano ad Bedam.* 2d ed. Turnhout: Brepols, 1961.

Delehaye, Hippolyte. *Les passions des martyrs et les genres littéraires.* 2d ed. Brussels: Société des Bollandistes, 1966.

Duckett, Eleanor S. *Latin Writers of the Fifth Century.* New York: H. Holt, 1930; rpt. New York: Archon, 1969.

Duval, Paul-Marie. *La Gaule jusqu'au milieu du Ve siècle.* Paris: Editions A. et J. Picard, 1971.

Glover, Terrot R. *Life and Letters in the Fourth Century.* New York: G. E. Stechert, 1968.

Haadsma, R. A., and J. Nuchelmans. *Précis de latin vulgaire.* Oxford: J. B. Wolters, 1966. Discussion of aspects of vulgar Latin followed by selected passages through the seventh century with word usage notes.

Heinzelmann, Martin. "Neue Aspekte der biographischen und hagiographischen Literatur in der lateinischen Welt (1.–6. Jh)." *Francia* 1 (1973): 27–44.

Herrmann, L. "Querolus (Le Grognon)." *Latomus* 96 (1968): 67–167.

Janson, Tore. *Latin Prose Prefaces: Studies in Literary Conventions.* Studia Latina Stockholmensia 13. Stockholm: Ivar Haegström, 1964.

Kenney, E. J. *The Classical Text: Aspects of Editing in the Age of the Printed Book.* Berkeley and Los Angeles: University of California Press, 1974.

Laistner, Max L. W. *Thought and Letters in Western Europe, A.D. 500 to 900.* London: Methuen, 1931.

Lana, Italo. *Analisi del Querolus.* Turin: G. Giappichelli, 1979.

Lockwood, Dean F. "The Plot of the Querolus and the Folk-Tales of Disguised Treasure." *Transactions of the American Philological Association* 44 (1913): 215–32.

Loyen, Andre. *Sidoine Apollinaire et l'esprit précieux en Gaule aux derniers jours de l'empire.* Paris: Les Belles Lettres, 1943.

Manitius, Max. *Geschichte der lateinischen Literatur des Mittelalters.* Vol. 1: *Von Justinian bis zur mitte des zehnten Jahrhunderts.* Munich: C. H. Beck, 1911.

Mathisen, Ralph W. "The *Codex Sangallensis* 190 and the Transmission of the Classical Tradition." *International Journal of the Classical Tradition* 5 (1998): 163–94.

———. "Epistolography, Literary Circles, and Family Ties in Late Roman Gaul." *Transactions of the American Philological Society* 111 (1981): 95–109.

———. "The Theme of Literary Decline in Late Roman Gaul." *Classical Philology* 83 (1988): 45–52.

McKitterick, Rosamund, *The Carolingians and the Written Word.* Cambridge: Cambridge University Press, 1989.

Noble, Thomas F. X., and Thomas Head, eds. *Soldiers of Christ: Saints and Saints Lives from Late Antiquity and the Early Middle Ages.* University Park: Pennsylvania State University Press, 1995.

Peter, Hermann W. G. *Der Brief in der römischen Literatur.* Leipzig, 1901; rpt. Hildesheim: Olms, 1965.

Raby, Frederic J. E. *A History of Secular Latin Poetry in the Middle Ages.* Oxford: Clarendon, 1934.

Reynolds, L. D., and N. G. Wilson. *Scribes and Scholars: A Guide to the Transmission of Greek and Latin Literature.* Oxford: Clarendon, 1968.

Roberts, Michael. *The Jeweled Style: Poetry and Poetics in Late Antiquity.* Ithaca, N.Y.: Cornell University Press, 1989.

Rohlfs, G. *Sermo vulgaris latinus.* Tübingen: Max Niemeyer, 1969. Collection of passages with brief notes, through the seventh century.

Rusch, William G. *The Later Latin Fathers.* London: Duckworth, 1977.

Schanz, Martin. *Geschichte der römischen Litteratur bis zum Gesetzgebungswerk des Kaisers Justinians.* Part 4: *Die römische Litteratur von Constantin bis zum Gesetzgebungswerk Justinians.* 2d half: *Die Litteratur des fünften und sechsten Jahrhunderts.* Munich, 1920.

Smith, Thomas A. *De gratia: Faustus of Riez's Treatise on Grace and Its Place in the History of Theology.* Notre Dame, Ind.: University of Notre Dame Press, 1990.

Thompson, James Westfall. *The Literacy of the Laity in the Middle Ages.* Berkeley: University of California Press, 1939; rpt. New York: B. Franklin, 1960.

Wes, Marinus. "Gesellschaft und Literatur in der Spätantike." *Ancient Society* 18 (1987): 173–202.

Wright, Frederick Adam, and T. A. Sinclair. *A History of Later Latin Literature: From the Middle of the Fourth to the End of the Seventeenth Century.* New York: Macmillan, 1931; rpt. London: Dawson, 1969.

History and Society

Amory, Patrick. *People and Identity in Ostrogothic Italy, 489–554.* Cambridge: Cambridge University Press, 1997.

Arjava, Antti. *Women and Law in Late Antiquity.* Oxford: Clarendon, 1996.

Arnheim, M. T. W. *The Senatorial Aristocracy in the Later Roman Empire.* Oxford: Clarendon, 1972.

Arnold, Carl Franklin. *Caesarius von Arelate und die gallische Kirche von seiner Zeit.* Leipzig: J. C. Hinrichs, 1894; rpt. Leipzig: Zentralantiquariat der DDR, 1972.

Arsac, P. "La dignité sénatoriale au Bas-Empire." *Revue historique de droit français et étranger* 47 (1969): 198–243.

Balsdon, J. P. V. D. "Auctoritas, Dignitas, Otium." *Classical Quarterly* 10 (1960): 43–50.

Barnes, Timothy D. "Who Were the Nobility of the Roman Empire?" *Phoenix* 28 (1974): 444–49.

Barnish, Samuel J. "Transformation and Survival in the Western Senatorial Aristocracy, c. A.D. 400–700." *Papers of the British School at Rome* 56 (1988): 120–55.

Beck, Henry G. J. *The Pastoral Care of Souls in South-east France during the Sixth Century.* Analecta Gregoriana 51. Rome: Gregorian University, 1950.

Bosl, Karl. "On Social Mobility in Medieval Society: Service, Freedom, and Freedom of Movement as Means of Social Ascent." In *Early Medieval Society,* ed. S. L. Thrupp, 87–102. New York: Appleton-Century-Crofts, 1967.

Bowersock, G. W., Peter R. L. Brown, and Oleg Grabar, eds. *Late Antiquity: A Guide to the Postclassical World.* Cambridge, Mass.: Harvard University Press, 1999.

Brennan, Brian. "Senators and Social Mobility in Sixth-Century Gaul." *Journal of Medieval History* 11 (1985): 145–61.

Brown, Peter R. L. *Power and Persuasion in Late Antiquity: Towards a Christian Empire.* Madison: University of Wisconsin Press, 1992.

———. "The Rise and Function of the Holy Man in Late Antiquity." *Journal of Roman Studies* 61 (1971): 80–101.

———. *Society and the Holy in Late Antiquity.* Berkeley and Los Angeles: University of California Press, 1982.

———. *The World of Late Antiquity.* New York: Harcourt Brace Jovanovich, 1974.

Burns, T. S. *Barbarians within the Gates of Rome: A Study of Roman Military Policy and the Barbarians, ca. 375–425 B.C.* Bloomington: Indiana University Press, 1994.

Bury, John B. *History of the Later Roman Empire from the Death of Theodosius I to the Death of Justinian (A.D. 395 to A.D. 565).* 2d ed. London: Macmillan, 1923.

Cameron, Averil. *The Later Roman Empire.* Cambridge: Harvard University Press, 1993.

Charanis, Peter. "On the Social Structure of the Later Roman Empire." *Byzantion* 17 (1944–45): 39–57.

Curchin, Leonard. "Social Relations in Central Spain: Patrons, Freedmen, and Slaves in the Lives of a Roman Provincial Hinterland." *Ancient Society* 18 (1987): 75–89.

Dauge, Yves Albert. *Le barbare. Recherches sur la conception romaine de la barbarie et de la civilisation.* Collection Latomus 176. Brussels: Latomus, 1981.

Demougeot, Emilienne. "Le *conubium* dans les lois barbares du VIe siècle." *Recueil de memoires et travaux* 12 (1983): 69–82.

Dill, Samuel. *Roman Society in Gaul in the Merovingian Age.* London: Macmillan, 1926; rpt. New York: Barnes and Noble, 1970.

———. *Roman Society in the Last Century of the Western Empire.* 2d ed. London: Macmillan, 1921; rpt. New York: Meridian, 1958.

Duthoy, Robert. "Le profil social des patrons municipaux en Italie sous le haut-empire." *Ancient Society* 15–17 (1984–86): 121–54.

Fowden, Garth. *Empire to Commonwealth: Consequences of Monotheism in Late Antiquity.* Princeton: Princeton University Press, 1995.

———. "The Pagan Holy Man in Late Antique Society." *Journal of Hellenic Studies* 102 (1982): 33–59.

Gage, J. *Les classes sociales dans l'Empire romain.* Paris: Payot, 1964.

Gardner, Jane F. "Proofs of Status in the Roman World." *Proceedings of the Classical Association* 84 (1987): 15–16.

Garnsey, P. *Social Status and Legal Privilege in the Roman Empire.* Oxford: Clarendon, 1970.

Geary, Patrick. *Before France and Germany: The Creation and Transformation of the Merovingian World.* New York: Oxford University Press, 1988.

Genicot, Leopold. "The Nobility in Medieval *Francia:* Continuity, Break, or Evolution." In *Lordship and Community,* ed. F. L. Cheyette. New York: Holt-Rinehart-Winston, 1968.

Giardina, A., ed. *Societá romana e impero tardoantica.* Rome: Laterza, 1986.

Haarhoff, Theodore J. *Schools of Gaul: A Study of Pagan and Christian Education in the Last Century of the Western Empire.* London: Oxford University Press, 1920.

Harries, Jill. *Sidonius Apollinaris and the Fall of Rome, A.D. 407–485.* Oxford: Clarendon, 1994.

Heinzelmann, Martin. *Bischofsherrschaft in Gallien: Zur Kontinuität römischer Führungsschichten von 4. bis 7. Jahrhundert.* Munich: Artemis, 1976.

———. "Gallische Prosopographie 260–527." *Francia* 10 (1982): 531–718.

———. "Prosopographie et recherche de continuité historique: L'exemple des Ve-VIIe siècles." *Mélanges de l'Ecole Française de Rome. Moyen Age* 100 (1988): 227–39.

Hen, Yitzhak. *Culture and Religion in Merovingian Gaul, A.D. 481–751.* Leiden: Brill, 1995.

Hirschfield, Otto. "Die Rangtitel der römischen Kaiserzeit." *Sitzungsberichte der königlichen-preussischen Akademie der Wissenschaft* (Berlin) 25 (1901): 579ff.

Hohlfelder, Robert L., ed. *City, Town, and Countryside in the Early Byzantine Era.* New York: Columbia University Press, 1982.

Hopkins, M. K. "Elite Mobility in the Roman Empire." *Past and Present* 32 (1965): 12–26.

———. "Social Mobility in the Later Roman Empire: The Evidence of Ausonius." *Classical Quarterly* 11 (1961): 239–49.

James, Edward. *The Origins of France: From Clovis to the Capetians, 500–1000.* New York: St. Martin's, 1982.

Jones, Arnold H. M. *The Later Roman Empire, A.D. 284–640: A Social, Economic, and Administrative Survey.* Norman: University of Oklahoma Press, 1964.

Keenan, J. G. "The Names Flavius and Aurelius as Status Designations in Later Roman Egypt." *Zeitschrift für Papyrologie und Epigraphik* 11 (1973): 33–63; 13 (1974): 263ff.

Kellett, Frederick W. *Pope Gregory the Great and His Relations with Gaul.* Cambridge: Cambridge University Press, 1889.

King, P. D. *Law and Society in the Visigothic Kingdom.* Cambridge: Cambridge University Press, 1972.

Koch, P. *Die byzantinischen Beamtentitel von 400 bis 700.* Jena, 1903.

Langgärtner, Georg. *Die Gallienpolitik der Päpste im 5. und 6. Jahrhunderts. Eine Studie über den apostolische Vikariat von Arles.* Bonn: Peter Hanstein, 1964.

Larsen, Jakob A. O. "The Position of Provincial Assemblies in the Government and Society of the Late Roman Empire." *Classical Philology* 29 (1934): 209–20.

Lee, A. D. *Information and Frontiers: Roman Foreign Relations in Late Antiquity.* Cambridge: Cambridge University Press, 1993.

Löhken, H. *Ordines dignitatum: Untersuchungen zur formalen Konstituierung der spätantiken Führungsschicht.* Cologne: Bohlau, 1982.

Lütkenhaus, W. *Constantius III: Studien zu seiner Tätigkeit und Stellung im Westreich 411–421.* Bonn: Habelt, 1998.

MacMullen, Ramsay. "Social Mobility and the Theodosian Code." *Journal of Roman Studies* 54 (1964): 49–53.

Martindale, John R. *The Prosopography of the Later Roman Empire.* Vol. 2: *A.D. 395–527* Cambridge: Cambridge University Press, 1980.
Mathisen, Ralph W. "Crossing the Supernatural Frontier in Western Late Antiquity." In *Shifting Frontiers in Late Antiquity,* ed. Ralph W. Mathisen and H. Sivan, 309–20. Aldershot: Ashgate, 1996.
———. "The Ecclesiastical Aristocracy of Fifth-Century Gaul: A Regional Analysis of Family Structure." Ph.D. diss., University of Wisconsin, 1979.
———. *Ecclesiastical Factionalism and Religious Controversy in Fifth-Century Gaul.* Washington, D.C.: Catholic University of America Press, 1989.
———. "Emigrants, Exiles, and Survivors: Aristocratic Options in Visigothic Aquitania." *Phoenix* 38 (1984): 159–70.
———. "Emperors, Consuls, and Patricians: Some Problems of Personal Preference and Precedence." *Byzantinische Forschungen* 17 (1991): 173–90.
———. "Nature or Nurture: The Gallic Famine of circa A.D. 470." *Ancient World* 24 (1993): 91–105.
———. *Roman Aristocrats in Barbarian Gaul: Strategies for Survival in an Age of Transition.* Austin: University of Texas Press, 1993.
———. *Studies in the History, Literature, and Society of Late Antiquity.* Amsterdam: Adolf Hakkert, 1991.
Mathisen, Ralph W., and H. Sivan, eds. *Shifting Frontiers in Late Antiquity.* Aldershot: Ashgate, 1996.
Matthews, John F. *Western Aristocracies and Imperial Court, A.D. 364–425.* Oxford: Clarendon, 1975.
Morris, John. *The Age of Arthur: A History of the British Isles from 350 to 650.* New York: Scribner, 1973.
Murray, A. C. *Germanic Kinship Structure: Studies in Law and Society in Antiquity and the Early Middle Ages.* Toronto: Pontifical Institute of Medieval Studies, 1983.
Nicols, John. "Prefects, Patronage, and the Administration of Justice." *Zeitschrift für Papyrologie und Epigraphik* 72 (1988): 201–17.
Oost, Stewart I. *Galla Placidia Augusta: A Biographical Essay.* Chicago: University of Chicago Press, 1968.
Ostrogorsky, George. "Observations on the Aristocracy in Byzantium." *Dumbarton Oaks Papers* 25 (1971): 1–32.
Picard, G. C. "Observations sur la condition des populations rurales dans l'empire romain, en Gaule et en Afrique." *Aufstieg und Niedergang der römischen Welt* 2.3 (1975): 98–111.
Pietri, Charles. "Aristocratie et société cléricale dans l'Italie chrétienne au temps d'Odoacre et de Théoderic." *Mélanges des Ecole Française de Rome et de Athènes* 93 (1981): 417–67.
Pohl, Walter, and Helmut Reimitz, eds. *Strategies of Distinction: The Construction of Ethnic Communities, 300–800.* Leiden: Brill, 1998.
Pricoco, Salvatore. *L'isola dei santi. Il cenobio di Lerino e le origini dei monachesimo gallico* Rome: Edizioni dell'Ateneo et Bizzarri, 1978.
Prinz, Friedrich. *Frühes Mönchtum im Frankenreich. Kultur und Gesellschaft in*

Gallien, den Rheinlanden und Bayern am Beispiel der monastische Entwicklung (4.–8. Jahrhundert). Munich: Oldenbourg, 1965.

Ramage, E. S. *Urbanitas: Ancient Sophistication and Refinement.* Norman: University of Oklahoma Press, 1973.

Randers-Pehrson, Justine Davis. *Barbarians and Romans: The Birth Struggle of Europe, A.D. 400–700.* Norman: University of Oklahoma Press, 1983.

Reinhold, Meyer. "Usurpation of Status and Status Symbols in the Roman Empire." *Historia* 20 (1971): 275–302.

Reuter, Timothy, ed. *The Medieval Nobility: Studies on the Ruling Classes of France and Germany from the Sixth to the Twelfth Century.* Amsterdam: North Holland, 1979.

Reydellet, M. *La royauté dans la littérature latine de Sidoine Apollinaire à Isidore de Séville.* Rome: Ecole française de Rome, 1981.

Riché, Pierre. *Education et culture dans l'Occident barbare, VIe–VIIIe siécles.* Paris: Editions du Seuil, 1962. Trans. John Contreni as *Education and Culture in the Barbarian West, Sixth through Eighth Centuries* (Columbia: University of South Carolina Press, 1976).

Rouche, Michel. *L'Aquitaine des Wisigoths aux Arabes, 418–781: Naissance d'une région* Paris: Touzot, 1979.

Rousseau, Philip. *Ascetics, Authority, and the Church in the Age of Jerome and Cassian.* Oxford: Clarendon, 1978.

Seeck, Otto. *Geschichte des Untergangs der antiken Welt.* Vol. 6. Stuttgart: J. B. Metzler, 1920; rpt. 1966.

———. *Regesten der Kaiser und Päpste für die Jahre 311 bis 476 n. Chr. Vorarbeit zu einer Prosopographie der christlichen Kaiserzeit.* Stuttgart: J. B. Metzler, 1919.

Selle-Hosbach, Karin. *Prosopographie merowingischer Amtsträger in der Zeit von 511 bis 613.* Bonn: Selle-Hosbach, 1974.

Shanzer, Danuta. "Dating the Baptism of Clovis: The Bishop of Vienne vs the Bishop of Tours." *Early Medieval Europe* 7 (1998): 29–57.

Sprandel, Rolf. "Struktur und Geschichte des merowingischen Adels." *Historische Zeitschrift* 193 (1961): 33–71.

Stein, Ernst. *Geschichte des spätrömischen Reiches vom römischen zum byzantinischen Staate (284–476 n. Chr.).* Vienna: L. W. Seidel und Sohn, 1928. Trans. Jean-Rémy Palanque as *Histoire du Bas-Empire,* vol. 1: *De l'état romaine à l'état byzantine (284–476)* (Paris: Desclée de Brouwer, 1959; rpt. Amsterdam: A. M. Hakkert, 1968).

Stephenson, Carl. "The Common Man in Early Medieval Europe." *American Historical Review* 51 (1946): 419–38.

Stroheker, Karl F. *Der senatorische Adel im spätantiken Gallien.* Tübingen: Alma Mater, 1948; rpt. Darmstadt: Wissenschaftlichen Buchgesellschaft, 1970.

Sundwall, Johannes. *Abhandlungen zur Geschichte des ausgehenden Römertums.* Helsinki: Centraltryckeri och Bokbinderi Aktiebolag, 1919; rpt. New York: Arno Press, 1975.

———. *Weströmische Studien.* Berlin: Mayer and Müller, 1915.

Thompson, Edward A. *Romans and Barbarians: The Decline of the Western Empire.* Madison: University of Wisconsin Press, 1982.

———. *Saint Germanus of Auxerre and the End of Roman Britain.* Woodbridge: Boydell Press, 1984.

Van Dam, Raymond. *Leadership and Community in Late Antique Gaul.* Berkeley and Los Angeles: University of California Press, 1985.

Wallace-Hadrill, John M. *The Long-Haired Kings, and Other Studies in Frankish History.* New York: Barnes and Noble, 1962.

Webster, Leslie, and Michelle Brown, eds. *The Transformation of the Roman World, A.D. 400–900.* Berkeley and Los Angeles: University of California Press, 1997.

Whittaker, C. R. *Frontiers of the Roman Empire: A Social and Economic Study.* Baltimore: Johns Hopkins University Press, 1994.

Wickham, Chris J. *Early Medieval Italy: Central Power and Local Society, 400–1000.* Totowa, N.J.: Barnes and Noble, 1981.

Corpora of Inscriptions

Allmer, A., and P. Dissard, eds. *Musée de Lyon: Inscriptions antiques.* 4 vols. Lyon, 1888–94.

Dessau, H., ed., *Inscriptiones latinae selectae.* 2d ed. 5 vols. Berlin: Weidmann, 1954–55.

Diehl, E., ed. *Inscriptiones latinae christianae veteres.* Berlin, 1925–31.

Espérandieu, E., ed. *Inscriptions latines de Gaule (Narbonnaise).* Paris, 1929.

Gauthier, N., ed. *Recueil des inscriptions chrétiennes de la Gaule.* Vol. 1: *Prémière Belgique.* Paris: Centre national de la recherche scientifique, 1975.

Hirschfeld, O., ed. *Corpus inscriptionum latinarum.* Vol. 12: *Inscriptiones Galliae Narbonensis latinae.* Berlin, 1888.

Hirschfeld, O., C. Zangenmeister, A. von Domaszewski, O. Bohn, and E. Stein, eds. *Corpus inscriptionum latinarum.* Vol. 13: *Inscriptiones Trium Galliarum et Germaniarum latinae.* Berlin, 1899–1943.

Le Blant, E., ed. *Inscriptions chrétiennes de la Gaule antérieures au VIIIe siècle.* Paris, 1856–65.

Wieullemier, P., ed. *Inscriptions latines des Trois Gaules, Gallia.* Supp. 17. Paris: Centre national de la recherche scientifique, 1963.

Sources in Translation

Adelson, Howard L., ed. *Medieval Commerce.* Princeton: Van Nostrand, 1962.

Ambrose. *Letters.* Trans. Mary Melchior Beyenka. New York: Fathers of the Church, 1954.

Ammianus Marcellinus. *Ammianus Marcellinus.* Trans. John C. Rolfe. 3 vols. London: Loeb, 1963.

———. *The Roman History of Ammianus Marcellinus.* Trans. C. D. Yonge. London: Bohn, 1887.

Augustine. *Commentary on the Lord's Sermon on the Mount with Seventeen Related Sermons.* Trans. Denis J. Kavanagh. New York: Fathers of the Church, 1951.

———. *Concerning the City of God against the Pagans.* Trans. David Knowler. London: Penguin, 1972.

———. *Confessions.* Trans. R. S. Pine-Coffin. London: Penguin, 1961.

———. *The Happy Life, Answer to Skeptics, Divine Providence and the Problem of Evil, Soliloquies.* Trans. Ludwig Schopp et al. New York: Cima, 1948.

———. *Letters.* Trans. Wilfrid Parsons. New York: Fathers of the Church, 1951–89.

———. *On Christian Doctrine.* Trans. D. W. Robertson. New York: Bobbs-Merrill, 1958.

———. *On Free Choice of the Will.* Trans. Anna S. Benjamin and L. H. Hackstaff. New York: Bobbs-Merrill, 1964.

———. *Treatises on Various Subjects: The Christian Life, Against Lying, Continence, Patience, The Excellence of Widowhood, The Work of Monks, The Usefulness of Fasting, The Eight Questions of Dulcitius.* Trans. Mary Sarah Muldowney et al. New York: Fathers of the Church, 1952.

Ausonius. *Ausonius: With an English Translation.* Trans. Hugh G. Evelyn White. 2 vols. London: Loeb, 1919.

Bachrach, Bernard S., trans. *Liber historiae Francorum.* Lawrence: Coronado Press, 1973.

Brentano, Robert, ed. *The Early Middle Ages, 500–1000.* New York: Free Press, 1964.

Brittain, F., ed. *Penguin Book of Latin Verse.* London: Penguin, 1962.

Caesarius of Arles. *Caesarius of Arles: Life, Testament, Letters.* Trans. W. Klingshirn. Liverpool: Liverpool University Press, 1994.

———. *The Rule for Nuns of Caesarius of Arles: A Translation with a Critical Introduction.* Trans. C. McCarthy. Washington, D.C.: Catholic University of America Press, 1960.

———. *Sermons.* Trans. Mary Magdeleine Mueller. Vols. 1–2. New York: Fathers of the Church, 1956.

Cantor, Norman F., ed. *The Medieval Reader.* New York: Harper-Collins, 1994.

Cassian, John. *The Works of John Cassian.* Trans. Edgar C. S. Gibson. New York, 1894.

Cassiodorus. *An Introduction to Divine and Human Readings.* Trans. L. W. Jones. New York: Columbia University Press, 1946.

———. *The Letters of Cassiodorus, being a Condensed Translation of the Variae Epistolae of Magnus Aurelius Cassiodorus Senator.* Trans. Thomas Hodgkin. London: H. Frowde, 1886.

———. *The Variae of Magnus Aurelius Cassiodorus Senator.* Trans. S. J. B. Barnish. Liverpool: Liverpool University Press, 1992.

Claudian. *Claudian's Panegyric on the Fourth Consulate of Honorius.* Trans. William Barr. Liverpool: Liverpool University Press, 1981.

Drew, Katherine F., trans. *The Burgundian Code: Book of Constitutions or Law of Gundobad. Additional Enactments.* Philadelphia: University of Pennsylvania Press, 1949.

———. *The Laws of the Salian Franks.* Philadelphia: University of Pennsylvania Press, 1991.

———. *The Lombard Laws.* Philadelphia: University of Pennsylvania Press, 1973.

Ennodius. *The Life of Saint Epiphanius by Ennodius.* Trans. G. M. Cook. Washington, D.C.: Catholic University, 1942.

Eugippius. *The Life of S. Severinus by Eugippius.* Trans. George W. Robinson. Cambridge, Mass.: Harvard University Press, 1914.

———. *Leben des heiligen Severin.* Trans. Ludwig Bieler. Washington, D.C.: Catholic University of America Press, 1965.

Eusebius of Caesarea. *Eusebius' Praeparatio Evangelica: Selections from Gaisford's Text.* Trans. J. Edwin de Hirsch-Devine. Lampeter, 1904.

———. *The History of the Church from Christ to Constantine.* Trans. G. A. Williamson. New York: Penguin, 1989.

Fairley, W., trans. *Notitia Dignitatum or Register of Dignitaries.* In *Translations and Reprints from the Original Sources of European History,* vol. 6, no. 4. Philadelphia: University of Pennsylvania Press, 1900.

Fredegarius. *The Fourth Book of the Chronicle of Fredegar with Its Continuations.* Trans. J. M. Wallace-Hadrill. London: Greenwood, 1960.

Fremantle, Anne, ed. *A Treasury of Early Christianity.* New York: Viking, 1953.

Geary, Patrick J., ed. *Readings in Medieval History.* Peterborough, Ont.: Broadview, 1989.

Gennadius. *Jerome and Gennadius, Lives of Illustrious Men.* Trans. E. C. Richardson. New York, 1892.

Gordon, Colin D. *The Age of Attila: Fifth-Century Byzantium and the Barbarians.* Ann Arbor: University of Michigan Press, 1966.

Gregory of Tours. *Glory of the Confessors.* Trans. Raymond Van Dam. Liverpool: Liverpool University Press, 1988.

———. *Glory of the Martyrs.* Trans. Raymond Van Dam. Liverpool: Liverpool University Press, 1988.

———. *The History of the Franks.* Trans. Lewis Thorpe. London: Penguin, 1974.

———. *The History of the Franks by Gregory of Tours.* Trans. O. M. Dalton. Vol. 2. Oxford: Clarendon, 1927.

———. *History of the Franks by Gregory, Bishop of Tours: Selections, Translated with Notes.* Trans. Ernest Brehaut. New York: Norton, 1969.

———. *Life of the Fathers.* Trans. Edward James. Liverpool: Liverpool University Press, 1985.

Henderson, E. F. *Select Historical Documents of the Middle Ages.* London: Bell, 1892.

Hillgarth, J. N., ed. *The Conversion of Western Europe, 350–750.* Englewood Cliffs, N.J.: Prentice-Hall, 1969.

Hoare, F. R., trans. *The Western Fathers: Being the Lives of Martin of Tours, Ambrose, Augustine of Hippo, Honoratus of Arles, and Germanus of Auxerre.* Trans. F. R. Hoare. New York: Sheed and Ward, 1954.

John the Lydian. *On the Magistracies of the Roman Constitution.* Trans. T. F. Carney. Lawrence: Coronado, 1971.

Jordanes. *The Origin and Deeds of the Goths.* Trans. C. C. Mierow. Princeton: Princeton University Press, 1915.

Justinian. *The Digest of Roman Law: Theft, Rapine, Damage, and Insult.* Trans. C. F. Kolbert. London: Penguin, 1979.

Leo the Great. *The Letters and Sermons of Leo the Great.* Trans. C. Feltoe. New York, 1895.

Maas, Michael. *Readings in Late Antiquity: A Sourcebook.* London: Routledge, 2000.

Mathisen, Ralph W. *Ruricius of Limoges and Friends: A Collection of Letters from Visigothic Aquitania.* Liverpool: University of Liverpool Press, 1999.

McDermott, William C., ed. *Monks, Bishops, and Pagans: Christian Culture in Gaul and Italy, 500–700. Sources in Translation Including the World of Gregory of Tours.* Philadelphia: University of Pennsylvania Press, 1975.

McHugh, Michael P., trans. *The Carmen de Providentia Dei Attributed to Prosper of Aquitaine.* Washington, D.C.: Catholic University of America Press, 1964.

McNamara, Jo Ann, John E. Halborg, and E. Gordon Whatley, trans. *Sainted Women of the Dark Ages.* Durham, N.C.: Duke University Press, 1992.

Mendell, C. W., ed. *Latin Poetry Before and After.* Hamden, Conn.: Archon, 1970.

Murray, Alexander C. *From Roman to Merovingian Gaul: A Reader.* Peterborough, Ont.: Broadview, 2000.

Nestorius. *The Bazaar of Heracleides.* Trans. G. R. Driver. Oxford: Clarendon, 1925.

Nixon, C. E. V., and Barbara Saylor Rodgers, trans. *In Praise of Later Roman Emperors.* Berkeley: University of California Press, 1994.

Orientius of Auch. *The Commonitorium of Orientius.* Trans. M. D. Tobin, Washington, D.C.: Catholic University, 1945.

Paul the Deacon. *History of the Langobards.* Trans. W. D. Foulke. New York: Longmans-Green, 1907.

Paulinus of Nola. *The Letters of St. Paulinus of Nola.* Trans. P. G. Walsh. 2 vols. Westminster, Md.: Newmann, 1966–67.

Peter Chrysologus. *Selected Sermons* (with Saint Valerian, *Homilies).* Trans. George F. Ganss. New York: Fathers of the Church, 1953.

Pharr, Clyde, trans. *The Theodosian Code and Novels and the Sirmondian Constitutions.* Princeton: Princeton University Press, 1952.

Pomerius, Julianus. *The Vita Contemplativa of Julianus Pomerius.* Trans. Mary Josephine Suelzer. Westminster, 1947.

Procopius. *Procopius. History of the Wars.* Trans. H. B. Dewing. London: Loeb, 1914.

Rivers, Theodore J., trans. *Laws of the Alamans and Bavarians.* Philadelphia: University of Pennsylvania Press, 1977.

———. *Laws of the Salian and Ripuarian Franks.* New York: AMS, 1986.

Salvian of Marseille. *On the Government of God.* Trans. Eva M. Sanford. New York: Columbia University Press, 1930.

———. *The Writings of Salvian, the Presbyter.* Trans. Jeremiah F. O'Sullivan. New York: Cima, 1947.

Sidonius Apollinaris. *The Letters of Sidonius.* Trans. O. M. Dalton. 2 vols. Oxford: Clarendon, 1915.

———. *Poems and Letters.* Trans. W. B. Anderson. 2 vols. London: Loeb, 1936, 1965.

Stevenson, J., ed. *Creeds, Councils, and Controversies: Documents Illustrative of the History of the Church, A.D. 337–461.* New York: Seabury, 1966.

Sulpicius Severus. *The Works of Sulpicius Severus.* Trans. Alexander Roberts. New York, 1894.

Thatcher, Oliver J., and Edgar H. McNeal, eds. *A Source Book for Medieval History.* New York: Scribner, 1905.

Theophanes. *The Chronicle of Theophanes: An English Translation of "anni mundi 6095–6305" (A.D. 602–813).* Trans. Harry Turtledove. Philadelphia: University of Pennsylvania Press, 1982.

Tyconius. *The Book of Rules of Tyconius.* Trans. F. C. Burkitt. Cambridge: Cambridge University Press, 1894.

Venantius Fortunatus. *Venantius Fortunatus: Personal and Political Poems.* Trans. Judith George. Liverpool: Liverpool University Press, 1995.

Vincentius of Lérins. *The Commonitory of Vincent of Lérins.* Trans. C. A. Heurtley. New York: Cima, 1894.

E. Walford, trans. *The Greek Ecclesiastical Historians of the First Six Centuries of the Christian Era.* 6 vols. London: Bagster, 1843–46. Eusebius, vols. 1–2, Socrates Scholasticus, vol. 3, Sozomen, vol. 4, Theodoret, vol. 5, Evagrius, vol. 6.

Walsh, Gerald G., et al., trans. *Niceta of Remesiana, Writings. Sulpicius Severus, Writings. Vincent of Lerins, Commonitories. Prosper of Aquitaine, Grace and Free Will.* Washington, D.C.: Catholic University of America Press, 1949.

Zachariah. *The Syriac Chronicle Known as That of Zachariah of Mytilene.* Trans. F. J. Hamilton and E. W. Brooks. London: Methuen, 1899.

Zosimus. *The History of Count Zosimus.* Trans. J. Davis, W. Green, and T. Chaplin. London: Methuen, 1814.

———. *The New History.* Trans. Ronald T. Ridley. Sydney: Australian Association for Byzantine Studies, 1982.

Index

Abbreviations, 12
Abednego, 119
Abishag the Shunammite, 133
Abortion, 174
Abraham, monk, 98
Abraham, patriarch, 130
Ab urbe condita, 14
Abusio, 9
Academy, 23
Accents, 33
Accusative absolute, 5
Achilles, Greek hero, 97
Acta sanctorum, ix
Actio gratiarum, 49
Actio repetundarum, 49
Acts of the Apostles, 132, 183
Adam, first man, 54
Adiunctio, 8
Adnominatio, 7
"Ad sanctas aures," 114
Adultery, 78, 187, 189
Adventus, ceremony of, 160
Adversus avaritiam, 70
Adversus Nestorium, 4
Adversus omnes haereses, 4
Adversus Pelagium, 4
Advocatus, 135
Aegean Sea, 51
Aeneas, vinekeeper, 193
Aeneid, 30, 33, 59–60
Aeonius of Arles, 49–50
Aetius, grandson of Remigius, 195
Aetius, master of soldiers, 19
Africa, North, 15, 118, 149, 190
Agamemnon, Greek hero, 97
Agapitus, consul, 77, 84
Agathimerus, grandson of Remigius, 195
Agericus of Verdun, 183
Agnes, abbess, 160–62
Agricola, grandson of Remigius, 192, 194, 196
Agricola, son of Avitus, 61
Agrippa, general of Augustus, 154
Agrippina (Cologne), 142
Agrippina, wife of Germanicus, 154
Agroecius, grammarian, 23
Agroecius of Sens, 23
Alamanni, 101, 150, 156
Alans, 101
Alaric, slave, 194
Alaric II, Visigothic king, 15, 109–10
Albofleda, sister of Clovis, 156
Albovichus, servant, 193
Album, 47
Alcima, daughter of Sidonius, 148–50
Alexander, martyr, 118
Alexandria, 98
Allegory, 9
Alliteration, 37, 66
Alps, 101
Alsatia (Alsace), 183

Amanda, wife of Aper, 139–40
Amantius, dependent, 194
Amantius, merchant, 46–49, 143
Ambiani (Amiens), 101
Ambrose of Milan, 1, 27
Ambrosius, dependent, 195
Ammianus Marcellinus, historian, 134
Ammonites, 131
Amnii, family, 21
Amorinus, slave, 193
Anacreontics, 84
Anadiplosis, 10
Anagnia, 115
Ananias, 161, 163
Anastasius, emperor, 126
Anastasius, priest, 51
Anastrophe, 9
Andarchius, ex-slave, 58–60
Andecavi (Angers), 184
Angels, 136, 179, 182
Angers, 50
Anianus, *vir spectabilis,* 110
Anicii, family, 21
Anicium (Le Puy), 185–86
Anno domini, 15
Anthimus, author, 1
Antichrist, 185
Antiope, wife of Theseus, 49
Antiphrasis, 9–10
Antistrophe, 7
Antithesis, 7, 37, 66
Antolianus, martyr, 149–50
Antonomasia, 9
Aper, monk, 140
Aphrodite, goddess, 97
Apocalypse, 136
Apollinaris, martyr, 196
Apollinaris, son of Sidonius, 66, 72–75, 148–49, 159
Apollinaris, uncle of Sidonius, 51–52
Apollinaris of Valence, 79–81
Apollo, god, 67, 182
Aporia, 8
Aposiopesis, 8
Apostates, 99–100
Apostles, 90
Apostrophe, 7, 93, 95, 97, 122
Apparatus, textual, 6
Aquitania, 101, 126, 135
Arabia, 152
Arator, poet, 1
Arausio (Orange), 121
Arbiter, comic character, 41, 54–55
Arbogastes, count, 33–35
Arbogastes, master of soldiers, 35
Arcadius, son of Apollinaris, 150, 158–59
Archaism, 74
Archetype, 11
Aredius, abbot, 179
Aregildus, dependent, 194
Argentoratum (Strasbourg), 101
Arianism, 124, 126–28, 157
Arigius, father of Arbogastes, 34–35
Arion, minstrel, 66–67
Aristeides of Miletus, 49
Aristocrats, 18, 22, 24, 40–42, 46, 94, 114, 130, 142, 144, 147–48, 170, 175, and passim
Arius, heresiarch, 98
Arles, 18, 65, 70, 160–61, 185
Arnobius Junior, 173
Artemia of Cologne, 63
Articulus, 7
Arvernia, 110–11, 113, 149, 170, 180
Asmodaeus, demon, 133
Assur, 101
Asterius, Turcius Rufius Apronianus, consul, 19–20
Astrology, 178, 190
Astyrius, consul, 18, 65
Asyndeton, 8
Athaulf, Visigothic chieftain, 102
Athens, 49
Atlantic Ocean, 101
Attica, wife of Felix, 145–46
Attila, king of Huns, 169
Attius Tiro Delphidius, rhetor, 175
Attrebatae (Arras), 101
Audientia, 75
Augustan period, 2
Augustine of Hippo, 1, 26–27

Augustus, emperor, 102
Auliatena, wife of Catussio, 195
Aunegilda, a Burgundian, 82–83
"Aurea concordi," 37
Aurelianus, son of Ruricius, 67
Aurelius of St-Paulien, 185
Aureus, 60
Auspiciola, daughter of Salvian, 90
Auspicius of Toul, 1, 33, 167
Auspicius of Trier, 34
Austrapius, duke, 164
Auvergne, 48, 57–58, 87, 89
Auxerre, 134
Avila, 174
Avitus of Clermont, 150
Avitus of Vienne, ix, 1, 29–31, 33, 60, 68, 74, 79, 81, 123–24

Bacchus, god, 75
Balthamodus, lover of Aunegilda, 82–83
Bandits, 78, 94, 98, 100, 162, 191
Baptism, 65, 99–101, 120, 123, 125–26, 155–57, 162, 193
Barbaria, 102
Barbarians, x, 4, 33, 69, 84, 94, 99, 101–2, 122–23, 142, 154, 192
Barbarian settlement, 1, 113
Barbaricum, 102
Barbarism, 30–31, 102
Basilius, consul, 19, 45, 145
Basina, daughter of Chilperic, 186, 188–89
Bathsheba, 133–34
Baudoleifus, *colonus,* 193
Baudonivia, nun, 163
Baudorosera, dependent, 195
Baudovicus, *colonus,* 193
Bebrimodus, vinekeeper, 194
Belgica Secunda, 108–9
Belgium, 135
Benjamin, tribe of, 139
Bertecharius, king of Thuringians, 159
Bethlehem, 102
Betrothal, 83
Béziers, 170–71
Bible, 133, 147; Itala, 1, 130; Vulgate, 1, 130
Biography, 3
Bishops, 33, 78, 81, 110, 119, 160–61, 171, 180, 187, and passim; selection of, 36, 104, 134, 148–49, 180
Bituriges (Bourges), 150, 185–86
Book lending, 26
Bordeaux, 174
Breviarium Alarici, 86, 109
Brinnacum, villa, 59
Briseis, concubine of Agamemnon, 97
Britain, 99, 171
Brittany, 135, 171, 173
Brittobaude, slave, 194
Briva (Brioude), 179–80
Briva Curretia (Brive), 75–76
Brunhilde, queen of Franks, 167
Burdigala (Bordeaux), 174
Burgundian Code, 82
Burgundians, 79, 82, 84, 98, 101, 108, 151, 153, 157
Byzantine Empire, 15, 126

Cabrières, 170
Cadurci (Cahors), 150
Caesar, 141
Caesaria, abbess, 160–61
Caesaria, dependent, 195
Caesarius of Arles, 1, 160–61
Calumniae, 53
Camels, 131
Capalinus, dependent, 194
Caper, grammarian, 23–24
Capital punishment, 95, 138, 174
Caprasius, monk, 139
Captives, captivity, 50, 78, 100–101, 103–6, 109, 141–42, 144, 159, 165, 181
Capua, 74
Caretena, Burgundian queen, 151–53
Caritas, 82, 85
Carmen de providentia dei, 21
Carolingian period, 3
Cassiodorus, author, ix
Cassius, martyr, 51

Castor of Chartres, 106–7
Castration, 190
Castrum Biterrense, 171
Catachresis, 9
Catarigum, 196
Catechumen, 65
Catholic faith, 127–28, 135, 173, 192
Catihernus, priest, 171
Catiline, conspirator, 191
Cattusio, vinekeeper, 195
Celsa of Vienne, 76
Celsus, friend of Ruricius, 28, 30
Celsus, kidnapping victim, 136
Celts, 101, 173
Cenomanni (Le Mans), 184
Censuales, 65
Censurius of Auxerre, 52–53
Census, 14
Cerasia, 122
Ceratius, son of Heraclius, 69
Ceraunia, widow, 54
Ceremony, lustral, 117
Cesurnicum, villa, 194–95
Châlons-sur-Marne, 195
Character assassination, 72
Charibert, Frankish king, 162, 181, 186
Charitable activity, 98, 109, 145, 158, 187
Chartae, 27, 86, 96, 111
Chastity, 92, 157–58
Chiasmus, 10
Childebert I, Frankish king, 150, 158–60, 170
Childebert II, Frankish king, 183, 188–89
Children, 60–61, 86, 89, 134, 154–55, 157, 190, and passim
Chilperic I, Frankish king, 162, 182
Chilperic II, Burgundian king, 107–8, 154
Chlodomer, Frankish king, 156–58
Chlodovaldus, son of Chlodomer, 157
Chlothar I, Frankish king, 158–62, 164, 170
Christ, 15, 35, 37, 50, 61, 63, 69, 71, 79, 91–92, 98–100, 104, 108, 115–17, 120–21, 125, 130–31, 133, 137, 139–41, 143, 148, 151, 153, 156, 161–62, 164–66, 169, 171–72, 184–86, and passim
Christianity, x, 1, 16, 25, 42, 99–100, 113–14, 119, 128–29; conversion to, 91, 101, 114, 119–20, 122–24, 154–55, 157; Nicene, 114, 124, 127, 154
Christmas, 15, 126
Christogram, 63–64, 196
Chronicles, 3
Chronicon paschale, ix
Chronology, 3
Church construction, 116, 145–47, 149, 153, 164
Cibyrates, brothers, 154
Cicero, orator, 2, 6, 23, 97, 129
Cictato, 44–45
Circe, temptress, 30
Circumitio, 9
Cispiciolus, *colonus,* 195
Civitas Arvernorum, 112
Clarissima femina, 146
Clarusmons, 111–12
Claudius, priest, 135–36
Claudius Mamertinus, 139
Clermont, 3–4, 46, 48, 51, 87, 98, 110, 112, 148, 150, 159, 180
Clients, 57
Climax, 8
Clotilde, nun, 186–89
Clotilde, wife of Clovis, 154–59
Clovis I, Frankish king, 108, 123–24, 126, 135, 154–56, 159, 193
Code of Justinian, 86
Codex Berolinensis Phillips 1743, 81
Codex Carnotensis 16, 119
Codex Coloniensis 212, 81
Codex Lugdunensis 111, 30, 124
Codex Lugdunensis 535, 68, 74
Codex Monacensis Latinus 5508, 171
Codex Palatinus Latinus 869, 33, 108, 135
Codex Parisinus Latinus 2832, 39, 151

Codex Parisinus Latinus 4697, 87, 110
Codex Parisinus Latinus 8071, 37
Codex Parisinus Latinus 8440, 37
Codex Parisinus Latinus 9550, 69
Codex Parisinus Latinus 12097, 107
Codex Parisinus Latinus 13344, 122
Codex Sangallensis 187, 84
Codex Sangallensis 190, 26, 28, 49, 53, 66, 75–76, 85, 103–5, 130
Codex Sessorianus 77, 24, 69
Codex Valencensis 387, 37
Codex Vindobonensis 277, 37
Codex Vossianus F 82, 37
Codicils, 192
Codicology, 10
Cognomen, 13
Cologne, 64
Colon, 7
Coloni, 193
Columba, St., 1
Columbanus, St., 1
Comagenis, in Noricum, 148
Comedy, 22, 66, 94, 97
Comes, 19, 103
Comes domesticorum, 20
Comes et magister equitum, 119
Comes rei militaris, 19
Comes rei privatae, 20
Comitatenses, 19
Commendations, 143
Commodian, poet, 1
Common era, 15
Commonitorium, 70, 139
Communion, 79, 82, 171–73, 195
Commutatio, 8
Conception, 131
Conclusio, 8
Concubines, 97
Conduplicatio, 8, 119
Confessors, 117, 179
Conhospitae, 172
Coniunctio, 8
Conjunctions, 5
Conpar, 7
Conplexio, 7
Consistorium, 19
Constans, lector, 51–52
Constantine I, emperor, 156
Constantine III, emperor, 139
Constantinople, 20, 190
Constantius, son of Ruricius, 67, 75–76
Constantius II, emperor, 64–65
Constantius of Lyon, hagiographer, 86, 134, 143
Consularis, 19
Consulate: honorary, 14, 19; ordinary, 14, 18–19; suffect, 14, 19
Consuls, 14, 18, 65
Contentio, 7
Contestatiuncula, 110–11
Continuatio, 7
Contrarium, 7
Conversio, 7
Cornelius Sisenna, translator, 49
Coroticus, bandit, 98–101
Corpus christianorum, ix
Corpus scriptorum ecclesiasticorum Latinorum, ix
Correctio, 8
Council of Agde, 28
Council of Epaon, 78
Council of Lyon, 81–82
Council of Orléans, 173
Councillors, municipal, 41–42
Councils: church, 79, 187, 189; municipal, 43, 47; provincial, 43
Crona, daughter of Chilperic, 154
Cultural change, 2
"Cum beatitudinem vestram," 105
"Cum me libellos," 71
Cupiditas, 36
Current era, 15
Cursus honorum, 20–21
Curule chair, 18
Cyprian, 26
Cyprus, 174
Cytheris, courtesan, 97

Daedalus, inventor, 30
Daemonium meridianum, 121, 180
Daero, wife of Amantius, 194

Dagalaifus, *colonus,* 193
Dagarasera, dependent, 195
Dagaredus, *colonus,* 193
Damasus, pope, 1
Danube River, 148
Dasovinda, daughter of Amantius, 194
Dating: *ab urbe condita,* 14; by indictions, 14, 44, 46, 145; Christian era, 15; consular, 14, 44–46, 63, 77–78, 84, 86–87, 103, 112, 145, 152, 196; conventions, 14; provincial, 15; regnal, 15, 110
Dauveus, *vir clarissimus,* 196
David, Jewish king, 133, 168
Deacons, 195
De Apocalypsi beati Ioannis, 4
Decimus, 13
Decreta, 90
Dedimia, abbess, 163
De dubiis generibus, 24
Defensor civitatis, 89–90
De fide, 4
Definitio, 8
De gubernatione dei, 70
De inventione, 6
De latinitate, 24
De laude eremi, 136–37
Delphi, 182
Delphinus of Bordeaux, 174
De mille annis, 4
Demons, 151, 178–80, 183
Denominatio, 9
De orthographia, 23–24
Deoteria, 169–70
De scriptoribus ecclesiasticis, 3
Desert, 137
De spiritalis intellegentiae, 24
Devil, 117–18, 120, 163–65, 185–86, 188
Devinctissimus, 67
De viris inlustribus, 3–4
Dictionaries, 6
Diocesis, 194
Dionysius Exiguus, 15
Dionysius of Paris, 179
Dionysus, god, 67, 76
Diptych, 18, 65
Disiunctio, 8
Dis manibus, 12, 16
Dissolutio, 8
Distributio, 10
Dithyramb, 67
Divination, 182
Dominus noster, 13
Domus ecclesiae, 151
Dracontius, 1
Droctulfus, lover of Septimima, 183
Dubitatio, 8
Ductio, *colonus,* 193
Duke of Armorica, 135
Dulcitia of Vienne, 145
Dynamius, grandson of Eucheria, 38–39
Dynamius, patrician, 37–39

Easter, 84, 107
Eclogues, 31
Edoveifa, dependent, 194
Education, 24, 58, 65–66, 69–70, 90, 97, 134, 143
Egeria, pilgrim, 1
Egypt, 132, 139
Elegaic couplets, 21, 37, 42, 84, 121, 144
Elision, 167
Elites, 40, 144, and passim
Emancipation, 77, 84, 193
Ennodius of Pavia, 1, 147
Epanaphora, 7
Eparchius, son of Ruricius, 67
Epigrams, 25
Epigraphy, 3, 10–12, 16–17, 21, 42–43, 45, 144–45
Epiphanius of Salamis, 173–74
Episcopus, 13
Epistolography, 2, 4, 26, 29, 49, 85, 99, 103, 106, 114, 122, 135, 140, 161, 164, 172, and passim
Epistulae Austrasicae, 33, 108, 135
Epitaphs, 3, 16–17, 38–39, 42–43, 45–46, 62–64, 76, 121, 144–45, 151
Epitrepontes, 66

Epitrope, 8
Esther, 169
Etruscans, 154
Eucheria, poet, 37–39
Eucherius of Lyon, 23–25, 69, 71, 136–37, 139
Euchrotia of Bordeaux, 174–75
Eugenia of Marseille, 144
Eugippius, hagiographer, 148
Eulodius, *vir clarissimus,* 196
Eumerius of Angers, 50
Eunuchs, 190
Eunuchus, 73
Euphrates River, 133
Euphronius of Tours, 160
Europe, 1
Eustachius of Marseille, 48
Eustochius of Angers, 171, 173
Eutropius, historian, ix
Eutropius, priest, 122
Eutropius, *vir clarissimus,* 196
Eutropius of Orange, 119–22
Evodius, prefect, 174
Excerpta, 70
Exclamatio, 7
Excommunication, 79, 82, 172
Exegesis, biblical, 70
Exile, 82, 99, 103, 106, 137, 148–50
Exorcism, 183
Expeditio, 8

Faileuba, Frankish queen, 183
Families, 13, 85, 105–6, 114, 142, 151, 182, 187–88, and passim
Family disruption, 90, 92
Famine, 101, 122, 148, 184
Famula dei, 145
Fasces, 108
Fasting, 54, 166, 187
Fathers, Egyptian, 139
Faustus of Riez, 68, 78, 103–4
Favianis, in Noricum, 148
Felemoda *sive* Moda, 45–46
Felix, senator, 58
Femina inlustris, 147
Feriae, 75–76, 98
Fever, 128, 151, 184
Fideiussio, 86
Figures, 9–10
Filia, 14
Fire, 180–81
Firmina, *inlustris,* 147
Firmina of Arles, 147
Flavarasera, daughter of Flavianus, 195
Flavianus, dependent, 195
Florentius, priest, 104
Foedamia, wife of Melanius, 195
Foedamius, priest, 53
Formulae: epigraphic, 16; funerary, 43; legal, 87–88, 90, 110, 113
Formulae spiritalis intellegentiae, 26, 72
Fornication, 131, 174, 183
Fourvière, 45
Francus, priest, 106
Frankincense, 152
Franks, 33, 84, 86, 108–12, 124, 126, 149–50, 154, 170
Fratricide, 99
Fredegarius, chronicler, 1
Fredegisclus, *spatharius,* 83
Fredegund, Frankish queen, 183
Freedmen, 13
Fréjus, 139
Fretela, Gothic priest, 123
Friendship, 85, 143
Frieredus, tribune, 194, 196
Frontier, 98
Frunimius, *colonus,* 193

Gaius, 13
Gallomagnus, *referendarius,* 183
Garden of Eden, 129
Garonne River, 42
Gaul, Gauls, 1, 15–16, 21–22, 37, 41, 45, 65, 68, 93, 97, 100–101, 107, 123, 134, 139, 145, 165, 169, 171, 173, 179, 184, 186, and passim
Gelasius, pope, 4, 147
Gender, 114, 167
Gennadius of Marseille, 3–4
Genovefa, St., 157, 159, 169, 184

Gentilicum, 13
Gepids, 101
Germanicus, nephew of Tiberius, 154
Germans, 98, 154
Germanus of Auxerre, 86, 134, 143
Germanus of Paris, 162–65, 181
Germany, 101
Gerundive, 5
Gesta, 87, 89–90, 113
Getae, 123
Gibericus, slave, 194
Gildas, historian, 1
Gladiators, 74
Gnaeus, 13
Gnatho, 73
Gnosticism, 174
God, 21, 99, 145, 196
Godomar, Burgundian king, 157
Gothia, 102
Gradatio, 8
Graecus of Marseille, 46–47
Grammar, 4–6, 31, 43, 110, 167
Gratian, emperor, 77
"Gratias ad vos," 103
Greece, 124
Gregory of Tours, ix, 1, 3, 50–51, 58, 97, 126–27, 146, 149–51, 154, 157–61, 163, 169–70, 178, 181–83, 187, 189, 196
Gregory the Great, 1
Gundegiselus of Bordeaux, 187
Gundobad, acquaintance of Remigius, 194
Gundobad, Burgundian king, 152–55, 195
Guntharius, son of Chlodomer, 157
Guntram, Frankish king, 162, 179, 187
Guntram Boso, duke, 181
Gynaecaeum, 183

Hadrian, emperor, 193
Hagiography, 3, 119, 134, 153, 163, 184, and passim
Handbooks, 6
Hebrew, 122–23
Hecyra, 66
Helena, mother of Constantine I, 165
Hendiadys, 10
Heraclean stone, 150
Heraclius of Paris, 135
Heraclius, *vir inlustris,* 68
Hercules, Greek hero, 55
Heresy, 70, 98, 114, 126–28, 139, 173
Heruls, 101
Hesperius, rhetor, 66, 72
Hiatus, 34
Hic iacet, 16, 63–64
Hic quiescat, 16
Hic requiescit, 16
Hic situs est, 12, 43
Hieron, brother of Tlepolemos, 154
Hilaria, deaconess, 194
Hilary of Arles, 24, 69–71, 137, 139
Hilary of Poitiers, ix, 1, 26, 187–88
Hippolytus, son of Theseus, 49
Hippolytus, St., 39
Historia contra paganos, 102
Historians, xi
History of the Franks, 3
Holy Apostles, church of, 157
Homoioptoton, 7
Homoioteleuton, 7
Honoratus of Arles, 70, 138
Honorius, emperor, 86, 103, 111–12
Horses, 28–30
Huns, 169
Hypatius, father of Palladia, 90
Hyperbaton, 5, 9
Hyperbole, 9
Hypodiastole, 7
Hypophora, 8

Iacchus, god, 76
Iambic tetrameter, 167
Iamlychus of Trier, 36
Ides, 15
Idols, 122–23, 148
Incest, 78–79, 81
Indiction, 14
Indirect statement, 5
Ingomer, son of Clovis, 155
In hoc loco, 16

In hoc sepulchro, 17
In hoc tumulo, 17, 145
Injuriosus of Tours, 159
Innocentius, slave, 194
Inquilinus, 56
Instructiones ad Salonium, 69
Intellectio, 9
Interlacement, 5
Interpretatio, 8
Interpretations, legal, 86
Ireland, 99–101
Isidore of Seville, 1
Isocolon, 7
Israel, Israelites, 136, 139
Italy, 21, 64, 120, 173
Ius gentium, 95
Ius silvestris, 96

Jacobus, master of soldiers, 114–15
Jerome, 68, 101–2, 123, 128–29
Jerusalem, 128, 152, 173
Jews, 166
Job, 132
John, apostle, 122
John Chrysostom of Constantinople, 114
Jokes, 28–29
Jonah, 51
Jordanes, 1
Jovia, 194
Jovinus, emperor, 139
Jovius, husband of Septimima, 183
Jubilee, 136
Judith, 169
Jugurtha, Numidian king, 190–91
Julian, emperor, 64–65
Julian, martyr, 179
Julianus, proconsul, 86
Juno, goddess, 155
Jupiter, god, 155, 178
Justin, consul, 45–46
Justin, count, 166
Justina, prioress, 190
Justinian, emperor, 45
Justinus, Fl. Mar. Petrus Theodorus Valentinus, 45
Justus, physician, 61–62
Juvenal, 97
Juvencus, 1

Kalends, 15, 44, 46, 78, 84, 103, 145
Kidnapping, 57

Laconia, 37
Lampridius, rhetor, 190
Langres, 37
Language, study of, 122
Lanthechildis, sister of Clovis, 157
Laon, 194–95
Lar familiaris, 95–97
Late Antiquity, ix–xi, 1–3, 6, 10–11, 14, 17, 43, 61, 113, 144, 195, and passim
Latin language, ix, 32; classical, 5; late, 4, 17; literature, xi, 1–2; style, 46; vulgar, 43
Latrocinium, 95
Latronianus, Priscillianist, 174–75
Lauta, *colona,* 193
Law: biblical, 132; praetorian, 192; Roman, 87, 102, 109, 192
Lawrence, St., 145
Laws, x, 3, 49, 58, 77, 84, 86, 90, 103, 108, 134, 138–39
Lawyers, 96
"Legi libros tuos," 71
Lentulus Sura, Catilinarian, 190–91
Leo, emperor, 4
Leo, grandson of Baudorosera, 195
Leoberedus, son of Sunnoveifa, 195
Leobovera, abbess, 186
Leocadius, 173
Leontius, son of Ruricius, 67
Leontius of Cologne, 64
Leo of Sens, 135
Lérins, 69–70, 137–39, 141
Lero, island, 139
Leuci (Toul), 37
Leudocarius, dependent, 195
Leudovera, dependent, 195
Lex Burgundionum, 82
Lex Gundobada, 82

Lex Salica, 1
Liber, god, 75
Liberal studies, 25
Liber constitutionum, 82
Liber de similitudine carnis peccati, 122
Liber pontificalis, ix
Liberta, 14
Library, 130
Licentia, 10
Licinius of Tours, 171, 173
Ligature, 43
Lightning, 119
Limoges, 66, 75, 179
Lingones (Langres), 38
Literary activity, 22, 24, 28, 30, 69, 129, 134
Litigation, 103
Litotes, 10
Litterae commendaticiae, 50
Liturgy, 171
"Lives of the Visigothic Fathers," ix
Locative, 167
Loire River, 95, 97, 182
Lorsch, monastery, 33
Lovocatus, priest, 171
Lucius, 13
Lucumo (Tarquinius Priscus), 154
Lugdunensis, 101, 105, 135
Lugdunensis Germania, 154
Lugdunensis Prima, 154
Lugdunensis Tertia, 173
Lugdunum (Lyon), 153
Luna, 178
Lupicinus, abbot, 107–8
Lupus, duke, 58
Lupus, rhetor, 190–91
Lupus of Laon, 192–93, 195–96
Lupus of Troyes, 57, 139
Lustrum, 40, 145
Lyon, 23–24, 31, 43, 45, 69, 80–82, 84, 124, 151

Macco, count, 188
Macharius, friend of Asterius, 20
Macrobius, 184
Madness, 185
Magi, 175
Magic, 174–75
Magister militum per Gallias, 19
Magister peditum, 19
Magister utriusque militiae, 18, 103
Magnericus of Trier, 179
Magnus Felix, patrician, 145–46
Magnus Maximus, emperor, 175
Maidens, ten, 77
Maleficia, 183
Mandatum, 86–87
Mandrogerus, sorcerer, 176–77
Manlius, 13
Manuscript, autograph, 10
Manuscript copying, 6, 10–11, 20, 24, 33
Manuscript hands, 10
Manuscripts, 6, 10, 17, 26
Manuscript tradition, 11, 37
Marcellus *empiricus,* 1
Marcellus of Die, 153
Marcoleifus, son of Totno, 195
Marcovicus, dependent, 194
Marcus, 13
Maria, 132
Marilegium (Marlenheim), 183
Mark Antony, 97
Maroveus of Poitiers, 160, 186
Marriage, 39, 48–49, 56, 77–79, 82–85, 91, 98, 127, 130–32, 134, 140, 146–47, 149, 151, 155, 159, 170, 182–83
Mars, god, 155, 178
Marseille, 37, 39, 47, 58, 144
Martial of Limoges, 179
Martina of Vienne, 62
Martin of Tours, 64, 157, 164, 179, 181–82
Martyrdom, martyrs, 3, 39, 114–18, 150, 179
Martyrius, lector, 117–18
Mary, mother of Christ, 162, 165, 185–86
Massilia (Marseille), 184
Master of soldiers, 19–20, 65, 108
Mathematici, 175, 190

Matricula, 193, 195
Maurilio, *colonus,* 193
Maxims, 7
Maximus of Riez, 138
Medaridus, son of Mellaricus, 194
Medovicus, freed slave, 194
Melanius of Rennes, 171, 173
Melanius, vinekeeper, 193, 195
Mellaricus, vinekeeper, 194
Mellaridus, dependent, 195
Mellatena, wife of Mellaridus, 195
Mellovicus, swineherd, 194
Membrana, 27, 52
Membrum, 7
Memoria, 16
Memorius, priest, 105
Menander, playwright, 66
Meratena, slave, 194
Merchants, 46, 96
Mercurinus *sive* Cictato, 43–46
Mercury, god, 155, 178
Merovech, Frankish prince, 181–82
Merovingians, 40
Merumvastis, slave, 194
Meshach, 119
Messala, consul, 152
Metabasis, 8
Metalepsis, 9–10
Metaphors, 9, 66
Metonymy, 9, 126
Michael, archangel, 153
Middle Ages, 6, 10, 15
Milesian tales, 49
Miletus, 49
Minors, 86
Miracles, 163, 185
Moabites, 131
Moderatus, dependent, 194
Moguntiacum (Mayence), 101
Momociacum, 196
Monacharius, son of Bebrimodus, 194
Monasteries, monasticism, 69, 82, 98, 100, 107, 137–40, 143, 159–61, 163, 166, 186–88
Montanism, 174
Monulfus, dependent, 193
Monumenta Germaniae historica, ix
Mora, wife of Bebrimodus, 194
Morini (Thérouanne), 101
Moses, 137
Mosomagum, 195
Mulomedicina, 1
Municeps, 42
Muta, dependent, 193
Mythology, 37

Namatius of Clermont, 146
Namnetes (Nantes), 184
Narbonensis, Narbonne, 101–2
Necromancy, 119, 169, 181
Nemetae (Spire), 101
Neologisms, 6, 167
Nestor, king of Pylos, 97
Nicene Creed, 126
Nicetas of Remesiana, 1
Nicetius of Lyon, 151
Nicknames, 44–45, 97
Nifastes, dependent, 193
"Nisi tanti seminis," 129
Niviatena, *colona,* 193
Noca, slave, 194
Nomenclature, 13
Nominatio, 9
Nominative absolute, 5
Nones, 15, 110
Nonnio, vinekeeper, 195
Notitia dignitatum, 138
Novempopulana, 42, 101–2
Numantia, 190–91
Numeration, inclusive, 15
Numidia, 191
Numismatics, 10
Nuns, 163–64, 186–89
Nymfius, husband of Serena, 42

Oath-taking, 83–84
Occultatio, 8
Odovacar, barbarian chieftain, 147
Ommatius, son of Ruricius, 67
Onomatopoeia, 9
Optatus of Milevis, ix
Orange, 121

Ora pro me, 27, 29
Oratio libera, 10
Oratory, 25
Orient, 166
Orosius, historian, 102
Orpheus, Greek hero, 66–67
Orthography, 5–6, 43, 192
Ostrogoths, 147
Outlaws, 58

Paganism, 91, 93, 114, 116–17, 119–20, 122, 126, 129, 155
Palatine service, 48
Paleography, 10
Palestine, 102
Palladia, wife of Salvian, 90, 92–93
Palladia, wife of Stephanus, 79, 82
Palladius, consul, 103
Palladius, physician, 28
Palladius Rutilius Taurus Aemilianus, 1
Pannonia, 64, 101
Pantomalus, comic character, 54–56
Paphis, epithet of Aphrodite, 97
Papianilla, wife of Sidonius, 61
Pappolus, *vir clarissimus,* 196
Papyrus, 27, 134
Paralipsis, 8
Paris, 157–59, 167, 169, 180, 184
Parisosis, 10
Parium marble, 51, 150
Paronomasia, 7
Parovius, son of Praetextatus, 194
Parrhesis, 10
Parricide, 99, 191
Pascasiola, wife of Mellovicus, 194
Passiacum, villa, 195
Patrician, 19–20, 39, 103, 107, 145
Patrick, St., 98–99
Patrologia Latina, ix
Patronage, 46, 48, 50, 80, 122, 142, 153
Paul, apostle, 135
Paulinus of Nola, 1, 84, 139–40
Paulus, priest, 106
"Paulus apostolus," 135
Paupers, 116, 137, 148, 162, 179, 193, 195
Pavia, 147
Pepodianism, 171, 173
Pepondius, heretic, 171
Pepuza, 173
Périgueux, 191
Period, 7
Periphrasis, 9
Periphrastic verbs, 5
Permissio, 8
Permutatio, 9
Persecution, 119
Personification, 10
Perversio, 9
Peter, apostle, 117, 147, 158–59
Phaedra, wife of Theseus, 49
Philosophy, 23, 138
Pictavi (Poitiers), 159, 164, 187
Picts, 99–100
Pientius of Poitiers, 164
Pigs, 52
Pilgrimage, 103
Pincii, family, 21
Placidia, wife of Mellaricus, 194
Placidina, wife of Apollinaris, 148–50, 159
Plague, 122, 184
Planctuaria, 110–11
Plautus, playwright, 22, 128
Plebeians, 41, 57
Pledges, 78
Plus minus, 145
Poema coniugis ad uxorem, 84
Poetry, 25, 33, 37, 43, 66, 69, 84, 121, 144, 167
Poitiers, 161, 163, 165, 167, 186–87, 189
Polychronius of Verdun, 106–7
Pope, 24, 58, 71
Portus, 193, 196
Possessor, priest, 50
Postconsulates, 14, 45
Potentia, 18, 21, 94–95
"Praecelso exspectabili," 34
Praecisio, 8
Praeconia, 119
Praedestinatus, 173

Praefectus urbi, 20
Praenomen, 13
Praepositus sacri cubiculi, 190
Praetextatus, grandson of Remigius, 194
Praetor, 193
Praetorian prefect, 19, 21, 146
Prefaces, dedicatory, 22–23
Prepositions, 5
Presbyter, 5
Priests, 195
Princeps officii, 42–43
Principius of Soissons, 193–94
Priscilla, St., 173–74
Priscillianism, 174–75
Priscillian of Avila, heresiarch, 174
Priscus of Lyon, 151
Privatim, 5
Privatus of Mende, 179
Proba, Anicia Faltonia, 21
Proba, poet, 1
Proba of Lyon, 62, 121
Probinus, Anicius, consul, 21
Probus, Anicius, consul, 21
Probus, Sextus Petronius, consul, 21
Probus *grammaticus,* 1
Proconsul, 19
Procula, daughter of Euchrotia, 174
Procula, noblewoman, 148
Proculus, agent of Radegonde, 164
Prodigies, 184
Profutura, relative of Remigius, 195
Profuturus, *colonus,* 193–95
Pronominatio, 9
Property: church, 98; loss of, 49, 108, 147, 150, 183; protection of, 110, 161
Prophecy, 180–82
Prosopopoeia, 10
Prosper of Aquitaine, 21, 84
Protadius, friend of Avitus, 68
Provence, 40
Provinciolus, *colonus,* 193
Prudens, slave trader, 57
Prudentius, *colonus,* 193
Prudentius, poet, 1
Pseudo-Christ, 184, 186
Pseudo-prophets, 184
Public records, 89
Publius, 13
Pudens, friend of Sidonius, 56
Pugillares, 52
Pylos, 97
Pyrenees, 101, 130
Pythia, Pytho, 182

Quadi, 101
Quaestor candidatus, 21
Quaestor sacri palatii, 138
Quantity, 31–33
Querolus, 22, 41, 43, 54, 56, 94–97, 175–78
Quieta, mother of Palladia, 90
Quintianus of Rodez, 148–49
Quintilla, St., 173–74
Quintus, 13
Quum, 5

Radegonde, Frankish queen, 159–66, 186–87
Ransom, 50, 78, 100, 105–6, 144, 195
Ratiocinatio, 7
Ravenna, 103
Ravenna papyri, 1
Recognovimus, 110
Rector provinciae, 40
Refugees, 103, 105–6, 149, 171, 189
Reims, 22, 109, 192, 194, 196
Relics, 115, 119
Religious life, 140–41, 143, 157
Remi (Reims), 101
Remigia, relative of Remigius, 194
Remigius of Reims, 108, 135, 156, 192, 196
Reovalis, physician, 190
Repetitio, 7
Rhetoric, 2, 6, 10, 37, 49, 68, 98
Rhetorica ad Herennium, 6, 9–10
Rhetors, 31, 66
Rhine River, 101
Rhône River, 69
Rhyme, 34, 37, 168
Riez, 139

Rodez, 148–49
Roman Empire, x, 1
Romania, 102
Roman Republic, 21, 101, 193
Rome, 4, 19–21, 68, 128, 134, 147, 191, 193
"Rumor ad nos," 108
Ruricius of Limoges, ix, 26, 28–29, 49–50, 52–54, 66, 75–76, 85, 103–5
Rustica, daughter of Martina, 62
Rustici, family, 24, 95
Rusticiolus, *vir clarissimus,* 196
Rusticity, 47, 49, 73
Rusticula, daughter of Martina, 62
Rusticus, epistolographer, 24, 129
Rusticus, son of Taurentius, 27
Rusticus, student, 68
Rusticus of Clermont, 180
Rutilius, *vir inlustris,* 22

Saba, Arabia, 152
Sabaria, 64
Sacrae largitiones, 20
Sacraments, 50
Saints, 3, 115–16, 119, 161, 166, 179, 184, and passim
Salonius, son of Eucherius, 69–70
Salutations, 69, 76, 118, 130, 143, 161; farewell, 24, 26, 49
Salvian of Marseille, 24, 69–71, 90, 93, 141
Salvius Julianus, jurist, 193
Sapaudus, son of Martina, 62
Sapphira, 161, 163
Sardanapallus, comic character, 175–77
Sardinia, 80–81
Sarmatians, 101
Sarra, a Mede, 131
Satan, 167, 172
Saturn, god, 118–19, 155, 157, 178
Saturninus of Toulouse, 179
Saxons, 101
Schemes, 6
Scholae palatinae, 20
Scholasticus, 69
Scipio Aemilianus, 190–91
Scots, 99–101
Scripts, 10
Secundinus, poet, 1
Sedatus of Nîmes, 26, 28–30, 49
Sedulius, poet, 1
Sejanus, prefect, 190–91
Senate of Rome, 21, 77
Senators, 19, 42, 77–78, 98, 150
Sens, 23
Sententia, 7
Septimima, sorceress, 183
Serena, wife of Nymfius, 42–43
Sermo in natali sancti Stephani, 94
Sermons, 31
Servius *grammaticus,* 1
Setia, villa, 195–96
Severiana, daughter of Sidonius, 61
Severinus, St., 148
Sextus, 13
Shadrach, 119
Shipwrecks, 138
Shunammite virgin, 133
Sicily, 154
Sidonius Apollinaris, author, 4, 30, 46–47, 49, 51, 56–57, 60–62, 65–66, 72–75, 98, 143, 149–50, 153–54, 159, 190
Sigibert, Frankish king, 58, 160, 162, 164–65
Sigismund, Burgundian king, 79, 81, 157
Simplicius, uncle of Sidonius, 51–52
Sindilla, swineherd, 53
Sirmond, Jacques, 24, 30, 68, 74, 124
Sisinnius, archdeacon, 106
Sisinnius, deacon, 116–17
Slavery, slaves, 13, 41, 54–56, 58, 101, 107–9, 130, 178, 181–82, 190
Social change, 41, 90, 94, 98, 101
Social relations, 2, 11, 114
Soissons, 195
Solidi, 83–84, 193, 195
Solomon, 152, 181
Sorcery, 175, 178, 182, 184
Sources chretiennes, ix

Spain, 15, 65, 102, 123, 174
Sparagildis, wife of Flavianus, 195
Sparatus, priest, 171
Spartacus, gladiator, 73–74
Spatharius, 84
Spiritum pythonis, 181–82
Status, 18, 20, 94
St-Claude, 107
Stephanus, financial official, 79–82
Stipendium, 141
Subdeacons, 193, 195
Subiectio, 8
Subscriptions, 19, 78, 81, 89–90, 110, 112, 162, 196
Suffronia, *colona,* 193
Suippe River, 193
Sulpicius Severus, hagiographer, 1, 64, 174
Sunnias, Gothic priest, 123
Sunnoveifa, captive, 195
Superlatio, 9
Supernatural, 180
Superstition, 93, 171, 184
Susanna, wife of Priscus, 151
Sycophant, comic character, 175–78
Symploce, 7
Synecdoche, 9
Synonymia, 8

Tablettes Albertini, 1
Talpusiacum, villa, 195
Tanaquil, wife of Lucumo, 154
"Tanta mihi," 104
Tarquinius Priscus, 154
Taurentius, friend of Ruricius, 26
Taxes, 14, 65, 153
Temple, Jewish, 152
Tenaicus, *colonus,* 193
Teneursolus, dependent, 194
Tenneredus, *colonus,* 193
Terence, playwright, 66, 73
Testament, 192
Teudonivia, dependent, 194
Teudorosera, wife of Capalinus, 194
Thaumastus, uncle of Sidonius, 154
Theodebert I, Frankish king, 170
Theoderic, Ostrogothic king, 147
Theoderic I, Frankish king, 149–50, 157
Theodobald, son of Deoteria, 170
Theodorus of Marseille, 179
Theodosian Code, 58, 77, 84, 86, 90, 102–3
Theodosius II, emperor, 86, 103, 111–12
Theodosius of Auxerre, 135
Theodovaldus, son of Chlodomer, 157
Theutharius, priest, 188
Thuringians, 159
Tiberius, emperor, 13, 154, 191
Ticinum, 64
Timotheus, *vir spectabilis,* 109–10
Timothy, martyr, 196
Titius, 96–97
Titulorum gallicanorum liber, 38
Titus, 13
Tlepolemos, brother of Hieron, 154
Toga, 65
Togati, 41–42, 96–97
Tolosa (Toulouse), 180
Tonsure, 158–59
Tornacus (Tournai), 101
Torture, 80, 129
Totno, dependent, 195
Tottio, dependent, 194
Toul, 34
Toulouse, 42, 110
Tours, 3, 86, 157, 159, 164, 166, 182, 186, 194
Trabea, 65
Traditions, Roman, 63
Traductio, 7, 67, 118
Tragedy, 97
Transgressio, 9
Transiectio, 9
Transitio, 8
Translatio, 9
Transplacement, 7
Transposition, 5
Transvestite, 189
Treason, 153
Tremisses, 84

Tria nomina, 13
Tribunal, 129
Tricasses (Troyes), 57
Triduum, 112
Trier, 33, 35, 174
Trinity, 81, 157, 162, 192, 196
Tropes, 6, 9
Troyes, 57, 139
True Cross, 160, 165–68
Tullius (Cicero), 128
Turbines saeculi, 141
Turones (Tours), 180
Tutelage, 86, 88
Tyrants, 101

Uddulfus, *colonus,* 193
Ursus, a Gaul, 58–59
Ursus, archdeacon, 196

Vacculiacum, villa, 193
Valde, 5
Valentine, 42
Valentinian I, emperor, 77
Valerianus, priest, 106
Vandals, 98, 101
Vangiones (Worms), 101
Vargi, 57
Vasans, cook, 195
V.C. (*vir clarissimus*), 13
Vegetius, military writer, ix
Vellavi (St-Paulien), 59, 185–86
Venantius Fortunatus, hagiographer, ix, 1, 163, 167
Venerandus of Clermont, 180
Venus, goddess, 178
Veranus, son of Eucherius, 69
Vergil, poet, 2, 20, 25–26, 30–33, 58–60, 67, 97
Vernivianus, dependent, 194
Verodunum (Verdun), 170, 183
Verres, governor, 154
Verus of Orange, 119
"Vexilla regis prodeunt," 167
V.I. (*vir inlustris*), 13
Victorinus, martyr, 51
Victor of Vita, ix
Vienne, 62, 76, 145
Vigilius of Trent, 114, 118
Vigils, 54–56, 96, 122, 128, 158, 165–66, 182
Vincent, St., 180–81
Vincentius of Lérins, 70, 139
Vindonissa, 195
Vinofeista, *colona,* 193
Vir clarissimus, 18, 20
Virgins, 100, 131–33
Vir inlustris, 18, 20, 65, 146
Vir spectabilis, 34
Virtues, 3, 69, 76, 144, 151
Visigard, Lombard princess, 170
Visigoths, 74, 84, 86, 98, 102, 109, 126, 149
Vitalinus, husband of Martina, 62
Vitalis, *colonus,* 195
Viteredus, slave, 194
Viventiolus of Lyon, 30–31
Volusianus of Tours, 85
Vongensis, 196
Vouillé, 126
V.S. (*vir spectabilis*), 13
V.S.L.M. (*votum solvit libens merito*), 13

Wales, 101
Wergeld, 196
Widows, 77–78, 83, 109, 142
Widragasius, dependent, 194
Wilderness, 136
Women, 21, 60–61, 68, 76, 78, 86, 89–90, 130, 142, 144, 146, 149–51, 154, 159, 165, 169–74, 178–82, 188, and passim
Word order, 5
Wordplay, 30, 49, 63, 119, 139

☧ (Christos), 13

Yons, 43

Zeno, emperor, 4, 19
Zeta, slave, 178

Images

of the

American

City

Images of the American City

BY ANSELM L. STRAUSS

The Free Press of Glencoe

A DIVISION OF THE CROWELL-COLLIER PUBLISHING COMPANY

Printed in the United States of America

The Free Press of Glencoe
A DIVISION OF THE CROWELL-COLLIER PUBLISHING COMPANY
640 Fifth Avenue, New York 19, N. Y.

Library of Congress Catalog Card Number 60-10904

DESIGNED BY SIDNEY SOLOMON

To the late R. Richard Wohl,

friend and colleague

Preface

BOOKS about cities are always partisan. They always betray, when they are not frankly portraying, their authors' feelings about particular cities, or indeed about cities in general. How difficult it is not to feel in *some* way about cities, for cities are such a tremendous phenomenon as to call forth an enormous range of human sentiment and emotion. Even on the relatively colorless pages of those technical books written by city planners and urban sociologists, there is not entirely missing some evaluative slant, some jaundiced view of what cities were, are, and could be. As for that rich flood of popular literature which extolls and damns New York and Chicago, San Francisco and Boston, Kansas City, Detroit, Pittsburgh, and even Cedar Rapids, Iowa—that literature makes no pretense to unbiased view: it is gloriously and unashamedly evaluative.

No one to my knowledge has written a book about this partisan literature of urbanism. Men of action and men of sentiment are hardly in the mood to step back and examine what others have said about cities. When they do, it is only to react; to agree or disagree; to quote with approval or disdain. One's city—or urban life in general—is there waiting to be talked about, praised, criticized, celebrated; and in real life, to be used, or lived in, or if need be, fled.

It takes a special stance to step back and to examine these men of sentiment and action—for in some sense every man who lives in a city is necessarily a creature of urban sentiment and urban action too. It takes a certain historical and sociological eye, and a great deal of leisure, to step back and ask questions about other men's assumptions. But this is what this book is all about. I have attempted to write a book about what Americans think and have thought of their cities, rather than to write a book about the cities themselves. Our people have regarded their towns and American urbanization from a great many perspectives: some of those perspectives are now obscure but all of them are interesting. What Americans see and have seen in their towns, and what they say and have said about them, can tell us a great deal about how they have lived in them, how they have felt about them, how they have managed to cope with the problems raised by the conditions of life there. Most of what has been written about American cities and American urbanization—even the most technical writing—simply does not make much sense when taken in isolation from what other men have written from other viewpoints and at other times about those same topics.

It would be an incredibly difficult task to document every such viewpoint—even those about American urbanism in broad canvas, not to speak of those about each and every American city. I have had to pick and choose among the many cities, the many topics, and the many decades of city development in this country and to sample the monumental popular literature that has poured off the nation's presses. Of the different kinds of men who have migrated to, lived in, or escaped from American cities, I have written of only a few, with intent always to highlight certain themes woven inescapably into the course of American urbanization.

The main themes of the narrative that is thus spun out by my consideration of our urban imagery, past and present, are these (in brief): America began as an agricultural vision, a set of farming colonies strung along the Atlantic sea coast. America was supposed to remain—or so it was thought by most citizens until well into the nineteenth century—an agricultural nation. Cities were, at first, subordinate to the countryside in conception if not always in fact. To that countryside was later added, by Jefferson's purchase of the West, what was envisoned to be a fabulous agricultural paradise, the richest farmland, in fact as well as in fancy, that the world had yet known. But step by step, as the population of our farmlands increased, our urban population also grew. Our cities grew in size and in number until by mid-nineteenth century it became apparent to many Americans that cities were not only here to stay, but to dominate. No one in the twentieth century needs to be told the startling outcomes of America's urbanization.

But this conversion of an agricultural land into an overwhelmingly urbanized continent was accompanied all along its course by Americans' attempts to make sense of what was happening. Just as no one, or at least very few people, could correctly prevision the urban destiny of the nation, no one was entirely correct about the meaning and significance of particular urban manifestations and particular urban problems. Some observers were entirely wrong in their predictions, and others were not much more accurate in their perceptions of what was currently happening. Phrased in more concrete and dramatic terms: how could it have been possible for a Virginian planatation owner like Jefferson to foresee the peaceful and profitable joining of Iowa farms with farm-cities, even when he foresaw the slums of America's largest cities? How could the self-satisfied burghers of seaboard cities during the 1820's foresee the waves of immigration that would soon transform their birthplaces so incredibly? And how many Americans foresaw during the 1880's that the antagonism of country and city would eventually be transmuted into today's fusion of farm, town, and city culture? Nor has the last chapter been written: American urbanization is not finished, and neither is its symbolization. Americans are still generating new images and new concepts of their cities and of the nation's urbanization. One has only to look at the area between New York City and Boston to see this illustrated. As the saying goes, it is hard to see where New York leaves off and Connecticut begins, and New Haven does not know which way, quite, to face.

Across the continent, during all those decades, a number of different kinds of urban centers have evolved. We have cities of every size, and cities of innumerable kinds. There are seaports, manufacturing centers, railroad towns, farm-belt service cities, resort towns, towns that are all of these in one (like New York or Chicago). Some of these kinds of cities are traditional, and no one was surprised when they developed here in America. But some of these towns were different from those of Europe. No European city grew quite like, or quite as fast as, Chicago during the nineteenth century. No European country saw the rapid conversion of numerous commercial towns and villages into prosperous manufacturing centers—for none had a midwest farmland to populate in such a hurry. Nowhere had so many cities sprung up along railroad tracks and so far from watercourses as they had in America. This has all left its heritage in the ways that Americans now see and think about—and live in—their cities.

My book is, in some sense, an attempt to put all of this within two covers, however foreshortened the picture, however abbreviated the account. I have hoped to convey something of the shock of this rapid urbanization and the unforeseen forms it took. It has been my intent to point to, to illustrate, and to document some of the changes in American symbolization that were forced by that urbanization; changes that are still underway. There is, I am saying, no single way to see American urbanization. But perhaps one vivid and approximate way to see it is to review carefully how our predecessors and our contemporaries saw and see it.

In order to develop perspective upon the motley, vast array of American urban images, and to give that array more than mere historical ordering, I had first to develop a framework for thinking about those images. This framework is presented in Part I of the book. It is the framework of a social psychologist—which in this instance means a joining of sociological, psychological, and historical perspectives. This theoretical scheme I have presented not at all in the abstract, but as a working tool for directly examining American urban imagery, especially the spatial and temporal aspects of that imagery. Later in the book, in the much longer sections that comprise Part II, I give greater play to the efficacy of this framework for discussing urban imagery in historical terms; and it is there that the bulk of historical data will be found.

I am especially indebted for verbal exchange of ideas and for reading part or all of the manuscript to Howard S. Becker of Community Studies, Incorporated, of Kansas City; to Kai Erikson of the University of Pittsburgh; to Blanche Geer also of Community Studies, Incorporated; to Nathan Glazer of Bennington College; to Donald Horton of the Banks Street School of Education, New York City; to Orrin Klapp of the State College of San Diego; to David Riesman of Harvard University; to Leonard Schatzman of Michael Reese Hospital, Chicago; to Gregory Stone of Washington University; and to my wife, Fran Strauss.

R. Richard Wohl was to have been co-author of this book, and two of its chapters (Chapter 1 of Part I and Chapter 2 in Part II) were written jointly by us. We did a great amount of talking together about urbanization and urban imagery, although he became fatally ill before we were able to rough out plans for this volume. His early and unexpected death was a great loss to American scholarship and an immense blow to his friends.

Contents

Preface vii

Part One
The Symbolization of Cities

Introduction 3

1. The City as a Whole 5
2. The Symbolic Time of Cities 18
3. The Evolution of Urban Imageries 32
4. Life Styles and Urban Space 52
5. The Visitor's View: The City Appreciated 68

Part Two
Configurations of American Urban Culture

Introduction 85

6. The Course of American Urbanization 87
7. Some Varieties of American Urban Symbolism 104

8. Era and Geography in Urban Symbolism 124

A. The South: Urbane Agrarianism on the Defensive

B. The East: Commerce, Manufacturing, and the Symbolism of Individual Success

C. The Midwest: Ambiguities of Symbolization

D. A National Imagery: Country and City as Contrasting Images

E. The Blurring of Images: Farm, Town, and Small City

F. The Country Town as a Symbolic Locale

9. City Planning: Profane and Ideal 199

A. The Promotion of City Reputations

B. Images of the Ideal City

10. Rural Aspects of Metropolitan Living: Nineteenth and Twentieth Centuries 215

A. Rurality and the City Dweller, 1800-1860

B. Metropolis with Rural Amenities

C. Suburbia: The Union of Urbanity and Rurality

11. The Latest in Urban Imagery 246

Appendix: A Note on Imagery in Urban Sociology 255

Notes 259

Index 299

Halftone illustrations follow page 50

PART ONE

The Symbolization of Cities

Introduction to Part I

IN Part I, a framework for thinking about urban symbolism will be presented. Its major themes are the symbolism of space and time.

The opening chapter is an introductory statement of the ways in which people spatially represent entire cities, as well as the ways in which they talk about cities. The next chapter concerns how people represent cities in symbolic time. The third chapter will consist essentially of a case study of the development of the characteristic imagery for one particular city, Chicago. This expanded discussion serves to show how the images of a metropolis arise, and how they come to form a symbolic system rather than remaining separate images. In the fourth chapter, we shall see how populations with different styles of life are so affected by the city as to endow urban space differentially. Such symbolic endowment of space requires special concepts for its sociological analysis; thus, a set of such concepts is tentatively offered.

Part I concludes with a fifth chapter, in which we shall look at the appreciative visitor's view of cities; for his view highlights how persons more familiar, through long residence, with these cities probably manage to enjoy them. Here again, special emphasis will be placed upon urban imagery, particularly upon its subtle transmission—across space and time—through "travel talk" and travel literature.

1

The City as a Whole

ORDINARILY,* the identifying characterization of any particular city, and the symbolic implications of that characterization for the quality of life it represents, are picked up, more or less incidentally, by each resident as he works out his personal "life-style" in that city. The city is primarily problematical for him in limited, rather private terms. He must make a living in it, make friends, find a home for himself and his family, and work out a suitable daily round. In dealing with these tasks, he senses some of the special qualities which seem to mark the city as a whole. Riding or walking about the city, reading its local newspapers, talking with people about it, he is exposed to a persuasive propaganda about its distinctive attributes. He builds up a set of as-

* This chapter reprinted from R. Richard Wohl and Anselm L. Strauss, "Symbolic Representation and the Urban Milieu," *American Journal of Sociology,* LXIII (Mar., 1958), 523-32. All numbered notes appear at the end of this book.

sociations which prepare him to accept and appreciate a shorthand symbolic characterization of the place.

Not only does the city-dweller develop a sentiment of place gradually, but it is extremely difficult for him even to visualize the physical organization of his city, and, even more, to make sense of its cross-currents of activity. Apparently an invariable characteristic of city life is that certain stylized and symbolic means must be resorted to in order to "see" the city. The most common recourse in getting a spatial image of the city is to look at an aerial photograph in which the whole city—or a considerable portion of it—is seen from a great height. Such a view seems to encompass the city, psychologically as well as physically. Actually, an aerial photograph is, for the layman, not only a rather vague but an extremely distorted image of the city: it cannot be read directly, since an exact interpretation calls for great specialized skill. Such a picture really serves to reduce the image of the city to a suggestive expression of density and mass. Furthermore, it simplifies the city by blurring great masses of detail and fixing the observer's attention on selected landmarks that emerge out of the relatively undifferentiated background.

Attempts to encompass the city at a glance preceded the airplane of course. "Bird's-eye" drawings, for instance, those pictures taken from the tops of tall buildings or from nearby hills and mountains also attempted a view from a great height. The same purpose has been served as well by a different manipulation of distance, by capturing a city from below. Some of the older delineations of Kansas City, for instance, are drawn from the Missouri River and mark out the profile of the city as it perches on the bluffs. Sometimes a horizontal vantage point may be used —as in drawings and photographs of a city across a river or a bay.

An alternative option for achieving the same kind of psychological distance is to manipulate the city rather than the point of observation. Traditionally, this has been accomplished through the use of models. Thus, in 1849, when New York was growing at an enormous rate, a group of craftsmen created an exact miniature replica of the city. The observer towered above the model, achieving much of the same effect that we now get from aerial photographs. Of course, a man who inspected such a model could

Main Street, Salt Lake City in 1867.

W. H. Dixon, *New America*, 1867

probably see as little detail as we now see in a picture taken from an airplane. Hence the promoters of this particular miniature significantly emphasized that every detail of the city's houses and streets had been precisely reproduced, although no one could get close enough to the model actually to perceive this meticulous fidelity to the originals.[1] The *New York Sun*, March 18, 1846, comments, apropos the manipulation of the city rather than the observer: "The whole expanse of streets, lanes and houses, will lie stretched out before the visitor, as it would appear to a person visiting it from a balloon—with this advantage—that he will be spared the nervous feeling incidental to an aeronautic expedition."

These methods of portraying the city space are expressive declarations of its literal incomprehensibility. The city, as a whole, is inaccessible to the imagination unless it can be reduced and simplified. Even the oldest resident and the best-informed citizen can scarcely hope to know even a fair-sized city in all its rich and subtle detail. We can, here, take a cue from Robert Redfield's discussion of small communities.[2] He points out that small communities can be regarded from various points of view—their ecological and physical dimensions, their social structure, or their biographies. If we consider large communities in these same ways, it is apparent that the complexity of physical layout and structure is immense; that social structure is so complicated that even research teams of sociologists can do little more than grasp the outlines of significant groups and their interrelationships. And who, ordinarily, can hope to know or appreciate the whole social history of a city?

Is it surprising, therefore, that people will literally step back and away from the city to gain perspective on it? "New York is a skyline, the most stupendous, unbelievable, man-made spectacle since the hanging gardens of Babylon. Significantly, you have to be outside the city—on a bridge or on the Jersey Turnpike—to enjoy it."[3] Distance clears the field of vision, even if it means losing some of the rich detail. In New York, for example, the observatory on the top of the Empire State Building serves as a classic vantage point for those who want to seize quickly an image of New York City. Approximately 850,000 people visit the observatory each year, and on most days slightly more than 2,000 come to look at the city. And even on those days when the city is invisible from a height because overcast with rain, fog, or snow, some still make the journey upwards to feed their imaginations with a view that they cannot actually see. From the top of the building the city is laid out like a diagram, pinpointed here and there by landmarks. The panorama is divided off for viewers by visibility markers which bound imaginary concentric circles of vision at three, five, seven, ten, and up to twenty-five miles distant. From this height, the guides point out, anything within a mile radius constitutes "limited" visibility. What visitors grasp when they look out over the city is suggested by the artless eloquence of one of them: "The sun and the stars," she remarked "are the suburbs of New York."[4] The principal psychological satisfaction, of course, is to perceive, somehow, the unity and the order that underlies the apparent hurtling disarray of the city—to grasp it as a whole.

But even an aerial view is for some purposes too large and too various to symbolize the city. Briefer, more condensed symbols are available, which are often even more evocative, for all their conciseness. Thus the delicate and majestic sweep of the Golden Gate Bridge stands for San Francisco, a brief close-up of the French Quarter identifies New Orleans, and, most commonly of all, a view of the New York skyline from the Battery is the standing equivalent for that city. (So well understood is this symbol that a movie can establish its locale by doing no more than flashing a picture of these skyscrapers on the screen for a moment and then directing the camera into the opening episodes of the film. This coded, shorthand expression is at once understood by the audience.) This familiar expression of the city's "essential" nature is as much accepted by native New Yorkers as it is by outsiders. Yet it is exceptionally difficult—and even unusual—for a New Yorker ever to see this part of the city. This sight is ordinarily available only for those who come into New York harbor from the sea. It is occasionally visible from an airplane, but if native New Yorkers wish to see this part of their city, they must take a ferry into the bay—perhaps to Bedloe's Island—in order to inspect the skyline.

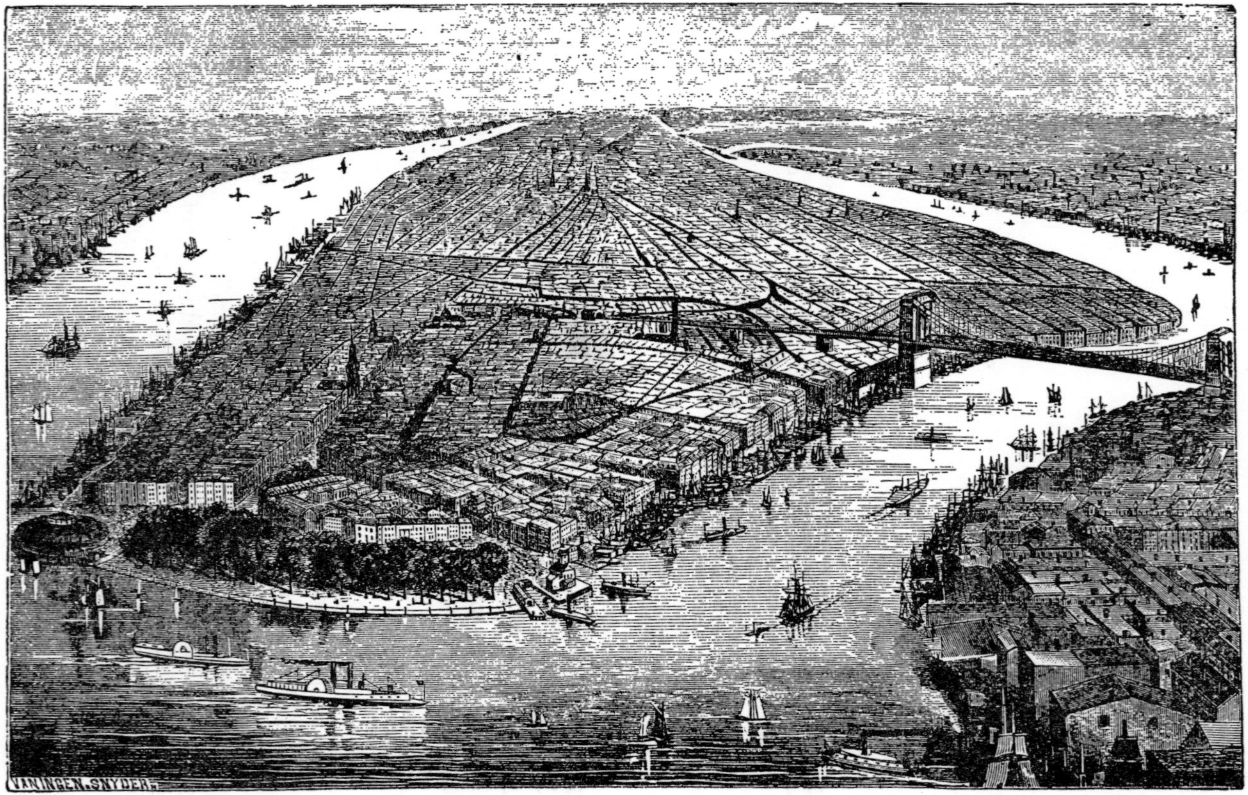

Bird's-eye view of New York, 1880.

J. D. McCabe, *New York by Sunlight and Gaslight*, 1881

For the purposes served by the symbol, however, it is not really necessary for anyone literally to see the view itself—the important thing is to be able to understand what it represents. The massed buildings, the solidity and density of the agglomeration, the gleaming roofs, the specious neatness and order that a far view lends the scene, seem to reflect all the energy, the crowdedness, the opulence and magnificence of the city. The skyline represents, in effect, the essence of New York, the great metropolis; New York, as the "greatest" and "richest" city in the world. Indeed, the imaginative impact of that skyline is sometimes so conclusive, so overwhelming, that to see the city in normal perspective, and in detail, may be anticlimactic. Thus, Rom Landau describes his disappointment at actually seeing New York after he had visualized it from its skyline. "New York's sea-front," he recalls,

> shooting heavenwards like torches, is possibly the most exciting in the world. But the city itself might be described as a mere chessboard of straight canyons imprisoned within gigantic walls, throbbing with a restless life, dynamic, stirring, yes—but beautiful . . . ?[5]

These symbols provide another type of reductionism which makes it possible to encompass a city's wide expanse. Unlike the views from a distance, which distort, blur, and flatten a city's image, these panoramic views serve as masks. They achieve the simplifications and impose the limitations which come from looking at a facade. They blot out what lies behind, or invite the viewer to disregard it, in favor of the interpretation presented by the facade itself. Each large city contains a number of such facades—not all favorable. In Chicago the downtown skyline symbolizes one set of images, the Loop offers others, and Michigan Avenue or a South Side slum tenders still other partial vantage points. None of them manages to perform as well as it promises. A large city is infinitely greater than its parts and certainly greater than its partial views, which mitigate but do not remove the pressures felt by an individual trying to understand imaginatively his urban milieu.

To a more limited degree than either device discussed so far, the spatial complexity and social diversity of a city, as a unit, is sometimes integrated by the use of sentimental history in selecting landmarks. Such history hardly ever follows the orthodox chronology of the city's actual development. Particular landmarks commemorate a symbolic past phrased around particular dramatic episodes of urban history. The Water Tower in Chicago, for example, is such a site; so is Telegraph Hill in San Francisco.

Looking at the city, even if it be with an imaginative stare, is only the beginning of the search for the meaning and quality of urban life. What is seen, literally or in the mind's eye, must be expressed and interpreted. The crisis of awareness perhaps comes when one realizes that the welter of impressions will need conscious reflection. Such a moment has been caught for us by Charles Dudley Warner, who probably recorded it—as most of us would not—because he was a journalist making his way across the country to write a series of articles on western cities. "It is everything in getting a point of view," he decided:

> Last summer a lady of New Orleans who had never been out of her native French city . . . visited Chicago and New York. "Which city did you like best?" I asked, without taking myself seriously in the question. To my surprise she hesitated. This hesitation was fatal to all my preconceived notions. It mattered not thereafter which she preferred: she had hesitated. . . . "Well," she said, not seeing the humor of my remark, "Chicago seems to me to have finer buildings and residences, to be the more beautiful city; but of course there is more in New York; it is a greater city; and I should prefer to live there for what I want." This naive observation set me to thinking, and I wondered if there was a point of view, say that of divine omniscience and fairness, in which Chicago would appear as one of the great cities of the world, in fact a metropolis, by-and-by to rival in population and wealth any city of the world.[6]

The city, then, sets problems of meaning. The streets, the people, the buildings, and the changing scenes do not come already labeled. They require explanation and interpretation. When it is argued in sociological literature or in the literature of city planning that cities are basically anomic and disorganizing or that cities represent optimal conditions for creative living, it is apparent that such remarks are simultaneously characterizations, judgments, and interpretations. The city can be variously conceived, by its citizens as well as its students: as a place in which to get ahead; a place where anonymity cloaks opportunities for fun, excitement, and freedom; perhaps as a place which undermines health and happiness but whose resources are usable from a safe suburban distance.

It is impossible, however, for the citizens of any city to comprehend it in its totality. But any individual citizen, by virtue of his particular choices of alternatives for action and experience, will need a vocabulary to express what he imagines the entire city to be.

Speaking about cities, in consequence, involves the speaker in a continual quest for the essence of his urban experience and for ways to express it. The language used, however, is a formal one. A fairly limited range of linguistic conventions has come into use whose formality is shaped by the fact that the form of the rhetorical devices employed does not depend on their content; their set phrasing is hospitable to any and all substantive statements about a city's qualities.

The urban environment is so obviously many-sided that one of the simplest and most obvious ways of giving it an underlying unity is simply to assume it and thus to speak of the city adjectivally.[7] The speaker pretends that the noun modified—the place name—is fully expressed and completely explained by the sum of its modifiers. It is therefore possible to say of a city that it is brawny, lusty, cosmopolitan, smug, serene, bustling, progressive, brutal, sentimental:

> Call Chicago mighty, monstrous, multifarious, vital, lusty, stupendous, indomitable, intense, unnatural, aspiring, puissant, preposterous, transcendent—call it what you like—throw the dictionary at it![8]

For some, this is a permanently adequate method; they are content to feel that the quality of their own experience and the mood inspired by their own dimly sensed implications provide the cement that binds these attributes together.

The list of attributes may, however, grow so long and so quickly that confidence in the initial supposition that these qualities summarize themselves is undermined. Most obviously this occurs when contradictory attributes are assigned to a city, and these apparently conflicting interpretations seem to call for further explanation. Even so, it is still possible to shrug off the difficulty by claiming that the synthetic principle which reconciles these opposites is that the city in question is essentially paradoxical. Thus, one writer comfortably concludes about Fort Worth that it "is paradoxically a metropolitan town." And another veteran reporter upon the American urban scene confesses about Baltimore:

> A large part of the fun of making the acquaintance of Baltimore lies in trying to unravel its endless contradictions. Almost any sweeping statement you make about its character will be wrong. Most of its 101 consistencies are not simple, direct paradoxes, but oblique, chain-stitched contradictions which in the end lead one not merely around but over and under Robin Hood's barn.[9]

Both the attribution of unity and the assignment of particular qualities can be organized around another, almost equally obvious, principle. The entire complex of urban life can be thought of as a person rather than as a distinctive place, and the city may be endowed with a personality—or, to use common parlance—a character of its own. Like a person, the city then acquires a biography and a reputation. Personified cities can be described with personal pronouns and, through the use of appropriate verbs, conceived of as having capacities for action and possession. And, following this fashion of speaking, we make the same allowances for and judgments of cities that we are ordinarily inclined to make for people.

Urban complexity, which forces us to think in terms of unity or many-sidedness and personification, also leads us to conceive of cities as "really" or "essentially" like something else, something we already know and understand. In a word, complexity forces us to analogize. The analogy may be relatively implicit, for example, "Chicago is a city which must be dominated, as if it were a magnificent and severe animal that plunges and rears,"[10] or, one may use an explicit metaphor (e.g., "New York, city with a heart of nylon").[11] The city may be termed or compared with a factory, a madhouse, a frontier, a woman:

> Consider dear Old Lady Thrift. That is, the plump and smiling city of Milwaukee, which sits in complacent shabbiness on the west shore of Lake Michigan like a wealthy old lady in black alpaca taking her ease on the beach.[12]

In all such phrasing, the speaker draws upon the emotional and non-specific resources of language to make clear—in terms of something else with which we are already familiar—what seems to him to be the underlying meaning of an apparently confused and confusing urban world. Sandburg's Chicago as "hog butcher to the world" captures in poetic capsule for many people—to judge from frequent quotation—a salient quality of that city's life and air. Not a few descriptions of our cities have a poetic quality and a significant ambiguity which compose themselves into hymns of revulsion as well as into paeans of praise or devotion. A striking example is Waldo Frank's conception of Chicago, "Hog Butcher for the World," published not long after Sandburg's adulatory poem:

> On the one side, trains pour in the cattle and the hogs. On the other, trains pour in the men and the women. Cattle and hogs from the West. Women and men from the East. Between, stockaded off by the dripping walls, the slaughter houses stand mysterious, and throb to their ceaseless profit. . . . The spirit of the place—perhaps its soul: an indescribable stench. It is composed of mangled meat, crushed bones, blood soaking the floors, corroding the steel, and sweat. A stench that is warm and thick, and that is stubborn. A stench somehow sorrowful and pregnant, as if the seat of men joined with the guts of beasts and brought forth a new drear life.[13]

Analogies of cities, personifications of them, or mere lists of their attributes in a succession of adjectives—all these represent conscious efforts to establish those distinctive qualities which help explain or rationalize the swarming impressions that crowd in on the observer. These unique qualities, once established, can be elaborated in detail by an apparatus of illustration and pointed anecdote aimed at showing how these qualities lie behind and shine through typical events and institutions. This is not a language of mere illustration alone but of exemplification as well. For many years visitors to Chicago wrote about and saw the city expressed by its hotels, its crowds, its huge department stores, and its stockyards.[14] Kipling's famous assessment of that city contains a particularly brutal and effective description of the stockyards, as the archetypical symbol of the city, which concludes with:

> And then the same merciful Providence that has showered good things in my path throughout sent me an embodiment of the City of Chicago, so that I might remember it for ever. Women come sometimes to see the slaughter, as they would come to see the slaughter of men. And there entered that vermillion hall a young woman of large mold, with brilliantly scarlet lips, and heavy eyebrows, and dark hair that came in a "widow's peak" on the forehead. She was well and healthy and alive, and she was dressed in flaming red and black, and her feet . . . were cased in red leather shoes. She stood in a patch of sunlight, the red blood under her shoes, the vivid carcasses tacked around her, a bullock bleeding its life not six feet away from her, and the death factory roaring all around her. She looked curiously, with hard, cold eyes, and was not ashamed.
>
> Then said I: "This is a special Sending. I've seen the City of Chicago!" And I went away to get peace and rest.[15]

It is possible to extend the notion of distinctiveness until the city's qualities—at least in combination—are thought to be unique. It is not only the booster who claims that there is no other city like his own; the ordinary citizen may feel this too, regardless of whether he approves of his city or not. The city's exceptional character can be declared openly as when it is asserted that "only in San Francisco" or by some such query as "where else can you find?" some particular institution, experience, or kind of person. The same distinction can be claimed by stating categorically that everyone in a particular city acts in certain typical ways: All Baltimore is proud; all Boston is proper; all San Francisco is fun-loving.[16] Almost any popular urban history is likely to use this kind of phraeseology.

Essence and uniqueness can be asserted most subtly, perhaps, by claiming that essence is masked by appearance or that appearance can be mistaken for essence. A visitor to St. Louis some years ago warned:

> St. Louis is the only large Western city in which a man from our Eastern cities would feel at once at home. . . . And yet today St. Louis is new-born, and her appearance of age and of similarity to the Eastern cities belies her. She is not in the least what she looks.[17]

Common speech expresses the essence-appearance inversion more directly than this oblique statement. We often say to visitors or newcomers that they must live a while in our city before they can see it as it really is.

And so, from all the foregoing, it seems safe to say that without the resources of rhetoric the city-dweller could have no verbal representations of his own or any other city. Characterization of the city, and of the life lived in it, is indispensable for organizing the inevitably ambiguous mass of impressions and experiences to which every inhabitant is exposed, and which he must collate and assess, not only for peace of mind but to carry on daily affairs. When the city has been symbolized in some way, personal action in the urban milieu becomes organized and relatively routinized. To be comfortable in the city—in the widest sense of these words—requires the formulation of one's relations with it, however unsystematically and crudely. Uncertainty about the character of the environment can only engender deep psychological stress.

All such symbolic representations of an urban milieu, however, are inherently unstable. Cities change, forcing those who live in them to face the inadequacies of what once were tried and true conceptions. A city after an economic boom, or swamped by an influx of immigrants, is obviously not the same city it was before. But whether change is dramatic and massive, or mudane and subtle, urban social perspectives—and their symbols—ultimately fail even their most ardent backers. The most insensitive city-dweller, moreover, cannot fail to discover new facets of the city from time to time. One of the fixed conditions of an urban existence is that it provides an inexhaustible store of surprises. And it does not matter whether the surprise is pleasant, challenging, or deeply discomforting; it must, like all such impressions, be managed; it must be brought into consonance with other impressions of city life.

As new conceptualizations of urban surroundings are required, rhetorical devices once more come into play; only their content changes. To assess the novel and manage the discordant, analogy or some other rhetorical resource must be brought to bear. At that moment new symbolic representations—embodied in anecdote, slogan, poem, or some more prosaic form—crystallize and become public property.

2

The Symbolic Time of Cities

WHEN anyone attempts to represent what a city is, he almost inevitably begins to interpret also what the city has been in the past and will be in the future. Thought and speech about cities are replete with temporal imagery. Cities and their citizens can be, and often are, represented as oriented toward the past, the present, or the future. They can be represented, too, as of some symbolic age, being characterized as young or old, or settled or conservative, or by some other set of significant adjectives. All such placements of a city upon a temporal symbolic gradient are of considerable significance for some of the reasons suggested in the first chapter. In this second chapter, the main aim will be to present an exploration of significant aspects of urban temporal imagery.

An American vocabulary of urbanism is likely to be oriented toward the future, since the nation at large is committed to notions of progress; concepts of frontier and regional past are deeply embedded in our urban imagery, too. Moreover, the very course of national settlement has made it remarkably easy to err in judging the present status and future paths of specific cities. Not all cities have borne out their early promises of greatness. Some started along an exciting path of civic success and then lapsed into backwater towns. Others grew slowly, or not at all, until the railroads came through, oil was discovered nearby, or the surrounding region became more prosperous. This has meant the presence of new populations, and changes in those who would dominate the town's political and economic life, along with corresponding changes in the noticeable styles of living. The older great cities, too, have scarcely experienced serene continuity in history or growth; new populations have flooded them and *nouveaux riches* have surged upward to join or displace old civic leaders, so that the sense of historic city origins has tended to get lost or blurred with each new era in civic history.

Since high financial and social stakes rest upon correctly assessing the present and future prospects of cities, it has made (and still makes) a crucial difference which images or models of city-change guide one's assessment. Unquestionably the predominant model, at least during the earlier years of a city's existence, is one that generally goes by the name of "growth." Growing cities are—the terms are synonymous—"expanding," "increasing," "progressing." The terminology is thus arithmetic: additive, multiplicative, but unfortunately also sometimes subtractive when cities cease growing or lose in size, population, and aspiration. Understandably there is some ambiguity involved in measuring growth, for while changes in size of population or terrain are easily apprehended, progress in culture, quality, civic spirit, and other equally nebulous attributes are matters of sharp dispute among the city's residents.

A second model of urban change is grounded upon a biological metaphor of "development." As with the human life-cycle itself, the concept of city development signifies that cities gain and lose attributes rather than merely acquire more or less of the same. The very terms used to describe urban development are borrowed from the language of human development. "Cedar Rapids," explains a reporter in the *Saturday Evening Post* series on American cities, "is the lucky, well trained little boy who grew up to be just what his folks wanted him to be." "Houston," declares another journalist, "is an incipient heavy weight champion in its pimply-faced adolescence" (adolescence is an adjective frequently used to describe bustling American cities).[1] The editors of *Fortune* magazine want to know about Chicago, "Has the place grown up?" and Rochester, to another observer, is "like a successful, well-adjusted individual of middle age," it "exudes an air of confidence and quiet assurance."[2]

Anyone who subscribes to the notion of development also subscribes to the notion of "continuity"; that is, that each stage or period leads inescapably to the next—the entire course of development being, then, cumulative. By casting events into an ordered continuity, the whole vast array of civic incident is given comprehensive and significant meaning. Observe, for instance, an author of a popular history of Akron, Ohio, as he neatly sums up the full sweep of six decades of history in one concise chronological formula:

> The industrial history of Akron falls into three phases. The first was the Perkins-King-Crosby era, 1825-1840, when the three men laid the foundations of the city. The second started around the Civil War days when different men began building on that foundation. The third period begins with the present century.
>
> There was an interim between the first and second periods; a breathing spell, in which the community began to find itself—and the railroads came in.[3]

Patently, such demarcation of stage involves inference. When a city changes, how much must it do so before a claim can legitimately be made, or safely supported, that a new stage has been reached in the city's development? When does a city stop being young and become adolescent? How long can a city exist without being regarded as old, or even as middle-aged and settled down? All such details of stage, and of transition between stages, must be read into a city's history; and, in turn, such a framework is a mode of ordering immense numbers of events. The framework encompasses, if truly developmental, the idea of cumulative movement, with later periods building upon earlier ones, or at least being affected by them.

But the course of a city's history may be so erratic and so surprising, the new directions so unexpected, that some residents find it difficult to perceive how their city evinces either true development or genuine growth. The model of change then embodies the notion of a disjunction in the city's history and characteristics. Disjunction signifies that the town has been actually transformed from one status to another and that those statuses are qualitatively discontinuous; the town bears the same name and is located on the same site, but it is no longer the same town. This kind of qualitative logic is nicely illustrated by one historian's comments about the disastrous epidemics which decimated Memphis in 1880. He writes:

> If Memphis history were to be divided into two periods . . . then 1880 and not 1860 would be the critical date. The social and economic consequences of the fever epidemics were so far-reaching as to warrant the conclusion that there have been two cities on the lower Chicakasaw bluff: one which existed prior to the pestilence and a second metropolis which sprang up like some fungus growth on the ruins of the first. Both possessed certain common characteristics thrust upon them by identity of location —cotton, the Negro, and the river—but the eighties witnessed such a metamorphosis in urban personnel as well as in physiogomy that the Radicals who had departed upon the collapse of the reconstruction regime would hardly have recognized the town in 1890. . . . In the history of the city the year 1880 makes a distinct cultural break. It is no wonder (with the Irish wiped out, the Germans and Northern financiers having left) that the modern Memphis possesses no aristocracy, no tradition, and little interest in its past.[4]

The case of Memphis is not unlike what might happen if an urban site were to be abandoned and then later inhabited by an entirely different set of residents. Would this, then, be the "same" city? In a less fanciful instance, whenever American cities are noticeably invaded by waves of immigrants, the older immigrants understandably enough begin to ask the same kind of question; they begin to wonder whether the city is really the same city in fact—and not merely in name—and to what degree. There comes a time when disgruntled souls talk as if it were no longer the same city at all, but a city which has capitulated to new-comers.

On the other hand, since these judgments reflect the perspective and social experience of whoever is doing the judging, there can be sharp contention over whether a city's discontinuity is actual or only of seeming appearance. The history of Charleston, South Carolina, is instructive; for, at least to the outsider's eye, the pre-Civil War city and population seem to have been greatly different from today's denizens. But in a volume titled *Charleston Grows* (published as frank propaganda by an association in that city), one of the authors, Herbert Sass, argues that the current image of Charleston as a feminine, old southern town is false; that for some two hundred years before the Civil War the town was presided over by strong, energetic people. In the years since World War II, he argues, the town has regained its masculine, dynamic quality. "That is the new thing about Charleston—the fact that a prolonged static period in its career has come definitely to an end, and a new dynamic period, more in keeping with the city's true character has opened."[5] In other words, despite the change of period or era, the city has remained essentially unchanged, there is no real disjuncture. (It is almost as if Sass is likening his city's "static period" to Rip Van Winkle's renowned sleep.) A genuine continuity links the old Charleston and the new. They are "essentially" the same. Appearances are deceiving. He writes, "Charleston today has so much feminine grace and charm that the masculine power and drive which preceded and created this beauty are overlooked. A beguiling legend has grown up here and, beguiled by it ourselves, we have unwisely helped to spread it."[6] And in facing forward, Charleston's citizens are simultaneously facing backward to a true past. If they do not, Sass warns—and we can see why, if we regard the warning not as a matter of logic but of symbolism—this "might well mean that the old Charleston, the Charleston of the successful and dynamic past, was dead."[7] Then there would be genuine disjuncture. There would be a new city in place of the old.

It may seem odd that anyone should so disregard the multitude of apparent changes and claim that a city remains essentially unchanged. Yet this is not an unusual way of perceiving cities. Sometimes, indeed, rather than brushing aside some changes as of minor import or mere "appearance," men regard the changes in a city's life as cyclical, as having happened before and as predictably going to happen again.[8] Anyone who assumes that the city has not changed fundamentally finds powerful rhetorical resources close at hand, for he need only call up important periods of city greatness or link today's enterprising citizens with those of the past. It is in this way that one historian of *Louisville, The Gateway City* can evoke ancient images:

> Many of the newcomers who came to Louisville during the war plan to become permanent citizens and the town is extending a warm welcome to them, looking forward to a wider opening of its gateway and a new group of pioneers who will build toward the future with the same faith and vision that inspired that first intrepid little band.[9]

In fact, new eras in a city's growth are frequently heralded by this kind of call to carry on local tradition and destiny. Hence it is that prophets can, unembarrassed, pluck out of the dense mass of past civic incident those events that support their claim that a new era is upon their city. One of the most amusing of such strategies was employed some years ago, in 1903, by Thomas Summers who berated his fellow citizens of Marietta, Ohio, for their blindness. His delightful strategy is as follows:

> Not many years past "Old Marietta" was a common term applied to the city wherever it was known. There were, perhaps, two reasons why this familiar term was thus used: the first being the fact of the priority and importance of Marietta in the early history of the West, and thus had reference to the age of the place; the second, the slow progress of the town for so many decades after the beginning of the nineteenth century, when compared with the life and buoyancy of many of her more youthful neighbors.
>
> With reference to these two suggested reasons, it can be said that if the first were the only one, there would be no need of changing the term, for the fact that the settlement of Marietta marks the opening of the Great West and dates more than eleven decades hence, makes all her citizens take pride in calling her "Old Marietta." Who is there that has read or known of the early pioneers as they came and settled at Marietta, but what has a deep regard for them and their work? . . .

> But while we rejoice in this noble place in history which we as citizens of Marietta occupy, there is another phase of life which belongs to a city. A city may open the way for progress, and still not progress itself. . . . Hence it is that we fear that with the term "Old" when applied to our city that there has been added a meaning that is not as honored as the former, or in keeping with the dignity of the same. There is, perhaps, added a meaning that is intended to reprove the city for being "behind" and "out-of-date." . . . It is then proper to ask if this term embodies not alone the "time honored" part of our history, but has in it that element which pictures the city as non-progressive and behind other cities, shall we still cling to it? Shall we not rather be designated by a term which shall embody all that honor belonging to us as the pioneer city, but will at the same time show that we have stepped out of the old non-progressive condition into a state of advancement? With our changed condition let there be a change in the epithet of the city. It is, then, that we pass from the "Old" into the "New" and thus we have "New Marietta."[10]

Does the "New Marietta" imply discontinuity or abandonment of essential identity? Indeed not:

> The word "New" as thus applied infers that there was once an "Old" and consequently still cherishes the fact that Marietta is old in years that have passed since the pioneers. . . . But at the beginning of the new century she stands young, strong and vigorous, no longer old, except in name, with an ambition of youth and wealth of resource that places her at the head of the progressive cities of the Ohio Valley.[11]

Whether the dominant set of images about change is one that pictures change as growth, development, discontinuity, or no change at all, anyone who makes temporal statements about a city necessarily is ordering a tremendous mass of events into a complex symbolic system. He will be highlighting what he takes to be very significant civic happenings and ignoring or failing to perceive others because they seem unimportant. He will even conveniently, or unwittingly, forget other happenings—even eras—that previously seemed important to people who lived through them. Certain events are conceived as momentous for the city's character and so are remembered and celebrated in myth and ceremony (Chicago's fire), or they are remembered as turning points in the city's transformation (the saga of Texas oil wells), or as marking the end of an era and the beginning of a new one

(Chicago's Columbian Exposition or San Diego's World War II boom). What seemed a radical disjuncture to an earlier generation may now be viewed as a number of sequential steps in the city's march toward its present condition. Even prehistory can be brought within the orbit of civic significance. Indeed that tactic is, albeit perhaps not always wittingly, frequently resorted to by writers of popular urban histories.[12] So, too, an ancient prophesy can be used to add magic and a sense of awesome fatefulness to the theme of city destiny. Thus one writer traces the mystic origins of Chicago squarely back to Joliet's initial visit to the shores of Lake Michigan and to this pioneer's insight that if a canal were cut between lake and river then a bark could "sail to the Gulf of Mexico."[13]

But it is possible for yesterday's central interests and fascinations to drop out of public gaze because they perform no particular functions for contemporary action or for the identities of today's citizens. To point to specific instances of this forgetfulness seems unnecessary, but there is at least one striking example of a large American city which has a very lengthy history but whose residents seem all but unaware of that fact. Detroit appears not only to scorn its history, but to many people it seems, and it is frequently referred to as, the very embodiment of twentieth-century drive and energy. In the terms used to characterize the place, one can quite visibly see mirrored the transformation of the older residential town into an industrial metropolis. Experiencing relatively slow growth during the decades after the Civil War, Detroit did not begin to earn the appelations of "dynamic," "youthful," and "vigorous" until after the expansion of the automobile industry. In 1906, the magazine *World Today* reported on "The New Detroit" and the expansion of the automobile industry. In 1914, *Colliers* titled an article "Detroit the Dynamic." There may have been references of a similar kind somewhat earlier. Thirty years later, the imagery appears to be little changed.[14]

One implication of the imagery about Detroit is that the actual age of a city does not always become accurately reflected in people's conceptions of the city. The difference between Milwaukee and Chicago, at least as they seem to be conceived in the mass media, is especially instructive. Chicago was founded about a decade earlier than her one-time rival for lake and regional dominance. The very title of chapters written about these respective cities in Robert Allen's *Our Fair City* suggests the kinds of images they evoke today. The chapter on Chicago is captioned "Chicago: Unfinished Anomaly," and Milwaukee's is "Milwaukee: Old Lady Thrift."[15] Already by 1892, Milwaukee was being pictured as mature, its citizens sober, thrifty, comfortable, prosperous.[16] Fifty miles to the south, Chicago, which was getting ready for its great fair, continued to amaze the world with its vigor, enterprise, and youthfulness; it was, by general agreement, a dynamic and unfinished city. In 1927, one can find a reference to Chicago as adolescent, rather than young or youthful; and twenty years later, a journalist writing in the *Saturday Evening Post* series still referred to it as adolescent.[17] A sample of the way that some of its citizens thought of it is this quotation taken from the closing sentences of Warren Pierce's article on his city: "Chicago is rough and tough, rowdy and exciting. It hasn't grown up yet—and sometimes it is not funny to watch the growing pains. But that is Chicago."[18]

Unquestionably some American cities, and some sectors of their populations, are oriented less toward the past than toward the present or the future. Generally speaking, one might expect that there would be a high correlation between the age of a city and the temporal civic orientation of most of its citizens so that a new city would be thought of as young and would be oriented toward the future; while an older one would be more "settled," its citizens much more aware of the local chronicles. At either extreme, this *may* be characteristic of American cities; but conceptions of a city's age are beyond doubt also a matter of perspective and experience; the temporal atmosphere of the town is more than a reflection of it's actual age.

In a city like New York, which seems continually to be transforming itself physically, demographically, and socially, the actual age of the city would seem not to impinge in any lively fashion upon most citizens. Probably most New Yorkers are vaguely aware of their city's great age by reason only of such legends as the fanciful sale of Manhattan by the Indians and the capitulation of the Dutch to the English during the days of New Amsterdam. From time to time some New Yorkers are reminded of the nineteenth-century city by a movie having action laid there, or by an article about the past carried by such a magazine as the *New Yorker*. But at least one kind of visual experience necessary to make a native aware of his city's very considerable years is suggested in a sensitive description given us by Alfred Kazin, who was reared in the Jewish ghetto of Brownsville in Brooklyn. One day his schoolmates and he visited the Metropolitan Museum in the company of their teacher. There Kazin was amazed to see

> pictures of New York some time after the Civil war–skaters in Central Park, a red muffler flying in the wind; a gay crowd moving round and round Union Square Park; horse cars charging between the brownstones of lower Fifth Avenue at dusk. I could not believe my eyes. Room on room they had painted my city–Dusk in America any time after the Civil War would be the corridor back and into that old New York under my feet that always left me half-stunned with its audible cries for recognition. . . . [The paintings] would haunt me any time I ever walked down Fifth Avenue again in the first early evening light. . . . Sitting on the fire escape warm spring evenings over the Oliver Optics, I read them over and over because there was something about Old New York in them–often the dimmest drawing in the ad on the back cover of a newsboy howling his papers . . . that brought back that day at the Metropolitan.[19]

The cities of Boston and Philadelphia have more visible monuments and historical sites than does New York, and these stand as reminders to the past. But we may presume that many a Bostonian and Philadelphian is only peripherally aware of this aspect of his city.

Since age and trend are relative matters, any placement of a city in symbolic time necessitates that a comparison be made with other cities. Frequently, of course, city is pitched against city in explicit contrast. When the guiding metaphor is one of growth, the comparisons are made along arithmetical axes (more, less, bigger, smaller), although the contest is not only over the actual figures, but also over which criteria should be used to contrast or liken the cities. When the metaphor is one of development, then the cities are contrasted by where they are imagined to have arrived in their life-cycle: they are spoken of as more or less mature, settled, aged; and various events or reputed traits are used as evidence to determine those similar or dissimilar stages of development. The comparison of cities is not always invidious or in the nature of a contest. The residents of some places may use other cities as models to be emulated or think of their own as following in the same developmental path (and outsiders may view it this way too).[20]

Twin cities are frequently each other's rivals and measuring rods, but the competitors need not be near nor the rivalry symmetrical. There is in all temporal placements also a guiding notion that the city is traversing a path of some given kind. ("Thus the evolution of Niagara Falls is in line with the traditional pattern of the American City: from small village to industrial control to middle-class domesticity.")[21] Industrial cities grow in certain ways, so do farm cities, regional cities, and "the big cities." Naturally, there are farm cities which grow up like other farm cities, and there are farm cities which strike it rich and become oil cities—suffering disjunction and surprising their inhabitants—but thereafter following the pattern of oil cities, which surprises no one.

The course of American urbanization has been replete with surprises since novel urban pathways emerged with some regularity. The distinction between old and new paths—those adjectives should here be taken as conceptions, not as facts—is clearly drawn for us by a prominent citizen of Akron as he introduces a popular history of his town:

> You might surmise that this is the typical tale of a sleepy American town that grew overnight to a big, dirty, dangerous, clamorous city; but that isn't so, as you shall see. Akron isn't typical at all; it isn't typical of anything; it doesn't follow any pattern; among municipalities it is what biologists call a sport; it is no more typical of American communities than Boulder City or Hollywood or Willow Run or Los Alamos. . . . So this book is different from others. Hugh Allen asks and answers the question, How did these things all happen, how did this little midwest town manage to take over three-quarters of the nation's entire rubber industry. He asks the question: What makes a city?[22]

The emergence of a new kind of city on the American scene is apt to be noticed if the city is startlingly different from its very inception—for instance, if it is plunked down in the middle of nowhere by the government, its activity turning about the manufacturing, say, of atomic energy. But the emergence of new types of urbanity can be, and frequently is, overlooked since a town may resemble sufficiently, or seem to resemble, other towns. When reference is made then to changes in its tempo and aspect, old images prevail and old terms are used to characterize its changes. For instance, note the term "delayed adolescence" in a recent description of the ancient town of Albuquerque: "After dozing . . . for centuries, this little Spanish town awoke to become captive of the Atomic Age. Now in delayed adolescence it gets bigger every time screaming jets roar over Central Avenue."[23] In this, one can sense the thin line between this observer's concept of rapidly changing towns and his potential realization that these are possibly two different towns. But when a city strikes an observer as deviating from a known pathway, then he tends to regard what is happening to it as paradoxical. He speaks of it as a place that is similar to other places but that is also puzzlingly different. ("Phoenix in short is Palm Beach, Red Gap and Mr. Babbitt's Zenith all rolled into one."[24]) Its future cannot quite be previsioned, for the town follows closely no known path.

But when the deviant city becomes a trail-blazer, its trend line becoming characteristic also of other centers; when the new city-type is established, then no one any longer wonders about its erstwhile paradoxical qualities. Such a pioneering role is being assigned nowadays to a rejuvenated Pittsburgh, its planning seeming to many people to foreshadow a new and different kind of industrial city. The editors of *Fortune Magazine*, a few years ago, prophesied:

> Pittsburgh, in its postwar tensions, changes, contrasts, shifts of power, and plans for the future may well epitomize the problems of an advanced industrial society and its chances for survival. . . . Pittsburgh is a city in which it is defensively easier for outsiders not to feel implicated. Yet much of the material greatness of the United States and the West had its birth here. And what is happening now in Pittsburgh is a foretaste of what is in store for other, younger industrial centers a little further along in time.[25]

They may be correct; but again there is no reason to believe that younger industrial centers necessarily are the same kind of city as Pittsburgh, or that they will evolve in the same fashion.

While deviancy from known pathways is sometimes heralded as something new, exciting, and adventurous, it sometimes calls forth defensiveness, disturbance, and perplexity. When a growing city simply ceases to grow or declines, responsible citizens search for reasons, and illuminating precedents are often close at hand. However, a city may continue to expand in population and size, may progress in ordinary ways, but also fail to develop according to other expectations. In writing of Birmingham, Alabama, one visitor to the city suggests how damaging such failures of expectation may be to the civic identities of some citizens:

> Birmingham is young. . . . Her citizens are fond of calling her "the youngest of the world's great cities." Sometimes they turn the phrase around and call her "the greatest of the world's young cities."
>
> But somehow, for all her pride in the great labors which converted a cornfield into a great metropolis in little more time than the span of one man's life, Birmingham is haunted by a sense of promise unfulfilled.
>
> Her more philosophic citizens are obsessed with this thought. They brood and ponder over it, and, searching the souls and the city's history, constantly seek the reason why. They come up with many answers. One is the obvious one of her youth. . . . Another answer is . . . [that] Birmingham is a working town. . . . Painting pictures and composing music and writing books—even the widespread appreciation of these things—all come with time.[26]

We need not rest with the evidence of a visitor to this city. The same year, a reporter for *The Birmingham Post* complained about his home town in an identical vein. "Birmingham," he begins his lament, "has civic anemia":

> Exploited by absentee landlords and real-estate opportunists, the city has failed to develop a real community spirit. There is no civic symphony orchestra, there are few buildings of distinguished architectural note, and a Little Theatre movement was permitted to die. Even the zoo . . . was sold, without a single protest.

"So Birmingham," he concluded, "lives for the future. When and if its rich promise will unfold into actuality are matters of speculation." Nevertheless there are, he amends, certain signs of hope; so "perhaps the dawn of a new day for Birmingham is just around the corner."[27] Whether even a major segment of Birmingham's residents feel thus unfulfilled is not the question; it is rather the dismay and perplexity experienced by those who had anticipated that certain desirable institutions and events would just naturally accompany any increase in the city's size.

On this issue, as on so many others, the case of Chicago is instructive. At the time of the Columbian Exposition, if not before, a number of influential Chicagoans expected their city before long to rival New York in matters cultural as well as financial and political. Since that era, the laments about Chicago's failure as a cultural milieu, by natives and visitors alike, are endemic.[28] They stem from the assumption, perhaps correct, perhaps not, that so large a city as Chicago ought properly to have developed into as cosmopolitan a center as cities half its size or less. Another way of stating this assumption is to say that these critics wish Chicago's urban style to be like New York's or London's or Rome's, a desire rooted in the notion that the end product of city development is a certain kind of urbanity (which sits atop less cultivated urbanities, perhaps). This set of images about time and pathway is itself an interesting and influential temporal representation. It raises important issues. Should all large cities be expected to be cosmopolitan (and should small cities not be)? Can cities be urbane without being cosmopolitan? Can cities be partly farm-like and small-townish and yet be partly big-city in atmosphere too? In short: is there one American way, or are there a variety of urbanities each legitimate in the eyes of its exponents? We shall deal with these questions in Part II.

3

The Evolution of Urban Imageries

JUST as every American city is represented in temporal terms, it receives representation along other dimensions: spatial, geographic, economic, social, cultural. All such representations form a characteristic system of symbolism; they do not merely constitute a bunch of discrete images. The whole system has historical roots, for it develops out of the contributed perspectives of various important sectors of the city's population as they have experienced this city during its past. Today's populations inevitably redefine the old terms, using them in new ways, thinking about the city anew but using old symbolism. They also add, in their own turn, elements of imagery to the city's total symbolism. Likewise, today's populations may stress or select certain particular images from among the total set, ignoring or denigrating the others—as some may wish to represent, for instance, their city as progressive and to disregard its slums. In this third chapter, we shall closely examine the symbolism of a single large American city, namely Chicago, in order to illustrate these points.

Chicago has a particularly interesting imagery. Stripped of the superlatives with which admirers and detractors are apt to depict the nation's second city, Chicago can still emerge as recognizably "itself" if we glance at what is written about the place. Chicago is represented as a great midwestern industrial and commercial center. It is a cosmopolitan city, a world city, great in size and aspiration, in attainment and fame. It is the main railroad and airlines crossroads of America. It is the home of so many and such diverse ethnic groups as to make it, as the journalists delight in writing, the second largest Polish city, the sixth largest German city, the second largest Swedish city: "a hodge-podge of races and nationalities."[1] It is unquestionably a town marked by a certain amount of violence, vice, graft, and those other unpleasant accompaniments of big city life. But it is also, by popular representation, a midwestern city which embodies something peculiar to the region that is not possessed by cities located elsewhere in the nation. A considerable number of Chicagoans appear to represent it also as a prairie city, and I have already commented upon how they imagine it to be a youthful, unfinished city.

Each of these representations of Chicago finds concrete lodgement in one or more urban icons or indices which can be pointed to (and frequently are) as proof or illustration. Especially meaningful are places, things, men, and legends. Crime, vice, and urban disorganization are represented by "Capone," "gangsters," the famous Leopold-Loeb case, by juvenile delinquency, by the well known slums and the black belt. The cosmopolitan city is represented by the fabulous lake front—with its parks and wealthy apartment dwellings, its famous outer drive, its artistic institutions —and by such streets as State and Rush and upper Michigan Avenue. That the city is the unsurpassed crossroads of America is instanced by its many railroads, by its claim to the world's busiest airport, by a striking array of hotels, and by its deserved title of "convention city." To justify the city's industrial and commercial reputation, one has only to point to the steel mills (in older days, the stockyards), the department stores in the loop, the latest tall office building, the skyline in general; or to well known symbols like the water-tower (representing the phoenix spiritedly rising from the ashes), or to intone the city's motto of "I will" and the frequently quoted aphorism, "make no little plans," coined by Burnham, the architect of the World's Fair. The city's great ethnic diversity is pointed to by indicating facts and figures or areas where various nationalities dwell. The prairie or pioneer symbolism, although less subscribed to by Chicagoans, is real enough to others who perceive its manifestations in the city's immensely flat terrain and in some of the city's legends. All of these representations of Chicago's varied greatness are made visible in picture books and in popular descriptions of the city, in the tourist guides and by post cards; they are visible enough in the daily newspapers either as photographs or frequent points of reference.

Now this entire group of images about Chicago, as I have asserted, is a set rather than a series of discrete items. When Chicago's residents lay stress upon one or more of those images, they also systematically understress certain other images; e.g., when they point to the lake front with pride, they will carefully avoid mentioning, or visiting, the less palatable urban scenery that daily impinges upon lower-class Chicagoans; and they link certain images in suggestive ways with others—as when the city's enviable enterprise is conceived of as a distinctively midwestern trait or is spoken of as characteristic of the sons of Italian and Jewish immigrants. To say that certain urban populations within Chicago link, stress, and avoid certain public images is already tantamount to saying that these images have functions and histories not immediately apparent.

There is a convenient device at hand for sketching part of the import of these urban images. If we array a number of popular histories written about Chicago according to year of publication, and then quickly scan these histories, we shall not go far wrong is assessing something of the rise and significance of Chicago's predominant public images. We shall also be provided with an illuminating case-study of the interrelated popular images of a metropolis. It would be easy to buttress interpretation of these histories by reviewing the newspaper and autographical writings that appeared contemporaneously; but the added effort seems unnecessary, since we want only a general picture of the significance of Chicago's symbolism.

In 1840, a young man by the name of Joseph Balestier who had recently migrated to Chicago from the East delivered a speech at the local Lyceum in which he spoke of Chicago's history, short as it was, and prophesied freely about its future.[2] In this speech, we can discern several elements that will be prominent in later histories and prophesies. Already the city's mythology was taking shape. Chicago, Balestier claimed, is probably one of the oldest settlements in the Far West—since it has been "from time immemorial, occupied by the Aborigines." The very site was long the locale of an Indian village. Like most local historians who will live after him, Balestier paused to pay homage to the Frenchmen who first explored the site and remarked how sagacious they were, as their "discerning judgment could not fail to appreciate" the future importance of the site. This phrase indicates that Balestier attributed Chicago's rapid rise to its geographic location and based his anticipation of its continued growth upon the same factor. As he took pains to detail, the city could not fail to become a place of "vast importance." It was to be the avenue for westward transportation, the terminal for lake travel, the center of an immense and unsurpassedly fertile region. This young man understood that the mines of northern Illinois and Missouri and Wisconsin "will help make Chicago great." Already you and I, he told his audience at the Lyceum, can see the immense changes that have come over the town since its inception such a short time ago. "You, Sir, I believe, are among the oldest settlers. Within less than eight years, you have witnessed the magic change. Scarcely a day has passed within that period that had not brought some improvement." The original miserable populace of the town has been superceded by an Eastern population and "all the comforts of our Eastern homes are gathered around us."

Here, then, we have already an interpretative framework for Chicago. From its earliest years, Chicago was thought of as marked out by destiny to become an immense city, "the great produce market of the western world,"—not merely a flourishing regional city. It was to be a city whose citizens will be able to point almost daily to clear demonstrations of progress, a city whose limits of greatness were almost unbounded because of her superb location. That the very earth itself was mire was of no consequence except as it challenged Chicagoans to rise above it. ("Chicago has sprung, as it were, from the very mire.")

Balestier was no city booster—in fact he returned to the East soon after he delivered his speech. But William Bross was. He has come down through the city's annals and popular histories as a classic example of the booster type. He was accustomed, after his arrival in Chicago in 1846, to publish brochures and pamphlets urging upon his fellow citizens and upon enterprising men in the East the future glories of investment in Chicago. In 1852, and for two years thereafter, he published a set of pamphlets titled "History of Chicago," in which he offered a more systematic entrepreneurial interpretation of the city and its destiny.[3] To Balestier's simple locational theory, Bross adds the immensely important role of the businessman, endowed with foresight and filled with the spirit of enterprise. Outside capital, he says, will be necessary for the development of this great natural site; but the city's residents themselves must understand and further "the advantages which commercial position affords." Like his greater contemporary Karl Marx, who was unwilling to let natural forces motivate the workers of the world but who must exort and instruct them, Bross cautions the local businessmen: "Let them, with becoming prudence, but with far-seeing, intelligent views as to what the spirit of the age and the stirring times in which we live demand, gird themselves for the work of making Chicago the great commercial emporium of the Mississippi Valley." He also links geography with enterprise, adding, "let them show the world that they are worthy, and the rich commerce of the prairies and the lakes will most certainly crown their efforts with success."[4]

Since Bross has his eye fixed so firmly upon the future, he bends and shapes the city's past to that goal. He pauses to give the usual accolade to Marquette and Joliet, and to the Frenchmen who later settled the region. He describes in sketchy chronology the military, political, and economic accompaniments of the American settlement, and recounts the many recent improvements and current blessings of the city. He insists upon the notion of progress by the frequent and italicized reiteration of such phrases as "only twenty-two years ago," "only twenty years ago." Throughout his storied history of Chicago, the dealings of businessmen and real estate agents are given precedence, and politics is treated as the handmaiden of economics. Having surveyed the first seventeen years of corporate history, Bross asks what the next seventeen years of the city's history will "accomplish." He predicts a city of "*more than half a million of people.*" Few would dare to predict this, he asserts, but there are the plain geographic and entrepreneurial facts. Chicago will become "the great central city of the continent," second "ere long" only to New York, for this is its "manifest destiny." Thus Bross had the good fortune to predict correctly the future of Chicago, and some of the later popular historians have not let us forget his prescience. It is not necessary to pass judgment upon his sagacity nor upon his efficiency as a booster. It is sufficient to know that he spoke for, and to, an influential contemporary audience. The history of Chicago banking, investment, and business activity bears eloquent witness to the many men who agreed with Bross that Chicago was a place where a far-sighted entrepreneur would be richly rewarded.

In 1873, not long after the great fire, Everett Chamberlin published a full history of the city.[5] Like Bross, Chamberlin was concerned with presenting and interpreting "the present aspect of Chicago," although he devotes a number of pages to a description of the pre-fire period. These latter years are treated almost wholly from the perspective of their economic history. Similarly, the "current record and description" of the city is almost entirely concerned with economic progress and business institutions. (A lengthy section dealing with Chicago's suburbs turns on the discussion of real estate values.) But Chamberlin's history is valuable to us mainly because he insists so bluntly that "Chicago's Greatness was Thrust upon Her."[6] This is such an astonishing admission—in light of what later generations of Chicagoans will claim—that the passage is well worth our scrutiny:

> What built Chicago? Let us answer, a junction of Eastern means and Western opportunity. The East had an excess of enterprise and capital which as naturally pushed West, on lines of latitude.

> as water runs down hill. . . . But what made the opportunity? We answer, the simple fact that the district of country within two hundred and fifty miles of Chicago filled up with settlers.

The geographic location, the site itself, added to those two factors made Chicago's growth inevitable. But, the case of Chicago

> is altogether peculiar. There was no local aspiration. Chicago was a large business focus before enterprise was a local characteristic. In the history of no other emporium of business do we find any thing more marvelous than the historical fact that Chicago grew great without ambition; not from humility, but from the inveterate hesitation of petty ideas. How strangely this contrasts with the prevalent but demonstrably groundless boast of a locally inherent self-making spirit. Never was a great city less its own architect.

He goes on to exclaim that whereas citizens in hundreds of western cities cheerfully demonstrated their enterprise, in the earlier years, Chicago "never invested a dollar in a railroad. Exceptional citizens struggled for years against the senseless intolerance of the rest." He contrasts the merchants of Baltimore, who as early as 1828 understood the value of a railroad to the Ohio River, with those of Chicago, who, as late as 1851, "with despicable stupidity, were grieving over the prospect of having their trade scattered along a line of country shops for fifty miles or more," because the railroad would now reach their customers. But despite this stupidity and obdurateness, civic greatness, he says, was forced upon the young city "as a golden subjugation." In one marvelous sentence—marvelous because its cool realism so contrasts with the romanticism of later historians—he sums up: "The inhabitants of past days could no better withstand the uncredited but splendid boon of eastern railroads, than they could have resisted a pestilence. They had to accept it."

In sum: Chamberlin maintains that a conjunction of eastern capital and western settlement, in combination with a fortunate local site, built Chicago. It will continue to make it grow great. An increase in the "comparatively small area of tributary country" will cause the city to grow to unprecedented size. But this destiny is in store not only for Chicago; all cities will grow, in this urban age. The only bouquet that this dispassionate observer seems willing to offer his city, such is his realism, is that its citizens have demonstrated tremendous "latent power" by their speedy rebuilding after the fire. (We must remember that Chicago businessmen still remembered that New York and London banks could not fail to furnish the capital necessary to rebuild Chicago with all haste. The myth of Chicago's reinstitution of itself, with merely the aid of supplies from elsewhere during the immediate disaster period, had yet to take total precedence over the crucial role of outside investment.)[7]

As an amusing footnote to Chamberlin's disdain for Chicago's earliest settlers, it is worth listening in upon a reception given six years after Chamberlin's book appeared by the Calumet Club of Chicago for a number of early (pre-1840) settlers of the city. Several guests spoke in celebration of the occasion. They expressed astonishment at Chicago's growth and accomplishments. They admitted not foreseeing what would occur (Bross, who reminded them that he was thought a "wild man" even between 1850 and 1860, was an exception). General Strong said in his welcoming speech, "you little dreamed that you would behold grow up about you, in your day, a city more than rivaling, in the noblest municipal accomplishments, the vaunted greatness of the mistress of the ancient world."[8] Ex-chief Justice, John Caton, who spoke on behalf of his fellow settlers, reminisced that, "When we attained the dignity of a village-corporation . . . we thought we were the great people, and even feebly discounted the future of Chicago."[9] The old settlers were full of wonder at the contrast between the old and the new. But one of them remarked with some asperity that "it is about time we stopped talking about infant Chicago, about this wonderful prodigy of youthfulness." He questioned, "Have we not passed the stages of childhood and adolescence, and is not Chicago now a mature and developed city . . . ? So let us cease talking about young Chicago, as if we were still trying an experiment, and its ultimate result was a matter of doubt."[10] This interesting comment throws light not only on the prevailing attitude of the original settlers but contrasts strangely with the attitude of the later residents, and contemporaries too, who felt the city as anything but finished, settled, and past its adolescence or youthfulness.

The Chicago newspapers reported this reception without a

trace of undue adulation for these old-timers.[11] However, even during the years before the fire, some of the descendents of the earliest inhabitants had begun to weave a romantic tapestry about the feats of the founding heroes. As Hugh Duncan points out,[12] the more successful descendents needed a legitimation of their elite position, and one way to get this legitimation was to exalt ancestral achievements. Moreover, the newcomers to town who were rising through their business acumen were already challenging or gaining that leadership, and their claims to status could partly be countered by claims to honor and ancestry.

In later years, a number of books of reminiscence were written by men who had lived through these exciting middle years of the last century, so that the two traditions—of early and later ancestry—merge, blend, and become well-nigh indistinguishable.[13] Together they form the romanticized "foundations," to use a favorite word of popular historians, for the later "glorious" Chicago. In time, the men of both periods become "pioneers" who together helped to raise out of the mud and the mire this great urban gem of the prairie.

In 1884, a new kind of history was written, a history which recounted much more than mere economic and political events. Reflecting an intensified concern with non-economic aspects of life, the historian Alfred Andreas published three huge volumes —an immensely detailed description of the many-sided life of his community, current and past.[14] The associational activities of Chicagoans received full treatment; so did their occupations and professional life, their charities, churches, amusements, and arts. Chicago, in other words, had become a cosmopolitan center; and the historian was showing how it got that way, presenting evidence that it was that way, and, by implication, indicating his conviction that it would become ever more that way.

A few years later, in time for the Columbian Exposition, another popular urban historian, Kirkland, takes up this theme of continuous urban progress, openly stating this graph-line as fact and faith. But as he closes his history, he expresses some tension between his hopes for a truly cosmopolitan center and his perception of how far short Chicago falls of the ideal. Although the city of today is far beyond the dreams of the preceding generations of Chicagoans, Chicago is still not the ideal city, still not entirely urbane. On the other hand, he defends the absorption of Chicago's men with business pursuits and work as a sign of vigor and accomplishment. Kirkland wrote and addressed his audience in the schizoid spirit of the Columbian Exposition itself: partly an aspiration after a greater cosmopolitanism (one recognizable by citizens of other world cities) and partly pride in the enterprise of a city which could so vigorously and admirably present the fair to an awestruck world.[15] The easterners, even Bostonians like Henry Adams, were impressed. Many Chicagoans recorded their belief that Chicago had either arrived as a world city or had only a little way yet to travel to reach that destination. A later generation tends to regard the Fair as the point at which the city attained a truly cultivated and urbane state of urban existence. But this was, we should state, at least thirty years after Chicago had outstripped St. Louis and some years after it had become the second city of the nation.

I shall skip over the popular urban histories that were published between the Exposition and the year 1928 (noting only that one published in 1911 extends the city's history back to 1534).[16] They add nothing particularly notable to the interpretative framework already given Chicago and ignore the body of meanings given the city by more than three generations of brilliantly perceptive novelists and newspaper journalists. These men (among them, Drieser, Ade, Masters, Hecht, Dell) had been unable to avoid, from the very nature of their preoccupations and their professions, and, later, their very ethnic origins, the less comely side of the big city. Crime, vice, violence, corruption, politics, poverty, and the cruel competitive ladder of social success were the raw materials from which they worked up their stories. For this literature there was an avid public. Long after the earlier famous newspaper "gang" had passed off the local scene, and a few years after the best of the novelists had departed for New York, the infamous Valentine's Day massacre provided an excuse for two local journalists to write a book titled, *Chicago, The History of its Reputation*.[17] These authors saw their city as oscillating between two poles: gigantic enterprise and tremendous violence. Enterprise signifies drive, energy, innovation, and progress. But violence is equally evident, both in the city's past and in its present. As they say in the introduction, "Chicago, to some people means brute force; it means ruthlessness and even menace. Its 'blood-and-thunder' reputation has girdled the earth, outstripping again and again the fame of its herculean business enterprise. Almost from the beginning this has been true."[18]

They wrote so that their book would "serve to answer, in some degree, a world-wide questioning" about what is the real nature of this city. After sparing their readers none of the kinds of lurid detail long evident to Chicagoans themselves through their own perceptions and through their reading of newspapers and novels about the city, Lewis and Smith sum up the balance between enterprise and violence in these terms. "Aspiration," they propose,

> is that plot of the romance. Bloody quarrels, conspiracies to wreck fortunes or take lives, slaughter in the streets, are casual episodes. . . . Where the mixture of humanity seethes so fiercely, where aliens have been working out friendships and hates in such disregard of Anglo-Saxon conventions . . . murder will happen. . . . No one need expect a placid or a conformist Chicago for centuries—if ever.

Violence is secondary, if inevitable. What matters is the enterprising spirit, the driving energy of Chicago. "Dreams matter. . . . The future; that's it. And the red blood in our veins. And the keen, quick actions into which our lake-winds urge us. And the strength to 'put things across.' " Pressing on with notes of vigorous lyricism, they close with the words of a former Chicago notable, "The audacity of Chicago has chosen a star—and knows nothing that it cannot accomplish."[19] Their city, long since a metropolis of full grown stature—in size if not in behavior—must, then, still be excused for its violence, its excesses, its seamy side which coexist with its cultivation. It was more difficult in 1929 to excuse the city on the grounds of its raw youth; presumably too many residents no longer believed that time would change this seemingly permanent feature of the city.[20]

To suit the tastes and convictions of those citizens who regard Chicago less as enterprising than as violent and sinful, one has only to weight that regrettable side of the scale to upset the

Lewis-Smith formula. Herbert Ashbury, an outsider who specializes in writing about the low life of American cities, has done just that in a book called, with what may be satirical intent, *Gem of the Prairie*.[21] Chicago is pictured as a place where licentiousness, gambling, crime, and violence have held full sway since its opening days, and most of what Ashbury recounts is undoubtedly accurate; it is only his omission of balancing detail that causes the city to appear so rowdy and evil. Ashbury's perspective extends even to his knowing discussion of that normally sacred event, the great fire. "No part of Chicago," he writes "was rebuilt more quickly than the saloons, brothels, gambling-houses, and other resorts and habitations of the underworld. In less than a year after the fire, conditions were even worse than in 1857 or in the early years of the civil war."[22] Another traditional Chicago symbol, the Columbian Exposition, is similarly exposed as not entirely the purest of public events. "The mayor," he remarks, "had promised during his campaign that he would give the World's Fair crowds a wide-open town, and he more than kept his word. Until he was assassinated on October 9, 1893, by a disgruntled office-seeker, Chicago was the most wide-open town America had ever seen, or probably ever will see."[23] The urge to dismiss such a book as mere debunking is, of course, almost overwhelming; but resist it one should, for what Ashbury did was to point to other styles of urbanity over which proper historians and the less knowledgeable Chicago authors glossed or with which they had little acquaintance. Another writer, a well-known and quite expert novelist, Nelson Algren, seems to agree with Ashbury in his *Chicago: City on the Make*, although he treats the city's less beautiful aspects much less in the spirit of the inevitable but gaily evil human comedy than with a wryly resentful appreciation patterned after Baudelaire's love for Paris.[24] He sees:

> . . . the city as from a tower,
> Hospital, brothel, prison, and such hells,
> Where evil comes up softly like a flower. . . .
> I love thee, infamous city!

Chicago was, is, and always will be, a city of hustlers. "They hustled the land, they hustled the Indian, they hustled by night and by day . . . they were out to make a fast buck off whoever was standing nearest." There have always been good people and do-gooders, "but it's a rigged ball game." To the ancient conception of Chicago as a crossroads, Algren adds the more restless connotations of "a demoralized place which remains a broker's portage," a half-way station for everyone with no time for the more genuine "processes of the heart." Even the city's arts, the center of the city's sense of its cosmopolitan worth, are built "upon the uneasy consciences that milked the city of millions." So the arts are not quite genuine, not much more than skin deep. But even Algren cannot help loving Chicago—presumably for its very evil qualities, since he opens his book with Baudelaire's lovely poem—and even he idealizes the physical site which lies buried deep under the streets of the modern city, beneath a little more than a century's history. Under Algren's tough pose and his resentfulness of cant and wealth beats a sentimental heart in rhythm however imperfectly with his city.

A prettified version of Ashbury's perspective has recently been published by a Chicago journalist, Emmett Dedmon. The basic theme—having low life and society life as its basic ingredients—is the city glamorous. The book's title is *Fabulous Chicago*, and its tone is set by the opening lines:

> "Interesting women are in demand here," a correspondent wrote from Chicago to the New York *Star* in 1837. "I understand that when the steamboats arrive from Buffalo and Detroit that nearly all business is suspended; and crowds of desolate, rich young bachelors flock to the pier and stand ready to catch the girls as they land." The description was hardly an exaggeration.[25]

Dedmon's glamorous city—that is, the sociable, social, recreation-minded city—is nevertheless still the city of enterprise and daring, still the crossroads of America, still "young" and striving. But the city's intense preoccupation with an overriding drive for success, with competitive urges, have somehow, in Dedmon's book, become caught up in the bright lights staged by a producer of dramatic spectacles. Some of the less palatable moments in Chicago's history are discussed, but the calculated slant of the book tends to color the reader's perception of them. Even prostitution is somehow made alluring, transported as it is to the parlours of the Everleigh sisters.

So much for the array of popular histories about Chicago.[26] The range of interpretations of the city which are evidenced in them are, very obviously, associated with the imagery of contemporary Chicago. Something also of the continuities of imagery, and of innovation in imagery, are suggested by even this scanty review of the popular histories.[27] Before asking what else these accounts may tell us about the city's symbolism, consider first another interesting phenomenon: the popular urban histories of Chicago's ethnic groups.

It is no accident that sizable ethnic communities within the larger centers tend to produce their own historians who record something of the special urban experience of these subcommunities. The histories only supplement the ethnic newspapers which also record the trials and joys of the community and reflect its special stance toward the city. If the community remains relatively cut off from the life of the city, as are the Arabs in Chicago, then its legends and perspective fail to join the general stream of public symbolism. If the ethnic group is large enough or vigorous enough to attain prominence in the city, then we may assume that its views of the local scene are more likely to become public property. On the other hand, we may also assume that even these relatively encapsulated ethnic groups must inevitably be somewhat affected by the dominant local images as they are communicated through the mass media or by the residents with whom the ethnic community is in contact. Their children must absorb in due course some of the prevailing imagery, as well as make their own contribution to the next generation's stock of imagery.

Ethnic histories of Chicago reflect the differential views of the city held by special urban groups; the histories show us also how the more general Chicago perspectives have pervaded the thought and action of these ethnic groups—or at least of their elites. The standard history begins with a listing of the earliest Polish or Jewish or Italian settlers (sometimes called pioneers) and traces briefly a chronology of the rise of the earliest versions of the ethnic community. (Since the immigrant groups generally came to the city well after its founding, scant attention is paid to the kind of quasi-mystical background narrative usually found in the non-ethnic histories.) The past and present status of important institutions constitute the central framework around which are spun communal events and to which the most prominent persons are then related. Various predominant American values of success, mobility, and acquisition of wealth tend to be more than faintly visible; some histories even include pictures and biographies of the more successful citizens. On the other hand, there are emphases which remind us that each of these ethnic communities does perceive civic history through special sets of lenses.

One belief which each shares, however, has to do with a contribution to the entire city's welfare and culture: these historians delight in pointing out that without their compatriots, art, music, politics, or industry would not have reached such high levels. But when an ethnic community has received what its historian believes in an unjustly bad reputation, he may aggressively indicate his people's true significance for the city. An instructive early instance of this is the claim of Seeger, writing mainly to and for the Germans in Chicago.[28] In his claim we may also observe how subtly interwoven are the ethnic imageries with the more public civic imagery. Seeger writes in his preface that of late it has "become a lucrative business to write histories of cities and interweave them with detailed biographies of their wealthier citizens." He promises that he will not do this, for "nature designed the site of the city for a great metropolis, but no man or set of men has made Chicago." (Here, he is using the geographic location theory to suit his convenience.) He continues, "Chicago has made many men, but it is the great body of the people, the industrial and industrious middle classes that have brought about the greatness of Chicago."[29] Here is a passage, which he quotes from a Chicago German, which illustrates his contention that

> although the Americans must, as a rule, be characterized as liberal and magnanimous, it is still unfortunately true that they are very loath to make the well-deserved public recognition of the services which the immigrants (and most of all, their blood relations, the German immigrants) have everywhere rendered. . . . On this account the author feels especially called upon to assert that the actual erection of the miles of magnificent houses of young metropolis on the shores of Lake Michigan, was, for the most part, performed by Germans . . . for the most part it is the dex-

> trous hand of the German which builds and shapes and makes real the great thoughts of the engineer and architect.[30]

It is the German, too, with "his idealistic and philosophic influence," who relieves the city of "its wearing monotony, its toils and burdens"—heritage of the predominant puritan Anglo-Saxon population. He continues through a catalogue of germanic contributions including music, beer, and a "healthy" labor movement.

Forty years later, we may observe an Italian-American historian using the same strategy of persuasion. "As to the economic progress of Chicago," he argues, directing his shafts at two of the city's central symbols,

> if it be true that Chicago owes its amazing progress to its railroads, then it is indusputable that had it had not been for Italian labor the progress of Chicago would have been retarded and probably would have never attained such magnificent proportions.[31]

Lest the outsiders think that the Italians have contributed only their brute labor, he adds:

> Some adversaries of the newer immigration have remarked that if the Italians had not come, the inventive genius of the Americans would have devised some new machines to take the place of human hands. It seems the irony of destiny that a machine of that type should have been invented by an Italian laborer from Chicago, Pasquale Ursino, after 95 years of experimenting by railroad officials and engineers.[32]

We may with safety read such protests as expressions of a somewhat defensive attitude toward Chicagoans of longer and better social standing.

On the other hand, it would be unfortunate were we to assume that all special perceptions of the urban milieu were either defensive or colored by the discriminatory action of prejudiced citizens. (An amusing instance of this "special" perception is the inclusion in a history of Chicago's Poles of what the Chicago fire looked like to the Polish community of that day, and what damage it did to Polish property.)[33] After all, people who are differently located within the city's social structure will inevitably differ in their perceptions of the city: in what they can and cannot see, in what they wish and wish not to see, in what they wish to preserve as collective memory and what they wish to forget. Perhaps the most widely appealing urban symbols abroad in a given city must function to bridge the gap among the many different populations, thus to give some appearance of homogeneity to those populations and some feeling that everyone has a share in the city, a common residence, and a more or less common history.

The ethnic communities are just one of numerous subgroupings within the city, just one of the many communities that creates its own perspective and produces its own local history. There are histories of literary circles and of music circles, although they are not always called histories and may not even be published. Most of these special social circles are not influential enough in the life of the city to affect the more general imagery of its citizens, but sometimes they are very influential. Part of the imagery of Chicago that represents it as a place still disappointingly uncultured is surely attributable to the flight of native, and regional literary and artistic talent to New York City. Cosmopolitan circles in the latter city, and elsewhere, do not forget that Chicago was once a flourishing center for the literary arts—and literary Chicago is not allowed to forget that era in the city's history either.

I return now, after this digression upon ethnic and other special histories, to pursue the further significance of symbolism displayed in Chicago's popular histories. Chicago poses a continual problem of interpretation for its citizens. All cities do, of course, but in cities as swiftly growing and composed of as diverse a population as Chicago, the problem of urban interpretation stands out in bold relief. The first problems we saw Chicagoans grappling with were: why the city was located where it is; why it was so quickly growing; and how large it might be expected to grow and why.

To such queries there were and are a number of answers. They can be given singly or in combination. Chicago is inevitably growing (and will continue to grow), say Chicagoans, because of its superb geographic location; because of the energy and foresight of its entrepreneurs; because of the Eastern capital which has been invested there; because of the location of the railroads there; because of the industry of its people. Other answers which have been offered for the location and rise of other cities have not been given for Chicago—for instance, the luck of being situated atop coal or oil. We have seen how over the decades the weight of emphasis swung from Bross' view—insistence that entrepreneurs were necessary to the continued growth of the city and that they ought to migrate there for their own welfare—to a view of adulation for the entrepreneurs who made Chicago great; indeed without whom the city could not have become a big city. We have seen, too, how the influence of Eastern capital has been systematically forgotten as the city developed its heroes of business and evolved its commercial legends. So, too, in time the simple fact of regional evolution as a major factor in the city's growth came to be underplayed (although this factor is being brought home, nowadays, as Los Angeles threatens to outgrow Chicago because of the development of the west coastal region).

Above all, the singular fact about Chicago's career—and much of its imagery needs to be viewed in light of this singularity—is that it is the one American city which has never been surpassed in size and importance by any other American city except New York. Every other city has been, for a long period, smaller than others, has decreased in population, or has been overtaken by other cities—even by its neighbors in the same region—and has had to adjust its aspirations and sense of identity to those circumstances. After Chicago began to grow sizeable, it seemed destined to become an enormous metropolis. Almost from the beginning, its citizens, or its leaders at least, thought of it as a potential "world city."[34] And a world city is quite different from a large city or a regional city. This assumption turned out to be accurate. No one was ever disappointed if he wished to see the difference between Chicago "now" and Chicago "then," for the differences were always obvious; no one was ever disappointed if he wished to compare the increasing importance of Chicago with some other center (with one exception which, no doubt, accounts for the inferiority feelings experienced by some Chicagoans oriented toward New York). Quite aside from the actual amount of economic and social opportunity which the city provided, its continued surge in population, size, and wealth required an imagery, a language that would express this expansion. The rhetoric of numbers and the symbolism of earth-moving enterprise paralleled what Chicagoans saw everywhere about them and helped them to answer the implicit question: How long can this continue? (As the Old Settler speeches reveal, the rhetoric sometimes did not help one to pitch his expectations high enough.) The imagery affects even the doubters; even Ashbury has to admit in his closing sentence: "Curiously enough, during the decade in which Chicago was overrun by gangsters and was a synonym for crime and corruption everywhere in the world, the population of the city increased by nearly seven hundred thousand."[35] Chicagoans like Algren, critical as they are of business and its ways, of bigness for its own sake, admire the sheer vastness of the huge civic enterprise that is Chicago, converting its vastness into the lurid mysteries of the many-sided city. Such grudging admiration is not new. The same response was wrung from crusty newspaper men decades ago, men well aware of the less pleasant consequences of business enterprise for their city.

We have seen mirrored in Chicago's popular histories the tension that exists between an imagery of enterprise and an imagery of violence. One of the functions of the former is, no doubt, to help to provide an answer to the question: "Why do we have so much vice, crime, violence, and corruption here?" One hears this today in the little annoyances of daily life, as when middle-class people shrug off having to bribe traffic policemen, silently balancing this with imageries of Chicago's more satisfying and progressive aspects. The options are to view the unpleasant features of Chicago either as accompaniments of its stupendous growth, which will disappear when the city gets older and more settled, or to accept them philosophically as inevitable in a city so enterprising and daring. Perhaps another option is to believe that a city cannot breed a genuine spirit of enterprise, cannot have the proper climate for it, unless the city also has an appreciable amount of violence and disorganization. All these answers have become part of the stockpile of Chicago's imagery, an imagery with which Chicagoans counter their own and outsiders' questionings. This tension between the symbolisms of enterprise and violence exists in other American cities, but in most it is perhaps less a part of the very public imagery.

City Images That Everyone Can Recognize

Courtesy of American Airlines

Chicago Historical Society, Drawing by Louis Kurz

One City, Two Eras: 1867 and 1957
(These pictures are from exactly the same spot)

Chicago Historical Socie

Chicago Historical Society

Urban Density: Downtown Chicago, 1910 and
a Los Angeles Freeway Interchange, 1960

Los Angeles Chamber of Commerce

Chicago Historical Society, C. Rice, photographer

Fine Housing, Old Style and New

E. Chamberlin, Chicago and Its Suburbs, 1874

Mansions: Early (1874) and Late (1960)

San Francisco Chamber of Commerce

Icons Par Excellence: Two San Francisco Bridges

Pittsburgh Chamber of Commerce

Pittsburgh's Golden Triangle: An Attempt at a New Image

Office of Public Relations, Miami Beach

Miami Beach: City of Luxury

Courtesy Lawrence Ross

A Migratory Image: Once Chicago's, Now Omaha's

Las Vegas News Bureau

According to Promoters: "The Fascinating Casinos and Smart Shops Offer a Variety of Attractions for the Entire Family"

San Francisco Chamber of Commerce

Tourists at "Work": Fisherman's Wharf, San Francisco

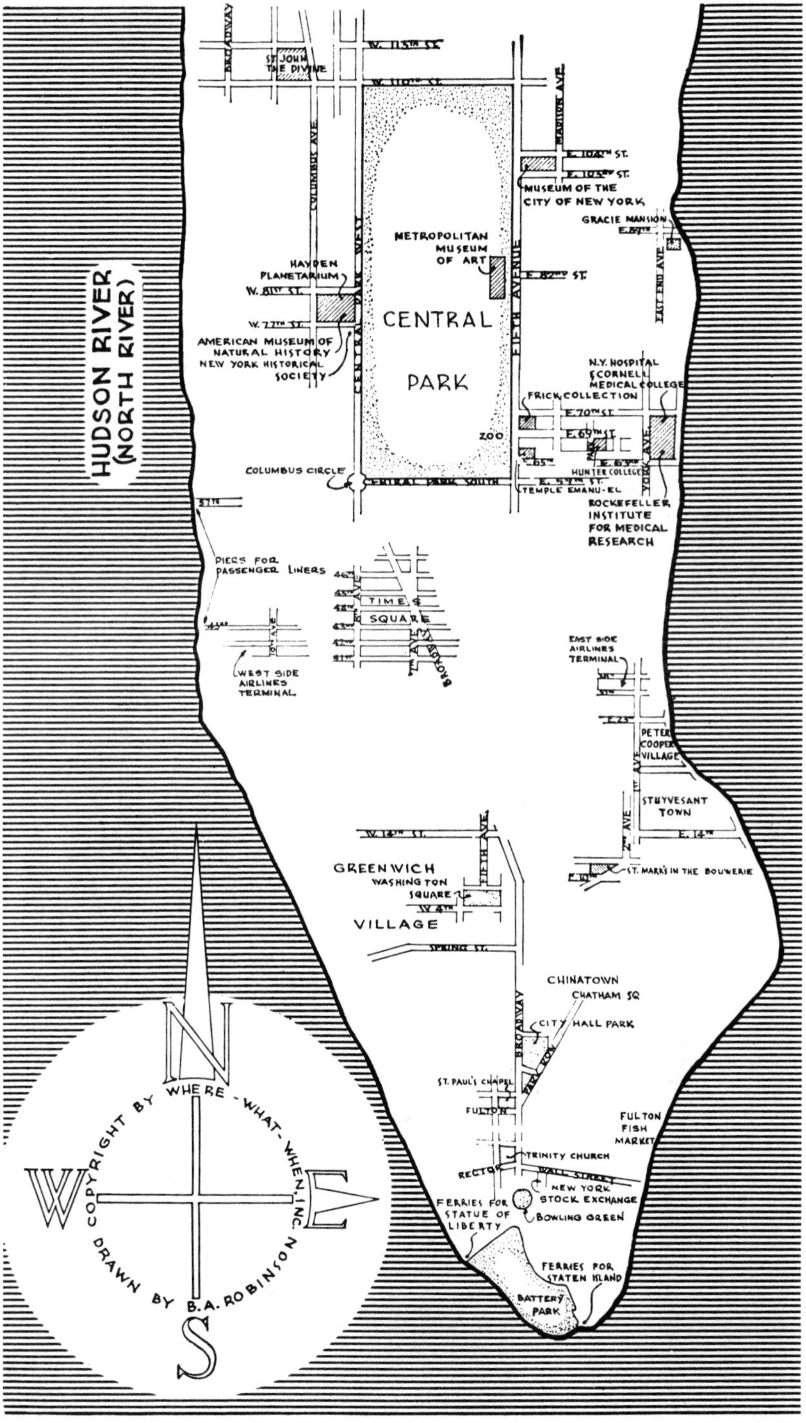

Where, What, When, Inc., New York City

The Selective View of the Tourist

Chicago Historical Society

Landscaped Garden, Mid-Chicago

San Francisco Chamber of Commerce

Country Life in the City:
Rural Touches in Downtown San Francisco

Everyone Wants Skyscrapers

Wichita Chamber of Commerce

The Best of Both Worlds

Des Moines Sunday Register (Jan. 5, 1958)

A Small City Set in Great Space: Regina, Saskatchewan

Saskatchewan Photo Services

Chicago Historical Society, M. Mead, photographer

Bargain Hunting at the Annual Art Fair

Chicago Historical Society, J. D. McMahon, photographer

Italian Feast Day, Chicago

San Francisco Chamber of Commerce

Chinese New Year's Celebration, San Francisco

Chicago Historical Society

Rally of Unemployed, 1932.
Two Streets Become an Improvised City Square

Chicago Historical Society, F. Weld, photographer

Bitter Memories?

Chicago Historical Society

A Negro Storefront Church for the City's Newcomers

Chicago Historical Society, J. S. Murphy, photographer

South State Street, Chicago

Chicago Historical Society

Chicago's First Gospel Wagon

Chicago Historical Society, M. Mead, photographer

Maxwell Street, Chicago, 1947

Chicago Historical Society

Julia Lathrop Housing Project, Chicago, 1937

San Francisco Chamber of Commerce

City Planning, Mid-Century: High-Rise Apartments, Shopping Center, and Tract Development

Courtesy of Lee Rainwater

Glass House

A Main Street Skyline As Symbol

Chicago Historical Society

Commercial Main Street:
Chicago's Maxwell Street

Chicago Historical Society, J. T. Hillman, photographer

An Ethnic Main Street

San Francisco Chamber of Commerce

Recreational Main Street at Night: Market Street, San Francisco

Chicago Historical Society

Chicago's Michigan Avenue

Italian Outdoor Market

Chicago Historical Society

Chicago Historical Society

Livestock Show

Chicago Historical Society

Park Forest, Illinois

Los Angeles Chamber of Commerce

How Suburbanites Get In and Out of Town

Chicago Association of Commerce and Industry

Skyline at Night

Chicago Historical Society

City Planning for the Future

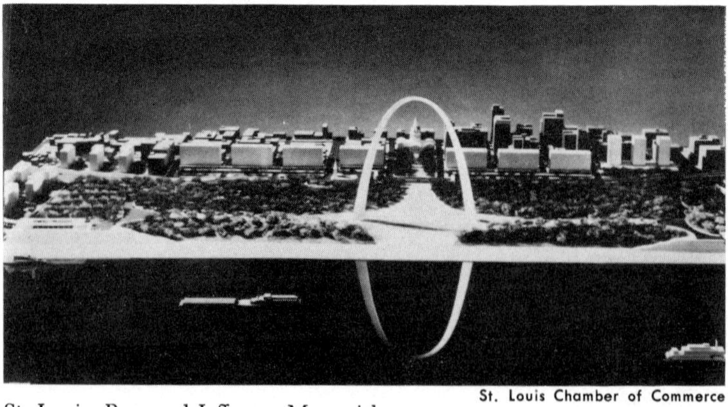

St. Louis Chamber of Commerce

St. Louis: Proposed Jefferson Memorial

Some social circles in Chicago apparently require a supporting symbolism vis-à-vis the East, and find it in the comfortable conviction that a midwestern city is different from an eastern one, even better and more American perhaps than older more European-oriented centers. (That they are able to believe this, despite the number of non-Anglo Saxon peoples in Chicago, should not surprise anyone.) Part of their sensitivity to New York must be laid to an older regional attitude toward the East, but probably some of it derives from the picture of New York as a rival—often a disdainful one. They need not personify rival cities either, since Chicago's social elite and literary people have had intimate and sometimes displeasing contact with easterners generally and with New Yorkers particularly. The symbolism dies hard. Influential media like *The Chicago Tribune* keep it well in the forefront of attention. Chicago's upper class has never sent its sons and daughters to the University of Chicago upon whose board they have sat as trustees. They have sent them east.

A new image has recently begun to appear in the local media, although it is more properly speaking, an ancient, latent one. This image is the dream of Chicago as a great inland seaport, which aspiration currently hinges on the St. Lawrence Seaway. Construction of the seaway comes just in time to take on special significance for Chicago because of the spectacular rise of Los Angeles. Chicago is soon symbolically doomed to become merely the third city of America unless some miracle, such as seaport status, rescues it.

Meanwhile, the 1960 Census shows that Chicago is still the nation's second city but that its Metropolitan Area has fallen to third place. Upon learning this, the *Chicago Sun-Times* reported that the Chicago Association of Commerce and Industry calculated that "the local area was given a short count by the Census Bureau" since it had failed to include two Indiana counties. The Bureau retorted drily that the Indiana counties "were excluded at their own request to become part of the new Gary-Hammond-East Chicago Metropolitan Area set up by the bureau."[36]

4

Life Styles and Urban Space

THE SPATIAL complexity and the social diversity of any city are linked in exceedingly subtle ways. An examination of such connections will force confrontation of a very thorny problem: how are the various urban social worlds related to specified spaces, areas, and streets of a city?

Technical sociological interest in this kind of inquiry dates back to the studies of Robert Park and "the Chicago school" of urban research. Chicago's ethnic diversity was so striking, and the spatial dispersal of these populations over the face of the city was so marked, that the Chicago sociologists evolved a series of studies of ethnic (and other) worlds located in urban space. They invented a corresponding set of terms to link space and social structure.[1] The point was, as Park said, that "In the course of time every section and quarter of the city takes on something of the character and qualities of its inhabitants. Each separate part of the city is inevitably stained with the peculiar sentiments of its population."

This kind of sociological inquiry had its roots in two kinds of tradition: one was scientific—the biological study of ecological communities; the other was popular—the colorful journalistic accounts of urban social worlds. (Park himself had been a journalist before he became a professor.) Journalistic exploration of the city, as presented in full-length book form, goes back at least to mid-nineteenth century, somewhat before the full tide of urban reform. Reform itself brought countless investigations of the less palatable aspects of metropolitan life, some of these rather more accurate and less luridly written than contemporary journalistic descriptions which sagacious publishers continued to offer a public hungry for images of how the other halves lived.[2] The reader comfortably sitting at home peered into the hovels of the poor, rubbed elbows with the rich, and was fleeced by the professionally wicked. He imaginatively walked streets he would never dream of frequenting, visited places he would otherwise shrink from visiting, and listened to the speech of vulgar and uncouth persons whose actual company would have caused him untold embarrassment.

What the sociologists later did was not so much to add accuracy, and certainly not color, to the reformer's and journalist's accounts as to study more systematically the "cultures" of particular urban communities and to relate the communities to the spatial structure of the entire metropolis. Later they became especially interested in the spatial distribution and social organization of social classes, particularly in our smaller cities.[3]

Some of this sociological research is related to our specific interest in the spatial representations of urban populations. First, we shall observe certain aspects of several studies in order to find modes of analyzing and ordering the spatial representations of the respective urban communities. The major ordering principle to be utilized will be the city themes characteristically found in novels about urban life.

One of the persistent themes of these novels has been the

search for some viable metropolitan existence by migrants with rural or small town backgrounds. Many ethnic communities formerly found in our great cities were composed of men and women drawn from the villages and farms of Europe. In some instances, emigrants from the same village clustered along a single American street, seeking somehow to reconstitute at least the non-physical aspects of village life. Among the most intriguing sociological descriptions of such an ethnic community is one by Christen Jonassen.[4] A summary description of the Norwegians of New York City will serve to illustrate a subtle rural symbolism of space.

The Norwegians who settled in New York City after 1830 came mainly from the coastal districts of Norway. That country remained unindustrialized during the last century, and even today it is among the least densely settled of Western nations. According to Jonassen, the Norwegians are "for the most part nature lovers and like green things and plenty of space about them."[5] The original immigrants settled in such an area near the ship docks, although for occupational, as well as for "nature loving" motives. Over the decades the Norwegian colony clung to the shoreline, but gradually moved down it as deterioration set in and as invaders of lower status arrived on the scene. Jonassen believes that the continuous gradual retreat of the colony to contiguous areas was possible as long as land suiting their rural values remained available. Recently the colony has been driven into a spatial and symbolic box, its back to the ocean, for there is no further contiguous land to which to move. For this reason, Norwegians have begun to make the kind of jumps to non-contiguous areas so characteristic of other immigrant groups. Norwegians are now moving to sites that still retain some rural atmosphere (Staten Island and certain places in New Jersey and Connecticut). Among the newspaper excerpts which Jonassen quotes are two which help to illustrate his contention that the Norwegians symbolize their residential districts in rural terms.[6] One man writes:

> I arrived in America in 1923, eight years old. I went right to Staten Island because my father lived there and he was a shipbuilder at Elco Boats in Bayonne, New Jersey, right over the bridge. I started to work with my father and I am now foreman

> at the shipyard where we are now building small yachts. . . . I seldom go to New York because I don't like large cities with stone and concrete. Here are trees and open places.

Another Norwegian declares:

> I like it here [Staten Island] because it reminds me of Norway. Of course, not Bergen, because we have neither Floyen nor Ulrik nor mountains on Staten Island, but it is so nice and green all over the summer. I have many friends in Bay Ridge in Brooklyn, and I like to take trips there, but to tell the truth when I get on the ferry on the way home and get the smell of Staten Island, I think it's glorious.

This representation of land, redolent with rural memories, is no doubt paralleled by the spatial representations of other rural migrants to large urban centers. Polish citizens of our cities live—quite literally—in local parishes, whether their protestant neighbors recognize this or not. In some instances the parish was settled as a village, set down near a railroad yard or a factory. Although the expanding metropolis has caught up and surrounded the parish, the invisible village still exists for at least the older of its inhabitants.

Another persistent theme found in novels about city life is that cities are conducive to personal demoralization and are characterized by the destructive impersonality of their relationships: cities are sites, in a word, that are characteristically inhabited by anomic people. In the novels, these people are ex-rural people. During the 1920's, Harvey Zorbaugh described one area of Chicago, many of whose residents subscribed to this view of the city.[7] The area was one of furnished rooms in houses long abandoned by their former well-to-do owners. Zorbaugh described the residents of these rooms as 52 per cent single men, 10 per cent women, "and 38 per cent are couples, 'married,' supposedly with 'benefit of clergy.' The rooming-house area is a childless area. Yet most of its population is . . . between twenty and thirty-five."[8] This population was tremendously mobile: a turnover took only four months. Characteristically, the rooming house was "a place of anonymous relationships. One knows no one, and is known by no one. One comes and goes as one wishes, does very much as one pleases, and as long as one disturbs no one else, no questions are asked." (Zorbaugh gives documents showing how great this anonymity can be.) The depths of loneliness experienced by some are illustrated by the experiences of a girl from William Allen White's home-town of Emporia, Kansas, who after some months in this area

> began to look at my life in Chicago. What was there in it, after all. My music was gone. I had neither family nor friends. In Emporia there would at least have been neighborhood clubs or the church. But here there was neither. Oh, for someone or something to belong to!

She belonged to no groups. People treated her "impersonally . . . not a human touch at all." Bitterly, she remarks that: "The city is like that. In all my work there had been the same lack of personal touch. In all this city of three million souls I knew no one, cared for no one, was cared for by no one." Another resident of the area reported that he was so totally alone that "there were evenings when I went out of my way to buy a paper, or an article at a drug store—just for the sake of talking a few minutes with someone." In the heart of the rooming house area there was a bridge over a lagoon, which became known as "Suicide Bridge," because so many of these people had used it as a way out of their anguish. Although not all the residents of such an urban area are lonely and demoralized, or have a corresponding perspective on city life, it seems reasonable to hypothesize that this kind of perspective would be found there with great frequency. It would be found with much less frequency in many other urban areas. These anomic urbanites, we may suppose, have little knowledge of other sectors of the city (except downtown), and must believe that all of the city and its people are much like the city and the people that they have already encountered.

It seems unnecessary to say much about the opposite of anomie: the creative use of privacy. People who seek escape from the confines of their small towns or from their equally oppressive urban families have traditionally flocked to those sections of cities known as "villages," "towertowns," "near North Sides," and other bohemian and quasi-bohemian areas. Here are found the people who wish privileged privacy: prostitutes, homosexuals, touts, criminals, as well as artists, café society, devotées of the arts, illicit lovers—anybody and everybody who is eager to keep the small-town qualities of the metropolis at a long arm's length. (Some smaller cities, of course, do not have such a bohemian section.)[9] The inhabitants do not necessarily intend to live here forever; the area is used by many who plan to settle down later in more conventional areas when they will then engage in more generally socially approved pursuits: "There's at least a year in everybody's life when he wants to do just as he damn pleases. The 'village' is the only place where he can do it without sneaking off in a hole by himself."[10]

Closely related to the urban perspective of privileged privacy is, of course, the view that the city is a place to be enjoyed; and many of the residents of these urban areas are there because they believe that enjoyment and excitement are most easily obtained there. Other city dwellers may visit an area for temporary enjoyment and temporary privacy; the more or less permanent residents of the area merely want or need more of these qualities, or are perhaps wiser about how to get them.

Sociological studies of other urban communities likewise lend themselves to plausible interpretation of what may be the predominant spatial representations held by inhabitants of those communities. Walter Firey's study of Beacon Hill in Boston, for instance, demonstrates how deep an allegiance the Hill's upper class inhabitants may feel for that locale, an allegiance based upon immense respect for family inheritance and tradition, all intertwined with class pride. As one lady expressed it, "Here as nowhere else in Boston has the community spirit developed, which opens itself to the best in the new, while fostering with determination all that is fine and worth keeping in the old."[11] Firey describes how close to the residences of the rich cluster the apartments and rooms of bohemian groups, a conjunction frequently found. Here they could "enjoy the 'cultural atmosphere' of Beacon Hill as well as the *demi-monde* bohemian flavor of the north slope."[12] Beacon Hill, however, was at one time in danger of a bit too many of these exotic groups, and so in further remarks of the lady already quoted we may hear a note of querulous warning:

> Beacon Hill is not and never can be temperamental, and those seeking to find or create there a second Greenwich Village will meet with obstacles in the shape of an old residence aristocracy

whose ancestors have had their entries and exits through those charming old doorways for generations . . . those who dwell there [are] drawn together for self-defense.

The point of view of invading, but more conventional, upwardly mobile groups is given us by other sociological researches that supplement the information yielded by countless novels.[13] The predominant meanings of the terrain for such populations are fairly self-evident: they are well illustrated by an apocryphal story about a university professor who had moved into an elite neighborhood perched atop one of the city's prominent hills. He was able to purchase a house a bit below the top. His investment was much more than financial. But the continual surge of populations to the city's outer rim is in some part an effort to find "nicer" parts of the city to live in; and a fair number of sociological researches have managed to trace the movements of various ethnic groups across the city, as their members moved upward on the social scale. Sometimes those groups that are impinged upon regard the invaders as a nuisance and sometimes as a danger, especially if the invaders are colored. We have fewer studies of how the invaders feel when they are invaded or surrounded by people whom they in turn consider dangerous, but such a volume as Cayton's and Drake's *Black Metropolis* carries hints here and there that some colored people are fully as afraid of their neighbors as are the whites.[14]

Few of the studies which I have cited are focused upon the more subtle meanings of space for the city's residents; but most studies pick up something of how people symbolize, and so perceive and use, the land upon which they are quartered. The studies tell us considerably less about the meanings and uses of near and distant urban areas; neither do they sketch, except for the smaller cities, a symbolic map of the entire metropolis. The only exceptions to this statement are attempts to zone the city, from the center to the periphery, roughly by social class. Such maps would depict how the many populations symbolize the city as a whole including various of its areas, and would attempt to draw together the collective representations of the more important city areas for many populations. The data and concepts necessary for making such maps do not exist. The investigation is, I suggest, worthwhile if one assumes that symbolic representations of space are associated with the use—or avoidance of use—of space.

The city, I am suggesting, can be viewed as a complex related set of symbolized areas. Any given population will be cognizant of only a small number of these areas: most areas will lie outside of effective perception; others will be conceived in such ways that they will hardly ever be visited, and will indeed be avoided. When properly mapped, any given area will be symbolized by several populations, from just a few to dozens. The sociological studies of less complex areas more satisfactorily discover the meanings of areal space than studies of areas that are used by many populations for diverse reasons. One has only to compare what is known about simple residential areas, like ethnic or suburban communities, with the Rush Street night club rows and 43rd Street theater areas of our cities.

How can we best begin to talk about urban spaces in terms of their symbolic as well as economic and ecological functions? A language for talking about the latter has been developed by the fields of urban ecology, urban geography, and urban economics, but none has been formed for the former. Consider for instance the downtown areas of our cities. Studies of the central district make clear that this district

> has two centers: one defined by the focus of lines of communication, the other by the focus of lines of transportation. With the first center is associated the merchandising of credits; with the second is associated the merchandising of consumers goods and services at retail. Which of these is to be taken as the most significant center depends upon which of the two associated functions . . . characterize the economy of the central city.[15]

These economic functions are manifested on certain important streets and in certain well-known buildings in the downtown area. The downtown is par excellence an area for financial and retail service—and the latter may include cultural services performed by museums and orchestras.

Yet one has only to observe closely a special city like Washington to perceive that a very considerable area of the central city is set aside for overtly ceremonial functions. A broad green belt contains the nation's ritual sites: the monuments and memorials, the Capitol, the Library of Congress and the Archives with their priceless national manuscripts on hushed display. Boston too has its historic ceremonial areas, and so does Philadelphia (the latter city has recently sought to make its monuments more visible and to give them a more dignified and attractive visual setting).

American cities as a rule do not have the elaborate ceremonial, or symbolically tinged areas downtown that many European cities possess. Cities on the Continent often evolved from medieval towns, which meant that the town's main market nestled alongside the cathedral. In time the markets grew and became the modern business district encompassing or moving from the original central market site. The church area likewise acquired, and often retained, additional functions visibly performed in additional churches, administrative buildings, and cultural institutions. In German cities, for instance, this area is often referred to as the *altstadt* (old city), since it is often coterminous with the site of earlier settlement; and it is sometimes sentimentally called the city's heart. This ceremonial area, however, does not always occupy a space separate from the central business district. In cities like Frankfurt and Hanover, the ceremonial area does exist apart; and when those areas were destroyed by the bombing during the war, the administrative and residential buildings were rebuilt in ceremonial styles, and business structures were kept off the area. But in cities like Nuremburg and Cologne, the central business district is embedded in, or superimposed upon revered ceremonial terrain. In both cities a rich symbolism is associated with the medieval street plan of the inner city. The streets themselves are considered, in some sense, sacred, and may not, quite aside from financial considerations, be tampered with. Although the area cradled within Nuremberg's famed medieval walls was terribly bombed during the war, the entire area was rebuilt thereafter with the conscious intention of recapturing the flavor of old Nuremberg; and the height and color of the buildings in the business district which lies within the walls have been carefully controlled to maintain the illusion of an old city. In Cologne, the street plan is so sacred that planners, after the war, have experienced great frustration in trying to provide for the flow of traffic because the city's street plan may not be altered. Such a city as Essen is much more like most American cities, for it grew quickly during the late nineteenth century from a village to a modern industrial city; hence it did not have any great investment in treasured buildings or inviolable street plans. Its central district was rebuilt with relative freedom and with no obvious ceremonial features.

These European examples illustrate that symbolic functions (or "services," if one wishes to retain the language of economics) go on coterminously with economic and ecological functions. One can see the point dramatically illustrated by the relaxed people who stroll up and down Fifth Avenue in New York City during any fine evening. Then this beautiful shopping street is used as a promenade of pleasure, and window shopping is part of the enjoyment. During the day, most New Yorkers who rush across or along it are too preoccupied with other affairs to use the street for viewing and promenading, but even during the busiest hours of the day one can observe people using the street and its shops exclusively for pleasure. The significance of Fifth Avenue is not merely a matter of economics or of ecology, and its symbolic meanings, we may assume, are multitudinous.

Just as the downtown area, and even single streets, are differentiated by economic function, so we may regard them as differentiated by symbolic function. This statement has implications that are not immediately apparent. A convenient way to begin seeing these implications is to examine closely a single important downtown street. It will probably be used simultaneously by several different kinds of populations, distinguishable by dress and posture. Other kinds of people will be wholly, or to a considerable extent, missing. (These may be found on other streets; for instance, the wealthier customers and strollers will be found on upper Fifth Avenue rather than below 42nd Street.) Just as several types of economic services can be found cheek by jowl on the same street, so may there be several symbolic functions performed by the same street. A restaurant there may serve expensive food; it may also serve leisure and a sense of luxury. Close by, another type of establishment may cater to another taste, an activity not entirely reducible to economic terms. The street may attract people who seek glamour, adventure, escape from a humdrum life, and who, though they may not spend a cent, feel wholly or partly satisfied by an evening on the street. The larger the downtown area, the more obviously districted will be the various economic and symbolic functions. A city as large as Chicago, for instance, has a separate hotel row, a separate elite shopping boulevard, a separate financial canyon; and on these streets may be seen different types of architecture, different types of clients and servicing agents, and different types of activities. During the evening some of the symbolic, if not indeed the economic, functions change on identical streets; that is, people are using different institutions, or using the same ones a little differently. The sociological question is always: "Who is found in such an area or on such a street, doing what, for what purposes, at any given hour?"

Over the years a downtown street can change wholly in economic and symbolic function, as the center of town moves or as the city center grows larger and hence more differentiated. However, in American cities, some downtown streets seem to retain a remarkable affinity for the same kind of businesses, clients, visitors, and pleasure-seekers. Streets acquire and keep reputations. They evoke images in the minds of those who know these reputations; and presumably these images help attract and repel clients and visitors. From time to time, as the downtown district becomes more differentiated, functions break off from one street and become instituted on another. Thus in Chicago, upper Michigan Avenue was opened with some fanfare during the present century, drawing away elite shops and shoppers from the more centrally located and famed State Street section. One can, if he is sufficiently imaginative, therefore, view the downtown area of any city as having different historical depths. This is easier to see in Asiatic or European cities; for instance, in Tokyo there are ancient streets, with both new and old functions, and newer streets as well. In American cities, history tends to be lost more quickly; but even here some residents are more aware of street histories than other townspeople, and derive satisfactions from knowing about the past as they walk the street; it is, one might add, not too much to claim that they perceive the street differently from someone who does not know its past.[16] Here is an elderly Chicago lady speaking:

> I am looking from the window of my office in the London Guaranty Building, on the very site of Fort Dearborn. I look from one window up the Chicago River, past the new Wacker Drive, once South Water Street, where my grandfather was a commission merchant. . . . A short distance south of the Wacker Drive, my father sat in the office of his bank and made his first loans to the merchants who were even then building their grain elevators and establishing a center for the meat industry of the world.[17]

Not everyone has personal and familial memories so intertwined with street histories. On the other hand, it is perhaps more characteristic of American urban memories than of European or of Asiatic that one's own personal memories are relied upon to supply temporal depth to city streets and districts. For the more obviously historic areas like the Boston Commons, personal memories are buttressed with folklore and textbook history.

To continue now with the complex symbolic functions of certain downtown streets, it is clearly observable that certain streets draw several different kinds of populations. The term "locale" shall refer to such a street. A street like Rush Street in Chicago, for example, is a locale where in the evening one may find—on the street and in the many restaurants and bars—a variety of customers, servicing agents, and visitors. Rush Street has its own atmosphere, as many people have observed, compounded of all these people and all these institutions. It is one of the glamour streets of Chicago. There one can see, if one has an eye for them, prostitutes, pimps, homosexuals, bisexuals, upper class men and women, university students, touts, artists, tourists, business men out for a good time with or without girl friends, young men and women dating, people of various ethnic backgrounds, policemen, cabbies—the entire catalogue is much longer. Rush Street is a locale where people from many different urban worlds, with many styles of urbanity, pass each other, buy services from each other, talk to one another, and occasionally make friends with one another. Like animals using the same bit of land, people on Rush Street can interact almost subliminally, demanding nothing of each other, making no contracts with each other, merely passing each other or sitting near each other. But the interaction can also be contractual and exploitative, as when prostitutes find clients or pickpockets find marks. But most important, perhaps, there can occur at such locales a more sociable, more lasting kind of contact between peoples drawn from different worlds. It is at places like Rush Street that the orbits of many worlds intersect, so that persons may learn something of the ways of another world. In locales, as the orbits intersect, the physical segregation of these urban worlds is at a minimum.[18]

Other streets in the city are inhabited and visited by persons drawn from just a few social worlds. Think, for instance, of the main street in a Polish area down whose length one can see only Polish people. The area may be visited occasionally by outsiders or patrolled by a non-Polish policeman; but for the most part, especially at night, this is a street which quite literally belongs to the residents of the parish. (If anything, the side streets are even more insular.) Let us call such a street or area, where intersect only a minimum number of social worlds, a "location." At a location, the physical segregation of the people of a social world is maximized. Here they can openly indulge in ceremonial and ritual gestures, here they may speak a foreign language without shame. For it is here that an urban world is seen in the form of relatively public activities based on relatively widely shared symbols. It is here, too, that the outsider really knows that he is an outsider; and if he wishes to become an insider, he knows that he must learn the appropriate ways of this world. This kind of area, too, is characterized by quite exclusive, or semi-exclusive, spaces, as anyone who has entered a Polish tavern, to be eyed by the "regulars," knows. In the streets of such an area, the stranger is quickly spotted.

Some outsiders occasionally visit such locations by design, going as tourists who are "slumming"; or they may go on flying visits for particular services, as conventioneers are said to visit Negro areas for quick trips to houses of prostitution. But a person may find himself in a more or less closed location quite without design, and respond with delight, with aversion, or with another emotion to seeing the strange world "at home." If the outsider does not see the world on its home terrain, then he can only see some of its members in action at some more public locale, as when one observes certain people downtown at a restaurant, and experiences the same kinds of reactions or gets the same impressions of them that he might get if he visited these people—whether they are poor or rich, ethnic or native citizens—at their own more local haunts.

However, some city dwellers, by virtue of their work, are frequent visitors to a number of different locations. Jazz musicians, salesmen of some kinds, policemen, and bill collectors cross many lines of normal spatial and social segregation—in a certain restricted way, at least. Their occasional roles bring them to these locations where in the course of servicing clients they may also become spectators of local acts, or on occasion participate in them.

The names "locale" and "location" are polar terms with many intervening steps between them.[19] The main street of any city's Negro area is a locale—the side streets are a location—although somewhat fewer orbits of social worlds perhaps intersect there than at the main street of the downtown area. Even at a location the orbits of members of the predominant social world necessarily crosscut the orbits of members of some other worlds: even the most isolated elderly lady of an ethnic enclave occasionally meets an outsider, however brief and superficial the contact. Most people's orbits, of work and of play, take them beyond their immediate residential neighborhoods. Nevertheless, we need not be surprised that most people use and know only a limited number of spatial sectors of their city and know very little about the people who frequent those areas. In a large city, unquestionably most spatial segments will be only vaguely conceived, virtually geographic blurs. The places where the orbits of life take a city dweller will have special meanings to him.

The concept of "orbit" permits us to say something about space that the earlier sociologists did not make clear or obscured. The point turns about the relations of space to social worlds. The Chicago sociologists, for instance, were alternatively struck by the ecological features of urban communities and by the social color of the communities themselves. Robert Park attempted to relate these two kinds of observation by talking about "ecological order" and a "moral order," maintaining uncertainly sometimes that they were interrelated and sometimes that the ecological sustained the moral.[20] When the human ecologists later turned away from a sharp focus upon the "moral order," certain other sociologists like Walter Firey criticized them for ignoring the probable role played by the moral or cultural side of society in ordering ecological relationships. The tenor of Firey's criticism is conveyed by an opening passage from his book:

> Since its emergence as a definite field of research, ecology has developed a number of distinct theories, each of which has tried to bring a conceptual order out of man's relationships with physical space. When these theories are subjected to a careful analysis their differences turn out to be, in large part, variations upon a single conception of the society-space relationship. Briefly, this conception ascribes to space a determinate and invariant influence upon the distribution of human activities. The socially relevant qualities of space are thought to reside in the very nature of space itself, and the territorial patterns assumed by social activities are regarded as wholly determined by these qualities. There is no recognition, except in occasional fleeting insights, that social values may endow space with qualities that are quite extraneous to it as a physical phenomenon. Moreover, there is no indication of what pre-conditions there may be to social activities becoming in any way linked with physical space.[21]

Firey's answer was to contend and try to establish that cultural factors influenced ecological, or locational, processes. Human ecologists have gone their way fairly unaffected by this species of criticism, although the issue seems still to be alive.

It is not my intent to do more than comment on this issue as a background to my own discussion of spatial representations. The chief efficacy of the term "orbit" is that it directs attention to the spatial movements of members of social worlds. Some worlds are relatively bounded in space, their members moving within very narrow orbits, like the immigrant mothers already mentioned. The members of other social worlds, such as the elite world of any large metropolis, move in orbits that take in larger sections of the city as well as encompass sections of other cities—foreign as well as domestic. In any genuine sense, it can be said that the members of such a world live not only, say, in the Gold Coast area, but also elsewhere for part of the year—in a favorite resort, in a fine suburb, in Paris, or in all four places.

The important thing about any given urban world is not that it is rooted in space. That is merely what often strikes the eye first, just as it attracted the attention of the nineteenth-century journalists and the twentieth-century sociologists. What is important about a social world is that its members are linked by some sort of shared symbolization, some effective channels of communication. Many urban worlds are diffusely organized, difficult to pin down definitely in space since their members are scattered through several, or many, areas of the city. An FM station, for instance, may draw devoted listeners to its classical programs from a half dozen areas in the city. The worlds of art or fashion or drama may find expression in particular institutions located downtown, but their members are scattered about the face of the city. These are but a few of the urban worlds to which one may belong. (As Tomatsu Shibutani has commented: "Each social world . . . is a culture area, the boundaries of which are set neither by territory nor by formal group membership but by the limits of effective communication.")[22] The important thing, then, about a social world is its network of communication and the shared symbols which give the world some substance and which allow people to "belong" to "it." Its institutions and meeting places must be rooted somewhere, even if the orbits of the world's members do take them to many other sites in the city (just as the jazz musician moves about the city on jobs, and ends up in favorite bars for "kicks" and for job information). The experiences which the members have in those areas stem from, and in turn affect, their symbolic representations of those areas. Of an area which they never visit, they have no representations unless someone in their circle has visited it, and has passed along some representation of it. In sum: the various kinds of urban perspectives held by the residents of a city are constructed from spatial representations resulting from membership in particular social worlds.

5

The Visitor's View: The City Appreciated

NOT LONG ago the *New York Times Magazine* carried an amusing article recounting how suburbanites escape their daily domestic routine by occasionally spending weekends in the city—sans children. The *Times,* thus, touches upon one of the great themes of urban life—the city viewed as a source of pleasure, fun, and excitement. It is a great theme for many reasons. Cities *are* interesting, pleasurable, exciting places—at least some of them, for some people. Cities, as their devotees will maintain, have their own atmospheres and qualities, their special spatial and human aesthetics. This chapter will aim to explore some of the symbolism of urban appreciation.

The ordinary citizen may not often pause to look at his own city with the eye of a visitor bent solely upon pleasure, nor regard its streets and institutions with true holiday spirit; still, he too must often be something of a tourist. An abnormally clear and beautiful day, an unusually striking change in weather, can force the long-time resident suddenly to see familiar sights in new guises; and civic celebrations, or unusual street sights, will stimulate even busy townspeople to do some temporary sightseeing. Of course, the visitor to the city sometimes does not understand why natives fail to take better advantage of a metropolis which he himself has travelled miles to see. ("You mean that you have never been to the top of the Empire State Building?") From time to time the mass media take up the refrain, urging the native to exploit the potentials of his home terrain: "Stand back; do a double-take at what is taken for granted, and look at the sights and people and institutions . . . as if they were . . . strange phenomena."[1] Here we have sound guidance to the essential tourist attitude: become a stranger in town and enjoy yourself.

Some natives have a predominantly tourist's or playful attitude toward their own cities. Something of this homegrown appreciation is conveyed by E. B. White's remark that in New York you always feel that by shifting your location ten blocks or by reducing your fortune by five dollars you can experience rejuvenation.[2] Another adventurous cosmopolite, Collette of Paris, expressed similar sentiments when she described her many changes of residence in that city, changes made so that she might forever be discovering new facets of Parisian life.[3] But before we look more closely at the native's playful, imaginative use of his own city, let us examine the imagery which draws visitors to the metropolis for an enjoyable time.

Tourist imagery is projected not only by the travel agencies but by the mass media and by travellers who, upon returning home, whet the appetites of friends and acquaintences with descriptions of the colorful urban centers. This kind of communication stresses relaxation, fun, excitement, and kindred themes. It evokes fantasy which pictures entire cities much as if they were toys, amusement parks, museums, bazaars, and even bordellos.

Magazines like the colorful and enticing *Holiday* are designed specifically to carry such promotional imagery, and I shall use its pages frequently to illuminate the relation of tourist imagery to playful, enjoyable use of cities. *Holiday* frequently publishes articles on cities. Some are fairly factual in content; others are avowedly designed to arouse incentives to travel, for each of these "introduces you to places all over the country—and brings back memories of places once visited." The sub-titles of such articles play upon the variegated theme of urban excitement. Quebec is a walled city, it is France in America; Denver is modern and Wild West simultaneously; San Francisco is cosmopolitan, exotic, fun. The sub-titles of the *Saturday Evening Post's* series of articles on American cities afford a nice contrast, for they do not play upon the theme of urban fun and excitement; the *Post's* images are factual, or simply descriptive of economic and social conditions as the author sees them. Representative images are: energetic, restless, lusty, industrious, banker, no culture, staid, industrial production. *Holiday* frequently stresses in its sub-titles what a particular city can do for its readers if they go there: "if you like to see . . . don't miss . . ."; the author tells you how to savor "Havana, where you can. . . ." It would be much too cynical to assert that this is merely sales talk designed to make particular cities seem unique; for an effort is made in the articles to portray certain elusive but interesting features of each city for the uninitiated reader, and to recapture them for those who have once visited there.

The special kind of imagery which is utilized and evoked by such a magazine as *Holiday* can be vividly suggested by a contrast of topics discussed in the *Holiday* and the *Saturday Evening Post* articles. These topics include such matters as the city's politics, history, newspapers, society, old buildings, parks, climate, industries, public buildings, night clubs, beaches, ethnic communities, foods, restaurants. If a count is made of topics discussed in each magazine, it quickly becomes apparent that *Holiday* is weighted strongly toward arousing an imagery of excitement and play.[4] With rare exceptions, the *Holiday* articles almost completely ignore industry, politics, newspapers, and other such matters vital to the functioning of a city and its residents. The visitor is going there or has been there for a good time, and this is what he wants to read about. The writer does not waste his time, money, and patience on such affairs.[5]

The imagery which appears in such reputable magazines as *Holiday* is eminently respectable, appealing to publicly sanctioned motives; but, of course, there is also an imagery of enjoyable sin, passed mainly by word of mouth, which attracts visitors to certain cities. Occasionally, a city's reputation for this kind of urban fun is advertised or described in print. There is hardly any reason to belabor this point. Such books as *Chicago Confidential* and *New York Confidential* seem less exposés of those cities than guidebooks for finding more or less disreputable fun spots when visiting there.[6] Similar to the articles in magazines such as *Holiday*, the authors of low-life guidebooks direct their readers to places and addresses where they may engage in pleasurable activities; and they use much the same rhetoric of direction, promise, and advice. (In *Chicago Confidential*, the authors give a number of hard-boiled tips—one chapter is titled "Tips on the Town"—containing advice and assurance to the reader that he can find just what he came to town for.)

The city which is to be the traveller's destination is not merely described; the traveller must be promised, reassured, and directed. *Holiday's* tourist articles do all of this. Promise is carried by colorful and seductive pictures ("See, it is here!" they symbolically promise), and by grammatical forms such as, "you will see," "you will be," "you will notice," "all you have to do is walk and you can." A more oblique promise is given by such phraseology as "you come upon," "you see there," and "this is a city where." The visitor is given directives—what to do and what not to do—which take the form most frequently of an imperative verb: "go," "do," "see," "buy," "do not go," "don't bother to." Sometimes, too, the visitor must be reassured: "the slums are avoided on this tour," or "you don't have to see prostitutes . . . if you stay away from."

The rich complex of imagery displayed in such articles may also include injunctions to the tourist. He must do certain things, perform certain actions, lest he miss the real essence of the city. He will go away disappointed, or, worse yet, he will have been there and failed to catch the deeper meanings of the city. Injunctions to the traveler are embodied in grammatical forms such as: "must," "has to," "it demands." (E.g., to capture the spirit of Mexico City, one must walk so as to watch the masses and feel their spirit. Certain cities must be savored, not rushed through.) Some cities are so colorful, so picturesque, so different that such demands probably are not needed. But when an author or a friend wishes to communicate some "essential" quality of a city once visited, a quality which he feels is not immediately apparent to a visitor, he is likely to use the prescriptive form. It is as if a city were an elaborate cryptogram and tourists were being coached in proper ways to break its code. But these devices do not merely build anticipations of what the city is like and what there is to do there; they serve also to educate the audience to be properly appreciative when arriving within its precincts. "Don't expect exciting night life in Quebec, but do expect picturesqueness" is a sentence which not only warns away travellers so singularly inflexible as to wish only for night life, but slips readers into a frame of reference deemed appropriate to Quebec. In adopting a certain stance, the person who is communicating his conception of a city is coaching his reader to adopt a similar outlook. Most often this coaching is implicit, but sometimes, of course, it is quite explicit.

In its most extreme form, this process of socialization involves coaching of sentiment as well as perception and overt action; the reader is quite literally advised how to emote. (Albuquerque "appeals particularly to sensitive Americans searching for escape to reality from the standardized American scene. Here in their own country they can shed the familiar and begin all over again emotionally.")[7] On occasion the coaching of emotion is urgent and imperative (similar to this is a style of Balinese teaching, described by Gregory Bateson and Margaret Mead, wherein the teacher manipulates the very body of the student, thus inducing the proper motions).[8] Observe one author in a *Saturday Evening Post* article who becomes eloquent over the old historic sections of Philadelphia and, slipping temporarily over into tourist terminology, is symbolically manipulating his reader:

> And if he is to acquaint himself with the rich flavor and texture of the Philadelphia that was great, he will need to forget his normal American haste and assume an almost archaeological point of view. He must, as it were, marinate himself in the residual

> traditions and oddments that still reverberate and faintly glisten with the sheen of the City's erstwhile glory. For, as much as anything, it is these small facets that give the city its individuality.[9]

At the very least, the reader of tourist materials is being prepared to enter a given city with a certain mood rather than others. Presumably this process is abetted, for some readers, by fantasy processes; and these sometimes take collective form, as when friends relive in excited conversation their visits to some delightful or exciting city, preparing themselves for a future visit.

In the *Holiday* articles, and also in guidebooks, there is included a certain amount of historical material about cities; whereas in the *Saturday Evening Post* accounts, history is used to create more understanding of the present condition of the city and of its probable future development. In tourist articles, history is used to convey the flavor and unique qualities of the town: in Denver it is wild-western history; in San Antonio it is the Alamo; in San Francisco it is the glamour of a rich frontier city. If the author of one of those descriptive articles is uninterested in urban history or does not feel it essential to an enjoyment of the city, he skips lightly over the past. When a city's history is actually discussed, it seems unlikely that most visitors later will remember it in much detail, but they ought to remember something of the city's historical mood and be prepared to react toward it.

The coaching process, which the traveller experiences if he reads such materials or talks with travellers, includes an implicit classification of types of city according to kinds of urban excitement. Thus, for Quebec, he is promised old picturesque streets and architecture along with French manners and dialects, but little or no mention is made of parades, museums, music, drama, or food. Charleston is all flower garden and interesting old architecture; apparently nobody ever goes there—or at least is expected to go there—to shop for modern wares or to look at contemporary art. As might well be expected in the *Holiday* articles, some cities are described as having a wider range of things that are enjoyable than other cities. Great metropolises like New York, Chicago, New Orleans, and San Francisco have entire issues devoted to them; and now and again articles will deal with some special features of one of these cities—its food, its Chinatown, its main shopping street.[10]

The visitor is sometimes warned that a certain city is the only place where he can find certain things (much as we commonly hear "New York City *is* drama"). Conversely, he must not look for the wrong things. No single type of activity (shopping, museum going) or sightseeing object (park, public building) is stressed (in *Holiday*) for all cities; although certain items appear with more frequency than others. For instance, drama, music, zoos, and beaches appear only occasionally; more frequently mentioned are old public buildings, old streets, and old architecture, along with climate, colorful ethnic communities, and parks; most frequently stressed is food—local, different, or interesting.

Several types of tourist cities emerge in the *Holiday* articles. Guidebooks and newspaper tourist literature suggest similar types. These kinds of cities are akin to types of non-urban vacation spots; sometimes vacationers go to a a city primarily for its sports, sometimes for gambling, a festival, a special event like a rodeo, or even just for the scenery. What makes the urban typology different is that a city, by comparison with a resort or vacation spot, is mammoth in its size and potential. A given metropolis might draw many visitors, all of whom might wish to participate in sports, festivals, gambling, night life, as well as to stroll the streets, see scenery, shop, eat ethnic foods, view flower gardens, and gaze at historic shrines.

Few cities, except the most cosmopolitan and varied, achieve this multiform reputation. Hence it is not surprising to find that cities gain reputations for certain exciting or pleasing features rather than for others. A listing of types without further exposition should now be sufficient, although one might certainly disagree with the cities used as illustrations:

1. Historic shrines and traditional memories (Boston, Richmond, Philadelphia).
2. Non-America in America (Quebec, San Antonio).
3. Escape from modern mechanized life (Albuquerque, Santa Fe, Mexico City).
4. Scenery and resorts (Denver; Portland, Maine; San Diego).

5. Gardens and historical romance (Charleston).
6. Cosmopolitan, the complete metropolis (New York City, Chicago, San Francisco).
7. Non-U. S. travel cities, i.e., one might not go there except that it is an opportunity to get out of the U. S., see some things, and yet be in a modern city. (Rio de Janeiro, Buenos Aires).

In addition, one readily thinks of art cities (Florence), and of exotic non-American cities (Algiers, Casablanca). Perhaps a city like Washington with its historic shrines, parks, and public buildings should be specially typed. Many cities have reputations for providing sin and sex, and perhaps there are some which possess this reputation almost exclusively for the tourist, particularly if the city is small. Presumably other valid and useful urban types can be empirically discovered. They certainly can be logically formed by combining various of the items mentioned above as objects of tourist interest.

It is to be expected that the reputations of cities, like those of men, shift over time and that reputations will lag behind actualities. The natives of some cities, indeed, make strenuous efforts to persuade visitors and outsiders that the town isn't what it used to be—but is better. There is no reason to believe that cities may not develop new attractions or lose old ones; and shifting tides of taste in tourist migration result from this, as well as from the appearance and disappearance of certain kinds of tourists themselves.[11]

Nevertheless, some tourist imagery is remarkably stable, suggesting that even when certain cities change, the tourist remains interested mainly in old haunts and traditional activities. Cities like Philadelphia have long drawn numbers of visitors to historic shrines. Charleston was discovered by northerners during its lowest economic ebb; and since that time its historic architecture, plantations, and flower gardens are what visitors have flocked there to see—not the new town or its modern accomplishments.

We must turn to such cities as Quebec to see how certain urban centers function in almost identical ways for successive generations of visitors bent upon urban pleasure. The trek to

Quebec by travellers from the United States appears traceable to two images: that of a picturesque French City right here in America and of a civilized city right on the edge of the frontier. In 1834 a Quebec author sounded both notes:

> If the scientific traveler, amid the sensations experienced on scanning the various beauties of the scene, should recall to mind, in ascending the highest elevation of the promontory, that he is standing upon the margin of the primeval and interminable forest, extending from a narrow shelvage of civilization to the Arctic regions, he will admit that the position of Quebec is unique in itself. . . . there is an especial charm for the philosophic spectator in the simplicity and natural character of the *Habitans*, or French peasantry of the *Province* . . . whose dress and dialect prove their identity with the race nursed of yore on the shores of *Normandy* . . . [It] can never be uninteresting to the contemplation of the educated traveler.[12]

In 1952 *Holiday* said exactly the same thing, both in an article and in its subtitle: "Fortress in the forest . . . Quebec . . . a Riddle: a Charming French Town in America, an ancient settlement still on the frontier, a civilized outpost on the very edge of a vast and terrifying forest." And a century ago an American visitor gave away the secret of why many find Quebec so charming:

> Nothing here of the "Jack of the Beanstalk" towns of the United States, as Mrs. Trollope calls them, all brand new and shining, and looking as if built in a night, or chopped off per mile to order, with churches, hotels and museums ready made to hand. Quebec has a dingy, old-world look about it, particularly refreshing to the lover of the picturesque, as we come from the gay but formal cities of New York and Philadelphia.[13]

However, the purely cultural coloration of this conception of "picturesque old Quebec" is almost caricatured by the remark of a British visitor in 1837, who summarily declared that "Quebec, as a city, has nothing to attract the attention of a visitor familiar with any of the large cities of Europe."[14]

Of course there actually is objective fact behind such tourist imagery: French *is* spoken in Quebec; the architecture *is* antique and different from that of the United States. But facts are not just facts; they depend, as the saying goes, very much upon the eye of the beholder. It follows that the same city can attract different social classes or kinds of visitors with quite different expectations. By the same token, it is very probable that city may receive differential treatment, actual and fantasied, by tourist populations from different countries.

Travel bureaus are, of course, specifically designed as informational and promotional agencies, and more informal sales talks are indulged in by friends who urge visits to cities they have liked; yet tourist imagery functions not only to attract the traveller but also to control him and his movements when he reaches a city. Most cities are faced with an influx of strangers, sometimes in considerable number, who are away from many of the ordinary external controls of their home communities. The receiving city has certain external controls of its own to impose, but it must depend to a considerable extent upon common decency and the functioning of anticipatory imagery.

Aside from whether the visitor will behave himself properly, social mechanisms must exist to prevent his getting both himself and the natives into trouble.[15] It takes no great imagination to see that if he wanders into the wrong areas of town, he might get hurt, robbed, or possibly even killed; he might get involved in fights or riots, if he is a male; he might witness untoward scenes and make things awkward for the participants and the city authorities. Worse yet, the more influential visitor might carry away and publicize facets of the city that would be injurious to its reputation. Occasional visitors who stroll through the nicer residential sections are not unwelcome; but those who appear in more visible numbers, or who are clearly of a lower class or of another ethnic group than the residents are more disturbing.[16] Except when they are members of a guided tours, it is not feasible to allow tourists into industrial or business concerns. In short, the ordinary life of the city must go on, must not be unduly interfered with. The presence of strangers would be a problem unless they were confined, by force, rule, or conception to the more public sectors of the city.

A certain degree of direct control over the tourist's movements is exerted—aside from guarded entry and "no trespassing" signs—by his ceding his freedom, part of the time, to guides. Guides not only show him around the city, but do it so that nobody gets hurt. The tourist sees the night sights, the "right" clubs, and even the "right" (public) immorality. Tours never get behind the scenes—no matter how they are billed—any more than a guided walk through Radio City gets the sightseer into the inside of radio business. The social function of the escorting of high visiting dignitaries around the city by delegated officials can be clearly seen. Natives escorting visiting friends may also function in a similar way.

But most tourists, most of the time, are on their own rather than on guided tours. They get into less trouble than they might because virtually all their activity occurs in the most public sections of town. If *Holiday, Travel* and other similar sources are reliable indices, the areas to which they direct tourists are minimal; they virtually never mention industrial areas or slum streets other than conventionally colorful ones. Residential sections receive almost no mention, except on the subject of cities like Los Angeles where visitors are routed past the big estates of glamorous movie stars. The more licentious out-of-towners seek sexual companions, but doubtless find them mainly in conventional hot spots and through conventional agents, agencies, and procedures. Thus, much as the guide succeeds in routing his customers, the anticipatory imagery with which the tourist enters the town guides his steps. He is kept from certain areas less by direct warning than by the absence of any mention of them; although occasionally he may find such remarks as: "Among the many warnings in San Antonio, one of the most frequent and practical is, 'Stay off the West Side after Dark.'" One finds little specific coaching about how to conduct oneself properly—there is perhaps more of this in guidebooks and articles on Europe—and this is perhaps not surprising, as the public sectors of modern cities are much alike.

Most of all, the imagery functions to control the tourist because it builds symbolic worlds. The tourist approaches the city with a set of categories afforded him by his reading and by conversations with those who have preceded him, and these categories enable him to respond selectively. He possesses prescriptions—however vague and unformulated—for seeing, seeking, walking, feeling, and evaluating. His tourist symbols block him from a number of alternate modes that are actually available for enjoying this particular city. In this connection, harkening back to Chapter 1, we may assume that travel rhetoric about the "essence" of each city functions as much more than sales talk. Such phrases as "cosmopolitan San Francisco" are symbolic frames which undoubtedly help the stranger to organize his perceptions and his action. They aid in giving coherence to what might otherwise be a jumble of incongruous or conflicting impressions; much as visitors to a foreign country enter with simplified, often stereotyped images of that country, so that it takes a bit of living there before the impression becomes qualified or discarded.

It is pertinent to understand also that the conventional terms with which particular cities are described in travel talk almost constitute a special language. (The linguist J. Vendreyes defines a "special language" as one "employed by groups of individuals placed in special circumstances.")[17] Every functioning group utilizes a lingo, a slang, or a specialized terminology which embodies and highlights matters of interest and import to its members. Tourists do not by any means constitute an organized group. Yet a co-ordinated, controlled series of actions goes on when tourists are attracted to a city and are routed directly or indirectly through it. We can readily single out some of the relevant functionaries: officials of tourist and travel agencies, guides, travel writers, catering restauranteurs, and sometimes taxi drivers. The goals, strategies, and skills requisite to these large scale social acts are visible, but they do not occur within a tightly knit social structure. The tourists themselves constitute what Herbert Blumer has called a "mass." "A mass has no structure of status roles . . . no established leadership. It merely consists of an aggregate of individuals who are seperate, detached, anonymous. . . . The form of mass behavior . . . is laid down by individual lines of action . . . in the form of selections."[18] Blumer observes that the influence of the mass, through the convergence of individual selections, can be enormous.[19] But individual lines of convergence—on California gold fields, on Bermuda beaches, or on glamourous cities —would appear to be part and parcel of an extended social act, co-ordinated in a fashion somewhat different from that applicable to acts of tightly organized groups and institutions. Essential to this large scale act is a flow of communication or travel talk. Insofar as we reminisce publicly about places we have been, we all get into the act. When we return from a city and talk about it, we are likely to speak in the more or less shared and stereotyped terminology. To communicate how one enjoys a city in a very personal and special way doubtless calls for exceptional gifts of expression. The matter is even more complicated when one has lived in and enjoyed a city for many years. Then, when friends come to town, one is often disposed—from sheer inability to communicate his private joys and memories—to resort to describing the usual publicized features of his city, and to escorting the visitors on the grand tour; or one might mock them and refuse to go along at all.

Despite a common disposition to refuse to be an official tourist in one's own city, almost everyone allows himself periods of license in which to enjoy his city. Although an unconscionable number of people in the larger centers never visit the downtown (this is as characteristic of both working class residents and suburbanites), the parks, beaches, and other places of amusement (including the department stores) are shared with out-of-towners. The visitors are sometimes joined even at the heights of the Empire State Building, or "top of the Mark" in San Francisco. Unquestionably, some urbanites are highly oriented toward city living as a source of pleasure and enjoyment, and some seldom are so oriented or need the stimulation of a new city to shock them out of routine.

In a profound sense, however, almost everyone is open to becoming, even if momentarily, a stranger in his own city; at this time he may find it freshly and strangely interesting. This sometimes occurs to long-time residents when they happen upon a street with which they believe themselves well acquainted at an unusually early or late hour of the day. When a city dweller finds himself in unfamiliar terrain, he may adopt one of several attitudes, including one very like the tourist's. He may be fearful and hasten through, or be bored, but he may be equally likely to notice and to enjoy unfamiliar sights and sounds. Like any traveller, he may weave an interesting story around them when he returns home. Though a tourist for a much shorter period and with less deliberation than the self-styled one, he may be very much like the tourist when he stares excitedly out of the airplane window at unfamiliar aspects of his hitherto familar city.

The point is not that people voluntarily visit unknown or inviting areas of their own city—although they occasionally do—but that movement through the city may create conditions whereby they slip into an adventure or a memorable event. If this is so, then it follows that certain of the native's non-tourist imagery functions to restrict his movement within the city and thus to deprive him of exciting and enriching experiences. Which portions or aspects of the total urban imagery are most restrictive, and for which populations, is a nice question for the urban sociologist. Another one involves which populations do not tour other cities at all, preferring to remain at home for other than monetary reasons. Perhaps it is safe to assume that the man who is conspicuously appreciative of the urban milieu—and who fashions a style around this appreciation—is the man who has been often surprised and rarely dismayed by his city.

PART TWO

Configurations of American Urban Culture

Introduction to Part II

IN Part II there are five chapters. Taken together, they depict how Americans of various generations, living in various regions, have perceived the unfolding of the nation's astounding urbanization.

The opening chapter deals with certain factual aspects of American urbanization. Its purpose is to lay a groundwork for the chapters that follow. The second chapter is focused upon some conflicts among national values as these relate to American city symbolism. Those conflicts are spelled out in greater historical detail and within regional context in Chapter 8. Next, we shall deal with two different sides of American city planning: namely, the "promotion" of cities and their reputations, and the blueprinting of ideal cities. In Chapter 9, our attention will be upon certain rural aspects of metropolitan living, for country and city are not necessarily in symbolic opposition. The closing chapter of Part II turns about certain contemporary opinions regarding the fate of our cities and suburbs, and is called for that reason, "The Latest in Urban Imagery."

The reader should remember that in the pages which he is

about to read, he will not primarily be looking at what *objectively* was happening to American cities, but rather at what Americans have thought, and now think, about those happenings. It is the imagery of urbanization with which we are concerned: a topic interesting in its own right, but doubly interesting because it illuminates contemporary reactions to today's urbanization.

6

The Course of American Urbanization

FROM the very beginning, a long list of the writings of foreign observers bears witness to the fact that American cities are different from those of other countries. Clinging at first to the sea coast with a great unknown world to the interior, surrounded by forest and later by farmland, prairie, and desert, the American city grew and grew—in size, in number, and in variety. Though partaking of the global drive toward urbanization characteristic of an industrializing world, our cities nevertheless developed as a thoroughly homegrown product, at least in certain aspects.

America shares certain similarities of urban trend with much of the rest of the world: industrialization, the development of technology and world commerce, and the peopling of the continents by European emigrants have together resulted in an increase in the number of cities, both large and small, and in the penetration of urban influence into the hinterlands. Despite this similarity, profound differences can be detailed between the growth and current product of American urbanization and those of other countries. What jumps to the eye if one approaches the study of European urban areas is that they have neither suffered nor profited from immense and diverse foreign immigration; that many of their urban centers are ancient in origin; and that they are close together within the boundaries of relatively small nations rather than flung, albeit in clusters, about in a continental space. Only when one has acquired a sense of what is different about the course of American urbanization, can one properly apprehend Americans' symbolizations of their cities.

Consider first some calculations—immensely revealing though necessarily crude—of some differences in the urbanization of certain countries. This particular set of figures yields a picture of no great historical depth, but it does highlight certain important variations between diverse kinds of urbanization. Belgium has little agriculture but has relatively small cities; Denmark ranks rather high in agricultural pursuits, but its people live in larger urban centers; the United Kingdom is highly urban as measured on all three indexes; while the United States, although we usually think of it as quite urban, is comparatively less urbanized along certain dimensions (Table I).

What of the dominance of one major city within a nation's urban pattern? How does America compare with Europe? It is true that dominance cannot be measured merely by population figures: witness Paris as a focal point of France although only 6.8 per cent of the French people reside in that great metropolis; neither can the importance of New York City be suggested merely by the proportion of America's total population that reside in that city (5.7 per cent). But London's towering position (20 per cent) in a nation teeming with cities is in marked contrast both with New York City and with thinly populated Australia where one of every six persons nevertheless jams into its largest city (Table II).

More important for our purposes are several clear trends in

TABLE I—Indexes of Urbanization for Selected Countries of the World[2]

Country	Date	Classified as Urban		Residing in Places 100,000 and Over		Economically Active Population Not Employed in Agriculture		Definition of Urban
		%	Rank	%	Rank	%	Rank	
United Kingdom	1931	80.0	1	39.5	1	94.0	1	County boroughs, municipal boroughs, urban districts, London Administrative County.
Denmark	1945	65.1	2	32.7	3	71.5	7	Towns and agglomerations, including suburbs of the capital and of provincial cities.
Belgium	1930	60.5	3	11.6	12	83.0	2	Administrative subdivisions of 5,000 or more.
New Zealand	1945	60.5	3	34.5	2	72.8	6	Cities, boroughs and town districts of 1,000 or more.
United States	1940	56.5	5	28.9	4	82.2	3	Incorporated places of 2,500 or more, and certain additional thickly settled areas designated as urban for census purposes.
Canada	1941	54.3	6	23.0	5	73.7	5	Incorporated cities, towns and villages of all sizes.
France	1946	53.2	7	16.3	10	64.4	9	Communes having more than 2,000 inhabitants in the chief town.
Sweden	1945	42.3	8	20.5	6	71.2	8	Cities or towns with an urban administration.
Ireland	1946	37.6	9	17.2	9	51.6	10	Towns of 1,500 or more inhabitants.
Panama	1940	37.2	10	18.0	8	47.4	12	Populated centers of 1,500 or more inhabitants which have essentially urban living conditions.
Union of South Africa	1946	36.4	11	19.7	7	78.3	4	All towns and villages having some form of urban local government.
Mexico	1940	35.1	12	10.2	13	22.2	15	Populated centers of more than 2,500.
Portugal	1940	31.1	13	0.0	16	51.2	11	Places of 2,000 or more inhabitants.
Colombia	1938	29.1	14	8.7	14	17.3	16	Centers of more than 1,500 inhabitants which are seats of municipalities or districts.
Egypt	1937	25.1	15	13.3	11	29.3	14	Governorates and chief towns of provinces and districts.
India	1941	12.8	16	4.1	15	32.8	13	Towns of 5,000 or more inhabitants possessing definite urban characteristics.

TABLE II—*Per Cent of Population in Cities by Size Class*[3]

Region and Country	Year	In Cities 5,000 + %	In Cities 10,000 + %	In Cities 25,000 + %	In Cities 100,000 + %	Index	Per Cent in the Largest City
Latin America—Total Sample		27.1	23.6	19.0	13.4	20.8	8.2
ABC Area		42.7	39.6	34.0	25.1	35.4	18.4
Uruguay	1941	55.8	52.0	44.4	32.4	46.2	32.4
Argentina	1943	48.9	46.8	42.7	34.0	43.1	18.5
Chile	1940	44.8	41.1	34.3	23.1	35.8	19.0
Brazil	1940	21.3	18.4	14.6	11.0	16.3	3.8
Paraguay		47.8	43.1	36.4	25.9	38.3	6.8
North America							
United States	1940	52.7	47.6	40.1	28.8	42.3	5.7
Canada	1941	43.0	38.5	32.7	23.0	34.3	7.8
European Countries							
Great Britain	1931	81.7	73.6	63.1	45.2	65.9	20.5
Germany	1939	57.4	51.7	43.5	31.8	46.1	6.3
France	1936	41.7	37.5	29.8	16.0	31.2	6.8
Sweden	1935	37.1	33.4	27.0	17.5	28.7	1.0
Greece	1937	33.1	29.8	23.1	14.8	25.2	7.0
Poland	1931	22.8	20.5	15.8	10.7	17.4	3.6
Non-European Countries							
India	1931	10.4	8.5	5.8	2.7	6.8	0.3
India	1941	12.3	10.5	8.1	4.2	8.8	0.5
Australia	1943			73.8	45.5		18.4
Japan	1935	64.5	45.8	36.8	25.3	43.1	8.5
Egypt	1939		27.0	19.7	13.2		8.2

American urbanization. For these we may draw upon census figures since 1790 and the computations of demographers. The census yields a record of steady growth in our urbanization. Although the total population grew rapidly—because of high birth rates, falling death rates, and a large immigration—the rate of urban population growth each year was greater than comparable rural growth. Yet the rural areas continued to be filled with people (only by about 1910 did the increase become very small). Not until approximately 1920 did half our population come to reside in urban centers. But urbanization, as measured by place of residence, had already proceeded very far by 1870. Even during the early decades of the nineteenth century, cities were noticeably attracting people; and the great increase of urban residents during the middle decades rested upon three singularly important phenomena. The first was the development of very large cities; the second was the planting of new cities in mid-continent; and the third was the continuous growth of smaller urban centers.

The great cities increased: in 1790 we had no cities having over 100,000 residents, and only two cities with between that figure and 25,000. Fifty years later, at the brink of a period of tremendous urbanization, we had already nine of the latter size, and three of over 100,000 persons. By 1880, when the vast south-eastern European immigration had not yet begun to reach full flood, twenty flourishing cities had already surpassed the 100,000 figure. Arthur Schlesinger has graphically suggested what this rate of growth might have looked like at mid-century in noting that

> it is instructive to recall that in 1800 London, the largest European city, possessed around 800,000 people, Paris somewhat more than a half million. Philadelphia, then America's chief center, had less than 70,000, New York only 60,000. Though both London and Paris trebled in size by 1860, New York with 800,000 inhabitants (not counting Brooklyn) ranked as the third city of the Occidental world, while Philadelphia with nearly 565,000 surpassed Berlin. Six other American cities contained more than 100,000, four of them west of the Appalachians.[4]

What Schlesinger does not mention in this passage and what

many Americans lost sight of in their dazzlement by the spectacular rise of their large cities, was that their smaller cities grew right along with the large.[5] A glance at the table in note 5 of this chapter will indicate this. The cities grew in number and they grew in areal size. Of course both these trends—the growth of small and large cities—have continued into present-day America.

These trends indeed have joined, as is noted in the census of 1950 for the preceeding decade:

> On the whole, the communities on the outskirts of the large cities of the United States grew much more rapidly than did the central cities themselves or the remainder of the country. . . . It appears that nearly half of the population increase of the country took place in the outlying parts of the 168 standard metropolitan areas. Since standard metropolitan areas are very largely urban, the population changes of the last decade point to an increasing urbanization of the country with the more spectacular development occurring in the smaller urban and suburban communities adjoining our metropolitan centers.[6]

So visible had these contiguous and surrounding urban centers become that the census of 1950 incorporated the notion of a Standard Metropolitan Area, which it defined as containing

> at least one city of 50,000 or more in 1950, and each city of this size is included in one standard metropolitan area. In general, each standard metropolitan area comprises the county containing the city and any other contiguous counties which are deemed to be closely economically integrated with the city. In a broad sense the country's standard metropolitan areas include all the leading urban centers together with all adjoining territory that has been demonstrated to be closely linked with the central cities.[7]

A strikingly great proportion of this vast urban population is located in northeastern United States. But a distinction should be drawn between densely urbanized regions and the proportion of the nation's urban dwellers that resides in a given region. The section north of the Ohio River and east of the Mississippi River scores highest on both counts: this is the nation's urban heartland.

It is worthwhile at this time to linger over a few details bearing on the development of America's urban scene. These one needs to know to make sense of what the men who participated in the making of this history will say about it.

The first cities of any importance in colonial America were

commercial seaports. As the surrounding countryside became domesticated, sizeable towns grew up nearby and along the coastal rivers. These became parts of the hinterlands of the five or six large seaports (Boston, Philadelphia, New York, Charleston, Newport, Baltimore). These latter were, at first, transfer points for trade between Europe and America, and they were early distinguished from many European cities by their comparatively great spans of hinterland. Cities and hinterlands continued to grow as the frontier was rolled back from the coast. The successively transformed interrelations of interior and coast are crucial for understanding how Americans came to symbolize their cities.

After the Revolution, the settling of land up to and past the Appalachians, Ohio, Indiana, and thence to the Middle Border was not by any means a conquest of the wilderness by farmers unaided by city people. One ought to guard against a notion of simple succession; such as that the frontiersman and the squatter were followed by the farmer and that they in turn were succeeded by the institution of sizeable towns and cities. Towns were planted in the interior and performed innumerable and necessary services in opening up the surrounding and westward territory to farming and to further urbanization.

Schlesinger has warned that, "The spectacular size of the westward movement beginning shortly after the Revolution has obscured the fact that the city not only soon regained its relative position in the total population, but after 1820 grew very much faster than the rural regions." Indeed we have seen that it was gaining even during the 1790-1800 decade. Schlesinger goes on to say:

> The explanation of the apparent paradox is to be found in a number of factors, not the least of which is the success of the trans-Appalachian country in breeding its own urban communities. These raw Western towns at first served as distributing points for commodities between the seaboard and the interior; but they soon became marts where the local manufacturer and the country dweller plied a trade to mutual advantage. Pittsburgh early began to branch out into manufacturers; already by 1807 her atmosphere was described as choked with soot. Two years later Cincinnati possessed two cotton mills.[8]

Was it the frontiersmen and farmers who manned these towns, began their manufactures, and built them into bustling markets? Plainly not. If it can be said that the cities drew to themselves at first many a disappointed or opportunistic farmer or his sons from the East, it is also true that these towns were early filled with Bostonians, New Yorkers, Philadelphians, with commercial people, lawyers, even artists. Many a town site was chosen, planned, and settled by groups of New Englanders: Cleveland for instance. This tendency of westward moving people to settle in cities was augmented, not diminished, throughout the century.[9]

These towns and villages had often a characteristic feature, one that we can recognize as still not outmoded in America; they had large and optimistic notions of their future growth. They "hopefully named their tiny hamlets Columbia City, Fountain City, Saline City, Oakland City . . . or, flaunting their ambitions more daringly, called them New Philadelphia, New Paris, and even New Pekin."[10] City boasting and boosting had an early origin.

Back East the commercial and agricultural distributing centers were being rapidly transformed into manufacturing centers because they were supplying the territory to the west. Which groups flocked to these towns during the period of 1810-40 to swell their size and expand their functions? The flow of immigration was still small; the Irish had yet to come. From the eastern farms streamed the cities' recruits, bent on gain or on flight from an occupation that was becoming increasingly unprofitable.[11] The ubiquitous Yankee—from Boston as well as from New England farms—invaded New York and brought traditional talent to the task of building that rising port. New York, Philadelphia, Boston, and Baltimore jockeyed for hinterlands and vied for dominance over inland empires, placing bets upon turnpikes, canals, and later upon the railroads. The spirit of enterprise and of boom was everywhere in the air.

While our commercial cities were developing into manufacturing centers—receiving their initial impetus from the closing of foreign trade during the War of 1812 but growing great during the second, third, and fourth decades of the century—industrialists were establishing factory towns along the banks of power-generating rivers. Many of these industrial communities were company towns whose owners often gradually became absentee employers. Such towns as Lowell, Massachusetts, attracted quantities of farm girls, who were increasingly badly housed as the towns grew and prices fell and while "paternalism gradually gave way to indifference."[12] Meanwhile, the larger urban centers were attracting, or rather developing, two new groups of residents: factory workers and what we should nowadays term white collar workers. The latter provided the means for accomplishing paper work—the bookkeeping, invoicing, billing, receipting, letter writing, clerking, and selling.

Until the fifth decade of the century, extensive railroad transport was negligible. Cochran and Miller have noted:

> During the forties, but six thousand miles of railroad track were laid out in the United States—most of them in the Eastern area out of Boston, New York, Philadelphia, and Baltimore. In the next decade American railroad mileage increased by 21,000 miles, most of them in the new West. The railroad net by 1860 captured Milwaukee, St. Louis, Memphis, New Orleans.[13]

With the railroads came the cessation of local self-sufficiency and the development of agricultural specialization. "Let them supply our cities with grain. We will manufacture their cloth and their shoes," said William Buckminister of Massachusetts in 1838.[14] He might have added that cities and towns would increasingly supply the farmer with every other commodity, including food.

The railroads also were the cause of a pattern of city building that is a characteristic feature of American history and American geography. Whereas the larger cities had hitherto been established almost wholly at water sites—sea, river, and canal—towns now sprang up along the railroad tracks. To those who saw the new towns being formed simply by, at, or near a set of tracks, their mushrooming often seemed miraculous. Villages and towns schemed and fought to secure roadbeds. The result during the next decades was a scattering of towns and cities throughout vast land areas at sites which formerly would have been most unlikely, not to say impossible. The railroads were also the making of certain great cities: Chicago for one. Towns like Toledo, whose backers pinned their faith upon its location at a Great Lake, now found themselves increasingly important and populous because they were situated on main railroad routes. Other cities, although once boasting of their importance as railroad termini, were left behind as the tracks pushed beyond, actually disappearing or remaining as smaller points on the railroad map. After the entire continent became crisscrossed, the automobile made possible the continued growth of smaller towns within the interstices of the railroad network. We ought not to underestimate the role that this transportation history has played in the psychology of various cities in America.[15]

Back in the East, the cities became transformed both in terms of their roles as centers of population and in terms of their social character. The factories increased steadily in number and size; they could no longer rely merely upon unskilled workers drawn from a native-born labor force. The first of those successive waves of immigrants began—which helped to man the factories, fill the tenements, overrun quiet city streets, and turn whole sections of orderly residential areas into dreadful slums. Lest the reader unthinkingly assume that the immigrants were themselves responsible for the changes of urban atmosphere—however unacquainted they were with city living, however uneducated they were—he should read a report on the condition of the poor in 1853:

> In Oliver Street, Fourth Ward, for example, is a miserable rear dwelling, 6 feet by 30, two stories and garret, three rooms on each of the first and second floors, and four in the attic—in all, ten small apartments, which contain *fourteen families.* The entrance is through a narrow, dirty alley, and the yard and appendages of the filthies. . . . In Cherry Street, a "tenement house," on two lots, extending back from the street about 150 feet, five stories above the basement, so arranged as to contain 120 families, or more than 500 persons. . . . Sub-letting is common in this Ward, which increases rents about 25 per cent.[16]

The immigrants did not build the tenements, make the profits on rent and real estate, nor deliberately create problems of sanitation, policing, and other such urban headaches that now confronted the civic authorities; but neither was this fantastic in-

W. E. Webb, *Buffalo Land* (Cincinnati, 1872)

crease in city density, with its accompanying problems, created solely by avaricious landlords and callous industrialists. Our nineteenth-century cities were unprepared—to put the matter at its simplest. The sheer quantities of new residents were too much for even well-run cities. The figures for New York City illustrate what happened:

> Manhattan's 166,000 inhabitants increased in twenty years to 371,000 and, during the period of largest immigration, expanded phenomenally to nearly 630,000 in 1855. By the outbreak of the Civil War there were over 805,000 residents of Manhattan and well over a million in the metropolitan area.[17]

The arrival of the immigrants introduced two very important new factors into the American city. One was the formation of ethnic conclaves, covering numbers of city blocks, wherein members of the same country clustered together, usually with neighbors who had come from other foreign lands. Some enclaves quickly became differentiated into settlements of new and old (thus of lower and higher status) immigrants, as well as into groups of more and less wealth. Later, one could find districts populated by richer Germans, or Irish, or Jews, separated by some blocks from districts where lived their poorer compatriots. The cities thus became conglomerations of culturally and financially distinct communities, including those populated by natives of varying wealth and status. The natives, whether rich or poor, tended to move away from the ethnic communities. We have even the ironic flight of Negroes before the Italians in New York City during the fifties, when the Italians took over the area south of Washington Square.[18] The antiphonal chorus of invasion and flight to better (and safer) regions became a familiar sound over the large eastern, and even midwestern, cities. A suburban movement was correspondingly swelled, abetted by the establishment of efficient local transportation. This movement uptown and toward the outskirts of town is the second factor introduced by the arrival of the immigrants. Historians and sociologists have described in detail the rise and change of ethnic communities in our cities; they have done a much less thorough job of calling attention to the spatial segregation of the less "dangerous classes" and to the related significance of suburbanization. Both trends continue unabated in our largest cities in the northeastern and north central regions, although the place of the European immigrants is now taken by the Puerto Ricans and by the Negroes from the South.

We shall shift attention to the West once again, to the period shortly after the Civil War when Chicago had already surpassed both Cincinnati and St. Louis in population and importance, and was repeating the spatial and social patterns of eastern cities. At this time, Des Moines was already the center of a flourishing grain area; Kansas City had outstripped St. Joseph; and even Denver could boast a sizeable population. These wheat and meat and mining cities were new on the American scene; the French observer Paul de Rousiers grasped and described them during the nineties as something very American, very different.[19] It was not that no earlier cities had diverse functions; it was not that after the war some of these functions were somewhat new; it was that there developed an increasingly—and de Rousiers celebrated this fact—urbanized economy dependent upon a growing number of different kinds of cities. It is important to comprehend that America is a continent, not merely a tightly bounded country. Today, a century later, a very full range of city types still exists, by whatever classification one cares to use: mining, transportation, manufacturing, industrial, diversified, retail, wholesale, resort, educational, governmental, dormitory centers. It was during the post-Civil War period that these first begin to diversify in great numbers.

This diversification signifies a highly minute division of labor —with rubber towns, glass-making towns, machine tool towns, automobile towns (with, indeed, the automobile industry scattered all over the Detroit landscape and dominating nearby cities of considerable size). This has meant, for one thing, that certain cities have turned out to be quite different—quite aside from size—from the dreams of their founders or early residents; for another, cities with considerable history and tradition have been rejuvenated and have shot into visibility or greatness. The story of Detroit is paralleled on smaller scale by the stories of Flint and Akron; in the South, it is matched, for other kinds of industries, by Dallas and Miami. What this has meant for the social structure of these cities can be suggested by the history of Dallas. Early Dallas possessed a flourishing commerce based upon cotton financing and distributing; only recently has it become an important oil distributing center. City after city has been subject to marked disjuncture during its career. The building of the New South, marked by the setting down of industries in established or sleepy towns, and the expansion of the North, characterized by the overrunning of town after town by expanding metropolitan industry and populations, are trends which continue a complex pattern of American urbanization already well established during the late nineteenth century.

On the other hand, some disjunctures of city career have been less drastic, less critical. They have amounted simply to shifts in industrial and social direction; but these shifts, translated into the language of population and politics, signify the creation of complex social stratifications and social circles within our cities—even in cities of no great size.

The farmer had different experiences during the post-Civil War period, and these experiences were important for what was happening in the cities. The position of agriculture and the farmer declined. This is seen in a summary by Fred Shannon:

> By 1850, the rising industrial structure was beginning to challenge the supremacy of agriculture, and, before 1900, the farmer had taken a secondary position in the nation's economy. The number of farms and farmers, the volume and total value of products, and the amount and value of agricultural exports had increased; but the ratio of farm population, production, trade, income, and wealth, to the total for all lines of economic activity had steadily declined.[20]

The result was twofold. The decline of agriculture was translated into an enormous emigration from rural areas. There exist only inadequate data on this migration to the cities, but the general direction and force of flow is perfectly clear.[21] The cities filled up, but still the movement continued. At the same time that some farmers, and their sons and daughters, were abandoning farm life for towns and cities, others were expressing discontent by word and deed. Some of these expressive acts were directed against city people and the urban environment. There occured what the historians refer to as "the agrarian uprising." Features of this period were farmers' outcries against the railroads, the beginnings of farmers' alliances, the farmer's role in political movements of the 1870's, and the passionate Populist movement that swept certain agricultural areas during the nineties. Something of the spirit of the age is conveyed by the famous sentences of one of its chief spokesmen, William Jennings Bryan, in his "Cross of Gold" speech. "The great cities," he asserted with passion, "rest upon our broad and fertile prairies. Burn down your cities and leave our farms, and your cities will spring up again as if by magic; but destroy our farms, and the grass will grow in the streets of every city in the country." But the true tenor of the agrarian cry was defensive. Bryan said in another speech: "We do not come as aggressors. . . . We are fighting in defense of our homes, our families and our posterity."[22] The city, in short, was henceforth to dominate the countryside (however much even city dwellers themselves were sometimes to deny that fact) in wealth, health, politics, prestige, taste, and fashion.

In truth, the domination had long since begun. Whereas our earliest cities had been embedded in farmland, their citizens "partly within the rural orbit"[23] and frequently sympathetic with rural styles of living, by 1860 farming had become a commercial, non-subsistence occupation, and hence had begun to take on the urbanized character it possesses today. Successful farming on the prairie and Great Plains waited upon the invention and wide distribution of farm machinery. Scientific methods of farming advocated by state and federal agencies and by agricultural societies were secondary in importance to machinery, but unquestionably were vital in bringing the farmer within the urban orbit.[24] Also significant was, of course, the rise, throughout the last century, of our national mass media. But it is important to realize that commercial modes of thought early pervaded the actions of the American farmer, producer of non-subsistence products for distant markets, and frequently a speculator in real estate as well. Remember, too, that the railroad and river towns, however small in size, that served him were as likely as not to be purveying urban fashions and urban ideas rather than perpetuating agricultural orientations. The image of the farmer living with his family some miles from town in presumed geographic isolation requires correction. As the century progressed, the towns about the farmer's landscape clustered ever more thickly and their influence impinged upon him the more.

One more detail is needed to bring this narrative to a close. Since recent urban history is well and popularly known, we shall not dwell upon the twentieth century. Much recent history is an extension of matters already touched upon. To round out our picture of the last century, we ought, however, to take brief cognizance of an urban unrest that paralleled the agrarian uprising. This was the Gilded Age, the era of industrial giants: of Carnegie, Harriman, Villard, Frick, Armour, Swift, Drew, Gould, Cooke, Hill, Huntington, and Stanford. One historian summarizes the period:

> In business and politics the captains of industry did their work boldly, blandly, and cynically. Exploiting works and milking farmers, bribing Congressmen, buying legislatures, spying upon competitors, hiring armed guards, dynamiting property, using threats and intrigue and force, they made a mockery of the ideals of the simple gentry who imagined that the nation's development could take place with dignity and restraint under the regime of laissez-faire. . . . Perhaps their primary defense was that they were building a great industrial empire; it was wasteful building, but their America thought it could waste. . . . The ideas of the age were tailored to fit the rich barons.[25]

The tailoring was far from perfect. Other voices besides the farmers' were raised in frank or oblique criticism. If this was a period of great industrial expansion, it was also a period of great political and social protest eventuating in powerful movements for reform. The obviously increasing distance that stretched between the very poor and the very wealthy struck some critics as requiring new means for controlling the rich and for organizing laborers to counterbalance them. But other reformers perceived mainly that something had to be done about the poverty-striken humanity that filled the city slums. The motives that lay behind this humanitarian impulse were many. One was a frank recognition that the poor were in the cities because industrialization had brought them there. The abominable urban conditions reported by city commissions and by newspapers just before the

Civil War were multiplied quite considerably in many cities, certainly in the larger ones, so that something, anything, had to be done.[26] The many reformers inevitably disagreed about methods of cure.

In this chapter, something of the sweep, trend, and product of American urbanization has been recounted, highlighted in certain details and understressed in others, so as to direct attention to features that in later pages will take on additional significance and salience. If one keeps in mind that Dutch cities grew great on a regime of careful planning and tight civic control, that many German cities rose into prominence as city states, that English industrial towns drew mainly from nearby farm populations and often continued with types of manufactures native to the preindustrial city and its surrounding area, that North-African cities today contain rural populations in virtually effective segregation from their urban neighbors, that modern Egyptian cities are judged to have the same standard of living and distribution of population as do Egyptian rural areas, then one will be prepared to see how the unique course of American urbanization has profoundly affected and continues to affect the ways we see and think about our cities.

7

Some Varieties of American Urban Symbolism

BEFORE we examine how particular populations have expressed themselves about American urbanization, it will be useful to scrutinize some persistent antitheses in American life. Those controversies—which amount to basic ambiguities of American values—involve the conflicts of sectionalism versus national centralization, of ruralism versus urbanism, of cosmopolitanism versus specialization, and of traditionalism versus modernism. Instead of discussing those antitheses and ambiguities abstractly, we shall relate them to the whole subject of American city symbolism in order to lay another bit of groundwork for the remaining chapters of this volume. By seeing first some of the larger issues of American valuation as they pertain to our cities, we shall better be able to understand the predominant urban symbolism of particular regions and populations.

A host of American cities, despite all differences in size, location, or composition, continually try to validate the claims that they are typical, authentic American communities. They balance what they are and what they feel they stand for against a tacitly accepted formula of American values and national purposes. But the facts and symbols of urban life become interchangeable in the course of argument, become confused in meeting the difficulties of expressing a city's hopes and achievements in a straightforward definitive fashion. They become confused, too, because of certain ambiguities in what may be assumed to be *the* American way of life.

This ambiguity of American urbanity and American values is significantly reflected in a lively contention over which city best deserves the title of "most American." The admirers of Chicago, New York, Kansas City, and Detroit, at least, claim honors for the city of their choice. Such claims are not new. As far back at least as 1851, a Baltimorian reassured a local audience that Baltimore "may be said to be an epitome of the nation itself";[1] and upon occasion critics of certain American values may point to one of these cities as a repulsive exemplar of those values. But a uniform, homogeneous American culture spread evenly throughout the nation would allow no city to claim more Americanness than was possessed by other cities; nor could any then base its claim upon a different set of values.

As long ago as 1891, de Rousiers described Chicago as the most American city, remarking that, "It is here, indeed, that the American 'go ahead,' the idea of always going forward . . . attains its maximum intensity."[2] Some fifty-five years later, John Gunther writes that Chicago's "impact is overwhelmingly that of the United States, and it gives above all the sense that America and the Middle West are beating upon it from all sides."[3] In other words, he is stressing less its "striving" than its central position. A thousand miles away, the admirers of New York City stress rather different values. They assert that New York represents the nation at its most civilized and most creative; that it dominates the nation in every way; and that more different kinds of Americans, drawn from more regions, live in New York than in any other metropolis.[4] The proponents of Kansas City dwell upon still different aspects of American culture; George S. Perry who described that city for the *Saturday Evening Post's* readers, saw it this way:

> Kansas City is a kind of interior American crossroads and melting pot where the Southerner, the Northerner, the Easterner and the Westerner meet and become plain John American, with America unfolding . . . "in oceans of glory" in every direction. It got its start on the riches of Boston banks and Western lands and Northern furs. It is not only America's approximate geographical heart, but the center of gravity for her taste and emotion. The soap opera, movie or national magazine that doesn't "take" in Kansas City won't live long in the nation.[5]

Those who would give Detroit the honor of "most American," ignore the virtues of being of pioneer and dead-center America, and claim that Detroit best represents the spirit of modern twentieth-century America, exemplified in the city's superb system of mass production, in its drive, energy, purpose, and fusion of men and machines.[6] Pittsburgh's admirers claim similar industrial virtues for their city.[7] Indeed, a city need not even be among the largest to claim for itself, or to be proclaimed, the most typical of America. For instance:

> It is a truism to say that Tulsa is the most American of American cities. All the forces that have gone into the making of a Republic have been intensified there. The successive stages through which the country as a whole has passed during three hundred years—Indian occupation, ranching, pioneering, industrial development . . . have been telescoped within the single lifetime of some of the older Tulsans. The result has been the quintessence of Americanism—its violence and strength, its buoyant optimism, its uncalculating generosity, its bumptious independence.[8]

The argument that one city best typifies America is couched in a standardized "logical" form: from a number of desirable attributes, certain ones are selected for emphasis while the remainder are ignored; and it is assumed or asserted that these selected attributes are possessed more abundantly by the admired city. In this way, many facets of American life are overlooked or given secondary status. The argument does not turn upon fact but upon value. Thus, if one values sheer quantity, then New York has most of everything; if one extolls the Midwest as the geographic heart of America and as the possesser of the most widespread and average national values, then he will deny priority to New York. In making such evaluations of their cities, Americans assess the nation's cultural assets and identify themselves with its history and destiny. When they represent a city as most American, they are conceiving it not only as unique and matchless but as the symbolic representative of esteemed national values.

Such great distinction can be claimed for few American cities; hence the citizens of the remaining urban centers must be content with a lesser assertion: namely, that their particular city represents at least one—and probably more—important aspects of American life. Thus, Iowa cities are conceived of as good places to live in because they appear to be friendly, peaceful, prosperous agricultural towns; and Fort Worth, Texas, surrounded by cattlemen's country, epitomizes the culture of that region. Such cities are parts of many Americas. The country is vast, its aspects staggeringly varied. Cities need not compete to share the nation's glory, they have only to point to those of their features wherein they typify some aspect, or aspects, of the entire American way of life.

Yet these aspects are not entirely congruent, in fact or in value. One of the most persistent clashes of value on the American scene has long been embodied in the sentimental preference of a rural existence to a thoroughly urban one. When Jefferson spoke of the danger of an American metropolitanism fated perhaps to destroy the sturdy virtues of a predominantly agricultural society, he was but expressing a dicotomy in American thought that persists to this day. Despite the continuous trend toward urbanization, our rural heritage remains potent, entering into American thought and action in increasingly subtle ways.

Eighteenth-century seaboard agriculture was not what farming became on the prairie a century later, nor what it is today in an era of large-scale mechanization. The men who worked the American soil and the life-styles that they evolved have varied greatly in place and time. Yet an American mythology grew up by which it was maintained that agricultural pursuits necessarily bred a certain kind of man. This agrarian mythology is and was a complex set of beliefs consisting of many elements, some of which developed from the several kinds of frontier conditions and others of which evolved after the Civil War in opposition to the dreadful urban conditions. The spirit of this agrarian ideology can be suggested by the following few sentences.

Rural life is slow and unhurried. Men lead natural, rich lives. People are friendly and their relationships are informal, yet orderly. The agricultural population is homogeneous in custom and culture, if not in racial stock. The round of existence is stable and the community is religious, moral, honest. Men are, thus, not motivated by purely individualistic impulses. If all farmers do not love one another, at least they understand each other and do not manipulate and exploit each other as do city dwellers. The very physical surroundings are healthy, home-like, restful, not dense with population. Not the least: the rural man is a sturdy democrat, his convictions nourished by his contact with nature itself and with the equalitarian discussion held around the crackerbarrel and in the meeting house.[9]

These conceptions are linked by affect rather than by logic. They evolved under considerably different historical circumstances, some during the development of the New England township, some when the prairie was settled, others while western farmers were castigating the railroad kings, and yet others at a time when rural migrants to cities became demoralized by conditions there. Although the country-city dichotomy has been with us for many generations, the content of the argument on either side has varied from decade to decade—as both cities and countrysides became transformed. Ideas die hard: in the formation of our rural mythology, old ideas accrued to new ones instead of disappearing entirely, despite their incongruence with fact and with each other. Probably no single rural community has ever stressed equally all elements of the entire ideological complex, for its very ambiguity allows its use as an effective resource. The town can use it as well as the village; and the small city can boast of home-like surroundings and friendly atmosphere, in an invidious contrast with the larger urban centers.

Sizeable cities can also be designated as outright embodiments of rural values—as when the citizens of Des Moines aver direct kinship with soil and farm; and in so doing, they may symbolically act in ways more farmlike than the equally business oriented farmer. The residents of most cities, perhaps, signify their association with sentimental rurality more obliquely, not always recognizing the nature of that feeling of kinship. Cities are referred to by their residents as "The City of Flowers," "The City of Trees," "The City of Homes." They draw upon the rich stock of rural imagery without directly stating their debt. Large cities as they grow to great size abandon such nicknames, which no longer seem to represent what the city has become, but may emphasize in curiously subtle ways that their styles of urban life also partake of America's revered earlier heritage. Chicago—once called "The City of Gardens"—still boasts that it is the city of the prairie, and lays claim to a characteristic friendliness and informality that mark it off from, say, New York or Boston. (As George Perry says, "Chicago is a thousand times more relaxed, less 'mannered' than New York.")[10]

Like the smaller towns, the larger cities may stress one or more of the varied rural themes, thereby cashing in on a much wider ideological complex. The very statement that one's city is a "city of gardens" (albeit gardening is a far cry from farming), arouses connotations smacking of outdoor life, suggestions of qualities bred in close contact with the soil, of urbanities living a life of relaxation rather than of frantic pursuit of excessive monetary gain. The visitor to a city sometimes remarks, also, upon certain paradoxes because, while he notices that the place is marked only by a limited number of rural characteristics, he feels that these are among its important features. What he is really puzzling over is that all rural qualities are supposed to hang together; whereas in this particular city, surprisingly enough, they do not. The perception of such paradoxes is furthered by any obvious juxtaposition of rural and urban characteristics: a city nestled among beautiful mountains but marked by a high rate of crime and by horrendous slums, or a large urban center characterized by a noticeably leisured pace of life.[11] Thus about Portland, Oregon, Richard Neuberger remarks: "Torn between her peaceful past and a brawling future as the Pittsburgh of the West, Portland just can't make up her mind. . . . As a result of this strange ambivalence, Portland is a combination of the rustic and the metropolitan."[11] Similarly, Elsie Morrow writes of Springfield, Illinois, that, "At best, Springfield is a very typical American city, with a special flavor and pleasantness. At worst it is a town which has grown old without ever having grown up. It is something between a backward country settlement and a cosmopolis."[12]

The obverse of such pleasantly toned rural mythology, of course, is an affectively linked set of vices: cities are locales of demoralization, discomfort, standardization, artificiality, vulgar materialism, dishonesty, and so on through a richly invidious lexicon. But the rural-urban dichotomy allows black to be called white, and white, black. City dwellers have long characterized their cities as places of progress, opportunity, and excitement, the very image of civilization in contrast to countryside, small town, small city, in contrast, even, to those larger cities which appear provincial. Small cities and even villages have, in turn, affirmed that they participate in an urbane and urban civilization. Anyone who peruses popular urban histories will notice how very sensitive are their authors about the artistic, musical, and literary "culture" of their towns; they carefully list all "cultural" accomplishments and proclaim the progressiveness of their towns by example and assertion. A town which is not civilized, not progressive, not exciting would seem to have a narrow range of options; its citizens must balance its slight amount of urbanity with presumed rural virtues, or must assert disinterest in (un-American) urban characteristics; or, more subtly, must ignore their place in the backwash of American urbanization and remain content to be where they are.

Whatever else may be true of American cities, they are certainly a most varied lot, being neither all cosmopolitan nor all homespun. Nonetheless, particular cities become symbolized as embodiments of different facets of a cheerfully ambiguous rural-urban dichotomy. Thus, emerging styles of urban life receive relatively easy explanation or rationalization. It is as if people were to say: "We are a city like this because we grew upon the prairie, or because we are surrounded by farms, or because our main businesses were founded by farm boys, or because we have no great influx of alien peoples." Likewise, each different population within a single city can rationalize its differential mode of living by appealing to one mythology or another—or to elements of both. Moreover, a city seemingly fated by geographical position and history to be of a certain kind can be envisioned as another kind, and can be directed toward that image by strong interest groups which draw upon different sets of sustaining beliefs. Any city which unquestionably is undergoing change from a commercial to a manufacturing center, or from an agricultural town to a distributing mart, can likewise find ready interpretations to account for otherwise baffling changes in its social characteristics. All such explanations, whether vigorously contested or merely assumed, are answers to that important query: what is the meaning of this city, what kind of a place is it?

The rural-versus-urban conflict that marks American life is crosscut by another ambiguity which turns on a contrast between tradition and modernity. City adherants sometimes stress a lengthy history or a blessedly short one. Votaries of a city with a long history will tend to link its origins with those of the nation itself. Being old—the ideology runs—a long established city is less likely to be crude, vulgar, rough and ready; hence it will be more civilized, more civic-minded, more settled; its citizens will be more stable, have deeper personal and familial roots in the community; its population will be mostly native to it and its immigrants well assimilated; hence, fewer men will have been attracted there merely for opportunistic reasons. The older cities will have more cultivation of leisure, greater delicacy of human relations, and will pay more attention to matters which make for "taste" and "civilization."[13]

But the citizens of other American cities extoll the contrary virtues of youth and scant tradition. They regard their cities as relatively untrammeled by custom and convention. Just because their cities have not had time to settle down, they are supposed not to have developed rigid stances toward handling problems; they are therefore progressive and profoundly democratic, since men have fought their way to success there by their own honest efforts, benefiting neither from hereditary position nor from an elite upbringing. In these younger cities, it is believed that the lines between social classes have not yet grown into impermeable barriers; indeed, they may be denied to exist at all. A young city is conceived of as a place of freedom in still another sense. Its citizens have immigrated there of their own free will because they imagined it to be a place of considerable opportunity. Because the young community permits experimentation and the pursuit of opportunity, it is seen as an exciting place, at least more interesting than the stodgier older cities. Although the latter, by reason of their earlier origins, may perhaps rightfully claim superiority in the arts of civilization—so the argument runs—the more recently founded communities will soon overtake or surpass them; indeed the cosmopolitanism of the older cities may only, in some instances, be a form of decadance.

Ardent speakers for both younger and older cities stress only certain elements in the total available vocabularies; they glory now in a town's experimental attitude, now in its famous traditional styles of cooking; they even combine the attributes of age and youth. Such symbolization occurs without strict regard for fact, since cities, as we have seen, may be represented as rather old when they are actually quite young, and cities of similar age may be conceived of in very different temporal terms.

Tradition and history are often given a peculiar reverse twist, so that certain eastern coastal cities are considered not to have important American qualities, while certain western centers are assigned crucial roles in the making of the nation. It is asserted or implied that there are histories and histories; but the basic history of the country concerns the clearing of the forests and settling of the frontier. The pioneer romance thus crowds out the colonial. Any city whose citizens did not participate in the pushing back of the frontier cannot, therefore, possibly possess the mystical qualities stemming from that glorious enterprise.

But the frontier is a series of conceptions, not merely a set of facts. These conceptions are linked with various rural and urban virtues, with different periods of our history, and with particular American regions as well. In those sections of the country where the frontier as a geographic reality has but recently disappeared, the frontier as a concept refers more to the mining camp and the railroad center than to pioneer agricultural settlements. The frontier was a rough and tough place, where men were men and the hardiest won out. Some of the same associations remain coupled in midwestern remembrances because of the region's boom-town tradition and because of the predominant romance of life on the open prairie. The Midwest is more than the geographic heart of the continent; many believe it to be at the core of what *is* America. Back east, the concept of the frontier has been sufficiently misted over by time so that it is referred to more obliquely ("the founders," "the settlers"), but these terms also carry a considerable charge of regional passion.

The frontier, as an idea, has also broken loose from any regional anchoring; it can be applied to endeavors in industrial, artistic, intellectual, and other non-geographic fields. Consequently, cities building upon the cumulative connotations of the frontier image can be thought of as commercial and industrial pioneers. A great metropolis like New York can strike its admirers as *the* "moving frontier" of the entire American economy and of the nation's civilization. The frontier concept allows some cites to be called currently progressive and others to be linked with the nation's slightly older history; while it may be used with relation to some cities so that it cuts both ways. An example is John Bowman's address to his fellow citizens of the Pittsburgh Chamber of Commerce, in which he reminded them of the city's great pioneer tradition:

> But these qualities in men and women, you say, flared up generally among the pioneers of the time. . . . These qualities, however, did not flare up and stay flared up in any other community for so long a period nor did they reach so intense a glow as they did in Pittsburgh.

He goes on to claim that, "The significant fact now is that Pittsburgh through nearly a hundred years developed a new way of thinking, a new way of acting. These new ways became first nature in the people." And then, by simple transmutation, he views these ways as creative acts, and Pittsburgh's creativeness "was the application of creative ability to industry." This was its great contribution to Pittsburgh. And of course, "the old creativeness, developed here through a long period, is still in Pittsburgh."[14]

But when a city settles down, this turn of events is likely to be greeted by criticism—criticism mixed, however, with expressions of nostalgia and joy over the community's improvements. The citizens may perceive that certain civic characteristics derive from the original pioneer spirit which founded and built the town, however astonished the original settlers might be if they could witness the town's transformation.[15]

When residents identify a city with different rural or urban conceptions and with different kinds of romantic histories, they may also identify it with reference to another persistent American dichotomy: regionalism versus national integration. Since our cities are so widely scattered on such different landscapes, it is difficult not to associate a city with its region. Its domestic architecture, the clothing, speech, and action of some of its residents all proclaim it—and the people themselves sometimes proclaim it with belligerence. As is usual with cultural antinomies, men find ample room for ambiguity and for subtle argument. Two cities of the same region may vie for regional supremacy on symbolic as well as economic grounds. Each will claim to represent the region better; each will stress somewhat different areal attributes. Since no region is entirely homogeneous—if only because of its competing urban centers—there is plenty of room for dispute. In a rapidly changing region, such as the "New South," there may be even less agreement unless the resources of ambiguity are utilized in a way such that one city claims to represent the Old South, while the other is quite content to represent the New South (although a city like Charleston can claim to represent both).[16] A region is usually not exactly coterminous with a state; therefore, a city such as Biloxi, Mississippi, can affirm kinship with New Orleans and with bayou culture rather than with the rest of Mississippi.

Some cities, by virtue of the populations which founded them or immigrated to them later, are considered to be less typical of their regions than are their neighbors; these may compensate by claiming other important American values. Conversely, however, a city may receive great waves of foreign immigrants without serious impairment to its position as a regional standard bearer. A few cities are so new that they and their residents share little in common with the rest of the region, in history or in taste, and so are constrained to build some sort of urban history, however flimsy, or to engage in other ceremonial gestures to reaffirm their association with their region. An interesting case is Kingsport, Tennessee, a small city planned and founded by eastern bankers who were attracted to the site by abundant, cheap white labor. Kingsport's historian, writing when the city was only eleven years old, nevertheless argues that had the village but known it, it "was sleeping only that it might awake into a beautiful prosperous city" for "the moral and mental fibre of the sturdy, resourceful people of the Kingsport community required two centuries in the making." While it "is true that the new city was incorporated and began its municipal life only eleven years ago . . . back of all this, unknown to many of the citizens themselves perhaps, is a setting which would be a pride to any of the oldest cities in the country."[17]

A few urban centers gladly spurn extensive regional affiliation. Their residents prefer to think of them as supra-national, even as "world cities," underline the city's role in the national economy, and flaunt its traits of national leadership, sophistication, cosmopolitanism, size, and other symbols of national and international placement. Some sense of the overwhelming impact of a world city is suggested by the breathless and inadequate ways its admirers attempt to sum it up. Thus, John Gunther, who first compares Chicago (the typical American city) with New York (the world city), writes that Chicago is "the greatest and most typically American of all cities. New York is bigger and more spectacular and can outmatch it in other superlatives, but it is a 'world' city, more European in some respects than American." Some pages later he writes that

> now we come to New York City, the incomparable, the brilliant star city of cities, the forty-ninth state, a law unto itself, the Cyclopean paradox, the inferno with no out-of-bounds, the supreme expression of both the miseries and the splendors of contemporary civilization. . . . New York is at once the climactic synthesis of America, and yet the negation of America in that it has so many characteristics called unAmerican.[18]

Paul Crowell and A. H. Raskin merely say: "New York is not a city. It is a thousand cities, each with its own ninety-nine square miles."[19]

Many citizens of "world cities" make denigrating gestures toward more regionally inclined centers. They refer to those centers as less important, small-townish, hick towns, cow towns, and use other similar epithets. Consequently, these latter places may regard the more worldly centers with a suspicion that gains strength from the historic antagonism between countryside and city as well as from a regional passion against national centralization. However, no single city claims to be a national, or world, city in exactly the same way as any other does; and always regional traits are coupled with non-regional ones (even by residents of New York City).

Sectionalism is closely allied with economic specialization inasmuch as the various continental areas function differently in our national economy. Cities tend to become known for the industries, commercial enterprises, and services that are typical of the surrounding area. National cities, of course, have more varied functions; hence when New York City residents insist that it has "everything," this means more than that it performs all the important economic functions. The full significance of the claim is that all (the best—and possibly the worst) styles of life can be found in New York. But the Florida resort city, the Illinois farm city, or the New England manufacturing town can all be conceived of by their residents as simultaneously truly regional and truly American because what they manufacture or trade or service is necessary to the nation.

Some products or services which are limited to certain cities are of sufficient national importance that those cities come to represent some particular facet of America: Pittsburgh and Detroit come readily to mind. Although not all specializations are equally praiseworthy, or even savory, nevertheless observers of such cities as Reno and Calumet City can find ample justification for believing that sex, sin, and gambling are as much a part of American life as are automobiles or opera; and Pittsburgh residents could, until recently, declare that smoke-filled air and labor troubles were the inevitable accompaniment of heavy industrialization. As George S. Perry has phrased it:

> Certainly Reno is an actual and highly special aspect of American life, as much as Monte Carlo is a part of European life. . . . Many Nevadans . . . referring both to the tourist business brought

in and the large amount of tax load that gambling pays . . . remark simply: "You don't shoot Santa Claus." . . . For in the American mind, Reno remains to gambling and divorces what Pittsburgh means to steel and Hollywood to movies.[20]

Cities whose range of economic function is exceedingly narrow seem frequently to lack variety of social style and suffer from deficiencies in "culture" and other civic virtues esteemed in most towns. Hence residents from other cities may make them the butts of jibes and the objects of social criticism. In the main, the outsider misses the mark for, like physicians whose identities have grown up around the practice of specific medical skills or about the "ownership" of specific bodily areas, the specialized city tends to glorify its command over special skills and resources. Two spokesmen for a pair of our most specialized cities link special skills with the spirit of America. The first is Malcolm Bingay, writing in *Detroit Is My Home Town*:

> This fluidity of life, this refusal to "jell" or ever to grow old helps to explain why everything that is right or wrong which happens to our nation seems to break here first. It is that very spirit which first conceived the idea of throwing away millions upon millions of dollars of machinery as obsolete to make way for better machinery and greater speed to meet competition. This horror of obsolesence is the "Americanism" which permitted us to triumph in two great wars. . . . Other countries remained static in the sense that while they understood our standardization of parts—to a degree—they never did catch the imponderable elements of mass production in which there is nothing permanent but change.[21]

The second spokesman is Carl Crow, who, in *The City of Flint*, writes:

> The history of the interesting and dynamic city of Flint has been worth recording because it is more than the chronical of an individual city. It epitomizes the history of America . . . America is a story of the industrial development which has brought us such a high standard of living.[22]

Citizens who are intensely interested in the furtherance of the arts congregate in groups and associations that many other citizens believe are less central to the life of the community than other more vigorous business, social, and cultural institutions representing the interests of the town's more typical citizens. Sometimes cultural barrenness is excused in terms of the city's symbolic age. Given sufficient time, some say, the city will grow up, develop a rich cultural life, and take its place among the civilized cities of its size—and, one might add, among some cities a tithe of its size. The residents of Chicago sometimes use this strategy to console themselves or to ward off attack, and it is probably commonly used in other cities. Here is an instance from Birmingham, Alabama:

> Birmingham somehow, for all her pride in the great labors which converted a cornfield into a great metropolis in little more than the span of one man's life, Birmingham is haunted by a sense of promise unfulfilled. Her more philosophic citizens are obsessed with this thought. They brood and ponder over it, and, searching their souls and the city's history, constantly seek the reason why. They come up with many answers. One is the obvious one of her youth. . . . Another answer is . . . Birmingham is a working town. . . . Painting pictures and composing music and writing books—even the widespread appreciation of those things—all rather come with time.[23]

When a specialized city becomes economically diversified, and creates or draws to it new populations with new tastes, the imagery associated with it changes radically. It remains no longer merely a steel city, a rubber town, or an agricultural community, but is represented widely as a more cosmopolitan center.

Although every city within the United States is American in a factual sense, some cities are in some other sense denied that status from time to time. Many visitors to the Southwest would agree with John Gunther that there one may feel almost as if he is leaving the United States. ("The first thing I thought was, 'Can this possibly be North America?'")[24] But that reaction is not aroused solely by regional geography or by ethnic culture, for cities may be symbolically driven off the American landscape when they offend deeply felt standards of propriety. One critic of Pittsburgh some years ago bitterly characterized it as "A city inherited from the Middle Ages," and only partly admitted that it was one of us.[25] Reno is frequently a target for obloquy: a *Reader's Digest* article titled "Reno. Parasite on Human Weakness" is representative; its author, true to his title, could not admit that Reno is genuinely American.[26] Even Los Angeles, although it shares national characteristics conspicuously enough, seems to strike many people as odd or crazy; and, "according to its most severe critics, it is New York in purple shorts with its brains knocked out." The phrase is George S. Perry's; in less fanciful prose he sums up very well the partial denial of status to that large city when he adds that its "civilization has been declared to caricature, in one way or another, that of the entire nation."[27]

The residents of certain other cities sometimes display sensitivity to the ways in which their cities deviate from what they or outside critics conceive to be the normal national or regional urban patterns. Cincinnati has never quite recovered from Mrs. Trollope's visit nor from its reputation as a tradition-bound town located within a progressive, dynamic region.[28] When a city begins its history with a great promise but then suffers relative oblivion, it departs sufficiently from the usual regional expectations to require a set of supporting rationalizations. Thus a loyal resident of Marietta, Ohio, in 1903 mournfully took stock of a century that had passed without much progress for his town. He remarked that

> a city may open the way for progress, and still not progress itself. . . . Evidently other cities . . . have excelled her [Marietta] in so many ways. . . . But at the beginning of the new century she stands young, strong, and vigorous, no longer old, except in name, with an ambition of youth and wealth of resource. . . . While it has thus taken a century of experience during which time she seems to move forward so slowly, it is well to consider that these years were spent in laying a firm and substantial foundation whereon to build the New Marietta.[29]

In another passage, we can watch a citizen of Vincennes, Indiana, trying to puzzle out why prophesies about cities sometimes fail to materialize. Commenting on Vincennes' bustling future after "a sort of Rip Van Winkle sleep," he wrote:

> This bright prospect although long delayed might have been expected from the opinions of the place and its natural advantages expressed by the missionary fathers who first visited it. . . . These men were far seeing and almost with prophetic vision foretold the future of various places they visited. . . . In no instance have their prophetic utterances failed of fruition unless it shall be in the solitary instance of Vincennes.

In urging his contemporaries on to greater civic harmony and energy, he added, "They made the same prophetic utterances with reference to Pittsburgh, Cincinnati, Louisville, Detroit, Chicago,

St. Paul, St. Louis, San Francisco and many other cities. . . . And why should not their opinions with regard to Vincennes not be realized?"

The residents of most cities can escape feelings of non-typicality simply by stressing other sets of American traits, but when cities develop in astonishingly new ways, their citizens must claim, as I have already suggested, that clearly sanctioned American qualities (rurality, urbanity, sectionality) are actually present or exist in new, somewhat disguised forms.

Most curious of all is the case of New York, a city which has been passionately and repeatedly denied essential American status while its admirers have proclaimed it the greatest city in America. It is one thing to feel that this great metropolis is not the most typical of our cities, that from it foreigners receive a skewed and partial picture of the nation; but it is another matter to believe that New York is partly or wholly not American, or even "un-American." The grounds of attack and defense bring to sharp focus the ambiguity and clash of American values.[31]

In 1894 Theodore Roosevelt published an article titled, "What 'Americanism' Means" in which he argued:

> There are two or three sides to the question of Americanism, and two or three senses in which the word "Americanism" can be used to express the antithesis of what is unwholesome and undesirable. In the first place we wish to be broadly American and national, as opposed to being local or sectional.[32]

In the second place, he reports, it is unwholesome for an American to become Europeanized, thus too cosmopolitan; and in the third place, the meaning pertains to those foreign immigrants who do not become quickly Americanized. These antitheses, which run through the arguments for and against New York City, can be found in another article titled "Is New York More Civilized Than Kansas?" which follows almost immediately after Roosevelt's in the same journal.[33] Kansas is defined as the more civilized (that is, as the more American) on a score of grounds, which include its homogeneity of ideal and tradition, its native population, its home life, its lack of class distinction, its religious and moral tone, and its optimal conditions for rearing children. New York is declared not to possess most of these qualities. The author even argues that Kansas is less isolated, in the civilizational as well as the geographic sense, because its greater number of railroads keep it in more intimate contact with all sections of the nation.

Through the years, New York has been accused of being too European, too suspiciously cosmopolitan, too aggressive and materialistic, too hurried and hectic, a city where family life and home life do not flourish but where—it is asserted or suspected—iniquity does. New York seems to sum up all the negative balances in the rural animus against cities, in the sectional argument against centralization and cosmopolitanism, and in the frontier bias against cities which do not share the mystic pioneer experience. No other American city is the target of such great or complete antagonism.

New York's admirers, whether they are native to the city or not, counter these arguments in two ways. They can maintain that the city is not actually deficient in these various regards. For instance, the *New York Times Magazine* makes its business the occasional publication of articles about the city which tacitly or explicitly set out to prove that New York really is a friendly place having unsuspected village-like qualities, a quiet home-life, plus bits of rurality and even farming tucked away here and there. They also try to show that the large numbers of immigrants and their children, are at least as American as citizens with longer native genealogies. When New Yorkers write about themselves or about their city, their affirmation of urban identity often takes that form. (Al Smith once wrote an article titled "I Have Seven Million Neighbors.")[34]

Side by side with the outright accusation that New York fails to participate in our wholesome, rural, or village heritage runs the assertion that New York is actually our most representative city because it is our greatest. "Greatness" can be attributed on quite different grounds, for each assertion rests upon certain features of American culture judged to be of the highest importance. New York is our last frontier, the place where persons of spirit are drawn as by a magnet. It is the "moving frontier" of American culture, the most important site of progress and innovation. It is the image of America, for here the melting pot is at its most intense and here the New America—racially or culturally—is being forged rather than in the most homogeneous native American centers. Although the same theme of the urban melting pot as the epitome of American civilization is applied to other ethnically diverse cities,[35] New York is a place where all narrow local sectionalism has disappeared: because it is a great world city, as is twentieth-century America—is not this the American century! Even those who hate New York may have to admit New York's typicality on the grounds that if this is the America of today, then New York certainly best represents it. Here, for instance, is Earl Sparling's anguished summation, complete with reference to the pioneer past:

> I find it an appalling place, rich for making money, poor for living. . . . But all of that is one thing. It is a different thing to shrug the whole spectacle away as something completely alien and not American. America cannot be absolved that easily. Not only is New York American, but it is the mirror in which America, after half a century of confusion, suddenly sees herself for what she is. . . . New York is the soul of America. And Americans . . . see it . . . and wonder how all this happened in a free, pioneer land.[36]

Is it any wonder that there is so much ambiguity in the symbolization of this metropolis, this New York which "is at once the climactic synthesis of America, and yet the negation of America in that it has so many characteristics called un-American?"[37] The attitude—and the bewilderment—of many Americans can be summed up in the reactions of a girl from the Midwest who, visiting New York for the first time, exclaimed that it was "just a wonderfully exciting place but so unreal; it doesn't even have trees." It is summed up also in a magnificently paradoxical set of sentences written by the editors of *Fortune* magazine, as they struggled to relate New York City to the national culture:

> New York may be taken as a symbol, or it may be taken as a fact. As a symbol it is a symbol of America; its noisy, exuberant, incalculable towers rise out of the water like a man's aspirations to freedom. As a symbol it is the Gateway, the promise, the materialization of the New World. . . . But taken as a fact, New York is less Dantesque. To most Americans the fact is that "New York is not America." It is un-American in lots of ways. The concentration of power that exists among those spires is itself un-American; so are the tumultuous, vowel-twisting inhabitants who throng the sidewalks.[38]

The confusion continues. Two pages later, when the editors eloquently discuss the city's role as a great melting pot, they wrote, "In that sense New York *is* America," only to blunt the force of that assertion with "more than symbolically."

The strain between ideal and reality, or ideal and presumed fact, runs like a brilliant thread through all our antithetical thinking about America and about our cities. With a fine flair for significant ambiguities, the *Saturday Evening Post* included among more than 145 cities which it surveyed after World War II an article about "a little cow town." Its author asserted that "*The Saturday Evening Post* is running a notable series of articles about American cities. All this is well enough, but . . . if we have any truly national culture, it stems from the small town and near-by farm."[39] George S. Perry, in his book, *Cities of America* could not avoid including, either, a chapter about a town of two thousand people; and, like the editors of *Fortune,* he uses those interesting terms "fact" and "symbol"—except that he applies them to a small city. "Madison, Wisconsin," he sentimentalizes,

> is both a fact and a symbol that stands for many of the finest traits in the American character. It is a place where independent people get up on their hind legs and have their say. Again, it is a seat of serious learning. Moreover, it is surrounded by that basic harmony that derives from good land that has been treated intelligently and with respect. Finally, Madison's people are almost spectacularly unapathetic. They are concerned, interested, and willing to do something about almost any public question. In many ways Madison and its environs are a minature model of the ideal America of which many of us dream.[40]

Fact and symbol, symbol and fact: it is as if the United States had developed an urbanized economy without developing a thoroughly urbanized citizen. Americans entered a great period of city building during the nineteenth century protestingly, metaphorically walking backward; and to some extent they still do, but in exceedingly subtle ways. In the various sections of the next chapter, I shall deal both with this protest against cities, and with the regional differences between American urban cultures. In the foregoing pages, we have merely scratched the surface of American urban symbolism.

8

Era and Geography in Urban Symbolism

THE URBAN cultures of America are quite varied. Some of their variety is attributable to regional placement, for the people of our geographic regions have had, and still do have, quite different experiences with urbanization. We have only to contrast the new cities of southern California with the older centers of the middle and northeast coastal region to sense the importance of regional experience. No matter how alike American cities may appear to the European—or to the American who romanticizes European urban differences—America's regional individualities are carved deeply into the psychology of our cities. Of course, the psychology of every city within a given region is not more like that of each of its neighbors than it is dissimilar to the psychology of cities lying within other regions. But regionalism is one major conceptual device by which to view the symbolism of American cities.

When one focuses upon urban regional differences, he finds himself also confronting questions of history, democracy, stratification, ruralism, cosmopolitanism, and urbanity—all the matters touched upon in the previous chapter. In the pages to follow, these questions will be less superficially dealt with. The critical reader will readily add other aspects of his favorite regions which are necessarily overlooked or underplayed.

A. *THE SOUTH: URBANE AGRARIANISM ON THE DEFENSIVE*

"CITIES ARE growing more numerous and bigger; evidently *cities are here to stay*." The italicized proposition is the "leitmotif" of a sociological survey published in 1954 about a newly and rapidly urbanizing South.[1] A northern or midwestern reader would scarcely need to have this argued. Presumably a southerner does—or at least these authors believe that he does—and with good reason, since the southern region of the United States has clung for so long to rural ways and agrarian traditions. Whereas even midwesterners could, by the end of the nineteenth century, agree that cities were the dominant force in American life, southerners, whose region has been predominantly agricultural until much more recently, have always been somewhat on the defensive before a persistently encroaching national urbanization.

For this reason, we shall discuss a period in the South's history when southerners first confronted the decline of their region before the first wave of great national urbanization. The era, then, is the late eighteen and early nineteenth centuries; the place is the South; and the opponent is the growing urbanization north of the region. At the end of the account, the story will briefly be brought up to date.

The South's defensive agrarian posture has a long history;

and it is an early phase of this history which we shall observe here, a phase which parallels the rise of eastern seaport cities during the early decades of the last century. The South's defensive agrarianism, formed in the crucible of those decades and fanned to white heat during the years before the Civil War, is still with us and constitutes an important aspect of the South's urban symbolism.

Despite the outcome of the Civil War, the agriculture of the region has always been predominantly some form of plantation farming. A post-bellum roseate mythology developed which supported the view that life at the planter's big house had been cosmopolitan and urbane, something less like "farming" than like gentlemanly leisure. If true, the South could claim a tradition of urbane agrarianism—an urbaneness perhaps more cosmopolitan than that of many a northern or western city. In fact, the mythology greatly overestimates the quality of plantation life and almost totally ignores its frontier and backwoods characteristics. Nevertheless, the South did have a tidewater plantation culture that unquestionably was urbane. Its Jeffersons and Madisons were as cosmopolitan as one could wish them, but they were not city people; usually they lived in cities only when serving the state or nation in a political capacity. The colonial Virginia town was much less a center to which the gentleman farmer repaired when in need of civilizing influences than an economic service center for nearby plantations. Jefferson's oft quoted remark that cities are sores on the body politic, stemming from his horror at Parisan mobs which he witnessed in action, accurately reflects some of the tidewater animus against metropolitan life. Far from being considered the guardians and repositories of civilization, cities were to be feared as its enemies.

Yet Jefferson himself by the end of his political career had been forced to modify his views. During 1787 he had said, "I think our governments will remain virtuous for many centuries; as long as they remain chiefly agricultural; and this will be as long as there shall be vacant lands in any part of America." But during his presidential term, at the turn of the century, Jefferson made clear that however committed he was to an agrarian economy, he would not hold unequivocally to that goal. True, he had insured by the Louisiana Purchase a vast future expanse of farmland. But though he praised the rural life in his First Inaugural Address, those Federalists who knew him well were not in the least disturbed.[2] By force of the country's emerging circumstances, by the very responsibilities of his office, Jefferson came round to a more respectful appreciation of manufactures and of the cities which housed them. "The spirit of manufacture has taken deep root among us and its foundations are laid in too great expense to be abandoned," were the lines he penned in 1809. Five years later, during the war with England, he admitted further that, "We must now place the manufacturer by the side of the agriculturist." Two other Virginia planters, Madison and Monroe, presided over the further demise of the earlier agrarian tradition.

The economic base of that tradition had by then long since begun to disappear. Let us see what thoroughgoing southern agrarianism was up against as the eighteenth century gave way to the nineteenth. In 1784, an observant foreign traveller had remarked:

> The Virginians of the lower country are very easy and negligent husbandmen. New land is taken up, the best to be had, tobacco is grown on it for three or four years and then Indian corn as long as any will come. And in the end, if the soil is thoroughly impoverished, they begin again with a new piece and go through the rotation.[3]

Southern modes of farming drove the farmer into the frontier land as soils became exhausted behind him. The plantation system (that is, highly organized agricultural effort of a certain kind) did not help one whit. And this had been going on steadily for well over a century before one of the best Virginia farmers, John Taylor, in 1814 had lamented that farmers were either migrating away from impoverished land ("they view it with horror, and flee from it"), or worse yet were selling their land and putting the capital into manufacture ("the capital thus drained from the uses of agriculture . . . has reduced it to a skeleton").[4] This fading agrarianism in the South was parelleled by a rapid increase of manufacturing in the New England and Middle Atlantic sections of the nation.[5]

Southern agrarians needed a determined and vocal ideological leader and found one in John Taylor. Taylor showered arguments against the growing leviathan of urban manufacturing; he had begun early (he was intermittently a member of the United States Senate, beginning in 1792) and never ceased. The greater grew the power of Atlantic seaboard cities, and the more defection increased in the ranks of southern agrarianism, the more strongly insistent became his voice.

Like so many other American agrarians before and after him, Taylor's faith was grounded in a firm ethic. To him, farming was a moral stance, not merely an occupation. A country with a depressed or declining agriculture would be a country marked by oppression; a country with a vigorous yeomanry would be free and flourishing. But it is Taylor's basic terms that reveal the most about this era. The Revolutionary War, he argued, had been fought against the oppression of England and on behalf of an unfettered agricultural life; but now we have exchanged one tyranny for another. England taxed us with duties; manufacturing now subsists on bounties contributed by a groaning agricultural population. Thus, one aristocratic regime is exchanged for another. Indeed, he said, this has always been the fate of agriculture: to lose its liberty, whether the aristocratic social order that dominates it be priest, soldier, feudal lord, or legal monopolists—the banker and manufacturer. The manufacturing interests of America wish to follow the example of those of England, where farmers are tenants, and landed gentry hold sway over agriculture. "The tenants or agriculturists are a species of slaves," he warns, "goaded into ingenuity, labor and economy, without possessing any political importance or the least share in government."[6] Would we, by taxing American agriculture for the benefit of manufactures, do as the English have done and break the back of our yeomanry, drive them into proverty and off the land, seduce "above nine-tenths of the agricultural class into other classes"? This would betray the principles under which the Revolution was fought. This is indeed was happening, Taylor believed.

Here this impassioned argument takes a curious twist. Who has done the betraying? Who is ultimately responsible for "impoverishing, discouraging and annihilating . . . our sound yeomanry"?[7] The farmers themselves! For:

> The agriculture of the United States found itself in the happiest situation for prosperity imaginable at the end of the revolutionary war. It had not yet become such an egregious grudgeon as to believe, that by giving ten millions of dollars every year to the tribe of undertakers to make it rich they would return it twenty. . . . European agriculture is gulled or oppressed by others; America gulls or oppresses itself.[8]

And again:

> The constitution was construed to exclude Congress from the power of fostering agriculture by patents and bounties, and to give it power of fostering banks and manufactures by patents and bounties; and a republican and agricultural people plunged into this absurdity, to advance the project of a statesman in favor of monarchy.

With bitter reproach he concludes, "Agriculture, in its floundering, like an ox whilst breaking, gave the statesman a tumble, and then tamely submitted to the yoke he had fashioned."[9]

Taylor cannot reconcile himself to the inexorable change in the character of a country once so predominantly agricultural. But he believes that this agrarian nation might yet remain an agrarian paradise. How? By the organized entrance of agriculture into politics.[10] Agricultural societies must elect to the legislatures men who will be faithful to the farmer. Agriculture has no other choice than this, and if it does this it will be reinstated to its proper status. What is its proper status? Taylor insists that he is not critical of manufacturing as such, for he would by no means dispense with manufactures. The argument, he admits,

> may suggest a suspicion, that I am an enemy to manufactures. The fact is otherwise. I believe that . . . a flourishing agriculture will beget and enrich manufacturing, as rich pastures multiply and fatten animals. He, who killed the goose to come at her golden eggs, was such a politician, as he who burdens our expiring agriculture to raise bounties for our flourishing manufactures.[11]

Although the tenor of Taylor's persuasion is to call his readers back to the past—before manufactures, before bounties, before the growth of cities and the impoverishment of the countryside, he expounds no simple, bucolic ruralism. Farming as such does not automatically produce the good life, for the farmer is, by Taylor's perception of the historical process, almost inevitably doomed to abject tenancy. Taylor had a two-pronged strategy—to improve soil conservation and to get agriculture effectively into politics. This program was designed to keep the American farmer a free and sturdy man. Contact with the soil without political participation would make him neither free nor virtuous.

Well may Taylor have spoken, for by the time he had reached his majority, the South had embraced a system of legalized slavery which superceded an agriculture based upon smaller land holdings farmed by the less-well-to-do.[12] The farmer for whom Taylor is arguing is the planter whose agriculture is the plantation system. This was the agriculture which Taylor knew; and this is the kind of farming that compels his imagery. The plantation—though based upon the slave labor of which Taylor disapproved in principle but accepted as unchangeable fact—provided an urbane existence for the planter and his family. More erudite than most Virginia planters, Taylor himself, like Jefferson and Madison, nevertheless exemplified the tidewater civilization of whose urbanity, though based on country life, no one will deny.

Taylor's essay on "The Pleasures of Agriculture" is a revealing ledger of value for what it includes and what it does not. He speaks of intellectual gratification derived from wrestling with the problems of soils, plants, climates, manures, and domestic animals. He speaks of the benevolence conferred upon the planter by virtue of his supervision of the slaves. The farmer is given quiet conscience by his contributions to the nation's material welfare. Nothing is said of solace yielded by mere contact with nature, of balance given to an otherwise harried life, of country retreats; nothing is said linking farming fervently with Christianity, with a popular democracy, or with a host of other ideas that will enter into American agrarian rhetoric during later eras and in other regions.

Taylor's is a particular cluster of rural and urban imagery

that belongs to an eighteenth-century past—commentators have even remarked that his style belongs peculiarly to that period—and the style derives its bite and poignancy from his progressively more outmoded and defensive stance. As the nation relentlessly gravitated toward industrialism and urbanism, Taylor's reputation faded. The alternatives he offered—the decline of agriculture or the essential restoration of a past era—were hardly practicable. Life is always offering us more alternatives than a man can envision. Agriculture does continue to decline relative to manufacturing, but not as he foresaw it. Scientific soil preservation does develop, but with at least a partial urban impetus and a dependence upon an industrial chemistry. The bankers and industrialists do exploit the farmer, but their railroads make possible the opening of new agricultural lands and the marketing of produce; they invent and distribute the necessary agricultural machinery. And the gentleman farmer will yet voluntarily leave the city to find in farming what Taylor termed "the most exquisite source of mental pleasure."[13]

But something of tidewater plantation rhetoric has drifted down through the years, becoming part of the South's tendency to symbolize urban centers in terms both suspicious and generous: suspicious in that cities can be destructive to civilization and to men; generous in that cities can be centers of urbanity and cosmopolitan culture. Thus, 143 years after Taylor's *Arator*, a southern professor at the University of Georgia could abandon Taylor's alternatives and still retain the passion for an urbane cosmopolitan life evinced by Taylor and his southern contemporaries.[14] Professor Parks argues, "Since we have become increasingly an urban country we necessarily come more and more under the influence of cities." There can be no return, even in the South, to agrarianism. But cities, he finds, are not necessarily "urbane" even though they are growing large, rich, and powerful. The civilizing influences in the southern region are located in the universities; but properly they should be situated in the cities (supplemented by the universities). In short: for this southerner, agrarianism is no longer a source of urbanity but cities may yet be. "Is there any obligation," he asks, "for the urban community to be urbane? I think there is." However, "it does not seem likely that we shall attain the agrarian urbanity that men like Jefferson, Madison, and John Taylor once possessed. Ideally . . . we need all three: the urban, the agrarian, and the academic."

Agrarianism versus urbanism is no longer a live issue—this is what Parks says. But the essential aim of the good life is still what it was long ago for the urbane southern agrarians. Thus the heritage of a once vigorous cosmopolitan agrarianism is still discernable in some southern attitudes and enters, no doubt, into the making of some southern urban styles of life.

This older heritage is joined in southern cities by other influential agrarian traditions, although these latter are less confined to southern regional experience than is that which stems from the older, more urbane, coastal plantation culture. And, of course, various southern cities which appeared at the fringes of an essentially agricultural region did develop something of the northern cities' feelings of dominance and superiority over the countryside. But the urban symbolism which has marked the southern city until recent decades—when new types of cities developed—derives in considerable measure from the earlier tidewater agrarianism.

B. THE EAST: COMMERCE, MANUFACTURING, AND THE SYMBOLISM OF INDIVIDUAL SUCCESS

BY CONTRAST WITH the predominant southern reaction to urbanization during the early nineteenth century, we shall see unfolding the various responses of easterners to their massive urbanization. The main actors of this latter drama eventually passed off the scene, but they left a heritage of urban symbolization to the generations that followed; and reverberations of this symbolization can still be found, combined in various subtle ways with more modern symbolizations. The early period of regional history willed to us both the image of the city as a place of evil, seduction, and vice, but also the counter-image of the city as a place of personal challenge. During this period of great economic expansion and exploding urbanization, the prevailing mood was optimistic and the symbolization of cities was colored by that mood.

An American boy born in 1789, the year of the Constitutional Convention, would have reached his maturity in time for the second war with England—a war fought by a predominantly agrarian country against a powerful commercial sea power—and if he had lived to a ripe age, he might have witnessed civil strife between an agrarian South and a newly industrialized North. Population increased from 4,000,000 in 1790 to 31,000,000 in 1860. Manufacturing, estimated at $20,000,000 in 1790, rose by 1810 to somewhere between $127,000,000 and $200,000,000, had risen by another 200 per cent by 1840, and continued to climb toward the sky thereafter. (An economist, George Tucker, reported that the censuses indicated that 56,296 persons were employed in manufacturing by 1820; but that by 1840 the number had increased by 809 per cent to 455,668 persons.)[1] A steadily mounting proportion of Americans slipped away from village and farm into the cities which shortly began also to bulge with streams of newly arrived immigrants. The territories west of the Alleghenies became a bread basket and a meat center for the country; and dotted across its ample expanse were new kinds of cities, devoted to the processing of foods. And that region which comprised the North—namely New England and the Middle Atlantic states—began a never ending drive toward industrialization, promoted at first by the cutting off of important manufactures from England during the War of 1812, and made inevitable by the clamoring needs of farmers and their families living in the West.

By 1830 this division of labor between agriculture and manufacturing—between country and city—was clearly etched upon the nation's consciousness. But before the turn of the century merchants faced eastward toward Europe, and spokesmen for them wished this trade to remain predominant over our own manufactures. Even when an agrarian like Taylor conceded that trade and a minimum of manufacturing were necessary, he thought them servants to a flourishing agriculture. Manufacturing was under attack by other agrarians who believed that "in addition to the lack of harmony between the two occupations [there was] . . . the cheapness of land and the high cost of labor [which] in America made it pay to purchase from Europe."[2] Even such an early and persistent advocate of industry as Alexander Hamilton, in his *Report on Manufactures* trod softly; for he allowed: "The cultivation of the earth, as the primary and most certain source of national supply . . . has intrinsically a strong claim to pre-eminence over every other kind of industry."[3] While Hamilton's financial measures generally found support among the merchants, his advocacy of a protective tariff in the *Report on Manufactures* failed to find favor with them. But as the needs for manufactured goods multiplied inexorably, as industrial and mechanical societies sprang up in the larger cities, the temper of argumentation for industry shifted noticeably. From John Adams (who wrote in confidence to Thomas Pickney that "manufactures must have good government" and "good government should foster public and private faith, a sacred respect to property," and "discreet and judicious encouragement of manufactures")[4] to the earlier pleas for the mutual harmony of agriculture and manufacturing,[5] and thence to later assertions about the place of manufacturing in the economy, represents a remarkably changed world. It was a world where, as two economic historians later summarized: "Industry had assumed its place beside commerce and agriculture, capturing the leaders of New England, making most of the allegiance of the West."[6]

A further change in temper during the next two decades is conveyed by the winged words of a Baltimorean, John Kennedy. Here are two quotations. The first is from a speech delivered in 1833 to the local horticultural society:

> It is not long since an Agricultural Society was established in this state. Its chief object was to promote inquiry and increase knowledge, in reference to the more extensive concerns of farming. . . . Our farmers in general are a highly intelligent race of men, skilled in their particular pursuit, and careful of their own interest, and may be said to have possessed the means of improvement and the disposition to use them, without the aid of societies. Yet it requires no closeness of observation to see how

> much agriculture has been improved by the labors of this society; what emulation has sprung up to enlighten those who are ignorant . . . what valuable additions have been made to the implements of husbandry; what incalculable benefits have been conferred upon the country by the importation of new stocks of cattle; and above all . . . what signal advantages we all have enjoyed in the increased abundance and excellence which has been given to the products of the dairy.

The farmer is a worthy man—Kennedy is saying—but: "It is a pleasant thing to compare the present day with the day that is gone."[7] Yet observe how he is enchanted, nay stunned, by the revolution to be wrought by further industrialization; he exclaims, as men do in one terminology or another down to our own day:

> The world is now entering upon the Mechanical Epoch. There is nothing in the future more sure than the great triumphs which that epoch is to achieve. . . . Cast a thought over the whole field of scientific mechanical improvement and its application to human wants, in the last twenty years—to go no farther back—and think what a world it has made. . . . It is all a great, astounding marvel—a miracle which it oppresses the mind to think of—a theme of infinite and unexaggerable compass. . . . And yet we have only begun—we are but on the threshold of this epoch.[8]

A century afterward, a set of historians, Curti, Shryock, Cochran, and Harrington would write, "By 1850 it was apparent that the United States was shifting from a rural-based, rural-minded nation to one dominated by city ways."[9]

The shift in attitude (which has often been documented by American historians) is suggested vividly by the kinds of statements found across the years in *Hunt's Merchants' Magazine*.[10] For some decades after its founding in 1839, American businessmen scanned the pages of this journal for commercial and industrial statistics and read what its authors had to say about matters touching upon business interests. A quotation or two from the early volumes reveal how these businessmen were already perceiving—or were beginning to perceive—agriculture as secondary to trade. On the very first page of the initial volume, the editor, Freeman Hunt, declares that we are "Essentially and practically a trading people." Another merchant, whose address to the members of a mercantile society is reprinted, tells them:

> There are . . . persons who would sacrifice the merchant for the agriculturist; and consider the latter as all in all . . . the agriculturist bears no comparison to the merchant. Those persons who have lived in or visited maritime cities, must, at once, acknowledge this. . . . It is true that Sully looked to the industry of the countryman as the only source of wealth. "Tillage and pasturage," it was a favorite saying of his, "are the two breasts by which France is nourished, the real treasures of Peru." It is likewise true that Sully seriously checked national industry by not encouraging manufactures and commerce. Trade has this power over agriculture: it increases the wealth of a nation without the labor of producing or fabricating a single article. . . . Trade is the foster mother of agriculture.

Then he adds, attacking the sentimental root of his agrarian opponents' argument: "The man of the country may feel himself a priest of nature: but gentleness and a love of the beautiful are also found in a maritime city."[11] Later, another contributor to this journal will remind the mercantile community of its obligations to the rest of the nation, which stem from its already dominant position: "Every city merchant has under his influence, in all parts of the country, men of every grade in trade," including the country merchant. When the city merchant gives way to covetous practice, the effects are felt everywhere. "There is—who can deny it? a systematic grinding of the people by the small traders in the country; and we fear it is because there is a systematic grinding of the traders by the city merchants." We merchants, he pleads, possess great power and we ought not to abuse it.[12]

During this entire epoch between the wars—when manufacturing and trade rose in relatively happy union—the eastern city drew boys and girls from the countryside like a magnet, a phrase so trite, so often used then and later, but so expressive of the fact of this migration. In 1800, 95 per cent of all Americans lived outside of cities; but by 1850, although another great period of city building was yet to come and although immigrants along with native citizens were to continue filling the western spaces, the percentage of non-urban citizenry had dropped an additional 10 per cent and an additional 5 per cent by 1860. Only during the years from 1810 to 1820 did the population of cities and country districts increase at an equal rate. By the fifth decade, cities were increasing three times as quickly (although the peak would not come until the ninth decade when cities would be growing four times as fast).[13] This phenomenal growth in city dwellers was a consequence, in some measure, of immigration from Europe, especially after 1840, but was also contributed to by the countryside.[14] In New England and other older regions, farming declined as it lost in competition with the more fertile agricultural frontier; while the invention of effective machinery reduced the work force needed to plow and till and reap a farmer's acreage. The agricultural frontier still maintained its attractiveness for some easterners and Europeans, and even the western cities provided ambitious, or desperate, youth with visions of opportunity and personal advancement—or at least of survival.

The merchants and industrialists who received these agrarian immigrants and put them to work grew fabulously wealthy, especially in the eastern cities. Those among the migrants who rose to financial and social success provided the era, by their example, with the golden mythology of the self-made man, which served to lure, to motivate, to discipline succeeding generations of youths.[15] Horatio Alger and his success books were to come later (and that is another story), but the earlier period had its complement of etiquette books counseling the aspiring clerk how to behave himself if he wished to emulate, and perhaps join the ranks of, his betters.[16] They advised industry, thrift, and sobriety, demonstrating by precept how to obtain these cardinal virtues and, more important, how to make them work to one's own advantage.

But from whence were these virtues supposed to spring? What was their source? The answer is a complicated one. In part, the young man might attain this virtuous state by following assiduously the prescriptions of a moral business existence: honest in his dealings, prudent in his actions, careful of his words, and above all nourished in his industry by roseate dreams of success.[17]

One self-help spokesman summed up the case for character, leaving the boy who was bound for the city no excuse for any future lack of success due to his own failings. "The things which are really essential for a successful life are not circumstances, but qualities," wrote Robert W. Cushman in his *Elements of Success*, not the things which surround a man, but the things which are in him; not the adjuncts of his position, but the attributes of his character.[18] This view of the matter was very popular, both among businessmen and their spokesman. It became joined to another favorite theme in American popular thought, namely the climb from rags to riches, from relative poverty to deserved opulence.

Yet, strong, moral character struggling against odds might also have a cause, a source, external to the lad himself. Thus arose a peculiar bifurcation of the symbolic American scene, corresponding with amazing neatness to the actual scene itself. Success in business necessarily was gained on an urban field of battle. To win, the boy had to leave for where the contest was being fought and where the opportunities abounded. But victory came to him who had been reared on the farm or in the village. The future great men of America were nourished, as children, on fresh air and sustaining foods, on the sights and sounds of a morally purifying landscape. They had devoted mothers, too, true women of the soil and the home.[19] Later, during the post-Civil War period, there blossomed a popular literature of contention in which men sought to prove or disprove the farm origins of successful men. The literature continues, although in abated form, down to this day in the academic journals.[20] Precisely at the time when anxiety over the disintegration of rural families was mounting, this additional ingredient in agrarian mythology drove urban spokesmen to heights of lyrical panegyrics. The fact which they sought to cover up, whether wittingly or not, was the decline of agrarianism as the dominant force in American life. Is it any wonder that the early apologists for business in the city found a ready audience for speech about the rural roots of urban careers?

It was not that the boys (and girls) were advised too openly to leave home; this would neither have been advisable nor necessary. Wyllie has pointed out that most self-help handbooks only suggested the importance of setting up in the right location, although sometimes they were more blunt about the greater opportunities for those who left the fields and villages.[21] Self-help books like Edwin T. Freedley's *Common Sense in Business* sometimes included a chapter or two on farming as an occupation (stressing its business aspects mainly), but these chapters were added to chapter upon chapter of advice bearing upon thoroughly urbanized business and business practices.[22] A change in attitude can be traced even in the treatment of farming given by Freedley in different editions of his handbook. In the earlier volume, published during 1853 (and, of course, in an eastern city), the chapter on farming opens with a page of praise, beginning: "Agriculture needs no eulogy. . . . It is enough to know that it is the first-born of civilization, the mother of wealth, and the heaven appointed employment of mankind." In his second book, published in 1879, this ritualistic offering is demoted to small type and shoved into a foreword initiating the chapter. This chapter in the earlier book ends with a hymn to agriculture, starting with:

> It is such enterprise as this that must place our country on a substantial basis. Agriculture, in a highly improved state, must be the means by which, next to the righteousness which truly exalts a nation, will contribute to its enduring prosperity. All trades and commerce depend on this art as their foundation.

The hymn is missing from the later book.[23]

Another success book, published in Chicago in 1881 (decades after eastern lads had flocked to towns like New York and Boston and Philadelphia), grandiloquently titled *The Empirial Highway*, cautions the reader that "Time was when young business men could go into cities and do well, but that time has gone by and will probably never return for the simple reason that the cities are overcrowded already, and there is no prospect of their population growing less."[24] (By 1880 the cities were everywhere decried as in dire need of attention, and the Populist Movement was forming in the plains area around Chicago.) "Beware, then," the author warns with apparent horror, "of that foolish fascination which the idea of living in the city is liable to exercise over every young heart and mind."[25] But he must admit, to an audience eager for such concession, that "To be sure, there is more to be seen and heard in a city than in the country, there is also much more life and bustle, noise and clatter. . . . Again, there is always a higher and more aristocratic class of people"; although he adds gloomily that "poor people, or people below a certain social level, cannot associate with them, so their superior elegance does one no good unless he or she is *within the ring*."[26] And so he offers his reader a free choice of destiny:

> . . . go where you are *sure* you can do the best, be it in city, or town, or in the country; but be *very sure* that you will better yourself materially before leaving a good, comfortable

"Low-class gambling den." J. D. McCabe, *New York by Sunlight and Gaslight*, 1881

place in the country to go to the city. The chances are ten to one that before a year passes over your head, you will wish yourself back again in the old place.[27]

Then, assuming they had made that choice in favor of the city, he wrote a thick volume about the urban road to fortune and happiness.

The trouble was that many youths did not have "good, comfortable" places in the country; and though they may shortly have wished themselves back on the land, or close to it in the

J. D. McCabe, *New York by Sunlight and Gaslight*, 1881

"Scene in a Broadway gambling hell."

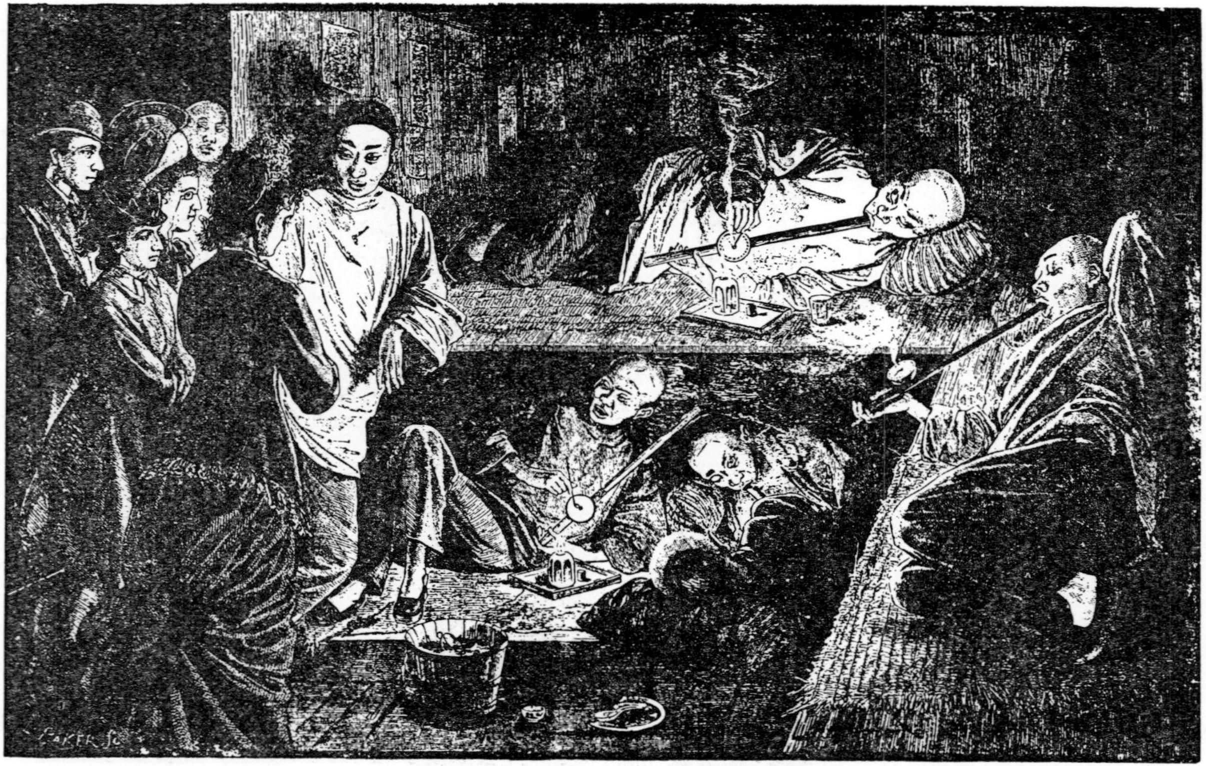

"Opium smoking in the lowest dens."

James Buel, *Metropolitan Life Unveiled* (St. Louis: Anchor Pub. Co.), 1882

"An aristocratic opium den."

James Buel, *Metropolitan Life Unveiled* (St. Louis: Anchor Pub. Co.), 1882

towns, they seemed for the most part not to return—whether they acquired wealth, eked out small existences as clerks or factory hands, or ended destitute in the slums.

Everywhere about them they would perceive, and were warned against, the evil conditions and the sinful temptations of the city. It is not easy for a twentieth century American to recapture this earlier image of the city as a place that might drag a person to awful degredation. From the pulpits, even city born ministers evoked in fiery colors the abyss that yawned continually under the feet of the urban dweller. Demon drink and the terrible habits consequent upon sociability in the taverns, the life of the streets with the menace of prostitution, vice, and crime, the frivolity of the theater and other corrupting forms of recreation, the seduction of men by poverty and riches alike, the loss of identity and morality by submergence in the anonymous crowd: these and a host of other images danced in competition with the more glamorous visions of urban life. As they were true in fact, rural spokesmen made the most of them, and so did those urban citizens who were most concerned with the virtue of city dwellers.

But in the curious way negatives often have of turning positive in the nick of time, the dreaded sides of city life changed from sinful temptations into challenges to virtue. Impulses to give way to temptation, to fall from grace, when quashed could, in all good logic, only lead to a strengthening of character. A minor failure could yet be converted into moral victory. For a boy armed with a rural upbringing, and fortified with the steadfast practice of Christianity (the ministers added this), it was possible, and indeed perhaps a duty, to contribute to the country's welfare by growing rich in business. The argument was well put in general terms fairly early by Daniel Barnard to an audience composed of the members of a mercantile society in New York:

> The influence of commerce, in enabling men to congregate in large towns and cities, which otherwise could not possibly be subsisted and sustained . . . enabling men, I say, to congregate in cities, which, with all the vices and impurities that necessarily yet belong to them, always have been, and must be, the chief seats of refinement and civilization in every land, where wealth aggregates and centres—where literature, polite learning, and the fine arts, flourish—where manners are polished . . .

> where virtue is of vigorous growth, because it is obliged to flourish in spite of the tainted atmosphere it dwells in or die—where morals have a strong cast, because they exist in the very presence of seduction and crime—where piety, and faith, and honor, and manhood, and nobleness and generosity, all put on a positive and resolute bearing and quality, because they are called to occupy their spheres, and exercise themselves in the face of the boldest infidelity, and before the sworn enemies of all the orderly, decent, and legal institutions and customs of civil society.[28]

Banish the suspicion that this is only a businessman speaking to his colleagues. Businessmen were joined by ministers who, faced with a torrential cityward movement, converted black into potential white and saw the city as a battleground of the Lord. It would be uncharitable to attribute to them insincere motives or Pollyanna-like attitudes. When the Reverend Edwin H. Chapin preached that "The city reveals the moral ends of being, and sets the awful problems of life," he meant deliberately to subordinate the countryside in God's order of things.[29] He agrees that one cannot "deny the importance and the benefits of business" although one may regret that it has "too exclusive a place in city life and in our American ideal." Tracing the path of the rural youth to the city, the good reverend pictures their leaving with "hopeful look, toward the city, the centre of their dreams, the magic world of their destiny." One must think of them, he says, "as the necessary agents of commercial enterprise, the builders of the national greatness." But at what a price, perhaps! For they are often martyrs to business enterprise, "dying of their own folly, and of the vices that solicit them in the life of the great city."[30] Having said all this, he must still remind us (in what might nowadays be thought tedious detail) that the man who has not passed through the proving ground of the city has not had genuine moral opportunity. "A city life is a great school for principle," he asserts, "because it affords a keen trial for principle. The man who passes through its temptations, and yet holds on, unyielding, to the right will be proved as if by fire." He does not bluntly ask the sons and daughters of farmers to pass through the fire which anneals mind and character ("would not imply that there is any condition in life where such a trial is not afforded"), but he almost asks them to do this. "Certainly, there are situations, in which compared with the city it is easy to live pure, honest, and noble." Thus, the ministry not only supported the striving of aspiring youth and celebrated the success of their *nouveaux riches* elders, but also contributed in no small way to the emerging imagery of cities.[31]

The city now can be pictured by many as a place of supreme opportunity: by businessmen, as a locale for wordly success; by ministers, as a place of moral opportunity. However, we must remember that large portions of the population, including those who had migrated to cities but did not like them, still felt that in them only the devil and his children could flourish. Yet by the end of the era before the Civil War the number of true agrarian believers in the East was fast dwindling.

The alternative to a fully committed agrarianism was ideological compromise involving contrasts between an ideal rural childhood and an actual urban childhood; between sober, rural virtues and their implementation in an urban environment; between Christian stalwartness and the evil conditions against which it stood. Whatever the masses may have felt and believed —and it is, of course, more difficult to determine this—the middle class ministers and their congregations, as well as the businessmen and their emulating employees, needed an ideology for interpreting and coping with their new milieu.

The dilemma of men who were more fully committed to agrarianism, yet confronted by its eclipse, was extreme. This section on "success" in the eastern city during the first half of the century, might best be summarized by an analysis of the dilemma of a minister named Henry Mayo who stood at a transitional point in American ideational history: neither quite convinced that men had to live in cities, nor wholly blind to what had transpired in the recent decades.

In Mayo's *Symbols of Capital: Or, Civilization in New York,* published in 1859, he begins by assuming: "Every wise observer of the affairs of the Republic must confess that our hope of a Christian Democracy is the country life of the nation."[32] But he is no blind worshipper of the actual rural scene. Thirty or forty years before it will become fashionable to attack the miserable health and social conditions of rural life—and at the same time that his contemporaries are still praising a rural boyhood—Mayo caustically attacks rural diet, rural dress, the drudgery of country work, and the "monotony of lonely life" which "often stupifies rather than deepens the character." The clarity with which he views this social landscape is suggested by his withering remark: "It is time that our people were delivered from the cant that agriculture is an essentially ennobling pursuit, and that one has only to live in a farmhouse to be a worthy man." What Mayo dreams of is a reconstructed rurality, informed by Christian endeavor and freed of currently inflaming visions of the artificial life of cities. "Then," he half dreams, half bemoans, "would the farms and villages . . . produce a race worthy to sustain the honor of the Republic." But note the sentence that follows: "Reared among the inspiring influences of nature and taught in the best school of youthful discipline, it would pour into our depraved and debilitated cities the life blood of a higher civilization."[33] Cities are here to stay, he realizes; they cannot be expected to disappear or to cease drawing farm boys into metropolitan commercial ventures. Mayo's formula is, then: with Christian virtue rescuscitate towns and farms, and thereafter cleanse the cities through vigorous rural emigration.

However, he must admit also the opposite, that "Our young men are born with a fever in their blood which drives them from the farm" and the "country girls push for the city as by a natural instinct," drawn by the city's "intoxicating charm." Once there, "pitiless competition and perpetual temptation imperil integrity of mind and purity of life."

Mayo finds it difficult, indeed, to deny the immensely impressive commerce of the cities and the successful careers that men have pursued there. He agreed also that leaders in every realm of life are drawn there "to enjoy companionship of . . . equals, to learn to make a straight path through the tangled feet of others as indefatigable." Yet only a small proportion of those drawn to the city pavements succeed in this "pitiless war of competition." The warfare in the city has but two outcomes, a man succeeds or he is ruined. Mayo would have us believe that most tumble into abysmal poverty, or return broken to the countryside. If they remain in the city, there is no loving or sustaining community to care for the defeated combatants.

But even if such fates be avoided, the victors do not really win life's highest prize. Mayo sees it snatched it from them at the last moment. Though they may be successful in attaining social or financial position, most are "scarred in body and twisted in mind by their prolonged stimulation of all the powers of life, and in grasping the prize of ambition have lost their own best sources of enjoyment."

Hence Mayo suggests a radical reform, although one does not sense that he puts much programmatic vigor into the proposal. He thinks it would be a great triumph of philanthropy if the urban poor could be removed from the city to the country (thus anticipating the actual program later instituted by Charles Loring Brace for sending city waifs to country farms). Mayo wishes also that those people who exist just above the edge of poverty also leave the city; to be joined by a class of men whom he believes are parasitic, namely the middlemen. If the cities were relieved of all these classes, there would still remain enough merchants, workmen, professional men to permit the cities to function; "and enough of the rich and cultivated in manners to reform the vices of social life and organize amusements on a generous and Christian scale." Having tendered this program for his readers' consideration, he wearily concludes:

> But we cannot build cities "to order"; they are and will be the huge receptacles for all varieties of humanity, and represent the worst as surely as the best in our American character. All the teacher of Christianity can do is to take men and women in towns as he finds them, and, spite of disheartening influences, keep on forever warning, instructing and inspiring virtue.[34]

So, in the end, even this minister who is far more antagonistic to urban life and business than many of his colleagues, must arrive at about the same point as they do. He does, of course, foreshadow the heightened concern of other religious leaders for the welfare of those city dwellers who have conspicuously failed in the struggle to reach success—a concern which will soon take visible institutional expression in charities, in missions, in benevolent societies, and in urban religious revivals. But the period of city building, and cityward migration, before the Civil War was largely a period of optimism. The cities had not yet been overwhelmed by foreign immigrants; nor had those farm boys and girls who failed to reach even modest attainment in the city begun to disturb deeply the American conscience. When they do, reform and human reclamation become organized ventures on a scale hitherto unapproached in our cities. However, it was during the earlier era that the metropolis received its lasting popular imagery—still with us today—as a place of personal challenge (for rural migrant as well as for urban native), as a locale of highest civilizational value, and as a site for true humanitarian and equalitarian endeavor.

C. *THE MIDWEST: AMBIGUITIES OF SYMBOLIZATION*

IF WE would understand how the urban imagery of the nineteenth century emerged and affected our own in the twentieth century, we must turn to the changes that took place in Americans' conceptions of the Midwest. Just as the urbanization of this region did not exactly follow the economic patterns of the regions to its east, neither did its patterns of symbolization. Symbolization of this region even today is anything but clear. It is an odd mixture of admiration and disdain for both urbanism and rurality. This complex imagery originated during the eighteenth century—and its story is not yet ended.

Between 1810 and 1860 while the coastal cities were mushrooming in size and function, and the western lands east of the Mississippi were coming under cultivation, something strange and not entirely foreseen was transpiring in the midst of that western farmland. Some figures taken from Volume I of the 1950 Census help to tell the story of a century ago.[1] The Midwest began its urbanization very slowly, but it began early. It lags to this day behind the North East region. But you can play a simple game to show how steadily—and later speedily

—the Midwest did become urbanized: match this region against the North East, so that the figures of urbanization for both regions are approximately equal, then the lag varies only from fifty years to thirty. While such comparisons mean little, they are at least a convenient way of calling attention to how little time elapsed before the early conceptions of this great interior space began to diverge from reality.

The "reality" was supposed to be a vast region of forest, plain, lake, and river; and shortly, by dint of the cheerfully persistent labor of thousands of migrants enthusiastically pouring over the mountains, this region would begin to become one of the gardens of the world. (New Englanders who travelled in it wrote back home about its marvels—its fertile earth which appeared to be several feet deep while New England's was inches deep only.) True, now and again during the eighteenth century the trans-Allegheny area had been peopled in imagination with gleaming cities set down among cultivated fields and along glistening rivers; but these visions were more poetic than programmatic or genuinely prophetic. No one appeared to realize that western cities would soon begin to share territorial honors with the farms; and this was because for some decades, as Henry Nash Smith has amply documented, Americans perceived the West through the blurred spectacles of two overriding conceptions.

One was that this magnificently huge area was to serve as

*Table 3—Per Cent of Population Living in Urban Areas**

Year	North East Region	North Central Region
1790	8.1	—
1800	9.3	—
1810	10.3	0.9
1820	11.0	1.1
1830	19.2	2.6
1840	18.5	3.9
1850	26.5	9.2
1860	35.7	13.9
1880	50.8	24.2
1900	66.1	38.6
1950	74.2	60.7

* "Urban Areas" are cities with over 8,000 population.

a safety valve to keep down, or prevent, social and economic tension in the eastern regions. Benjamin Franklin had long ago expressed his opinion of how the healthy moral life of the inland farmers helped to balance the frivolous and wastrel life of seaboard cities. And Jefferson, foreseeing that the United States might follow the disastrous path of Europe and pile up depraved populations in teeming cities, hoped to forestall that day by opening the West to agriculture. His purchase of the Louisiana Territory was an instrument directed toward that end. In 1805, he wrote that the manufacturers (and presumably their employees) were yet

> . . . as independent and moral as our agricultural inhabitants, and they will continue so as long as there are vacant lands for them to resort to; because whenever it shall be attempted by the other classes to reduce them to a minimum of subsistence, they will quit their trades and go to laboring the earth.[2]

This reputed function of the West (which as Henry Nash Smith says, "occurs on every hand, and in a wide variety of forms through most of the nineteenth century") came down to this: that unemployed or discouraged workmen were supposed to be drawn, by a kind of natural force, to where the (agricultural) opportunities were greatest. Hence, western politicians like Thomas Benton might charge New England manufacturers with restraining their laborers from emigrating westward by "cruel legislation . . . instead of letting them go off . . . acquire land, become independent freeholders, and lay the foundation of comfort and independence for their children."[3] As for those children who were born to eastern city slums, social reformers later would attempt to transport them to western farms, a program designed dually to save souls and make the urban environment more livable for middle class citizens.

The safety valve conception of the West was part of a larger conception: namely, that the region was designed by its very nature and geography—in short, by God—to become a paradise for the agriculturist. Cities there would be, and city dwellers, but as servicing agents to the surrounding fertile countryside. Henry S. Tanner, describing the Mississippi Valley in 1834, to potential migrants from the East, would tantalize them by saying that it "has been correctly said that nature has been almost too profuse in her gifts"; and his conception of the ratio of farmers to city people was shared, at least as a general notion, by most who wrote about the region during this era:

> *Four millions,* or rather *eight millions,* of families may have farms in the West of no inconsiderable size. Besides, thousands, or rather hundreds of thousands of families will be engaged in the navigation of the rivers, in the various arts, and trades, and manufacturing processes . . . in merchandise and commerce.[4]

A year or two later, one of the most knowledgable publicists of the Old Northwest, James Hall, summarized in his *Statistics of the West*[5] the prevailing view of the role and future of western cities. He has just finished detailing something of the trade and manufacturing of the cities (and chides them for their pretentious claims and rivalries, saying that none can take precedence over any other city). "Rapidly as they are advancing, their growth bears no proportion to that which must take place in the regions around them, of which they are respectively the marts. . . ."[6]

The region around the cities was a symbolic, as well as geologic, land. It was being settled—according to the safety valve conception—by "common laborers" from the East, by the potentially disruptive elements of civilized society.[7] But the notion of an escape valve gave way to, or better said became fused with the more generally palatable myth of the yeoman. Henry Nash Smith has traced the beginnings of the latter conception for us, as it began to be applied to the West. It starts around 1820 with the notion that agricultural opportunities in the West will bring about independence for eastern unfortunates.[8] Timothy Flint, clergyman, novelist, and man of letters who himself left Massachusetts for the free and fertile West, used language like this in 1827:

> Thousands of independent and happy yeomen, who have emigrated from New England to Ohio and Indiana . . . would hardly be willing to exchange the sylvan range of their fee simple empires . . . for the interior of square stone or brick walls, to breathe floccules of cotton, and to contemplate the whirl of innumerable wheels for fourteen hours of six days of every week

in the year. . . . Farmers and their children are strong, and innocent and moral almost of necessity.[9]

Of the two elements in the formula, the safety valve and the land, the latter proved stronger; so that in due time the West *was* a mythical garden and men raised in it *were* yeomen. The growing sectionalism of the nation—with a slave-owning South, a commercial and industrial North, and an agricultural ("yeoman") West—gave additional connotations to the Western garden. By the beginning of the Civil War, the entire terrain was simultaneously farmland, fee simple empire, agricultural paradise, and the home of brave yeomen rather than of bowed slaves.

All this time, the quiet villages were growing into bustling towns and some of the towns were becoming thriving cities. By 1860, William Henry Milburn, writing about *The Pioneers, Preachers and People of the Mississippi Valley*,[10] drew a lively picture for his readers of what had happened:

Across the northern portion of the great Valley, if you glance upon the map, you can easily trace two great lines of cities dotting, like great jewels, the chain of trade and intercourse between East and West. The northern line, from Buffalo by Cleveland and Detroit, ends at Chicago; the southern line begins with Pittsburgh and extends, by Cincinnati and Louisville, to St. Louis.[11]

As early as 1815, a Kentucky migrant who was soon to be an esteemed figure in Cincinnati's medical, literary, and social circles heaped scorn upon those to whom it might appear "altogether visionary, if not boastful, to speak of *cities* on these western waters." But there is no question, he asserted, "that many of the villages which have sprung up within 30 years, on the banks of the Ohio and Mississippi, are destined, before the termination of the present century, to attain the rank of populous and magnificent cities."[12] This Cincinnatian, Daniel Drake, sensed that the region would eventually rival the East, even in manufacturing and commerce. He calculated that Cincinnati's population in 1810 had been about 2,300 people and that by 1815 it had reached 6,000. In 1826, the city contained about 16,000 persons. Other centers soon paralleled this geometric progress.

Although far less heralded in the romantic annals of American popular history, much of the westward rush was born of less lovely visions than of a serene life spent tilling the fields. Speculation in land marked the development of agriculture.[13] Speculation in land also drew men to the embryo cities.[14] Even Milwaukee, a place that Americans now think of as staid and stolid, had in its early days a wild land boom.[15] Chicago was notorious for its land mania, during the mid-1830's when lots and money changed hands at furious speed; when, as the *Chicago American* so vividly put it, "The flood gates of enterprise seem to be let loose upon us . . . and still they come. . . . The cloud of emigrants which we then saw rising, now darkens the Eastern sky, and seems still to be thickening upon us"; and as others wrote, "Speculators are arriving in regiments" and "Eastern speculators had fallen upon the wonderful and prosperous country."[16]

But the opportunities included far more than unrestrained land speculation. Here lay marvelous opportunities in commerce and other urban occupations—opportunities undreamed of by simple farmers. They abounded, they lay ready to be seized by men of imagination. As a sample, listen to the reminiscences of Charles Butler, financier and real estate broker and railroad promoter, who visited Chicago in 1833:

> At this time the vast country lying between Lake Michigan and the Mississippi River . . . and the country lying northwest of it . . . lay in one great unoccupied expanse of beautiful land, covered with the must luxuriant vegetation—a vast flower garden —beautiful to look at in its virgin state and ready for the plough of the Farmer. One could not fail to . . . see there the germ of that future, when these vast plains would be occupied and cultivated, yielding their abundant products of human food and sustaining millions of population. . . . It was clear to my mind that the productions of that vast country . . . on their way to the Eastern market, the great Atlantic seaboard—would necessarily be tributary to Chicago.[17]

Mr. Butler returned to New York, opened financial offices to promote western railroads, and sent his brother-in-law William B. Ogden to Chicago as his representative. In 1836, Ogden received a charter for the Galena and Chicago Union Railroad. Although Ogden soon became mayor of Chicago, he is far better remembered for his later creation of a railroad empire—one that reached to the distant Pacific. As late as the great fire of 1871 when Chicago was burned to the ground, and later still of course, eastern money was handsomely invested in Chicago and other western cities. The myth of the Chicago fire assigns remarkably little role to the realistic motives of eastern businessmen who charitably, humanely, and patriotically met the challenge and helped, along with contributions from admirers from far off lands, to raise the phoenix from its ashes. They had to. They were invested to the hilt.

As the western cities boomed, and men made or lost fortunes, there arose a persistent and perhaps peculiarly American rivalry between the cities. From their earliest years, an air of speculation enveloped these cities: which ones would continue to grow? Which ones would continue even to exist? Which ones in their expansion would swallow up their neighbors? Which would become great? Above all, which was destined to become the most powerful central mart of the entire region? These were not idle questions, raised solely because of curiosity. Men needed to know where to place their investments, where to steer their careers, where to settle down and prosper with the community. If local pride might yield sentimental personal values, it could also obscure one's vision and cost one heavily in cash.

City vied with city for settlers and investments. The city booster, epitomized by Chicago's William Bross, became a familiar figure on the western scene. It was Bross, and men like him, who publicized the town's statistics—converting numbers into cheerful, exciting news of growth and horizons unlimited:

> The figures are themselves more eloquent and absorbing [trumpeted Bross] than any language at our command. When the citizens of Chicago and the State of Illinois are charged with exaggeration by those who dwell in the *finished* cities and States at the East, they can point with confidence and pride to the above facts and say, 'gentlemen, here are the figures, sober, stubborn figures, which cannot lie.' Such figures are more potent and convincing than a thousand arguments, and while they afford an index to a just conception of what the West and its commercial centre now are, they point with unerring significance to a bright and glorious future.[18]

The booster helped to dramatize the midwest city's past, for those who had passed through it and for the newcomer who had never known it. But the past was only prelude to the future, where the booster kept his eyes firmly fixed. There lay the climax of the drama, in the scenes that were to come; and these he freely prophesied. Bross lined up the "most sagacious statesmen, and the ablest commercial men in this country and in Europe" on his side, saying that they and he all believed that "Chicago is soon to take the rank among the three largest cities, and ere long as the second city upon the American Continent." Unlike most other boosters throughout the West, he happened to be right.[19] The booster had an eager audience because the future concerned everyone. Perhaps most citizens of western cities had played this visionary game or listened in upon conversations and read the gazettes where such speculations were woven into the very reporting of daily events.

When James Hall commented adversely about city-rivalry relatively early in the century, saying:

> It is a question often discussed . . . which of these cities is preeminent in wealth and business. The dispute is unprofitable, and it is hoped that it may remain undecided; for there is no sober or practical view of the question, in which they can be considered as rivals.[20]

he was being unrealistic, remarkable commentator though he often was. The stakes in this rivalry among the major cities were of more than local, more than merely western, concern. North and South both scrambled for the western trade. The South possessed the steamboat as an instrument of economic policy and through it sought to bind the Ohio and Mississippi Valleys to itself. New Orleans became the chief competitor of the great eastern seaports, but after the 1830's its position was doomed (although all did not perceive this fact); this was true partly because the Mississippi's tributaries could be tapped by steamboat only during high-water months, partly because the railroad gained a position of advantage on the national scene, and partly because the West became increasingly dependent for its purchases upon the North.

Even before the Civil War, the economic struggle became symbolized in the West by the rivalry between St. Louis and

Chicago. St. Louis, a much larger city at first, claimed that she would retain final territorial honors because of her superb geographical position on the great river. Until the era when the railroads literally created villages and towns and cities hundreds of miles from large bodies of water, it was commonly believed that the largest interior cities must always depend upon water—and chiefly river—transportation (although the lake towns claimed that lake transportation could eventually be even more important). The businessmen of St. Louis believed their community was in a capital position to capture the bulk of the growing western trade, since by mid-century Cincinnati, now well behind the moving agricultural frontier, had lost its commanding position. But St. Louis was hard hit by the Civil War, and it was apparent near the end of the 1860's that mere location on even the great Mississippi could be more than matched by an advantageous conjunction of railroad tracks.

When this realization was borne home, the rhetoric employed by advocates of a greater St. Louis shifted. Where previously the city's dominance had been assumed by many residents on the basis of its geographical location, now Chicago was instanced: see what could be accomplished by a driving, energetic, spirited citizenry in bringing railroads and prosperity to the city! (Pessimists, however, doubted that St. Louis could meet this competition because the city did not historically have, or attract, this type of person.) The air over St. Louis became filled with arguments and calculations for bringing railroads to the city before all opportunities slipped away. "St. Louis," one gentleman begins his argument, but in an old vein, "is ordained by the decrees of physical nature to become the great inland metropolis of this continent. It cannot escape the magnificence of its destiny. Greatness is the necessity of its position." Then, after discussing its central position and its unsurpassed location on the river, he centers on what is now a prime necessity: the railroads. "It is to be hoped that our citizens will press forward to an early completion of all roads which will converge at St. Louis." And again, he warns:

> "But St. Louis can never realize its splendid possibilities without effort. . . . Chicago is an energetic rival. Its lines of railroad

pierce every portion of the Northwest. It draws an immense commerce by its network of railways. . . . The energy of an unlinial competitor may usurp the legitimate honors of the imperial heir. St. Louis cannot afford to continue the masterly inactivity of the old *regime*. A traditional and passive trust in the efficiency of natural advantages will no longer be a safe policy. St. Louis must make exertions equal to its strength and worthy of its opportunities.[21]

Thus the idea of geographical determinism is joined with the strategy of attracting railroads, the latter to be brought about by vigorous and farsighted action.

Such arguments signify that what men were discussing at this time were not merely the questions of which city would dominate others, or how much capital and energy must be mustered to win the battle; men were—in addition—saying something new about the relations of cities to the entire western territory. The St. Louis optimist believed that his city lay in a position to dominate the commerce of the entire region to the west and southwest; he thought this even if he was willing to allow that Chicago would dominate the region to the northwest. In short: the cities were carving out commercial and social empires. It was partly a question which was to be the richest empire, and partly who was to win what specific terrain from other cities.

James Hall reflected the predominant conceptions of an early generation when, in 1837, he wrote of those western cities:

Neither of them can by its growth overshadow the other, or drain its resources. Separated by wide tracts of country, and each the centre of a vast circle, daily augmenting in population, we can scarcely imagine any series of events which can change the relations of these cities to the whole country or to each other.[22]

Matched against the assumptions made by the St. Louisan, Hall's seem old-fashioned. True, three decades later the cities are separated still by the same vast spaces, but those spaces have become filled with cultivated farmland, villages, and towns—domain to be fought over by the rival cities. One needs imaginatively to thrust himself back into the perspective of Hall's generation in order to recapture the sense of mile on mile that stretched between the large western centers: more miles than ever separated coastal, or European, cities from each other. Hall can pronounce the economic invulnerability of each western city, can declare that no one can overshadow the others, because it seems to him that each city is, as it were, a castle in the wilderness. When the wilderness becomes civilization, then, as Hall states explicitly, the cities will become marts for the cultivated regions round about them. No more than Daniel Drake, writing twenty years before ("the inhabitants of this region are obviously destined to an unrivaled excellence in agriculture, manufactures, and internal commerce"),[23] does Hall foresee that this western garden of paradise is to become converted into a limited number of metropolitan preserves.

The transformation in westerners' conceptions of inter-city space is conveniently sketched for us by a Chicago booster and businessman, John S. Wright, who, writing in 1866, retraces the changes that occured in his own thought.[24] In 1861, he reminds his readers, he had written:

> No one of the above towns has so extensive and rich a country dependent upon it [as Chicago]. A circuit of fifty to a hundred miles is the largest that any other could fairly claim, though most of them do more or less business further off. But before the day of railroads, farmers for 100 to 200 miles around, came here to sell their produce and obtain supplies, and the business of that whole region, and beyond, is still more effectually centred here by railroads.[25] No one of the above cities, or any other, has half as large an area so completely identified with it.

Mark his terminology: an extensive country "dependent," an area claimed, an area identified with Chicago, an area naturally "tributary" to it, an area in time to be "secured." Wright continues his narrative:

> That Chicago would lead every city of the West, has not been considered probable by me, scarcely possible, until within 15 years. The above rivals [Cincinnati, St. Louis and Chicago] standing at three corners of a triangle, the sides about 280 miles, had each an abundant area to build up the three largest inland cities.

Here he is recalling a mode of conception not much different than James Hall's. Then, picturing for us the models he had then in his mind's eye:

> Philadelphia is but eighty-two miles from New York, and Baltimore but 98 from Philadelphia. At first, superiority was not claimed over Cincinnati, even; not because it was doubtful, but that friends should not think me more insane than was necessary concerning the future of Chicago. Hence, in the advertisement of 1847 . . . Cincinnati was only referred to as an example of what Chicago was to become.

But, by 1861 (quoting himself):

> In 1848 . . . I then said nothing about St. Louis, it being considered visionary by even most of our own people to suppose we could rival her, and it being perhaps doubtful which would take the lead; and being 300 miles apart, afforded ample room for two great cities. Between the rival centres of the East, New York and Philadelphia, is only ninety miles, Baltimore only ninety miles more.[26]

Since that time Chicago has beaten St. Louis, he continues, not because that city has failed, but because Chicago has a naturally advantageous geographical location in an era of railroads. "And what is the prize which we have won? In 1861 I answered: 'It is an area of *over one hundred and fifty thousand square miles—and fast enlargening to twice that size*—the equal to which, in natural advantages, exists not on the globe in one body.'" But by 1866, so fast have the railroads been built, and the settlers moved in around them:

> It is difficult to realize that *six hundred thousand square miles* can really [soon] become tributary to one city. Yet to that must be added *five hundred thousand* more of the Territories already sure to us, and another *five hundred thousand* that must follow the lead of the rest.[27]

This last passage is followed by a long examination of the actual and probable growth of the area west of Chicago, and by speculation on whether that area will become tributary to Chicago or to the powerful eastern cities. What is he doing now but pitting region against region in a contest for power (and we must read region as an "urban" region)? Wright declares: "This great Northwest, of such diversified and abundant resources . . . is beyond doubt the prize coveted by every section; and what sort of people would they be who were indifferent to its possession?" Though forced by the strict logic of his economic thought to conclude that the great Northwest will build its own great cities, his local sentiment gets momentarily the better of him; he cannot resist saying that if it somehow happens that the people of the Northwest fail to build great cities, then it is "certain as the rising and the setting of the sun, that of this 1,500,000 miles, Chicago is to be the centre, made so both by nature and art."[28] When New York City and Chicago meet as rivals in the Far West—this is a far cry from the agrarian myth of the garden! But the myth is not displaced; it is only paralleled by dreams of urban empire.[29]

This dream had its civilizational as well as economic, or more materialistic, aspects. From the outset, the western towns were caustically criticized by travellers accustomed to the more refined graces of eastern and European society. They complained of uncomfortable quarters, bad service, crude manners, muddy streets, vulgar taste, and a dearth of artistic or urbane accomplishment, indeed of almost everything which went by the name of civilization. While it was equally true that other visitors had discovered in various towns and cities no mean social style, and had indeed been delighted by flourishing literary and musical societies, the predominant view of the West from across the Alleghenies was that in these booming western cities, after the War, life was close to frontier existence. In part, the task of reporters sent out by eastern magazines was precisely to reassure coastboard readers of the more educated classes that these western cities were gradually becoming more settled, more comfortable, and could reasonably be expected to sustain soon those cultural institutions commonly found in the eastern centers.

From the perspective of a nineteenth-century American this was a reasonable expectation, since one important strand in American thought had long been the notion of stages of progress. Societies, it was assumed, progressed from earlier stages to later, higher, ones; from hunting through pastoral pursuits, to settled agricultural life, and thence to the highest stage of all: industrialization and commerce. This view—although running directly counter to the ideal of a continental agricultural paradise—was frequently expressed even before Darwin, and certainly was joined with the later idea of progress that received such an impetus from the popularization of Darwin's evolutionary views.[30]

When applied to the interpretation of the growth and development of western cities, the idea of civilizational progress took the form of a council of patience.

The editors of *Dial*, a Chicago publication, perfectly expressed this philosophy during 1892, in an article appropriately titled "Chicago's Higher Evolution."[31] Posing the query of why life in Chicago was not cultivated and beautiful as well as prosperous, they dwell at first upon the truly fantastic material progress made since the city's founding; then they state a view of Chicago which one can still hear expressed occasionally in this city:

> Chicago has put all her energy of this half century of her adolescence into the development of a material body which is magnificent in its functional structure and health, and unique in the history of the world in so young a community. . . . We do not need evolution to tell us that the higher powers unfold later in all normal life—national and municipal as well as individual. Chicago has done her duty by herself according to the laws of her being. . . . But already the signs are clear that the season of mere physical life is over.

The rhetoric turns about the issue of age rather than size—since cities much smaller than Chicago had been known to produce a more leisured, cultivated life—and about the tasks that understandably preoccupied Chicago's residents during the preceding decades. To the classical theory of progress there is here added one slight modification or amplification; the assumption that all sizeable cities eventually reach the point of settling down to develop what Julian Ralph once called "the gentler side" of urban life.[32]

The *Dial's* editorial was not merely defensive. Easterners, albeit frequently with more than a touch of condescension, subscribed to the same notion of urban progress. At the impressive Columbian Exposition presented to the world by Chicago in 1893, many eastern visitors were surprised that this city, so young, so recently associated with muddy streets and wooden boardwalks, could already display such taste and charm and architectural beauty in its handling of the Exposition. It was as if the city had outrun expectation. Other visitors were keenly aware of the difference between the imposing Exposition (the "white city") and the actualities of Chicago (the "black city"). One commentator, Henry Van Brunt, expressed the interesting view, rather like the *Dial's*, that it was the nation's good fortune to have awarded the Exposition to Chicago since the entire Midwest area, this "nation within a nation," is now "not unconscious of its distance from the long-established centres of the world's highest culture," is anxious (now that the earlier work of settling the terrain is done) to reach toward "higher ideals and higher standards." The Exposition in short could be a catalyst, quickening the cultural and intellectual development of an area long-engrossed in the necessary task of laying prosperous material foundations for the higher life.[33] Whether visitors judged that Chicago had already become amply civilized, or still fell short of true greatness, was merely a matter of degree: the same assumption of the inevitability of urban progress obtained in either case.

The same year as the Columbian Exposition, the historian Frederick J. Turner drew attention to the closing of the American frontiers, and declared that our momentous western movement was complete.[34] But in the Middle West, Turner's native territory, an equally dramatic movement had been taking place. The quickly growing cities were only its most obvious signs. While the agrarian frontier was being rolled back across prairie, plain, mountain and California coast, a wave of industrialization that had begun on the eastern seaboard washed over the Alleghenies and converted certain portions of the Middle West into predominantly industrial areas. By the second decade after the Civil War, large sectors of Ohio, Michigan, Illinois, and Indiana had fallen into the nation's industrial orbit. By 1903, a careful and influential geographer, Ellen Semple, had clearly grasped, for she was quite without agrarian bias and was dealing with cool geographical and economic facts, what had happened to the agricultural heartland of America. Writing of the cities of the United States, she said simply:

> "We distinguish three great areas of the United States in relation to cities: 1. The highly developed industrial area in New England and the Middle states with predominant urban life

> (68.2%). 2. The Mississippi valley area with very successful agriculture and strong commercial and industrial centers in its northern half, where the urban population constitutes 38.5 per cent of the whole. 3. The great West. . . .[35]

This straightforward statement highlights none of the drama which marked the urbanization of the northern half of the East Central states. Michigan, for instance, passed from a predominantly agricultural to an industrialized region without an extensive intervening commercial stage of development. Cities like Detroit and Flint were quite literally remade within a decade or two. Ohio and Indiana, in their northern sections, by the 1880's were so industrialized that the Populist Movement in these areas lost much of its strength.[36] Frederick Turner himself at the opening of this century wrote glowingly of the Middle West: "The world has never seen such a consolidation of capital and so complete a systematization of economic processes."[37]

It is precisely in Turner's thought that we might expect to come across those ideological ambiguities about the Midwest resulting from an initial conceptualization of this area as an agricultural paradise. In his article on the Middle West, Turner —the great historian who was so successful in riveting all eyes upon the frontier's importance for American life—conveys in a single paragraph something of the ambiguities of symbolization. He writes:

> As . . . movements in population and products have passed across the Middle West, and as the economic life of the eastern border has been intensified, a huge industrial organism has been created in the province—an organism of tremendous power, activity, and unity. Fundamentally the Middle West is an agricultural area unequaled for its combination of space, variety, productiveness.[38]

He must say that the area is "fundamentally" agricultural, rather than "partly" or "initially," because he subscribes to a sophisticated version of the myth of the garden. Turner's problem is to reconcile the new industrialization with the democratic virtues, which he supposed to stem from the earlier frontier and agricultural life. "The ideals of equality, freedom of opportunity, faith in the common man," he writes, "are deep rooted in all the

Middle West. The frontier stage, through which each portion passed, left abiding traces." So the pressing task which faces the area in 1901 "is that of adapting democracy to the vast economic organization of the present."[39]

To put the problem in better perspective we should recognize that among Turner's contemporaries were people, living in cities like Chicago and Cleveland, who believed that the hope of democracy lay not in the countryside but in those great cities; that if democratic virtues arose and persisted, it would be because of the melting together of diverse ethnic stocks along with the working out of effective municipal reforms. To Turner, no city boy himself and untouched by the perplexities of city living and management, the important national problem was to reconcile the myth of the garden with the myth of civilizational evolution. If civilization lay at the end of a long march beginning on a raw frontier and in crude agriculture, then urbanization was a notable victory. But the notion of the West as an agricultural paradise—with its concomitant democratic virtues—contradicted the notion that the West merely lagged behind the East and would gradually catch up, as it passed through the appropriate stages of progress. Turner as early as his first essay on the frontier (1893) encounters the contradiction, though he slurs over it.[40] By the time he wrote his article on the Middle West, he can be seen struggling uneasily with his contradictory beliefs, for he can no longer avoid the fact of an industrialized Middle West. And in his later life, as more than one critic has underscored, his ideological dilemma left him increasingly helpless to interpret an urban America, a consequence which caused him considerable personal anguish.[41] If he had believed only in the myth of the garden Turner could have been downright bitter, like the Populists; or nostalgic, like the urbanites who think back to their happy boyhoods in the small towns of America. Apparently neither of these courses were open to him because of his opposing symbolizations of the West.

But whereas this opposition, for a self-conscious thinker, is internally stressful we must not assume that it must be so for all who subscribe to the logically incompatible ideas about the Midwest. Both the myth of the garden and the myth of urban progress lie deeply embedded in American popular thought.[42] ("Chicago," writes one of its journalists, with no sense of contradiction, "is the biggest farm town on earth. The biggest steel-producing center in the world. The railroad hub of the universe.")[43] The two streams of thought have long flowed together to form a rather muddy river of ideas about the region. On occasion the original polar conceptions appear in sharp opposition (as in downstate rural politics versus upstate metropolitan claims) or in more muted forms (as when midwestern sons are sent to eastern colleges for their higher educations—"higher," here, having a double meaning). But the inherited rhetoric with which midwesterners may refer to their region allows them to make sufficiently ambiguous distinctions, that the polarities do not always come out into the open. Thus, midwesterners are able to talk about big cities and little cities (more rural, more domestic); about the East Central and West Central areas; about the democracy of the Midwest (leaving open whether it derives from the soil or from city-streets). The ambiguities are beautifully illustrated in a book titled *The Valley of Democracy* published after the first world war by a popular Indiana writer, Meredith Nicholson.[44] Sensitive to eastern criticism of the Midwest, and loving both its farm areas and its cities, Nicholson makes a valiant attempt to define and describe "the spirit of the West." He begins with a discussion of "The Folks and Their Folksiness," a concept which the outsider might be excused from assuming had only to do with farmers and small-towners. Not at all: Folksiness has to do with individualism, humor, progress, and other virtues evolving from the peculiar history of the area; and the term is easily, and unconsciously, stretched to include "the remarkable individuality of the States, towns and cities of the West." Cosmopolitan virtues are easily and unconsciously blended with agricultural ones ("Iowa goes to bed early but not before it has read an improving book"!)[45]

Farther west some of the same ambiguity and polarity in symbolization may also persist. A sociologist writing in 1956 of the West Coast area concludes that migrants there flow mainly to the coast cities or to their suburban environs; although "Life in the large metropolis," he needs to add, "may seem in conflict with many cherished traditions of American society."[46] The historians may be no less affected by older conceptions of American life: for that able scholar of the West, Walter P. Webb, has recently warned readers of *Harper's Magazine* that the great American desert is a stubborn geographic fact which Americans have persistently denied, and he warns that in building cities around its fringes they may yet suffer the consequences of believing that modern technology can defeat the ultimate inhabitability of every desert.[47] Webb's conception of the Western desert as the antagonist of urban civilization is simply a further transmutation of an older conception of the desert as inhospitable to an agrarian civilization.[48] The population figures of Denver, Los Angeles, Houston, Salt Lake City, and dozens of other sizeable towns are bounding upwards; but Webb—like those believers in the Midwest garden during the nineteenth century, who somehow underplayed the significance of the midwestern cities—must symbolically deny urbanization as a primary feature of an even newer urban region.

As far as the Midwest is concerned, such denials are, by now, a minority report—in an era when even Iowa is, by census data, considered an urban state. But the ambiguities attendant upon the Midwest's history still linger—as the reference to Iowa should plainly illustrate. The big midwestern cities dominate the region economically, but share the terrain symbolically with the farmer.

D. A NATIONAL IMAGERY: COUNTRY AND CITY AS CONTRASTING IMAGES

IN THE next pages we shall see something of how American life during the years after the Civil War was colored by a dichotomous imagery of countryside versus city. This imagery was to linger long after the turn of the century and only gradually was to become muted, or incorporated, in a later imagery. Today's symbolization has hardly escaped this heritage.

During the four decades following the Civil War, there burst into awful and yawning view a faultline in the structure of American life, hitherto noticed but not generally assessed as crucial for the fate of the nation. Agriculture and industrialism, located respectively in country and city, grew unmistakably distinct. The cities amassed wealth while the farmers suffered drought, agricultural depression and bankruptcy. The cities sprang up everywhere and grew amazingly, while the countryside, although not actually losing ground in absolute figures, was obviously losing in the contest over population to the cities. In political and economic power as well, the cities appeared to be gaining clear dominance. All this was accompanied by an increasing recognition of the reputed differences that existed between an urban and a rural style of life, epitomized by the mutually antagonistic terms "hayseed" and "city slicker"; so that by the end of the century the *Atlantic Monthly* could assert that "The 'sturdy yeoman' has become the 'hayseed.' "[1] It does not matter that the "sturdy yeoman" had, in fact, disappeared by 1860.[2] Even as late as the nineties the spokesmen of urbanization could cash in on its seeming novelty and strangeness by asserting that this was the age of cities, that cities were really here to stay.

Some of the key dates and census figures of this period bring alive what lay behind the growing separation of country and city—in fact and in imagination. In 1862, Congress passed the Homestead Act which was the legislative outcome of two decades of debate over how to dispose of public domain in the West. The Act's impetus had come originally from visionaries who wished to get hired hands off of farms and industrial workers out of crowded cities.[3] The next five years saw the rise of the Granges. This movement constituted the first of the commercial farmers' effectively organized attempts to enter politics and to balance the already organized businessmen. The Granges had lost political strength by the end of the seventies but were succeeded by farmers' alliances whose programs were symptomatic of great agrarian unrest. The farmer's plight—increasingly obvious to himself—was paralleled by a fantastic and prolonged speculation in land which "reached in 1886 the frantic proportions of the earlier days of western speculation. . . . Augmenting the ranks of . . . eager land seekers was a continuous stream of discontented eastern

E. W. Martin, *The Secrets of the Great City*, 1868

The fate of hundreds of young men: 1. Leaving home for New York. 2. In a fashionable saloon amongst the waiter girls—the road to ruin. 3. Drinking with "the fancy"—in the hands of gamblers. 4. Murdered and robbed by his "fancy" companions. 5. His body found by the harbor police.

farmers and their own ambitious offspring."[4] Simultaneously with the height of the land boom and the growing strength of the alliances, intemperate weather fell upon the western land: great blizzards in 1886, drought the next summer, followed for a full decade, broken only intermittantly, by extreme swings of temperature and by devastating dryness. Farmers abandoned their holdings, lost their equities to foreclosing banks; and the western land rush slowed down until by 1896 (three years after a business panic which only added to the farmer's woes) the migration to agricultural areas had reversed itself so extensively that more men were leaving farm areas than were entering them. The collapse of these areas included the demise of the boom towns that depended upon agricultural trade and the farmer's confidence. The farmer's distress was brought to genuine political focus by the rise of Populism as an organized movement. Populism reached a peak of organization during the early nineties, but was politically dead by the election of 1896. In 1897, the unceasing aridity in the west blessedly, abruptly, terminated; and by a combination of events—the end of a world depression, the increase of a domestic market, and the rise of prices for land and produce—the farmer for the first time in three decades could look forward to relief and some measure of prosperity.

His share of the national income during the preceding years had fallen precipitously. In 1860 the agricultural share was a little over 30 per cent. It fell in successive decades respectively to 24 per cent, 21 per cent, and by 1890 to 16 per cent (although it rose to 21 per cent by 1900). Although the agricultural wealth of the nation had increased tremendously (from 7.9 billions in 1860 to 20.4 billions in 1900), the farmer's share had steadily declined (from 39.9 per cent to 16.1 per cent).[5]

Paralleling (but in reverse) the decline of agriculture in wealth and power and population was the growth of cities. Let us glance at the population rates. Only during the decade of 1810-1820 were the rates of increase about equal; by 1880-1890 the cities were outstripping the agricultural increase by four to one.[6] Farm population about doubled between 1860 and 1900; while the non-farm population multiplied fourfold. This latter increase cannot be explained merely by immigration, for, as

Shannon calculates, "If the entire number of 14,000,000 immigrants, after 1860, is subtracted from the nonfarm population of 1900, the remainder still represents twice the rate of growth of farm population." Agriculture was yielding not only place but sons and daughters to the cities.[7] All this was reflected directly in the growing number and expanding size of cities during this period. The number of small towns kept pace with the large, but it was the great urban centers—New York, Philadelphia, Boston, Chicago—that caught the eye and imagination, that aroused fervor both pro and con.

For the cities were not all power and riches; in them resided the destitute, the lonely, and the depraved. So said even their lifelong residents and defenders. Overcrowding was a constant feature of life among the poor. The civic authorities were unprepared for the tremendous influx of population, and lack of foresight was aggravated by the rapacious, to say the least, profit-making of landlords who followed a tradition already laid down in preceding decades. There is no need to spell out the well known consequences of slum life. Family disorganization was scandalous, and that in a country where family life was everywhere extolled and held sacred. Children ran loose on the streets, freed from the control and watchful eye of any responsible adult. The mortality of children and of adults too was frightening to those who pondered it. So were the morals. Crime and vice openly flourished, and the children learned early. Their parents faced continuously "unemployment and temporary illness . . . the workingman's twin nightmares."[8] These conditions were not confined to great cities like Boston and New York, but were the accompaniments of rapid urbanization wherever it took place. The facts were assiduously traced down by interested reporters, and to them should be added those later accounts of muckraking which added to the list of urban wretchedness the corruption of the politicians and the rich. The facts were apparent; they could not be denied.

There occurs during this whole forty year period a fascinating and complex development of images. It is important for more than historical reasons that we note what was happening. Let us go back a bit and look at the cities from the farmer's side before the great land rush. Farm boys, if at first frightened by the rising

Lodging-houses for homeless boys—as they were.

G. Needham, *Street Arabs and Gutter Snipes*, 1884

Lodging-houses for homeless boys—as they are.

G. Needham, *Street Arabs and Gutter Snipes*, 1884

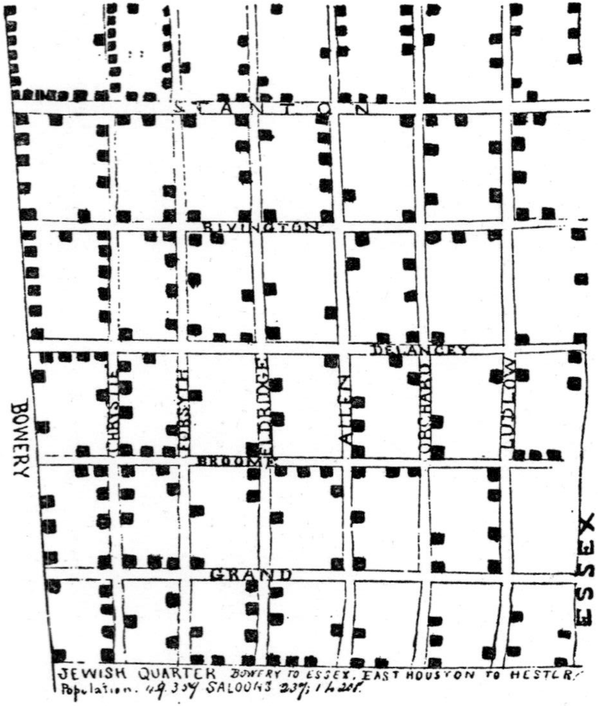

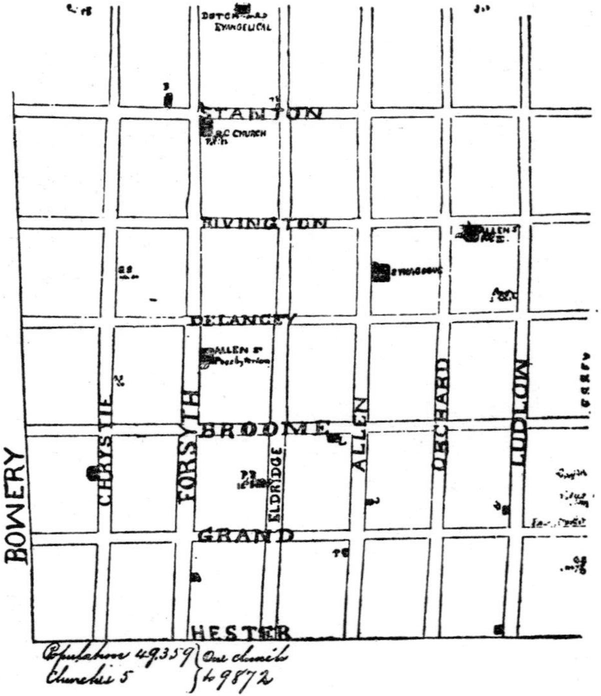

"Comparative maps" of the saloons and churches of New York, 1897.

F. Moss, *The American Metropolis*, 1897

cities of the thirties, forties, and fifties were nevertheless attracted into them. In New England, farmers had never been at an opposite pole from the urban residents; the region was noted for the inclusive framework which bound both into one world. Even the great surge westward just before and after the war, which helped build cities like Chicago and Milwaukee, did not create undying antagonism in the surrounding farmland toward these cities; for they were the very agent by which the farmer was enabled to plough land now wrested from wilderness, and by which he got his produce to market. Of course, the iniquities of these cities frightened some, and newly arrived immigrants hastened through on their way to join relatives in the hinterland; but the city as Babylon, as Moloch, as bloodsucker of the farmer and depopulator of his countryside was yet to gain force.

There were two sides to the farmer's cluster of urban imagery as it later developed (and "farmer" refers mainly, though not exclusively, to the western farmer). The city attracted and it repelled; however, one must add in good logic that the countryside also must have attracted and repelled the farmer and his family. This already suggests a complex disharmony of hatred and love; with passionate conviction spilling over into angry words and irrevocable deeds. Nor need the contest be merely between the generations nor among family members; it could, and did, burst out in single ambivalent souls as they sought to keep anchor to some rock of self-identity in a perplexing world.

The lexicon of the era suggests the various dimensions of the farmer's subjective—and objective—battleground. Against the city many accusations could be levied. It was a Babylon, a den of iniquity, the breeding ground of sin and evil and the temptress of the good Christian. It was also the home of the infidel (the Catholic and the Jew, but also of the godless now fallen by the wayside). It was the bloodsucker which strangled the farmer, the stronghold of the heartless, corrupt, immoral industrialists and bankers and politicians who cheated the farmer of his rightful property and drove a wedge between him and the class of town laborers who had always been his brothers in arms. The city was un-American, denying by its very growth the proper destiny of the American farmer. It robbed him of what was promised (land

and the good life); it stole from him his children (who left either because they had to or because they wished to). This is the imagery of betrayal.

There is also an imagery of the city as impersonal, as destroying those who migrate to it, for it turns them into soulless in-

E. W. Martin, *The Secrets of the Great City*, 1868

How a countryman "bought a watch."

dividuals intent only upon their own narrow purposes. A man could fall to the depths of poverty in the city, and who would care? From the city also emanate those influences which tempt and corrupt even those who remain at home; and which cause others to feel defensive and helplessly awkward in the face of urban ways. The city derides, then, as well as corrupts, lures, betrays, and destroys.

But the city had also a positive side for some farmers, and perhaps even more for their children. At worst it was a place of refuge if one was driven off his land; or a place to visit for an exciting, if sometimes undeniably sinful time (weekend binges in the city are no new thing in America). The city was the great mart not only for one's produce, but also for supplying one's consumption needs (Marshall Field's store was the great showplace to which a surrounding countryside pointed with regional pride). The city was the fabulous place from which and to which the railroad ran; and youth on farms and in small towns dreamed of the day when they would ride those rails and perhaps never come back. For them, as Arthur Schlesinger has written, the city was a lure.[9] It was the place of maximum opportunity, the place where an ambitious person might prosper, and where he would sally forth to do battle. If the terrible economic conditions of the farm areas pushed youth toward the city, the city pulled them by its magnetism.

Such negative attitudes as are directed against agriculture and the farm during this period reflect a realistic experience with frontier farm life. This, so vividly portrayed by Hamlin Garland during the nineties, was frequently a harsh, primitive, backbreaking life, which led many farmers nowhere or to bankruptcy. The taxing life broke men's spirits and prematurely aged their wives. Their children did not necessarily fall in love with farm chores either—though a later generation has romanticized boyhood on the farm from the safe distance of years dwelt in the city. If near the farm there was a town, the boys might feel its pull and grow envious of those who could live there. The townspeople, indeed, supplied visible embodiment of what could be accomplished by leaving the farm.

But, as I have already said, the farmer's imagery was four-sided: for many who remained, as well as for many who migrated to town and city, the farm was a focus of immense sentimental attachment. Farming represented not merely an occupation but, in the most complimentary sense, *the* way of life. This belief sustained the farmer's sense of pride and integrity. Here, woven into his daily thoughts and actions, is Hofstadter's "agrarian myth;" the sentimental and moral obverse of all that the metropolis at its most wicked stood for. Paeans to a bucolic ruralism have not ceased yet, but during the latter part of the last century, they reached peaks of lyricism and blatency.

What of the farmer's counterpart in the city, the life-long urban resident? Was his imagery also compounded of possible pros and cons? The urbanite's experience with actual farm life was remote: such information as he had was gained from reading about it and from seeing or speaking with farmers who visited his city or were recruited to it. Although the picture is necessarily oversimplified, it can at least be said that the uncomplimentary stereotype of rural rusticity, as contrasted with city urbanity, grew popular and yielded satisfaction to urban residents. It was more than a stereotype, no doubt, for city manners were often different; besides, these people would form their notions of rural characteristics by observing selective and of course frequently coarsely obtrusive segments of the farm population (much as today one may form his notions of farmers by seeing only the poorest as they congregate on a Saturday morning in an agricultural town). The rube, the hick, the hayseed, the country girl jokes are byproducts of this era. They were staple ingredients in the ideological diet provided by America's urban mass media. The corollary stance taken toward cities was that this was the only environment in which life could be properly lived.

But the truly wretched condition of many city dwellers could be neither blinked at nor stomached by conscientious urban spokesmen, who could not but agree that the city was a den of iniquity—if not for themselves, at least for the unfortunate poor. As a counterpart to the rural wail over farm depopulation, to which some native urbanites added their voices, there developed among some urban reformers a back-to-the-farm movement. Captured, as the historian R. R. Wohl has documented,[10] by the long standing agrarian imagery of America, reenforced by the contrast between the healthy bodies of the rural youths and the pallor of slum children, buoyed by contrasting images of child life on the farm and the horrors of street life in the city, some reformers formed a roseate picture of agrarianism precisely during the period of its sharpest decline. Nathaniel Egleston had convincingly described the plight of the agricultural villages as early as 1878,[11] but such books as his went easily unnoticed by influential reformers like Charles Loring Brace. By dint of Brace's tireless efforts, over 300,000 children were sent from New York alone to farms in the West.[12] Such work did not rest entirely on the work of individuals but was carried on by agencies in many cities.[13] But how discouraging, as the years passed, to send but a few thousand slum children to the countryside when the countryside itself poured hordes of farm youth into the cities. In time, men like Brace abandoned their dreams of reconverting city urchins into sturdy yeomen. They "built more and more schools, industrial training centers, lodging houses, and the like . . . and, increasingly, geared . . . activities to the assumption that underprivileged city children would remain permanently in the city."[14] There sprang up also a literature for the youth which would enable them to survive and rise in the city. Foremost among these publications were the Alger stories, veritable textbooks for coaching lads on how to avoid temptation and crime while winning a commendable social status. Alger gave to poor city boys and to country boys preparing to leave for the city "high hopes and visible inspiration in a time when they might be tempted to complacency and possibly to despair."[15]

But meanwhile the myth that the country was the source of moral integrity and vigor survived for yet a time. The country boy legend was preached by urban publicists who argued that when the country boy came to the city he made good because his roots lay initially in the soil. There began a controversy, which continued well into the present century, centering around whether the city or countryside has contributed the majority of great men to the nation. In later years, the country boy myth—already partly abandoned by men like Alger and Brace during their lifetimes—received a rather thorough debunking from critics. More important

Poor children among flowers.

G. Needham, *Street Arabs and Gutter Snipes*, 1884

was the gradual recognition by city people that a disastrous decline had overtaken rural life. In 1909, when President Roosevelt's Commission on Country Life published its findings,[16] this recognition was given official status and wide publicity.

That the basis for a full-blown urban flirtation with romantic agrarianism had passed is suggested by the complaint of a leader in the playground movement that folk dances no longer existed in the villages of our land and that village youth should be taught them again. This proposition itself suggests some ambivalence in urban attitude. He seems to be saying: "A rural quality is dead; let us revive it because it is so vital." An era is truly closing.[17]

On the other hand, a less sentimental country farmer (she is from the city) who had personal contact with her neighbors suggests, ten years before the playground leader, a program for improving the pitiful lot of the New England farm wife:

> I ask most thoughtfully, can nothing be done to make the farmers' wives of the next generation a little—no, a great deal—more happy, and to prevent the causes of such overwork?
>
> No, women ought to be better looking than these same farmers' wives. They should have pure country air; exercise (but not too much of it) indoors and out; the best of everything in the way of meats, fruits, vegetables, butter, milk, and eggs. . . . They should have horses to drive, should belong to granges and women's clubs, and take part in the exercises with voice and pen. . . . But is this the way in which the majority of farmers' wives in New England now live?[18]

All these things, which she admits have been improving for two decades, are later to come to the American farmer. Her own program exhorts city friends to invite the farm wives to their city homes for two weeks each winter. This "would furnish food for a winter's growth, and cause a beautiful development of character."

Into the cities had passed—and will continue to pass—the farmers and their children. They brought with them their conceptions of an urban milieu; and we have seen that these were both complex and various. Sometimes the migrant was articulate about city life; more often he was not, although in bits and snatches he doubtless expressed himself, complaining now about the city people's lack of friendliness, remarking now on the conveniences which made his life more comfortable. As the migrating farmer passed into the stream of urbanization, so did his views; there to mingle with those more characteristic to men born in cities. Neither the rural views nor the urban could remain unaffected: the city itself was, in this sense, surely a melting pot. While it is probably safe to say that few Americans under forty-five years of age now can hold, in pristine form, the views current during the eighties and nineties, all Americans are heir to some of the images then conceived and only in a partial sense afterward abandoned.

E. THE BLURRING OF IMAGES: FARM, TOWN, AND SMALL CITY

DURING THE last half of the nineteenth century country boys migrated to the small towns and growing little cities that lay just beyond the farm's horizon as well as to the great metropolises. In accordance with a classic pattern of American migration, the move from farm to town might be the country boy's initial step toward the big city; but it might not. He might remain in the town. Once there, he often had some adjustments to make, for however countrified the town might be, life there might differ significantly from what he had known. When the town boy, in his turn, migrated to the small city, he had similar problems of reconciling his past milieu with his present one. At this juncture of American urban history, rhetoriticians appeared who helped their contemporaries meet the psychological hazards attendant upon moving from less to more populated locales. The nature of the supporting rhetoric, and the images which it carried, will be at the focus of our attention for the next pages. The specific locale here discussed is Indiana, in the Midwest, but the imagery depicted unquestionably was shared by many Americans who lived in towns, cities, and elsewhere. It is still a part of Americans' imagery today.

In an earlier day, Americans were forced to choose between rural and town styles for these were not entirely or always compatible. And when the small towns themselves grew and became small cities, those who then experienced both kinds of life—whether by migrating from town to city or by remaining in the transformed town—also felt the difference between the old days and the new. While some felt freed by the change, and some grasped the opportunities to rise in the increasingly complex social order; others, we may be sure, felt the strain of leaving yesterday behind.

That particular psychological problem is endemic to a continually changing country: it is a question of keeping a sense of continuity with the past when one is loath, or is afraid, to leave it entirely behind. When a Mississippi Negro is forced off delta land by economic conditions and moves to Harlem, the discontinuity of his life becomes glaringly apparent; but when a man moves from a southern Indiana farm or village into Indianapolis, although the disjuncture may appear less abrupt and the personal stresses engendered by the migration may be less severe, their discovery requires only a more attentive eye.

At such a juncture men engage in bodily and psychological maneuvers. They may keep continuity in their life by trips home, or by letter-writing, or by entertaining visitors from back home. Or they may, like the village immigrants from the South today and from Italy some decades ago, cluster in nearby dwellings and streets in the city. The reconstruction of rural and village institutions right in the urban environment is another strategy; and of course there are many more, including the very re-creation of some semblence of the old physical milieu.

Above all, what was needed in the late nineteenth century was a rhetoric for softening the transition from little town (and farm) to big town: a way of talking about the past that would fuse it, as an image, with the present; without either destroying the past or explicitly disavowing the present. In spatial terms, this meant blurring the distinctions along the continuum from farm, through village, town, to city (although not quite, perhaps, to metropolis). This delicate task called for skilled rhetoricians, men who had participated in all those communities, actually or vicariously, and could speak to all their peoples.

James Whitcomb Riley, the Hoosier poet, was such a man.

Although nowadays demoted by critics and the falling away of public taste to little more than a poet for children, Riley once spoke for multitudes of their elders, some of them fully as articulate as himself. ("Thanks a thousand, thousand times for the charming book which laments my own lost youth for me as no words of mind could do," wrote Mark Twain. And John Hay wrote Riley that, "Your *Rhymes of Childhood* . . . come home especially to the hearts of those who grew up as you and I did in small western towns.")[1] Although Riley was only one among many who helped to soften and blur the images of farm, town, and city, he was a particularly influential and beloved spokesman of his era. Hence, his career is especially illuminating for the study of urban symbolism.

His biographer and one-time secretary rightly commented, "Although masquerading in his first book as a farmer, he was also a poet for men of the city."[2] *The Old Swimmin'-Hole and 'Leven More Poems* (1883) was the first of many volumes which shortly would make Riley a national byword.[3] These poems represented no great departure in poetic tradition, for they followed almost a century of similar rhyme-making in Indiana, written and oral;[4] Riley himself, in his introduction, draws the reader's attention to one of his literary origins. He says: "As far back into boyhood as the writer's memory may intelligently go, the 'country poet' is most pleasantly recalled. He was, and is, as common as the 'country fiddler,' and as full of good old-fashioned music." This model was quite good enough for Riley who dedicates himself "to echo faithfully, if possible, the faltering music of his song."[5]

Riley wrote of nature and home and childhood and other sacred themes. Riley wrote, it was frequently said, about the common people who took him understandably to their hearts. Even the arbiters of literary taste in the East soon found him noteworthy for his expression of the western spirit, capturing it as he had in inimitable dialect. This same dialect was found a little thin and over-civilized by Edward Eggleston, who is remembered today for his *Hoosier School-Master*. Recalling a genuinely rustic era, Eggleston complained about Riley's dialect that

> it is perfectly sound Hoosier but a little thin. He has known it more among villages than among rustics. He has known it at a later period than I did, and the tremendous—almost unequalled vigor of the public school system in Indiana must have washed the color out of the dialect a good deal.[6]

Indiana did not concur. Indiana was moving from rusticity toward urbanity. The state's chief city, Indianapolis, although growing rapidly, then as now struck visitors and natives alike as domestic and home-loving, so perhaps the psychological distance between the farm and the provincial metropolis was not so very great.[7]

For Riley, there seemed to be little or no distance at all. He included within the orbit of his affections both the village of his boyhood and Indianapolis twenty miles to the west, where he lived out the remainder of his life. His visits to Greenville were frequent, and he retained lifelong friends there. Indianapolis he regarded as a very quiet and neighborly place indeed, compared with the great metropolises elsewhere, for he only barely endured them while on speaking engagements making commercial forays from home territory for money and reputation. Although he enjoyed a conspicuous success on the national circuits as a speaker, and cherished the high evaluations placed upon his poetry by men like Phelps, Howells, and Kipling; he was not tempted thereby to leave Indiana, the source of his poetic material and the object of his deepest personal commitments.[8]

This made him a village and city Hoosier; but he was not a farmer, not even a farmer's son. He had experienced the countryside around Greenville not like a farm boy but like a town boy: he had no farm chores, he knew no farm animals first hand, there were no hired hands in his family. But as a young man, before he discovered his vocation, he traveled about the region and had occasion to observe and speak with farmers and their families; and Indiana villages were places where farmers came to market and to pass the time of day. In later years there came all kinds of testimonials from Hoosier farmers that he knew their ways and could express them movingly.

The first job he ever held on a newspaper (the *Anderson Democrat*) proved how well fitted he was to blur the distinctions between town and countryside. Riley's biographer remarks:

> Among the manifold things he did was to "embellish the new." . . . The bare facts sent in from Kill Back, Poliwag, and Weasel Prairie, were not the truth 'til clothed with his sparkling humor. Country correspondents scarcely recognized their prosy items . . . they read them with inconceivable surprise and glee.

His poetry found favor too. "No weekly editor reached the rural districts as did Riley," the biographer claims. "Farmers called to see him. They came with their families—and brought gifts from their gardens and orchards. . . .The keynote of his success lay in this, the establishment of a friendly relation between town and country."[9] Riley, in a passage that foreshadows his future success in bridging farm and city, entreats the town—already ascendent:

> Without the farmer the town cannot flourish. Ye men of the streets, be cordial to our rustic brethren. They are more potent than bankers and lawyers, more essential to the public good than poets and politicians. Do all you can for them. Farmers should vibrate wisely and heartily between the Public Square and the farm—and *we* of the town should do the same.

With more than journalistic motive he adds, "The golden mean escapes the plagues that haunt the extremes."[10]

No extremes! This could well be taken as the text for all those who having left home for the city or the town, yet need not break ties with home; all those who having chosen to live in a larger place yet need not live in an immense metropolis—crowded, dirty, impersonal—who living in town or provincial city could yet feel that their surroundings were friendly, neighborly, home-like. (Meredith Nicholson wrote in 1904 about Indianapolis that its "distinguishing quality . . . is its simple domesticity. The people are home-loving and home-keeping.")[11]

But this does not account for the tremendous vogue that Riley enjoyed in the large cities where he went to speak before enthusiastic audiences. It is true that he was a great performer, a "great comedian" (this is Booth Tarkington's phrase); but it was only his own poetry that he recited (acted out is perhaps a better description). Some few connoisseurs of literature came, no doubt, to hear an authentic provincial voice; but the majority of his listeners must have come from no such sophisticated motives. Riley himself suggested the way in which his themes might appeal to a socially mobile and previously rural or small town audience: "An audience is cosmopolitan in character, a neighborly gathering, all on the level. The rich are there, and they are interested in the poor, since they came originally from the ranks of those who walk by the wayside." Presumably Riley means the farmer when he talks of the poor, for, "They know as I know that the crude man is generally moral, for Nature has just let go his hand. She's just been leading him through the dead leaves and the daisies."

If Riley was right, his books and recitals aided these lately-come urban folk to bathe in the refreshing stream of past memories, allowing them vicariously to reenact their yesterdays, and so gave them stomach and strength for today's more strenuous events:

> I talk of the dear old times when there were no social distinctions, of pioneer homes and towns, where there was a warm welcome for all, just as if all were blood brothers. I muse or romp happily amid the scenes of my childhood and the paradise is promptly recognized and appreciated by my audience.[12]

But when Riley came back, in triumphal celebration, to speak to his old townspeople in Greenville, he rose to the occasion with more specific reference than to generalized mothers, hired-men, and swimmin'-holes. He spoke of particular places, particular men, particular events. He recalled the good old days when he actually lived in the village, and when some of those assembled were boys with him. To his urban audiences he did not need and could not, be that specific. His role was evocative, not referential.

The functions which Riley and other articulate contemporaries performed for their era are still being performed in ours; not by Riley, whose poetry is read by children today for narrative and lilt, but by more up-to-date spokesman. The latter still blur the actual distinctions between farm, town, and metropolis, even when allowing the actual fact of those distinctions. An excellent instance is provided by the editors of a recent nostalgic collection of writings, *America Remembers*.[13] They do not make the mistake of factually confusing town with farm; they are as clear about the vital distinction as between either place and the city.

(One section of this book is titled "Country Days. 'Down on the Farm'"; another is headed, "Home Town. 'Back Where I Come From.'") But what is the farm, sentimentally rather than factually? "America began on a farm. The land is our heritage, and the strength of our national character is rooted there." The editors declare that "the old tradition and customs have kept their place not alone in the heart of the farm family, but in the hearts of those of us who, having left the country, find that the country will not leave us." And who and what do we think of:

> We remember those tireless people who ministered to the needs of the community: The horse-and-buggy doctor who battled mud and icy weather to visit a sick child; the preacher . . . ; the indispensable hired man who often was almost a member of the family. We remember the work for it occupied the major portion of our days. From "can see to can't see" we were busy with chores.

Work is what links the American farmer, regardless of terrain and agricultural product: "Any farm-bred man or woman has tended the stock, oiled harnesses, or turned the dasher of a churn." The sentiment of place is lavished upon those "places we knew and loved: The country store . . . the old country school." And:

> There were celebrations too. The Sunday School picnic with lemonade by the gallon and country ham and declamations and stomach-aches; husky bees and quiltings; hog-calling contests that decided the county champion. And who can forget those necessary standbys, the Sears, Roebuck Catalogue, and the Farmers' Almanac, which took their places next to the family Bible on the parlor table?[14]

The syrup of sentiment flows no less freely over the town. "America is a nation of home towns. To thousands, home is not just a house and a family, but a street, a neighborhood where shade trees and party lines are shared and a cup of sugar is yours for the borrowing." To the editors, a town is a town regardless of where it may be found on the American continent. Stripping off the external differences among towns, we find that though "A New Englander's memories will differ from those of a prairie town boy. But underneath the difference is a sameness bred of living together in a town where the mayor, the butcher and the banker are as equal as thirteen to a baker's dozen." We played together under the street lamps. We drank sodas together. We earned money on the paper routes. We celebrated annual events "that thronged the sidewalks and swelled the pride of the old home town"—the circus, Chautauqua, Decoration Day, Fourth of July. The Town Meeting was "democracy's finest expression." And, of course, there are the local town characters: the editor, the lawyer. Above all, the town is symbolized—as it has been so often symbolized in book and movie—by its streets, yards, and porches; and, one might add, by its shade trees, and its white fence. "Hometown, U. S. A. . . . is where democracy lives" means, as the quotations bring out, sharing, neighborliness, and equality of social position.[15]

In this rhetoric, all differences among towns are dissolved in a great blur of feelings; and despite the presentation of distinguishably different images of country and town life, these also tend to blur—to become fused into one glorious global image of good American fellowship.[16]

It is as if, once having seen that the excellences of farm and town are not exactly identical, one might simultaneously see that no choice need be made between them. Unquestionably people do make such choices, preferring to live in one locale or the other, preferring one style of life over the other; but it seems safe to suppose that a symbolism which can help to minimize, soften, and blur differences in locale and style is extremely consequential for American life.

F. THE COUNTRY TOWN AS A SYMBOLIC LOCALE

WE SHOULD not suppose that only the residents of small towns and countryside symbolically soften the distinction between those locales. To the natives of large cities like Boston, Baltimore, Chicago, and New York, most smaller cities and towns seem rural, provincial, countrified and deadly dull. Even sociologists have been prone to discuss the problems of urban life as if cities much smaller than Dallas or Kansas City were hardly cities at all.

Nevertheless, the residents of many smaller American cities have for many years felt themselves both a part of the nation's urbanization and yet distinct from the residents of the larger, more forbidding metropolises. It is true that generation after generation of youngsters abandoned their home towns for those great metropolises; but many who stayed seemed to believe that their towns had developed, in their own way, a distinctively urban way of life, albeit remaining comfortable, friendly, and easygoing places.

Naturally these residents have tended to blur some very genuine differences that exist among various of America's small cities; for their inherited symbolism emphasizes mainly city and countryside, and we have seen that these are far from polar terms.[1] In so doing, they have had symbolically to place the small city somewhere between the countryside and the metropolis: kin to the countryside but partaking of qualities reputed to belong to larger cities.

In discussing the representations which the residents of small cities (especially those some distance from the great centers) make of their urban environs, it is convenient to draw upon the writings of William A. White, editor of the *Emporia Gazette* (Kansas). By focusing upon White and his writings, we can get a very good grasp of the imagery of many of America's smaller cities. The locale will be Kansas—and the cities which White will praise and defend are perhaps more characteristic of the Midwest than of certain other regions—nevertheless White's very considerable national audience suggests how widespread was, and is, imagery comparable to that of this eloquent spokesman.

What does it mean to say as White did that "country town people are neither rural nor urban, a people who have rural traditions and urban aspirations"?[2] The first of White's phrases simply set the limits: townspeople are not country folk, but neither are they cosmopolites. But then what do "urban aspirations" mean, especially when laid atop "rural traditions"? It would be so simple to answer this if only we could say that these towns are half country, half city; or that they are villages invaded by industry and mass media, and thus partly urbanized.

Of course, both answers have been given; but as White's comment suggests, a great many townspeople would not agree.

Two more of White's assertions suggest further the inappropriateness of a simple urban-rural terminology. He says proudly that, "The country town is one of those things we have worked out for ourselves here in America." (When an American says that anything is American, he is not stating a simple fact, but is staking a claim.) He adds that the American town is unlike our cities, which are matched by cities in other nations. "But in the country town—the political unit larger than the village and smaller than the city, the town with a population between three and one hundred thousand—we have built up something distinctively American."[3] The country town, then, (remember this is an image) is a home grown product, different from the big city, different also from tiny units like villages and hamlets, different too from scattered farmsteads. But what is this about a country town ranging anywhere from a unit of three thousand to one that is thirty times its size? If size can be so minimized as a criterion for urbanity, then it is something to be looked into further.

Why does William White place his outer limits at 100,000 people? This is probably a symbolic figure rather than an exact one, so I feel free to point out that White himself made all the transitions from Eldorado, Kansas to Kansas City, to Topeka, back again to Kansas City, and on to Emporia (when he was a young man) having little consciousness of differences in their urban styles—and at this time Kansas City "was an overgrown country town of a hundred thousand people." How little different this larger country town seemed from the smaller ones, White suggests with the colorful remark, "It was consciously citified, like a country jake in his first store clothes."[4]

Beyond the symbolic outer limits of city size, regardless of where the townsman may place them, lies a domain fraught with danger to central American values. Abe Martin quips that "New York, with her 5,970,000 population, would be a dandy place t' lose a relative," and the humor rests in part on the danger to human relations in a vast metropolis. White is more explicit both about Americanism and the danger to it. In contrast to the country town, "Class lines extend from city to city well around the globe. And American aversion to caste disappears when the American finds himself cooped in a city with a million of his fellows."[5] Not that there exist no classes in the country town—White is well aware of these—nor snobbery, nor ill-nature, nor even vice: but these increase with the growth of population and the industrialization that accompanies it. Stung by a passing remark in *The New Republic* (about a presidential candidate, "He is from Emporia; ever see Emporia?"), White answered with a blistering editorial titled "Ever See Emporia?"[6] and in this retort explicitly assesses the relation of city size to civic virtue. To begin with, "it often happens that towns lose their value as civilized abodes somewhat in relation to their increase in population." And Emporia is not just Emporia, but is representative of a way of life enjoyed by other country towns: he is speaking

> . . . in behalf of Emporia—not as a particular village, but as a typical Midwestern town . . . most of the things for which we are thankful in Emporia are the things which other Midwestern towns and many American small towns in every section of the country enjoy.

What dominates his image of the country town, then (and we can be certain he is not alone) is a vivid contrast of the country town with the metropolis.[7] On the negative side, the metropolis means an increase in all those things brought to accusatory focus in an agrarian lexicon: crime, vice, impersonality, unfriendliness, lack of generosity, extremes of poverty and wealth. The country town, whether small or fairly sizable, has only a minimum of these undemocratic and un-American shortcomings, albeit it does have a few. Once, chiding his fellow townsmen, White editorialized:

> The booster, the boomer, the rizz-razzer who screams in headlines about the glories of the town gets nowhere. But the editor who, by his own practice as well as his own preaching, stands for decent things and encourages unselfish citizenship, glorifies giving and frowns on taking, has a constructive attitude which is sure to help his town. He may not bring more people in. . . . But he certainly can make life better and happier and broader and more comfortable for the people who live in the town.[8]

In that passage are clearly mirrored both the townsman's profound conviction about the virtues of a small population and a drive to grow bigger that is, and has been, so much a part of the ambitions of countless American small towns.[9]

But to return to the contrast between metropolis and country town: this contrast is hazardous in the extreme for the townsman unless he can claim some cosmopolitan virtues for the town. Otherwise, he is open to charges of provincialism and backwardness; worse, he is symbolically cut off from the fruits of American progress! As far back as 1906, White began to hit back against such charges.

> Because we live in country towns . . . is no reason why city dwellers should assume that we are natives. We have no dialect worth recording. . . .[10] But you will find that all the things advertised in the backs of the magazines are in our houses, and that the young men in our town . . . whistle the same popular airs that lovelorn boys are whistling in New York, Portland, San Francisco, or New Orleans.

And breathe not a word against town girls! They are as pretty and as well dressed as anywhere, and in the fall "fill the colleges of the East and the State Universities of the West."[11] In the summer they are to be found at all the finest summer resorts, sophisticated and knowledgable on the subjects of travel, food, painting, and other of the civilized arts. And in his "Ever See Emporia?" White engages in some simple arithmetic, asking whether it does not all add up to civilization. "Let us first consider the distribution of material things," he says: there are so many families, so many telephones, so much electricity and running water per house, so many square feet per house-lot; and there is the excellent school system that we have, and the recreational resources, and the creditable hospital and labor and legal situation. Lest we think him crassly materialistic: "So much for the material things." He tells then of the music festivals, the plays, the travelling art shows, the magazines and newspapers enjoyed by the townspeople.[12] Then, plunging on:

> So much for art. Now for life: there one is puzzled. It is hard to say whether a community in which there is a fairly equitable distribution of wealth, a fairly high degree of literacy, a fairly low degree of poverty, and practically no crime, is worth while. Perhaps Athens with more of these things gave more to the world than more circumspect and righteous cities. Doubtless Babylon gave less.

Then, flinging the question back at *The New Republic* and the New York for which it stands, "About our own larger cities, with their inequities of living conditions, who can surely tell the truth?"[13] Of course, what he means is that if the scales balance either way, they surely tip toward the town.[14] Many a country town, or small city, resident would not be half so tolerant of big cities as he.

White, spokesman of the country town—to the town itself and on occasion to the big city—once sought to explain what was different about a country town newspaper. (Journalism was his business and his vocation; the *Emporia Gazette* was his love.) We may presume from the tone of the essay, which was written for a *Harper's Magazine* readership, that some city people had spoken of town newspapers as provincial and dull.[15] White counters first by stating that country towns are unique to America and embody civilizational values to a high degree. He admits that town newspapers are provincial, but argues that this is so of the big city papers also, for it is the nature of newspapers to report local news and tell of local personalities. What is different about the country newspaper (which is, mind you, "the incarnation of the town spirit") is that it reports news about people that everyone in town knows or knows about. For "the beauty and the joy of our papers and their little worlds is that we who live in the country towns know our own heroes." One senses that this is crucial to understanding what townspeople believe differentiates the small city from the large one. In a town of fifteen thousand not everyone can intimately know everyone else (much less in cities up to one hundred thousand that White claims are still country towns). Let us not be too literal. White is not saying that all the actors who appear in the local newspaper are known; he is saying only that townspeople feel that, by and large, they know their town and its people. If you will pick up his essay on the country newspaper and read its last three or four pages, you will see how he grows lyrical in praise of town communality. Listen to the overtones of those powerful words: friend, kin, human, intimate, neighborly, democracy. Driven to the defense by big-city attack, he needs to fall back upon a tried and true agrarian vocabulary; although he tells us clearly in his opening sentences that the country town is unique, is *not* synonymous with the countryside.

From these very towns have emigrated those who have dissented from the town's way of life. ("Meg came from a small town in southwestern Indiana, a place called Hinsdale, and as far as she was concerned it could disappear without a trace.")[16] Before 1905, according to Ima Heron in her study of *The Small Town in American Literature*,[17] writers had, generally speaking, romanticized the villages; although a few, Garland and Twain among them, had pictured them in less pastel colors. But as the villages became towns and the towns grew into cities; as the countryside declined beyond belief, and more important, as the cities grew dominant over the countryside and the agrarian myth lost some of its magic; then a literary reaction set in against the home town. Sinclair Lewis' *Main Street*, published in 1920, still stands as the most visible symbol of the revulsion from small town provinciality. It seems to be as true in our day as when, almost thirty years ago, Henry S. Canby pointed out that we have a two-sided literary treatment of the town: one criticizes it and the other applauds it, or at least finds it satisfying.[18] Some of the best selling authors during the past three decades, Tarkington and Bromfield among them, have mined the old romantic vein, speaking vividly to townspeople however much the urban critics may cavil.

Those townspeople who have seen fit to remain in the home town ("Chicago is a nice place to visit for a good time, but who would want to live there!"),[19] will have witnessed startling changes in the face of the town; and sometimes in its tempo and spirit. If as old as William White before he died, they will have passed through successive stages of urban growth. Like White, they may have been born in or immigrated early to a frontier village, but grown old in a bustling small city, complete with all the urban amenities. White had a theory that towns grow by incorporating all their experiences, "laid layer by layer in their consciousnesses, as time moves."[20] These experiences may seem to have been forgotten, as the town changes in apparent character, but they are actually engraved into the heart of the town. Is it any wonder that he could term the outcome, "this peculiar civilization"?[21] And should we be surprised that as articulate and ardent a critic and defender of the town's ways as he was, he should nevertheless have been unable to pin down precisely in words what is the civilization of the American town? It is enough, really, for him to have evoked the old images ("a people neither rural nor urban, a people who have rural traditions and urban aspirations"); especially if one adds: "and who are getting a rather large return from civilization for the dollars they spend."[22]

The same kind of evocation still pours off the country town presses, and is to be found in popular histories written about small cities. From a mass of such material, I choose for further illustration passages taken from a history of Hutchinson, Kansas, a town of about 30,000 not many miles from Emporia.[23] In the preface, the author invokes the god of communal continuity: "Man looks into the recorded past to learn about the land he lives in; to know and understand those men and women who came before him—that he may finally know and understand himself." This town historian then dwells upon the hardships endured by early pioneers and the development of Hutchinson from town to city, upon the surrounding agricultural terrain, upon the development of commerce and the industries; and he carefully lists civic, moral, and artistic accomplishments (a list much like White's for Emporia). The volume closes with a set of sentimental passages: note its imagery, ending with the key sentence (which we have all heard again and again when someone refers to a small residential city):

> one cannot help but become impressed by the fact that the finest thing . . . developed here is not the modern stores . . . nor the big industries . . . nor the beautiful, well-shaded homes . . . but the splendid spirit of the people. That is what makes Hutchinson a good place to live.

We are then told that some years previously a New York City journalist, Arthur Brisbane, had stopped over between trains in Hutchinson. Brisbane later had written about the town, laying special stress upon its "whole hearted hospitality" and "friendly spirit." With this wonderfully vague term (friendly), but one drenched with connotation, the author closes his book pausing only to link the town's current residents with those who preceeded them. "Friendly"—like those other terms described by the Lynds for Muncie, Indiana, as "the intellectual and emotional shorthands of understanding and agreement"[24]—is capable of summing up all those inexpressible things that people feel about their small cities; and perhaps helps gloss over the more disagreeable sides of town life.

Above all, what one senses about the imagery of their towns is a sense of comforting continuity, even when the town has grown into quite a sizeable city. This is, perhaps, an aspect of what White means when he maintains that the local heroes are known; that when the wedding guests are listed in the town paper, "we know just what poor kin was remembered, and what was snubbed"; and when a bankruptcy is announced, we know "just which member of the firm or family brought it on, by extravagance or sloth." Beyond personal memory, there are linkages with the past: the town mythology, the town legends, the old people who form connecting bonds with the past. White writes of the town's layers of historical experience: "Four or five towns lie buried under the Harvey that is today, each one possible only as the other upholds it, and all inexorably pointing to the destiny of the Harvey that is, and to the many other Harveys yet to rise upon the townsite—the Harveys that shall be."[25] What a contrast this incantation makes with the same imagery used by George Orwell when he has his hero return to the scenes of his childhood, crossing with eagerness the brow of a hill that hides the old village, only to be perplexed and lost and disappointed at finding it buried beneath an avalanche of brick buildings and a tangle of city streets![26] Those who return after long absence to the old sites risk similar disappointment. As the editors of *America Remembers* caution, it may be better not to go back.[27] One may have to console himself, after the shock of strangeness with the thought: "No matter: the country of our childhood survives, if only in our minds . . . we carry its image . . . as our most essential baggage."[28]

The man who remains at home runs less risk of such dispossession and its accompanying symptom, the loss of his identity; but he is not entirely immune from this disease of the soul, as some of the novels about small city life make plain. White himself seemed not to be immune; for he closes his otherwise optimistically tinged, lively autobiography on a curiously ambivalent note. He takes us to the brink of the great changes about to transform at least the outer features of the American town (it is then 1923).[29] "Old America, the America of 'our Father's pride,' the America wherein a frugal people had grown great through thrift and industry, was disappearing before the new machine age." Even journalism "was ceasing to be a profession and was becoming a business and an industry." White leaves us, in his closing paragraphs, with the imagery of one of the greatest days in his entire life. He shuts his eyes and leads us to see the Bull Moose Convention of 1912, where eager faces turn up "with joy beaming out that come from hearts that believed in what they were doing; its importance, its righteousness. It seemed to matter so very much." And now? "And now they are dust, and all the visions they saw that day have dissolved. Their hopes, like shifting clouds, have blown away before the winds of circumstance." White asks himself if it did really matter much. "Or is there somewhere, in the stuff that holds humanity together, some force, some conservation of spiritual energy, that saves the core of every noble hope, and gathers all men's visions some day, some way, into the reality of progress." With this comforting possibility, he ends the book, admitting that he does not know. Is it too much to assume that in his less reflective moments this last thought was his more abiding faith?

Whether one agrees or disagrees with that conclusion, it is clear that staying at home in a growing and changing American town has its own psychological accompaniments; that one considerable danger of remaining is a consequent personal feeling of malaise over the town's seeming deterioration; but that one balancing advantage is the possibility that a man may change in tempo with the town's changes, so that the town still suits him. William White, we may assume, has merely articulated what countless less vocal, less gifted, townspeople and small city residents have felt. His images (of towns, of metropolises, of friendliness, of town continuity, and of American civilization vis-à-vis city size) are a convenient way of allowing outsiders to see how the smaller American urban centers may be conceived by their residents: somewhere between the symbolic locales of "farm" and "big-city"—and very American.

9

City Planning: Profane and Ideal

CITY planners are of two species: the irreverently-practical and the unworldly-utopian groups. Aspects of the work of both are suggested in this chapter. Section A may disillusion some readers, but Section B may revive their flagging idealism. The imagery, the dreams of Americans about their cities have had both idealistic and pragmatic aspects. Even the more practical strategies have had (at times) a visionary coloration, and even the more utopian schemes have stressed elements useful to actual city builders—to those of later generations if not to contemporaries. The reader is advised not to choose sides at the outset, but to review both the mundane and the utopian schemes before committing himself.

A. *THE PROMOTION OF CITY REPUTATIONS*

THE PROMOTION, presentation and maintenance of city reputation is, and has long been, a striking feature of the American urban scene. No small part of this history is due to the bewilderingly rapid development of American urbanization; to its speculative accompaniments; and to the uncertain destinies of particular American cities.

"America, from its inception, was a speculation," writes one historian about land speculation on this continent.[1] He makes a suggestive point. The result of the earlier land grants, and the later connivance for and purchase of land, involved men in gambling upon the futures of farm and town sites. We have observed that land booming commonly accompanied our town and city building. Towns were founded, in fact and on paper, with tremendous zest and fanfare. "There was no fork, no falls, or bend in any river; no nook or bay on Lake Erie or Lake Michigan; no point along any imagined canal or railroad, in fact, not even a dismal swamp or a dense forest, but could be classed as a choice location for a flourishing metropolis—at least on paper."[2] Countless paper towns were platted and advertised with lovely maps and boomed vigorously in the East. Most of these never materialized; others never got further than becoming nondescript or modest backcountry villages. But promoters might "advertise and trumpet forth the qualifications of a town in the moon, if there was a chance of selling any of the lots," exclaimed a contemporary, "No doubt, every earthly thing must have a beginning, but some of these towns are evidentially 'the beginning of the end.' "[3] Some few towns grew into great cities and although the early land booms became a thing of the past, speculation in land became a permanent feature of our cities' horizontal (and vertical) expansion.[4] As a footnote on the earlier period, we might also remember that many towns were laid out, and colonized, through the efforts of land companies. Advertising and promotion were the very stuffs out of which a considerable number of American towns were fashioned.

This was less true of older centers founded during our Colonial period. Yet when the Western lands began to be populated, the largest coastal cities became locked in struggle over trade advantages and for relative position in the nation's urban constellation. Their competitive effort to carve out trade empires through the construction of turnpikes, canals, and railroad routes is a well known story. New York won decisively over its rivals. An ambitiously rising town like Baltimore failed to overtake Boston and Philadelphia because its citizens could not establish the necessary rail routes to the interior.

As the railroads pushed west, land jobbing and land promotion accompanied them to the very shores of the Pacific, and naturally the town sites were among the most lucrative prizes.[5] Towns previously established battled among themselves to bring one or more railroad lines through to themselves. There is little question that an enterprising local entrepreneur or group of entrepreneurs could settle the fate of a town and its neighbors by inducing a railroad company to lay its tracks through the town. Kansas City thus won out over St. Joseph and others of its neighbors; and so by similar foresight and energy did numerous other cities rise to positions of local and national prominence. Such deadly entrepreneurial warfare was carried out with a rich arsenal of weapons, not the least of which was organized promotional effort.

Chambers of Commerce and Boards of Trade were involved to the hilt, along with professional boosters, in broadcasting the bright futures of their respective towns in appropriate quarters. Inducing railroads to come to town, and persuading capitalists to build a local railroad net throughout the town's hinterland, was only one step toward growing into a great city. Eastern money had to be attracted, and men with cash and credit, so that the town could flourish. Where money and industries flowed, migrants would follow; thus more money and industry could naturally be attracted in an ever expanding cycle. While sagacious investors might use their own resources and initiative to discover the best town in which to invest their money, they were by no means left unaided by the organized promotional resources of the many competitors for their investment. Towns which failed to attract investment or some sizeable industry, fell behind in the race toward bigness; they might even fade completely from the map. While favored geographical location—either at a specific site or within an expanding region—helped a town to grow, so did the perspicacity and promotional abilities of its residents. (The local entrepreneurs frequently were not home-grown but had come there with an eye to the town's potentials. Many a city owes the beginnings of its prosperity to some outsider who quite literally put it on the map by founding a local industry there.)

A philosophy of expansionism was, and is, deeply ingrained in many American towns: expansion is good for businessmen; it is good for employment; and it is just good for its own sake, it is believed. Yet it would be an exaggeration to claim that every American town was preoccupied with growing greater than its neighbors or continued to be so preoccupied after the first excitement of growth had worn off. Although nowadays virtually every small city has a Chamber of Commerce, they are not all engaged in bringing additional population and industry to town: far from it, these organizations sometimes oppose such expansion. Quite aside from economic motives, various townspeople may be loath to see their town grow: for instance, because they fear the invasion of new kinds of people, or because they envision drastic accompanying changes in the atmosphere of their town. Many an American town has declined in size and in population while its more important citizens did nothing effective to stem the tide of adversity.

Yet when a town has managed to keep from losing further industries and population and to reverse its luck, it is generally because the Chamber of Commerce or some other association of business leaders developed a new concept of the town's potential and successfully promoted that concept to interested parties. Stories of such successful promotion are legion: popular and business magazines carry them as standard fare.[6] The larger cities of the nation, in their struggle for trade advantages and relative economic position, are witness from time to time to the formation of special associations which arise to do something about declining business and to refurbish the city's reputation. New Orleans businessmen recently formed such an organization. They called it International House, "a non-profit organization to promote trade, provide services to the traders, and shout Port of New Orleans to the world."[7] In Pittsburgh since World War II, civic leaders have been engaged in a tremendous effort to remake the face, and in some part the physical structure, of their city, to bring in new industries, and generally to change Pittsburgh's long-standing reputation as one of the least inviting urban sites in the nation.[8]

In the smaller towns and cities this process of presenting a new or better self so as to attract industry and engender civic prosperity goes to such lengths that outside professional aid is purchased: the town calls in a doctor, quite as might an ailing patient.[9] In the smaller cities, too, psychological limits fetter the more ambitious residents who might like to see their home town expand beyond belief. The usual assumption is that the city not only cannot grow that much, but ought not to grow to a size which would radically change certain desirable modes of living. Some of this ambivalence toward urban growth is nicely suggested by a reporter for *Fortune* magazine who a decade ago sympathetically wrote up the successful "hunting of industry" by the businessmen of Utica, New York. "It is for the purpose of strengthening . . . security that the Utica Chamber of Commerce," he concludes:

> has taken to ogling strangers. For Utica is certainly no "booster town." It is highly improbable that Utica will ever become a metropolis, and it is doubtful if anyone now living there wants to. . . . It's a pretty nice way of life, and of doing business, up Utica way. It is, one might say, the American way—without ulcers.[10]

The directions in which a city should grow or change are nowadays perhaps less often set by outsiders when the city is large or prosperous. But non-local people can certainly help shape the destinies of smaller or hitherto less fortunately situated towns. A historic instance is the rediscovery of the country plantations around Charleston by rich Northerners after the Civil War. Their purchase of these homes eventually led to the self-conscious promotion of "historic old Charleston," a concept that brings crowds of tourists to Charleston every year. A more striking example has occured in almost every resort town in Florida. The repetitive pattern of city growth there has been that some entrepreneur, quite in the nineteenth-century style, has correctly read the future of some sleepy little town. By dint of bringing transportation to the site, broadcasting the town's virtues, and getting improvements put in, a resort city has been born. Sometimes the original residents oppose this course of events; sometimes they impede the redirection of the town for years; sometimes they completely block the outsider, and peaceful provinciality outlasts his dreams.[11] If, however, the dreamer conquers, then the town typically is flooded with covetous outsiders, drawn there to make a killing in land and in trades new to the town.[12]

Residents' presentation of their city to the world—and to outside groups judged important to the city—is often affected by the specific other cities they take to be rivals. Self and other become linked in a single set of imagery; and both get presented in contrasting or competitive terms. The rival city may be located nearby; it may be at the other end of the state or region; it may even lie at the other end of the country. In keeping with the psychology of American urban expansion, when a city grows larger it tends to change its rivals; for it is likely then to change from a local into a regional center, or from a regional into a national metropolis. Imagery is only keeping pace with changed economic functions and added size. It is easy to find numerous examples of such shifting competitive focus in the history of American urbanization. (One of the most dramatic ones now going on is the gradual fusion of long warring Dallas and Fort Worth, as these cities gradually merge into one another physically and as both turn to face the competition of the growing giant, Houston.)[13] The very size of the American continent, with a comparable vastness of urban economic empires, means that our largest cities may perceive their rivals to be located at considerable geographic distance. (Chicago is beginning to see Los Angeles as its main competitor for second city in the nation.) Of course, many cities may not have a clear-cut rival, for they stand relatively unchallenged at the center of some regional empire or have virtual monopoly of some economic function. But some other aspirant may take one of these cities as its main rival, and in time may force that view upon its opponent.

The large American city, tending to be engrossed with

economic expansion and having been faced with a continually unexpected increase of population, has never had much time to consolidate its past gains or leisure to take its attention off the alluringly expanding future. Unlike the large European cities, most of which developed into larger urban centers during the eighteenth and nineteenth centuries from smaller beginnings along established trade and water routes, American cities were plunked down in the middle of nowhere, in a hurry, and developed initially under conditions of intense and obvious competition. (The competition might turn about sheer survival as well as a scramble for advantages.) This history is deeply rooted in the psychology of the American metropolis. It combines with the competitive urges of businessmen to give coloration to big city life. The point is made dramatic by a story about Dallas. This town, once known primarily as a center of cotton finance, converted to oil finance when oil became big business in Texas. Quite without oil resources itself, Dallas has had to wage vigilant warfare against other Texas cities in order to remain important. When the State Cenntenial rolled around, Dallas won the right to stage it, although the city had not even been founded when Texas was separated from Mexico. Dallas has an unofficial junta of businessmen who plan for the city and rule over its destinies. *Fortune* magazine, which wrote up this group of Dallas citizens, tells of how, in 1948, the Chance-Vought Aircraft Company almost cancelled a projected move to Dallas from Connecticut when the company officials learned that the city's airport possessed runways too short for company use. Three hours and forty minutes later, after the City Council had held an emergency meeting, Chance-Vought was told that "Two hundred and fifty-six thousand dollars had been voted for runways. Work would begin Monday morning."[14] This is urban planning, American style; or at least it is one important kind of American planning.

Town planning in America has generally been geared to such commercial considerations as I have sketched in the foregoing pages. Internal real estate developments, suburban planning, zoning, urban development and redevelopment: all are utilized not so much as utopians or visionary architectual planners would have them, but as business interests would have them.

(This is a sweeping statement, but in general it is incontestable.) Planning and promotion in the American city have thus proceeded hand in hand.

B. *IMAGES OF THE IDEAL CITY*

THE CITY of reality necessarily must fall short of providing a completely satisfying milieu for its residents; whereas the ideal city can reflect what its inventor finds dissatisfying about the cities of his own day and what he wishes that an urban life might be. He has a vision of the good urban life which will be furthered by a wonderously designed physical setting. Such projections of idealized utopian cities are a far cry from the city as dreamed of, promoted by, and built by American civic and business leaders.

During the latter decades of the nineteenth century, when it was becoming evident that most Americans must henceforth choose or be forced to live in cities, a wealth of writing appeared which depicted an idealized urbanized life as lived in utopian cities. (This literary tradition, too, has never quite ceased.) The most visible feature of the late nineteenth-century city was its rapidly increasing density. Density—with its accompanying physical horrors (airlessness, lightlessness, a lack of greenery, and an increasingly difficult traffic situation) and with its social consequences (slums, poverty, inequality, family breakdown, impersonal relations)—was the villain of the utopian drama. Most utopian authors attempted to cope with the problem by somehow retaining the virtues of an urban life without keeping those vices so characteristic of densely packed cities.

This solution had occured to an American as early at 1802 at a time when only the European cities, and a bare handful of them, had grown threateningly large.[1] But this utopian dreamer, foreseeing, no doubt, that American cities would not long remain uncrowded, scattered the residences and public buildings of his ideal city spaciously along a number of intersecting roads that ran through cultivated land. In his mythical island of Lithconia, all is thus "one large city upon a grand scale."[2] He gives an explicit reason for that particular civic design. "I found in the history of the country, that there were formerly large towns, as in Europe; the evils, natural and moral, which are the concomitant of great cities, made them think of abandoning them, and building in the manner above described."[3] The diligent reader of this early American vision of an ideal city would notice that farming, trading, and manufacturing were in equal repute and that civilization of a most urbane variety reigned everywhere.

A century later, a Chicago publishing house put out a utopian volume titled *The Making of a Millennium,* wherein a citizen of the splendid ideal city of Red Cross tells an astonished American (in very American terminology) that here "your . . . cities wouldn't be regarded worth ten cents on the dollar. They'd be compared to obsolete machines that are only fit for the junk pile." The American visitor protests: what of Chicago, New York, London? The utopian retorts that, "Being of abnormal growth . . . they will all some day have to . . . gradually pass away, as did the antediluvian monsters."[4] In the city of Red Cross there is a fine blending of city and country. The old-fashioned streets—dusty, muddy, narrow, sometimes crooked—have disappeared forever and in their stead grand "parkways" are lined with residences which face onto ample strips called "farmways." "The same home faces the gaity of the parkway and the rural charm of the farmway." And (better even than the suburban shopping center of today) the shopper who purchases at the city's center will "breathe the unsullied and crisp air of the country" for the industries emit no smoke, "and partake of its products unstaled by middleman delays."[5]

But it is truly fitting that farm and city should be brought together most magnificently in the richly inventive fantasy of an Iowan. During the very year that the Columbian Exposition was arousing some visitors to the possibilities of urban planning, out in the small town of Holstein, Iowa,[6] Henry Olerich was publishing a book whose title could not more explicitly spell out the ideal of a compromise between city and country living. He called his book, *A Cityless and Countryless World.*[7] In its preface, Olerich tells his readers, in familiar enough terms, what is wrong with cities but bluntly states also something about farm life that city people were just beginning to discover, namely that it can be lonely and thankless and impoverishing. Consequently Olerich's utopian world has no cities, no towns and no countryside. For these antiquated concepts he substitutes a very ingenious scheme designed to wed urban amenities with the good earth.

The basic unit of his utopia is a community which consists of a rectangle of land approximately six miles wide and twenty-four miles long. Around the borders of each rectangle run streetcar (or "motor") lines placed in a strip of land about one hundred feet wide. "Big houses" line the edges of the community rectangle at one-half mile intervals. These houses are complete communities in themselves, and each holds a population of one thousand people. Scattered among these houses at intervals of about four miles are factories, mills, and work shops. Within each rectangle will dwell about one hundred and twenty thousand people.

All of these residences and factories are planted within a strip of parkland, one-quarter of a mile in width. Behind this strip are a set of walks or pathways; and behind these is a boulevard extending one hundred feet in width; then more walks; then a conservatory and greenhouse placed in a strip five hundred feet wide; followed by another set of walks; then by an orchard one thousand feet wide; the whole backed up by a field about five miles wide "which extends clear across the community."[8] Double-tracked railways cover the landscape at one hundred mile intervals. Thus, a country as large as the United States divides up into "about 25,000 communities." Farming is completely electrified, and of course is carried on in close conjunction with the exceedingly urbane life of the community houses.

The visitor to this perfected world is chided, at one point, about the cities of America. "How densely," says one of the utopians, "your population huddles together in your cities and towns . . . and how lamely and single-handed your agriculturist toils, early, and late, for the support of himself, his so-called family, and the army of city unproductive and destructive laborers." Your wives, he continues, can hardly attain any "intellectual culture." And your children can expect "no intellectual development under such social and industrial burdens" as they must bear from an early age.[9] By contrast, the land of utopia may remind us nowadays, in spirit if not in detail or civic design, of small Iowa towns circumferenced by rich farm land; and spaced out along roads and railroad tracks. Whether Iowan townspeople make such good aesthetic and leisured use of the countryside as Olerich would have liked them to it would be difficult to say. Probably not.

The decentralization of the huge city mass has always been a dream of various utopians (and planners). The rhetoric of decentralization generally means some blend of rural and urban images. Sometimes the blend is tinged with nostalgia for the agricultural and quiet country-town past, as in Frank Lloyd Wright's fanciful plan for Broadacre City.[10] To this celebrated architect, the modern city (synonymous with "modern society" versus the farmland which has been overrun and contaminated by the city) spells loss of individuality and routine, machine-like action, artificial living, exploitation. In Broadacre City, every citizen should have a minimum of one acre of land; however, one or two small industries are located there. This ideal city, in Wright's poetic words, "would be everywhere and nowhere." By this he means that it would be a decentralized city, for centralization destroys individuality. He is questioned: what about the Garys and the Pittsburghs? Have they served their terms? "We do not need them now." But do we return to pre-industrial life? "No indeed. We keep all the advantages which concentration upon making money has unwittingly pushed to over-development." At the same time he believes we must not forget every man's birthright—the earth. Man "has been industrialized to the limit. Now agrarianize him. Somewhat."[11] That last qualifier, puts the nostalgic compromise in a nutshell.[12]

But the staunchest, most vocal advocate during our times of urban decentralization—and the concomitant wedding of urban life with the countryside—has been the well-known architectural critic and city planner, Lewis Mumford. Mumford, who has often been referred to as an idealist rather than a down-to-earth planner, stems from the British tradition of greenbelt and garden city planning and the American and British rejection of centralization which grew up early in this century as a reaction against the industrialized city and the mass metropolis. Mumford actually wrote a book, published in 1922, about utopias in which he outlines his own views of what a city ought and ought not to be.[13] His views, as presented there, differ in no significant measure from those later expressed in the raking criticisms and enthusiastic plans that comprise so much of his deservedly widely read book, *The Culture of Cities*.[14] The modern "megalapolis" is an equally cruel environment for men of all social classes—Mumford delights in showing the basic similarities in the life-styles of rich and poor as they suffer the urban milieu. The scathing critique which he levels at the modern city is wonderfully eloquent, although it is not new. Parallel to his critical terminology runs a laudatory one, with which he commends particular sites and cities or speaks of the ideal future city. A number of frequently repeated terms that demonstrate his commitment to some sort of combined biologism and muted agrarianism are sprinkled throughout his pages: light, air, green, human scale, human needs (often needs for light and air, or such priorities as quiet and privacy and play). In his book on *The Culture of Cities*, Mumford hails electrification, modern communication and rapid transportation foreseeing that these modern inventions will gradually bring about the decentralization of the mass city. In its stead there will grow up considerably smaller urban communities, scattered at sufficient distances from each other so that their density is kept to a comfortably livable level. Like many of his predecessors among the urban utopians, Mumford is concerned with the evils consequent upon density; but he is equally concerned with not losing the advantages of the civilized arts of living so generally centered in the larger cities. He seems not so concerned with blending farming and urban pursuits as with recapturing some virtues of the smaller cities of the past (especially the better planned European medieval cities) as well as the virtues of the countryside.[15]

This concern with bridging country and city, and with lessening oppressive urban densities, has not been the ideal of all utopian writers nor is it shared by all city planners. One may grant that the consequences of crowding immense populations into small spaces have been unfortunate, without concluding that density itself is at fault. One can argue that populations can be drawn together in ever greater concentrations, providing that proper measures are taken to prevent those accompaniments of density that were previously assumed to be inevitable. While some modern readers will be immediately reminded of Le Corbusier's proposals for increasing city density without adding to present discomforts, readers of sixty years ago might have met with a similar conception in a utopian book, *The Crystal Button,* written by an engineer in his spare moments as an agreeable relaxation from a taxing occupation.[16]

Chauncey Thomas looks forward, with pragmatic gaze, to a world overrun with a vast population when no longer will any waste spaces remain on the globe, when "every town of old . . . [has] become a city; every city a metropolis; every metropolis a cosmopolis." Agriculture will then have become horticulture, and every acre will have come under rational consideration for maximum exploitation. But the majority of men and women, will, of necessity, dwell in cities.

Density is something, in Thomas' scheme of things, to be taken for granted and turned to a purpose. No longer will families huddle together in dreadful tenements; they will live in enormous yet beautiful pyramids built (by an architect, not by a profit-seeking housing agent) to last many generations (they are already ten centuries old). These pyramids are complete cities in themselves, each housing more than twenty thousand inhabitants and containing the entire apparatus of town living. "It is simply a fully organized city," explains our guide through utopia, "piled on end instead of being stretched lengthwise." Viewed from afar, these communal pyramids appear to shimmer miraculously despite their vast proportions, for the daylight transformed their windowed sides into a "fresco of many tints." Their inclined planes were banked with attractively planted terraces, upon which the family apartments fronted. Each terrace was reached from the street below by inclined railways.

Chauncey Thomas—anticipating that the skeptical reader of his book might object that the "tenement class" of the nineteenth-century city would soon reduce even these splendid abodes "to their own level of disorder, filth, and degradation"—foresees that all urban workers would have received a thorough moral and mental education before taking up residence in this ideal city.

The visitor to the apartments of workers is immediately struck by the pictures that hang upon the walls and by the musical instruments that are much in evidence. Above all, these citizens have been educated to a love of domesticity and to pride of home. Utopia is now a true "nation of homes." In short, apartment dwelling is more than conducive to the good life: it is a virtual necessity.

Thomas' vision is of an efficient urbanized civilization. It is also, as a comparison with one of the Goodmans' community paradigms can suggest, a vision of a world where men can live with remarkable comfort and ease. It is a society wherein consumption is maximized and actual labor is minimized, or in the words of the Goodmans, it is a society of "efficient consumption." The latter in 1947 argue that for efficient consumption, it is necessary to produce for a mass market; and this means, "on technical grounds," a concentration of population and of productive plant in large cities. In such cities, work and life will center around the market; and, since the standard of living is high, "the moral drives are imitation and emulation," rather than conscience about working hard or preoccupation with sheer survival. The metropolis, like any market or department store, is geared for display and for the satisfaction of a constantly expanding demand for goods.[17]

The Goodmans design a city that consists of four zones: at the center is the market; at the outskirts is the open country (not only for farming, but for escape and relaxation); between is a zone for arts and sciences and another for domestic life. Like certain of their utopian predecessors, they suggest the inefficiency of street networks, and substitute "through driveways." Their logic drives them to propose that at the center of the city there be a merging of many large buildings into one immense structure. This will be perhaps twenty stories high, and will have corridors that connect intermittent air-conditioned cylinders. These corridors will assume "the functions of promenade and display which the streets performed so badly." The cylinders will be one mile in diameter, and they will encompass means of transportation that run vertically, horizontally and diagonally. They will have continuous interior show windows. At their perimeters, hotels and restaurants will overlook the second zone which is comprised of parkland with cultural institutions embedded in it. Within the cylinders there will be housed light industry, business offices, and transportation terminals. Atop the entire central city structure, airdromes will be built. "In spirit and decoration," say the inventors of this plan,

> this center must be throughout . . . a vast department store. Everywhere—as at a permanent fair—are on display the products that make it worthwhile to get up in the morning to go to work and to do the work under the most efficient conditions in order to have at the same time the most money and the most leisure.[18]

Beyond the city's second zone will lie another urban ring where the neighborhood is "the unit of emulation," display, and invidious comparison. The Goodmans suggest a neighborhood block that can house about four thousand people who will live in one continuous apartment building (for efficiency's sake) built around a large open space. Each neighborhood block will have its complement of shops, nurseries, elementary schools, tennis courts, and the like—where the neighbors may "commune and vie." Scattered among the blocks will be clinics, hospitals, and sanatoria; for, in this kind of city, as an inevitable accompaniment of wealth, there is a great consumption of medical services.[19]

The Goodmans suggest this urban paradigm for efficient consumption as only one among several, cautioning that there is no shame in wishing for such a world providing there is satisfaction in it for its citizens. In the years since the publication of their imaginary plans, America has moved, as David Riesman has remarked,[20] quite far in the direction of this kind of mass consumption. If the Goodmans' specific suggestions for geographical and physical layout seem further from current reality, there is little question that many of our larger metropolises are moving in the direction of increasing densities at the city's center and at its outer ring (corresponding to the glass-walled office buildings at the center, and the huge apartment complexes close to the center and also at the edge of town).

Utopian visions demand of their audiences a poetic suspension of disbelief, a willingness to fantasy about the seemingly impossible. Unlike the more prosaic projections of present into future—where we simply get more of what we already have, good or bad—no imaginative utopian scheme is altogether believable, for it cannot stand the test of a detailed scrutiny.[21] It is not meant to stand such practical examination; its main purpose is to excite the imagination by protesting the present and by sketching a changed world. All utopians seek a revision of the moral order, and some ask for radical transformations of a society which they believe is far worse than inefficient. They think it corrupt, or degrading, undemocratic, unfair, unkind to some or all sectors of its population. The society of tomorrow will be a different, and far better, world. Satirical utopias picture the future as a hell—or occasionally a bore—rather than a heaven.[22]

City planners are rarely utopians, but when they write of the ideal city, as a few do from time to time, they border on the utopian vision. Then, they talk an ethical rather than a mere prescriptive or technical language. They ask, "What kind of a city do we want?" or "What is a city, anyway?"[23] They refer to "concepts" and "ideal images" of the city. Like Catherine Bauer, an able and well-known student of planning and urban housing, they may rhetorically question "Is there any point in continuing the old search for a definite concept of the ideal city?" and answer that "It is absolutely necessary to develop *images* of the present-day ideal city."[24] A language of ethics and evaluation creeps even into some of the more technical literature, as when psychologists develop standards for measuring the goodness of cities,[25] or when sociologists and planners debate and calculate the optimal size for cities.[26]

City planning of utopian cast has had some small influence on the development and design of American cities, but unquestionably its influence has been almost infinitesimal compared with the combined, if not co-ordinated, efforts of real estate agents, chambers of commerce, community business leaders, politicians, civic and transportation engineers, architects, and bureaus of city planning. Yet, in small pieces the utopian dreams do come into the great river of American urbanization, and do influence its direction: in parks and greenbelts, and nowadays particularly in certain features of urban redevelopment. If nothing else, utopian criticism reveals what the inarticulate American finds dissatisfying about his city and what kind of urban setting he may inchoately seek.

10

Rural Aspects of Metropolitan Living: Nineteenth and Twentieth Centuries

THE ANTAGONISM and the reconciliation of rurality with urbanity have been persistent themes in American urban history. These themes have appeared again and again in that history, and are touched upon at some length in foregoing pages. In this chapter, further subtleties of an interwoven rural and urban imagery are traced. Section A deals with the period between 1800 and 1860, when city dwellers symbolized both countryside and city in closely related ways. Section B deals with our own urban contemporaries, who often confront the necessity for thinking about rurality in more distant relation to urbanity. The associations between those two terms are then brought up to date, in Section C, through a consideration of the development of our suburban imagery.

A. *RURALITY AND THE CITY DWELLER:* 1800-1860

DURING THE colonial era, the residents of coastal cities and towns lived rarely, if ever, far from the countryside—physically or psychologically.[1] Farm country was at no great remove. Even when the cities expanded to considerable size in the late eighteenth century, agricultural sights and sounds were not far away and often mingled with those of the city itself. Looking out his window or doorway, the urban dweller could see trees, grass, fields; and he might have cultivated fruits and vegetables next to his house. Certainly his gaze would fall upon distinctive urban features of the landscape, but the urban prospect was, except around densely built sections such as the wharves, redolent of the nexus between town and country. Farmers thronged the streets of his city on market days, mingled with him at the fairs, bought with him at city stalls, drank with him in the taverns.

Nor did the urban resident have far to go if he wished to leave the city for a few hours. He could easily walk or ride through the nearby fields and could drink, eat, hunt, rest, or play away from the town itself. If prosperous, he had the option of maintaining a country house.[2] It was not likely, then, in the colonial city that any person would be so completely urban in his movements or his style as to be cut off from rural influences.

This rural aspect of metropolitan life continued noticeably during the early decades of the next century.[3] But the cities, which earlier drew their populations largely from overseas, began now to act like irresistible magnates, attracting hordes from the rural districts. The migrants helped to swell the towns around the larger cities. The third and fourth decades brought the immigrants; and from then on they crammed into the cities until federal law banned their entry, except in small quotas, almost a century later. New York City more than doubled in population between 1825 and 1845, and doubled again within the next decade. Cincinnati shot from 25,000 in 1830 to 115,000 in 1850, as whole villages from Germany removed to that booming urban center on the Ohio. This piling up of immigrants in ethnic communities gave further impetus to the migrations of less poverty stricken residents further uptown or toward the city outskirts. In New York, for instance, spreading circles of population set up housekeeping across the East River in Brooklyn and Williamsburg, and in Jersey City and Hoboken on the other side of the Hudson River.[4] This phenomenon was paralleled in other large cities. The contrast of the twentieth-century urban (immigrant and Negro) slum, with its crowding and its tenement living, and the urban (native-born) residential area, with its more aerated and rural atmosphere, had early beginnings. As the immigrant accumulated some wealth and made advances in occupational status, he too joined the march uptown and out of town.

By the Civil War, the nicer residential sections were filled by people who might—or might not—have known what it was to live on farms or in small rural villages. Such a situation had also been characteristic of the colonial seaports, but this was a new "second generation," the descendents of rural migrants and foreign immigrants, many of these latter from European farms and villages. Would not these second generation men and women be expected to leave behind the ruralisms of their parents much as the foreign manners were sloughed off? Would they not be expected to embrace the city almost wholly, except for a liking for grass and trees perhaps, a fondness for gardening, or a taste for foods which had been initiated by a mother's cooking? But a total screening of the countryside from the lives of most urbanites did not occur. The die was already cast. The model was there for all to see. Country houses and the better residential districts symbolized, at the very least, comfort, prestige, and deliverance from the violence, the noises and those other unwholesome emanations of the poor.

Meanwhile, the earlier interpenetration of city by country

was giving way in the larger centers to a sense of sharper distinction. The country was driven to the city's outskirts where the two merged, as fact and as conception; but the city's downtown grew undeniably less and less desirable, less a conceivable place to raise a family, and increasingly removed from any imaginable rural scenery.

As city and country environments grew visibly more distinct—the influx of migrants who continued to abandon the rural areas only underscored this separation—we begin to notice in increasing number the voices of urbanites enjoining each other to make the best of these two separate worlds. It is not the city with its opportunities, comforts, and pleasures which need be stressed, but the countryside whose virtues are in danger of being forgotten. "I do not envy," says a native son of Baltimore, John Kennedy,

> that man who, at this season, can go forth from the city to the woods, and as he threads some winding rivulet, with its little cascades and rocky currents, can set his foot upon the modest violet, without feeling an interest in its simple history, or a pleasure at finding himself in the secret home of the wild flower. I do not think well of him who does not count himself a better man for being where nature has spread her untrimmed beauties before his eye.[5]

It does not matter that the virtues of the countryside now extolled by the urbanite are not necessarily those appreciated by the farmer: precisely this may give the rural pathways their very special value. By no great coincidence, a Bostonian who addressed another audience during the same decade, declares that experience

> teaches us that the mere drudgery of rural pursuits can have little effect in raising the private or social condition of the man. To turn the verdant soil, for the mere sustenance of life, would as little impress his mind with the true sentiment of his occupation as any poetical idea of the gloomy grandeur of ocean enters into the soul of the tempest-tost and weather-worn mariner. The rustic laborer might forever follow his plough upon the mountain side, and trample with heedless foot upon the brightest flowers, that appealed with dewy eyes in vain to his plodding sensibilities and the village maiden . . . might gather and weave them into

her rustic coronal, with no definite consciousness of their more spiritual import.

Flowers, he continues, get their significance from association with civilization. Wonderful as they appear to the eye in the field, their highest value to man comes from their cultivation. "Nurtured by our own hands, they become indeed the faithful solace of our cares,"[6] and make possible a rural solitude, a veritable retreat in the midst of the city.

Despite the archaic language, we begin to glimpse those special kinds of meanings that flower gardening could have; more important, we are told that contact with flowers and gardening makes the urbanite a more moral being, "a better man" to use Kennedy's phrase. At a century's remove, gardening may seem a strangely urbanized activity—although many do not think it so even now—but then all the more subtly could it combine for its practitioners' pleasures, both rural and urban. In addition, deeply moral qualities were involved; to pleasures must be added duties, obligations, and other ethical notions. ("There are many attributes of a moral cast belonging to the rearing of plants.")[7] And although a contrast of ethics with the urban scene may be drawn ("We offer him an employment that shall make him conversant with green fields . . . a pursuit that shall warm his fancy to the relish of the beauties of nature, and that shall teach him to despise the tinsel and trickery of artificial life."),[8] no one any longer dreamt too seriously of leaving the city—except in fantasy or to a house in the country marvelously equipped to provide urban amenities.

Andrew Jackson Downing, whose books on landscape gardening and country house architecture sold prodigiously during the 1840's and 1850's, chided with all the fervor of a deep ethic the city dweller who, when building a house in the country, carried with him all his city "cockneyisms."[9] Such a house was built, Downing maintained, on the model of the urban house, designed for close living in expansive space. Its interior was inappropriately designed since "the highest ideal in the mind of the owner is to reproduce, as nearly as possible, a facsimile of a certain kind of town house" and, it may be supposed, to reproduce a style of living that incorporated, in its own peculiar way, just so much and no more of its rural surroundings. To these same citizens, Downing unceasingly proferred advice and warning not to expect romantically too much of country life or, from ignorance of it, to undertake too much. The first class of citizen, he sarcastically remarks, "expect to pass their time in wandering over daisy-spangled meadows, and by the side of meandering streams"[10] precisely as the Baltimorean, John Kennedy, would have them do. By now the city people have been so far removed from the countryside that Downing can complain, "Above all, they have an *extravagant* notion of the purity and the simplicity of country life . . . so charmingly pure, pastoral and poetical!"[11] Another class of city person goes to the country and unexpectedly finds it dull. "They really admire nature, and love rural life; but . . . are 'bored to death,' and leave the country in despair."[12] These latter, he advises, would probably be more content with a house located in the suburbs.

Downing, whose books taught thousands of city people to live more elegantly in the country, nevertheless inveiged against the *nouveaux riches* of the countryside, sighing, "It is so hard to be content with simplicity!"[13] His vision was paradoxical: nature must be shaped and formed to provide a beautiful habitat for man—he reproached the country villages for their lack of landscaping and aesthetic taste, and suggested remedies; but the spilling of ugly urban standards into the countryside he found equally horrifying. Downing's ideal was the proper combination of man and nature. Thus landscaping, he writes,

> is an art which selects from natural materials that abound in any country its best sylvan features, and by giving them a better opportunity than they could otherwise obtain, brings about a higher beauty of development and a more perfect expression than nature herself offers.[14]

Control nature in the interest of urbanity! Not always followed to the letter, each book by Downing nevertheless became a virtual text to thousands of suburbanites and other urbanized recruits to the countryside around the cities.[15]

For those who preferred to live in the heart of the metropolis itself there was always the possibility of a sojourn in the country during the summer months, a pattern of alternating residence that neither ended nor began with this period of American history. The meanings of summer in the country have, of course, been by no means identical for all who have chosen this mode of life. Today we think more perhaps in terms of fun, of sports, of getting away from the city heat, of providing children with sun and air. These were effective motives during this era, too; but then high moral qualities were assigned, however obscurely and unwittingly, to this supplementation of urban residence. At a time when cities were attracting and retaining immense populations, urban spokesmen might be expected to make explicit the complementary qualities of country and city as periodicities in the moral urban life. They did.

One of them, H. B. Wallace, noting that "the interest and value of earlier modes of life seem to fade" with the growth of urban comfort and excitement, adds that this reaction belongs now to the past, for "The perfection of Art also throws us back on Nature."[16] The initial effect of railroads and other inventions was to cause people to flock to the cities, he remarks, but now these very railroads provide the opportunity for agreeable summer residence far from the city itself. Moreover, he emphasizes that the Hudson Highlands are "*nearer to New York at this time, than places five miles from the city were thirty years ago.*" With the forces of civilization and nature thus joined, he declares it "little less than wicked" for a man to remain in town who is at liberty to leave for the country. "The metropolis at this season seems not only half-extinct itself, but morally infectious to all who are within it." Why, how so? Because, "its toils weary one, not into wholesome fatigue, but into desponding exhaustion; its pleasures excite without interesting, and stimulate only to waste." In 1856, he cannot vision the crowds of summer visitors that will innundate the downtown streets of his city during the next century to the delight of its merchants who have been temporarily abandoned by their winter customers. To him it seems only that an urban residence without periodic rural refreshment saps the moral fiber. The style of alternating residence in city and country which he recommends was more than a mere recipe for making life healthy and efficient. The countryside teaches "lessons of virtue" to the city dweller who was thought to be daily exposed to sin and temptation. Summer in the country was a counterweight to winter in the city: the whole balance being, in a very precise sense, a *proper* balance.

Having less understanding of the too evident moral connotations of Wallace's words, a modern audience can yet sympathize with the intensity of his feeling. A man who does not go to the country during the summer is denying himself. Urban life needs freshening at some purer source: it is not self-sustaining, self-contained. The novelty of this imagery during the period just before the Civil War was that the values of a fading agrarianism were being preached directly at an urban people. Enjoy the countryside, they were told, enjoy it while making a virtue of your enjoyment—it is your duty to yourself, to your family, and even (to quote Downing again) to your country.[17]

B. METROPOLIS WITH RURAL AMENITIES

THE SYMBOLIC split between big city and countryside grew wider as the nineteenth century progressed, so that big cities seemed to many Americans to be totally lacking in all the visual and moral qualities of small towns and countryside.

Actually, city people have long sought to defend their city against such accusation. To the complaint that New York is nothing but apartment houses, New Yorkers will retort that even in Manhattan there are houses, "and you should see Brooklyn!" No shade trees? They will invite the outsider to look into the side streets. Thus the imagery of a city compounded totally of brick and concrete is met by a counter imagery. From the play and content of such images we may better sense what parts of the entire metropolitan environment men are imagining when they express revulsion from, or attachment to, a great city.

The debate is public and long-continued. For instance, since its inception in 1890 the *Readers' Guide to Periodical Literature* has listed articles under the heading "City and Country" (and later also under "City and Town"). Here can be found any number of complaints registered against big cities by farm, town, and small city people who have visited them or lived in them for a time.[1] Here in convenient form we may overhear what people presumably tell themselves, and their friends, about what they objected to in big city living; how it failed to satisfy them; what they yearned for that could be found only in smaller towns or in the country. Perhaps they underestimated the capacity of the metropolis for meeting the kinds of psychological demands which they made upon it. Perhaps they did not fully explore the city's possibilities, either because they did not know how to do so or because they had hardened themselves against the exploration by an initial bias; or perhaps they left too soon, expecting too much of the metropolis too fast. But what is important is not the accuracy of their perceptions; rather, it is what these perceptions were.

As one might expect, the urban area is found lacking in certain physical characteristics; for anyone accustomed to shady streets, expanses of grass, and relative quiet can be more than a little disturbed if forced to live surrounded by brick, asphalt, and noise. Grass and asphalt, quiet and noise, are constant oppositional images and to them are frequently added others: for instance, that the city smells badly and has a dearth of fresh air; that the crowds are so dense and one can never escape them; that there are no animals; and that one has to travel great distances to fish or hunt. And where is there to walk when orchards, greenery, flowers, gardens and other such satisfying sights are missing? But "walking," "trees," "grass," "flowers," and "quiet" need to be translated into a vocabulary of social satisfactions: such terms are merely shorthand ways of talking about (what seems to these people) a non-metropolitan style of living. The style is spelled out further for us in an explicit contrast between human relations as found in the big city and elsewhere.

This is a disparagement of metropolitan living which is couched in familiar terminology. Everyone is so busy, so hurried, so harried. In the country town or smaller city, the pace of life is more leisurely, more relaxed. In a big city one is lost in the multitudes, one is a nobody. But back home where everyone knows everyone else, or at least knows a great many others, people stop one on the street to say "hello" and to pass the time of day. Even the store clerks are friendly. In the metropolis one does not know his neighbors, and friends are hard to come by or live at a great distance. Good neighbors and good friends go together in conceptions of non-metropolitan living. The big city is no place, either, in which to raise children for they have little freedom of movement and, like their parents, need more of a sustaining group life than is available. In sum, whatever the metropolis may be able to offer—and that it does have attractions some people who reject it are quick to agree—the basic qualities of the good life seem harder to come by.

But other voices are raised in antiphonal disagreement. Listen, for instance, to E. B. White in his charming book *Here Is New York:*

> The oft-quoted thumbnail sketch of New York is, of course: "It's a wonderful place, but I'd hate to live there." I have an idea that people from villages and small towns, people accustomed to the convenience and the friendliness of neighborhood over-the-fence living, are unaware that life in New York follows the neighborhood pattern. The city is literally a composite of tens of thousands of tiny neighborhood units. . . . Each neighborhood is virtually self-sufficient. Usually it is no more than two or three blocks long and a couple of blocks wide. . . . So complete is each neighborhood, and so strong is the sense of neighborhood, that many a New Yorker spends a lifetime within the confines of an area smaller than a country village.[2]

He is saying, as many others have said, that one has to take time to break down the huge unit called New York before he will find his way to the smaller circles, within which are to be found friendship and affection and trust. Notice, too, how White turns the tables by suggesting that more of this might be found here than in some country towns.

This last strategy was delightfully utilized as far back as 1915 by Jesse Williams, in a satire called "Back to the Town; Or, The Return to Human Nature."[3] How you feel about the city is, he says, "all in the point of view." He had just met Ernest Thompson Seton, the well known writer of nature stories, who, upon being asked how he was, answered "pretty well for a man who has been in New York for two months." Williams admits a love for the city (New York) but declares that just this once he is not going to extol the ancient and obvious virtues of the mad metropolitan whirl. "No. My song of the city is pitched in a lower key, tuned for those who do live in cities—and perhaps wish they did not." He plans to address himself to describing what one might call (the term is mine, not his) the virtues of bucolic city living.

Then he begins to claim virtues for New York that exceed those of the countryside and the small town—but on their own argumentive grounds. Some of his assertions are made with tongue in cheek, some are not; for he either means them seriously, or means to neutralize anti-metropolitan biases. Consider noise. "To be tucked away high up in an apartment building is to be out of reach of noise; but in the country, one is usually awakened at dawn by one's bird neighbors." Anyway, and here he speaks like a truly innured native, it "is not continuous sound but sudden noises that crash through one's dreams and one's nerves." And, "of course, for the other basic needs—food, shelter, and warmth—no one who has ever tried a winter in the country can question the superiority of the city." But then he asks, what of sunlight, air and water? Water, he quips, "I am glad to say . . . sometimes . . . is just as good in the country as in the city." There's plenty of sunlight in the city if you don't live in a city canyon; but why live in a canyon? He admits defeat on the matter of purity of air, but in a spirit of tolerance, for one cannot have everything better than in the country. As for walking: how can the countryside compare in interest for a stroll, especially during the dull winter, with the city?

Then on the question of the best place to raise children, he is very much in earnest. The small town is far behind in educational advantages. And though he admits that the metropolis possesses worse wickedness and more of it, he states that "in great cities it is not so inevitable to be confronted with everything as in the concentrated life of small towns." Thus, children can be buffered from antithetical styles of life by judicious forethought. Naturally, too, he denies that family life cannot exist on a sound basis in an apartment, sarcastically commenting that "there is still, I know, a lingering prejudice against a flat because it is . . . not on the ground . . . and rooms distributed horizontally, it seems, lack the virtue of those placed vertically."

Neighbors he is glad not to have in the old-fashioned country town sense; but the belief that the city is devoid of friendship and friendliness he characterizes as nonsense. One's friends and intimacies "are more likely to be on the true basis of mutual liking and mutual interest" rather than on the accidental circumstances of propinquity. Concerning friendship, then, "there can be more naturalness in the city, less artificiality than in the country." Williams is here shrewdly reversing the usual connotations of "natural" and "artificial" as they appear in much of the continuing conversation about country and city.

If we ignore the occasionally frivolous tone of his language and stare fixedly at his argument, we find that Williams is really claiming this: that virtues alleged to be indigenous to agricultural or small town ways of life also abound in the great metropolis and are recognized by many of its citizens. Williams was addressing those city people who, because they had not grasped the fact that rural advantages existed in the city, were preparing to abandon it for supposedly healthier sites. Since 1915, the year that Williams' article appeared, many thousands have left New York, migrating to the suburbs if not further, and it can hardly be doubted that some of this moving mass have believed that city living is far too urban. Yet, there remain enough residents who feel that the big city offers attractions comparable to—not merely different from or more exciting than—those of quieter, less metropolitan areas. Presumably it is this belief, as well as the more cosmopolitan advantages of the metropolis, that holds men there or tugs them back after a spell of suburban living.

Such rebuttals as were made by Williams and White in answer to an anti-metropolitan animus are far from unusual. Over the years, the interminable accusations directed against metropolitan life have been countered point by point. The *New York Times Magazine* repeatedly runs articles designed for correcting mistaken notions about the unfriendliness and impersonality of New Yorkers, and maintains stoutly that the city is a good place to live as well as to visit.[4] When New Yorkers write about themselves or about their city, some affirmations of their urban identity are precisely of this kind. Al Smith once wrote an article titled "I Have Seven Million Neighbors" in which he stressed that "It all goes to show that even in the greatest city of the world the village spirit of neighborness survives," and noted, moreover, the many houses with gardens, the presence of contented cows, the devotion to site because one is born there, the fact that he himself was the fourth generation of his family to have lived in his native city and was a stranger to no part of the entire metropolitan area. When New Yorkers who live in apartment houses choose to meet the cry raised against the anonymity and impersonality of life in these dwellings, they either agree and gloat on this advantage or simply deny that one cannot have good neighbors and friends and relatives in the same building; and proclaim that family life there is safe and sound.[6] As for the boys who have left home to come to New York, one of their frequent observations is how numerous are the people just like themselves whom they meet in the big town; and so a recurring theme is that the unfriendly and impersonal atmosphere is more apparent than real—more in the eye of the newly arrived beholder than in actuality.[7]

And apropos of actual rural landscape in the metropolis: even former country boys are forced to the conclusion that "New York is not birdless or flowerless or even without butterflies" (whereas at first they may have felt that "the endless death of the brownstone blocks, the sterile brick of the perpendicular office buildings . . . seemed to make the city a prison").[8] And any observant person can verify that in some sections of New York, nowadays as three decades ago when Gannet remarked upon it, less articulate people, many of them doubtless from rural areas or small towns, demonstrate by flower pots and greenery their belief that some aspects of a less than cosmopolitan way of life can exist in the big city. The out-of-towner may even care to join the natives in that frequently, if not predominantly, urban activity known as bird watching.[9] And if the metropolitan dweller can afford the price, he can hire a decorator to set up a roof garden complete with trees, plants, flowers, fences, gates, outdoor furniture, and no doubt populated by genuine crickets; if less affluent, he can plant his own garden on the land.[10] To the visitor from smaller cities all such accomplishments may seem pitiful when weighed in the balance of brick and concrete; and because many citizens of the metropolis would agree is no guarantee that they do not receive exquisite pleasure from having available these slender resources.

The criticism that there is a certain artificiality about much of this urban rurality is simply beside the point. This rurality (in its physical aspects) derives much of its particular flavor and impact from its very conjunction with the physical city. There is more subtlety here than meets the eye. Beyond the measure of escape and relief that country-like sites may give to the city dweller are those aspects of rurality that permeate his very urbanity. It is, for instance, the contrast of "rural" with "urban" that lends occasional piquancy to being an urban man; and to such human interest stories as those about the wild ducks that landed in the city lagoon and stayed some weeks, or the mallard who (in Milwaukee) built her nest and raised her ducklings on a piling close to a bridge only a few feet from the busiest thoroughfare in town:

> Gertie and her eggs, and finally her brood were observed more than three million times altogether by the sentimental people of the city who simply reveled in the fact that wild life could flutter in the very heart of the town. . . . On the night that Gertie's first duckling plopped off the piling into the Milwaukee River, women keeping vigil on the bridge wept and became hysterical. And when Gertie and her five vigorous offspring were finally taken to the lagoon in Juneau Park where other wild ducks congregate, an imposing parade was organized as escort. Where else could this have happened? The answer is nowhere, except Milwaukee.[11]

Even in that organ of sophistication, *The New Yorker*, close scrutiny of the cartoons and "Talk of the Town" items over the years will suggest some of the interplay of "urban" and "rural" images for New Yorkers, whether they are natives or adopted citizens of the city. After the earlier years of this magazine's publication, a dichotomy drawn in cartoons between farmer (unsophisticated, slow-witted, and slow-talking) and the urbanite (sophisticated, fast-thinking, and fast-talking) has pretty much disappeared—except for the caricatures of Ozarkians who seem to be the only remaining figures that will unequivocally represent a backward rural life to New Yorkers. Another theme plays upon misplaced nature in the city (this is the same theme as the wild duck on the bridge) such as the lady walking a bored pet hen in Central Park or the workmen roasting meat around a campfire on 6th Avenue.

Another theme is that the city is not so citified that it, too, does not have its seasons:[12] exemplified both by remarks about seasonal changes, often with appreciation of them, and by cartoons such as the one about a woman of a dingy slum area saying to another, "I love an early spring, don't you?". The cover drawings amply document urban activities viz-à-viz nature, showing men raking autumnal leaves, shoveling snow, and laboring under the duties of a June departure to the country. Then, too, the *New Yorker* protrays the plight of the urban man in the countryside, suggesting that he cannot live there without his beloved urban accoutrements (the typical narrow Madison Avenue town house is moved stone by stone to the empty country); that the city boy is helpless before nature (a man shown a flower by his son and asked what it is replies: "A flower —how should I know?"); and that the city man makes over the countryside in his own image (overheard at an auction held before a barn which is attended mainly by city folk: "I just love old abandoned farms").

Among the other themes is one that might appropriately be characterized as "the thoroughly urban bird." This is exemplified by such cartoons as birds constructing their nests of urban materials, the sparrow breakfasting off insects caught in an automobile radiator grid; and a pigeon imitating the seagull's riding on seacraft by affixing himself to the back of a taxi as it whirls down the street.

However these themes may happen to function for the different audiences of the magazine, this much is certain: they suggest clearly enough that rural imagery may be important to the total pictures of themselves as urbanites held by some city dwellers. The rural imagery may even be necessary to that picture. Perhaps the last pages of E. B. White's prose hymn to New York will serve to demonstrate how even an urban existence may require a rural image for apt and fervent expression:

> A block or two west of the new City of Man in Turtle Bay there is an old willow tree, that presides over an interior garden. It is a battered tree, long suffering and much climbed, held together by strands of wire but beloved of those who know it. In a way it symbolizes the city: life under difficulties, growth under odds, sap rise in the midst of concrete, and the steady reaching for the sun. Whenever I look at it nowadays, and feel the cold shadow of the planes,[13] I think: "This must be saved, this particular thing, this very tree." If it were to go, all would go—this city, this mischievous and marvelous monument which not to look upon would be like death.[14]

Could one wish for a finer statement of profound urbanity mixed with rurality?

C. SUBURBIA: THE UNION OF URBANITY AND RURALITY

METROPOLITAN rural amentities notwithstanding, one striking trend of twentieth-century urbanization has been the flight of city residents to the suburbs. As early as 1905 Charles Zueblin, a sociologist, had predicted that "The future belongs not to the city, but to the suburb."[1] What a later generation would call "urban sprawl," the unsightly area that extends for miles outside the limits of great cities, was even then an eyesore; Zueblin, however, believed that although it was imperfect for many of its residents, "the suburb represents a happy union of urbanity and rusticity."[2]

But Zueblin's observations on city life, like those of most sociologists, lagged well behind the development of actual phenomena. As we have already briefly seen, suburbs have been a feature of American cities since the early nineteenth century; for as the cities expanded in population and in size, some residents naturally preferred to locate nearer the outskirts. Although living at the country's doorstep, and sometimes within the very countryside, they were essentially urban dwellers, unwilling to do without city comforts and devoted to urban pursuits. Even the phrase "combining the advantages of the country with the city" has a long history; we may see this from a real estate advertisement intended to tempt New Yorkers as long ago as 1823:

> Situated directly opposite the S-W part of the city, and being the nearest country retreat, and easiest of access from the centre of business that now remains unoccupied; the distance not exceeding an average of fifteen minutes to twenty-five minutes walk, including the passage of the river; the ground elevated and perfectly healthy at all seasons; views of water and landscape both extensive and beautiful; as a place of residence all the advantages of the country with most of the conveniences of the city.[3]

Suburbs were for town people!

Since we can nowadays readily perceive that many suburbanites contrast their own mode of living with those who reside in the city itself, we may ask certain questions about suburban living. How have suburbanites viewed life in the suburbs? How have they contrasted (or not contrasted) it with city living? What advantages did the suburban existence seem to possess to those who choose to move to the city's outskirts? To those who choose *not* to move to the suburbs, what were the supposed disadvantages of life in the country? Undoubtedly the images of suburbia must have undergone some transformation as the character and pace of American urbanization changed; on the other hand, certain images of suburban living do seem to have a long and continuous history. To detail accurately the chronology of these persistences and shifts in imagery would be a difficult task; fortunately, for our purpose it is not necessary to be so precise.

Because the suburbs steadily grew beside the expanding cities, knowledgeable observers took their appearance for granted, though they were sometimes surprised at the rapidity with which these subsidiary centers grew. As a New Yorker wrote in 1853, "Nearly all great cities have large and important suburbs, and New-York forms no exception. . . ."[4] Speculators in real estate, and wealthy citizens eager to profit from shrewd purchase, certainly did not confine themselves to the centers of growing towns. By the mid-fifties of the nineteenth century, when immigration had flooded sections of eastern cities with poverty-stricken residents and when urban transportation had sufficiently improved to allow wealthier people to choose residences some distance from business sites, writers freely assumed the continued peopling of suburban terrain beyond the city limits. New Yorkers, for instance, had seen the villages which previously dotted the island of Manhattan "disappear as independent bodies . . . to become absorbed into the great metropolis."[5] Lest we think that suburban expansion was characteristic only of eastern cities during this era, a Cincinnatian also was describing recent changes at the periphery of his city: "With the growth of Cincinnati . . . has sprung up, a species of necessity, to add in all directions, suburbs to the city."[6] He distinguishes among classes of suburban dwellers—classes which sound familiar even a century later. He found, first, that industrial towns at the city's periphery appear to accomodate a class of persons he calls "the manufacturers," who wish "cheap rents and ample space" and who yet need to remain close enough to the city to market their products conveniently. Other citizens need "cheap lots for . . . homes of their own," and various other suburbs have arisen about the city to suit these requirements. Another class wishes to escape the taxation of the city. And finally, there are wealthy citizens who purchase land for speculative purposes and for the enjoyment afforded by the splendid views of Cincinnati from homes perched high on the hills above the town. This area of wealthy residence "is unsurpassed for healthfulness, removed from the smoke and dust of the city, enjoying pure air and wholesome water."[7]

These residences were removed too from contact with the noisome and rowdy German element drawn to the city to furnish man-power for Cincinnati's insatiable industries. Segregation of the natives from the immigrants, of the wealthy from the less wealthy, is an early and major feature of American suburbanization.[8] Only the richer citizens could afford to live at some remove from the city, and only they had the power to purchase protection against unwelcome invasion by some form of contractual

Residence in Englewood near Chicago, 1874.

E. Chamberlin, *Chicago and its Suburbs*, 1874

CHEAP LOTS,

Cheap Homes, Cheap Lots

IN

IRA BROWN'S ADDITION TO DESPLAINES.

These lots are but one block from the depot, where 15 trains pass daily. Commutation yearly tickets to Chicago about 10½ c. Streets in good condition and trees all set out.

PRICE OF LOTS,

From 100 to 200 Dollars;

Only Ten Dollars down, and Five Dollars a Month until paid for.

Title perfect; abstract given each purchaser FREE. There never was a better chance offered to purchase a lot or two, with such a chance of raise of value, as now.

☞ Remember it costs you nothing to go and see the Lots, for I show my Property Free.

I have also 9 seven-room Cottages and Lots for $1,000, each.

Only $200 down and balance in Fifteen Dollar Monthly payments.

☞ THIS IS CHEAPER THAN RENTING. ☜

DESPLAINES is situated on the C. & N. W. R. R., about 38 minutes ride, and lies on the banks of the Des Plaines River, which is bordered with beautiful groves, and banks are from 12 to 20 feet high at this point, which affords ample drainage, and every lot can have a good cellar, and the river affords the sport of boating during the summer season. Des Plaines has about 1,000 inhabitants, with good schools, stores, flouring mill, planing mill, four churches, lumber and brick yards, coal-yards, hotels, etc., etc. The Methodist Camp ground is situated at Des Plaines. Call at my office any day and go with me and see the lots, as the present prices will not remain long.

IRA BROWN, 142 La Salle St., Room 4, CHICAGO

E. Chamberlin, *Chicago and its Suburbs*, 1874

agreement—an early ancestor of modern zoning. (The previously quoted advertisement for "Lots on Brooklyn Heights" promises that "Families who may desire to associate in forming *a select neighborhood and select circle of society* . . . cannot anywhere obtain more desirable situations; and by securing to themselves an entire square, or portion of a street may always remain detached.")[9] The suburban dweller was drawn to the outskirts also by the presence of proper educational institutions for his children, or soon saw to it that such establishments took root there. Suburban living represented relief from the "noise and bustle of the city" (to quote a Boston historian),[10] but then as nowadays it also represented a way of putting a reasonably safe distance between the social classes—including the banishing of "many temptations to the young."[11]

One generalization which can be made from figures that Walter Firey has recently calculated for the city of Boston, is that the suburbanization movement was at first predominantly an upper-class phenomenon.[12] Firey has placed the first noticeable drift to the suburbs at some time during the 1840's; and it is evident that a small proportion of the well-to-do, if not the wealthiest, Bostonians took advantage of the relatively easy transportation that had then recently sprung up between city and certain neighboring towns.[13] However, Firey's charting of the residential movements of wealthy Bostonians over the past few decades shows clearly that not all these citizens took up suburban residence. As late as 1929, slightly over 50 per cent of the wealthiest families still lived in Boston although, of course, the percentage steadily decreased. Within one famous ancestral stronghold, the Beacon Hill area, the number of upper-class families has actually increased since the beginning of the century.[14] Although no figures are available for Chicago or New York, evidently a great number of the wealthiest citizens of those cities have preferred to live in urban Gold Coast areas, either in preference to suburban residence or combined with it.[15]

The very rich have been able to afford—in more ways than one—to stay in the city. The institutional paraphernalia of upper-class life are largely located in the Gold Coast areas. Sometimes, too, familial loyalties keep these people near or in parental homesteads; and the older generation may be reluctant to leave homes and areas to which they are sentimentally attached. But a more profound reason that the wealthiest urban residents can afford to remain in the city is that they, unlike the less secure and less eminent middle-class groups, can manage to live very close to the poor, even literally next door to the slums, without feeling contaminated by that proximity. An established elite need not engage in elaborate ritual to distinguish itself from poor neighbors. An elite does not have purposely to demarcate its residential area from a nearby slum, for the line between these areas is immediately obvious. Too, it can be told at a glance that a poor person does not belong in the Gold Coast, and even if he wanders there, he is very unlikely to invade any of its institutions. The children of an urban elite do not play much in city streets, so their parents need not fear contact with slum urchins. When the children grow up, they will be sent to private schools rather than left to mingle at a dangerous age in the local high school with lower class children. In short, all the anxieties and fears which help to drive the solid middle classes from close proximity to slum peoples are relatively less operative in causing upper class urbanites to change neighborhoods.[16]

Upper class urban neighborhoods do change, of course; they do not all have residents as tenacious as those of Beacon Hill. When these occupants choose to move, they may migrate to a more desirable area within the city, or they may place their unmistakable mark upon some beautiful restricted suburb. Movement in either case seems often to be a generational matter: as the young become dissatisfied with the dwellings, if not the actual styles of living, of their parents, they move away to newer areas. The creation of new fashionable areas is also associated with the rise of *nouveaux riches* to rarified social heights, as well as with such sage speculations as the kind that prompted Potter Palmer to leave Chicago's elegant Prairie Avenue district and to build his palatial home on Chicago's North Side after first securing most of the surrounding properties.

The somewhat less rich or established often have less incentive to live in the Gold Coast. They also have more incentive to get away from social climbers (whether they themselves are recently arrived will, of course, affect their attitudes). The popular histories of the well-to-do suburbs more than suggest, too, that these people are frequently prone to speculate in suburban land, thus combining business and pleasure in one pragmatic splurge. It is men from these suburbs, too, who often prove to be among the most prominent and conscientious servants of the metropolis itself, dividing their loyalties between village and city. A study made of the newspaper published in Chicago's well-known Oak Park indicates that some of the most esteemed citizens of that suburb were, in past decades, also devoted to Chicago's welfare. Chicago appeared to the people of Oak Park as a contrasting image: it was black while Oak Park was white; it was uncivilized and brutal while Oak Park was civilized and refined. Prominent suburbanites of Oak Park who were also leaders in Chicago's affairs apparently regarded their leadership as a sacred duty. Nearby Chicago was a necessary ingredient to suburban living.[17]

The solid and not so solid middle classes are eager also to leave the city wards, to use William H. Whyte's phrase, for the curving streets of the suburb. These are the groups that most require distance to distinguish themselves from the groups just below them. They use space to differentiate themselves—space with its accompanying symbols of a house, a garden, a place with a fancy name. They often have a veritable separation-complex, and their course can sometimes be plotted from point to point within the city proper until they break through to the symbolic zone of the suburbs. Once there, they may remain immovable for many years, improving the lawn, adding shrubbery and watching it grow over the years with evident satisfaction, rearing their children far from the dangerous streets of the city. For those who have come up the hard way, from the slums themselves, the suburban haven is even more poignantly enjoyable, no doubt.

The very poor have had the least choice of where to live. Historically they have lived in two kinds of urban areas: in the worst, because they can afford only the cheapest lodging, and in those close to factories. Frequently the latter were located in industrial towns far out in the country-side or along rivers and other water sites. Thus, Brooklyn became not only a suburb for wealthy merchants but also a territory in which dock-workers and other poor people clustered. Later in the century men like Cudahy, the Milwaukee meat packer, moved their plants from the city (in order to avoid what they considered excessive taxes) to the peripheral countryside and built houses for workers close by. In Pittsburgh, Carnegie took a similar step, moving his Bessemer plant to Homestead seven miles up the river. After 1880, the industrial satellite city began to loom conspicuously in the suburban landscape.

It was true, however, that for many decades the poorest immigrants were massed in the big cities; they seemed to be forever pinned to impossibly impoverished existences. Well intentioned middle class reformers like Edward E. Hale bemoaned during the great urban reform movement that the suburbs were only for comfortably well-off people, and that what was needed were suburbs for working people.[18] Hale had a ruralized and democratic imagery of suburban life. His suburb was akin to the genuine countryside: when properly planned to have sufficient land, it allowed its residents to be "freeholders," part-time farmers at least. Since he believed that ordinary farm life was barren while compact cities were necessary for modern civilization, the suburb was the ideal way to reconcile freehold and city. Hale's contemporary Charles Loring Brace, the great champion of sending city boys west to the farms, himself lived for a time in a Hartford suburb "within easy reach of streams and country walks,"[19] but apparently never thought of suburbs, as did Hale, as a modern substitute for life on an agrarian frontier.[20] Suburbs were no answer to the slums, no place for the lower orders.

Those patronizing middle class persons who took the morale of the poorer class to heart quite possibly misunderstood the meaning that life away from the city's slums might have for workers.[21] When workers moved to the industrial suburbs, presumably they actually moved there for reasons other than the reputed virtues of suburban living. (As the great Pullman strike demonstrated, they did not necessarily appreciate a planned architectural community when wages were insufficient.) They did not always appreciate, either, the opportunities for healthier living when factories were relocated in the suburban zone; and sometimes they seemed (to middle class view) far too reluctant to abandon the city tenement districts. "A Norwood plant manager who complained a little because it was so hard to get employees to come out to his establishment," comments the author of a book on satellite cities of the day,

> was asked a few minutes later how he liked the advantages of the suburban location for his work. "They are all right," he said, "but I find it hard to keep up the old interests and associations which mean a lot to me."[22]

For many working people, life in the slums was infinitely preferable to life in the suburbs. It was familiar, safe, studded with necessary institutions and inhabited by any number of family members. Thus, the factories out in the fields were staffed frequently by workers who commuted back to the tenements at night. Nevertheless, the industrial suburbs sprang up quickly enough around the larger cities; and eventually many of them, as the city's outward surge engulfed them, formed new districts within the enlargened city.

However, not only the industrial suburbs were caught up in the inexorable outward march. Any city which increases in population can grow in three directions: up, out, or in (as it fills out its empty spaces). Cities grew internally before a conspicuous "mass" suburban movement began, and metropolitan areas continue to grow in this way today. During the nineteen-twenties, sociologists had coined two terms to characterize movement within the city, "invasion" and "succession"; invasion signifies "the penetration of a segregated area by an institutional function or population group different from one already there" and succession refers to "the end product of an invasion cycle [when] invaders completely displace the population, or change the usage of the land in the area affected."[23] Invasion and succession together have added up to vivid reality for suburbanites during the last three decades at least. Suburban land values have increased and decreased precipitously and often unexpectedly. Undesirable new populations have been moved into areas close to their betters by dint of project housing. Pleasantly situated suburbs have become bordered, encircled, or at least by-passed, by less attractive communities. While, on the whole, the suburbanite could anticipate that the areas closest to the metropolis would be the first to be invaded by the least desirable people, this assumption has been often exploded. Beautiful views and drives became spoiled as the suburban interstices filled up with communities and quasi-communities, many of them architecturally dismal. Wealthy suburbs have become down-graded in public reputation, even when their residents have been reluctant to leave for nicer sites, because new kinds of suburbanites have located within the suburb's boundaries. In effect, a suburban town can become several different communities within the same political jurisdiction; often these bitterly contest the control the town's destiny. But the wealthier people appear inevitably to move further out into the country (just as during the late nineteenth century); when they do, their place is taken by new populations—by the *nouveaux riches*, by the solid middle classes, by Jews and Italians—so that, as within the city proper, suburban sites are passed along like inherited clothing. As fashionable new suburbs spring up, the slightly less opulent, less established, suburbanites hasten to set up housekeeping nearby. In short, life in the suburban zone has appeared to many of its inhabitants as anything but stable or serene.

Out of these many vortexes of suburban movement, new images of suburbs—and so of cities—have been emerging since the beginning of this century. By 1900, no longer was there any real question of whether the farm and small town could compete with the great city for a major part of the nation's population. The city was not only here to stay—to quote a favorite phrase of its advocates—it had triumphed. But at this very juncture discerning prophets (like Zueblin) took a cue from the very noticeable recent suburbanization and began to question the fate, or at least the form, of the metropolis of the future.

The late nineteenth-century city had been signalized by its immense density, its teeming masses of humanity locked up in odious slums; and while its more fortunately placed residents enjoyed better quarters, they too were the victims of noise, dirt, traffic, and other unavoidable accompaniments of metropolitan life. Suburbanization as a movement represented the seeking of relief from the city's density. The suburbs were a realistic alternative, in fact, to the earlier dreams sketched in utopian novels. The Garden City movement, fathered by Ebenezer Howard in England, which began to capture the imagination of a few American planners, was a frank expression of this revulsion against urban density. The vision was of arresting the growth of great centers by the building of smaller towns around them; these towns would be planned for convenience, health, aesthetics, and civilized living. The vision was occasionally translated into action, but meanwhile the vast suburbanization of the terrain around the cities swallowed up the rare garden city.[24]

In 1902, three years before Charles Zueblin predicted that the future lay with the suburb, an editor of a popular magazine advised his readers that suburbs were here to stay, that they represented an extension of the central city in spirit as well as fact; and he raised a series of questions: "How far will the future suburbanized city reach out? How completely will it aerate itself and how thoroughly will it weed out the tenement? Will there be any nucleus of solidity left?" His questions were bolder than his answers, for he simply replied that, "There is no need of answering too promptly." But we see behind his queries a satisfaction that the city's density is diminishing, that slums are disintegrating (he predicts even that in time the crowded business district will be dispersed, to the mutual advantage of owners and customers). Of course his readers, many of whom were no doubt preparing to leave for the promised suburban land, would be less concerned with this philosophy of urbanization than with the concrete benefits of urban dispersal, although others were already acting upon such a philosophy.

Two decades later in his study of *The Suburban Trend*, Harlan Douglass—who earlier had argued for a rejuvenated small town in the countryside—concluded that suburbs inevitably resulted from the growing outward of crowded cities, and that they represented "the city trying to escape the consequences of being a city while still remaining a city: urban society trying to eat its cake and keep it, too."[25] Yet, some of the roseate glow has gone out of the suburban dream, for Douglass sees clearly that there are many different kinds of suburbs. He refuses, even, to generalize that on the whole suburbs are better than the city. He sees that suburbs are turning into cities to the "undoing of the suburb." Thus, the burden of his argument is that, with reasonable precaution and planning, suburbs can avoid such an undesirable fate. Despite a dampened enthusiasm for suburban life as many of his contemporaries live it, Douglass chooses between the metropolis and its more aerated environs: "It is clear," he sums up, "that the traits of human nature are less at war with the suburban environment than with the urban." Modern man has only two alternatives. In a "crowded world" he must "be either suburban or savage."[27] Could any statement demonstrate better how far the older dichotomy of city and country had dissolved and that a new polarity of city and suburb was in the making?

The suburb was to be a species *sui generis* (or better still, many species), and by 1925 Douglass was finding it so also. But back in the early years of the century when the suburbs were less caught up in metropolitan sprawl, an optimist could still think:

> The ideal suburbanite is yet in a process of evolution. When he emerges he will blend the best traits of the pure city man and the pure country man. He will be like his grandfather, who kept a store in Ruralville in his simplicity, integrity and industry. He will be like his father, the great city merchant. . . . But he will be better than either his father or his grandfather.[28]

At the time this passage was written, the suburb as the embodiment of the quasi-rural was nothing new. What was new was the question "What is the suburbanite to be?"—and the implication that there were going to be more and more suburbanites.

Nevertheless, during the same years that Douglass was expressing a hope that the suburban ring might avoid the fate of the central city itself, a more nostalgic writer, born and bred in a small New England town, was expressing one of the hopes of thousands of his fellow suburbanites. We who dwell in the suburbs, he writes, have discovered that what was good for the well-to-do is good for the rest of us. "And to make it possible" for the less wealthy to be of the city while not living in it, "is a very urgent part, of the job awaiting the builders of America."[29] How does it happen, he wishes to know, that "all our cities are surrounded by a wide belt of nearly vacant land. . . ?" (He neither recognizes that this land is already filling up outside the larger cities, nor foresees how far out the city will someday push.) What shall we do with this belt of vacant land? Preserve it for farming? Allow the city to gobble it up? His ecstatic answer is that "These vacant areas have been waiting for something—for something more valuable than the old order of rural life; more valuable, too, than congested city life. They have been waiting for the Era of the Garden Home. Even now, those vacant spaces constitute the City Invisible."[30] Against some of his contemporaries who are talking about the suburbs as a solution for the city's terrible housing problem,[31] this former small towner shouts, "Housing! A cold, repellent word. No, no! Not 'housing,' but making our earth to blossom with homes of men! And a *home* is much more than a *house*."[32] Since the time of this remonstrance, the suburban landscape of course has become covered with homes, and project builders are exceedingly careful to call them "homes." The American vision of the home in the suburb—despite its having only a yard and not a spacious lawn or a genuine garden—continues to excite the imagination and to color contemporary thinking about the suburb.

Several distinct streams of population have contributed to the suburban-home imagery. To begin with, the suburb is associated with the earlier migration of wealthy urbanites to country homes, country estates, summer houses, and suburban hideaways. Moreover, there is a symbolic opposition of apartment house and single-family house despite the historical fact that wealthy people, in the larger eastern cities at least, were among the first to take up residence in apartment dwellings.[33] In the earliest days of the apartment house, it was argued in horrified tones that apartment living would destroy family life, and that it was, at any rate, not a proper place in which to raise children. Although the proponents of apartment living have long since won their point within the larger urban centers, some residue of antagonistic feeling persists. The apartment house also connotes a shallowness of social roots, a lack of community. As, some time ago, an editor of a popular magazine phrased it:

> It is not family affection . . . which we should expect to see destroyed by apartment house life and the habit of "moving." Rather it is neighborhood feeling, helpful friendships, church connections and those homely common interests which are the foundations of civic pride and duty.[34]

Looking into the future this gentleman projects a wish that apartment life will become "what it is pre-eminently fit to become," that is, a place of residence during only part of the year on the model of the seasonal migration of wealthier American families. By a sort of guilt-by-association, the apartment house also has overtones of "tenement" living, especially in recent years after many apartment dwellings became converted into virtual slums. The occupants both of these dwellings and of tenements earlier built expressly for the poorer urban element are notoriously pleased to save enough money to purchase suburban single-family houses—for reasons of privacy and status.

But to those suburban immigrants who come originally from the small towns and small cities of America, the suburban home is redolent of other days and other places: of shady streets, childhood, neighborliness, safety, and, no doubt, of mama and papa. Today, these quondam small-towners and country boys sometimes can locate directly in the suburbs without ever experiencing life in the metropolis; once, however, the most common route included living in the city initially. Hence, more than one sympathetic commentator has remarked upon the paradox of the country boy fleeing the back country for the emancipating city, only to take refuge in suburban by-ways once he had had enough of the city itself.[35]

A particularly poignant description of the entire trajectory as it was experienced by the novelists who had grown up rejecting their home-towns during the nineteen-twenties, has been sensitively drawn by Malcolm Cowley in his *Exile's Return. A Literary Odyssey of the 1920's*:[36]

> They had satisfied a childhood ambition by moving to the me-

> tropolis and becoming more or less successful there, yet most of them wanted to be somewhere else: they wanted to leave it all and go back to something, perhaps to their childhoods.
>
> Of course they couldn't go back: their own countrysides or Midwestern towns would offer no scope to their talents, no opportunity for earning the sort of living to which they had grown accustomed. They were inexorably tied to New York—but perhaps they could make a compromise, could enjoy the advantages of two worlds by purchasing a farm somewhere within a hundred miles of Manhattan. . . . About the year 1924 there began a great exodus toward Connecticut, the Catskills, northern New Jersey, and Bucks County, Pennsylvania . . . a mass migration.[37]

Once there, Cowley remarks, they did not necessarily farm; and eventually, of course, the areas to which they fled became part of the suburban ring. The experiences of the novelists described are an esoteric instance of Americana, no doubt, but their example was recognized by a later generation who built and embraced the communicative industries.[38] For many migrants to the city's outskirts (whether novelists or ordinary citizens) a momentous aspect of the suburban dream was the wish to reinstitute, or establish, the emotionally satisfying bonds of community and neighborhood.

11

The Latest in Urban Imagery

AS THE United States progressed from an agricultural nation to a markedly urbanized one, each step of the way was paralleled by Americans' attempts to make sense of what was happening. This ideological accompaniment to the objective facts of national urbanization was shot through, during the nineteenth century, with contrasts drawn between urban and rural styles of life. These contrasts still persist in muted forms.

However, the imagined polarity between country and city or town and city no longer dominates the American scene. It was succeeded some decades ago by a presumed polarity of city and suburb—a polarity which followed in the wake of a vastly increased suburbanization and the flight of great numbers of city dwellers to the suburbs in search of fresh air, safe and quiet streets, genuine communal life, better standards of domestic living, financial profit, and—as sociologists have so often stressed—more prestigeful locales in which to live. But the imagined polarity of suburb and city is already breaking down, and new imagery is beginning to take its place. This imagery suggests some of the kinds of questions that Americans are raising about the destinies of their metropolitan areas. It also points to the particular ways in which Americans are attempting to make sense out of the often puzzling facts of today's urban milieu.

What is going to be the fate of American cities? The envisioned alternatives, in answer to this momentous question, range from the continued dominance of cities to their actual disappearance. The *New York Times*, perhaps only for purposes of provocation, recently raised the alternatives in this way:

> One hundred million Americans are now living in metropolitan areas, including their central cities.
>
> Will the new pattern of settlement result in the eventual dwindling of great cities like New York, Chicago and San Francisco? Will they be just islands of national business headquarters, financial clearing houses and other specialized functions within great flat seas in which the other activities of our national life will mingle?
>
> Or will our historic cities sparkle brighter by contrast with the sprawling urbanized regions which they will serve as centers of culture as well as commerce?[1]

Far from dominating the American scene today, the big cities are on the defensive, at least in some ways. Our magazines are full of stories about cities fighting to make a "comeback" and cities are combating "The threat of strangulation by the suburbs."[2] One emerging concept of the fate and function of the metropolis is that it can serve as "the core" of the entire metropolitan area. By "the core," urban planners and civic propagandists may mean either centers of business or cultural functions, or both. For instance, the mayor of Detroit, like many other civic leaders, advocates strengthening downtown districts so that they can serve as strong magnets to attract people from distant suburbs, either for daily visits or for permanent residence. Hence, he advocated building expressways to bring suburbanite shoppers into the downtown area: "If we don't make it possible for them to come back, they will build large shopping areas in the outlying communities and we will lose that business." To some other metropolitan champions, "the new metropolis" connotes somewhat less hardheaded emphasis upon business and more upon cultural and political leadership of cities.[3]

New concepts are also emerging of who shall—or should—live in the central city. Here, for instance, is the view of William Zeckendorf, probably the most influential of American urban redevelopers:

> There is a swing back to the cities of the highest-grade type of tenant. He is generally aged 45 and upward. He has raised his children; he has reached the peak of his earning power; his house is now superfluous in size; he is tired of commuting.
>
> That man, if you provide him with appropriate living conditions in the central areas of the cities, can be reattracted on a scale never dreamed of before to a way of life that is impossible to obtain in the suburbs.

He adds, and here we may see how new is the concept involved, that: "For each 10 people that the city loses to the suburbs, it can get 10 times their collective buying power in people who return."[4] In the hands of people like Zeckendorf, the concept of "redevelopment" has now come to mean a combination of things: partly the replacement of slums with upper-income housing; partly the renovation of "downtown U. S. A." But other planners and influential citizens urge—on moral as well as on economic grounds—that the city ought not to be given over only to the wealthier residents; and in fact, others keep pointing to the steady abandonment of the large cities to Negroes, who are thus effectively segregated within the greater urban area.[5]

While cities are "fighting back" against suburbs, the transformation of suburban areas is being accompanied by a reinterpretation of life as it is lived there. In place of a relatively undifferentiated "suburb"—a symbolic area contrasting with an equally symbolic city—a differentiated set of popular concepts is appearing. As those suburbs near the city's actual boundaries become increasingly crowded, virtually parts of the city, the "better class" of residents who live further out refer disdainfully to those older suburbs. They make subtle distinctions among the relative qualities of various communities—knowledge essential when unwanted ethnic groups or Negroes may tomorrow set up residence in certain of those locales. Especially since the enormous extension of the suburban rings all the way into the next states, it was inevitable that someone would make a distinction between suburbs and suburbs-beyond-the-suburbs. Spectorsky's "exurbia" and "suburbia" has met this need.[6] The sociologists themselves, spurred on by William H. Whyte's discovery of a certain kind of suburb, chock-full of youthful transients, are beginning to wonder about different kinds of suburban styles.

In past decades, a momentous aspect of the suburban dream was the wish to reinstate, or establish, the emotionally satisfying bonds of community and neighborhood. For more civic-minded souls, a suburban community also represented a reasonably good way to enter into the political process; something that was much more difficult to effect within the crowded city wards. Both aspirations have attracted much acid comment in recent decades. The imagery of a truer political democracy has not always been easy to put into practice, especially as the suburbs have grown larger or have become the locus of clashes between uncompromising social classes. As for the bonds of community and neighborhood, two kinds of criticism have been directed against these. One is uttered by suburbanites who expected the friendliness and democracy of an ideal small town, but who were bitterly disappointed by the realities of suburban living. They accuse the suburb of false friendliness, of mock neighborliness; they claim that it has not a democratic atmosphere at all, that it is ridden with caste and snobbery. Another kind of criticism is leveled by both suburbanites and outsiders against the achievement of too much "community." It is said that there is no real privacy in most suburbs and that so deadening is the round of sociability that little time can remain for genuine leisure. While most critics are willing to admit that friendship and communal ties are to be valued, they deride the standardization of suburban communities and their all too visible styles of life (the barbecue suppers, the PTAs, the suburban clothing, the commuting). Since World War II, criticism has continued to mount about the suburban way of life. The new kinds of suburbs are too homogenous in population, too child-dominated, too domestically-oriented, too little concerned with intellectual or cultural pursuits —or so they seem to the critics.[7]

When conceived in such terms, suburbanization represents to inveterate lovers of the city a genuine threat to urban values —a threat even to the nation. In place of the earlier derision of the suburb as an uncomfortable or inconvenient place to live, and added to the fear of the suburb as a threat to true democracy (because it enhances class distinctions), we now observe an increasing concern over the continued exodus to suburbs. If it is true that suburban life is inimical to much that has made the city exciting, freeing, and innovative, then—it is felt—there is cause for alarm. Despite the counter argument that the suburbs now have theaters and concerts; the city as the great central locale for the arts, and for civilized institutions generally, still remains convincing as an image to many city residents. Even intellectuals living in the suburbs betray uneasiness about their abandonment of former habitats and pursuits: and the growing literature of the suburban novel portrays the city as a creative foil to the dull, if necessary, domesticity of suburbia.

The intellectuals, too, are joined by urban politicians and by urban businessmen in despairing of the suburban movement. According to Zeckendorf, "Satellite towns, which are the product of decentralization, are parasites, jeopardizing the entire fiscal and political future of our great municipalities."[8] He like others, argues how it is detrimental to the whole metropolitan community, and thus ultimately to the nation, that suburban cities should refuse to be incorporated into the nearby dominant metropolis.

Such incorporation, or annexation, is one of the burning metropolitan issues of the day. "Does Your Community Suffer from Suburbanitis?" queries *Colliers*, as it publishes the comments of two noted therapists who analyze this civic disease.[9] They argue that cities have always gained needed breathing space by annexation of outlying areas, but that since 1900 the suburban residents have successfully prevented annexation through fears that they would have to pay higher taxes, would be affected by corrupt municipal governments, would be lost in the huge cities. Yet, as these pleaders for annexation say, these arguments are losing force, for annexation, although hard fought by many towns, appears to be a growing movement.

Thus, a new imagery about the city and its suburbs is appearing. The city as an invading malignant force which threatens the beauty of the suburban village has been a fearful image held by suburbanites for many years, an image which has been expressed in antagonism against new kinds of neighbors, in complaints about loss of rural atmosphere, and in a continual flight further outward. But a reverse aspect of the city is supplementing another image—namely, that the former idyllic suburban landscape is, or is becoming, a thing of the past. The services which the central city can offer the nearby communities are inestimable, or at least are better than can be locally supplied, for the suburbs are no longer relatively isolated, autonomous, proud towns. If old, they have been swamped with population, and, if new, they have been erected too quickly and lack adequate services or were built with an eye to future growth of population.

Although most suburbanites still undoubtedly imagine the central city to be different from the suburbs, already some prophets are beginning to visualize very little true difference between the two locales. They delight in pointing out, if they are themselves city dwellers, that the suburbs are fully as noisy as the city; that traffic is becoming as onerous in the towns as it is in the metropolis; that city people are wearing the same "suburban" kinds of informal attire. The suburbanite is beginning to notice these things himself.

The lessening of differences between suburb and city—by the increasing suburban densities and the possibility of planning cities for good living—seems destined to bring about further changes in the urban imagery of Americans. Very recently several new images have appeared. Thus one sociologist, Nathan Glazer, who loves cosmopolitan city life and who is afraid that it cannot flourish in suburbia, has argued that suburbia itself is in danger of invading, in its turn, the big city.[10] This is a new twist, is it not? Glazer's argument is that because redevelopers have combined certain features of the garden city (superblocks, curving paths) and Corbusier's skyscraper in the park, they have in a large measure destroyed "the central value of the city—as meeting place, as mixing place, as creator and consumer of culture at all levels." If poorer classes are better off now than they were in our older great cities, the rich and middle classes are worse off; artists, poets, intellectuals and professors also have less propitious circumstances in which to flourish. The city core itself,

> the part that people visit, that eager migrants want to live in, that produces what is unique, both good and bad, in the city, as against the town and the suburb. What has happened to that? Strangely enough, it loses the vitality that gave it its attraction.[11]

Glazer asserts that the very density of nineteenth century cities forced city planners to build towns at the rim of existing cities, rather than to plan for better cities. We have now, he argues, to plan for the metropolis without losing that essential cosmopolitanism which makes it great. A rich and varied urban texture must be created, "and this . . . cannot be accomplished by reducing density." Whatever it is that has gone wrong with our cities, he concludes, "one thing is sure: nothing will be cured by bringing the suburb, even in its best forms, into the city."[12] This is a radically different kind of argument—and imagery—than that of the city boy who merely refuses to take up residence in the suburb because he believes life there is intellectually stultifying.

In either case, though, the critic of suburbia takes the city as his measuring rod: he assumes the city as the locus for a frame of mind, a style of life. The proponent of suburbia reverses the procedure and measures the city against a healthier, saner, more sociable suburban counterpart. There is, of course another, and transcending, position whereby one may avoid taking sides, saying that both city and suburb have their respective advantages; people who own homes in both locales doubtless suscribe to that particular imagery.

Yet another transcending imagery is possible:

> We are going to have to learn a wholly new concept of a city—a great sprawling community covering hundreds of square miles, in which farms and pastures mingle with intense developments,

> factories and shopping centers, with the entire area run purposefully for the common good. . . . These wonderful new cities, aren't as far in the future as they may sound.[13]

Notice the wording: we have to learn a "wholly new concept of a city," and "these wonderful new cities" that are just around the corner. These terms signify a claim that the dichotomy of city *versus* suburb is no longer defensible in the eyes of some Americans. In its turn, this dichotomy is in some danger of the same dissolution as its predecessor, the country-city polarity. When Americans can maintain no longer that the two locales differ then we can expect new imageries to arise—new interpretations of the latest phases of urbanization.

One can almost see them being born. Only four years ago, *Fortune Magazine* published a series of articles on the "exploding metropolis," closing with William H. Whyte's "Urban Sprawl."[14] Whyte begins his report on the state of American metropolitan areas by warning that their fate will be settled during the next three or four years. "Already huge patches of once green countryside have been turned into vast, smog-filled deserts that are neither city, suburb, nor country." That last phrase forebodes the invention in the near future of a less neutral, more descriptive, term than the sociologists' colorless "metropolitan area." Whyte himself coins no new term, but his attitude toward the region eaten into by urban sprawl reflects something new. He reports a conference of planners, architects, and other experts that was convened by *Fortune* magazine and by *Architectural Forum* to tackle the problem of remedying the worst features of urban sprawl. This group made recommendations, based upon the assumption that large amounts of suburban land need to be rescued before they are completely built upon in distressingly unplanned ways. As Whyte says, "it is not too late to reserve open space while there is still some left—land for parks, for landscaped industrial districts, and for just plain scenery and breathing space."[15] The language—and the outlines of these recommendations—are consciously very like that of earlier generations of city planners who were concerned with the problems of urban density; although the current situations, as everyone recognizes, involve a more complex interlocking of city, suburb, county, and state.

Americans are now being told in their mass media that soon they will "be living in fifteen great, sprawling, nameless communities—which are rapidly changing the human geography of the entire country."[16] They are beginning to have spread before them maps of these vast urban conglomerations which are not cities but are nevertheless thoroughly urban: "super-cities" and "strip cities." They are being warned that America's urban regions are already entering upon a new stage of development, "even before most people are aware that urban regions exist at all." And even before the recently coined concept of "exurbia" is more than a few years old they are being confronted with "interurbia," which represents simply all the land not actually within the denser urban strips of land but within the urban regions, an area within which few people live on farms but where almost everybody commutes to work—not necessarily to cities "but to factories and offices located in small towns."[17] As the polar concepts of city and suburb thus dissolve, Americans are being invited to think of urbanization in newer, more up-to-date terms. The new terms, however technically they may be sometimes used, refer no less than did the older vocabulary to symbolic locales and associated sentiments.

Appendix:

A Note on Imagery in Urban Sociology

SOCIOLOGISTS are no more distant from the ideological positions and battles that have been sketched than is the ordinary American. The language in which social scientists clothe their images is likely only to be comparatively less vivid, less openly rhetorical. Here and there in the foregoing pages sociologists have been referred to—by which it may be inferred that sociologists have played some little part in shaping the urban imagery of their fellow citizens or that at least they have reflected the wider currents of popular thought and imagery.

Robert Park, of course, is among the best known urban sociologists, both in this country and abroad, because of the impetus he gave, largely during the twenties, to the study and conceptualization of American cities.[1] Park's famous dictum was:

> The city . . . is something more than a congeries of individual men and of social conveniences—streets, buildings, electric lights, tramways and telephones, etc.; something more, also, than a mere constellation of institutions and administrative devices. . . . The city is, rather, a state of mind, a body of customs and traditions, and of the organized attitudes and sentiments that inhere in these customs and are transmitted with this tradition.

This was, in its way, an echoing in sociological phraseology, and in almost the same words, of the more religious but equally psychological perspective of earlier generations. (The Reverend Edwin Chapin preached to his congregation in 1853 that "the city is something more than an assemblage of buildings or a multitude of people; something more than a market or a dwelling place . . . deeper than all, it has a *moral* significance.")[2] Park's emphasis upon an accurate sociological reporting of urban space and city culture was also long foreshadowed, as we have seen, by the big city newspaper reporter (Park himself had been a reporter). I stress Park's forerunners among the non-sociologists chiefly in order to link him with the wider American scene, and to illustrate how sociologists tend to enter the arena late. However, Park represents a departure from an American sociological tradition insofar as he was very little interested in the reformistic aspects of urban study—unlike his predecessors, who were generally caught up in the reform movement which started in the 1850's, and reached its greatest heights perhaps during the 1890's, and also unlike many of his successors, who reflect both the continued emphasis upon reform and the later phases of the drive toward city planning.

But the most quoted sociologist on city life, and, it is frequently said, the sociologist who made the most complete attempt to systematically delinate a theory of city life, is Louis Wirth, a student of Park's.[3] Wirth's contribution has been, for the last decade, under heavy attack, largely because American sociologists and anthropologists have discovered that Wirth was too much an American, and thus did not appreciate how little his view of city life applied to cities on other continents—or even to American cities dissimular from his own Chicago. A quick reading of Wirth's well-known article will show that his images are long familiar on the American scene. The predominant ones are suggested by such terms as "impersonality," "anonymity," "cosmopolitanism," "rationality," "segmental," "depersonalization," "a world of artifacts," "superficiality." A city boy himself, Wirth, in an earlier work on *The Ghetto*, portrayed a special urban world as very communal, very warm. Wirth simply assumed some ancient imagery when he came to try his hand at systematically attacking the nature of modern urban life. We hardly need to look at Asiatic cities to sense which aspects of city life he left out of his picture even of Chicago (dense, sizeable, and heterogeneous).

A student of Wirth's, Albert Riess, recently has combated those very biases in arguing to a group of city planners and urban reformers that cities are not all impersonal and do not involve simply superficial social relationships.[4] Riess's argument is even more fascinating when one considers that by 1954, one might be tempted to believe his audience would take cities for granted; but this is not so. (In current sociological writing, the tradition of the city as impersonal and destructive—inherited from Simmel as well as from the American past—is also to be found very much alive and persuasively argued in such a rightfully influential book as C. Wright Mills' *White Collar*.)[5]

Equally typical of an American symbolism of urban life are those sociological views of cities which stress technology, ecology, or population. Not much imagination is needed to link either an Ogburn's or a Cooley's technological approach to cities with an American emphasis upon, and overevaluation of, transportation in national urban growth, nor an ecological approach with a considerably more vulgarized conception of geography, land, and real estate values as determinative of city success, city shape, and city characteristics. It takes a bit more imagination to discover linkages between popular imagery and the influential work of students of population (frequently this work is associated with technological or ecological approaches). Perhaps, however, it is not stretching a point too much to contend that the work, or at least certain of the writings and pronouncements, of some population experts is closely linked with prophesies of city progress, with warnings of city decline, and with predictions of national urban development. This kind of urban sociology finds a ready, even avid, popular audience which is understandably interested in progress and plateaus.

Sociologists who have advocated technological, ecological, and population models for studying urbanization have been inclined to be impatient—both in private and occasionally in print—with other schemes for examining urban life. These three models are all useful, but they are scarcely exclusive of alternative ones, nor are their proponents exempt from scrutiny as bearers of particular, historically rooted sets of urban images. Sociologists ought to be interested in those images, for, like any other images, they represent only a partial view of reality. Gideon Sjoberg's recent remarks on urbanism and power imply the same stricture, and incidentally begin to introduce explicitly into American urban sociology a new emphasis; it is, however, one which, as always, the sociologists began to use long after a segment of the broader American public has used it.[6] (Though sociologists who participated in earlier reform movements were not at all innocent of urban social and political power, albeit not making it a very explicit part of their urban studies).

That the sociologist tends to use his images—which he calls concepts or perspectives—somewhat differently and somewhat less rhetorically than the public, I myself am certain;[7] but that frequently he uses those same images quite like the man on the street, or that his images are quite in line with popular assumptions, I am equally certain. Sociologists now, no less than in past eras, are part of the American scene too. This is precisely why they have not been singled out in the sections about popular symbolization of American urbanization. The same is true of the better trained urban historians, most of whom have very effectively traced developments in particular cities, but most of whom also have taken as their set of imagery the scheme of city progress—or at least of city evolution—which is not noticeably different from that of the less objective, but more frankly adulatory, popular urban historian.

Notes

1. The City as a Whole

1. Ezekiel P. Belden, *New York—as Is* (New York: John P. Prall, 1849). This pamphlet includes excerpts from the local newspapers.

2. *The Little Community: Viewpoints for the Study of a Human Whole* (Chicago: University of Chicago Press, 1955).

3. Jacques Barzun, *God's Country and Mine* (Boston: Little, Brown & Co., 1954), pp. 240, 252.

4. This information is taken from two sources: *New Yorker*, XXVII (July 28, 1951), 13-14; and *Reader's Digest*, LXI (Aug., 1952), 135-38. The quotation is on page 138 of the latter article.

5. Rom Landau, *Among the Americans* (London: Robert Hale Ltd., 1953), p. 60.

6. "Studies of the Great West, III: Chicago," *Harper's*, LXXVI (1888), 870.

7. Cf. many of the selections, particularly those written after 1890, quoted in Bessie L. Pierce (ed.), *As Others See Chicago: Impressions of Visitors, 1673-1933* (Chicago: University of Chicago Press, 1933).

8. This frequently quoted characterization by Julian Street can be found in *ibid.*, p. 442.

9. George S. Perry, *Cities of America* (New York: Whittlesey House, McGraw-Hill Book Co., 1946), pp. 45-46.

10. See Pierce, *op. cit.*, p. 468. The quotation is by Walter L. George.

11. Paul Morand, "Rues et visages de New-York," *Les oeuvres libres,* LXII (Sept., 1950), 97.

12. Richard S. Davis, "Milwaukee: Old Lady Thrift," in Robert Allen (ed.), *Our Fair City* (New York: Vanguard Press, Inc., 1947), pp. 189-90.

13. See Pierce, *op. cit.*, p. 481.

14. See *ibid.*

15. *Ibid.*, p. 261.

16. For many examples, see the volumes in the "Society in America Series" (New York: E. P. Dutton & Co.). For instance, Cleveland Amory, *The Proper Bostonians;* Alvin F. Harlow, *The Serene Cincinnatians;* and Robert Tallent, *The Romantic New Orleanians.*

17. Julian Ralph, "The New Growth of St. Louis," *Harper's,* LXXXV (1892), 920.

2. *The Symbolic Time of Cities*

1. John Bird, "Cedar Rapids," *Saturday Evening Post,* CCXXI (June 18, 1949), 33; Ralph S. Perry, "Houston," *ibid.* (Nov. 29, 1949), p. 22.

2. *Fortune,* XXXV (Feb., 1947), 121; S. Levy, "Rochester," *Saturday Evening Post,* CCXXII (Mar. 18, 1950), 38.

3. Hugh Allen, *Rubber's Home Town. The Real-Life Story of Akron* (New York: Stratford House, 1949), p. 48.

4. Gerald M. Capers, *The Biography of a River Town. Memphis: It's Heroic Age* (Chapel Hill, N. C.: University of North Carolina Press, 1939), pp. 204-6.

5. Herbert Sass, *et al., Charleston Grows* (Charleston, S. C.: Carolina Art Association, 1949), p. 8.

6. *Ibid.*, p. 1.

7. *Ibid.*, p. 7. But it was not dead, according to Sass, for in keeping with the "true tradition" of the city, a group of young business men helped set Charleston on the march again.

8. Cf. Richard Tregaskis, "Norfolk," *Saturday Evening Post,* Vol. CCXXII (July 9, 1949). Tregaskis writes that Norfolk was continually experiencing boom and bust in conjunction with national war and peace.

9. Isabel McMeekin (New York: Julian Messner, Inc., 1946), p. 257. The pioneer linkage is, of course, a frequent one. For instance: "Chicago has done things. Chicago knows she can do things. What things Chicago elects to do in the future rests with those people in whom the spirit of enterprise—in its broadest sense—still has its pioneer energy." From Dorsha Hayes, *Chicago. Crossroads of American Enterprise* (New York: Julian Messner, Inc., 1944), p. 301. And again, for Hutchinson, Kansas: "Surely, the fortitude of the sturdy pioneers who established this city, and made it what it is today, will carry on in the young men and women who will be responsible for the Hutchinson of tomorrow." See Willard Welsh, *Hutchinson, A Prairie City* (Hutchinson, Kansas: W. Welsh, 1946), p. 166.

10. Thomas J. Summers, *History of Marietta* (Marietta, Ohio: Leader Publishing Co., 1903), pp. 319-20.

11. *Ibid.*, p. 320.

12. Cf. Sutherland Dows, *Seven Ages of a City* (Cedar Rapids, Iowa:

Iowa Electric Light and Power Co., 1957). Dows is an executive of that company. He writes in this pictorialized history of Cedar Rapids that the prehistoric Mound Builders were the first inhabitants of the site, and remarks that they were most industrious, "Proof that this area from the beginning produces men with a mission." Having opened his history with a glimpse of the Mound Builders, Dow closes by linking the farthest past with the distant future: "From prehistoric days to our own time, we have heard the story of Cedar Rapids. It will go on—for it is a continuing story. It will always be the story of the people who live in it."

13. Hayes, *op. cit.*, p. 17. Her history opens and closes, in the initial and last chapters, with virtual ceremonial prayer to the memory of Marquette and Joliet and to their discovery of the city's site.

14. *World Today*, XI (July, 1906), 703; *Colliers*, LIII (July 4, 1914), 8; see also, "Detroit—The Newest and Latest 'Whirlwind Success' Among Cities," *American Magazine*, LXXXIV (Dec., 1917), 36. For recent years, see: R. Perry, "Detroit," *Saturday Evening Post*, CCXVIII (Jan. 22, 1946), 14; *Time*, "Midwest Birthday," LVIII (July 30, 1951), 14; M. Parker, "The Young Man's City," *Saturday Evening Post*, CCXX (Sept. 4, 1947), 26.

15. Robert Allen (ed.), *Our Fair City* (New York: Vanguard Press, Inc., 1947), p. vii.

16. "Milwaukee," *New England Magazine*, VI (Mar., 1892), 110.

17. R. S. Perry, "Chicago" in his *Cities of America* (New York: Whittlesey House, McGraw-Hill Book Co., 1946).

18. *Op. cit.*, p. 188. See also, in the same genre: *New York Times Magazine* (Apr. 6, 1947), p. 11, "Portrait of a Lusty City"; and "Chicago," *Fortune*, XXXV (Feb., 1947), 112.

19. Alfred Kazin, *A Walker in the City* (New York: Harcourt Brace & Co., 1951), pp. 95-97.

20. Writing of Anchorage, Alaska, Elizabeth Bright noted that: "The population in 1941 was 900, while in 1954 it had grown to 11,254. The citizens are speaking of having 50,000 within the next ten years. Because of its ambitions, Anchorage is called 'the Chicago of Alaska.' " The quotation is from p. 121 of *Alaska. Treasure Trove of Tomorrow* (New York: Exposition Press, 1956). The reporter who described Toronto finds that rapidly expanding city "A big, U. S. style, Chicago-like town, inhabited, it is said, by 1,000,000 people with a sharp eye for a dollar. . . . Toronto lives in an atmosphere of boom and bigness. . . . Like Chicago, which it resembles in drive and vision, and which it greatly admires, Toronto is not content in its youth simply to prosper cozily by trading with the rich agricultural belt which surrounds it. See: "Toronto," *Saturday Evening Post*, CCXXIV (Mar. 22, 1952), 26, 62, 65. In turn, New York City has long been very visible to Chicago's social and artistic elites.

21. H. Pringle and K. Pringle, "Niagara Falls," *Saturday Evening Post*, CCXXI (Oct. 30, 1948).

22. The passage, written by Lloyd C. Douglas, is from an introduction to Hugh Allen, *op. cit.*, pp. vii, xviii.

23. N. M. Clark, "Albuquerque," *Saturday Evening Post*, CCXXII (Apr. 8, 1950), 27. Such old images may eventually prove inadequate to handle a reality so obviously changing; meanwhile, they may satisfy some groups whose identities are tightly linked with those views of urban reality.

24. M. MacKaye, "Phoenix," *Saturday Evening Post,* CCXX (Oct. 18, 1947), 36. Likewise: "Phoenix is a sort of municipal montage combining the qualities of a large Midwestern city, a typical small town and a swanky resort community." The quotation is by Joseph Stocker, *Arizona* (New York: Harper and Bros., 1955), p. 44. See also R. Perry's article on Little Rock, *Saturday Evening Post,* CCXX (Apr. 24, 1948), 20.

25. "Pittsburgh's New Powers," *Fortune,* XXXV (Feb., 1947), 71, 187.

26. H. H. Martin, "Birmingham," *Saturday Evening Post,* CCXX (Sept. 6, 1947), p. 22.

27. Irving Beiman, "Birmingham: Steel Giant with a Glass Jaw," in Robert S. Allen (ed.), *op. cit.,* pp. 99, 121-22.

28. In his *Chicago, The Second City* (New York: Alfred A. Knopf, Inc., 1952), Abbot Leibling caustically cited Nelson Algren as the one remaining novelist of national reputation left on the Chicago scene; and recently Algren himself (at a roundtable discussion group which was gathered to talk about Chicago's cultural life but soon lapsed into the usual plaintive attempts to explain the failure of its promise) dryly remarked that writers leave Chicago "because they can't stand the place." This discussion is reported in "State of the Arts," (with Frank Lloyd Wright, Archibald MacLeish, Nelson Algren, R. Ganz, and L. Lerner), *Say. The Alumni Magazine of Roosevelt University, Chicago,* IX (Winter, 1958), 11-13. The quotation is from p. 13.

3. *The Evolution of Urban Imageries*

1. Warren Pierce, "Chicago. Unfinished Anomaly" in Robert S. Allen (ed.), *Our Fair City* (New York: Vanguard Press, Inc., 1947), p. 169.

2. "The Annals of Chicago," delivered before the Chicago Lyceum, Jan. 21, 1840; republished (Chicago: Fergus Printing Co., 1876).

3. (Chicago: Jansen, McClurg and Co., 1876).

4. *Ibid.,* p. 7.

5. Edward Chamberlin, *Chicago and its Suburbs* (Chicago: Hungerford and Co., 1874).

6. See pp. 171-72.

7. The facts, as recounted in F. Cyril James's volume, *The Growth of Chicago Banks* (New York: Harper and Bros., 1938), seem to be as follows:

> The nation was then developing so rapidly that capital was scarce. The Chicago fire wiped out an enormous amount of capital. As soon as the full extent of Chicago's destruction was apparent, panic gripped the New York stock exchange. One reason was that any decrease in the volume of trade with Chicago seriously affected the revenues of railroads operating out of New York. A second reason was that the rebuilding of Chicago would necessitate great amounts of capital, so that Chicago businessmen were expected to sell "a substantial portion of their security holdings to raise money for reconstruction." But most important was that the New York insurance companies would be compelled to call in loans and sell large amounts of securities in order to meet their Chicago claims. Within a month of the fire, insurance companies all over the nation had gone bankrupt. The New York banks were facing severe crisis. Europe now, for the

first time, "came to the aid of the American financial system by pouring funds into the country through the purchase of American securities at bargain prices. Had this not been true, the repercussions of the fire would have been even more serious for the economy of the country." The London money market experienced a mild crisis, but was in a stronger position than was New York. In other words, Chicago was not at the time of the fire a mere frontier outpost, it *had* to be rebuilt, knit as it was "by a thousand ties to the money markets of the Atlantic seaboard and to the financial centers of Europe."

See pp. 410-14. See also, Bessie Pierce, A *History of Chicago* (Chicago: University of Chicago Press, 1957), III, 3-17. Miss Pierce credits Chicago with a more active role in controlling possible reneging insurance companies, but touches on the importance of Eastern and British co-operation.

8. *Ibid.*, p. 28.

9. *Ibid.*, p. 35.

10. Judge Henry Blodget, *ibid.*, p. 44.

11. See the reprinted columns of the *Chicago Tribune* and the *Chicago Evening Journal* in *ibid.*, pp. 82.

12. In his Ph.D. thesis, *Chicago as a Literary Center* (University of Chicago, 1948), esp. pp. 23-26.

13. Cf. Henry R. Hamilton, *The Epic of Chicago* (Chicago, New York: Willett Clark and Co., 1932); Ernest Poole, *Giants Gone, Men Who Made Chicago* (New York: Whittlesey House, McGraw-Hill Book Co., 1943).

14. *The History of Chicago* (Chicago: A. T. Andreas, 1884-86).

15. An impressed visiting journalist, William Igleheart, told his fellow easterners how it was done in an article titled "What the Publicity Department Did for the Columbian Exposition," saying, "the world did not believe a great international fair could be given in the city chosen as its site. Europe had hitherto viewed America through the New York press." *Lippincott's*, LI (1893), 47.

16. Eleanor Atkinson, *The Story of Chicago, 1534-1912* (Chicago: Little Chronicle Co., 1911).

17. Lloyd Lewis and Henry Justine Smith (New York: Harcourt, Brace & Co., 1929).

18. *Ibid.*, p. xi.

19. *Ibid.*, pp. 493-94.

20. However, a popular history published just before the fair of 1934 stresses the older theme of unadulterated progress, which views the past as foundation for the new era about to be inaugurated. However this book adds one feature: at the opening of each era, leaders (providentially) appear. Tomorrow's new era will produce its quota of potential pioneers. See Paul T. Gilbert and Charles Bryson, *Chicago and its Makers* (Chicago: F. Mendelsohn, 1929).

21. Herbert Ashbury, *Gem of the Prairie. An Informal History of the Chicago Underworld* (New York: Alfred A. Knopf, Inc., 1940).

22. *Ibid.*, p. 89. The author uses a history of the Chicago police to document his statement.

23. *Ibid.*, p. 155. Here he uses the famous expose by an English re-

former, William Stead, *If Christ Came to Chicago* (London: The Review of Reviews, 1894).

24. *Garden City* (New York: Doubleday & Co., 1951).

25. (New York: Random House, Inc., 1953), p. 3. The book is patterned after Lloyd Morris' *Incredible New York. High Life and Low Life of the Last Hundred Years* (New York: Random House, Inc., 1950).

26. Dorsha Hayes' book, *Crossroads of American Enterprise* (1944) shall be referred to often in later pages. Here only her emphasis upon the Americanism and upon Midwest symbolism shall be noted.

27. R. Richard Wohl and A. Theodore Brown have similarly examined the popular histories of Kansas City, Missouri, demonstrating how the symbolism of the city evolves across the years (in much the same way as Chicago's but two or three decades behind, apparently, and with somewhat different content). A very interesting feature of their paper is that they show how this city's Americanization imagery arose at a relatively late date, and as a result of the gradually dawning query: Where does Kansas City fit into the national scene? The latest popular history shows the historian grappling with whether the city ought to be satisfied with its recent somewhat less than meteoric expansion. The paper is titled, "The Historiography of Kansas City: Sidelights on a Developing Urban History," and was originally read before the Urban History Group at the annual meeting of the American Historical Association in St. Louis on Dec. 28, 1956. (History of Kansas City Project, Community Studies, Inc.). See also W. L. Warner's recently published imaginative study of a small city's symbolization itself and its history, *The Living and the Dead* (New Haven, Conn.: Yale University Press, 1959), Part II, pp. 107-225.

28. Eugene Seeger, *Chicago The Wonder City* (Chicago: George Gregory Printing Company, 1893).

29. *Ibid.*, p. v.

30. *Ibid.*, pp. 347-48.

31. Giovanni Shiavo, *The Italians in Chicago* (Chicago: Italian American Publishing Co., 1928), p. 25.

32. *Ibid.*, p. 25. Because of the special reputation of the Italians in Chicago vis-à-vis crime at the time this history was written, Shiavo is especially concerned with showing that Italians commit no more crimes "than any other racial group in the city," and that the children grow up with American ideals.

33. *Poles of Chicago, 1837-1937. A History of One Century of Polish Contribution to the City of Chicago, Illinois* (Chicago: Polish Pageant, Inc., 1937). No author is given.

34. The difference between prophecy for Chicago and prophecy for Toledo, for instance, is startling. Here is a passage by a local historian who is reviewing, as he puts it, *The Parade of Toledo's Delusions.* He writes, "How strange are the paradoxes of history. Delusion after delusion had obsessed Toledoans since the 1839's. Canals, lake shipping, railroads, coal, ore, iron and steel, grain, natural gas, and bicycles. When oil was discovered in northwestern Ohio, Toledo slammed the door in its face and made an enemy of the Standard Oil Co. Oil refining went to Cleveland, Chicago, Lima and other places." Randolf Downes, *Industrial Beginnings* ("Lucus County Historical Series," [Toledo, Ohio: The Historical Society of Northwestern Ohio, 1954]), IV, 79.

35. *Op. cit.*, p. 374.

36. The *Chicago Sun-Times*, June 22, 1960, p. 27. The quotation is a précis of the Bureau's answer.

4. *Life Styles and Urban Space*

1. "Natural area" was one such concept: "Natural areas" were areas produced without planning by the natural course of laying down railroads, parks, boulevards, and by the topographical features of the city. Communities often tended to be coterminous with the boundaries of natural areas. See Robert Park, *The City* (Chicago: University of Chicago Press, 1925), p. 12.

2. See Junius Browne, *The Great Metropolis, A Mirror of New York* (Hartford, Conn.: American Publishing Company, 1869); Helen Campbell, Thomas W. Knox, and Thomas Brynes, *Darkness and Light, Or Lights and Shadows of New York Life* (Hartford, Conn.: Hartford Publishing Company, 1895); James McCabe, *The Secrets of the Great City* (Philadelphia: Jones Brothers, 1868); James McCabe, *New York By Sunlight and Gaslight* (Philadelphia: Hubbard Brothers, 1881); Matthew H. Smith, *Sunshine and Shadow in New York* (Hartford, Conn.: J. B. Burr and Co., 1868.)

3. One can see this interest forming already in the work of settlement house reformers. Cf. the maps of ethnic distribution (Boston) in Robert A. Woods (ed.), *Americans In Process* (Boston: Houghton Mifflin Co., 1902).

4. "Cultural Variables in the Ecology of an Ethnic Group," *American Sociological Review*, XIV (1949), 32-41.

5. *Ibid.*, p. 34.

6. *Ibid.*, pp. 40-41.

7. See Zorbaugh's chapter titled, "The World of Furnished Rooms," in his *The Gold Coast and the Slum* (Chicago: University of Chicago Press, 1929), pp. 69-86. See also Walter Firey, "The South End," *Land Use in Central Boston* (Cambridge: Harvard University Press, 1947), pp. 290-322.

8. *Ibid.*, p. 71.

9. Cf. Caroline Ware, *Greenwich Village* (Boston: Houghton Mifflin Co., 1935) or Zorbaugh, "Towertown," *op. cit.*, pp. 87-104.

10. A comment by a young woman of Towertown to Zorbaugh, *ibid.*, p. 99.

11. Walter Firey, *op. cit.*, p. 121: the quotation is from a letter to the editor of the *Boston Herald* by Elizabeth W. Schermerhorn.

12. *Ibid.*, p. 121.

13. Cf. the work of W. L. Warner and his associates in the Yankee City series.

14. A colored student of mine once interviewed the residents of a city block, all Negro, and found a number of migrants from the South whose predominant outlook on the city was a mixture of rural animosity against the city and a view that life all around them was dangerous. Their street and home were a veritable island in a sea of threat.

15. Earl Johnson, "The Function of the Central Business District in the Metropolitan Community," in P. Hatt and A. Riess (eds.), *Reader in Urban Sociology* (1st ed.; Glencoe, Ill.: The Free Press, 1951), p. 483.

16. Donald Horton has supplied this amusing and revealing anecdote. Many years ago O. Henry wrote a story of which the scene was laid in Grove Court in Greenwich Village. Those living there then were working-class people and artists. They were succeeded by Irish men and women, who in turn were replaced by the present generation of middle-class intellectuals. One family of the latter group speaks of itself as "First Settlers" because it was among the earliest of this population to settle there. Frequently devotees of O. Henry's writing seek out Grove Court, only to be disappointed that a pump which was featured in his "Last Leaf" has been removed.

17. Louise de Koven Bowen, *Growing Up With A City* (New York: The Macmillan Co., 1926), pp. 224-25.

18. World famous streets and boulevards occasionally stimulate the writing of books about themselves. J. B. Kerfort wrote one about Broadway. Some of his feeling for the multiplicity of members of social worlds present at this locale is vividly suggested by his opening lines: "I was leaning, one afternoon, on the stone rail . . . that surrounds the fifty-second story of one of the downtown officetowers, looking dreamily down into the chasm of Broadway . . . a man alongside of me volunteered a remark . . . 'they look like ants, don't they' . . . From dawn to dark—and after—it . . . was lined with ascending and descending insects. What if, just once, one were to make the long journey up that crooked and curving highway, challenging every human ant one met, stopping him, rubbing antennae with him, sensing the sources he derived from, the ends he aimed at, the instincts he obeyed, the facts he blinked at, the illusions he hugged—getting, in short, the essence of his errand? Suppose one covered the dozen miles in eleven days and held two hundred thousand interviews by the way. Suppose, when one reached the heights of Harlem, one sat down and took stock of what one had learned?" What one had learned can only mean that the worlds of so many of these people are different from one's own. *Broadway* (Boston: Houghton Mifflin Co., 1911), pp. 3, 8-9.

19. I am greatly indebted to Howard S. Becker for these distinctions which were then further explored by the two of us.

20. Cf. "Human Ecology," *American Journal of Scoiology*, XLII (1936), 1-15.

21. Walter Firey, *op. cit.*, p. 3. For his basic point of view, see chaps. i and ix.

22. "Reference Groups as Perspectives," *American Journal of Sociology*, LX (1955), 566.

5. *The Visitor's View: The City Appreciated*

1. "How to be a Tourist in America," *New York Times Magazine* (May 8, 1955), p. 3.

2. *Here is New York* (New York: Harper & Bros., 1949), p. 16.

3. "Just when did I discover that Paris did not exist, that it was no more than a cluster of provinces . . . ? I have moved my Paris home fourteen times. . . . My friends are not deceived. 'Oh, so you've found another province, have you?' they say each time. And I assume the falsely modest eye, the lofty air of the collector. Yes, I have discovered still another province in Paris, where they exist, if not for everybody, at least for those who

take the trouble to look for them." "Paris! City of Love," in Daniel Talbot (ed.), *City of Love* (New York: Dell Publishing Co., 1955).

4. This count was extremely rough, since some topics are discussed only in a paragraph or two, and some are discussed at great length; but such a rough count seems quite sufficient for purposes of a general comparison. This was done for seven cities upon which comparable data was found. The topics were divided into those that clearly had to do with urban excitement (nightclubs) and those which did not (politics, newspapers). The mean ratio for *Holiday* articles on cities (of the tourist type) was 19/2 per article. The ratio per article for the *Saturday Evening Post* was 5/12.

5. The articles on cities in *Travel* magazine seem to follow the same prescription and their sub-titles also employ an imagery of urban excitement. Guidebooks to cities sometimes seem to be of more general scope, but of course they also stress sightseeing and fun.

6. Both books are by Jack Lait and Lee Mortimer (New York: Crown Publishers, Inc., 1950 and 1951).

7. C. Richter, "Three Towns I Love," *Holiday,* XIV (1953), 55.

8. *Balinese Character* (New York: New York Academy of Sciences, 1942).

9. G. S. Perry, "Philadelphia," *Saturday Evening Post,* CCXVIII (Sept. 14, 1946), 12.

10. Chicago's tourist bureau advertises the city as a place where the visitor can do everything, for the city has everything; and a *Holiday* report on New York City says that even natives are tourists because that city is inexhaustible. N. S. Hayner in *Hotel Life* (Chicago: University of Chicago Press, 1939) notes that "In 1933 the average stay of guests in the better-class hotels of New York City was 3.6 days; in Chicago, 3.1; in Philadelphia, 2.9; in Detroit and Cleveland, 2.2; and in Columbus, 2.1." Hayner suggests that some of this differential time of stay has to do with recreation.

11. Cf. Stephan Larrabee, *Helias Observed* (New York: New York University Press, 1957). This is an interesting account of the different meanings of Greece and Athens for different generations of American travellers.

12. Hawkins, *Picture of Quebec with Historical Recollection* (Quebec: Neilson and Cowan, 1834), pp. 7, 458.

13. "Quebec," *Littell's Living Age,* XIX, (1848), 599. For similar imagery see also J. E. Cooke, "A Glimpse of Quebec," *Lippincott's,* VI (1870), 319-22; and B. Reilly, "The Walled City of the North," *Catholic World,* LXIII (1896), 157-69.

14. "The St. Lawrence and Quebec," *The Penny Magazine,* VI (1837), 221.

15. Howard S. Becker has observed in a personal communication that at certain Chicago bars some clients who have accidently wandered in are treated with circumspection; while others, who by their manner clearly expect to be "taken" or "rolled," are not disappointed by the management or by other clients.

16. Rodney White, in an unpublished Master's thesis (University of Toronto), has described how lower class visitors from Toronto greatly distress the residents of a pleasant Toronto suburb on Sundays.

17. *Language* (New York: Alfred A. Knopf, Inc., 1925), p. 249. See

also Alfred Lindesmith and Anselm Strauss, *Social Psychology* (New York: The Dryden Press, Inc., 1949), pp. 36-39.

18. "Collective Behavior" in A. Lee (ed.), *An Outline of Sociology* (Rev. ed.; New York: Barnes & Noble, 1946).

6. *The Course of American Urbanization*

1. The work of Carl Bridenbaugh, the chief historian of colonial urbanization, is available if we wish to see the ways in which our towns initially differed from their European counterparts. See, *Cities in the Wilderness, the First Century of Urban Life in America, 1625-1742* (New York: Ronald Press Co., 1938; reissued in 1955 by Alfred A. Knopf, Inc.); *Cities in Revolt: Urban Life in America, 1743-1776* (New York: Alfred A. Knopf, Inc., 1955). The very titles suggest the new styles of American towns.

2. Table I is taken from *Demographic Yearbook 1948* (Lake Success, N. Y.: United Nations), Tables 8, 9, 12.

3. Table II is from K. Davis and A. Casis, "Urbanization in Latin America," in P. Hatt and A. Reiss (eds.), *Reader in Urban Sociology* (1st ed.; Glencoe, Ill.: The Free Press, 1951), p. 151.

4. Arthur Schlesinger, "The City in American History," in *ibid.*, p. 110.

5. NUMBER OF CITIES IN THE UNITED STATES BY COMMUNITY SIZE GROUPS*

Community Population	1790	1840	1880	1930	1940
2,500 to 10,000	28	123	872	2183	2387
10,000 to 25,000	3	27	150	606	665
25,000 to 100,000	2	9	57	283	320
100,000 to 250,000		2	12	56	55
250,000 to 500,000		1	4	24	23
500,000 to 1,000,000			3	8	9
1,000,000 & over			1	5	5

* *16th Census of the United States:* 1940, (Washington, D.C.: U. S. Government Printing Office, 1942), I, 25.

6. From 1950 *Census of Population. Preliminary Counts* (Washington, D. C.: Nov. 5, 1950. Series PC-3. No. 3), p. 1.

7. METROPOLITAN GROWTH, 1940-1950*

Area	Population Increase absolute	per cent
United States	18,186,317	14.3
Standard metropolitan areas*	14,653,382	21.2
Central cities	5,652,053	13.0
Outlying parts	9,001,329	34.7
Outside standard metropolitan areas	3,532,935	5.7

* 1950 *Census of Population. Series PC-3, No. 3. Preliminary Report.*

8. *Op. cit.*, pp. 108-9.

9. It is worth noting that: "outside the cotton belt, the majority of western moving population did not settle on farms. Farmers from farther east took up Western lands, but they also swarmed to Western cities and towns. When the Eastern city laborer managed to pay his fare or 'ride the rods' westward, he also was most likely to establish himself in a mining camp, town, or city. . . . The urbanized portion of the population west of the Mississippi River, where most of the new farms had been created, very nearly kept pace with the national average. In 1900, when nearly half (47.1%) of America's people were living in incorporated towns and cities, the ratio west of the Mississippi River was over three eighths (38.1%) Minnesota exceeded, while Missouri, Iowa, and Nebraska nearly equaled, the national average. The combined eleven Mountain and Pacific states rated even higher than Minnesota, with 50.6 per cent of their population in incorporated places. It was only the Dakotas and the West South Central states that were so overwhelmingly rural as to keep the trans-Mississippi West below the national ratio." From Fred Shannon, *The Farmer's Last Frontier* (New York: Farrar & Rinehart, Inc., 1945), pp. 357-58.

10. Schlesinger, *op. cit.*, p. 108.

11. "Until about 1850 the racial and ethnic elements in the [urban] population were not greatly different from those of the 18th century." Shannon, *op. cit.*, p. 140.

12. Thomas Cochran and William Miller, *The Age of Enterprise* (New York: The Macmillan Co., 1942), p. 21.

13. *Ibid.*, p. 55.

14. Quoted in *ibid.*, p. 57.

15. Cf. R. D. McKenzie, *The Metropolitan Community* (New York: McGraw-Hill Book Co., 1933), Chap. X.

16. John Commons quoted from the *New York Association for the Improvement of the Condition of the Poor*, in Cochran and Miller, *op. cit.*, p. 64.

17. Robert Ernst, *Immigrant Life in New York City, 1825-1863* (New York: Kings Crown Press, 1949), p. 20.

18. Lloyd Morris, *Incredible New York* (New York: Random House, Inc., 1951), p. 275.

19. Paul de Rousiers, *American Life* (New York and Paris: Firming-Didot and Company, 1873).

20. *Op. cit.*, p. 349.

21. Cf. L. H. Bailey, *Cyclopedia of American Agriculture* (New York: The Macmillan Co., 1909), II, 116, 13-17. See also Shannon, *op. cit.*, pp. 356-59. Shannon calculates that "for every city laborer who took up farming, twenty farmers flocked to the city."

22. Quoted by Richard Hofstadter in *American Political Tradition* (New York: Alfred A. Knopf, Inc., 1948), p. 189.

23. This phrase is from M. Curti *et al.*, *An American History* (New York: Harper & Bros., 1950), p. 249.

24. For a vivid account of the role of the federal and state agencies in this, see Grant McConnell, *The Decline of Agrarian Democracy* (Berkeley, Calif.: University of California Press, 1953).

25. Hofstadter, *op. cit.*, pp. 162-64.

26. However, even such smaller cities as Rochester, New York, ex-

perienced similar problems. Cf. Blake McKelvey, *Rochester: The Quest for Quality, 1850-1915* (Cambridge, Mass.: Harvard University Press, 1956).

7. Some Varieties of American Urban Symbolism

1. John P. Kennedy, "Address. Delivered before the Maryland Institute for the Promotion of the Mechanical Arts, 21st October, 1851," *Occasional Addresses* (New York: Putnam & Sons, 1872), p. 244.

2. Paul de Rousiers, *American Life* (New York and Paris: Firming-Didot & Co.), p. 73.

3. John Gunther, *Inside U. S. A.* (New York: Harper & Bros., 1946), p. 369.

4. Cf. The collection of articles edited by Alexander Klein, *The Empire City, A Treasury of New York* (New York: Rinehart & Co., Inc., 1955); or Paul Crowell and A. H. Raskin, "New York, 'Greatest City in the World,'" in Robert S. Allen (ed.), *Our Fair City* (New York: Vanguard Press, Inc., 1947), esp. pp. 37-29.

5. This article was reprinted in the collection titled *Cities of America* (New York: Whittlesey House, McGraw-Hill Book Co., 1947), p. 244; see also Henry Haskell and Richard Fowler, *City of the Future. A Narrative History of Kansas City* (Kansas City: F. Glenn Publishing Company, 1950), pp. 16-17; and Darrel Garwood, *Crossroads of America. The Story of Kansas City* (New York: W. W. Norton and Co., Inc., 1948), p. 327. The latter volume especially exemplifies the conception of "crossroads" as the basis for attributing more Americanism to Kansas City than to any other city.

6. Cf. "Midwestern Birthday," *Time*, LVIII (July 30, 1951), p. 14.

7. Frank C. Harper, *Pittsburgh: Forge of the Universe* (New York: Comet Press, 1957), p. 10; and *Pittsburgh and the Pittsburgh Spirit* (Pittsburgh: Chamber of Commerce, 1928), but especially the address by John Bowman, "Pittsburgh's Contribution to Civilization," pp. 1-10.

8. Angie Debo, *Tulsa: From Creek Town to Oil Capital* (Norman, Okla.: University of Oklahoma Press, 1945), p. vii.

9. For two excellent discussions of the agrarian myth see, Richard Hofstadter, *The Age of Reform* (New York: Alfred A. Knopf, Inc., 1955), esp. Part I, "The Agrarian Myth and Commercial Realities," and Part II, "The Folklore of Populism"; and Henry Nash Smith, *Virgin Land. The American West as Symbol and Myth* (New York: Vintage Books, 1955, and Cambridge: Harvard University Press, 1950), esp. Book III, "The Garden of the World," pp. 138-305.

10. Cf. G. S. Perry, "Philadelphia," *Saturday Evening Post*, CCXVIII (Sept. 14, 1946), esp. p. 82.

11. "Portland, Oregon," *Saturday Evening Post*, CCXIX (March 1, 1947), 23.

12. "Springfield, Illinois," *ibid.* (Sept. 27, 1947), p. 28.

13. This theme can be readily recognized in such books on older eastern cities as Struthers Burt, *Philadelphia* (Garden City, New York:

Doubleday, Doran & Co., 1945), and Cleveland Amory, *The Proper Bostonians* (New York: E. P. Dutton & Co., 1947).

14. John Bowman, in Harper, *Pittsburgh and the Pittsburgh Spirit, op. cit.*, pp. 5-9.

15. Dorsha Hayes, *Chicago, Crossroads of American Enterprise* (New York: Julian Messner, Inc., 1944), p. 300; and Clara de Chambrun, *Cincinnati* (New York: Charles Scribner & Sons, 1939), p. 319.

16. Cf. Robert G. Rhett, *Charleston. An Epic of Carolina* (Richmond, Va.: Garrett and Massie, 1940).

17. Howard Long, *Kingsport*, A *Romance of Industry* (Kingsport, Tenn.: The Sevier Press, 1928), pp. 76, 3-4.

18. *Op. cit.*, pp. 369-70, 549.

19. *Op. cit.*, p. 37.

20. "Reno," *Saturday Evening Post*, CCXXV (July 5, 1952), 70, 72.

21. (Indianapolis: Bobbs-Merrill Co., 1946), p. 19.

22. (New York: Harper & Bros., 1945), p. 205.

23. "Birmingham, Alabama," *Saturday Evening Post*, CCXX (Sept. 6, 1947), 22.

24. *Op. cit.*, pp. 886-906, esp. p. 895.

25. F. Stother, "What Kind of Pittsburgh is Detroit?" *World's Work*, LII (Oct., 1926), 633-39.

26. Anthony Abbot in *Reader's Digest*, LX (Feb., 1952), 119-22.

27. *Op. cit.*, pp. 232, 233.

28. Alvin Harlow refers to Mrs. Trollope in *The Serene Cincinnatians* (New York: Dutton and Co., 1950).

29. Thomas J. Summers, *History of Marietta* (Marietta, Ohio: Leader Publishing Company, 1903), pp. 319-20.

30. Henry Cauthorn, *A History of the City of Vincennes, Indiana* (Cleveland: Arthur H. Clark Co., 1901), p. 220.

31. For some representative statements, pro and con, see: Mark Sullivan, "Why the West Dislikes New York. The Eternal Conflict Between City and Country," *World's Work*, LXI (1926), 406-11; "New York City," *Fortune*, XX (1939), 73-75, 83-85; Charles Merz, "The Attack on New York," *Harper's*, CLXIII (1926), 81-87; Earl Sparling, "Is New York American?" *Scribner's*, LXXX (1931), 165-73; Paul Crowell and A. H. Raskin, in R. Allen (ed.), *op. cit.*, pp. 38-39; Anonymous, "What is America?" *Nation*, CXXVIII (1921), 755; and Robert Benchley, "The Typical New Yorker," in Alexander Klein (ed.), *op. cit.*, pp. 338-42.

32. *Forum*, XVII (1894), 196-200.

33. J. W. Gleed in *ibid.*, pp. 217-34.

34. *American Magazine*, CXVI (Aug., 1933), 36-38.

35. Elsie Morrow, "South Bend," *Saturday Evening Post*, CCXXIV (June 14, 1942), 87; and "Brooklyn," *ibid.*, CCXIX (Dec. 26, 1946), 14.

36. *Op. cit.*, pp. 165-73.

37. Gunther, *op. cit.*, p. 549.

38. *Op. cit.*, p. 73.

39. E. R. Jackman, "Burns, Oregon," *Saturday Evening Post*, CCXX (Jan. 31, 1948), 2.

40. *Op. cit.*, p. 221.

8. *Era and Geography in Urban Symbolism*

SECTION A

1. Rupert Vance and Nicholas Demerath (eds.), *The Urban South* (Chapel Hill, N. C.: University of North Carolina Press, 1954), p. vii.

2. See Richard Hofstadter's fine essay on Jefferson for some of this material in *The American Political Tradition* (New York: Alfred A. Knopf, Inc., 1955), "Thomas Jefferson—the Aristocrat as Democrat," pp. 18-43. See also, A. Whitney Griswold, "The Agrarian Democracy of Thomas Jefferson," *American Political Science Review*, XL (1946), 657-81.

3. J. D. Schoepf, *Travels in the Confederation*, 1783-1784, II, 32; quoted in Avery Craven, *Edmund Ruffin, Southerner* (New York: D. Appleton & Co., 1932), p. 50. Craven gives an excellent summary of the state, and reasons for it, of southern agriculture during this period.

4. John Taylor, *Arator* (Georgetown, Columbia: J. M. Carter, 1814), pp. 10, 41-45. Craven remarks that "Travelers and natives alike in this period (1815-1830) agree on the impression that an 'angel of desolation had cursed the land,' many tracts presenting scenes of ruin 'that baffle description—farm after farm . . . worn out, washed and gullied, so that scarcely an acre could be found in a place fit for cultivation.' . . . Meanwhile, 'an emigrating contagion resembling an epidemic disease' had seized the people" (*op. cit.*, p. 52).

5. Bernard Drell in his *John Taylor of Caroline: Agrarian Democrat* (unpublished Ph.D. thesis, University of Chicago, 1934) notes that: "By 1810, 69 per cent of the manufactures of the nation were in the New England and Middle Atlantic sections; only 29 per cent in the South; and but 2 per cent in the old North West." He estimates also that American manufacturing was worth $20,000,000 in 1790, but by 1810 it had a value "between $127,000,000 and $200,000,000, and by 1840, the next reliable census, it had made further gains of at least 200 per cent." (Pp. 84-91.)

6. Taylor, *op. cit.*, p. 53.

7. *Ibid.*, p. 22.

8. *Ibid.*, pp. 26-27.

9. *Ibid.*, p. 43.

10. *Ibid.*, p. 48.

11. *Ibid.*, p. 29.

12. "It practically destroyed the Virginia yeomanry . . . the class of small planters . . . which produced the bulk of the tobacco during the seventeenth century and constituted the chief strength of the colony. Some it drove into exile, either to the remote frontiers or to other colonies; some it reduced to extreme poverty; some it caused to purchase slaves and so at one step to enter the exclusive class of those who had others to labor for them." Thomas Wertenbaker, *The Planters of Virginia* (Princeton, N. J., Princeton University Press, 1922), p. 160.

13. *Op. cit.*, p. 241.

14. Edd W. Parks, "Literature and Southern Cities," *The Mississippi Quarterly*, X (1957), 53-58. The entire spring publication is a special issue on "The Urban South."

SECTION B

1. These figures, along with excellent bibliographical sources and some discussion on the rise of manufacturing are given in Bernard Drell, *John Taylor of Caroline: Agrarian Democrat* (unpublished Ph.D. thesis, University of Chicago, 1934). See esp. pp. 84-89. The data taken from George Tucker are from his *Progress of the United States in Population and Wealth in Fifty Years as Exhibited by the Decennial Census* (New York: Press of Hunt's Merchant Magazine, 1843), pp. 207-8. See also, T. Cochran and W. Miller, *The Age of Enterprise* (New York: The Macmillan Co., 1942).

2. *Op. cit.*, p. 89.

3. *Works of Alexander Hamilton*, III, 215-16.

4. *Thomas' Massachusetts Spy: or, The Worcester Gazette*, XXIX (Nov. 5, 1800), 2. This reference is given in Drell, *op. cit.*, p. 89.

5. Cf. "Report of the Committee on Manufactures," United States House of Representatives, 16th Congress, 2nd Session, January 15, 1821, to the Committee of the Whole House on the State of the Union, House Reports, I, No. 34, p. 3.

6. Cochran and Miller, *op. cit.*, p. 17. By 1830, too, a few astute foreign visitors were filing a minority report on America's destiny. Previously Europeans had assigned an agricultural future to this continent, but now it was becoming evident that manufacturing and manufacturing centers were soon to take precedence over agriculture. Cf. Michel Chevalier, *Society, Manners and Politics in the United States* (Boston, 1839); or Godfrey Vigne, *Six Months in America* (2 Vols.; London, 1832); and for a research report on this period, Marvin Fisher, *From Wilderness to Workshop; The Response of Foreign Observers to American Industrialization, 1830-1860* (Ph.D. thesis, University of Minnesota, 1958).

7. John Kennedy, "Address, Delivered Before the Horticultural Society of Maryland, at Its First Annual Exhibition, June 12, 1833," in *Occasional Addresses* (New York: G. P. Putnam's Sons, 1872), pp. 33-34.

8. John Kennedy, "Address, Delivered Before the Maryland Institute for the Promotion of the Mechanic Arts, on the Occasion of the Opening of the Fourth Annual Exhibition, on the 21st October, 1851" in *ibid.*, pp. 268-69.

9. Merle Curti, Richard Shryock, Thomas Cochran, and Fred Harrington, *An American History* (New York: Harper & Bros., 1950), I, 388. They also note that city people had acquired "a sort of superiority complex."

10. Or, as it's title page has it, *The Merchants' Magazine and Commercial Review*.

11. Charles Edwards, "What Constitutes a Merchant," *ibid.*, pp. 291-92, taken from an address to the Mercantile Library Association of New York.

12. *Ibid.*, Vol. VI (1842). "The Morals of Trade," by J. N. Bellows, pp. 26-27. The same theme can be found in Edwin Freedley's handbook, *Common Sense in Business*, (Philadelphia: Claxton, Remsen and Haffelfinger, 1879), in a section titled: "Duties of Country Merchants." Freedley assumes that because the village store is the center of communication for the neighborhood, the storekeeper therefore "has more effective influence

than either a preacher or a teacher." Thus, in all rural communities there is a laxity in paying small bills and debts; and here the storekeeper can set an example and raise the moral tone of the village. See pp. 244-45.

13. Cf., David Kinley, "The Movement of Population from Country to City," in L. H. Bailey, *Cyclopedia of American Agriculture* (New York: The Macmillan Co., 1909), II, 113-15.

14. Kinley reasoned, in 1909, that "when all allowance is made for the increase due to the excess of city births over city deaths, and to the influx of immigrants, there still remains a considerable part of the growth to be explained by a direct draft on the country population. That this is the case is shown by the fact that the cities to which most of the immigrants go are few in number, but that the growth of the cities to which they do not go is as marked as that of those in which they are found." *Ibid.*, p. 116.

15. R. Richard Wohl has made the point that the urban middle classes of the day "were always eager to learn about and celebrate the lives of city boys who made good. This preoccupation . . . even invaded their commercial reference books." Quotation from R. R. Wohl's unpublished manuscript, *The "Country Boy" Myth and its Place in American Urban Culture*, p. 27. Cf. the various editions of Moses Y. Beach's *The Wealth and Biography of the Wealthy Citizens of New York* (New York: The *Sun* Office, 1845). Beach comments in the preface to the twelfth edition (1855) that "The usefulness and advantages of a book of this kind . . . are obvious. To the young, who are ever ambitious of fortune's favors, it unfolds the experience of many who have preceded them in the path to wealth or fame, offering examples of success almost endless in variety." Also see, Junius H. Browne, *The Great Metropolis* (Hartford, Conn.: American Publishing Company, 1869), and Abner Forbes and J. Greene, *The Rich Men of Massachusetts* (Boston: W. V. Spencer, 1851). On page 206, Forbes and Greene tally those men who began poor, those who inherited or married money, and those who were farmers.

16. Irvin Wyllie has discussed this literature and given a graphic description of the success movement down to the early years of the twentieth century. See his *The Self-Made Man in America. The Myth of Rags to Riches* (New Brunswick, N. J.: Rutgers University Press, 1954).

17. To suggest how virtues often claimed for the country way of life could be transmuted into urban virtues, note Irvin Wyllie, who comments that "In the year 1796 Thomas Jefferson told a friend that he would welcome the appearance of any missionary who would make frugality the basis of his religious system, and who would go about the country preaching it as the only way to salvation. Had Jefferson lived into the last half of the nineteenth century he would have witnessed hundreds of such missionaries at work, preaching that very gospel. It was a poor success philosopher who did not urge [it] . . . The man who husbanded his receipts, guarded against needless expenditures, and placed his savings at interest was certain to become a man of wealth." *Ibid.*, p. 46. See also Henry Nash Smith's comments on Benjamin Franklin, that sage city-boy: "When he surveyed the society of the new nation, the aging statesman consoled himself for the idleness and extravagance of the seaboard cities with the reflection that the bulk of the population was composed of laborious and frugal inland farmers

. . . 'The great Business of the Continent,' he declared with satisfaction in the late 1780's, 'is Agriculture. For one Artisan, or Merchant, I suppose, we have at least 100 farmers . . . industrious frugal Farmers.' " See Henry N. Smith's *Virgin Land. The American West as Symbol and Myth* (New York: Vintage Books, 1955), pp. 140-41. Franklin, himself, became one of the most esteemed ancestral gods of the success movement. Irvin Wyllie has pointed out that at least one great success, Thomas Mellon, was influenced by reading Franklin's autobiography. Amusingly enough, Mellon later wrote: "I had not before imagined any other course of life superior to farming, but the reading of Franklin's life led me to question this view. For so poor and friendless a boy to be able to become a merchant or a professional man had before seemed an impossibility; but here was Franklin, poorer than myself, who by industry, thrift and frugality had become learned and wise, and elevated to wealth and fame." Quoted in Wyllie, *op. cit.*, p. 15.

18. In Wyllie, *ibid.*, p. 21.

19. Cf. *ibid.*, pp. 29-30.

20. Cf. Wilbur F. Crafts, *Successful Men of Today and What They Say of Success* (New York: Funk and Wagnalls Co., 1870), pp. 16-17; W. J. Spillman, "The Country Boy," *Science*, XXX (1909), 406. For its later debunking, see John M. Welding, "The Country Boy versus Town Boy," *Social Economist*, III (1892), 11-22, 98-107, 179-184. For the later academic literature see P. Sorokin, "American Millionaires and Multi-Millionaires," *Social Forces*, III (1935), 63; C. Wright Mills, "The American Business Elite," *The Tasks of Economic History*, Supplement V, (1945), p. 32; William Miller, "American Historians and the Business Elite," *Journal of Economic History*, IX (1949), 204.

21. Wyllie, *op. cit.*, p. 28.

22. Freedley, *op. cit.*, The first edition of this handbook published in 1853, was titled: *A Practical Treatise on Business* (Philadelphia: Lippincott, Grambo and Co.).

23. See pp. 71-94 of the 1853 edition; p. 138 of the 1879 edition.

24. Jerome Paine Bates (Chicago: National Library Association, 1887; but first published in 1881). The subtitle of the book is: *Or the Road to Fortune and Happiness, with the Biographies of Self Made Men.*

25. *Ibid.*, p. 74.

26. *Ibid.*, p. 74.

27. *Ibid.*, p. 72.

28. Cf. Daniel D. Barnard, "Commerce, as Connected with the Progress of Civilization," *Hunt's Merchants' Magazine*, I (1839), 3-20, esp. p. 18. This article was originally a speech delivered the preceding year to the Mercantile Library Association of New York.

29. See Chapin's oration, "Moral Significance of the City," the first of several dealing with city life, in his *Moral Aspects of City Life* (New York: Henry Lyon, 1853). The quotations on page 14. See also his lecture on "The Advantages of City Life," in *Christianity, The Perfection of True Manliness* (New York: Henry Lyon, 1854), pp. 37-58; and another set of lectures, esp. "The Lessons of the Street," in his *Humanity in the City* (New York: DeWitt and Davenport, 1854), pp. 13-38.

30. These passages are taken from Chapin, *Christianity . . .*, pp. 17-19.

31. He himself was raised in Utica but is addressing a New York

congregation. The quotations are taken from Chapin's essay on "The Advantages of City Life," esp. pp. 42-54. Another set of sermons which excellently shows ministerial blessing being given to the city, this time to wealthy urban youths in St. Louis, though devoid of the more extreme test-through-fire motif, is William Greenleaf Eliot's *Lectures to Young Men* (Boston: Crosby, Nichols and Company, 1854). See also, Rev. W. W. Everts, "The Temptations of City Life," in W. W. Everts, *et al.*, *Words in Earnest* (New York: Edward Fletcher, 1852), pp. 43-66, esp. pp. 77-82.

32. Henry Mayo, *Symbols of Capital: Or, Civilization in New York* (New York: Thatcher and Hutchinson, 1859), p. 12.

33. *Ibid.*, p. 32.

34. All of the above quotations are from chap. ii, *ibid.*

SECTION C

1. 1950 *Census of the United States: Vol. I, Population* (Washington, D. C.: U. S. Government Printing Office, 1952), Table 15, pp. 17-18.

2. Andrew A. Lipscomb (ed.), *Writings of Thomas Jefferson* (20 vols.; Washington, 1903-1904), XI, 55. To "Mr. Lithson, Washington, January 4, 1805." Quoted by Henry N. Smith, *Virgin Land* (New York: Vintage Books, 1955), p. 237.

3. This quotation can be found in Smith, *ibid.*, p. 237.

4. *View of the Valley of the Mississippi: Or, the Emigrants and Traveller's Guide to the West* (2nd ed.; Philadelphia: H. S. Tanners, 1834), pp. 56-57. (Henry N. Smith, *op. cit.*, p. 181, remarks that "this anonymous work is sometimes ascribed to Robert Baird.")

5. James Hall, *Statistics of the West* (Cincinnati: J. A. James and Company, 1837), p. 267.

6. Ray A. Billingsley in his *Westward Expansion* (New York: The Macmillan Co., 1949), writes that during the 1820's, westerners briefly "flirted with the possibility of developing a local outlet [for produce] by fostering industry in the Ohio Valley. By the mid-1820's even the most optimistic westerner admitted that manufacturing could never keep pace with farming in a section where land rather than jobs was the principal lodestone attracting immigrants." The quotation is from pp. 330-31. For a contemporary account in which the author bemoans the loss of this vision, see Benjamin Drake and Edward Mansfield, *Cincinnati in 1826* (Cincinnati: Morgan, Lodge and Fisher, 1827), pp. 67-71.

7. Cf. "The main business of common laborers, constituting the great mass of population in the west, will be the cultivation of the lands." Quoted by Smith, *op. cit.*, p. 153 and taken from Edmund Dana, *Geographical Sketches on the Western Country: Designed for Emigrants and Settlers* (Cincinnati, 1819), p. 26.

8. *Op. cit.*, chap. xii, esp. pp. 151-64.

9. *Ibid.*, quoted on p. 153 from *Western Monthly Review*, I (July, 1827), 169-70.

10. (New York: Derby and Jackson, 1860.)

11. *Ibid.*, p. 448.

12. Daniel Drake, *Natural and Statistical View, or Picture of Cincinnati* (Cincinnati: Looker and Wallace, 1815), pp. 226-27.

13. As Cochran and Miller observe: "The movement west of . . . farmers or their younger sons soon became so strong that land prices soared. So persistent was this movement and so spectacular was this rise in land prices that many farmers adopted the policy of settling for a time and selling out at a lucky profit, only to settle once again a little farther west in order to repeat the procedure when the demand for land in the new regions became active." Soon this "settle and sell, settle and sell" became a characteristic philosophy of the American West. *The Age of Enterprise* (New York: The Macmillan Co., 1942), pp. 40-41.

14. "Speculators in the Ohio country not only provided pioneers with needed credit but helped establish interior towns. Speculation in village sites . . . promised even greater profits than farm lands. Most 'paper towns' never passed beyond the planning stage, but some expanded into Ohio's leading cities." This passage is from Billingsley, *op. cit.*, p. 263.

Some idea of the activities of Iowa small towns decades later is given by Howard Preston in his *History of Banking in Iowa* (Iowa City: State Historical Society of Iowa, 1922), p. 55: "In the boom days of new towns banks literally appeared in a night. S. D. Carpenter of Cedar Rapids describes a trip to Fort Dodge with John Weare, Jr., presumably in the fall of 1855, just after the opening of the land office at that place. They found there seven banks in full operation, one of which was operating in a tent."

15. For a description of this era see Bayrd Still, *Milwaukee: The History of a City* (Madison: The State Historical Society of Wisconsin, 1948), pp. 3-32, esp. pp. 23-27.

16. Roscoe Buley, *The Old Northwest* (Indianapolis: Indiana Historical Society, 1950), II, 110.

17. From a letter to the Chicago Historical Society, December 17, 1881, quoted in Bessie L. Pierce, *As Others See Chicago* (Chicago: University of Chicago Press, 1933), p. 43.

18. William Bross, "1855. Historical and Commercial Statistics," in *History of Chicago* (Chicago: Jansen, McClurg and Company, 1876), p. 64. The article was written and first published in pamphlet form during 1855.

19. "1853. Historical and Commercial Statistics," *ibid.*, p. 37.

20. Hall, *op. cit.*, p. 266.

21. S. Waterhouse, "Missouri-St. Louis, the Commercial Centre of North America," *Hunt's Merchants' Magazine*, LV (1866), 53, 55, 58-59.

22. Hall, *op. cit.*, p. 267.

23. Drake, *op. cit.*, p. 227.

24. John S. Wright, *Chicago: Past, Present, Future* (Chicago: no publisher given, 1868.) Wright's book is a rich source for the ideology of the times because he has quoted a multitude of passages, long and short, from contemporary magazines and newspapers.

25. Wright's footnote here is: "In 1843 or '44, three *Prairie Farmer* friends met in its office, one from Vigo county, Ind., one from Clark county, Ill., and a third from Scott county, Iowa, describing nearly a third of a circle of some 200 miles radius. After introduction to each other, I told them the gathering correctly indicated the area then naturally tributary to Chicago, and which railroads would in time secure to us."

26. *Ibid.*, pp. 72-75.

27. *Ibid.*, pp. 114-15.
28. *Ibid.*, pp. 130-31.
29. See also a series of articles by Jessup W. Scott that carries something of the same perspective as Wright's but even earlier: "Internal Trade of the United States," *Hunt's Merchants' Magazine*, VIII (1843), 231-35; "The Progress of the West; Considered with Reference to the Great Commercial Cities in the United States," Vol. XIV (1846); "Internal Trade in the United States," IX (1843), 31-49; "Westward Movement of the Center of Population, and of Industrial Power in North America," Vol. XXXVI (1857).
30. Cf. Smith, *op. cit.*, pp. 253-60.
31. Vol. XIII (Oct. 1, 1892), pp. 205-6.
32. "Chicago's Gentler Side," *Harper's*, LXXXVII (June, 1893), 286-98. In this article, Ralph is regretting that he had noticed, during his first trip to Chicago, only the overwhelmingly driven pace of its business life, but that the town's cultural life actually is a rich one and that the women of Chicago are mainly responsible for it. He touches, thus, on a dichotomy prevalent to this day in American thought: man as a business animal and women as the bearer of culture.
33. Henry Van Brunt, "The Columbian Exposition and American Civilization," *Atlantic Monthly*, LXXI (May, 1893), 77-88.
34. Frederick J. Turner, "The Significance of the Frontier in American History," reprinted in *The Frontier in American History* (New York: Henry Holt & Co., 1920), p. 1.
35. *American History and its Geographic Conditions* (Boston: Houghton Mifflin Co., 1903), p. 347. But her noted contemporary, Nathaniel Shaler, professor of geology at Harvard University, writing of *Nature and Man in America* (New York: Charles Scribner & Sons, 1893) a decade before, does not yet anticipate—nor really perceive what is happening before his eyes—the industrialization of the Midwest. Note how his agrarian expectations obscure his vision: "Although this population [i.e., Ohio, Indiana, Illinois] is destined to be a great extent engaged in mining and manufacturing, there is room in this region for an agricultural people exceeding in numbers the present population of the United States; for . . . there is hardly any untillable land in its area and . . . ninety-nine hundreths of its area can be won to husbandry" (p. 247).
36. Horace D. Merrill, *Bourbon Democracy of the Middle West, 1865-1896* (Baton Rouge, La.: Louisiana State University Press, 1953).
37. Turner, "The Middle West," in *op. cit.*, pp. 126-56.
38. *Ibid.*, p. 149.
39. *Ibid.*, p. 155.
40. *Ibid.* Cf. language like "developing at each area of this progress out of the primitive economic and political conditions of the frontier into the complexity of city life." (p. 2) And, "Moving westward, the frontier became more and more American . . . when it becomes a settled area the region still partakes of frontier characteristics." (p. 4) Or: "But the democracy born of free land, strong in selfishness and individualism, intolerant of administrative experience and education, and pressing individual liberty beyond its proper bounds, has its dangers as well as its benefits. . . . A primitive society can hardly be expected to show the intelligent appreciation of the com-

plexity of business interests in a developed society" (p. 32). See also Henry Nash Smith, who points out that while in 1893 Turner refers to the evolution of each successive region of the West as a higher stage, when he revised the essay in 1899, "he realized that such an assumption might lead him into inconsistency and substituted 'a different industrial stage.' " *Op. cit.*, p. 300.

41. *Ibid.*, pp. 291-305; George W. Pierson, "The Frontier and American Institutions: A Criticism of the Turner Theory," *New England Quarterly*, XV (1942), 224-55; James C. Malin, "Space and History: Reflections on the Closed-Space Doctrines of Turner and Mackinder and the Challenge of Those Ideas by the Air Age," *Agricultural History*, XVIII (1944), 67-68; Fulmer Mood, "The Development of Frederick Jackson Turner as a Historical Thinker," *Publications of the Colonial Society of Massachusetts*, XXXIV (Boston, 1943), 304-7, 322-25.

42. Even the straightforward reporting of sociologists may get colored by American mythology. For instance, N. P. Gist and L. A. Halbert in their *Urban Sociology* (2nd ed.; New York: Thomas Y. Crowell Co., 1946): "the trend was more pronounced in certain geographic sections than others. By 1850 the major patterns of urban settlement were fairly well established in the northeastern section of the country, whereas in the remaining divisions urbanism did not really get under way until considerably later." It is because these authors have their sights set at a high percentage (50 per cent) of urban population that they tend to miss the very considerable urbanization of the Midwest (pp. 40-41). But later in writing of the two principal water-highway systems, they note that on the Mississippi-Ohio River system there were at least "58 of 70 cities on or east of the Mississippi River which had reached metropolitan stature in 1930 and which were growing communities before 1850" (p. 76).

43. Warren H. Pierce, "Chicago: Unfinished Anomaly," in Robert S. Allen (ed.), *Our Fair City* (New York: Vanguard Press, Inc., 1947), p. 188.

44. (New York: Charles Scribner & Sons., 1919.)

45. The quotations are on pp. 15, 20.

46. Walter T. Martin, "Continuing Urbanization on the Pacific Coast," *American Journal of Sociology*, LXII (1956), 327-28.

47. "The American West, Perpetual Mirage," *Harper's*, CCXIV (1957), 25-31.

48. An opposition destroyed by the advancing pioneers and abetted by the rhetoric of men like Charles Dana Wilber in his book, *The Great Valleys and Prairies of Nebraska and the Northwest* (Omaha, Neb.: Daily Republican Print, 1881).

SECTION D

1. "The Political Menace of the Discontented," *Atlantic Monthly*, LXXVIII (1896), 449.

2. "Between 1815 and 1860 the character of American agriculture was transformed. The independent yeoman, outside of exceptional or isolated areas, almost disappeared before the relentless advance of commercial agriculture," sums up Richard Hofstadter, *The Age of Reform* (New York: Alfred A. Knopf, Inc., 1955), p. 38.

3. For the fate and weaknesses of this and similar Acts, see the excellent

discussion by Fred A. Shannon, Chapter III, "Disposing of the Public Domain," in his volume, *The Farmer's Last Frontier* (New York: Farrar & Rinehart, Inc., 1945), pp. 51-75. He comments that in its operation the Homestead Act could hardly have defeated the hopes of the enthusiasts of 1840-1860 more completely if the makers had actually drafted it with that purpose uppermost in mind" (p. 54).

4. Thomas Cochran and William Miller, *The Age of Enterprise* (New York: The Macmillan Co., 1942), p. 217. The pages just before and following contain a useful description of the problems and conditions of the farmer during this period.

5. These figures are given by Shannon, *op. cit.*, pp. 352-53. He comments that "The basic data for farm income are probably even less dependable than those for population. Farmers . . . seldom kept books, and few took any reckoning of what they consumed of the goods they produced. Nevertheless, different studies of this problem have arrived at strikingly similar results" (p. 352).

6. See David Kinley, "The Movement of Population from Country to City," in Liberty H. Bailey, *Cyclopedia of American Agriculture* (New York: The Macmillan Co., 1909), II, 113-15. These figures are tricky because of certain biases. An urban place until 1900 was defined as containing 8,000 or more inhabitants; and rates of urbanization in any decade were pushed upward as towns just below that number suddenly appeared as urban. Thus, there were both underestimations and overestimations. Kinley gives the census figures as well as calculations for figures lower than the census gives.

7. *Op. cit.*, p. 357. Precise data on the flow of rural migrants does not exist. See also, Kinley, *op. cit.*: "However, when all allowance is made for the increase due to the excess of city births over city deaths, and to the influx of immigrants, there still remains a considerable part of the growth to be explained by a direct draft on the country population. That this is the case is shown by the fact that the cities to which the immigrants go are few in number, but that the growth of the cities to which they do not go is as marked as that of those in which they are found" (p. 116).

8. P. 14 in the unpublished manuscript by R. Richard Wohl, *The "Country Boy" Myth and its Place in American Urban Culture.*

9. "The Lure of the City," in *The Rise of the City, 1878-1898* (New York: The Macmillan Co., 1933), pp. 53-77.

10. Wohl, *op. cit.*

11. *Villages and Village Life, wtih Hints for their Improvement* (New York: Harper & Bros., 1878).

12. "He himself was a city boy, but the Hartford in which he had been raised was a small countrified city. . . . Brace was never a farmer himself; his perspective was that of a city man enjoying a romantic contrast between town and country. . . . He arranged matters so that he could have his home in country surroundings—more properly in suburban neighborhoods—away from the noisier, dirtier, and more obvious side of city life." Wohl, *op. cit.*, pp. 44-45.

13. Cf. Howard Potter, *Charles Loring Brace* (New York: 1890); and Emma Brace, The Life of *Charles Loring Brace* (New York: Charles Scribner & Sons, 1894).

14. Wohl, *op. cit.*, pp. 48-49.

15. *Ibid.*, p. 74.

16. *The Report of the Country Life Commission* (60th Congress, 2nd Session, Senate Document No. 705 [Washington: United States Government Printing Office, 1909]).

17. Clarence Rainwater, *The Play Movement in the United States* (Chicago: University of Chicago Press, 1922), pp. 9-10. He quotes another playground enthusiast, Joseph Lee, who wrote nine years earlier: "We are at present in imminent danger of losing a large part of the precious tradition. The danger . . . arises largely from the crowding of our cities and the increasing loneliness of our country districts." And back in 1908, just before the report of the Country Life Commission, another expert on play and playgrounds is striking the same note in a passage which makes plain what has happened to the countryside: "A nation to become noble and powerful must keep close to the soil, and further, a nation develops power in proportion as its people remain in contented prosperity and in large numbers on its farms. It is vastly important that everything be done to infuse new life and new enthusiasm into the country districts. The dominant question in the rural mind should not be 'How can I get away?' but 'How can I make conditions such that I shall want to stay?' " The latter passage was written by M. T. Scudder, in Everett Mero (ed.), *American Playgrounds* (New York: Baker and Taylor, 1908), p. 222.

18. Kate Sandborn, *Abandoning an Adopted Farm* (New York: D. Appleton & Co., 1891), pp. 132-34.

SECTION E

1. Marcus Dickey, *The Maturity of James Whitcomb Riley* (Indianapolis: Bobbs-Merrill Co., 1922), p. 284.

2. *Ibid.*, p. 171.

3. He was born in 1849, came to public notice with his first book in 1883, and remained a best-seller and a popular poet until his death in 1912.

4. Cf. Benjamin S. Parker and Enos B. Heiney, *Poets and Poetry of Indiana, 1800 to 1900* (New York: Silver, Burdett and Company, 1900). Their collection of poems falls under headings such as: Poems of Patriotism, of Childhood, of Home, of Sentiment, of Nature. They include also "Poems in Dialect."

5. Dickey, *op. cit.*, pp. 162-63.

6. This remark was made in 1888, and is quoted in William P. Randel, *Edward Eggleston, Author of the Hoosier School-Master* (New York: Kings Crown Press, Columbia University, 1946), p. 184.

7. Cf. Meredith Nicholson, "Indianapolis: A City of Homes," *Atlantic Monthly*, XCIII (1904): 836-45.

8. Years later, Meredith Nicholson, another Indiana writer, tried to express something of his own attachment to the region. "It have been told that I speak our *Lingua rustica* only slightly corrupted by urban contacts. Anywhere east of Buffalo I should be known as a Westerner; I could not disguise myself if I would. I find that I am most comfortable in a town whose population does not exceed a fifth of a million—a place in which

men may relinquish their seats in the street car to women without their motives questioned, and where one calls the stamp-clerk at the post office by his first name. . . . Here where forests stood seventy-five years ago, in a State that has not yet attained its centenary, is realized much that man has sought through all the ages—order, justice, and mercy, kindliness, and good cheer." From "The Provincial American" in *The Provincial American* (Boston: Houghton Mifflin Co., 1912), quotations pp. 4-31.

9. Marcus Dickey, *The Youth of James Whitcomb Riley* (Indianapolis: Bobbs-Merrill Co., 1919), pp. 335-41.

10. *Ibid.*, p. 341.

11. *Ibid.*, p. 840. Riley's rhetorical functions were shared, even in Indiana, by other writers; and, as he lived on into old age, by younger men—among them Booth Tarkington, Meridith Nicholson, and George Ade. A less literary, but equally influential figure, was Frank Hubbard, better known by his pen name Abe Martin, who published each year, from 1908 until 1930, a collection of his newspaper squibs. Abe Martin satirized townspeople and farmer alike, using each as a foil for the other. His net impact was, like Riley's, humane and generous. Some sense of how Martin blurred town and farm distinctions is given by these quotations:

"I'm continually readin' o' fellers who've made good in the city, but makin' good in a little town is the real test."

"Th' feller who used t' hitch in front o' the bank now parks behind th' court house."

" 'I jest love 'em, 'an used to buy 'em by the peck before we moved in an apartment,' said Mrs. Lafe Bud, as she bought a turnip."

"Ther's only 'bout two places left any more where a feller don't git skinned—th' post office an' th' town pump."

"We suppose ther's a lot o' good fer nothin' folks in ever' business, but they have a better chance t' hide it than a shiftless farmer."

"Farmer Jake Bentley has accepted the janitorship o' Apple Grove Schoolhouse, an' will make agriculture a plaything."

" 'Only 20 minutes from the bank' is th' way Tell Blinkley advertised his farm fer sale."

"It's a real relief to hop in the car an' go 'way out into the country an' mingle with smilin' cows an' friendly woodpeckers."

"Th' more beautiful homes folks have th' less they seem t' stay in 'em."

"Many o' us who wouldn't think of entrustin' a cow t' a stranger, never feel th' least concern about who tinkers with our car."

"Th' feller that has lots o' friends never knows what kind o' se-gars he's smokin'."

On Frank Hubbard, see: Fred C. Kelly, *The Life and Times of Kin Hubbard* (New York: Farrar, Straus and Young, 1952).

12. Dickey, *The Maturity of James Whitcomb Riley, op. cit.*, pp. 370-71.

13. Samuel Rapport and Patricia Schartle, *America Remembers. Our Best-Loved Customs and Traditions* (Garden City, N. Y.: Hanover House, 1956).

14. *Ibid.*, pp. 147-48.

15. *Ibid.*, pp. 257-58.

16. *Ibid.*, pp. 285-86.

SECTION F

1. In a book like Harlan P. Douglass' *The Small Town* (published in 1919, when rural sociologists were discovering the ambiguities of the terms "country" and "town"), we may see an effort to sketch out a legitimate place on the American scene for the town, and to show the diverse functions of different types of towns. Douglass complains that "urban" and "rural" are inadequate and that this dichotomy obscures the significance of the town as something different from country. He quotes an interesting passage from Galpin bearing on how the farmer feels alien when in town and mentioning " 'the universal process of legalized insulation of village and city away from the farm, which has grown up undisputed.' " Douglass, in some horror, adds that "The final result of it all is one of the most conspicuous moral cleavages within the nation." *The Small Town* (New York: The Macmillan Co., 1919), p. 17.

Although sharing Douglass' distress over the separation of town and country and the plight of the town, another student of such affairs, Elva E. Miller in *Town and Country* (Chapel Hill: University of North Carolina Press, 1928) comes to a directly opposite conclusion about the role of the towns. In the increasing urbanization of the nation, agriculture still has an important part to play and "the country town is to be an integral part of this finer rural civilization we are to develop. . . .The country town can have only such future as the countryside may have. . . . 'The twain are one flesh' " (pp. 210-11). Miller, a former editor of the *Southern Agriculturist* is writing about a predominantly agricultural region; a region less dotted about with the vigorous "urbanized" towns of the Midwest and the Northeast.

2. William A. White, "The Country Newspaper," in Henry S. Canby, *Harper Essays* (New York: Harper & Bros., 1927), p. 237.

3. *Ibid.*, p. 235.

4. *The Autobiography of William A. White* (New York: The Macmillan Co., 1946), p. 205. See esp. pp. 205-72 for an account of the years he spent living in Kansas City and Topeka before moving permanently to the small town of Emporia.

5. White, *op. cit.*, p. 235.

6. Reprinted in Helen O. Mahin (ed.), *The Editor and His People* (New York: The Macmillan Co., 1924), pp. 78-83. The editorial was written in 1920. His answer was printed in the *New Republic.*

7. See also the comment by Robert and Helen Lynd *Middletown in Transition* (New York: Harcourt, Brace & Co., 1937), p. 407. "There is in Middletown's press an undertone of disparagement of New York and other big cities. . . . A shrewd observer of long residence in the city, describing her first years there, says: 'I was quite unconscious at first of the fact that people from New York and other big cities are looked on with suspicion.' " The Lynds list as part of Middletown's creed "That 'big-city life' is inferior and undesirable."

8. From the editorial "An Editor and His Town," Dec. 4, 1924, reprinted in his *Forty Years on Main Street* (New York: Farrar & Rinehart, 1937), pp. 275-76.

9. Amusingly enough, Laura French in her *History of Emporia and Lyons County* (Emporia, Kan.: Emporia Gazette Print, 1929), relates that Emporia was originally named for a rich country in Carthaginian Africa. "So, Emporia was named for a great financial center, in the fond hope that the Kansas town one day would rival the ancient country" (p. 283).

Apropos of this is Harlan Douglass' apt remark that: "The State of Kansas has for its motto, 'Ad astra per aspera.' According to a local wit this means: 'Property will be higher in the spring.' The expectation of rapid growth through the coming of the people from somewhere else, has been justified for the American nation as a whole, as state by state, it has possessed the continent from east to west. It has therefore been successively the expectation of each minor division; and especially is it the familiar spirit of the little town. The possibility to which half of them at least are giving most devoted attention, is that of becoming a city; and this in most cases is an impossibility." *Op. cit.*, p. 43.

10. The full force of this assertion for dispelling the slurs against town provincialism is brought out by White's report that fifteen years earlier he had heard James Whitcomb Riley recite in Kansas City. "He was an actor first and a poet incidentally. He had a flexible voice, and his whole body—hands, head, arms, and legs—was synchronized in the song that he sang, the rhythm, rhyme, and cadence of his homely verse. It got me. I went raving mad. I kept saying over and over and with variations, the whole way home: 'I can do that! I'm going to do that, I tell you! I know I can do that! So I bent to the oar myself for some time after that night, writing dialect verse. . . . James Whitcomb Riley with his poetry come[s] back to me across the long generations vividly today." The change in the temper of Kansas, and of White, is reflected by what happened when Riley came through again in 1895. "We went to Kansas City to see him again when he was reading there. . . . We had breakfast with him at the Coates House and went away stepping on air. But I had almost ceased to write imitations of Riley, and the verse I was writing . . . was mostly serious and was beginning to take a social cast. Problems of life were interesting me." Within the year he had written his famous editorial, "What's the Matter with Kansas," skyrocketing thereby to national attention. See *Autobiography*, . . . pp. 211-12, 271-72.

11. William A. White, *Our Town* (New York: The Macmillan Co., 1906), pp. 7-8.

12. Some years before, Meredith Nicholson made similar claims for Indiana towns, and told a delightful story to make his point: "In all these thousands of country towns live alert and shrewd students of affairs. Where your New Yorker scans headlines as he 'commutes' homeward, the villager reaches his own fireside without being shot through a tube, and sits down and reads his newspaper thoroughly . . . his wife reads the paper, too. When a United States Senator from a Middle Western State, making a campaign for renomination . . . warned the people in rural communities against the newspaper and periodical press with its scandals and heresies—'Wait quietly by your firesides, undisturbed by these false teachings,' he said in effect, 'then go to your primaries and vote as you have always voted.' His opponent won by thirty thousand—the amiable answer of the little red schoolhouse."

This is from pp. 29-30 of *The Provincial American* (Boston: Houghton Mifflin Co., 1912).

13. "As an all-around town for purposes of pleasurable living, education, culture, and business, it stands high among cities of its class. It is not a Venice, a modern Athens, a Pittsburgh, a Chicago, or a New York, but it has many of the good qualities of these cities and lacks most of their bad qualities. As St. Paul said of his home town, one living here might say, 'I am a citizen of no mean city.'" This is quoted from a Muncie, Indiana newspaper by the Lynds, *op. cit.*, p. 445.

14. Yet to do him justice, he was travelled and cosmopolitan enough to recognize that all virtue and wisdom are not located in the town. He even wrote a biography of Calvin Coolidge during the twenties, making the point that no man of purely small town mentality, like Coolidge, could cope with the kind of problems which then faced the nation.

15. White, "The Country Newspaper," in Canby, *op. cit.* The values of examining rhetoric were further brought home to me when I finally realized, after several readings, that though this essay is about the country town newspaper, it is not titled that way. He uses "country newspaper" throughout the essay.

16. Hamilton Basso, *The View From Pompey's Head* (Garden City, N. Y.: Doubleday, Doran & Co., 1954), p. 3.

17. (Durham, N. C.: Duke University Press, 1939). See esp. chap. x, pp. 334-428.

18. Henry S. Canby, William R. Benet, and Amy Loveman, "The Two Americas," in *Saturday Papers* (New York: The Macmillan Co., 1921), pp. 15-21. Cf.: "America as the novelist sees it just now . . . is not one country at all, but two. . . . One is the dun America and the other is rosy America. The dun America is a land of back yards, spittoons, Main Streets . . . and ugliness everywhere. . . . Its range of interests is about as broad as the front yard. . . . In sharp, in impossible contrast is rosy America. It is a land of hearty villages and vigorous towns, clean and prosperous, shrewd and homely, kindly and in the best sense aspiring. . . . The writers who give us rosy America . . . convince you of their America—are they not of it!"

Writing in 1934 about the "lost generation" of the preceding decade, Malcolm Cowley observes that these former farm and town boys, who began writing in "magazines with names like *Transition*, *Broom* (to make a clean sweep of it), 1924, *This Quarter* (existing in the present)," paradoxically wrote early books full of nostalgia: "full of the wish to recapture some remembered thing. In Paris or Pamplona, writing, drinking, watching bull fights or making love, they continued to desire a Kentucky hill cabin, a farmhouse in Iowa or Wisconsin . . . a country they had 'lost, ah, lost,' as Thomas Wolfe kept saying; a home to which they couldn't go back."

Cowley himself was one of the lost generation. His report that so many of these men ended up in the Connecticut valleys, or in the countryside around New York City, suggests the difficulty of breaking ties with back home even after emigration and literary castigation. The quotation is from *Exile's Return* (New York: Viking Press, Inc., 1956), p. 9.

19. For a recent article with a most appropriate title which bespeaks the virtues of the small town in terms similar to White's, see William

Bunn, "I Never Miss Chicago," *Saturday Evening Post*, CCXXVIII (Sept. 10, 1955), 38-39. Bunn lived, for a brief period, in that city, but was raised in Muscatine on the Mississippi and went to Ft. Madison, Iowa after leaving Chicago. Note even his reply to the charge of the dun America—three decades later. He writes: "Now . . . you might think that Fort Madison is much the same now as it was back in, say, the 1920's. But actually it has changed considerably with the times. And that is an important point. For . . . America's rather condescending view of small-town life is based on a set of facts that no longer hold true. This set of facts is the one handed down to us by writers of a generation ago, men like Sinclair Lewis, Sherwood Anderson and Thomas Wolfe." The one difference between White and Bunn is that White would never have admitted that Lewis and company's facts ever added up to more than a very partial view. (Cf. White's "Ever See Emporia?")

20. William A. White, *The Heart of a Fool* (New York: The Macmillan Co., 1919), p. 63.

21. White, "The Country Newspaper," in Canby, *op. cit.*, p. 237.

22. *Ibid.*, p. 237.

23. Willard Welsh, *Hutchinson, A Prairie City in Kansas* (copyright by the author, 1946). See also Laura M. French, *op. cit.*

24. *Op. cit.*, p. 402. The Lynds make a valiant effort, as outsiders, to pin down what constitutes "The Middletown Spirit." See the chapter by that title, pp. 402-86.

25. White, *The Heart . . .*, p. 63.

26. George Orwell, *Coming up for Air* (London: Secker and Warburg, 1943), pp. 179-82.

27. "No matter how much you love your home town, it can be a mistake to go back." This sentence is from a passage introducing a story by Richard Barnitz, which describes his mingled nostalgia and bafflement at returning to the home town. The story begins with: "As I wandered through the bustling streets I found it hard to believe that this was my town, the drowsy, easy-going place where I grew up half a century ago. . . . Where once I knew everyone, I was now surrounded by strangers." He ends with: "I felt somehow I no longer belonged here, and for a time wondered why. Then it dawned on me: 'I know what the matter is,' I said aloud. 'I'm homesick, in my own home town.' " S. Rapport and P. Schartle (eds.) *America Remembers* (Garden City, N. Y.: Hanover House, 1956), pp. 265-68.

28. Malcolm Cowley, *op. cit.*, pp. 13-14.

29. White, *Autobiography*, . . . pp. 626-27.

9. *City Planning: Profane and Ideal*

SECTION A

1. A. M. Sakolski, *The Great American Land Bubble* (New York: Harper & Bros., 1932), p. 1.

2. Roy Robbins, *Our Landed Heritage, The Public Domain 1776-1936* (Princeton, N. J.: Princeton University Press, 1942), p. 63.

3. William Oliver, *Eight Months in Illinois* (Newcastle upon Tyne,

1843); the passage is quoted by Roscoe Buley in *The Old Northwest* (Bloomington, Ind.: Indiana University Press, 1951), II, 147-48.

4. Sakolski remarks that city building became "the standard form of real estate speculation in the middle of the nineteenth century." As vacant land speculation gradually declined, city planning and city building took its place. *Op cit.*, pp. 317-18.

5. For a vivid account of railroad construction and town jobbing, see Sakolski, *op. cit.*, chap. xiii, "Railroad Land Jobbery," esp. pp. 288-93. As he says, "Town jobbing and town-site planning began even before the work of actual railroad construction was under way. . . . Hardly a location in any way suitable as a station or a junction point that did not develop into a 'mushroom city' because of the activity of land speculators." (Sakolski is referring to the building of the Union Pacific line, in the second sentence).

6. Cf. T. E. Murphy, "The City That Refused To Die," *Saturday Evening Post*, CCXXVIII (Feb. 4, 1956), 30. This is the story of Woonsocket, Rhode Island, a city of 50,000 that was losing its industries and had long suffered from political "misrule." It elected a reform mayor; then its businessmen formed the Industrial Foundation of Greater Woonsocket, and went out after industry.

7. "The Internationalists of New Orleans," *Fortune*, XLV (June, 1952), 126.

8. Cf. "Pittsburgh's New Powers," *ibid.*, XXXV (Feb. 1947), 69; and "Pittsburgh Rebuilds," *ibid.*, XLV (June, 1952), 88. The son and heir of Andrew Mellon has been at the center of this movement; and its instrument initially was an association called the Allegheny Conference on Community Development.

9. Cf. "Dr. Brown Who Cures the Town," *Literary Digest*, LXIX, (June 4, 1921), 49. This article tells of various small towns and their efforts to remake themselves along better lines. Brown is an experienced agent of the National Chamber of Commerce. The more recent community survey movement often calls upon the outside professional also.

10. Robert Sheshan, "Take Utica, For Instance," *Fortune*, XL (Dec., 1949), 128.

11. Cf. Karl H. Grismer, *The Story of Sarasota* (Sarasota, Fla.: E. Russell, 1946); also by the same author, *The History of St. Petersburg*.

12. F. Allen, *Only Yesterday, An Informal History of the Nineteen-Twenties* (New York: Bantam Books, 1946) has given a lively description of the atmosphere during the Florida boom of that period. He says of Miami during 1925 that: "The whole city had become one frenzied real estate exchange. There were said to be 2,000 real-estate offices and 25,000 agents marketing house-lots or acreage."

13. Dallas has improved its position by combining its statistics with those of Fort Worth . . . the thirty-three miles between . . . have become an industrial entity whose significance grows. William Zeckendorf of New York and the Rockefeller family joined in the middle 1950's to plan a $300,000,000 industrial center midway between the two cities. Necessities of economy are causing accord between." George Feverman, *Reluctant Empire* (Garden City, N. Y.: Doubleday & Co., 1957), p. 152.

14. *Op. cit.*, p. 132. For the original article see "Dynamic Men of Dallas," *Fortune*, XXXIX, (Feb., 1949), 99.

SECTION B

1. *Equality: A History of Lithconia* (Philadelphia: The Liberal Union, 1837); and (Philadelphia: The Prime Press, 1947).

2. *Ibid.*, p. 7.

3. *Ibid.*, pp. 7-8.

4. Frank Rosewater, *The Making of a Millennium* (Chicago: Century Publishing Co., 1903), pp. 52-53.

5. *Ibid.*, p. 51.

6. Its population in 1950 was 1,350.

7. (Holstein, Iowa: Gilmore and Olerich, 1893).

8. *Ibid.*, see pp. 57-60. Olerich provides a set of diagrams to show all of this.

9. *Ibid.*, p. 125.

10. Although Wright has built a host of urban and suburban residences, he has been criticized by other architects and planners for dodging the issue of how to build for the mass populations of large cities.

11. Baker Brownell and Frank Lloyd Wright, *Architecture and Modern Life* (New York: Harper & Bros., 1937), pp. 316-17, 343.

12. Percival and Paul Goodman remark, in summing up what they believe is the value of Wright's plan, that: "It will be apparent to those who know the work of this architect that the chief value of Broadacres cannot be in its symbolic model but in the concrete adaptations he would make to varieties of sites and local materials." That is, he is an architectural genius, but not much of a city planner. And they point out a very curious lack of imagination in Wright's actual Broadacre architectural plans. "He aims at the integration of urban and rural life, but he seems, by the time of Broadacres, quite to have lost his original visions of urban beauty and technological grandeur. What is lacking is just the analysis of how to make industrial life humane and worth while. . . . At the same time he is embarrassed to make a clean break with the city . . . and he burkes the opportunity to plan a genuinely domestic . . . system." See their *Communitas* (Chicago: University of Chicago Press, 1947), p. 48.

13. *The Story of Utopias* (reprinted; New York: Peter Smith, 1941).

14. (New York: Harcourt, Brace & Co., 1938).

15. Mumford has written as a testimonial an extraordinary book about his boy, who died in battle during World War II. In this sensitive narration, Mumford—himself a city boy who apparently delights in some aspects of New York—symbolically dicotomizes the boy's personality into that part which reflects the boy's relation to the city and that linking him with the countryside. A perceptive reader may guess at some of Mumford's own struggle to bring these antitheses together. See *Green Memories* (New York: Harcourt, Brace & Co., 1947).

In their thoughtful and imaginative book, *Communitas,* Percival and Paul Goodman elaborately discuss what they call "Three Community Paradigms." They do not advocate any or all of these, but merely suggest that each is an abstract model for a different kind of urban society, and ought imaginatively to be explored. Their second paradigm is a near cousin to the utopians' proposal that cities be decentralized and their populations removed to the revivifying countryside. Thus, the Goodmans suggest as a basic unit, the "satellite." A typical satellite is zoned into city squares, inner small farms, outer small farms, and industrial agriculture. The satellite is small, only thirteen miles in diameter. The Goodmans suggest that each satellite "provides for an urban population of two hundred thousand and for a rural population of one hundred thousand: this proportion is midway between the present American condition (three and one-half to one) and the ideal of Wright . . . (one to one)." See *op. cit.*, p. 90.

16. The engineer was Chauncey Thomas. The book was published in 1891 (Boston: Houghton Mifflin Co.), though it was actually written between 1872 and 1878.

17. They use the phrase, "the metropolis, the department store," perhaps unaware that some years ago Bradford Peck published an urban utopia under the title of *The World a Department Store* (Lewiston, Me.: Bradford Peck, 1900). Peck was the president of a large department store, and his utopian world is envisioned as a co-operative system organized on the efficient principles of a well-run department store. Consumption is a conspicuous feature of this world; and it is no doubt proper that he should begin his tour by introducing his readers to a magnificent restaurant.

18. *Ibid.*, p. 72.

19. Writing in 1947 before the rise of urban birthrates, the Goodmans—no more than the population experts—failed to see that urbanites would also invest in larger families. They predicted neighborhoods populated by nearly 40 per cent of older persons.

20. "The Suburban Dislocation," *Annals of the American Academy of Political and Social Science*, CCXIV (1957), 123-46.

21. An amusing instance of such a projection, written some decades ago is "The History of a Day in 1970," which is the concluding chapter in a large volume detailing *One Hundred Years' Progress of the United States* (Hartford, Conn.: L. Stebbins, 1872), pp. 521-27. (These concluding pages were written by L. P. Brockett, who also wrote the rest of the Appendix pages, predicting the course of industry, population, trade, politics, etc.) The well-known New York industrial designer, Raymond Loewy, has recently offered an admittedly fanciful and playful rebuilding of New York for the "*real* New Yorker." Some of his ideas follow: "1. Let the city be high in the center of the island, sheltered for controlled day and night life, and housed in a single building. . . . 2. The periphery of my island now becomes free for leisure-time activities. Some living dwellings will be found there . . . and all . . . will face the water around us. I proposed to turn this city back into an island town." From "How I Would Rebuild New York City," *Esquire* (July, 1960), esp. pp. 58-60.

22. Cf. a satire on a socialistic America, Ann B. Dodd, *The Republic of the Future* (New York: Cassel and Co., 1887). In reference to the future city of New York, for instance: "It is as flat as your hand and as dull as a twice-told tale. Never was there such monotony or such dullness. Each house is precisely like its neighbor . . . the result of the plan on which this socialistic city has been built comes . . . from the principle which has decreed that no man can have any finer house or better interior or finer clothes than his neighbor" (pp. 20-21).

23. These are questions posed by Henry S. Churchill in "What Kind

of Cities Do We Want?" in Coleman Woodbury (ed.), *The Future of Cities and Urban Redevelopment* (Chicago: University of Chicago Press, 1953), pp. 44-51. The same planner asserted, some years ago, that "A great and imaginative piece of work, in any art, must present a central thesis. . . . The greatest ideas in city planning in modern times have been Howard's, Le Corbusier's, and Frank Lloyd Wright's—they are ideas, not specific plans." The quotation is in P. Hatt and A. Reiss (eds.), *Reader in Urban Sociology* (1st ed.; Glencoe, Ill.: The Free Press, 1951), p. 694.

24. These quotations are taken from comments made by Bauer on a paper devoted to "Ideal Cities of the Past and Present" in Robert M. Fisher (ed.), *The Metropolis in Modern Life* (New York: Doubleday & Co., 1955). This is a collection of papers and commentary given at a conference held at Columbia University in 1954. The last section is titled, "The Search for the Ideal City."

25. Cf. E. L. Thorndike, *Your City* (New York: Harcourt, Brace & Co., 1939). Thorndike reports his attempt to measure the goodness of life in various cities, and presents standards whereby others can measure their cities.

26. Cf. Otis D. Duncan, "Optimum Size of Cities," in Hatt and Reiss (eds.), *op. cit.*, pp. 632-45.

10. *Rural Aspects of Metropolitan Living: Nineteenth and Twentieth Centuries*

SECTION A

1. There is much information on these points scattered throughout Carl Bridenbaugh's two volumes on colonial cities: *Cities in the Wilderness*, and *Cities in Revolt*, (New York: Alfred A. Knopf, Inc., 1955).

2. There is a good description of the extensive country home movement in *ibid.*, pp. 305-10. "In the Northern colonial cities, as in England, the newly enriched gentry sought as soon as possible to root themselves on the land, for the greatest distinction of the day was a country estate. . . . The merchants of each city began the movement to the nearby country as soon as their means permitted them to assume the responsibilities of a second household . . . rural villages attracted other wealthy families who wished to alternate the town and country existence by traveling to and from in their carriages." Bridenbaugh is writing of the 1743-1760 period. See also pp. 336-41 for the later period.

3. In the cities west of the coastal region, the rural traits were particularly visible. Cincinnati, St. Louis, Pittsburgh, Chicago, encircled by forest, prairie, or farmland could not but reflect their surroundings much as had the eastern cities some generations before. Chicago, at first, proudly called itself "the garden city" from the fact that the houses were very small and the gardens enormous. "The gardens in the west division in fact having no enclosures, might be supposed to extend indefinitely westward, as Judge Douglas wished, with regard to the Missouri compromise line," quipped a traveller from Virginia, John Lewis Peyton at mid-century. See Bessie L. Pierce (ed.), *As Others See Chicago* (Chicago: University of Chicago Press, 1933), pp. 99, 105.

4. Thus, concerning Williamsburg, a New Yorker writes in 1853 that "As early as 1817 a ferry was established from that shore to New York, but it was not till ten years later that village began to show itself in this part . . . in 1851, it assumed the title of a city. Among the principal causes of the rapid growth of this suburb has been the superior system of ferriage established between it and New York . . . much the greater portion of its population are engaged in business connected with the city of New York," Daniel Curry, *New York, A Historical Sketch of the Rise and Progress of the Metropolitan City of America* (New York: Carlton and Phillips, 1853), pp. 290-91.

5. John P. Kennedy, "Address Delivered Before the Horticultural Society at Maryland," at its First Annual Exhibition, June 12, 1833, in *Occasional Addresses* (New York: G. P. Putnam's Sons, 1872), p. 42.

6. George Lunt, "Dedication to the Massachusetts Horticultural Society, May 15, 1845," in *Three Eras of New England and Other Addresses* (Boston: Ticknor and Fields, 1857), pp. 184-85.

7. *Ibid.*, p. 44.

8. *Ibid.*, p. 47.

9. See Downing's essay, "Cockneyism in the Country," in his *Rural Essays* (New York: Putnam and Co., 1853), pp. 224-28.

10. *Ibid.*, p. 124.

11. *Ibid.*, p. 124.

12. *Ibid.*, p. 125.

13. *Ibid.*, p. 130.

14. *Ibid.*, p. xxiv.

15. Some feeling for his impact is given by a letter from a Cincinnati resident that is reproduced in a late edition of Andrew J. Downing's *A Treatise on the Theory and Practice of Landscape Gardening* (7th ed.; New York: O. Judd, 1865), p. 558. In the West, this correspondent writes, there was, before its publication: "no system—nothing to copy after; and although all were desirous to improve in good taste, they had no guide, until Mr. Downing's works appeared, and that was at once adopted as the textbook. Since that period, the magic wand of the enchanter has passed over the country, and in the vicinity of our cities and towns has transformed the barren hills and vales of their environs into tasteful suburban villas, through the skill of the Landscape Gardener."

16. Horace B. Wallace, "Town and Country" in his *Art of Scenery in Europe, with Other Papers* (2nd ed.; Maryland: J. B. Lippincott & Co., 1868). pp. 329-31.

17. Downing, *A Treatise* . . . , pp. viii-ix.

SECTION B

1. The tenor of dissatisfaction with big city life remained fairly constant over the decades, although there were minor changes (traffic is now a more frequent complaint). The satisfactions have not changed much either. Some representative articles are: "Rus in Urbe," *Atlantic Monthly*, LXXIV (Sept., 1894), 308; Charles David, "Why I Am Going Home," *American Magazine*, XCIX (Mar., 1925), 59; "Escape from the City,"

Coronet, XXVIII, (Aug., 1950), 138; Wally Wollerman, "No More Cities for Me!" *Saturday Evening Post*, CCXXV (Feb. 28, 1953), 17.

2. E. B. White, *Here is New York* (New York: Harper and Bros., 1949), pp. 28-30.

3. *Scribner's*, LVIII (1915), 534-44.

4. Cf. Meyer Berger, "Our Town: Open Letter to a Visitor," *New York Times Magazine*, Apr. 29, 1956.

5. *American Magazine*, CXVI, (Aug., 1933), 36-38.

6. Cf. Ruth Glazer, "West Bronx: Food, Shelter, Clothing," in Elliot E. Cohen (ed.), *Commentary on the American Scene* (New York: Alfred A. Knopf, Inc., 1953), pp. 310-19.

7. Cf. Robert Benchley, "The Typical New Yorker," in Alexander Klein (ed.), *The Empire City* (New York: Rinehart, 1955).

As Robert Benchley satirically comments concerning all outsiders' impressions of New York: "Our visitors are confronted with so much gaiety in New York especially where the lights are brightest, that they fall into the literary error of ascribing any metropolitan utilization of voltage to the pursuit of pleasure. And it is difficult to look at the lighted windows . . . and not idealize them into some sort of manifestation of joy and exuberance. But if the writers who so thrill at the sight . . . could by some sardonic and unkind force, be projected along any one of those million beams of fairy light, they would find that it came directly from an office peopled by tired Middle Westerners, New Englanders and Southerners, each watching the clock as lighting time comes, not to start on a round of merry-making but to embark on a long subway ride up town . . . where life is . . . exactly the same as life in Muncie, Indiana, or Quincy, Illinois. For the inhabitants of this city have come direct from Muncie and Quincy and have never become assimilated into the New York of the commentators. . . . The people are just as much New Yorkers as those in the Forties, and they outnumber the 'typical' New Yorkers to so great an extent that an intramural battle between the two elements could not possibly last for more than twenty minutes. . . . These streets are peopled by the very types who are supposed to make the Middle West the 'real America,' as alien to the New York of the magazine articles as their kinfolk back home" (pp. 340-41).

8. Lewis Gannet, "The Wilderness of New York: How Nature Persists in a Metropolis," *Century*, CX (1925), 299.

9. The natives even write books about bird watching. Cf. Leonard Dubkin, *The Murmur of Wings* (New York: Whittlesey House, McGraw-Hill Book Co., 1944). Dubkin writes of Chicago.

10. Cf. *New York Times Magazine*, July 14, 1957, p. 32: " 'Country' Dining in Manhattan." This article displays photographs of several gardens, including one on a roof top that is described as "A country garden scene, with a summer house, geranium-banked fence and groupings of white metal furniture is achieved by Mrs. Clinton Smullyan on her penthouse terrace." The author notes that: "In most cases, the more formal atmosphere of an indoor dining room pervades these leafy spots. For New Yorkers see no reason to dispense with the amenities of dining, even in the out-of-doors." She could, with equal truth, have reversed her phrasing and said that New Yorkers see no reason to dispense with the rural amenities even when dining in the city—for this is what the title of the article hints at.

11. The author is wrong; some variety of this story happens in every metropolis. The quotations are from Richard S. Davis, "Milwaukee," in Robert S. Allen (ed.), *Our Fair City* (New York: Vanguard Press, Inc., 1947), pp. 209-10.

12. Apropos of the effectiveness of a counter-imagery for another audience, note the use of the title in an article called "How Can You Tell When It's Spring in the City?" *Country Life*, XLIII (Apr., 1953), 48.

13. The book was published in 1949, and White, in common with many Americans, indicates fear of atomic war.

14. E. B. White, *op. cit.*, pp. 53-54. White spent his boyhood in a suburb of New York City.

SECTION C

1. *A Decade of Civic Development* (Chicago: University of Chicago Press, 1905), p. 169. Zueblin was professor of sociology at the University of Chicago and a well-known advocate of municipal planning.

2. *Ibid.*, p. 169.

3. This advertisement for "Lots on Brooklyn Heights" is quoted in Ralph Weld, *Brooklyn Village 1816-1834* (New York: Columbia University Press, 1938), p. 28.

4. Daniel Curry, *New-York* (New York: Carlton and Phillips, 1853), p. 284. In the pages that follow, Curry describes several suburbs of New York.

5. *Ibid.*

6. Charles Cist, *Sketches and Statistics of Cincinnati in 1851* (Cincinnati: William H. Moor and Company, 1851), p. 268. This page and the two that follow comprise a short chapter on Cincinnati's suburbs.

7. Chicago, founded a bit later than Cincinnati, had its full complement of suburbs by the sixties; and they were fully as various as those detailed by Cist. See Everett Chamberlin, "Suburbs of Chicago," *Chicago and its Suburbs* (Chicago: T. A. Hungerford and Company, 1874), Part VI, pp. 343-458. The suburbs (more than sixty) ran the gamut in variety, as we may perceive from Chamberlin's description of land valuations of transportation rates to and from the city.

8. Cf. Robert Ernst, *Immigrant Life in New York City, 1825-1893*, (New York: Kings Crown Press, Columbia University, 1949), esp. p. 20. Ernst describes the arrival of immigrants, their spatial settlement in the metropolitan area during the early period, and something of the spatial movement of natives in response to this invasion.

9. Weld, *op. cit.*, p. 28. Italics are the author's.

10. "Waltham has of late years become the residence of many Boston merchants, and may be considered one of the most desirable retreats from the noise and bustle of the city." Isaac S. Homans, *Sketches of Boston* (Boston: Phillips, Sampson and Co. 1851) p. 111.

11. The full quotation is: "a village so contiguous to the great emporium of our country, and combining the advantages of health and means of education, with the absence of many temptations to the young." Thomas M. Strong, *History of the Town of Flatbush*, (New York: T. R. Mercein, printer, 1842) and (New York: F. Loeser, printer, 1908), p. 177.

12. Walter Firey, *Land Use in Central Boston,* (Cambridge, Mass.: Harvard University Press, 1947), esp. pp. 72-74. The entire chapter contains a good reconstruction of upper class spatial settlement since the early days of Boston. Firey's calculations concerning the suburban movement actually begin with the year 1900, but the upper class clearly had a head start over the remainder of the population.

13. Cf. John Curtin, *History of the Town of Brookline,* (Boston: Houghton Mifflin Co., 1933), pp. 210-13.

14. The relevant graphs can be found in Firey, *op. cit.,* pp. 72, 115.

15. Since they may also spend the summer or winter months at resorts, the living pattern may be spatially quite complex. Harvey Zorbaugh reported in 1929, on the basis of interviews, that Chicago Gold Coast people typically spend from three to five months per year outside the city. He gives as fairly usual instances the following seasonal movements of families:

"A. Has an apartment on North State Parkway. Goes in May to Lake Forest. In August to a camp in the North. Back to Lake Forest for the autumn. The past two years has spent part of the winter abroad.

B. Gave up apartment in June; moved to Lake Forest. In October moved to the Drake [hotel in the city]. Went in February to Palm Beach. Back to the Drake in April. In May went to Lake Forest. Went in August to Dark Harbor, Maine."

See Harvey Zorbaugh, *The Gold Coast and the Slum* (Chicago: University of Chicago Press, 1929), pp. 67-68.

16. The following passage from Firey is singularly to the point: "The entire development of Beacon Hill proper was, from its very beginning, directly contiguous to an area containing, as one writer of the nineteenth century put it, "the most miserable huts in the city." This area, occupying the north slope of the Hill is more generally referred to as part of the West End. From the time of the Revolution down to the present day this slope has been occupied by lower class families . . . Thus within the Beacon Hill area, considered as a geographical unit, there have been, for a century and a half, two contiguous areas sharply set off from one another in terms of prestige value and class status, each maintaining its 'reputation' through all the vicissitudes that have accompanied Boston's growth." *Op. cit.,* pp. 47-48.

17. Unpublished paper by Raymond Zinzer of Graceland College, Iowa.

18. See his *Sybaris and Other Homes* (Boston: Fields, Osgood, and Co., 1869), esp. "How They Lived at Naguadavick" and "Homes for Boston Laborers."

19. Emma Brace, *The Life of Charles Loring Brace* (New York: Charles Scribner & Sons, 1894), p. 5.

20. Writing of Vineland (near Philadelphia), Hale cries that "Vineland, in short, is a wilderness settlement in the heart of civilization. You have not to carry your family, your furniture, and your stores a week's journey toward the West." *Op. cit.,* p. 154.

21. An early amusing instance can be found in Charles Quill, *The Working-Man* (Philadelphia: Henry Perkins, 1839), p. 239-40, when Quill observes the presence around the large towns of "snug little farms . . . tilled by mechanics, some of whom . . . still continue in business, and use these as their places of retreat. This tendency to the country seems to be on the

increase, and I am persuaded it augurs well for the future respectability of the whole class." Of course he gives the usual reasons for his belief: property owning, agricultural labor, the healthy atmosphere, and the removal of children from the temptations of a wicked world.

22. Graham R. Taylor, *Satellite Cities, A Study of Industrial Suburbs,* (New York: Appleton & Co., 1915), p. 20. Taylor continues this theme with, "A social worker who knows what discouragement attends the efforts to persuade 'city' girls to live in the working girls' 'club,' and 'city' people to dwell in the Schmidlapp [industrialist] houses, expressed doubt whether 'tons' of amusements would alter this. 'They simply will not leave the city *life* which you can never make in a suburb,' she said."

23. A. B. Hollingshead, "Human Ecology," in Robert Park (ed.), *An Outline of the Principles of Sociology* (New York: Barnes & Noble, 1939), p. 104.

24. Hans Blumenfeld has summed up the failure of the garden city movement to take hold. He writes, "There is always something pathetic about celebrating the birthday of an idea; after 50 years *To-morrow* [Howard's book] still has not become today. Howard was confident that once an example of the garden city had demonstrated its virtues, everybody would follow and the existing overgrown cities would rapidly shrink. But they did not shrink, they continued and are continuing to grow beyond anything Howard could have visualized in his wildest dreams 50 years ago. . . . the garden cities actually built are driblets compared to the torrents of building activities that are pouring out of our big cities." Hans Blumenfeld, "On the Growth of Metropolitan Areas," in P. Hatt and A. Reiss (eds.), *Reader in Urban Sociology* (1st ed.; Glencoe, Ill.: The Free Press, 1951), p. 657.

25. (New York: Century Co., 1925), p. 4.

26. Three decades ago Frederick Allen mourned the gradual disappearance of rural qualities in his treasured suburb, but by 1954 he faced the realities of what he called the "auto age." The auto inevitably furthers the already enormous expansion of the metropolis. He urges his readers to accept the facts of modern life: "The days are passing (if indeed they are not already past) when one could think of a suburban town outside one of our cities as a village in the country. It would be much wiser," he cautions his readers, "today, to think of it as a more or less comfortably spaced residential area or residential and business area within the greater metropolis." See "Crisis in the Suburbs, Part II," *Harper's,* CCIX (July, 1954), 48. The earlier article, with its expressive title, "Suburban Nightmare," can be found in *Independent,* CXIX (June 13, 1924), 670.

27. *Op. cit.,* pp. 312, 326. His basic position is aptly presented in the concluding chapter.

28. H. A. Bridgeman, "The Suburbanite," *The Independent,* LIV (Apr. 10, 1902), 862.

29. William Ellsworth Smythe, *City Homes on Country Lanes. Philosophy and Practice of the Home-in-a-Garden,* (New York: The Macmillan Co., 1921), p. 58.

30. *Ibid.,* p. 65.

31. Cf. Carol Arnovici, "Suburban Development," *Annals of the American Academy of Political and Social Science,* LI (1914), 234-38, part of an entire issue devoted to problems of urban housing. The perspective

of those concerned with improving the housing conditions of the poor is conveyed by Arnovici's words: "The suburban development of recent years may, in many instances be fully described as 'the slumification of the countryside'. . . . The suburbanizing of the wage-earner is a great social and economic opportunity . . . It is for us to say whether this growth will result in a contamination of the countryside by city slums or garden communities . . . and give men, women and children a new lease on life . . . The Utopian city of yesterday can be realized in the growing suburbs of our times." (See pp. 236-38.)

32. *Op. cit.*, p. 170.

33. Cf. Christopher Tunnard and Henry Reed, *American Skylines*, (New York: New American Library of World Literature, 1956), pp. 122-25.

34. "Apartment Life," *The Independent*, LIV (1902), 111.

35. This point hardly needs documenting, for our popular literature is full of it. Here is but one instance of it: three young men left western towns for New York. They prospered and "within fifteen years were successful enough to have homes in small towns within commuting distance of New York, and after another fifteen years to move to the actual country fifty to one-hundred miles away." E. Calkins, "Small Town," *Atlantic Monthly*, CLVII, (1936), 227.

36. (New York: The Viking Press, 1934.)

37. *Ibid.*, p. 209-10.

38. The recent, and widely read book by A. C. Spectorsky, *The Exurbanites* (Philadelphia: J. B. Lippincott Co., 1955) describes several latter-day communities inhabited by "communications" people.

11. *The Latest in Urban Imagery*

1. "Expansion of Cities Alters Patterns of Living in U.S.," *New York Times*, Jan. 27, 1957, p. 72.

2. Cf. "How One Big City is Fighting for a Comeback," *U.S. News and World Report*, (July 19, 1957), pp. 86-90; "The New America: Our Changing Cities," *Newsweek* (Sept. 2, 1958), p. 61.

3. Cf. Hans Blumenthal, "On the Growth of Metropolitan Areas," in P. Hatt and A. Reiss (eds.), *Reader in Urban Sociology* (1st ed.; Glencoe, Ill.: The Free Press, 1951), p. 660.

4. "Can the Big Cities Come Back?" *U.S. News and World Report* (July 19, 1957), p. 73.

5. Cf. Morton Grodzins, "Metropolitan Segregation," *Scientific American*, CXCVII (1957), 33-41.

6. A. C. Spectorsky, *The Exurbanites* (Philadelphia: J. B. Lippincott Co., 1955). The sociologists themselves, spurred on by William Whyte's discovery of a certain kind of suburb, full of youthful transients, are beginning to wonder about different kinds of urban styles.

7. Cf. Harry Henderson, "The Mass-Produced Suburbs," *Harper's*, CCVII (Nov., 1953), 25-32 and (Dec., 1953), 80-86; William Whyte, "The New Suburbia: Organization Man at Home," *The Organization Man* (New York: Doubleday & Co., 1956), Part VII, pp. 295-434.

8. William Zeckendorf, "Cities versus Suburbs," *Atlantic Monthly*, CXC (July, 1952), 24.

9. T. H. Reed and D. D. Reed, *Colliers,* CXXX (Oct. 11, 1952), 18.

10. Nathan Glazer, "The Great City and the City Planners" (unpublished paper).

11. *Ibid.*

12. A very similar argument is used against contemporary planning of the downtown areas by Jane Jacobs in "Downtown is for People," *Fortune* LVII (Apr., 1958), 133. Rhetorically, she opposes the visual liveliness inherent in the city street to the dull, if grassy, superblock of the planner.

13. Reed and Reed, *op. cit.*, p. 20.

14. LV (Jan., 1956), 103.

15. *Ibid.*, p. 104.

16. Christopher Tunnard, "America's Super-cities," *Harper's,* CCXVII (Aug., 1958), 59-65. Tunnard is a city planner. See also by a sociologist, Philip Hauser, "A Billion People in the U.S.?" *U.S. News and World Report,* (Nov. 28, 1958), esp. pp. 82 and 84.

17. Tunnard, *op. cit.*, pp. 61-62.

Appendix

1. *The City* (Chicago: University of Chicago Press, 1925).

2. *Moral Aspects of City Life* (New York: Henry Lyon, 1853), p. 12.

3. "Urbanism as a Way of Life," in Paul Hatt and Albert Reiss (eds.), *Reader in Urban Sociology* (1st ed.; Glencoe, Ill.: The Free Press, 1951), pp. 32-48.

4. His paper is from Robert Fisher (ed.), *The Metropolis in Modern Life* (New York: Doubleday & Co., 1955).

5. (New York: Oxford University Press, 1951).

6. "Comparative Urban Sociology," in Robert K. Merton *et al.* (eds.), *Sociology Today* (New York: Basic Books Publishing Co., 1959), pp. 334-59.

7. A recent instance is "Suburbia—New Homes for Old Values" by Thomas Ktsanes and Leonard Reissman in *Social Forces,* VII, 187-95. They argue against a current sociological view that suburbs are homogeneous, middle class, and that they encourage conformity. "This sociological literature," they claim, "is openly vituperative and pejorative in tone." Six months later, *Time* magazine also attacked city-bred sociological critics who saw suburbia with stereotyped vision: one-third of America lives in suburbs; this means, according to *Time,* that this is a true cross-section of the American population (June 20, 1960, pp. 14-18).

Index

Abbott, Anthony, 271n
Adams, John, 134
Ade, George, 282n
agriculture: *see* farmer; urban growth; southern agrarian imagery; Midwest; Fred Shannon
Akron, 28, 260n, 280
Albuquerque, 261n
Alger, Horatio, 137, 179
Algren, Nelson, 43-44, 50, 262n
Allen, Frederick, 287n
Allen, Hugh, 260n
Allen, Robert, 26
Americanism, 105-107, 120-23, 191-93
American values: *see* varieties of American urban symbolization
Amory, Cleveland, 260n
Anchorage, 261n
Anderson Democrat, 185
Andreas, Alfred, 40
Architectural Forum, 253
Arnovici, C., 295n
Ashbury, Herbert, 43
Atkinson, Eleanor, 263n
Atlantic Monthly, 168

Bailey, L. H., 269n
Baird, Robert, 276n
Balestier, Joseph, 35-36
Baltimore, 14, 105, 134, 270n, 273n, 291n
Barnard, Daniel, 144
Barnitz, Richard, 286n
Barzun, Jacques, 259n
Basso, Hamilton, 285n
Bates, Jerome, 275n
Bateson, Gregory, 72
Bauer, Catherine, 214
Beach, Moses, 274n
Becker, Howard S., 266n, 267n
Beiman, Irving, 262n
Belden, Ezekiel, 259n
Bellows, J. N., 273n
Benchley, Robert, 271n, 292n
Benet, William, 285n
Benton, Thomas, 151
Berger, Meyer, 292n
Billingsley, Ray A., 276n, 277n
Biloxi (Miss.), 114
Bingay, Malcolm, 117
Bird, John, 260n
Blodget, Henry, 263n
Blumenfeld, Hans, 295n
Blumer, Herbert, 79
blurred images: of farm, town, and city, 182-89
Boston, 57-58, 235, 260n, 265n,

271n, 274n, 291n, 293n, 294-95n
Bowen, Louise, 266n
Bowman, John, 113
Brace, Charles Loring, 148, 179, 238
Brace, Emma, 280n
Bridenbaugh, Carl, 268n, 290n
Bridgeman, H. A., 294n
Bright, Elizabeth, 261n
Brisbane, Arthur, 196
Brockett, L. P., 289n
Bromfield, Louis, 195
Brookline (Mass.), 294n
Brooklyn, 237, 271n, 293n
Bross, William, 36-37, 49, 155-56
Brown, A. Theodore, 264n
Browne, Junius, 265n
Brownell, Baker, 288n
Bryan, William Jennings, 101
Brynes, Thomas, 265n
Bryson, Charles, 263n
Buckminister, William, 95
Buley, Roscoe, 277n
Bunn, William, 285-86n
Burns (Ore.), 39
Burt, Struthers, 270n
Butler, Charles, 154

Calkins, E., 296n
Calumet City, 116
Campbell, Helen, 265n
Canby, Henry S., 195
Capers, Gerald, 260n
Casis, A., 268n
Cauthorn, Henry, 271n
Cayton, Horace, 58
Cedar Rapids (Iowa), 260-61n
ceremonial functions of city areas, 59
Chamberlain, Everett, 37-39
Chapin, Edwin H., 145, 256
Charleston, 22, 73, 114, 203, 260n, 271n
Chevalier, Michel, 273n
Chicago American, 154
Chicago Tribune, 50
Chicago, 11, 13, 15-16, 25-26, 31, 33-51, 55-56, 63, 105, 109, 115, 118, 139, 154-61, 162-63, 166, 175, 205, 233, 234, 236-37, 259n, 260n, 261n, 262n, 263n, 264n, 265n, 266n, 267n, 271n, 276n, 277n, 278n, 279n, 286n, 290n, 292n, 293n
Christianity and urban virtues, 144-48, 175
Churchill, Henry, 290n
Cincinnati, 119, 153, 160, 232, 260n, 271n, 276n, 291n, 293n
Cist, Charles, 293n
cities, European: 60-61, 87-90, 205, 210
cities, as wholes: 5-17
cities, small: 92, 123. *See also* country town; varieties of American urban symbolism
city: boosting. *See* William Bross; city promotion; land speculation
city planning: profane and ideal, 199-214; and "promotion," 200-206; Chambers of Commerce, 201; businessmen, 202-206; philosophy of expansionism, 202; nonnatives, 202, 203-204; city rivalry, 204-205
city promotion, 200-206
city rivalry, 28; Chicago and New York, 48-50; Chicago and New York, Los Angeles, 51; Chicago, Cincinnati, and St. Louis, 156-58; Texas cities, 204-205
city versus country, 168-182; back to the farm movement, 178-79; city peoples' imagery of city and country, 178-97; myth of country as moral source, 179, 181; defense of the city dweller, 222-27; public debate between mass media, 222-23. *See also* farms; suburbs.
Clark, N. M., 261n
Cleveland, 267n
Cochran, Thomas, 95, 277n
Cohen, Elliot E., 292n
Collette, 69, 266-67n
Collier's, 25, 250
Columbian Exposition, 31, 40-41, 43, 162-63, 263n
Columbus (Ohio), 267n
Commons, John, 269n
Cooke, J. E., 267n
Cooley, Charles H., 257
cosmopolitanism, 30-31, 51, 117, 120-23, 161-63, 166, 197, 240-52. *See also* world cities.

country boy myth, 179
country town, 190-98; and Americanism, 191, 196, 198; symbolic placement, 190-91, 196, 198; symbolic size, 191; symbolic classlessness, 191-92; versus metropolis, 192-94; and civilization, 193-94; newspapers, 194-95; key terminology of, 194-95, 196-97; not rural, 194-95; criticism of by writers, 195; continuity of life in, 196-98; discontinuity of life in, 197-98
Cowley, Malcolm, 244-45, 285n
Crafts, Wilbur, 275n
Craven, Avery, 272n
Crow, Carl, 117
Crowell, Paul, 115
Curry, Daniel, 291n
Curtin, John, 294n
Curti, Merle, 135, 269n
Cushman, Robert W., 138

Dallas, 204, 205, 287n
Dana, Edmund, 276n
Darwin, Charles, 161
David, Charles, 291n
Davis, K., 268n
Davis, Richard S., 260n
Debo, Angie, 270n
decentralization: *see* urban utopias; suburbs; urban images, emergent
de Chambrun, Clara, 271n
Dedmon, Emmett, 44
Demerath, Nicholas, 272n
democracy, 108, 111, 192, 194, 238, 246. *See also* frontier; Frederick Turner
Denver, 70, 73
de Rousiers, Paul, 99, 105
Des Moines, 109
Detroit, 25, 105-106, 116, 117, 247, 261n, 267n, 271n
Dial, 163
Dickey, Marcus, 281n
Dodd, Ann B., 289n
Douglas, Lloyd, 261n
Douglass, Harlan, 241-42, 283n, 284n
Downes, Randolf, 264n
Downing, Andrew J., 219-20, 223
Dows, Southerland, 260n
Drake, Benjamin, 276n
Drake, Daniel, 153, 159
Drake, St. Clair, 58
Drell, Bernard, 272n
Dubkin, Leonard, 292n
Duncan, Hugh, 40
Duncan, Otis D., 290n

East: commerce, manufacturing, and the symbolism of success, 132-49; shift in symbolic balance between country and city, 133-36; urban virtues for country boys, 137-41; sin, temptation, and their virtuous challenge, 144-46; ideological compromise, 146-48. *See also* city versus country.
ecology, 65-66, 239
Edwards, Charles, 273n
Eggleston, Edward, 184-85
Egleston, Nathaniel, 179
Eliot, William G., 276n
Empire State Building, 8-9
Emporia (Kansas), 190-95, 283-87
Emporia Gazette, 190, 194
Ernst, Robert, 269n
ethnic histories. *See* urban images, sets of
Everts, W. W., 276n

farmer: and Granges, 168; yeoman image, 168; Homestead Act, 168; hayseed image, 168-178; populism, 170; imagery of city and country, pro and con, 175-78; "agrarian myth," 178. *See also* agriculture; city versus country; southern agrarian imagery.
Feverman, George, 287n
Firey, Walter, 57, 66, 235, 294n
Fisher, Marvin, 273n
Fisher, Robert M., 290n
Flatbush (Brooklyn), 293n
Flint (Mich.), 117
Flint, Timothy, 152
Forbes, Abner, 274n
Fort Dodge (Iowa), 276n
Fort Worth, 14, 107, 204
Fortune, 20, 122, 123, 203, 205, 253

Fowler, Richard, 270n
Frank, Waldo, 15
Franklin, Benjamin, 151, 274-75n
Freedley, Edwin T., 139, 273-74n
French, Laura, 284n
frontier, 112-14, 121-22. *See also* Frederick Turner.

Gannet, Lewis, 227
Ganz, R., 262n
garden city movement, 209, 241, 249-50, 295n
Garland, Hamlin, 177, 195
Garwood, Darrel, 270n
George, Walter L., 259n
Gilbert, Paul T., 263n
Gist, N. P., 279n
Glazer, Nathan, 251-52
Glazer, Ruth, 292n
Gleed, J. W., 271n
Goodman, Paul, 212-13, 288-89n
Goodman, Percival, 212-13, 288-89
Greene, J., 274n
Grismer, Karl, 287n
Griswold, A. W., 272n
Grodzins, M., 296n
Gunther, John, 105, 115, 118

Halbert, L. A., 279n
Hale, Edward E., 238
Hall, James, 152, 156, 158-59
Hamilton, Alexander, 134
Hamilton, Henry R., 263n
Harlow, Alvin F., 260n
Harper, Frank C., 270n
Harper's Magazine, 167, 194
Harrington, F., 273n
Haskell, Henry, 270n
Hatt, Paul, 265n
Hauser, Philip, 297n
Hay, John, 184
Hayes, Dorsha, 260n
Hayner, N. S., 267n
Heiney, Enos B., 281n
Henderson, H., 296n
Henry, O., 266n
Heron, Ima, 195
Hofstadter, Richard, 178, 279n
Holiday, 69, 70, 71-72, 73, 74, 76, 78
Hollingshead, A. B., 295n
Hollywood, 117
Homans, Isaac S., 293n
home versus apartment house, 227, 243-44
Homestead Act, 168
Horton, Donald, 266n
Houston, 204
Howard, Ebenezer, 241, 295n
Hubbard, Frank. *See* Abe Martin.
Hunt, Freeman, 135-36
Hunt's Merchants' Magazine, 135
Hutchinson (Kansas), 196-97, 260n, 286n

ideal city. *See* urban utopias
Igleheart, William, 263n
Indianapolis, 184-85, 281-82n
invasion, 239

Jackman, E. R., 271n
Jacobs, Jane, 297n
James, F. Cyril, 262-63n
Jefferson, Thomas, 126-27, 130, 132, 151, 274n
Johnson, Earl, 265n
Jonassen, Christian, 54-55

Kansas City (Mo.), 105-106, 191, 264n, 267n
Kazin, Alfred, 27
Kelly, Fred C., 282n
Kennedy, John P., 134-35, 218-20
Kerfort, J. B., 266n
Kingsport (Tenn.), 15, 271n
Kinley, David, 274n, 280n
Kipling, Rudyard, 15-16
Klein, Alexander, 270n
Knox, Thomas, 265n
Ktsanes, Thomas, 297n

Lait, Jack, 267n
land speculation, 168-69, 200
Landau, Rom, 11
Larrabee, Stephan, 267n
Lee, A., 268n
Leibling, Abbot, 262n
Lerner, L., 262n
Levy, S., 260n
Lewis, Sinclair, 195
Lewis, Lloyd C., 42
Lipscomb, Andrew, 276n
Lindesmith, Alfred R., 268n
Loewy, Raymond, 289n

Long, Howard, 271n
Los Angeles, 118-19, 204, 279n
Louisville, 23
Loveman, A., 285n
Lunt, George, 291n
Lynd, Helen, 197, 283n, 285n
Lynd, Robert, 197, 283n, 285n

McCabe, James, 265n
McConnell, Grant, 269n
McKelvey, Blake, 270n
McKenzie, R. D., 269n
McMeekin, Isabel, 260n

MacKaye, M., 262n
MacLeish, Archibald, 262n
Madison, James, 127, 130, 132
Madison (Wisc.), 123
Mahin, Helen, 283n
Malin, James C., 279n
Mansfield, Edward, 276n
Marietta (Ohio), 23-24, 119, 271n
Martin, Abe, 191
Martin, E. M., 169, 176
Martin, H. H., 262n
Martin, Walter T., 279n
Mayo, Henry, 146-48
Mead, Margaret, 72
Mellon, Thomas, 275n
Memphis (Tenn.), 21, 260n
Mero, Everett, 281n
Merrill, Horace D., 278n
Merton, Robert K., 297n
Merz, Charles, 271n
Midwest: ambiguities of symbolization, 149-67; safety-valve conception, 150-53; myth of the garden, 150-53; myth of the yeoman, 152-53; western land booms, 153-55; city boosting, 155-56; city rivalry, 156-58; urban empires, 158-61; stages of progress, 161-65; Turner's ambiguous perception of the Midwest, 164-65; ambiguities in popular thinking, 164-66; extension of ambiguity to the West, 166-67. *See also* urban images, sets of; blurred images; country town.
Milburn, William H., 153
Miller, Elva E., 283n
Miller, William, 95, 275n, 277n
Mills, C. Wright, 257
Milwaukee, 14, 25-26, 154, 175, 229, 238, 260n, 261n, 276n, 292n
Monroe, James, 127
Mood, Fulmer, 279n
Morand, Paul, 260n
Morris, Lloyd, 264n
Morrow, Elsie, 110
Mortimer, Lee, 267n
Moss, F., 172
Mumford, Lewis, 209-10, 288n
Muncie (Ind.), 197, 283n, 285n, 286n, 292n
Murphy, T. E., 287n

Needham, G., 173, 174, 180
Neuberger, Richard, 109-10
New Orleans, 9, 156, 202-203, 260n, 287n
New Republic, 192, 194
New Yorker, 27
New York Sun, 8
New York Times, 247
New York Times Magazine, 68, 121, 226-27
New York, 9, 10-11, 26, 54-55, 96, 98, 105-106, 107, 109, 113, 115-16, 119, 120-23, 140-41, 144, 161, 169, 172, 176, 221, 224-30, 231-32, 245, 259n, 260n, 261n, 262n, 264n, 265n, 266n, 267n, 269n, 270n, 271n, 273n, 274n, 276n, 285n, 289n, 291n, 292n, 293n
Niagara Falls, 261n
Nicholson, Meredith, 166, 186, 281-82n, 284n
Norfolk, 260n

Ogburn, William F., 257
Ogden, William B., 154
Olerich, Henry, 207-209
Oliver, William, 286n
Orwell, George, 197

Palmer, Potter, 236
Park, Robert, 52-53, 65-66, 256
Parker, Benjamin, 281n
Parker, M., 261n
Parks, Edd W., 131, 132
Peck, Bradford, 289n

Perry, George S., 106, 109, 116-17, 119, 123
Peyton, John L., 290n
Philadelphia, 72-73, 267n, 270n
Phoenix, 262n
Pickney, Thomas, 134
Pierce, Bessie L., 259n, 263n
Pierce, Warren, 26
Pierson, George W., 279n
Pittsburgh, 29-30, 106, 113, 116, 117, 118, 238, 262n, 270n, 287n
Poole, Ernest, 263n
populism, 101, 170
Portland (Ore.), 109-10, 270n
Potter, Howard, 280n
Preston, Howard, 277n
Pringle, H., 261n
Pringle, K., 261n

Quebec, 70, 72, 267n
Quill, Charles, 294-95n

railroads: and city growth, 38, 95-97, 156-58, 201-202; versus water transportation, 156-58; and rural vacations, 221
Rainwater, Clarence, 281n
Ralph, Julian, 162, 278n
Randel, William P., 281n
Rapport, Samuel, 282n
Raskin, A. H., 115
Readers' Digest, 118
Readers' Guide to Periodical Literature, 222
Redfield, Robert, 8
Reed, D. D., 297n
Reed, H., 296n
Reed, T. H., 297n
regionalism, 49, 114-16, 124, 204
Reilly, B., 267n
Reissman, Leonard, 297n
Reno, 116-17, 118, 271n
Rhett, R. G., 271n
Richter, C., 267n
Riesman, David, 213
Riess, Albert, 257
Riley, James Whitcomb, 183-87
Robbins, Roy, 286n
Rochester, (N.Y.), 260n, 269-70n
Roosevelt, Theodore, 120, 181
Rosewater, Frank, 288n
rural aspects of metropolitan living: fusion of town and country in early cities, actual, 216-18, and symbolic, 218-19, 221-22; gardening, 218-19; city living in countryside, 219-20; country and city as complementary, 218-19, 221; moral virtues of countryside, 218-19, 221-22; rurality in the metropolis, defense of, 222-27; rural touches in metropolis, 227-28; *New Yorker's* rural-urban themes, 228-29. *See also* rurality and city dweller; metropolises with rural amenities; suburbs.

St. Louis, 16, 156-60, 260n, 276n
St. Petersburg (Fla.), 287n
Sakolski, A. M., 286n, 287n
Salt Lake City, 7
San Antonio, 73
San Francisco, 9, 12, 70, 73
Sandborn, Kate, 281n
Sarasota, (Fla.), 203-204, 287n
Sass, Herbert, 22
Saturday Evening Post, 70, 72, 73, 106, 123
Schartle, Patricia, 282n
Schermerhorn, E., 265n
Schlesinger, Arthur, 91, 93, 177
Schoepf, J. D., 272n
Scott, Jessup, 278n
Scudder, M. T., 281n
sectionalism: *see* regionalism
Seeger, Eugene, 46-47
Semple, Ellen, 163
Seton, Ernest T., 224-25
Shaler, Nathaniel, 278n
Shannon, Fred, 100, 171, 269n, 279-80n
Sheshan, R., 287n
Shiavo, Giovanni, 264n
Shibutani, Tomatsu, 67
Shyrock, R., 273n
Sjoberg, Gideon, 258
slums, 96, 171, 236, 238-39, 296n
Smith, Alfred E., 121, 227
Smith, Henry J., 42
Smith, Henry Nash, 150, 151, 152, 274n, 279n
Smith, Matthew, 265n
Smythe, William E., 295n

social class, 58, 294n. *See also* suburbs.
social worlds: and space, 52-56, 66-67; journalists, 53; ethnic groups, 54-56, 64; rooming house areas, 55-56; bohemias, 56-57; social class, 58; communication, 63; locales and locations, 63-65; orbits, 65-67
sociologists, 52-58, 231, 239, 247, 249, 251, 253, 256-58
Sorokin, P., 275n
southern agrarian imagery, 125-32
South Bend (Ind.), 271n
Sparling, Earl, 122
Spectorsky, A. C., 249
Springfield (Ill.), 110, 270n
Stead, William, 264n
Still, Bayrd, 277n
Stocker, Joseph, 262n
Stother, F., 271n
Strauss, Anselm L., 268n
Street, Julian, 259n
Strong, Thomas M., 293n
suburbs: 92, 98, 217, 230-45, 246-54; early growth of, 230-35; upper class and, 232, 235-37; lower class and, 232, 237-39; industrial, 232, 238-39, 242; middle class and, 234, 236-38; and the American home imagery, 237, 241-44; modern mass suburban movement, 239-42; reaction against urban density, 240-41; city and suburban polarity in imagery, 242; from town to city to suburb, 244-45; differentiation of, symbolically, 248-54; criticism of, and debate about, 249-50; symbolic disappearance of, 251
success books, 137-40
succession, 239
Sullivan, Mark, 271n
Summers, Thomas, 23

Talbot, Daniel, 267n
Tallent, Robert, 260n
Tanner, Henry S., 151-52
Tarkington, Booth, 186, 195
Taylor, John, 127-31, 132, 133
Thomas, Chauncey, 211-12
Thorndike, E. L., 290n
Toledo (Ohio), 264n
Toronto, 261n, 267n
town: from, into city, 182-83; sentimentalization of, 188-89; and farmer, 283; *see also*, country town; blurred images
town boy: *see* blurred images; country town
Tregakis, Richard, 260n
Tucker, George, 133
Travel, 78
Tulsa, 106, 270n
Tunnard, Christopher, 296n
Turner, Frederick J., 163, 164-65, 278-79n
Twain, Mark, 184, 195

urban change: models of, 19-22; growth, 19; development, 19-20; continuity, 20; disjunction, 21-22. *See also* urban images, temporal.
urban density, 241-43, 253. *See also* urban utopias; slums; suburbs.
urban growth, 87-103, 91-93, 133, 136-37, 149-50, 170, 217, 239-41, 247-54
urban historians, 258
urban images, emergent, 246-54; disappearance of cities, 247; city as "core" of metropolitan area, 247; the city is for wealthy people, 248; redevelopment, 248; exurbia, 249; duality of suburb, 250; annexation, 250-51; dissolution of city-suburb polarity, 251-52; "super-cities," "strip-cities," "interurbia," 254
urban images, rhetoric of, 12-17; listing of attributes, 13; the paradox, 13-14; personification, 14; language of exemplification, 15-16; uniqueness, typicality and essence, 16-17; verbal representations and management of self in city, 17. *See also* urban images, temporal; urban images, sets of; varieties of American civilization.
urban images, sets of, 32-51
urban images, spatial, 52-67; symbol-

ized areas, 59-61, 236-37; symbolized streets, 61-64
urban images, temporal, 18-31; models, 19-22; eras, 23-35; age, actual and symbolic, 25-27; contrast of cities, 27-28, 31; and city history (Chicago), 32-51; ethnic histories, 45
urban images, tourist, 68-81; mass media and, 69-71, 73; travel talk, 68, 79-80; coaching of the tourist, 70-74, 77; types of cities, 73-75; stability of city images, 75-76; mechanism of social control, 77-80; and the native, 80-81
urban images, visual, 5-12; bird's-eye view, 6; models, 6-8; skyline, 8-9; condensed symbols, 9-11; landmarks, 12
urban utopias, 206-14; and urban density, 206-12; concern with bridging country and city, 206-10; rural imagery, 207-10; the city efficient, 211-12; the city of efficient consumption, 212-13; its consequences, 214. *See also* city planning.
Utica (N.Y.), 203, 287n

Van Brunt, Henry, 163
Vance, Rupert, 272n
varieties of American symbolism, 104-23; ambiguities in American urban symbolism, 105; debate over "the" American city, 105-107; rural-urban dichotomy, 107-11; agrarian mythology, 107-10; traditionalism-modernism ambiguity, 111-14; frontier and pioneer symbolism, 112-14; regionalism versus national centralization, 114-15; special cities and world cities, 115-18; the denial of American status to some cities, 118-19; continuing debate over New York's status, 120-23; the idealized small city, 123. *See also* southern agrarian imagery; the East; the Midwest; city versus country; blurred images; country town.
Vendreyes, J., 79
Vigne, Godfrey, 273n
village, *see* blurred images of farm, town and city
Vincennes (Ind.), 119-20, 271n

Wallace, Horace B., 221-22
Ware, Caroline, 265n
Warner, Charles D., 12
Warner, W. Lloyd, 264n
Waterhouse, S., 277n
Webb, Walter P., 167
Weld, Richard, 293n
Welding, John M., 275n
Welsh, Willard, 260n
Wertenbaker, Thomas, 272n
White, E. B., 69, 224, 226, 230
White, Rodney, 267n
White, William A., 190-98, 284n
Whyte, William H., 237, 249, 253
Wilber, Charles D., 279n
Willams, Jesse, 224-26
Wirth, Louis, 256-57
Wohl, R. Richard, 6, 178-79, 264n, 274n, 280n
Wollerman, Wally, 292n
Woodbury, Coleman, 290n
Woods, Robert A., 265n
Woonsocket (R.I.), 287n
world cities, 49, 115-18
Wright, Frank Lloyd, 209
Wright, John S., 159-60, 277n
Wyllie, Irvin, 139

Zeckendorf, William, 248, 250
Zinzer, Raymond, 294n
Zorbaugh, Harvey, 55-56, 294n
Zueblin, Charles, 230, 240, 241